（ FOURTH EDITION ）

THE PERFECT
CONTRACT

第四版

完美的合同

合同的基本原理
及审查与修改

吴江水　著

北京大学出版社
PEKING UNIVERSITY PRESS

图书在版编目(CIP)数据

完美的合同：合同的基本原理及审查与修改／吴江水著. —4版. —北京：北京大学出版社，2024.4

ISBN 978-7-301-32730-2

Ⅰ. ①完… Ⅱ. ①吴… Ⅲ. ①合同—基本知识—中国 Ⅳ. ①D923.6

中国版本图书馆 CIP 数据核字(2021)第 249526 号

书　　　名	完美的合同——合同的基本原理及审查与修改（第四版）
	WANMEI DE HETONG——HETONG DE JIBEN YUANLI JI SHENCHA YU XIUGAI（DI-SI BAN）
著作责任者	吴江水　著
责 任 编 辑	陆飞雁　陆建华
封 面 摄 影	韩　雪
标 准 书 号	ISBN 978-7-301-32730-2
出 版 发 行	北京大学出版社
地　　　址	北京市海淀区成府路 205 号　100871
网　　　址	http://www.pup.cn　http://www.yandayuanzhao.com
电 子 邮 箱	编辑部 yandayuanzhao@pup.cn　总编室 zpup@pup.cn
新 浪 微 博	@北京大学出版社　@北大出版社燕大元照法律图书
电　　　话	邮购部 010-62752015　发行部 010-62750672　编辑部 010-62117788
印 刷 者	北京市科星印刷有限责任公司
经 销 者	新华书店
	730 毫米×980 毫米　16 开本　39.25 印张　750 千字
	2005 年 12 月第 1 版　2010 年 1 月增订版
	2020 年 4 月第 3 版
	2024 年 4 月第 4 版　2024 年 4 月第 1 次印刷
定　　　价	138.00 元

第四版序

感谢我最需要感谢的那一位！其恩典让我远离功利、远离是非，一览无余地看世界、平心静气地写本书，淡泊宁静地求真、求善、求美。

早在 2019 年，重写后的第三版已做好了印刷准备。但始料未及的疫情使得新书直到 2020 年 4 月才投入发行。随即却是久悬未决的《民法典》于 2020 年 5 月颁布，书中大量援引的法律条款瞬间过时。修订升级过后，2020 年年底，又遇到与合同相关的司法解释的大面积修改，书稿随之在半年之内再次修订升级。经过两次修订升级后的第四版于 2021 年年初完成，却因种种原因一直未能面市。

完成修订升级后一直埋头于数据库及程序开发，希望将合规、合同的知识和经验工具化为"小程序+数据库"，为合规管理、合同实务提供成熟、实用的解决方案。其中，在从实务角度精细解读《民法典》合同编的过程中，加深了对合同相关法律、司法解释及实际运用方面的理解，于是开始酝酿一本新书——《〈民法典〉合同编及相关司法解释的合同实务解读》。

随着《最高人民法院关于适用〈中华人民共和国民法典〉合同编通则若干问题的解释》(以下简称"合同编通则司法解释")的出台，新的合同法律体系、司法解释体系终于尘埃落定，大量相关法律规范也已被修订、废止、替代。《完美的合同》也因此进行第三次修订升级。这种大规模的法律体系全面升级前所未有，其深度和广度、理念和技术均已脱胎换骨，合同理念、技能也同样需要更新换代。

第四版仍沿用第三版的布局，按照基础、审查、修改、起草、提高的顺序逐级展开，同样大量直接以法律条款说明理论、方法。这一版除依据《民法典》、合同编通则司法解释及其他相关法律规范的新颁、修订、废止情况进行全面更新、优化、改写外，还逐一核对了所有引用的法律，并在法律名称后加注生效年份，便于读者将来识别所引用的法律是否过时。所及之处，务求实用、准确。

由于本书主题及其层级较多、较细，因此设有精确到不同主题的目录、关键词索引，以便于查找所需内容。书中提及的法律规范也在书后附有二维码，可扫码查阅更多信息。而为了便于阅读，部分内容在不同章节略有重复提及。

为了便于动手练习，本书配有《完美的合同》配套小程序。扫封底二维码并输入唯一序列号后可进入小程序，内附近千道训练题可供读者检验法律知识、合同技能的理解和掌握程度。小程序的内容、功能也将逐渐升级、改进，欢迎使用和关注。

因篇幅所限，更多的合同相关知识只有在培训课程中才能展开，对相关法律问题的进一步研究也将在下一本书中，和即将公测的合规管理数据库中展开。欢迎关注和参与，获取更多实用信息。

受能力、资源所限，书中的缺陷、谬误等在所难免。各位读者如有发现，敬请及时通过电子邮箱（solothinker@ msn. com）予以指正。

衷心祝愿每一位读者朋友万事如意、心想事成！

吴江水

2024 年 3 月 20 日　于密歇根湖畔

内容提要

 在法律服务行业,处理合同相关事务是比重最大的工作内容。交易是市场经济的核心内容,也是配置社会资源最为主要的方式。而合同则是实现交易的桥梁,人们借此通过各类的资源交换而维系生存及发展。

 虽尚未成为独立学科,但合同完全独立于合同法、法律文书之外并有着丰富的自身规律。合同涉及的规则远不止合同法,其体裁风格也与司法领域的法律文书相差甚远,是当事人之间为实现交易所达成的一致意见。而法律人参与合同事务,则为具体交易提供更多的安全保障。

 本书内容分为五章、四十二节,共一百七十五个主题。循序渐进地讨论了合同工作基础必读、合同的理解与审查、合同的修改与调整、合同的设计与起草、技能的提高与拓展运用五大主题。为便于直接查阅相关内容,设立了内容详细的目录。

 作为合同工作经验的总结和提炼,本书定位于向直接从事合同工作的律师、法务人员,以及具有一定法律知识背景的合同管理人员提供参考思路及工作方法。因此将基本原理与实用技能相结合,通过大量的解释、引用和实例使相关原理、方法更便于阅读和理解且可直接用于实务。尤其是大部分内容直接以法律条文来解释相关观点、处理原则，以便读者辨析和掌握相关法律规定。

同时，本书在重新审视和扬弃前版内容的基础上，以集大成的方式融入了近十年间笔者有关合同的新认识，并力求以最为简洁、明了、切题的文字表述实用内容，且依照基础知识及技能、合同审查、合同修改、合同起草、提高及拓展的常规实务需求顺序逐渐增加难度，以便为不同层级的工作乃至电子合同、人工智能合同的开发提供各取所需的参考思路。

目　录

详 目

第一章 合同工作基础必读

第二章　合同的理解与审查

第四章　合同的设计与起草

Contents

第一章 合同工作基础必读

本章提示

　　合同，虽然在古今中外有着众多不同的名称与用法，但小到简单的交易、大至国际事务的处理，都需要通过合同或变相的合同来设定权利义务。合同不仅是企业经营发展的必由之路、社会调配资源的无形之手，还是一种思维方式、一种解决问题的手段。

　　但一直以来，法律院校的教学内容都是合同法，而非合同本身，只有教师在合同法教学中才提及合同，甚至连商学院、管理学院所设的合同课程，也仍以合同法为主。以至于许多人熟知合同的合法性、有效性判断而不知合同事务应当如何操作，甚至没有意识到签订及履行合同的根本目的是通过交易获取资源等利益。

　　在经济活动中，合同法只相当于比赛规则，而合同则相当于技术动作，因而即使熟读合同法也未必能够写好合同。合同的审查、修改、起草无一不是在遵守比赛规则前提下的技术动作运用，有其自身的理论和技术。虽然简单地模仿可以解决一些形式上的问题，但只有知其然且知其所以然，才能最大化地发挥合同的作用，实现企业的利益，同时有效提高工作质量及效率。

　　本章将与合同工作相关的基础知识、基本原理等集于一体，力求透彻分析合同工作、合同质量等方面的内在规律，为随后章节的实务操作类内容的讨论打下理论基础，也便于读者顺利进入角色。其中，对于某些概念的解读仅为便于读者理解，并非严谨定义，仅供参考。

第一节　合同的属性及发展历程

合同,虽然在古今中外有着不同的名称、种类和使用方式,但一直是人类社会发展过程中必不可少的资源分配方式。从原始、简单的物物交换到现代周期长、内容复杂的建设工程、国际合作等,其实都是不同意义和层级上的合同行为。因此,人类的发展史也是合同的发展史,而且二者还将继续交相辉映。

合同领域的发展是人类经济、社会发展的写照,也是人类认知能力进化的写照,因而要在宏大的背景中去理解交易的本质和合同的本质。

一、合同的不同属性

合同既有专业性定义也有常识性定义。在中国的法律体系内,《民法典》(2020年)第四百六十四条第一款规定:"合同是民事主体之间设立、变更、终止民事法律关系的协议。"而按照《现代汉语词典》①的解释,合同是指"两方面或几方面在办理某事时,为了确定各自的权利和义务而订立的共同遵守的条文",协议则是"国家、政党或团体间经过谈判、协商后取得的一致意见"。因此,合同不仅在不同国家的法律规定中会有不同的定义,而且在不同的领域也有不同的定义。

例如,在《美国统一商法典》中,合同"指当事方通过协议而承担的受本法或其他适用法约束的全部法律义务";协议,则"指当事方事实上达成的合意。此种合意可以根据当事方使用的语言得到证实,也可以根据其他客观情况,包括本法所规定的交易过程、行业惯例或履约过程(第1-205条、第2-208条),得到推定证实。协议是否产生法律后果,在可能的情况下应依本法条款予以确定;否则,应依合同法原则予以确定(第1-103条)"。从其定义过程可以看出,这里的"合同""协议"与中国法律体系内所用的定义有很大的区别。

在现实生活中,合同有着远比合同法中的定义以及学者们的学理解释丰富得多的用途和运作模式,也因此有着不同的属性。

(一)在法律方面

法律对合同的不同规定奠定了交易的基本秩序,从不同角度为交易提供了法律保护。

---

① 中国社会科学院语言研究所词典编辑室编:《现代汉语词典(第7版)》,商务印书馆2016年版,第525页。

1. 合法权益的来源之一

在现实法律环境中,只有涉及社会生活方方面面的法定权利义务还远不足以直接实现具体的交易,还需要对交易对象、交易内容、交易方式、问题处理方式等进行个性化选择,唯有交易双方根据自己的需求和偏好在以协商的方式设定具体的权利义务体系后才能交易。而这种合意,便是作为第二大权利义务来源的合同。

2. 达成一致的直接证据

在文物级的中国传统合同中,经常可以看到"恐口说无凭,特立此为据"的说明性条款,这虽在法律上并无意义但仍旧说明了合同的证据作用。交易的核心是交换,如果人们能长期精确地记住所达成的一致,且能诚实地履行合同并承认所有发生过的事实,则完全没有必要订立书面合同。但正是因为做不到这一点,所以书面合同几乎是合同的代名词。

(二)在经济方面

合同是在交易过程中产生的法律文件,最主要的使用目的是实现交易,因而其经济特征更为直接和明显。

1. 平等主体的资源交换

从经济学角度来说,资源永远处于稀缺状态。而从其他主体手中取得所需资源的方式,无非有对价和无对价两种。非法的无对价取得方式自不必说,通过公权力、赠与等方式无对价取得资源的发生概率很低。

平等协商以双方都能接受的有对价的方式取得资源,是最简单、普遍的资源取得方式。甚至连政府工程也通过政府采购合同的方式来完成,以节约政府的管理成本。因而年度 GDP 可以视为全社会的年度交易总额或年度合同总额。

2. 双方确定的交易秩序

具体的交易不仅受法律环境的约束,也受双方需求的约束。法律规范确定了法定的基本交易秩序;交易各方根据法律的授权在这一秩序之下针对交易细节设立具体的权利义务体系,也就是具体的交易秩序。合同条款围绕交易所涉及的事务展开,包括交易什么、如何交易,以及出现某些问题时如何处理等,使交易从抽象的愿望转化为现实的资源交换,如果没有这一过程,则交易根本无法成立。

(三)在社会方面

合同同时也是人们社会生活的一部分,因而它也在随着社会的变化而不断发生变化。

1. 日常生活的必需品

无论是否签订过书面合同,每个人的工作、生活其实都与合同密不可分。人们乘车是运输合同关系、买衣服是买卖合同关系、外出吃饭是服务合同关系,连生活用的电、水、气、热力等也是供用合同关系。合同其实不难理解,它就是我们日常生活中必不可少的一部分。

2. 经济发展的晴雨表

合同是交易的载体和桥梁。交易各方利用自己掌握的资源换取自己需要的资源,并通过一系列的生产、服务等运作使资源增值,再以交易的方式通过收取货款或服务费等形式使增值成为现实。这当中的一系列运作,虽是基于企业自身利益,但从客观上促进了社会资源的最大化利用和社会的发展。交易减少则经济不再繁荣,社会进步的步伐也会变得缓慢甚至停滞。因而,交易主体、交易量、交易频率、履行率等同时也在反映社会经济的总体状态和水平。

由于合同在法律以外还有丰富的属性,仅从法律角度去理解合同其实远远不够。拘泥于法律专业视角去审查、修改、起草合同,其结果往往是隔靴搔痒。

二、交易及契约的发展

自从产生了私有制,人们便开始了个体间私有财产的交换。随着生产力的发展、社会的进步,以及人们对事物认知能力的不断飞跃,交易的形态和理念都发生了深远的变化。

(一) 交易模式方面

人类交易模式的发展,清晰地展现了人类社会的不断发展。

1. 物物交换模式

人类最初也是最原始的交易是简单的物物交换。这种交易也称为以物易物,即以自己的物品或服务换取他人的物品或服务。这在货币出现前是唯一的交易模式,非常适合早期人类生产力低下、可交换的物品或服务有限、效率要求不高的社会形态,所受到的限制是双方都必须找到供需完全匹配的交易对象。但这种交易模式如今并未完全绝迹,无论是正式的易货贸易还是作为交易对价的"礼尚往来",都是这一模式的体现。

2. 货币交易模式

货币的引入是交易的一大飞跃。当社会生产力发展到一定程度,可交换的物品或服务越来越丰富,交易也越来越频繁。随之而来的,是交易客体已远不止生活所需的食物、必需品或工具、服务,而是有了越来越多非刚性需求的以更高生活品质为目标的装饰品、玉器、酒类等物品及服务。这时货币便被引入了交易环节,人们自此不必再像以往那样只有找到彼此供需完全匹配的交易对象才能交易,而是可以方便地将自己手中的物品或服务等资源换成便于储存、携带和交易的货币,在找到合适的交易方后用货币换取所需的资源。从此,除了极个别情况,交易中总有一方在支付货币,而另一方在收取货币。

3. 抽象标的模式

随着社会的进一步发展,交易的客体有了质的变化。从传统的有形物品及服务扩展到了大宗生产资料买卖、保险、证券、货权、股权等交易,并在即时结清或非即时结清的现货交易之外出现了期货、期权交易及金融服务交易等。甚至为了提高交易效率,还出现了合同的第三人履行或向第三人履行,也就是卖方不是发货给买方而是发货给第三方、向卖方付款的也不是买方而是第三方。

4. 环球全时模式

互联网电子商务时代的到来颠覆了千百年来的交易传统。许多交易不仅不再使用有形的货币或票据,也不再受时间、空间的限制,交易双方完全无须接触即可实现环球 24 小时的在线交易。电子商务平台也不再是交易的旁观者,而是积极主动地为买卖双方提供推荐、广告、付款保障、服务监督等服务,既促进了交易又为双方提供了更多的服务和保障。

(二) 支付模式方面

当人类刚刚开始使用货币时,货币由不同材质、形态的物品充当。但随着经济的发展,货币逐渐变成了由政府发行的、既便于携带又不易损坏的、更容易在不同地域流通或通兑的贵金属货币,并开始有了升值、贬值以及不同货币兑换比率发生变化的情形,也出现了远期交易不可避免的价格调整问题。

1. 纸币支付

交易的持续扩大带来了货币的变化。贵金属货币逐渐被政府颁发的纸币替代。这既方便了货币的制造、携带、使用,也方便了政府对国家财政进行调控。起初的纸币一直是等值的、有实际价值的贵金属货币的代用货币,而后过渡到不可兑换回贵金属货币的信用货币。随着近现代信用体制、银行体制的产生和发展,以及交易频率的进一步增加,有形的纸币又进一步被可流通的、代表一定数量货币请求权的有价证券,比如汇票、本票、支票等取代。人们不再需要用现金付款,也就有了对付款方式的选择。

2. 信用支付

信用体制的建立,再次为交易领域带来了革命。纸币、有价证券仍旧建立在拥有现实支付能力的基础之上,信用制度体系的进一步发展则使人们完全可以在并不实际拥有足够的支付能力时,以自己的信用作为担保而由银行代其支付并在约定时间内将相关款项归还银行。信用证、信用卡乃至整个信用体系、银行体系的发展,除了对促进交易功不可没,也以全新的金融体系的功能及运作方式对现代国家的发展产生了巨大的推动作用。

3. 虚拟货币

当前,具有物理形态的有形货币正在逐步被取代。以电子商务平台、电子银行为基础的商品交易,已经完全可以让企业脱离物理形态上的有形货币,凭借电子手段而不受时间和空间的限制进行查账、转账、结算。代表去银行化、去主权化的比特币结算模式则更是一个全新的事物,虽一时无法成为主流,但其发展值得观察和研究。

(三) 合同文本方面

从以物易物、即时结清的口头合同到书面合同是个重要飞跃,当今的电子合同等则是书面合同的飞跃。

1. 书面合同

从口头合同到书面合同,合同有了质的区别。随着文字的发明、交易范围和内容的扩大、交易方式的复杂化,书面合同为这些非即时结清的交易提供了保障。尤其是当政府需要控制不动产等特定资源的交易时,越来越多的书面合同应运而生,并产生了政府因社会管理的需要而强制实施的相关法律法规及要式合同。

2. 要式合同

罗马法时代已经有了要物契约与诺成契约之分,分别属于现代的实践性合同与诺成性合同。随着以工业革命为代表的大生产时代的来临,尤其第二次世界大战后的经济与科技创新,各类新合同伴随着新交易不断涌现,建设—经营—转让(BOT)等合同重新进入人们的视野,银行按揭、原始设备制造商(OEM)代工生产等新合同风起云涌,既有综合了不同交易内容的混合合同也有纯属独创的新合同。加之人们越来越重视合同中的个性化需求以提高交易的附加值,要式合同开启了典型合同大发展、非典型合同大爆发的时代。

与此同时,传统合同也发展出更为丰富的应用形式。最为传统、基础的买卖合同不仅在篇幅、形态上不断创新,还发展出主合同与从合同、预约合同与本约合同等方式,反映了人们对交易理解的深入和交易模式的多元化。

3. 电子合同

电子商务从最早的提供供需信息到供需双方在平台上直接交易,促使了书面合同的变革,电子合同随之出现。目前,交易方的身份认定、交易电子证据提取以及劳动关系、诉讼管辖、合同生效方式等问题,也都正在改变合同理念和合同的应用方式,且必将形成独立的规则体系。

虽然本书并不讨论契约文明史,但所有的这些变化无不围绕着提高交易效率、提高社会资源使用效率、优化交易过程而展开,也可以说,人类在不断解放生产力、促进经济发展、推动社会进步。律师所要做的,就是跟上时代的步伐,不断升级自己的知识结构,迎接新时代的一个又一个挑战。

三、合同之上的契约精神

契约精神,一般是指人们在签订、履行契约过程中的准则,包括契约自由精神、契约平等精神、契约信守精神、契约救济精神。它不属于合同内容,但有着深刻的含义和深远的影响。

中国的法律体系对契约精神并无直接表述。《民法通则》(已失效)第四条曾规定"民事活动应当遵循自愿、公平、等价有偿、诚实信用的原则",而《民法典》(2020年)沿用《民法总则》(已失效)规定了民事活动的平等、自愿、公平、诚信、守法与公序良俗、绿色原则。虽然这些原则与契约精神基本重叠,但契约精神的渊源、内涵及历史作用却深远得多。契约精神不但来自三个不同的文明,而且积淀了两千多年,以至于对其中任何一个组成部分的理解不足,都难以真正理解现代社会的契约精神、法治精神。

(一)古希腊的理性思考

根据现有的考古结论,公元前18世纪古巴比伦颁布的《汉谟拉比法典》是迄今最古老的完整法典,在长达282条的正文中,既有对债权和贸易的规定,又有严厉的违约惩罚。《汉谟拉比法典》直到1901年才被发现,因而对整个人类的契约文明发展并无影响。大约公元前五六世纪由古希腊在极盛时期创造的文明成果则作为西方文明的源头,成为以西方文明为基础的现代文明的思想来源。

古希腊并非一个统一国家,而是一个巨大的文明群落。这个群落由不同的希腊人建立,范围及于希腊半岛、爱琴海、黑海并远达小亚细亚及整个环地中海地区。古希腊文明的基本政治单位是城邦,小的城邦只有一座城市;各城邦间互不隶属,各自为政,但有共同的血缘、语言和信仰。其中的雅典城邦面积约2550平方公里,人口约40万,人们叹为观止的古希腊文明遗产绝大部分出自这一城邦,其产出之丰富、影响之深远可谓举世无双。

有别于其他早期文明,古希腊文明是沿海发展而非沿河发展。各城邦的土地范围、资源都十分有限,因而古希腊人早就开始通过发达的贸易来获取各类资源,谈判达成一致成为必需。民主体制的宽松环境、海上交通便利带来的广泛交流、商业贸易中的平等协商精神、贸易带来的巨额财富,都让他们有充分的自由时间思考、讨论生计以外的问题,因此除了发达的手工业、造船业、商业等应用领域,他们还在艺术、科学、史学、哲学等方面创造出了影响至今的丰硕成果。

在这些文明成果中,古希腊"三哲"最具代表性。公元前5世纪至公元前3世纪,苏格拉底、柏拉图、亚里士多德分别研究了公民对政府的契约义务、正义观和法治观、道德伦理等领域,随后斯多葛学派提出了自然法等理论。他们的正义观、理性原则、平等和自由的观念及自然法思想,为契约理念提供了理论及思想基础,也为罗马法的形成、契约的发展及现代的法学及契约奠定了基础。[①]

图1 古希腊"三哲"——苏格拉底、柏拉图、亚里士多德(图片来自网络)

(二)古罗马的法制精神

古罗马一直就有成文法的传统。早在公元前5世纪中期,古罗马就制定颁布了划时代的《十二铜表法》,其以体系性而成为西方乃至整个现代法律体系的渊源。《十二铜表法》中与契约相关的债权人的权益、债权的执行、所有权与占有、扣押权、孳息等沿用至今,成为现代合同制度体系的基础。

法学的发展使得古希腊文明的成果演变成为古罗马的法律。当古罗马崛起并最终于公元前2世纪征服古希腊成为新的西方世界霸主时,由于文化底蕴上存在的巨大差异,古希腊人成了古罗马人的俘虏,但古罗马文化却成了古希腊文化的俘虏。古罗马人如饥似渴地从古希腊人的文明成果中汲取营养并结合自己的需求加以发扬光大,且随着其征服世界的步伐将文明成果带向世界各地。在这一进程中,法制既是统治不同地区、不同民族的需要,也是维系整个帝国的秩序和效率的重要手段。到了6世纪,东罗马帝国查士丁尼一世时期的《民法大全》,使罗马法的发展达到了顶峰,其中包括大量关于契约的法律。

(三)基督教的宗教信仰

无独有偶,基督教信仰同样是随着罗马帝国文化的辐射而广泛传播的。当基督教形成时,罗马帝国是统治整个环地中海地区的"超级大国",基督教传教活动基本在罗马帝国领域内进行。罗马帝国最初对基督教实行打压、迫害政策但无法

---

① 参见杨解君:《契约文化的变迁及其启示(上)——契约理念在公法中的确立》,载《法学评论》2004年第6期。

遏制其发展,后来罗马帝国君士坦丁大帝于公元313年以《米兰敕令》确定了基督教的合法地位。到了公元380年,基督教被罗马皇帝狄奥多西确定为国教——"普世大公教",即天主教,从此得以广泛传播。随着东、西罗马教会的分立,东部的教会独立成为东正教。到了16世纪20年代,马丁·路德发起了宗教改革运动,并据此形成基督新教。

《圣经》中关于契约的信条,是基督徒的重要行为准则。从天主教到基督新教都将《圣经》作为教义,同属广义基督教。而《圣经》又名《新旧约全书》,其中的《旧约》是基于犹太圣经的上帝与人原来所立之约,《新约》则是基于通过基督而由上帝与人重新订立之约,二者均为神圣之约。在对人的关系问题上,《旧约》中作为信条的"十诫"中有"不得贪夺他人财物"的规定,《新约》中则多次提到"爱人如己""彼此相爱""凡事都不可亏欠人"等,而且每个人都会被审判。因此,随着基督教在欧洲的广泛传播和深入发展,这些信念已成为西方文明的主流价值观。

从基督教成为古罗马国教开始,随着基督教在整个欧洲的传播和发展,以及宗教改革、文艺复兴等,西方开始了以光荣革命、工业革命为代表的在整个社会政治结构、经济结构等方面的全面升级换代。融合了古希腊的理性思考、古罗马的法制精神、基督教的宗教信仰为一体的契约精神等,不仅成为交易的准则乃至整个民事行为的准则,还延伸出社会契约理论并构成了现代法治、现代政府治理结构的基石。

由此可见,契约精神为西方文明的进步和发展打下了坚实的社会环境和法治环境基础,从而使得西方社会在短短的三百年间创造了比任何以往时代都多的文明成果。契约精神不仅维系着交易秩序还维系着整个社会的秩序,推动着人类生产力的发展、世界经济的发展以及整个人类社会的进步。缺乏契约精神的社会,必然会为其不稳定性付出昂贵的社会运营成本。

四、中国的合同历程

合同是法律体系和经济、文化发展状况的体现。在不同的历史时期,合同有着种类、形式、思维模式等方面的诸多不同。

(一)古代及民国时期

中国有文字记载的历史从商朝的甲骨文开始,现今发现的最早的契约产生在西周时期,那时已有分别用于贷款、买卖和赠与的合同。随着生产力的发展,交易品种、交易方式以及合同形态日益多样化。自秦朝起至清朝,合同不仅有不同的名称,还分别发展出了准行政合同、"经官给据"的要式合同、官方样本合同、连带责任担保合同、土地使用权转让合同以及永佃权合同、典当合同等。这反映了不同时期的经济、法律环境。

到了民国时期,从晚清时起已经引入的西方契约观念在中国已经得到大力发展。在短暂的欣欣向荣后,整个国家的经济发展被一系列的战争打断,因而市场经济并未得到充分发展,合同领域也因此并无太大的进步。尤其是由于受到传统上的亲情社会价值观的影响,即使是在民国初期,现货的动产买卖也多用口头协议,订货或与陌生对象交易才订立书面合同。

同时,传统道德中"重义轻利"的观念,使得主流价值观并不赞赏个人逐"利",制止违约主要是依靠信义观念的存在和社交圈内的舆论压力,许多合同无法依靠其本身的约定解决纠纷,只能找第三方出面调处。

(二) 中华人民共和国成立至改革开放前

自1949年中华人民共和国成立以来,由于意识形态等方面的重大变化,合同领域也发生了巨大的变化。尤其是在改革开放之前,计划经济体制使得市场经济难以发展,企业间的商务合同基本绝迹。

受朝鲜战争的影响,政府部门强力介入合同领域。至1950年上半年,中国的连年战争基本结束,但随着朝鲜战争的爆发和中国人民志愿军的入朝参战,国民经济因力保军用物资供应而受到严重影响,直到1953年《朝鲜停战协定》签署。由于当时生产能力低下,为了同时满足城乡生活、军事及国防、基本建设需要,在生产资料社会主义改造完成前,政府部门与私营企业签订大量各类合同,并由工商行政管理部门以审查加工订货合同,督促检查、调解纠纷、处理违约以及大额合同审批、交易备案等方式深度介入合同事务,在保证私营企业获得一定利润扩大再生产的同时控制采购成本、产品质量,并有权批评、警告私营企业直到责令其停产,厂家的重大质量违约、期限违约甚至可能被追究刑事责任。在政府的全程干预下,私营企业的拒绝、讨价还价、违约等都有极大的风险。

随之而来的经济政策进一步影响了商品经济的发展。自1951年年底开始的"三反""五反"("反贪污、反浪费、反官僚主义"和"反行贿、反偷税漏税、反盗骗国家财产、反偷工减料、反盗窃国家经济情报")运动,存在一定的扩大化影响。1953年10月起实施的农副产品统购统销政策(各生产部门按计划生产,由政府按政府定价统一采购后通过国营商店、供销社统一销售),1953年年底开始的生产资料所有制社会主义改造(农业和手工业合作社化,"资本主义工商业"以公私合营等方式转为国营企业或集体企业),在保证了基本供给的同时也极大地影响了商品经济发展的原有轨迹。

后续的发展更使合同几近消失。自20世纪50年代后期开始的各类运动,同样对商品生产和流通及民间交易产生重大影响。例如,当时"反对投机倒把"的打击对象,是现在看来完全正常的转卖商品赚取差价的经营行为。1966—1976年间,许多政策仍在延续,企业生产经营活动常受到干扰、企业管理措施难以落实。同时,农民利用自留地种菜、养鸡等也常被查办。

那个时代的"合同",是计划经济体制下各类"计划"的一个环节。企业并非通过合同流转物资,一张单据、一份表格便足以决定产品是否生产以及流向何方。计划经济体制下不再需要供需双方达成合意,因此"计划""调拨单"代替了合同,企业的盈亏也并不重要,真正意义上的合同基本绝迹。

(三) 改革开放以后

从 1976 年"文化大革命"结束、1978 年起拨乱反正,党和国家的工作重心转为经济建设及改革开放。自此,国民经济逐步从计划经济转为双轨制并逐步转向市场经济,从此经济加速发展、新设企业增多、市场交易增长。但至少在 20 世纪 90 年代,计划经济仍占一定比重,简陋的合同与"调拨单"并存。

1981 年颁布的《经济合同法》(已失效)为迅速增长的市场交易确定了基本秩序。随后,《建筑安装工程承包合同条例》(已失效)于 1983 年 8 月 8 日颁布实施,《工矿产品购销合同条例》(已失效)、《农副产品购销合同条例》(已失效)也于 1984 年 1 月 23 日颁布实施。虽然这些法律规范相对简单、粗糙,但毕竟使合同行为变得有法可依,同时已有政府部门提供的合同样本。

1979 年,中国恢复了律师制度,律师开始介入经济活动。但那时的合同工作极为简单,除了涉外合同,几乎没有较大篇幅的合同,法律规范也仍旧反复提及"计划"。当时的合同工作,大多是看合同的管辖约定是否合适、违约金的比例是否合适,普遍缺乏意思自治的意识。由于经济尚不发达,交易金额一般不大、交易方式相对简单,也并不需要复杂的合同。

1999 年颁布的《合同法》(已失效)是合同法律体系发展的里程碑。该法的篇幅、理论高度、完整程度、细致程度,相比原有的法律体系可谓脱胎换骨。此后,随着中华人民共和国于 2001 年加入世界贸易组织,经济的增长和对外经济往来的日益频繁,中国的合同逐渐走向专业化、规范化和理性化、实用化,并越来越多地注意当事人的意思自治和合同法律风险的控制。而后从《民法总则》(已失效)到包括了合同编的《民法典》(2020 年),则更上一层楼。而随着相关司法解释的陆续出台,尤其是《最高人民法院关于适用〈中华人民共和国民法典〉合同编通则若干问题的解释》于 2023 年 12 月 4 日的正式出台,整个法律体系的不断完善促使市场交易日益稳定有序。

21 世纪是电子商务、互联网应用异军突起的时代,社会进步的同时也带动了合同领域的发展。非典型合同种类及数量剧增、典型合同的交易复杂程度提升,出现了拆封合同、点击合同等合同成立方式,合同标的物也新增了虚拟财产、金融衍生品等,合同洽谈及签署也日益远程化、虚拟化、抽象化,第三方交易平台的管理行为也为交易双方提供了更多的安全保障和交易便利。而社会信用体系的建设,则有利于从技术角度最大限度地解决企业的诚信问题,降低全社会的诚信成本、提升交易安全。

这一系列的新变化也在推动律师行业的变革。交易的复杂化需要更高的合同技能,人工智能及自动化办公系统的运用对传统的律师经验优势及专业优势发起了挑战。律师只有掌握合同的本质、知其然且知其所以然,才能不被人工智能及办公自动化系统所替代,才能为当事人提供任何系统都无法替代的满意服务。

第二节　合同工作的基本情况

与合同相关的工作,既是企业的法务人员、业务人员的经常性工作内容,也是律师执业中最主要的一项具体业务。而且,大部分律师的非诉讼业务都要以合同的签订来宣告完成。为便于理解,在深入探讨合同之前,我们先对合同工作的整体情况、工作内容等加以总结。

一、合同工作的基本情况

合同是交易活动的一部分,并与交易共同成长。同时合同也是市场经济的产物,市场经济体制越是发达,合同的作用越是明显。随着经济的发展,接踵而来的是社会、文化、法律等各个领域的变化。这种变化会持续不断,合同领域也会因此面临挑战与变局。

(一)合同是企业最大风险源

合同是市场经济的灵魂,市场经济的发展会带动合同技术、合同工作的开展。由于中国自 20 世纪 80 年代起才开始从计划经济体制向市场经济体制转型,因而现代合同的发展时期并不长。20 世纪 80 年代,律师制度的恢复、合同相关法律的颁布促进了商品经济的起步;90 年代后期,1996 年颁布的《律师法》(2017 年修正)和 1999 年颁布的《合同法》(已失效)则进一步释放了律师行业和市场经济的活力,使合同法律事务总量有了快速的增长。

企业取得生产经营自主权的代价是,必须自行承担风险,包括市场风险和交易风险,因而各类违约、欺诈行为也随着市场经济的发展而不断涌现。从起步阶段"小打小闹"的空头支票、欠款不还、质量违约、关门走人,到现在的知识产权侵权、虚假项目集资、理财平台卷款走人等,企业面临的法律风险也随着交易规模的扩大而同步扩大。与此同时,市场波动的风险、产品升级换代的风险、资金链的风险等也从未远去,如何实现利益与风险的平衡,尤其是如何杜绝低级错误所导致的法律风险损失,已经成为越来越重要的问题。

最高人民法院公布的统计数据显示,合同是主要的法律风险源。2011—2016年,每年新收的民事诉讼案件中,合同诉讼量占全部民事诉讼案件量的比例在2011年为50.40%,在2012年为51.61%,在2013年为52.96%,在2014年为55.24%,在2015年为59.55%,在2016年为62.42%,呈逐年上升的趋势。这种局面固然与经济形势密不可分,但每年立案的民事诉讼案件中合同纠纷的数量长期超过总量的一半并在不断增长,这无可争议地证明了合同风险是企业最大法律风险源的客观事实。

企业的生产经营从合同开始、以合同结束,因而合同法律风险无从杜绝,需要杜绝的是低级错误导致的风险损失。之所以强调杜绝低级错误损失,是因为大部分企业的败诉并不是由于复杂的法律理解上的错误,而是由于处于常识水平甚至无须法律专业知识就能判断的错误。存在大量低级错误的企业能够长期安全地存续完全是因为幸运,实际上不堪一击。

例如,一家上市多年的公司,其多年以来的合同文档管理模式居然是每份合同一式两份,一份交给合同相对方、一份由业务员保管,却没有一份合同原件。同时,唯一的一位法务人员还身兼数职,根本无法全身心地处理合同等法律事务。

(二) 多数企业存在低级风险

企业在合同领域的低级风险包括合同文本及合同管理两个方面。尽管企业在防控风险方面已经有了长足的进步,但大多数企业目前采取的体制尚不具备杜绝低级错误的能力。

首先,企业的合同文本及合同管理尚不足以应对低级错误。虽然合同文本质量、合同管理水平受经济发展水平、区域文化差异、企业管理需求、企业家风险偏好的影响,但从技术角度而言,即使是那些多年未发生过诉讼、看似管理井井有条的企业,正如前面的事例提到的,依赖经验甚至传统形成的合同文本、建立的合同管理体系还远不足以避免一些低级错误。

其次,观念意识和成本投入的滞后使得问题长期未能解决。一方面,即使是许多发展得比较成功的企业,印象中的合同风险控制也只是招聘法律专业的从业人员从事合同审查、纠纷处理,并未涉及整个系统的管理制度的优化改进,形同外部律师的内部化。另一方面,许多企业的法律专业人员长期配备不足,企业也未提供足够的专业培训或业务交流机会,使得相关管理人员只能日复一日地闭门造车,难以实现管理水平上的突破。

最后,企业对文本风险和合同管理风险的措施大多并未落到实处。一些企业虽然建立了自己的法务管理体系、风险控制体系或合规体系,但由于经验不足或投入不足，以及相关管理人员身兼数职、制度的制定质量没有要求、对制度的执行未列入考核等原因，相关制度既无人持续加以改进也并未落到实处，甚至企业管理人员自己带头违反制度，使管理措施形同虚设。

此外，全社会对合同事务管理原理的认识不足也是重要原因。目前，绝大多数企业仍在沿用原有的合同文本体系，至多以"拿来"、修改来满足企业需求，并沿袭原有的合同管理模式。只有走在最前沿的少数企业认识到了合同管理对企业综合能力提升的促进作用。咨询行业虽然也为企业提供了诸多解决方案但并不提供文本设计及合同管理制度体系设计。企业的合同管理长期未能发生质的改变。

经过改革开放四十多年的发展，从聘请法律顾问审查合同到聘请律师设计合同，从遇到诉讼找律师到邀请律师排查风险，合同领域的发展日新月异。越来越广泛的领域探索、越来越专业的应用软件开发以及人工智能的开发运用，都为企业合同管理水平的提升创造了越来越多的机会和可能。因此，这一领域的专业化、软件化和智能化是大势所趋，需要企业界和律师界以积极的心态迎接时代的变化。

二、合同工作的主要内容

律师的合同工作存在不同的提供方式。狭义的合同工作只包括合同的审查、修改与起草，广义的合同工作还包括尽职调查、合同谈判、出具专项法律意见书、合同法律风险管理等外围工作。总体上，律师的合同工作目前仍以合同审查、修改为主，其他方面的工作量并不多。

对于合同的审查、修改、起草等，本节只是简单提及，详细内容见后续各章。

(一) 合同审查

合同审查，是结合当事人的需求、法律的规定和审查者的业务经验，根据交易目的、交易背景对委托人所提供的合同文本进行合法性、合理性、严谨性等方面的系统分析，进而指出文本中所存在或潜在的可能妨碍委托人实现交易目的或可能影响委托人利益的各类问题，并向委托人提交审查结果的法律服务。

合同审查可使企业在签订合同之前了解到交易存在的风险以及可能的后果。有些审查会与修改一并完成；有些审查则只负责发现问题而由业务部门负责修改，或在下次谈判时努力争取；还有一些审查只是为了发现其中的风险，使委托人心中有数，意在了解对方的意图而并非准备交易，或因对方过于强势而根本无法修改。

合同审查的工作内容，概括起来是通过约定与法定的比对、现实与理想的比对、条款与条款的比对来发现可能存在的问题。但工作内容、工作目标、工作标准，以及是否修改等甚至可能连企业也心中无数，工作质量、工作深度往往取决于律师对合同及交易的理解程度、工作方法、业务经验等因素，因而合同审查的工作内容并不统一。为解决这一问题,中华全国律师协会经济专业委员会于 2009 年完成了"中华全国律师协会律师办理合同审查业务操作指引"①,对合同审查工作的内容、程序、注意事项等提出了参考意见,以供从事合同审查业务时作为参照。

(二) 合同修改

合同修改,是以合同审查为基础,针对审查出的问题通过调整交易模式、权利义务、文字表述来维护委托人的利益或降低不利影响,从而在交易目的能够实现的前提下尽可能将风险控制至可控或可承受程度的一种解决方案调整。审查可以独立于修改之外进行,而修改则只能基于审查的结果。

概括来说,合同修改的工作内容是经由调整双方权利义务的边界以达成新的平衡。这种调整可以通过条款的增加、修改、减少,以及语句表述方式的调整、句子成分的增加或减少,甚至简单地调整合同的标点符号来实现。但并非所有审查出来的问题都能得到有效修改,除了委托人在交易中所处地位的原因,有些问题会在特定的交易背景下无解。

一般情况下,修改合同之前需要先与委托人沟通,目的是了解需要修改到何种程度,或能够修改到何种程度。因为合同可修改的程度与委托人在交易中所处的地位相关,只有处于优势地位时才有更大的修改空间。同时,还有一些交易条款是委托人无法调整或坚持保留的,动手修改则劳而无功。

(三) 合同起草

合同起草,是根据委托人的需求及提供的背景资料和信息,通过识别委托人的需求和必须满足的要件,结合商务知识和工作经验,借助基础文本或完全依据自己的判断,按照委托人的交易目的设计出符合委托人利益的商务及法律解决方案。

合同起草是更高层面的合同工作。起草合同是基于各种客观条件为委托人量身定制交易解决方案的过程,需要像审查合同那样去发现问题、像修改合同那样去解决问题,还要考虑实现交易目的、平衡各方利益、兼顾交易安全。此外,起草合同还要考虑整体结构、条款秩序、如何表述甚至排版等,工作量更大、技能要求更高。能够看懂和评判合同并不等于能够起草出高质量的合同,这也是合同律师与典型的诉讼律师、法官的区别。

实际工作中的合同起草往往会借鉴一些先例文本。如果有最为类似的先例文本可以作为基础,则合同起草可以简化到类似于合同修改,这也是文档管理和知识管理重要性的体现。如果合同的修改已经改变了原合同的结构并进行了深度调整,也可以视为是以原合同为基础素材的合同起草。

---

① 参见中华全国律师协会编:《中华全国律师协会律师业务操作指引①》,北京大学出版社 2009 年版,第 99—106 页。

(四)合同审查法律意见书

合同审查法律意见书,是基于法律的相关规定,针对合同条款中存在的与法律相冲突的条款、对委托人不利的条款、未作约定或约定不明的条款,以及相互矛盾的条款等可能影响委托人利益的事项,对委托人所作的书面披露。出具法律意见书虽然是律师的基本工作之一,但是针对合同审查情况单独出具法律意见书一般只针对重大的合同事项。在这类情形下,企业往往需要将法律意见书作为决策时的参考依据。也有极个别的企业要求律师以这种方式审查所有合同。

出具合同审查法律意见书需要按更高的质量标准工作,除了要看到条款间的具体问题,还要看到条款以外的问题。例如,某开发商与某地方政府商谈的旧城改造合作开发项目,其合同文本虽然存在很多问题却都不是根本性问题。根本性问题是这类项目都需要通过招标选定开发商,在对能否中标一无所知的前提下,关注合同的细节毫无意义。此外,法律意见书的精确度要求更高,对于法律问题所涉及的法律法规、司法解释、部门规章、地方性法规、地方政府规章等,必须全面地检索、调研后再得出准确的结论。

除了对法律事务的判断,出具法律意见书的立场、表述需要严守中立。站在委托人利益的角度分析问题固然理所当然,但对问题的分析需要有理有据,并以法律依据和证据客观地支持分析结论,不能依靠道听途说或主观臆断。同时,要以不带主观情绪和好恶的方式表述观点,至于是否交易则应由委托人自行决定。

(五)项目合同谈判

除有专项委托外,律师一般并不直接参与谈判,至多是参与合同"法律条款"的谈判。而企业界也普遍认为合同谈判主要属于商务活动,律师只是控制合同中的法律风险,大多谈判应由自己解决。

律师参与项目合同谈判的情形一般以并购等重大项目为多。这类谈判的重点,往往涉及具体条款的细节之争。标的品种、数量、价格等商务条款一般由当事人自行决定而无须律师的关注,律师需要关注的是合同中的不利条款、潜在风险和约定不明等影响委托人利益的情况,包括对方身份事项及资格资质等文件的真实性、完整性、合法性,以及交易内容、交易方式、问题处理方面的潜在风险等。同时,律师还应根据委托人的授权及目标,力争通过谈判对争议——加以解决。

谈判是个妥协的过程,也是合同反复修改的过程。除非一方处于绝对的强势地位,否则合同的最后文本都是双方妥协的结果。因此律师在控制合同法律风险的同时,还要清醒地认识到自己的职责是通过权利义务的平衡,帮助委托人在可以接受或可以控制的范围内达成交易,而不是单纯地从法律角度否定交易。

（六）合同法律风险管理

合同法律风险管理，是近年来越来越多的面向大中型企业的合同法律事务管理解决方案的服务，主要工作内容包括标准化合同文本体系的建设和合同管理体制的设计、优化，律师在着手这些工作之前往往还需要对企业进行全方位的合同法律风险评估。前者涉及企业现实交易情况的调研、合同架构设计、已有诉讼及纠纷的管理缺陷分析等，后者则涉及合同管理制度、合同管理流程等。两者结合，构成一个完整、有机的企业合同法律风险管理系统，属于整体解决方案的设计。

这项工作重在提供企业合同法律事务管理的解决方案，而非具体的合同审查、修改和起草。当企业规模大到一定程度时，随着合同数量的不断增加、交易规模的不断扩大、涉及部门的不断增多、法律环境的不断变化，企业往往由于自身资源的有限性而陷入提高管理效率则降低管理质量、提高管理质量则降低管理效率的怪圈，因而需要通过内容标准化、流程标准化等管理手段找出安全与效率之间的平衡，以管理手段解决法律风险问题。

三、企业合同事务的管控现状

企业对于合同文本及合同管理的需求多种多样。理论上，任何一项交易都离不开合同，因而无论企业的规模如何都有合同文本及合同管理上的需求，但事实上许多企业在这一领域并无投入或投入甚少。

（一）合同文本的基本状况

企业的合同文本因行业、交易规模、管理要求而异。小微企业有时甚至没有书面的交易凭据，而大型央企则很可能一项只有几千元的采购业务也拿出一份几十页的合同。近年来，由于管理意识的加强和合规管理的需要，国内大中型企业无论是合同文本质量还是合同管理水平都在不断提升，但共性问题依旧存在。

1. 合同文本质量参差不齐

企业的合同文本质量需求受交易规模及方式的影响。使用书面合同最多的是大中型企业，这些企业由于交易规模大、交易品种多、交易金额高、质量要求严、涉及部门多，不得不使用书面合同以便于管理。而小微企业所从事的往往是可以即时结清的小额现货交易，或是收货时仅留下签字以供对账和按月结算，一般不需要书面合同或只需要极为简单的合同。

合同文本的质量同时也受管理要求的影响。企业的发展阶段、管理水平，以及管理人员素质、企业家管理偏好等，都对合同文本质量产生影响。实行精细化管理的企业，即使法律事务管理力量并不强大，合同文本质量、合同管理水平一般也会远远高于那些只有简单的合同管理的企业。但许多企业对合同文本质量、合同事务管理还处于"无意识"状态,合同文本质量完全取决于"拿来"的合同文本的质量。

合同文本质量也与企业的相关投入有关。"行业领袖"型的企业由于经济实力雄厚、管理投入充足,往往设立专门机构负责处理包括合同事务在内的法律事务,因而合同文本质量和合同管理均具有一定的水准。而一般企业,特别是刚起步的企业、中小型企业,很多合同只是简单的订单、出货单等,甚至面对并不公平的合同条款也只能为了接单生产而忍气吞声,无从顾及合同文本质量。

合同文本质量的参差不齐及总体质量偏低也与中国市场经济的发展历程有关。许多企业是因抓住了发展机遇而起家,所以并未意识到经营管理的粗放,以及投资拉动型的简单扩大再生产式的增长及发展,但随着时代的变化一切都会改观。

2. 合同文本精度和深度不足

除了某些外资企业、大中型企业偏向于使用复杂的合同文本,大多数企业的合同文本缺乏足够的精度和深度。突出的表现是,大部分企业未能充分运用合同文本来减少不确定性、控制合同风险,而某些合同文本虽然篇幅较长却精度不足、言不及义、实用性差,仍旧难以充分维护企业的合法权益。

合同文本缺乏深度和精度的原因比较复杂,主要有以下几类:

① 缺乏专业人员或虽有专业人员但其专业能力尚不足以全面、系统地提升合同文本的质量。

② 合同争议或纠纷较少而且多以协商的方式解决,因而企业对合同文本的质量控制毫无意识。

③ 业务人员依据传统观念行事或为图省事,不愿讨论严谨的条款来影响客户"感情"或增加工作量。

④ 占有优势交易地位的企业采用霸王合同文本,而合作商为了实现交易又不得不接受,因而无须提升合同文本质量。

需要说明的是,合同篇幅较长有时并不等于更有精度和深度,具体需结合交易内容、法律环境而定。因而许多长篇大论的汉译合同在语言、逻辑及法律环境配套上存在不同程度的"水土不服",仍需结合实际环境来提高质量。

3. 合同文本未经认真梳理

从技术角度来说,合同文本都有"保质期",但大多数企业并未定期有意识地组织修订。由于法律环境及经济环境、市场供求、竞争势态、交易习惯、企业状况、标的特征、交易对象等都处于不断变化之中,合同文本必须随之变化以适应现实环境,如果一成不变就无法充分利用法律规则和约定权实现合同价值的最大化。因此,合同文本不仅需要体系化,还需要持续不断的循环改进。

未经系统梳理的合同文本,质量无法得到保障。许多企业一直在沿用说不清来源的合同文本或套用其他企业的合同文本,很少深入推敲合同条款或梳理文本体系。甚至一些企业不分青红皂白直接"拿来"的合同文本,居然引用《经济合同法》(已失效)等已经废止的法律规范,并照搬早已失效的 20 世纪 80 年代的质量标准。而一些企业虽然建立了自己的合同文本体系,但合同文本有着明显的未经推敲而直接"借鉴"的痕迹,在维护企业利益方面隔靴搔痒。

此外,合同文本梳理并非建立"霸王合同文本"体系。建立"霸王合同文本"体系是许多企业的愿望,稍有交易优势地位的企业都希望着手实施,但其实是个误区。这类合同通过排斥相对方权利或扩大相对方义务的方式虽能在一定程度上降低自己的风险,但也最容易掩盖企业管理能力的不足而使之长期得不到改善。合同文本可以既严厉又不霸王、既尊重对方又不给对方以可乘之机,同时还可以设计得让相对方更容易接受,并因此提高合同的交易安全和管理效率。

(二)合同管理的基本状况

企业的合同管理并非简单的合同盖章、归档管理,而是涉及从供应商的选择直到售后服务完成的经营管理全过程。企业的合同风险分别来自合同文本及合同管理两个部分,合同诉讼中的图章问题、违约问题、证据灭失等问题即为后者,因而合同管理是企业另一主要合同法律风险来源。同时加强合同文本、合同管理两方面的管理,才能同时堵住这两个最主要的合同法律风险来源。从这个角度去审视,大部分企业的合同管理存在许多不足。

1. 制度体系建设缺乏

合同管理制度设计是合同管理工作摆脱"想当然"而步入系统化的基础。这类制度设计涉及合同事务管理的职责范围、职权范围、管理制度、管理流程等,需要有明确的职责分工、工作内容、质量要求,而且职责分布上需要全体设计,管理流程上要打通各部门的配合环节。

但大多数企业的合同管理制度相对空泛,只有原则性的要求而远未达到可识别、可操作的程度。例如对于合同审查,大部分企业只有审批职责的分配却无具体的操作清单及具体要求,因此当问及具体的审批依据时连审批负责人也无法回答。这类未将管控措施落实到位的管理制度只是完成了初级阶段的工作,至多只能控制住基于常识能够识别的风险。

2. 管理机构设置粗犷

机构设置是落实管理职责、发挥管理职能的重要措施。按照现代企业的通例,法律事务管理需要设立专门的法律事务部并由法律专业人员承担职责,或将法律事务管理职责划归某个部门并由法律专业人员承担职责。

在这一方面最重要的是设立具有这一职能的机构而不在于其名称,甚至都不一定是个独立的机构。最起码的要求应该是设置专门的职位来管理这类事务,而不在于这一职位被设在哪个部门。但独立的机构直接对总经理或董事长负责,更有利于法律事务管理人员排除干扰充分发挥作用。然而目前只有大型企业的法律事务管理机构设置比较普遍,许多中型企业并无此类常设机构,某些企业甚至没有外聘法律顾问。

3. 管理人员配置不足

合适的管理人员配置是法律事务管理能够充分发挥作用的保障。理想状况下的法律事务管理人员,从法律知识及素养而言,最好已经通过国家统一法律职业资格考试并取得《中华人民共和国法律职业资格证书》,或者持有以往的《中华人民共和国企业法律顾问执业资格证书》,以确保其具备基础法律知识、基本法律素养,更容易从法律角度解决问题。

事实上许多企业的法务人员并不具备这类资格,甚至没有法律专业背景。但这并不等于这些人无法称职地工作,因为企业内部的法律顾问往往需要多种知识背景以应对多种事务,包括许多专业律师并不擅长的工作。

更大的问题是他们的工作时间分配,许多法律专业的法务往往会被企业指定从事多种工作,因此占用许多专业工作时间从事非专业的事务,影响专业资源的有效利用。

4. 两套系统并行管理

合同是经营活动的一部分,合同事务管理应与企业管理相结合。合同的签订、履行过程几乎涉及企业所有部门的相互配合,而企业即使设立了法务部门也难以包揽所有事务,因此合同管理需要将管理职责分散到各个部门,各司其职。

理想的合同管理,是平衡企业运营的效率及安全,将法律风险控制措施植入企业管理制度一并执行,以管理手段解决法律问题。企业并不具备完成这类专业性工作的能力,依靠自身力量无法完成系统设计。因为合同管理横跨企业管理与法律事务处理两个领域,外聘律师或企业法务的日常工作内容通常只是其中的一小部分,根本无法满足法律风险管理的需要。

5. 合同文本管理方式滞后

每个大中型企业都会有一系列经常发生的交易,如原料采购、产品销售等,并形成类似的一系列合同文本。

那些关注合同文本管理且在交易中处于一定优势地位的企业,会为这类经常发生且己方处于优势地位的交易设计标准化的合同文本以形成完整的体系。这种体系一旦形成,企业可以利用相对优势的交易地位在交易时使用己方制定的合同文本,从而节省不必要的合同内容审查时间,提高交易的效率。而合同文本管理比较差的企业,则仍旧采用传统的模式,对内容没有本质区别的合同反复洽谈、修改、审查,既浪费时间又降低效率。

两种不同的管理模式体现了不同的管理水平。前一种方式相当主动,以各部门共同参与设计的标准化合同体系确保文本的质量和交易的效率,而后者则是低水平的重复劳动。但目前大多数企业采用的是后一种方式,因而合同文本质量不稳定、工作效率难以保证。

四、合同工作的问题与挑战

合同工作是律师行业的一项"古老"业务,随着经济的发展、法律的变化、技术的进步,合同工作面临越来越多的超出传统范围的挑战,许多挑战并非来自法律领域,虽易被忽视但不得不认真面对。

(一) 市场新需求的挑战

来自合同法律服务市场需求的挑战,主要是新模式、专家化和跨学科等多元化服务需求。当前最常见的合同工作仍以法律顾问服务为主,为委托人提供例行的合同审查、修改、起草占据着主要的法律顾问服务时间。

1. 新业务模式的挑战

基于互联网通信的发达以及电子商务平台的日益成熟,众包服务模式正在向法律服务领域延伸。比较典型的众包服务模式,是叫车软件或送餐软件采用的模式。这种模式下,对于比较简单的法律服务需求,企业无须聘用常设的工作人员而是通过众包服务平台将业务需求、业务要求发送给经过认证的接包人。接包人以抢单的方式获得业务,并在完成任务后与发包人,即发送需求的企业,按质论价,计件结算。

目前,已有企业在设想能否将这一模式引入法律服务行业,但更为成熟和实际的则是企业的法律服务外包。在这种模式下,律师事务所经过认证后纳入统一的供应商目录,成为企业的法律服务供应商。企业的业务需求有时会发给所有供应商,并通过竞争性报价等方式择优分配。

从发展趋势来看,这些模式在将来会越来越普及,但瓶颈会在服务的标准化和计价的标准化方面。一些合同审查服务则早已在网上出现,同样也对传统的律师合同工作产生冲击。

2. 专家化需求的挑战

所谓专家化,是指某些企业的法律服务需求已不仅仅是专业化,而是建立在专业化基础之上的专家化。这意味着企业所需要的律师已经不仅仅是精通某一专业领域法律知识,还要有该领域的工作经历及经验,能够在解决法律问题的同时向企业提供该领域进行业务操作方面的技巧,以弥补新设公司或新业务领域里的经验不足。

这种情形早已出现,而且专家型律师越来越受企业的欢迎。专家型律师可以将法律解决方案与企业经营发展相结合而提出最佳的解决方案,对企业更有价值;同时,还能让企业在发展的过程中充分利用资源,少走弯路。专家型律师所给出的解决方案,往往还能降低企业的投入成本或开拓业务领域,不仅控制法律风险还能帮助企业创造财富,甚至为企业创造的财富远远高于其从企业收取的费用。

3. 跨学科需求的挑战

律师行业所提供的法律服务其实早已跨出传统律师的工作范围、工作模式。买断债权资产后通过法律手段实现债权、以类似于保理业务的方式调解债权纠纷并收取费用、以合同工作为依托寻找项目并收取中介费用等,都是有益的业务创新探索。法律风险管理业务横跨法律和管理两个领域且完全采用咨询公司的运作模式而非传统的律师工作模式。

在这种工作模式下,律师业务已经远离传统。咨询公司的运作特点,是从传统的合同审查、修改及合同诉讼业务中脱离出来,将在这些领域取得的经验和磨炼的技能反向用于事先消除合同文本缺陷、合同管理缺陷。而律师工作的重心也不再是解决现实中存在的合同文本、合同纠纷,而是面向未来设计全局性、系统性的解决方案,并将这些方案以成熟、可直接操作的管理制度、管理流程、标准文本体系的方式提供给企业。这种模式已经不再是法律事务处理,而是战略性的运筹帷幄。

这些挑战都说明传统的合同工作领域早已发生变化,而且会发生更多的变化。随着服务需求向更高深、更精细、更全面的方向发展,法律人需要在服务内容与新形势下的需求之间寻找平衡和突破,并有针对性地先行研究和早做准备。

(二) 现代新科技的挑战

在合同工作面临越来越多的新模式、新需求挑战的同时,信息技术、人工智能等方面对传统律师业务的挑战也悄然而至。技术在为法律专业人员提供越来越多的工作便利的同时,也在试图从某种程度上取代法律专业人员。

1. 合同文本库的挑战

合同文本库的兴起,挑战着律师的业务经验和知识面。传统的律师合同工作经验积累,依靠的是亲力亲为和律师事务所知识管理制度下的共享,以及少量的收集。而目前已经有不少的新兴服务企业,将各类文本收集、整理后向法律人打包提供样本服务。这对于缺少先例文本、不知如何设计文本的法律人来说,至少会在一定程度上满足形式上的合同需求。

在律师借助这些文本为委托人提供服务的同时,委托人也可以直接绕过律师使用这些文本,因而它既是便利也是挑战。正如每个人都可以使用专业的法规库但并非每个人都能读懂一样,律师对法律体系整体的理解能力,以及在具体合同事务中识别交易目的、充分发挥法律授权的作用并为委托人量身定做合同的能力,仍旧无法替代。

2. 辅助审查系统的挑战

以人工智能辅助审查合同的软件测试早已开始。辅助审查系统能够在一定程度上发现合同中存在的一些问题。在以色列 Law Geex 公司于 2018 年举办的合同技能人机竞赛中,经验丰富的人类在审查保密协议的过程中,无论是时间上还是准确度上都被人工智能机器完败。目前该公司在对产品进行完善,同时也获得了更多的投资和客户。中国也有企业在进行类似的研究和测试,但技术相对简单。

这类研究在 20 世纪便已经开始,但真正能够产生巨大影响的是现在这一轮的人工智能革命,带有学习功能、能够自行判断、阅读理解迅速、交谈能力超强的人工智能已经开始在某些领域投入使用。从技术角度来说,以机器人律师替代人类律师提供法律咨询并不遥远,因为机器与人相比有更全面的知识储备和更强的检索能力,只要问题的识别和分类技术足够先进。人工智能虽然可以提供足够的辅助信息以供参考、甄别,但要想成熟地针对不同需求下的各类合同进行审查,应该还有更长的路要走。

3. 人工智能合同的挑战

通过人工智能辅助生成合同的研究同样在 20 世纪便已经开始,只是在当时的信息技术和人工智能技术条件下只能无果而终。在新一轮人工智能技术的推动下,这类研究会更接近其希望达到的目标。

应该说这类技术实现容易使用难,也就是说,让人工智能辅助生成一份合同并不困难,只需要包含足够多合同条款的数据库和能够以一定的算法将数据库的条款组合成一份合同的软件即可。但人工智能要想达到熟练的律师助理的工作水平,即生成的基础合同文本经过不多的改动即可投入使用,则仍有许多技术难题需要突破。理论上,人工智能合同方面所涉及的大多数问题都可以通过技术解决,甚至人工智能可以比人类解决得更快、更全面。人工智能能否赶上和超过人类律师设计合同过程中的系统判断能力、综合整合能力,取决于对合同文本的理解水平和委托人需要的识别水平,这是跨越诸多学科的问题。

总而言之,目前信息技术和人工智能在合同领域上比较成熟的运用仍旧以信息查询系统为多。人工智能律师也会逐步在具体领域的特定业务范围内出现。律师所要考虑的是,如何运用这些技术完成他们本身无法完成的工作,而非仅仅成为一名设备操作工。

第三节　合同法律思维及法律调研

由于中国的教育体系中并无"合同"这一学科,学生对合同的了解是通过合同法课程而非合同课程,因而许多人理所当然地将合同工作理解成合同法业务,将合同所涉及的法律问题当成合同法问题。这些都是重大误解,因为合同所涉及的问题远不止法律,所涉及的法律也远不止合同法。

一、合同涉及的法律领域

合同是交易双方以书面形式就交易所达成的一致意见,是经过利益博弈达成利益平衡的结果。合同法是交易中设立、变更、解除合同关系所要依据的规则,因而合同与合同法是交易行为与行为规范的关系。如果从内容角度理解,合同涉及许多合同法并未涵盖也无法涵盖的法律领域。从合同涉及的法律范畴的角度更能理解合同工作需要怎样的法律思维。

(一)合同内容涉及的法律范畴

从整体情况归纳,各类立法调整交易主体、交易内容、交易方式等合同的方方面面。

1. 主体资格法

主体资格法,是指法律对于交易主体从事某些交易所应具备的资格条件方面的规定。这一领域主要涉及限制流通物的经营资格,交易主体不合格则属于违法交易。对于交易主体,最为基本的是《民法典》(2020 年)合同编第四百六十四条所提及的"民事主体"。但法律对交易主体的规定远不止这些,许多法律都对交易主体资格进行了约束。因此在具体的交易中,只有符合法定要求的自然人、法人及其他组织才是法律上合格的合同主体。

这方面的约束分为普遍性约束和专业性约束,前者见于法律对企业设立的注册登记、社会团体的成立登记等管理要求,后者见于行业管理法律法规对经营者的资格、资质等要求。如《注册会计师法》《执业医师法》《律师法》等,分别规定了特定领域的交易主体必须具备的资格。

2. 标的要求法

标的要求法,是指法律对于交易内容的相关规定,也就是无论是产品、财产还是服务,交易标的都必须符合一定的质量上或法律上的强制要求,以确保人身、财产安全,主要涉及禁止流通物管理。例如,《产品质量法》(2018 年修正)明确规定了工业产品质量方面的强制要求,《广告法》(2021 年修正)明确规定了广告内容方面的准则。这些责任要求使得不同的标的均有一定之规,以维护社会的公共利益。

除了法律法规,产品及服务等必须符合《标准化法》(2017 年修订)规定的国家标准、行业标准、地方标准中的强制性质量标准,不符合相关标准的则不允许生产和销售。因此,合法的生产经营需要遵循的规范非常多。

3. 交易规则法

交易规则法,是指法律对所有交易的通用规则及特定交易所需具备的规则的规定。这类法律是规范交易活动的通用基本规则,为设立、变更交易关系等设立了基本秩序,《民法典》等调整合同关系的法律规范以及相关司法解释中都有许多这方面的内容。《消费者权益保护法》中对于交易场所、售后服务等方面的具体要求,同样属于此类。

除此以外,各行业主管部门对所辖行业的产品或服务在经营、交易方式方面往往有更为具体的强制性要求。如《中国人民银行法》(2003 年修正)对于银行负债比例有明确要求,《保险法》(2015 年修正)对保险合同的内容等具有一系列强制规定。

另外比较常见的,便是对于某类交易的要式合同规定。比如某些合同的生效、变更等都必须经过政府主管部门批准,某些合同必须经过招投标程序后方可与中标方签订等,可谓规则之上还有规则。

4. 经营责任法

经营责任法,是指为了平衡交易双方的利益而确定的从事某种行业经营活动所应承担的特定义务的法律。这种法律既可能针对所有交易,也可能仅针对某领域的交易。例如,《消费者权益保护法》便是以立法的方式保护非专业的、在交易中处于弱势地位的消费者的合法权益。

这些法律大多属于法律明确规定的某行业生产经营者必须履行的义务。例如,《产品质量法》明确规定了产品生产者和经营者对于产品质量和消费者的责任,《食品安全法》对食品的生产、加工、贮存、运输、销售等经营活动提出了一系列的强制性要求,《保险法》则对保险公司的一系列活动设立了规则。这些规则以维护双方利益平衡的方式,设立了具体交易中双方的权利义务。

此外,交易行为还要遵守其他相关法律所规定的权利义务,比如标的所涉及的知识产权、他项权等相关法律的权利义务规定。

上述划分只是对于合同所涉及的法律的一种理解方法。每份合同都涉及普遍适用的法律、特定交易适用的法律,以及双方均需遵守的法律、仅需单方遵守的法律。例如,商品房交易不仅要遵守普遍适用的《民法典》,还要遵守商品房买卖的相关法律,以确保标的、交易、卖方主体的合法性。同样,家电产品交易除了涉及《民法典》,还涉及《产品质量法》《消费者权益保护法》等法律。

(二)合同类型涉及的法律范畴

合同分为典型合同与非典型合同,《民法典》(2020年)以前称之为有名合同与无名合同。当然也有更多学理上的划分。《民法典》(2020年)合同编的典型合同分编对十九种典型合同的定义、交易规则进行了明确规定,并增加了《民法典》(2020年)合同编准合同分编中的两类"准合同"。

在法律适用方面,典型合同主要适用《民法典》(2020年)典型合同分编中的相关规定和通则分编的规定。而现实中大量存在的非典型合同,法律适用问题则相对复杂。

1. 其他合同法律规定

《民法典》(2020年)第十二条规定:"中华人民共和国领域内的民事活动,适用中华人民共和国法律。法律另有规定的,依照其规定。"这一规定同样说明合同不仅仅受《民法典》的规范,这一点对于典型合同也是一样。

2. 最相类似合同规定

在非典型合同方面,《民法典》(2020年)第四百六十七条第一款规定:"本法或者其他法律没有明文规定的合同,适用本编通则的规定,并可以参照适用本编或者其他法律最相类似合同的规定。"

3. 参照买卖合同规则

在有偿合同方面,《民法典》(2020年)第六百四十六条规定:"法律对其他有偿合同有规定的,依照其规定;没有规定的,参照适用买卖合同的有关规定。"由此可见,买卖合同在法律适用上在为所有的有偿合同拾遗补缺。

几乎是作为非典型合同法律适用的一个例证,《民法典》(2020年)第六百四十七条规定:"当事人约定易货交易,转移标的物的所有权的,参照适用买卖合同的有关规定。"

二、合同涉及的法律层级

法律有广义与狭义之分。狭义的法律是指有立法权的国家机关依照立法程序制定的规范性法律文件;广义的法律包括狭义的法律、有法律效力的解释以及行政机关为执行法律而制定的规范性文件。结合《立法法》(2023年修正)、其他法律的相关规定以及律师实务,通常所说的"法律法规"不但涉及诸多法律领域,而且每个法律领域还分为诸多层级,考虑稍有不周便可能百密一疏。

(一)法律

全国人民代表大会及其常务委员会制定的法律是最高层级的法律规范。依照分工,全国人民代表大会制定和修改刑事、民事、国家机构的和其他的基本法律,其常务委员会制定和修改除应由前者制定的法律以外的其他法律,并在全国人民代表大会闭会期间对全国人民代表大会制定的法律进行部分补充和修改,但不得同该法律的基本原则相抵触。

全国人民代表大会及其常务委员会制定、颁布的法律有时未必以"法"命名但也仍属法律,如《民法典》(2020 年)同其他"法"一样属于全国人民代表大会制定的法律。就合同而言,几乎所有合同都会同时涉及不同的法律。例如,广告合同除了适用《民法典》,还适用《广告法》,同时还可能涉及《反不正当竞争法》《消费者权益保护法》等,并涉及其他层级与广告相关的立法。

除此之外,需要特别注意的是国际条约的适用。《民事诉讼法》(2023 年修正)第二百七十一条规定:"中华人民共和国缔结或者参加的国际条约同本法有不同规定的,适用该国际条约的规定,但中华人民共和国声明保留的条款除外。"因此,某些国际条约在特定领域有可能同为中国法律的渊源。

(二)立法解释与司法解释

《立法法》(2023 年修正)第四十八条、第一百一十九条分别规定了"法律解释权属于全国人民代表大会常务委员会"和"最高人民法院、最高人民检察院以外的审判机关和检察机关,不得作出具体应用法律的解释"。立法解释和司法解释的性质有所不同,前者是由不同层级的立法主体对所立的法律进行解释,后者是最高人民法院、最高人民检察院对于法律的具体适用所作的解释。依据《立法法》(2023 年修正)第一百一十九条对于法律的具体应用"作出的属于审判、检察工作中具体应用法律的解释,应当主要针对具体的法律条文,并符合立法的目的、原则和原意"。各个层级的法律都存在立法解释。其中,全国人大及其常委会的数量不多但对《刑法》解释较多,国务院办公厅等部门则解释各类行政法规、法律的实施细则或行政法规执行中的问题,地方性法规和地方政府规章以此类推,但这些解释远不如最高法院的司法解释影响深远。

最高人民法院依据职能对于司法审判过程中如何理解、适用法律所作的解释并非《立法法》(2023 年修正)意义上的法律,但这些解释是控制合同风险、解决合同争议的重要依据。尤其是在《民法典》(2020 年)生效后调整和新颁的关于合同的各类司法解释。

1. 合同类司法解释

由于现行《民法典》(2020 年)于 2021 年 1 月 1 日取代了原有的与合同相关的《民法总则》《民法通则》《合同法》《担保法》《物权法》《侵权责任法》等法律,最高人民法院废止、更新了大量与相关法律对应的司法解释,并结合《民法典》(2020 年)新颁了一些司法解释。

截至 2023 年年底,有效的合同相关的司法解释如下:

(1)《最高人民法院关于适用〈中华人民共和国民法典〉合同编通则若干问题的解释》(法释〔2023〕13 号);

(2)《最高人民法院关于适用〈中华人民共和国民法典〉总则编若干问题的解释》(法释〔2022〕6 号);

(3)《最高人民法院关于适用〈中华人民共和国民法典〉有关担保制度的解释》(法释〔2020〕28 号);

(4)《最高人民法院关于适用〈中华人民共和国民法典〉物权编的解释(一)》(法释〔2020〕24 号);

(5)《最高人民法院关于审理建设工程施工合同纠纷案件适用法律问题的解释(一)》(法释〔2020〕25 号);

(6)《最高人民法院关于审理技术合同纠纷案件适用法律若干问题的解释》(法释〔2020〕19 号,2020 年修正);

(7)《最高人民法院关于审理城镇房屋租赁合同纠纷案件具体应用法律若干问题的解释》(法释〔2020〕17 号,2020 年修正);

(8)《最高人民法院关于审理融资租赁合同纠纷案件适用法律问题的解释》(法释〔2020〕17 号,2020 年修正);

(9)《最高人民法院关于审理涉及国有土地使用权合同纠纷案件适用法律问题的解释》(法释〔2020〕17 号,2020 年修正);

(10)《最高人民法院关于审理买卖合同纠纷案件适用法律问题的解释》(法释〔2020〕17 号,2020 年修正);

(11)《最高人民法院关于审理商品房买卖合同纠纷案件适用法律若干问题的解释》(法释〔2020〕17 号,2020 年修正);

(12)《最高人民法院关于审理涉及农村土地承包纠纷案件适用法律问题的解释》(法释〔2020〕17 号,2020 年修正);

(13)《最高人民法院关于适用〈中华人民共和国保险法〉若干问题的解释(四)》(法释〔2020〕18 号,2020 年修正);

(14)《最高人民法院关于适用〈中华人民共和国保险法〉若干问题的解释(三)》(法释〔2020〕18 号,2020 年修正);

(15)《最高人民法院关于适用〈中华人民共和国保险法〉若干问题的解释(二)》(法释〔2020〕18 号,2020 年修正);

(16)《最高人民法院关于适用〈中华人民共和国保险法〉若干问题的解释(一)》(法释〔2009〕12 号)。

修正除此之外,最高人民法院于 2019 年 11 月印发的《全国法院民商事审判工作会议纪要》(法〔2019〕254号)虽然不是司法解释,但仍旧是分析合同诉讼可能后果的重要"准司法解释",在没有司法解释的领域可供参考。

2. 涉及合同的其他司法解释

除上述正式的关于合同的司法解释外,某些"批复"或关于其他问题的司法解释也会涉及合同问题,而且容易在合同工作中被忽略或遗漏。例如,最高人民法院《关于审理出口信用保险合同纠纷案件适用相关法律问题的批复》(2013年)特别规定:"对出口信用保险合同的法律适用问题,保险法没有作出明确规定。鉴于出口信用保险的特殊性,人民法院审理出口信用保险合同纠纷案件,可以参照适用保险法的相关规定;出口信用保险合同另有约定的,从其约定。"

再如,《公司法》(2018年修正)中的公司章程其实也是一种合同,因此与公司章程相关的司法解释,可视为专门适用于章程类合同的司法解释。

此外,某些地方高级人民法院也会制定一些关于合同纠纷法律适用问题的解释。无论这些解释在法律上如何定位,都不妨碍这些解释在各省级行政区范围内得到法院的执行,因此也需要尽量关注。

3. 最高人民法院指导性案例

中国并不是判例法国家,先例判决并不当然影响后续类似案件的判决。但最高人民法院下发的指导性案例往往代表最高人民法院对于某些法律问题的主流观点,足以影响各级法院的审判思路和结果,是合同工作中必须注意的"准司法解释",合同中的约定应尽量避免与这类案例的观点相冲突。

(三)行政法规

根据《立法法》(2023年修正)第七十二条的规定,国务院根据《宪法》和法律可以就执行法律的规定需要制定行政法规的事项、《宪法》第八十九条规定的国务院行政管理职权的事项,制定行政法规。在《立法法》规定的角色中,行政法规既可以是对法律的补充,也可以是某一领域正式立法前的过渡。

数量庞大的各类行政法规是合同工作中经常要接触的内容。按照《民法典》(2020年)第一百五十三条第一款的规定:"违反法律、行政法规的强制性规定的民事法律行为无效。但是,该强制性规定不导致该民事法律行为无效的除外。"商务合同往往会涉及行政法规、部门规章、地方性法规等,跨行业、跨地区的非典型合同更是如此。因此要特别注意行政法规的规定是合同有效的底线,以避免影响合同的效力或受到行政处罚。

(四)地方性法规

依据《立法法》(2023年修正)第八十条的规定:"省、自治区、直辖市的人民代表大会及其常务委员会根据本行政区域的具体情况和实际需要,在不同宪法、法律、行政法规相抵触的前提下,可以制定地方性法规。"该法第八十一条还规定,"设区的市的人民代表大会及其常务委员会根据本市的具体情况和实际需要,在不同宪法、法律、行政法规和本省、自治区的地方性法规相抵触的前提下,可以对城乡建设与管理、生态文明建设、历史文化保护、基层治理等方面的事项制定地方性法规,法律对设区的市制定地方性法规的事项另有规定的,从其规定"。

在地方法规层面,除了地方法规本身还有民族自治地方的自治条例和单行条例。《立法法》(2023 年修正)第八十五条规定,"民族自治地方的人民代表大会有权依照当地民族的政治、经济和文化的特点,制定自治条例和单行条例"。

地方性法规的存在大多是为了结合本地情况进一步细化中央政府及所辖部门的行政法规、部门规章,或在某些法律规范的空白领域建立秩序。例如,《浙江省合同行为管理监督规定》(2021 年修正)中大量篇幅是关于格式条款的规定,同时该规定授予工商行政管理部门罚款、追缴非法所得等权力,浙江省内的合同行为都要受其约束。

大量地方性法规的存在既是对上位法的有效补充、细化,也是对律师法律常识的一种挑战。由于法学教育体系课程设计上的原因,院校教育一般并不介绍法条的理解与应用,对于地方性法规,更是很少提及。跨地区的交易行为一定要了解不同行政区域地方性法规的不同,否则很容易在异地受到处罚或遭受损失。

(五)部门规章

根据《立法法》(2023 年修正)第八十条的规定,国务院各部、委员会、中国人民银行、审计署和具有行政管理职能的直属机构,可以根据法律和国务院的行政法规、决定、命令,在本部门的权限范围内制定部门规章。部门规章虽然并非用于判定合同是否有效,但其是全国通用的规范体系,也是大部分行政处罚的直接依据。

部门规章数量庞大、水平不一、时间跨度大,而且还时常废止、修订,因此有时会相互冲突,甚至存在早已多年不再执行但并未明令废止的情况。

(六)地方政府规章

依据《立法法》(2023 年修正)第九十三条的规定,"省、自治区、直辖市和设区的市、自治州的人民政府,可以根据法律、行政法规和本省、自治区、直辖市的地方性法规,制定规章"。地方政府规章可以就"(一)为执行法律、行政法规、地方性法规的规定需要制定规章的事项;(二)属于本行政区域的具体行政管理事项"作出规定。

地方政府规章属于最低层面的强制性规范,与地方法规之间的区别在于后者来自各级地方人大及其常委会,而地方政府规章则来自各级地方政府。除此之外的其他政府或政府部门所制定的各类行为要求属于《立法法》(2023 年修正)第一百一十六条提及的"规范性文件",法律上并没有进一步描述。

如果没有上位法支撑,仅仅违反这些规章往往只会受到行政处罚而不会导致合同无效。但忽略这一层级的规定,甚至忽略《立法法》范畴之外的政府部门条令、规定等,很有可能导致某些行为无法获得政府部门的许可。政府部门的规范性文件虽非《立法法》意义上的法律法规,但对于某些需要政府部门审批、备案、登记才能生效的合同而言,却是不可逾越的强制性要求。有些地方政府规章及地方规范性文件甚至存在与上位法的冲突,或增加了交易人的义务,或限制了交易人的权利,是服从规定还是据理力争只能由当事人自行决定。

合同涉及的法律领域与合同涉及的法律层级,分别是从横、纵两个方面解析合同涉及的法律体系,合同正是处于这样一张纵横交错而又无形的"网"中。虽然中国加入世界贸易组织前后都曾对部门规章进行了系统的梳理,但部门规章仍旧体系庞杂、数量庞大,需要在合同诉讼或审查合同时加以研究以看清这张"网"。有些地方性法规、地方政府规章等只能从地方政府的网站查到,也给合同工作带来了许多不便。

三、合同工作的思维模式

合同工作思维与合同诉讼思维同属法律思维的组成部分。与诉讼思维相比,合同思维首先需要面对的是交易利益,然后才是交易涉及的法律问题。而且许多条款是面对未来可能发生也可能不发生的问题,因此合同问题并不等于合同法问题,合同思维不同于诉讼思维。

(一)合同思维是反向的诉讼思维

合同是交易双方为实现某种资源交换而达成的一致意见,因此它首先属于经济行为。由于交易行为受到法律规范的调整,因此合同才成为法律行为。合同思维与诉讼思维的基本思路大致相同,但在运用方向上完全不同。

1. 法律思维是逻辑思维

法律思维是法律职业(包括律师、法官、检察官)共同的思维模式,也就是基于事实和法律依据进行逻辑判断并得出结论。逻辑的运用,是概念明确、思路清晰、判断准确、结论可靠的保障。依据经验、常识进行简单的判断有时会理不出头绪或失之毫厘,谬以千里。

法律思维的例证之一,便是基于逻辑规律不断排除不可能的选项直到得出有根有据的结论。例如,对于脑筋急转弯中的"打鸟问题",也就是树上共有五只鸟,猎人开枪打死一只后还剩几只的问题,很能说明常识判断和逻辑判断的区别。基于常识,结论当然应该是一只也不剩。但在一个广为流传的笑话中,一个学生针对老师的提问发出了一连串的反问,诸如猎枪有没有装消音器,树上的鸟有没有听觉障碍、视觉障碍、反应障碍,有没有精神疾病、自杀倾向,有没有被绑在树上、粘在树上、挂在树上,以及有没有被其他动物抓走等。在都得到否定的回答后,学生才对老师说:如果是这样,那么树上一只鸟也不剩。这虽是笑话,但严谨地运用了排除法,是常用的逻辑思维模式之一。

在这个例子中,思维模式虽有天壤之别但得出的结论却完全相同,似乎是牛刀杀鸡甚至是小题大做,但唯有后者才有可能分析、判断复杂问题。基于经验、常识所进行的判断在大多数情况下不会有问题,但在重大问题上哪怕是百分之一的错误,对于当事者也是百分之百的错误。因此法律职业需要用事实和法律通过逻辑过程进行判断,以排除其他可能后得出唯一正确的结论。

2. 合同思维是诉讼思维的反向运用

由于工作性质不同,合同思维与诉讼思维在应用上各有侧重。在事实依据方面,诉讼律师需要以符合法定要求的证据来证明自己的观点,合同律师则既可以将尽职调查结果作为依据,也可以仅依据当事人的交易背景介绍来提出自己的建议。在法律依据方面,诉讼律师需要将法律依据直接作为实现自己主张的依据,而合同律师大多需要设定合同条款以解决未来可能发生也可能不发生的问题。诉讼律师的工作需要法官的判决来检验成效,而合同律师的工作却往往直到合同履行完毕才能明确其质量状况。

总体来说,合同思维是诉讼思维的反向运用。诉讼律师及法官、检察官的工作都是针对已经发生的问题通过证据及法律得出结论,因而需要考虑证据是否无效、是否违法、谁承担责任、承担何种责任问题;而合同律师需要考虑的则是如何尽量避免未来的不确定性因素可能带来的不利影响,需要解决的是未来可能发生也可能不发生的问题,更需要具有前瞻性的眼光。

简单地说,合同思维与诉讼思维都讲究事实与法律,讲究逻辑思维,但合同思维不是将法律规则、业务经验用于解决已经发生的问题,而是将其反向运用于解决未来可能会发生的问题。

(二) 合同工作的思维模式

合同工作的本质,是律师围绕当事人的交易目的等工作目标,依据客观条件和法律环境,充分运用工作技能和法律规定,从法律上和商务上为当事人进行交易安排,以实现其合法利益的最大化。合同思维是法律思维在合同领域的具体化和程序化,这一过程中必须在理想与现实、效率与安全、成本与效益等因素之间进行平衡。

1. 识别交易目标

目标有直接与间接、表面与实质、过程与终极之分,因而有时首先需要识别交易目标。经常性的普通交易大多并不需要这一步,因为其目标就是简单的买或卖,与主营业务相关的原材料或产成品交易便是如此。而那些非常规项目的交易,尤其是战略性的远期交易,则大多需要识别当事人的真正目标以便为后续工作指明方向、理清思路、落实定位。

例如,以投入生产使用为目标的设备采购与作为商品经营的设备采购,为了取得生产能力与为了取得土地而收购目标公司,为了自己取得服务与为了阻止竞争对手取得服务而签订的服务合同,虽然都是同类合同,但有着不同的交易目标,而不同的交易目标决定了利益重心与条款设计的不同。

换言之,理解了工作要求只能做到"形似",了解了工作目标及更多细节才能做到"神似"。虽然合同工作是以提交文本为目标,但企业的终极目标是得到实现交易的最优方案。现实中往往因为没有目标识别的过程,而导致需要返工的无效劳动,或是质量不尽如人意。

2. 了解交易背景

交易背景信息包括委托人的交易目的及希望的交易条款、交易价格、安全底线、交易中的优势、是否处于优势地位、交易相对方对交易的重视度、合同条款可否协商,以及遇到的困难和不利因素等。一般而言,处于优势交易地位的一方更能决定交易模式、合同条款。而以双方初期洽谈中已经达成的原则、设想、一般包括条款或文本草案为基础起草合同更容易事半功倍。

交易背景信息虽相对简单、笼统,但它包括了委托人的基本想法甚至合同框架,有利于准确、直接地确定合同条款的基本边界甚至内容。委托人提供的这类信息越多,后续的合同工作越容易完成、越容易满足委托人需求。当然有些交易信息并不确切,比如那些严重影响交易安全或交易利益且对方声称不可变更的条款,有时可以通过进一步的协商或变通予以解决。

3. 核实法律要求

法律关于主体资格、交易内容、交易方式的强制性要求不可逾越,但委托人可能并不知道这些,这正是需要法律人找出解决方案或提出忠告的主要原因。常规商品或服务的交易通常无须经过这一步骤,但并不常见的标的或并不常见的交易模式有时确实需要了解法律环境,以避免低级法律错误引起的不便或损失。

在学理上,法律条款有强制性和授权性、指引性和任意性之说。这些理论上的区分在现实中并非泾渭分明,但在合同工作中需要特别留意。其原则是:避免与强制性规定冲突、用足允许当事人自行约定的授权、法定优先适用当事人约定的应尽量约定,同时还应举一反三发现问题、设计解决方案条款,以便在法律框架内实现委托人合法权益的最大化。

某些特定的交易在了解交易背景时可同步进行前置的合法性审查。例如重大的政府工程项目均需招标,中标这一关都还没过就根本无须讨论合同问题。

4. 寻找最优方案

前述工作完成后,交易目标、交易背景、法律要求已使工作方向、工作内容有了清晰的轮廓。接下去需要做的,是如何克服重重障碍找出最佳方案去实现委托人的交易目标。至于走怎样的路径、用什么方式,则完全属于合同律师专业技能问题,需要依靠合同律师本身的职业修养和工作经验。

从这个角度考虑问题,合同审查无非就是发现合同条款在交易目标、交易愿景、法律规定之间是否存在冲突或其他缺陷,也就是发现影响顺利交易的障碍;合同修改是从这三个方向调整双方权利义务的边界,以使双方利益平衡后实现交易;而合同起草,则是直接将二者有机地融合在一起,在理想与现实中达成平衡以实现交易。

合同思维与诉讼思维看似不同实则殊途同归,工作的支点仍是事实、法律和逻辑。合同思维普遍适用于合同审查、合同修改、合同起草,并贯穿合同工作的始终。不同的是,诉讼思维是针对既成事实通过事实与法律去争取一个有利的结果,而合同思维则是基于风险控制通过事实与法律去避免未来可能发生的不利后果。

(三) 合同工作中的事实与法律

合同工作中"事实与法律"最直接的体现,是尽职调查和法律调研。前者通过调查取证以证明某种事实的存在,后者通过对法律体系的检索、研究找出法律依据。尽职调查将在本书第二章进行讨论,故本部分只讨论法律调研问题。

由于合同同时涉及不同法律领域的不同层级,稳妥起见,某些条款需要经过法律调研才能确定。由于院校教育及律师培训的课程设置,许多新律师并未认真学习这一技能,也未将其当成日常的重要工作。而未经法律调研便草率得出是否合法的结论,往往谬以千里。

例如,许多人只了解《消费者权益保护法》对消费者权益的保护,却忽略了诸如《产品质量法》《广告法》《价格法》《反垄断法》《反不正当竞争法》及司法解释等对消费者权益的保护,更是忽略了大量的行政法规、部门规章、地方性法规、地方政府规章等对消费者权益的保护。

又如,一份法律意见书仅依据《广告法》便得出是否合法的结论,却不知道与广告有关的法律法规还有现行有效的《广告管理条例》以及司法解释、部门规章和某些地方性法规、地方政府规章。只有全面进行检索,才能得出法律上的确切结论。

作为一种"合理的谨慎",将法律调研作为一种工作习惯,执业风险才会大大降低、服务质量才会大幅度提升。尤其重要的是,法律调研的日积月累也是法律人积累学识和经验、提升工作能力和工作质量并快速成长的有效方法。

关于尽职调查,参见本书第二章第八节的相关内容。

四、合同工作中的法律调研

合同工作所需要的并非单纯的法律检索技能,还包括法律检索在内的法律调研技能。合同律师不仅要顺利地从数据库中找到相关的信息,还要深入分析以便为合同问题找出解决方案,如交易模式、法律安排等。狭义的法律检索,是指从数据库中查找相关法律信息的行为及过程。法律检索的直接目标一般是查找相关的法律规定、案例等信息,它是法律调研的前期工作。

(一) 法律调研释义

法律调研(legal research),可以简单理解为对工作中所涉及的法律问题的调查研究。但按照 Lexis Nexis 的解释,法律调研是指识别和检索所需信息以支持法律决策的过程。这一过程除了法律检索,还包括分析检索结果并得出确切结论。

按照维基百科的进一步解读,最广义的法律调研从分析问题开始到调研结果的适用,一般包括特定管辖权下的三层信息:第一层为主要的法律依据或渊源,如案例、法令、规则等;第二层为法律的次要依据,包括案例、法律评论、法律词典、法学论文、法律百科全书等与法律主题相关的背景信息;第三层为可以得到研究性或辅助性信息的非法律资源。

在发达国家的法律行业,法律调研是基础性的法律工作。在合同工作中,法律调研是设置权利义务、出具法律意见及准备诉讼方案的前提,常以内部法律调研报告的方式为后续工作提供依据。这本是法律职业的基本功,也是积累经验和学识、确保工作质量的基础,但由于院校教育和律师培训的不足,这门技能的运用并不理想。

(二) 法律调研的操作要点

合同往往涉及不同的法律领域、法律层级,通常需要在进行全面的法律调研后排除无关信息、分析其他信息才能得出确切的结论。这一过程需要注意以下几点。

1. 使用专业的法律信息库

法律调研必须使用专业的法律信息数据库,因为这些数据库专业信息量大、内容精确可靠、更新及时、检索方便。公共搜索引擎虽能提供广阔的视角,但其非专业性和开放性根本不具备法律调研所需要的精确性、可靠性、集中性,那些可以由读者或发布者编辑的信息则更是容易失准甚至失实,而且搜索方式远没有专业数据库那样方法多样、操作便利。

以目前市场占有率最大的"北大法宝"数据库为例,显示法条的界面以链接的方式提示相关词条涉及多少篇中央法规、地方性法规、法规解读、白皮书、案例与裁判文书、案例报道、仲裁案例、期刊、律所实务、专题参考、专家解读、条文释义等内容,使用十分方便而且尤其适合用于法律调研。

2. 确定检索路径

检索工作首先面临的是对检索范围、路径的分析。正如前面介绍过的,合同所涉及的法律问题不仅仅是合同法问题,因而往往需要检索多个法律领域,甚至需要检索刑事法律的相关规定,并在检索过程中一步步排除不适用的领域。选准检索的范围和路径,是成功的一半。

例如,某招商中的在建工程因涉及民事诉讼而被法院查封,恰逢一家零售企业有意租用其中的商场,故开发商以"被法院查封的房产能否出租"为内容咨询律师。这个问题的核心其实不是合同,而是妨碍民事诉讼的风险,以及刑事责任、行政处罚风险,因为双方还未签订合同。此问题之后才是出租后可能会涉及的民事责任风险。

3. 使用专业的检索方式

专业法律数据库除了简单的标题关键词、正文关键词、文号、分类检索,还有许多专业的检索方式可以有效地排除无效数据,提高工作效率。例如,"北大法宝"数据库有如下提高检索精确度及工作效率的功能。

(1)标题检索

标题检索可用于检索所选子库中,标题中含有相关关键词的数据。而关键词,可以是一个词,也可以是两个或两个以上以空格分开的词,从而提高检索效率。

例如,2023 年 12 月 10 日,选定"法律法规"库中的"中央法规",设定匹配方式为"精确",输入"合同 解释"后选择"标题"检索,就会直接得到标题中含有"合同""解释"的 22 篇司法解释(含失效、已被修改)及 5 篇部门规章。

(2)全文检索

全文检索可以选择在同篇、同段、同句中检索相关关键词并一一列举。如果在检索框中输入以空格分开的两个关键词,则每个同时存在这两个关键词的篇、段或句都会出现在搜索结果中,并高亮显示。

例如,2023 年 12 月 10 日,依旧选定"法律法规"库中的"中央法规",关键词选择"合同目的 违约",设置为"全文"检索"同段""精确"匹配,则得到同时含"合同目的""违约"两个关键词的法律 2 篇、司法解释 53 篇,文中的这两个关键词也会高亮显示。

(3)分组、排序、筛选

搜索结果可按效力位阶、时效性等方式分组,便于查找特定时间段内有效的内容;可按发布日期降序、发布日期升序,实施日期升序、实施日期降序、相关度降序、引用量降序等方式排序,便于判定适用性及变迁。通过聚类的选择可以筛选搜索结果。

（4）法宝联想

"法宝联想"是"北大法宝"数据库中一项非常实用的功能，在各子库之间创建立体化的知识体系，一次检索可获取与检索结果相关的其他法律信息，点击链接即可阅读关联信息，而且关联可有条、款、项、目之分。这一功能还可用于引注案例中所适用的相关法条。

（5）智能引注

在阅读数据库中的期刊文章时，选中一段文字后会自动出现"智能引注"按钮，点击后可以生成大量格式规整的引注，并在选用后一键引注。这一功能特别适合撰写论文、报告、法律意见书，或准备诉讼文书。

（6）案例检索报告

首先通过层层选择精确地选定目标案例库，再通过全文关键词的设定精确地选出包含相关关键词的案例。在选出的案例列表中选中所需的案例，并设定报告对象、自定义报告项目，再编辑、保存即可得到包括案由、审理法院、关键词、争议焦点、基本案情、裁判理由、适用法律等选定信息的检索报告。

（7）案例可视化

在"案例可视化"栏目，通过输入具体的案由、法院、法官、公司、律所、律师，就会依据数据库中已有的数据自动生成智能司法案例数据分析报告，并以饼状图、柱状图、地图、分布图等方式显示，同时还可以查询具体案例等内容。

（8）法宝之窗

当光标停留在法律法规名称上时，自动弹出的窗口显示法规标题、发布部门、发布日期、时效性等信息；当光标停留在法条上时，自动弹出完整法条并显示与该法条相关的法律、部门规章、司法解释、裁判文书、法学期刊数量，便于深入研究。

4. 扩大搜索法律相关信息

合同工作经常需要检索与法律或业务相关的其他信息。例如，为了核实相对方的交易资格和商业信誉情况、商标权或专利权等知识产权信息、企业产品技术标准，以及跨学科的专业论文或专题研究等，有时需要从政府机构网站、提供专业信息的网站进行查询。

在某些特殊情况下，为了解行业主管部门已经发布但并未收入法律数据库的规范性文件、管理措施等，可能需要从相关政府部门的官方网站查找信息，甚至需要援引《政府信息公开条例》(2019 年修订)要求行政机关予以公开。

5. 分析结果并得出结论

综合判断相关的检索结果并得出法律调研结论是个艰苦的过程。这一过程通常需要剔除无关信息、无用信息，并从关联性、权威性、适用性等维度综合研读所获信息,甚至需要研究立法目的、出台背景等,以最终得出结论性的法律观点。尤其是对于陌生或没有太多把握的法律领域,会大大减少失误、提高质量。

仍以前面被查封的商场能否出租的问题为例,从直觉上判断当然以不能出租为妥,但精确的结论需要以调研结果为依据。当年的法律调研结果是,妨碍民事诉讼的处罚规定中并未禁止这类行为,刑事法律体系中也无相关禁止事项。对行政处罚风险的调研则令人印象深刻:一是两次不同时间的检索因涉及法律规范的变更而发现不同的处罚主体及处罚方式;二是具体的行政处罚规定并未出现在法律法规及部门规章中,而是出自地方立法。

并非所有的法律调研都能得出确切的结论。有些法律问题根本找不到相关信息,因此也找不到先例性的解决方案;还有一些前沿性的法律问题处于不同争论阶段,因而相反的观点并存。而一些看似十分明了的法律问题,一旦细究到某种程度也同样会莫衷一是,甚至连审判理论知识渊博的专家、司法实践经验丰富的法官也无法达成一致意见。前面提到的被法院查封的在建商品房能否出租问题,其实真正的问题不是能否出租而是出租的法律后果。

另有一些前沿性的新交易模式的研究,只能是在分析检索到的信息后,基于现行生效的法律法规及法律原则,将问题分解后针对所涉及的各个具体问题,给出综合汇总的合规操作要点建议,甚至这个建议性的结论也会很快随着法律环境的变化而必须更新。

第四节　合同工作的知识与技能

合同的审查、修改与起草以及延伸业务,其工作目标都是降低企业交易风险、争取企业利益最大化。要实现这一目标需要更多的知识和技能,仅从法律角度审视合同远远不够。

一、交易相关知识

看懂合同需要具备交易常识并理解交易思维。有些新人之所以能够看懂每项条款却无法发现问题,正是因为合同首先不是法律问题而是经济问题。合同是交易双方为实现各自的交易目的,经协商而对交易内容、交易方式、问题处理等事项达成的妥协。有"共同语言"才会有更深入的理解与更实用的解决方案。

(一)标的知识

交易标的有物品、行为之分。前者包括有形的商品和无形的软件等,后者包括服务以及工程承包等。当然,也有许多交易既包括物品也包括行为。对标的的熟悉程度决定了对合同条款的理解深度。

例如,市场上有些打印机出奇的价廉物美但耗材墨粉却非常贵,因为其销售战略便是通过卖墨粉盈利。同样,某企业采购时觉得某包装机械性价比不错,使用中才发现所用的刀具需要频繁更换且刀具为厂家所独有,设备的低价远不足以抵消耗材的高价。

买卖双方的信息不对称导致"买的不如卖的精",了解标的正是为了尽量打破这种不对称。熟悉标的设计用途、使用功能、规格等级、质量标准、成本构成、检验方法、技术水平、使用对象、常见问题等,更容易发现合同问题。

(二)行业信息

行业信息,主要是交易双方所处行业的总体状况、行业特征、运营模式、上游供应商、下游分销商,以及交易地位等信息。这些信息有助于更好地理解交易双方为何交易以及交易目的、关注重点等,有利于看透双方的动机、目标并据此发现问题、提出解决方案。尤其是对于委托人,更需要允分了解才能因地制宜。

行业信息可分为法律信息和经营信息。前者是指行业立法、行业主管部门规章等,以便于从部门法的角度了解行业法律环境;后者是行业的经营模式、营利来源、常见问题等。了解了这些,才更容易抓住要点、切中要害。

例如,房地产行业的法律信息及经营信息非常具有特色,深入了解其取得土地方式、地质勘探结果,以及设计、施工、宣传、销售、售后等环节的法律要求和运作模式,更容易为企业设身处地设计各类合同条款以充分维护其合法权益。

(三)商业习惯

在交易过程中,商业习惯的影响远比法律要求的影响更为广泛。交易是基于商业利益而进行的资源交换,而且绝大多数的交易都是几乎不存在违法问题的常规标的的常规交易,因而商业习惯是法律规范以外的另外一种秩序。

基于商业习惯去分析交易,也更容易发现其中可能存在的问题。这也是为什么许多企业没有法律专业人员,但正常发展并未受到影响的原因。就交易而言,商业技能远比法律知识有着更为广泛的运用空间。

商务行为的核心是实现利益的最大化。锁定标的后如何实现交易,如价格、支付方式、售后服务、违约责任等诸多内容都是洽谈的结果。

(四)管理常识

管理常识是企业经营管理活动的理念、通常做法等基本知识,包括管理学原理、管理要素、管理模式、组织机构设置、风险偏好等。在合同领域,主要涉及企业签订、履行合同中的管理层级、管理流程、所涉部门,以及相关制度、业务模式、风险偏好等。

　　企业是由利益相关人组成的共同体,无论凝聚力如何,从股东、董事、管理人员到普通员工都存在不同的利益,合同的签订、履行涉及不同的利益群体。因此,合同工作可能有人积极、有人消极甚至抵触,从而导致签订、履行的某些环节出现缺陷。

　　员工个体差异及职位、文化水平、认知能力、价值观、敬业度上的差异也会影响对合同的正确理解和执行,因而合同的语言需要清晰、明了,交易环节也要简单、明确。

　　掌握管理常识的另一优势是便于更好地理解合同的签订及履行。例如,波特价值链①原理(图2)将企业经营分为基本活动、支持性活动且每种活动都包括若干不同行为,企业即使行业不同也有类似甚至相同的价值链。理解了这些,有利于在合同工作中考虑更多的实际问题,并设计出更为简捷实用的解决方案。

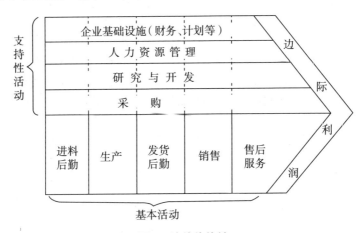

图2　波特价值链

二、文字表述技能

　　语言文字是合同权利义务的载体。运用语言文字的技能体现了思维逻辑、谋篇布局方面的综合能力。对于合同而言,权利义务的设置是合同之"神",语言文字的运用是合同之"形"。

---

　　① 参见《波特价值链分析模型》,载智库·百科(https://wiki.mbalib.com/wiki/% E6% B3% A2% E7% 89% D9% E4% BB% B7% E5% 80% BC% E9% 93% BE% E5% 88% 86% E6% 9E% 90% E6% A8% A1% E5% 9E% 8B),访问日期:2019 年 8 月 3 日。

（一）语言文字技能

合同工作所需的语言文字技能包括熟练、规范地运用从标点符号、措辞、语法到语义表述的所有技能。对合同语言文字技能的要求既是专业性的需要，也是最直接的"面子工程"。标点符号不规范、措辞不当、语法错误、权利义务似是而非、商务礼仪缺位，以及使用口语语体等无不体现文化素养和专业素养的失准。

1. 措辞精确

措辞精确，是要求合同措辞必须与表述的意愿及内容相一致。这个要求知易行难，因为用词不当的情形在合同中屡见不鲜。并非所有的词汇都适合在合同中使用，因为合同用词更需要考虑语体、褒贬，以及内涵与外延、是否存在语言歧义等。不当的措辞轻则令一方甚至双方当事人感到不快，重则为合同留下争议的隐患，甚至直接导致不利的法律后果。

例如，"未履行"与"不履行"都是合同未按约定履行的状况，但"未履行"不看原因只看结果，而"不履行"则带有主观上故意不按约定履行合同的意思。严格来说，这是两种不同的合同履行状态，但在实际工作中有许多人将其混用。

又如，"公司"系外来语的汉译，同"葡萄"一样同为单一语素的双音节单纯词，并不是"公"与"司"组成的合成词，不能分开简化使用。但在实际工作中，即便是一些法律人也在不规范地使用"我司""你司"等表述。

2. 语法规范

语法规范，是指词语的搭配正确、标点符号规范、句子成分完整、句法规范，尤其是不能存在一语多义的语言歧义现象。但近年来，包括报刊、媒体上所用的语言在内，语言使用日益随意化，并蔓延到法律文书写作领域，给合同写作带来不可忽视的负面影响。在合同条款中使用不规范的语言，必然降低合同表述的严谨性和专业性，甚至会导致权利义务不明确等法律风险。

相对于西方国家的字母组成的语言，汉语更容易出现语言歧义。汉语词汇没有时态、性别、所有格的区分，加上总词汇量相对较少、一词多义现象普遍、词汇之间容易"搭配"，因而更容易出现双方各有不同理解且都符合语法的情形，甚至标点符号的有无、位置都会产生不同的理解。语言歧义现象是所有合同表述问题中风险最大的一种情形。

3. 表述得体

表述得体，是将同样的权利义务关系以得体、易被接受的方式表述出来。如同某一措辞可用同义词、近义词表述，同样的语义也可用不同的方式表达，但得体的表述更为适当。一种表达方式可能会让人欣然接受，换一种表达方式则可能让人火冒三丈，即所谓的"一句话说得人笑，一句话说得人跳"。

首先，表述得体的实用价值是为了让合同条款更为严谨。作为语句中的修饰成分,现代汉语中的定语、状语、补语存在限制性和描述性两类,前者的修饰目的是使语句更为严谨、庄重,后者的修饰目的是使语句更为生动、形象。作为以抽象的权利义务表述为主要内容的合同,当然以前者作为语句的主要修饰方式。事实上,法律语言莫不如此,即以限制性修饰成分为主。

其次,表述得体的作用是解决矛盾、促进交易。不恰当的合同语言同样会引起一方甚至双方当事人的不快,而且很多的不快并非由于不能接受合同中的权利义务安排,而纯粹是因为措辞不当或缺乏尊重。因此在实际的谈判中,盛气凌人的合同条款只会增加谈判中的摩擦,许多针锋相对的非实质性问题可以通过表述的变换而得到解决。

变换表述方式的技能有时与逻辑密不可分。比如,一一列举权利义务并不能确保万无一失,这时可以考虑用定性加但书的方式,先规定普遍规则再明确除外情形,即变换表述技能的运用。

(二) 逻辑思维素养

逻辑思维素养体现在从内涵、外延的调整到滴水不漏的条款安排等诸多层面。良好的逻辑思维素养能在表述合同时"不经意间"提高其质量。

1. 逻辑严谨

合同中的许多表述问题其实是逻辑的严谨性问题。逻辑的严谨性取决于分析的严谨和判断的周延,既体现于具体概念的使用、权利义务的描述上,也体现于条款之间的配合上。

在权利义务表述的严谨性方面,除了使用专业的语法,提高措辞在内涵及外延方面的精确程度是必备的手段。采用书面语句、搭配准确的措辞、增加明确性的句子成分等都可以提高严谨性,这也是法律条款大多以较长的句子和较复杂的句子成分来表述的原因。但书、假设及处置合同常用条款等,目的都是使语句精确且避免语言歧义。

在禁止事项及违约责任设置的严谨性方面,细致的逻辑分析必不可少。合同条款之间的搭配,需要精细地分析出各种因素和可能性,使条款覆盖的权利义务范围既不能有重叠又不能有疏漏,一般可用概念划分原理和流程分析方式予以解决,或使用其他一些成熟的思维工具,仅凭简单列举的方式难以提高严谨性。

逻辑思维的运用贯穿整个合同工作过程。从精确锁定标的物到违约可能性的周延分析,从具体关键词的内涵、外延的重新界定到词汇的精确选择、关联词的固定搭配、规范的标点符号等都需要逻辑思维过程。如此才能实现权利义务的可识别、可判断,避免因语言歧义或外延过宽导致的各执一词。

2. 推理缜密

推理包括归纳与演绎。归纳与演绎的能力是标准的逻辑思维能力,文字表述只是体现了思维判断的最终结果。没有清晰的逻辑,再流畅的语言也只能用来描述感性事物而不适合用于表述交易过程及合同权利义务。

归纳能力主要用于给合同条款列出标题,或者将不分章节平铺直叙的合同分为不同的组成部分以便于审查、修改。对于篇幅较长、内容复杂的合同,以及字数较多的面向消费者的消费合同,有时以这种方式展示合同的结构,可以使之便于审查或阅读。

演绎能力主要用于列举式的合同权利义务,通过举一反三的方式先归纳出上一级概念,然后再从上一级概念演绎出更多的子概念,从而发现可能遗漏的条款,以完善整个权利义务体系。

(三) 谋篇布局能力

谋篇布局能力,是指如何以最便于阅读理解的方式安排合同的内容,包括合同的层级、顺序。对于篇幅较长的合同,首先需要考虑的便是合同内容的布局问题。正如语句不是词汇的堆砌,合同也并非权利义务条款的堆砌。读起来行云流水的文章,一定是因为有合理的布局,比如合理的表述顺序、流畅的思维轨迹。除非是篇幅非常短的合同,否则缺乏合理布局一定会引起阅读上的混乱或不便。

谋篇布局首先需要注意的是架构,包括合同分为哪几个组成部分,每个组成部分安排什么内容,以及各个内容如何排列。对于那些篇幅巨大的合同,每个组成部分还需要再细分出不同的模块。有了这样的结构并辅以不同组成部分的标题,无论是审查、修改还是查阅、履行都很方便。

其次需要注意的是表述顺序,越符合人们的阅读及关注、思考习惯的顺序就越容易被阅读和理解。以工业品买卖合同为例,人们的思维习惯及事物发生、发展的因果关系,一般是先明确标的再明确标的的型号、数量、价格等事项,然后是怎么交接、怎么付款、怎么售后服务,最后是出现的各类问题如何处理。如果合同开篇第一条是违约责任,所有人都会觉得莫名其妙。

在合同领域,语言文字上的错误属于非专业性的低级错误,很容易被人发现并因此影响当事人的信任度。当然,合同语言文字表述未必需要十分完善,但不能因为表述问题而使合同的签订、履行节外生枝,更不能造成纠纷隐患。由于高等教育体系中语言文字教育的严重不足甚至缺失,尤其是法律汉语课程的缺失,法律语言水平的整体性退化令人担忧。

三、文档管理技能及文字处理技能

在合同工作中,需要消耗大量的时间去处理合同。虽然电脑的使用已经大大提高了文档处理和文档管理的效率,但如何既保证工作质量又保证工作效率仍是合同工作的必备技能。文档管理及处理技能分为两类,一类是文档管理技能,另一类是文字处理技能。两者的目标都是提高工作效率、确保工作质量、减少工作失误造成的损失,并避免无效劳动或低效劳动。

(一) 文档管理技能

文档管理属于合同工作中的"外围"辅助性工作,相当于企业管理中的生产运作管理。文档管理虽然不涉及文档内容的处理,但对避免因文本错误、文件损坏、文本丢失等引起的不利后果帮助甚大,而且便于经验的积累、成果的重复利用,以及工作效率和质量的提高。

1. 文件管理

文件管理的目的,是避免不同委托人的文档、同委托人的不同文档的混淆以及因意外原因造成的文档损坏或灭失,便于委托人信息的保护,以及需要时的便捷查找。当前,律师工作中使用最多的是电子文档,这类文档比纸质文档更容易保存、检索、携带和处理。常见的文件管理方式有:

① 为每个委托人设立专门的文件夹,并冠以不会引起混淆的委托人字号或姓名;

② 在文档数量巨大的文件夹内,按项目或内容、年份等分出更多的子文件夹;

③ 保留所有工作文档,包括过渡性文档,作为工作记录及日后的参考文本;

④ 定期备份文档并保留多个备份,避免因意外而永久性损失数据。

文件夹管理只是文档管理的底线。将同一当事人的文档放在同一个文件夹里,可以用时间或文件名排序的方式快速找出所需的文件。

文件管理还要高度重视文档安全问题。为了防止因系统崩溃等原因导致的文本丢失,通常需要将文档的自动保存时间间隔从默认的 10 分钟调到 3 分钟甚至更短,以避免故障导致正在处理的文本丢失过多。同时还需要熟悉电脑临时文档的存储位置,便于在发生系统崩溃的情况下找回最为接近的临时文档。此外,还可以通过修改文档的"属性"以避免泄露原委托人的商业秘密、将某些文档转为 PDF 格式再流转、为文档加设密码等方式确保文档安全。

2. 文件名管理

处理合同过程中最可怕的事情莫过于旧文本覆盖了刚刚改好的新文本,以及在一个错误的文本上进行操作,这些低级而又严重的错误至少意味着必须花费额外的补救时间。在着手文字处理前为文件设立标准化且易识别的文件名,可以有效避免这类问题。根据经验,合同电子文档的命名一般包括如下信息:

委托人字号+相对方字号+合同类别+文档名称+完成日期+个人识别码+版本识别码

同时,需要掌握如下原则:

① 委托人如系自然人,可用名字或缩写;

② 某些标准化的空白示范文本并无相对方时,可以省略;

③ 合同类别包括但不限于合同法中的分类;

④ 文档名称是指该文档被称为合同、合同书,还是协议、补充协议等;

⑤ 完成日期是指以数字表示的年月日信息,随改动日期变化;

⑥ 个人识别码是代表文档处理者的缩写或代号,合同在团队中流转时使用;

⑦ 版本识别码是用于区分同日、同名文档的不同顺序、不同变化的标注。

上述命名方式,实际上是提取多维度描述文档特征的关键词组合成的文档名称,便于将来从不同维度用关键词检索的方式找到所需的文档。尤其是文档处理需要经过多人之手时,如果没有处理者的识别码和不同版本之间的识别码,容易导致文本的混乱。

需要注意的是,每当需要修改一个文档时,都要先另存文档并变更日期代码或个人识别码、版本识别码以形成文件名不同的新文档,并在新文档上进行修改。这样才能保留原文档的初始状态,便于后续的比对甚至是调用前面的版本。对于来自委托人的电子文档,需要改为标准化的文件名后存入文件夹,便于后期使用。

文档管理不需要花费许多时间,但可以有效地节省查找、核对文本甚至重复劳动而浪费的时间,并可以方便地通过文件名关键词搜索迅速找到所需文本以供后续工作参考。各个中间版本的并存则有利于在需要时找到以前的文本,以及权衡不同文本之间的优缺点或比较不同文本方案的利弊。

(二) 文字处理技能

文字处理技能,是指充分利用各种文字处理软件,高质、高效地处理合同文本的工作技能。虽然现代办公设备及软件已经越来越智能化、多功能化、多媒体化,但如何充分发挥其作用是个永恒的主题。

1. 文字处理

从20世纪90年代起,合同工作模式已经从手写后传真转为电脑处理后发电子邮件,文字输入也不再仅凭双手而可以使用语音。面对大量的合同工作,充分掌握软件的实用功能可以提高工作的效率和质量。

① 文档比对,可以便捷地比对新文档与原有文档之间的差异,尤其适合核查文档的修改情况,特别是另一方修改后返还的文档;

② 批注,可针对选定的内容,在版心两侧显示相关的评述或观点,而且可以显示不同经手人的批注;

③ 修订,在修改时开启这一模式,可同时显示修改前与修改后的不同状况,便于审核被修改部分所发生的变化;

④ 查找,可显示被查找词在文中的每处位置,便于统一纠正某一措辞,或统计某一措辞的使用情况;

⑤ 替换,用于在整个电子文档中查找某一措辞并统一替换成所需要的措辞,尤其适用于批量替换,即全部转换成所需要的措辞。

2. 结构图及排版

除了文字处理,使用"文档结构图"同样是合同工作的必备技能。启用这一功能,可以一边编辑文字一边将合同的各项标题按层级加进结构图,使之清晰、完整地显示在左侧窗口,使分析、优化合同结构布局变得非常直观和方便。已经设有文档结构图的合同可以通过这一功能直观地加以显示及分析、优化。

排版功能可以有效地改善合同文本的形式外观,从而减轻阅读压力并便于审查与修改。例如,通过调整字号、字体及加粗等方式可使标题更加突出,通过调整行间距可以令段落或"意群"更加明显等。

随着律师事务所的日益大型化、专业化、正规化,越来越多的高端设备已成为普通标配设备,大大提高了工作的质量和效率。例如,腾讯等社交软件已可替代专业的远程电视电话系统用于远程的访谈和讨论,从而大大减少在途时间和差旅费用支出并可留下谈话记录;高速一体机可以高速将文档扫描成电子文档,便于携带和在电脑上随时调用。合同律师必须学会充分运用这些设备以提高工作的效率和质量。

四、思维工具的理解和运用

思维工具,是人们为了提高分析、决策等思维活动的质量和效率而设计、总结出的抽象化、公式化且行之有效的辅助性思考方法。理解和运用思维工具,能越过毫无章法的猜测而直接分析问题的本质,从而大幅度提高思考的效率和质量。

(一)思维工具的功用

合同领域可以广泛地运用思维工具以提高工作质量及效率。由于思维工具是基于逻辑原理而对事物客观存在、发生、发展规律的总结,因而有着广泛的普适性。尤其需要说明的是,合同的履行是一个权利义务不断变化的动态过程,同时也是一个存在多种可能性的过程,因而完全符合思维工具的使用场景。

根据功能、用途、应用场景的不同,思维工具可以在合同审查、修改、起草、管理中得以运用。例如:

① 履行合同的过程是按一定时间顺序完成特定事务的过程,而且存在发生多种变化的可能性,因而可以用流程分析的方式提高履行环节的严谨性;

② 合同条款的设计是不断的"假设—处置"过程,熟练运用矩阵的排列组合功

能可以周延地分析多种要素下的各种可能性；

③ 设计重大项目交易合同时需要同时考虑多种要素，用决策型鱼骨图可以直观地分析各要素及其展开后的各要素，避免重要事项的遗漏；

④ 用于企业的合同管理解决方案无法一蹴而就，可以用 PDCA 循环（Plan—计划、Do—执行、Check—检查、Act—处理）不断设计、改进。

从上述简单举例可知，运用思维工具可以省去许多烦琐过程，节省分析判断的时间、提高判断的精确度。但由于这些并非本书讨论的重点，因此不再展开。部分思维工具可参见本书第四章关于合同起草方法论的相关内容。

（二）概念划分原理的运用

如果将各类思维工具抽象化，就会发现其内核是概念划分原理。思维导图、鱼骨图、反向鱼骨图是对原因或决策的细分，简单的流程图是对过程的细分，复杂的流程图是对过程及事项的细分，基本原理和原则均源自概念划分原理。

1. 概念划分原理

概念划分原理来自公元前 4 世纪古希腊哲学家亚里士多德的著作。作为逻辑学、修辞学的鼻祖，他在《范畴篇》《解释篇》《分析篇》《论题篇》中大量提及种、属概念以及划分概念的方法，主要用于解读三段论，但并未专门对概念划分原理本身加以论述。[①] 因此"概念划分原理"这一提法，应该是后来的逻辑学家归纳、总结后下的定义。目前，许多逻辑书中并无针对概念划分原理的专门讨论，逻辑教育的严重不足也使其原理鲜为人知。

（1）概念的属性

事物之所以可以被分类，是因为每个事物与其他事物之间都存在共同点和不同点以及与其他事物之间的关系，这种异同点及关系被称为一个事物的属性。而其中一个事物所特有的、区别于其他事物的属性，又被称为逻辑学上的特有属性。一个属概念之所以可以被划分成若干个种概念，就是因为这些种概念都含有共同的属性。甚至可以说，属概念就是具有共同属性的种概念的集合体。

合同条款除了有其各自的属性，也有其他条款有共同或类似的属性，可以借此分析条款的类别、归属。

（2）属概念与种概念

概念有层级之分。属概念是反映事物类别、共同属性的"上位概念"，种概念是具有属概念的属性且包含于属概念的"下位概念"。

例如，如果将"典型合同"当成属概念，则买卖合同、运输合同等典型合同便

---

① 参见苗力田主编：《亚里士多德全集（第一卷）》，中国人民大学出版社 1990 年版，第 334—349、357—377、414—438 页。

是其下位的种概念。如果将合同当成属概念,则典型合同、非典型合同又成为其种概念。行政区域划分、动植物种类划分等,也采用了同样的原理,可见用途之广。

（3）单独概念及普遍概念

基于概念在属性上的差异,每个概念都有特定的内涵和外延。外延指向某一特定事物的概念被称为单独概念,如人名、地名等。而外延指向一类特定事物的概念则被称为普遍概念,这些概念的外延往往大到无法列举。

每个普遍概念的外延都包括若干个种概念,这些种概念既共同拥有某种属于属概念的属性,也有各自的"差异性属性"。识别出这些"差异性属性",就可以将属概念划分成若干既带有共同的属性,又带有各自差异性属性的种概念。依此划分并层层展开直到穷尽,将会得到概念之间理论上的树状结构,而且层次分明、内容精确,其完整性和系统性远远超过根据经验进行的罗列。

以划分理论分析合同文本、法律规范是否存在结构混乱和功能缺失,正是充分利用了概念的这些特征。而且合同领域的绝大多数概念是特定领域中的普遍概念,因而其种概念非常有限。通过划分理论,很容易判断出种概念的外延之和是否等于属概念的外延总和,进而判断出划分是否科学、合理,以及是否存在功能上的缺失或内容上的重叠。

（4）概念的划分原则

概念划分原理和划分原则,都是属概念的外延之和等于种概念的外延之和。如果以抽象的方式加以表述,概念划分原理的公式为:

属概念外延 = 种概念外延 A+种概念外延 B+种概念外延 C+……种概念外延 N

概念划分原理的实际运用,其实是最大化利用了属、种概念之间在内涵、外延方面的关系。由于普遍概念都可以细分,因此既可以通过对种概念之间共同属性的归纳而得出其共同的属性及属概念为条款归类,也可以根据属概念项下种概念的差异划分出更为具体的种概念从而细分出合同条款。还可以同时进行种概念与属概念之间的双向推导,以判断合同体系是否存在缺陷、遗漏、冲突。

2. 概念划分原理的应用

概念划分原理虽然并不复杂,但在合同工作中的实际应用却并不简单。许多时候需要对其加以反向运用,甚至是根据事物的客观规律及逻辑结构,从已知信息推导出未知信息。其中,归纳推理是自下而上从各个种概念中抽象出具体的共同属性并得出属概念,常常被用来从杂乱无章的合同条款、关键词中发现共同之处并加以归类;演绎推理是自上而下根据属概念的属性推导出各个种概念。判断合同内容模块是否完整、条款之间的层级关系、权利义务的边界、假设是否周延、可能性是否全部罗列、内涵和外延是否合适等的思维原理莫不如此。

例如,在起草合同过程中进行体系结构设计时,可以将合同的交易目的作为概念划分原理中的属概念,然后分析实现该目的所必须解决的交易主体问题、交易内容问题、交易方式问题等,并在经过对每一个问题的层层分析后落实为一个个具体的履行内容要点,再按事物发生、发展的顺序规律及因果关系等边建立条款秩序边进行梳理,从而提高假设的周延程度。

概念划分原理的实际运用可有多种路径,但大都殊途同归。在这种思维方法之下,任何形同乱麻的条款都能被理顺并发现隐藏其中的问题,实为合同工作的必备技能。

第五节　合同工作的基本理念

从法律角度审查、修改、起草合同的工作目标是在未来的交易中降低委托人的法律风险、促进交易目的实现。如何定位工作目标及工作内容、工作程序,是本节将要讨论的埋念问题。

一、以交易目的为导向

以交易目的为导向,是指合同工作并非仅仅从形式上完成工作任务,而是要帮助委托人实现其交易目的所需要的一系列工作。从这个原则考虑问题,会发现合同工作不是简单的审查合同文本既有条款而是有许多工作可做。具体工作应达到何种程度,可视委托人的需求而定。

(一)何为交易目的

交易目的,是当事人从事交易的真实动机或终极目标,有笼统和具体之分。从表面上看,所有的交易无非是一方通过支付价款或报酬而获得某种资源,另一方则是通过交付某种资源而换取价款或报酬。在实际交易中,交易目的对于整个合同的定位、解释等起着举足轻重的作用。

比如,制造业的采购是为了生产,自然人的采购是为了生活,但企业的某次采购可能不是为了生产而是为了囤积正值价格低谷的原料并转手出售,自然人的某次采购也可能不是为了自己消费而只是作为礼物馈赠他人。由于具体交易目的不同,前者一般并不需要交货到厂,而是更希望由卖家直接发货给最终用户以减少运输及管理成本;后者也可能并不十分关注产品的实际使用效果,而是需要价格合适、外观精致,并有精美的包装。

同理,同为收购企业的行为,有的收购是为了扩大产能、有的收购是为了控制其产品销售、有的收购是为了取得某种稀缺的法定资格资质、有的收购仅仅是为了整改后再出售,不同的交易目的决定了关注点的不同,也就会引发交易内容、交易程序等合同条款的不同。

交易的目的是获得利益,但获得的利益未必是赢利。交易的最终目的是通过交易取得所需要的资源,并通过这些资源获得某种利益。用于交换的资源可能是有形的物体、无形的权利,也可能是机遇等文本上并未体现的内容。而利益也有许多种,如得到所需的生产工具、取得资源的控制权、得到获取某种资源的机会等,赢利只是通过交易可获得的利益之一。即便是以赢利为目标,企业在前期的市场营销活动中也会为了长远目标而不惜以亏本销售的方式打开市场。而当某个具体交易只是众多交易中次要的一环时,这一交易是否亏损也无足轻重。

(二)以实现交易目的为目标

交易目的与《民法典》(2020年)中所称的"合同目的"并不完全一致。如果在合同中提及的合同目的与真实的交易目的完全一致,则交易目的就是合同目的,二者合二为一。如果交易目的在合同中并未体现,则合同目的只能从合同内容上判断,并很有可能只是一方买什么、一方卖什么。因此,在某些场合如果将交易目的作为合同目的体现在合同文本中,可能会得到更好的交易安全保障。

合同目的在《民法典》(2020年)中有多处提到。例如:

第五百一十一条:"……

(一)质量要求不明确的,按照强制性国家标准履行;没有强制性国家标准的,按照推荐性国家标准履行;没有推荐性国家标准的,按照行业标准履行;没有国家标准、行业标准的,按照通常标准或者符合合同目的的特定标准履行。

……

(五)履行方式不明确的,按照有利于实现合同目的的方式履行。

……"

第五百六十三条:"有下列情形之一的,当事人可以解除合同:

(一)因不可抗力致使不能实现合同目的;

……

(四)当事人一方迟延履行债务或者有其他违约行为致使不能实现合同目的;

……"

第六百一十条:"因标的物不符合质量要求,致使不能实现合同目的的,买受人可以拒绝接受标的物或者解除合同。买受人拒绝接受标的物或者解除合同的,标的物毁损、灭失的风险由出卖人承担。"

第六百三十条:"出卖人分批交付标的物的,出卖人对其中一批标的物不交付或者交付不符合约定,致使该批标的物不能实现合同目的的,买受人可以就该批标的物解除。

出卖人不交付其中一批标的物或者交付不符合约定,致使之后其他各批标的物的交付不能实现合同目的的,买受人可以就该批以及之后其他各批标的物解除。
……"

第七百二十九条:"因不可归责于承租人的事由,致使租赁物部分或者全部毁损、灭失的,承租人可以请求减少租金或者不支付租金;因租赁物部分或者全部毁损、灭失,致使不能实现合同目的的,承租人可以解除合同。"

虽然《民法典》(2020 年)及一些司法解释并未定义何为"合同目的",但从表述的语境归纳,对合同目的的判断主要是基于合同性质、合同条款的表述,同时还要结合具体交易所要达到的目标。至于具体如何解释,还需将来在司法解释中加以明确。

以实现当事人的交易目的为导向,就是根据委托人的交易目的考虑实际交易中的不同工作内容及交易程序,并充分依据现有条件设计条款以促进交易目的的实现,同时实现当事人合法权益的最大化及风险的最小化。这本身并非法律问题,而是理解合同工作的目标和方法的重要角度。尤其是对于那些非常规的交易,需要通过了解委托人的交易愿景、交易背景、交易底线等细节,识别出核心的交易目的以便量体裁衣满足委托人的需求。

二、量身定制合同内容

合同是当事人通过利益博弈所达成的一致意见,是双方相互平衡、妥协的结果。虽然法律已赋予当事人达成一致的诸多自由,但任何交易都无法摆脱客观因素的限制,因此需要充分考虑这些客观因素来为委托人量身定制合同文本。

(一)双方议价能力

经济学上的议价能力并非指讨价还价的能力,而是在交易中拥有并运用其优势的能力。谈判经验、说服能力等虽影响相当大,但在信息对称的情况下最具影响力的是哪一方掌握的资源更稀缺、竞争企业更少,以及带给对方利益更多、对上下游企业影响更大、转换成本更低等。例如,卖方同质化竞争的同行越多、产品可替代性越强则议价能力越弱,买方采购量越大、替代供应商越多则议价能力越强。

在议价能力的诸因素中,作用最为直接的是所掌握资源的稀缺程度。掌握相对稀缺资源的一方会在合同中处于强势地位,或称为优势地位,而用于交易的资源不那么稀缺的一方则处于弱势地位,或称为劣势地位。强势方很容易迫使弱势方作出让步以达成交易,使合同条款对自己有利。换言之,在交易中处于强势地位的一方更容易决定合同的最终形态,而处于弱势的一方则只能被动接受。

受市场波动的影响,资源的稀缺性有时可以在买卖双方之间相互转换。当某一产品属于卖方市场时,掌握资源的卖方处于强势。但当同一产品因市场饱和甚至过剩而转为买方市场时,买方手中的订单和资金便成为稀缺资源。同理,有更多交易机会可供选择的一方处于强势地位,而毫无选择余地的一方处于弱势地位。

(二)交易复杂程度

交易内容及程序的复杂程度决定合同的复杂程度。自然人之间的农产品小额现货交易之所以能够以一手交钱、一手交货的方式完成,是因为其产品质量、数量等只需要进行外观判断,因而直接付款、交付即可。但大型工程施工项目合同不仅需要用大量篇幅描述施工管理、施工质量、工程款结算等事项,而且连承包商也需要通过复杂的招标程序才能确定,因此这类合同无法进行简化。

经济的发展从整体上使交易内容和交易环节日益复杂化。经济是社会发展最主要的推动力,它使得人们提升了对于包括交易在内的各类事物的认知能力。原始的交易只考虑如何获得有形的产品或服务,而经济发展所带来的规模越来越大、技术要求越来越高、成本控制越来越严的交易,促使合同越来越复杂以确保交易目的的实现。同时,认知能力的提升也在不断催生新交易内容、新交易模式的交易。交易不仅在总体上越来越复杂,而且内容及形式也离传统的交易越来越远。

(三)外部因素限制

外部因素限制主要包括源于法律法规或政府部门对某些合同事务的干预,以及其他外部因素对交易机会的限制。对于前者,虽然政府部门对于合同的干预越来越少,但仍旧存在政府部门为了统一管理而规定合同内容甚至直接或变相要求使用某种标准化文本,以及限制合同的生效、变更、解除等情况。这些干预或限制可能并不合理,但在合同工作中仍是不得不考虑的重要因素。

而后者则大多来自其他外部因素对交易的限制,其中最为典型的是客观因素对于交易进度、交易方式等方面的限制,如自然灾害后的紧急抢修服务等。交易需求越迫切,合同大幅度修改的可能性越小,因为反复的谈判、修改会导致更多的时间消耗和机会的丧失。而当谈判时间充裕、交易条件宽松时,双方充分谈判的余地更大,合同也会相对更为精细和平衡。

(四)企业管理环节

从决策到执行涉及不同部门、职能的人员,或称为参与者,这些参与者的认知水平和偏好决定了合同的最终形态。企业管理水平或发展水平,体现的是企业家或具体管理者的管理水平和认知能力。偏好于精细化管理的企业可能需要事事有约定、有记录,倾向粗放化管理的企业则可能要求事事简单以便各个环节的理解和执行。除非另有规定或约定，或是委托人的要求不可行，合同工作的处理以满足企业需求为核心，企业有权决定合同的最终形态。

同时，从决策者、管理者到业务人员、技术人员、律师，在参与合同审查、审批过程中也会使合同带上个人认知水平及偏好的烙印，并最终决定合同的具体条款及风格。实力雄厚的企业往往能够提供更大金额的采购、更安全的交易等附加利益，因而有时会削弱甚至抵消相对方掌握稀缺资源的优势，同时也会聘用更为专业、更有经验的人员处理合同工作，因而往往要求合同有更明确的细节、更严谨的条款（包括更为细致、严谨的违约类型及违约责任条款，而不是仅作概括性的约定）以控制成本、降低风险。

由此可知，合同的内容及最终形态受诸多外部因素的影响，结合实际情况为企业量身定制合同才能给企业以更好的保护。特别要强调的是，委托人才是交易内容及交易方式的最终决定者，合同工作应尊重其选择，同时应当对合同风险有明确的提醒，必要时还要以书面形式进行提醒，以避免陷入职业风险。

三、始终遵从职业操守

如果从事合同工作的是律师，则必须按照律师的职业操守行事。职业操守，是律师工作的品德素养和处事原则。依据职业操守工作，既是为了维护当事人的利益，也是为了维护行业的专业水准和律师的个人形象。关于律师的职业操守，除《律师法》（2017 年修正）外，中华全国律师协会和各地律师协会都有相关规定。

（一）履行保密义务

律师对当事人的商业秘密、隐私或其他不愿意透露的信息负有保密义务，这是法律对律师职业操守的概括性要求。《律师法》（2017 年修正）第三十八条规定：

"律师应当保守在执业活动中知悉的国家秘密、商业秘密，不得泄露当事人的隐私。

律师对在执业活动中知悉的委托人和其他人不愿泄露的有关情况和信息，应当予以保密。但是，委托人或者其他人准备或者正在实施危害国家安全、公共安全以及严重危害他人人身安全的犯罪事实和信息除外。"

除了这些法定要求，如果委托人与律师之间的服务合同中对保密事项还有其他约定的，这类约定义务必须遵守。律师在工作中可以合理接触及合理使用交易相关信息，但无权将其披露给任何其他方。

（二）尊重相关各方

委托人的合同文本可能存在很多缺陷，但从专业视角出发，律师应当保持宽容的态度，客观、中性、就事论事地评价文本中的问题并提出建议是对他人工作的尊重,这也是修养良好及专业性的体现。

同理,即便是面对合同相对方的当事人,恰如其分、有理有节地指出合同中存在的不公平、不合法、无法操作等问题,也是合同工作的基本功。批评、指责往往既解决不了实际问题,又有可能恶化人际关系并制造出新问题。包括合同中使用的语言也是如此,以尊重的态度、妥当的表述让双方顺利地接受合同条款并达成交易,永远胜过不必要的口舌之争。

(三)维护职业尊严

律师职业虽以维护委托人的合法权益为天职,但应行之有道,既履行职责又维护职业尊严。在具体工作中,律师不宜采取欺骗、设置陷阱甚至偷换文本等为人不齿的方式,而应自觉维护职业道德和社会公德,否则不仅影响律师行业的整体形象,也是在贬低自己的人格。

对于委托人,律师应该采取独立的专业态度为其提供服务,毕竟律师的职责只是维护其合法权益,应该有法定的和职业的底线。

(四)消除利益冲突

当交易双方聘请同一家律师事务所提供服务时,律师事务所便面临利益冲突问题。《律师法》(2017年修正)第三十九条规定的禁止事项"律师不得在同一案件中为双方当事人担任代理人,不得代理与本人或者其近亲属有利益冲突的法律事务",一般仅指诉讼代理或专项代理,甚至有判例认为,同一律师事务所的不同律师在同一诉讼中分别代理双方当事人进行诉讼并不违法。[1] 中华全国律师协会的行业自律性准则《律师执业行为规范(试行)》(2018年)关于利益冲突制定了可供参照执行的规定。

对于应当回避的情形,《律师执业行为规范(试行)》(2018年)第五十一条规定了律师及律师事务所不得与当事人建立或维持委托关系的几种情形,其中包括:

(一)律师在同一案件中为双方当事人担任代理人,或代理与本人或者其近亲属有利益冲突的法律事务的;

(二)律师办理诉讼或者非诉讼业务,其近亲属是对方当事人的法定代表人或者代理人的;

(三)曾经亲自处理或者审理过某一事项或者案件的行政机关工作人员、审判人员、检察人员、仲裁员,成为律师后又办理该事项或者案件的;

(四)同一律师事务所的不同律师同时担任同一刑事案件的被害人的代理人和犯罪嫌疑人、被告人的辩护人,但在该县区域内只有一家律师事务所且事先征得

---

① 参见内蒙古自治区呼伦贝尔市中级人民法院(2017)内07民终1068号民事判决书。

当事人同意的除外；

（五）在民事诉讼、行政诉讼、仲裁案件中，同一律师事务所的不同律师同时担任争议双方当事人的代理人，或者本所或其工作人员为一方当事人，本所其他律师担任对方当事人的代理人的；

（六）在非诉讼业务中，除各方当事人共同委托外，同一律师事务所的律师同时担任彼此有利害关系的各方当事人的代理人的；

（七）在委托关系终止后，同一律师事务所或同一律师在同一案件后续审理或者处理中又接受对方当事人委托的；

（八）其他与本条第（一）至第（七）项情形相似，且依据律师执业经验和行业常识能够判断为应当主动回避且不得办理的利益冲突情形。

对于冲突问题的处理，《律师执业行为规范（试行）》（2018年）第五十二条规定律师应当告知委托人并主动提出回避，但委托人同意其代理或者继续承办的除外，主要包括：

（一）接受民事诉讼、仲裁案件一方当事人的委托，而同所的其他律师是该案件中对方当事人的近亲属的；

（二）担任刑事案件犯罪嫌疑人、被告人的辩护人，而同所的其他律师是该案件被害人的近亲属的；

（三）同一律师事务所接受正在代理的诉讼案件或者非诉讼业务当事人的对方当事人所委托的其他法律业务的；

（四）律师事务所与委托人存在法律服务关系，在某一诉讼或仲裁案件中该委托人未要求该律师事务所律师担任其代理人，而该律师事务所律师担任该委托人对方当事人的代理人的；

（五）在委托关系终止后一年内，律师又就同一法律事务接受与原委托人有利害关系的对方当事人的委托的；

（六）其他与本条第（一）至第（五）项情况相似，且依据律师执业经验和行业常识能够判断的其他情形。

在解决利益冲突问题的具体操作上，《律师执业行为规范（试行）》（2018年）第五十三条规定："委托人知情并签署知情同意书以示豁免的，承办律师在办理案件的过程中应对各自委托人的案件信息予以保密，不得将与案件有关的信息披露给相对人的承办律师。"

由此可见，如果出现了利益冲突情形，律师事务所可主动披露以取得委托人的谅解或豁免，如果无法达成谅解或豁免则只能放弃其中之一，以免带来不必要的风险。

四、掌握专业工作技能

专业工作技能一般是在特定领域里既周全又高效的工作方式。掌握这些可以提高效率、提高质量并树立良好的专业形象。

(一) 规范工作接口

规范工作接口,是指在共同参与合同工作的律师、律师助理、委托人或其指定的联系人等多人之间,建立起包括文件流转方式、任务交接方式、文件命名方式等标准要求。规范工作接口可以理顺分工关系、明确工作方式,从而确保沟通顺畅、效率提高并减少工作失误和无效劳动。

规范工作接口涉及如何发出和传递工作指令、如何传递文件、遇到问题与谁联络,工作范围、工作内容、工作方式、完成期限,以及工作成果的质量标准、提交方式等。如果委托人是企业且对此毫无概念,则更要引入成熟的工作方法。

例如,为了便于沟通顺畅,应由委托人设立指定联系人负责双向的信息沟通及资料的传送;为了便于明确工作目标,可以约定工作指令所应包括的标准信息;为了提高工作效率,可以指定双方的电子邮箱、一致采用修订及批注模式等。这种接口的建立,可以有效地提高工作效率并确保工作质量符合委托人的需求。

对于多人共同参与的合同审查、修改、起草等工作,更要明确文件的流转方式、责任分工、质量标准、排版标准、质量责任人等,尤其要强化文件名管理,使各个环节、各处改动都可识别、可追溯,避免版本的误用和工作脱节,使整体工作流程通畅、秩序井然并确保质量。

具体的文件名管理,参见本书第一章第四节的相关内容。

(二) 工作时间管理

足够的工作时间是工作质量的保障。有些委托人时常只给律师预留很短的工作时间,使得律师的工作质量难以得到保障并容易打乱其工作节奏,也给律师带来执业风险。因此,律师除了合理安排工作时间,还要帮助委托人形成时间管理的理念。而当确实无法按时完成工作时,律师应提前告知委托人以免影响其他安排。

除了受到突发性事件的影响,合同工作大多不会要求在短时间内完成。出现需要急急忙忙地审查和修改的情况,很多是由于经办人员缺乏计划性而未能及时完成,或是对合同工作的专业性认识不足。最具风险性的是个别委托人既希望走完律师审查流程从而由律师承担责任,又不希望律师有充分的时间发现问题,只给律师很少的工作时间。

律师如果未能发现合同缺陷则属于失职,因而只有在确信较短的工作时间不会影响工作质量时才可以配合苛刻的时间要求,但在提交工作成果时有必要言明工作所受的时间限制,建议其他问题由企业酌定或另给时间审查,以免因时间不足、审查不严而使企业和自身陷入风险之中。

个别情况下,一些提交审查、修改的合同其实只是粗略的半成品。由于条款不完备,这些合同事实上无法审查、修改。鉴于只有企业的业务部门才最清楚具体的交易需求和交易构想,律师可要求相关人员将"半成品"返工完成后再提交。

还有一些委托人毫无合同管理的概念,事无巨细地将合同交由律师审查或修改却不知建立成熟的基础文本库。这不仅是在浪费律师和企业的宝贵时间,也不利于企业合同质量的提升。对此可以建议企业增设合同管理服务项目,通过制作标准化文本的方式提升工作效率及合同质量。

总而言之,律师应在合同工作中力争得到充分的工作时间以确保合同质量,并在履行职责时控制自己的执业风险,不能为了满足委托人的需求而将自己置于执业风险之中。

(三)勤于法律调研

合同工作中总会遇到一些似是而非的法律问题,比如一些条款的细节是否经得起诉讼的考验、是否与法律强制性规定相符等。最便捷的解决这类问题的方法当然是询问同行,但这并非长久之计,除非对方对所问的问题有过深入的研究。

传统的合同工作基于已经失效的《合同法》(1999年)和工作经验,工作的过程和成果中不乏"想当然"的成分。在新的法律规范层出不穷、法律修正和司法解释不断出台、新型交易不断涌现的形势下,对合同所涉及的法律问题只有通过全面的检索和调研才能精确把握,以前相对简单的工作模式一般只适用于常规的买卖合同。

事实上,没有任何一位律师是万能的,要想确保合同在法律方面不出问题,只有通过对相关法律规范、司法解释、部门规章、地方性法规、地方政府规章、案例等进行全面的检索、研读,根据结果调整合同条款。以这种方式工作确实耗时费力,但日积月累就会知其然且知其所以然,成为真正的专家。这也是年轻的法律人扎扎实实快速成长的必由之路。

具体的法律调研技能,参见本书第一章第三节的相关内容。

(四)善用专业表述

合同的文字表述质量属于外在的合同质量,没有专业的表述就没有专业的质量。相对于那些只有少数业务经验丰富或有过专题研究的人才能发现的专业法律问题,文字表述的问题更易被发现,因而更具负面影响力。文字表述也是合同制作者技术水平的外在形象,这方面的错误越是低级越是容易影响专业形象,也最容易拉低合同的整体质量。

但相对而言,文字表述能力的提高远比法律工作经验的积累和工作能力的提升要容易得多。即便没有学过专业的法律汉语,甚至没有学过法律文书写作,也能够从耳濡目染中感受到专业文字表述与日常生活表述的不同,并将表述习惯引入正轨。但整体上的提升,还是需要系统地理解法律语言表述方面的规律和原则,并持续不断地努力。

具体的专业表述要求,参见本书第一章第八节的相关内容。

(五)谨慎提交成果

提交工作成果是律师合同工作的最后一环,既涉及委托人的交易风险控制、客户体验,也涉及律师自身的执业风险控制和专业形象,需要环节上的谨慎。这一环节大致需要遵守以下几项工作原则。

1. 提交正式文本

提交正式文本,是指即便提交的文本是阶段性的,也要按最终文本的质量标准完成工作。换言之,即便提交的不是最终文本,其结构、语言、排版、校对等也不可马虎。

2. 保有提交记录

工作成果既要及时送达当事人,又要能够证明已经及时送达,可以通过约定使用电子邮件解决这一问题。通过发送电子邮件提交工作成果,既方便又便于管理,还能证明提交的时间。

3. 附带提示说明

提交工作成果时附带告知、说明等内容,既可以提醒委托人注意交易风险,也履行了说明与告知义务。不置一词地以附件形式发送电子邮件,既不专业也有失礼貌。

通常情况下,合同标的、数量、价格、金额、付款期限等商务条款或参数等技术条款属于只能由当事人自行决定的事务,不属于律师的工作职责,律师只需关注其是否明白无误。律师应提醒委托人交由相关部门审核这些条款,以免委托人误以为律师对所有条款负责。另外,还可以提醒实际履行中可能发生的风险等。

具体的提交成果操作,参见本书第二章第九节的相关内容。

五、持续关注并循环改进

合同工作质量的提高需要持续的经验积累。从作为工作成果提交开始,合同便开始面对委托方、合同相对方,以及合同的签订及履行过程的检验,甚至包括来自法官的检验。提交工作成果后重新审视合同的机会并不多,充分利用各种机会关注质量反馈,对于扬长避短、持续提高合同质量大有帮助。

对于合同缺陷,除明显的失误外,许多问题仁者见仁、智者见智,唯有在特定的交易中才能确切地进行判定。仅凭委托人是否满意、履行中是否发生了诉讼,都不能作为判定合同本身是否存在缺陷的准绳。但是,以管理学中的持续关注、循环改进原则来总结经验、吸取教训,可以事半功倍地提升合同工作的水平。

(一)当事人的反馈

当事人对合同质量的评价一般非常实际,如合同是否顺利履行、合同是否便于管理、交易是否达到目的等。

1. 合同履行中的反馈

除了委托人在合同中的交易地位影响,从技术角度需关注以下反馈。

(1)交易目的能否实现

付出合适的代价取得所需要的资源并借以实现自己的目的,是企业进行交易的根本目标,不能实现这一目标则合同的质量无从谈起。

(2)重点利益能否保障

交易中的重点利益有时属于交易目的的具体细分,有时属于交易目的之外的必要条件,有时对交易利益影响巨大,需要在文本中得到充分保障。

(3)合同细节明确实用

合同对于交易标的、交易过程等细节的描述,能否使交易过程及结果更为明确,能否解决可能发生的问题以减少不必要的扯皮、争议。

(4)违约条款是否完善

违约责任是否涵盖了主要风险,或在对方违约时能够充分保护己方利益,以及是否为己方遇到违约时的退出提供了便利。

(5)文本内在外在质量

合同也是企业对外展示形象的窗口,其条理是否清楚、内容是否严谨、表达是否准确,特别是表述上有无歧义,都涉及实际利益保障及企业形象。

上述内容属于大致的关注方向,如有问题反馈便需要关注、分析并在以后加以改进。其中的最后一项虽属外在质量问题,但却是合同文本中最常见、最易被人诟病的问题,需要一并关注。

2. 合同是否便于使用

如何减少不必要的环节及复杂程度以提高工作效率、降低成本、减少失误,永远都是企业经营管理需要解决的问题,因此合同也要考虑便于签订、便于管理、便于履行。

良好的文字表述有利于合同的顺利签订。许多合同谈判所耗费的时间并非对标的或价格的讨价还价,而是针对某些抽象的权利义务的表述方式。形式上的权利义务不平衡、措辞上的缺乏尊重以及让人缺乏安全感的绝对化表述,都会降低签约的一次成功率,甚至因反复且无实际法律意义的修改而空耗时间。这类情形属于没有实际意义却增加交易难度的表述缺陷,对于那些由于市场充分竞争而不占交易优势的卖方而言更是一种负担,因而有时需要变更表述方式以更好地服务于交易。

良好的合同架构便于合同管理。许多情况下,律师无须考虑合同的架构问题,但合同架构,或称为谋篇布局,对合同文档管理、履行管理的影响非常直接。尤其是对于每天签订大量合同且合同需要在不同的部门之间流转的大型企业,易于识别、易于阅读理解的合同文本能大幅度提高管理效率,减少无谓的时间消耗。当然,有时需要专门的合同管理项目解决这些问题。

例如,某些合同要看到最后一页才能猜出其适用范围,有些合同的履行事项分散在不同条款,有些合同不设章节只采用数字顺序,还有一些合同文字表述混乱容易误导等,这些问题会导致合同不容易读、不容易理解、不容易管理。

简单、明确的合同便于履行。受企业欢迎的便于实际履行的合同多有两个特征:一是减少不必要的环节,简化复杂的操作;二是权利义务可识别、可测量、可操作。二者都会降低工作压力及违约概率,且便于理解、执行,并可有效减少扯皮,便于争议解决。

合同在架构及表述方面的具体操作,参见本书第四章第二节的相关内容。

(二) 合同争议的焦点

合同履行过程中发生的争议,尤其是问题焦点,同样能够检验合同质量。因条款问题产生争议或导致合同无法正常履行完毕,尤其是下列几方面的问题,均为合同缺陷:

① 合同条款无法保障当事人实现交易目的;
② 因语言歧义或条款缺失而无法依据法律或合同作出确切的解释;
③ 表述不清、条款冲突或未加约定,并因约定不明确被判定责任;
④ 缺乏权利保障而导致当事人在履行中进退两难,遭受损失在所难免;
⑤ 违约等条款无法制裁违约行为或弥补相对方违约造成的损失。

当然,顺利履行完毕的合同也未必没有缺陷,不完善的合同在诚信、相互谅解的交易双方也会得到顺利履行而没有争议。

(三) 诉讼结果的检验

基于诉讼是检验合同条款质量的终极标准,在设计交易模式和合同条款时就必须考虑能否在可能发生的诉讼中经得住考验。因此完全脱离诉讼检验的非诉讼合同工作,并不值得提倡。常见的不能经受诉讼考验的合同缺陷主要有以下几类:

① 因主体资格、内容、生效条件等原因导致的合同全部或部分无效;

② 因主体资格、生效程序、标的权属等原因导致的合同效力待定；

③ 重大条款缺失或冲突，致使合同按约无法履行；

④ 条款约定不明或存在歧义，并因此由法院作出对委托人不利的判决；

⑤ 无法追究对方的违约责任，或对方的违约责任不足以弥补委托人的损失；

⑥ 其他合同条款上的瑕疵导致委托人最终败诉。

一般而言，只有终审判决认定的合同文本缺陷增加委托人的支出或降低委托人的利润，才能视为合同存在缺陷。许多合同诉讼的败诉是由于合同履行管理问题，甚至是由于相对方的无理缠讼，这些都与合同文本缺陷无关。

（四）周期性的质量回顾

合同技能的进步永无止境，温故知新会有更多收获。工作中经常发生的现象是，经过一段时间后回顾一份原来比较满意的合同时，又会发现许多不满意之处。其实这种现象并不奇怪，因为人类的智力活动并非固定的电脑程序，而且始终会受到外界因素的影响，所以复杂智力活动的范围、结果很少会完全一致。前一次尽了最大努力完成的合同，未必是思维判断能力的巅峰之作。

而且，发现问题的能力会随着经验积累和认识能力的提升而不断提高，包括对法律规范的理解和对合同质量的理解，交易安排和表述方式等方面思维判断能力也会不断提升。

如果能够不断地从历史的角度纵向回顾自己各个时期的得意之作，不仅能够看到自己的进步，也更容易理解合同的质量原理并掌握更多的合同技能。

第六节 合同的构成及原理

合同是应用型文书，不仅要看懂语句的字面意思，还要"看透"字里行间隐含的意义和"弦外之音"。要做到这一点，必须熟知合同的结构、基本内容、一般包括的条款等，并从本质和原理的角度去参透合同，明白其中的"所以然"，只有如此才能在合同领域驾轻就熟。

一、合同的四个组成部分

结构完整的商务合同可以分为首部、正文、尾部、附件四个组成部分，这是书面合同的典型形态。某些特别场景下的合同形态将另行讨论。

（一）合同首部

合同首部包括合同正式条款之前的所有内容。首部一般包括合同名称、当事人身份栏、合同引言,某些合同还会有合同编号、签订日期、签订地点,以及内容目录、"鉴于"条款等。只要在正文之前,尤其是没有条款序号的,都可视为合同首部的组成部分。

合同名称的核心是合同法律关系类别,有时也包括标的、当事人等用于识别的信息。已经失效的《合同法》(1999 年)分则中曾规定了 15 种有名合同,但《民法典》(2020 年)中的"典型合同"不仅取而代之还将数量增加到 19 种,丰富了典型合同的命名。不过,许多法律专业人士对于合同名称并不在意,而市场主体则更倾向于按事项命名合同以作为与其他合同的区别。

例如,"×××公司与××公司办公用品买卖合同"中,合同的分类是"买卖合同",实际使用中有可能采用"买卖协议""采购合同"等多种用法,但在法律意义上均属买卖合同。"办公用品"是标的名称,同双方当事人的名称一样,都是为了便于识别此合同与彼合同,以方便管理。随着商业模式和交易标的的发展,有越来越多的合同属于非典型合同,即不在《民法典》(2020 年)所列典型合同、已经失效的《合同法》(1999 年)分则所列的种类之内的合同,一般只能使用笼统的门类名称,如"合作合同"等,甚至简单地只用"合同书""协议书"作为类别名称。

合同名称如果与实际不符,通常情况下不会对合同的效力和法律后果产生实质影响。但当交易属于两种典型合同关系的竞合且难以区分到底属于何种合同时,合同名称完全可能被当成确认合同法律性质的依据。

合同的缔结方一般在合同引言之前列出,且一般只列举合同当事人名称及其在合同中的身份。如"甲方:北京××××通信有限公司""出卖人:北京××××房地产开发有限公司(甲方)"等。某些合同将当事人地址、联系方式也放在首部,这样做并无不可,但有喧宾夺主、头重脚轻之嫌,还是放在尾部比较自然。

合同引言一般在身份栏之后、正文之前。绝大多数合同的引言只是"甲乙双方根据××××法之有关规定,签订合同如下"之类的套话,但也有一些合同会开宗明义地讲明签订合同的目的,或者借此言明签订合同的前提条件等内容。这类用法非常专业,其中可能会涉及合同约定不明的解释方式、违约责任范围等实用功能。

在合同首部可视需要安排内容,但以实用为宜。某些外来合同或模仿外来合同的文本常在正文前列入"鉴于""声明"等内容,这些条款除非属于签订合同的前提或某一方的承诺,否则对法律关系、法律后果并无影响且无实际意义,并非专业上的必须之举。这些"鉴于""声明"的归属主要看有无条款序号,有条款序号则属于正文,否则仍属合同首部的组成部分。

(二)合同正文

合同正文包括从第一个条款到最后一个条款的所有内容,一般以有规律的序号加以编排,用以围绕交易明确事项、设定双方的权利义务体系及内容。无论是否为合同条款内容,只要位于正文位置的条款序号之中,就属于合同正文。

1. 合同一般包括的条款

合同正文涵盖了当事人为实现交易而设定的所有权利义务。只要是双务的有偿合同,各类合同中的条款与合同一般包括的条款的一般规律并无本质区别,只有行业、复杂程度和侧重面的不同。按照《民法典》(2020 年)第四百七十条第一款的规定,合同的内容由当事人约定,一般包括:① 当事人的名称或者姓名和住所;② 标的;③ 数量;④ 质量;⑤ 价款或者报酬;⑥ 履行期限、地点和方式;⑦ 违约责任;⑧ 解决争议的方法。

这八个条款属于最为基本的合同条款,缺少任何一个都会给合同的实际履行或问题处理带来不确定性,甚至直接影响合同的成立。其中的"当事人的名称或者姓名"一般放在首部,"住所"则一般放在尾部,不属于合同正文的内容。

实际交易中的合同条款其实都是这些一般包括的条款的细化和扩展。合同条款的复杂化其实是基于交易内容及交易方式的日益复杂化,以增加权利义务的明确性来确保交易目的的实现。但也有一些交易习惯为现场即时结清的交易,并不约定后三个一般包括的条款,也就是通常并不约定履行期限、地点和方式,违约责任,解决争议的方法。

例如,商品房买卖合同需要用大量文字描述商品房的合法手续、位置、结构等标的条款,同时还需要用大量文字细化履行期间发生的面积误差、付款违约等违约责任条款。而民用钢材的买卖则往往是现货结清,买家自行提货,无须约定履行期限、地点和方式,违约责任,解决争议的方法,如果出现问题则另行协商或诉讼处理。

2. 层级与序号

为了便于表述、阅读和引述,合同条款通常都会被设为不同层级并编上序号。视篇幅的不同,合同条款往往被归入不同的章、节、条、款、项之中,这也是国家法律规范的体例,如果实在需要还可以有"编""则"之类更大的单位。

还有一些合同并不使用"第×条"之类的编排方式,而是直接以序号加标题甚至是直接以序号加正文的方式编排,如按顺序及层级以"1.1""1.11"等方式作为序号的合同便很常见。这方面虽无统一规定,但不设条款序号的合同,既不方便阅读也难以被人接受。

(三) 合同尾部

合同尾部包括合同正文结束后的所有内容,主要有载明合同各方身份事项的签署栏、附件清单、声明与承诺等内容,但不包括附件本身。

合同尾部主要包括用于确定双方身份事项及签署合同的签署栏,以及对正文中某些事项进行补充说明或强调的其他信息,但一般不再描述交易中的权利义务。

从实用角度出发,合同尾部的签署栏内至少应有标准的当事人姓名或名称、通信地址、开户银行及账号、签订时间,较为复杂的还包括授权代表及联系方式、电话号码、传真号码、电子信箱、合同签订地点等信息。

除了签署栏,合同尾部常附有附件清单。目前比较普遍的是在合同正文后、签署栏前设置一个附件清单,或是附上声明与承诺之类的条款,这样在各方签署合同的同时也就确认了清单的存在。某些合同在签署栏外还有审批、公证、鉴证等第三方意见栏,只是这些内容目前已经非常少见。

还有一些合同会在尾部设有声明或承诺栏,一般用于强调签署人对合同内容已经充分知悉或作出某种承诺,有些出具格式合同的交易方以这种方式作为履行法律规定的告知等义务的标准化操作,但具体的内容、模式等并不固定。

(四)合同附件

合同附件独立于合同尾部并置于合同尾部之后,是合同的独立组成部分。附件清单大多列在合同正文后的尾部开始部分,也有的列于合同条款之中。合同附件大多无须另行签署,但由双方在附件上加盖骑缝章更为稳妥。合同附件如果不在合同中列明,一旦产生争议可能会面临举证方面的麻烦。

附件是合同的组成部分,与合同其他条款一样具有法律效力,只要是与明确权利义务有关的内容均可成为合同附件。合同附件主要分为证明类附件和细节类附件两类。

1. 证明类附件

证明类附件主要是用于证明交易方的身份或签订及履行合同的资格,包括身份证复印件、营业执照复印件、许可证复印件、资格证书、物权凭证,以及某类关联事实的证明文件等。

通常情况下,补充合同不会直接成为合同附件,因为它的形成时间晚于主合同。某些合同之所以将补充合同与主合同一并签订,是由于一方甚至双方无权调整主合同的标准条款内容,因而在按标准条款签署合同的同时不得不以"补充合同"的方式约定双方实际履行合同时的权利义务,并作为合同的附件。这类合同有规避企业内部相关部门或政府主管部门监管之嫌,有时会产生合同效力隐患。

2. 细节类附件

某些合同在某一条款下有大量的细节信息,这些信息全部写入合同正文会主次不分,因此大多将其作为合同附件。这些信息以两类内容居多,一类用于描述标的,另一类用于描述质量标准。

例如,一家专营轴承的企业与客户签订的买卖合同共有 7 页,由于客户需要的轴承品种、规格繁多,因此该合同竟用 6 页纸描述不同品牌、规格项下的轴承单价、数量,以及小计、总计等。

又如，商品房买卖合同中对于交付标准的描述、服务合同中对于服务质量的描述，以及设备买卖合同中的备品、备件的规格、型号、数量和产品说明、质量保证等，也都需要设为附件。

此外，有些合同因设计或使用的方式不同而附有大量的"附件"。如某建设施工类合同的示范文本，其协议书只有 2 页，但作为附件的"通用条款"及"专用条款"则有 30 余页。

二、几种特殊的合同形态

传统的商务合同为纸质，并通过双方共同签署而成立。但许多合同并非以此方式成立，因此需要特别加以介绍。《民法典》(2020 年)第四百六十四条规定，"合同是民事主体之间设立、变更、终止民事法律关系的协议"。因此有理由认为，只要符合这一本质特征即为合同，不在于形式。而在符合这一本质特征的同时，其内容、形态、成立方式却可以多种多样。

(一)非签署方式成立的合同

《民法典》(2020 年)第四百八十三条又规定："承诺生效时合同成立，但是法律另有规定或者当事人另有约定的除外。"这也可以理解为只要"法律另有规定"符合这一原则，合同可以不同的方式达成。

1. 通过交易习惯成立的合同

依据《民法典》(2020 年)第四百八十条的规定："承诺应当以通知的方式作出；但是，根据交易习惯或者要约表明可以通过行为作出承诺的除外。"由此可见，除了传统的合同达成方式，"交易习惯"也可成为某些合同的达成方式。但"交易习惯"可以只是传统合同的非实质性变化，也可以是与传统的签署纸质文本不同的方式，这里只讨论后者。

对于交易习惯，《最高人民法院关于适用〈中华人民共和国民法典〉合同编通则若干问题的解释》(2023 年)第二条规定：

"下列情形，不违反法律、行政法规的强制性规定且不违背公序良俗的，人民法院可以认定为民法典所称的'交易习惯'：

(一)当事人之间在交易活动中的惯常做法；

(二)在交易行为当地或者某一领域、某一行业通常采用并为交易对方订立合同时所知道或者应当知道的做法。

对于交易习惯，由提出主张的当事人一方承担举证责任。"

2. 通过行为作出承诺的合同

同样依据《民法典》(2020 年)第四百八十条的规定："承诺应当以通知的方式

作出；但是，根据交易习惯或者要约表明可以通过行为作出承诺的除外。"这意味着除了传统的合同达成方式、"交易习惯"的方式，还可通过"要约表明可以通过行为作出承诺"的方式达成合同。

这类承诺方式中最为典型的是网络平台上的交易。消费者只要选择好商品、规格、数量，点击付款后即可成交。其他的交易，如以"款到发货"的方式成交的交易等，也是以行为的方式作出承诺。

3. 因确认履行行为而成立的合同

依据《民法典》（2020 年）第四百九十条的规定："当事人采用合同书形式订立合同的，自当事人均签名、盖章或者按指印时合同成立。在签名、盖章或者按指印之前，当事人一方已经履行主要义务，对方接受时，该合同成立。法律、行政法规规定或者当事人约定合同应当采用书面形式订立，当事人未采用书面形式但是一方已经履行主要义务，对方接受时，该合同成立。"

在这两种情形下，双方均未按约定或法律规定签订合同，但一方履行主要义务而对方接受则合同成立。

4. 签订确认书生效的合同

《民法典》（2020 年）第四百九十一条第一款规定"当事人采用信件、数据电文等形式订立合同要求签订确认书的，签订确认书时合同成立。"

对于要求签订确认书的合同，合同的订立仅为合同成立的前置条件，签订确认书才是完成了承诺，也实现了合同成立。

在现代社会，随着交易内容及交易方式的发展，无论是达成交易的方式还是合同的形态都发生了巨大的变化。因此，有许多新的法律问题需要探讨。

(二) 电子时代的新型合同

随着电子商务的发展，尽管仍有大量的合同通过双方见面后当场签字盖章的方式签订，但通过电子商务平台亦可以远程、全时、非接触的方式达成交易。要约和承诺也可以突破时间、空间的限制，交易双方甚至不需要接触。

1. 拆封合同 (shrink-wrap contract)

拆封合同，一般是指在计算机软件商品的封面上列明对购买者的使用许可事项，并申明拆封即视为同意相关条款的合同。这种合同随软件业的发展而产生并由软件知识产权的特性所决定，交易内容其实只是有限的软件使用许可而非软件的所有权，拆封合同可以促进交易并保护软件商的知识产权，同时规避某些不必要的风险。采用拆封方式交易的商品，其封面大多印有"软件使用许可条款"及申明著作权人信息。

由于中国目前尚无相关的规定或解释，因而只能从现行法律框架内考虑作为格式条款的软件使用许可在内容、使用方式上是否符合现行法律规定，以及当产品卖给消费者时与《消费者权益保护法》等是否存在冲突,国外案例及理念只供参考。

这类合同条款的构成,是在封面上印有详细的使用许可条款,在实际安装时可看到更为详细的条款,如果不同意那些更为详细的条款,则可以选择退货。这类合同在成立方式上并无法律障碍,但因其封面上不可能印上完整的许可协议,而安装时的详细协议可能与封面上显示的内容不同,因而多了一个确认行为,也多了一个选择的机会。整个过程与效力待定合同、预约及本约配套合同非常相似,只是最终确认权由买方掌握。

这类交易对交易流程、文字表述有着更高的要求,条款设置不当容易产生诸如许可合同的成立与生效、合同是否附条件、格式条款的效力、卖方告知义务界限、消费者知情权和选择权、退货损失的承担等一系列问题。因此,在安装时需再次确认许可合同的效力,不接受条款则无条件退货的交易方式更为稳妥。

2. 点击合同(click-wrap contract)

点击合同,一般是指在安装软件过程中,通过点击界面上表示同意相关许可使用条款的按钮,而完成承诺、实现交易的合同。通常情况下,相关界面会提供详细的许可使用、免责等条款,只有用户点击确认按钮才能完成安装。随着互联网时代的深入发展,软件交易根本无须实物递送,可以通过在线付款、在线许可的方式完结,因而点击合同已经基本取代了拆封合同,大量用于软件安装过程中对免责事项和使用许可的确认,以及电子商务平台对于交易规则的确认。

点击确认以往多为拆封合同的最后一道手续,但由于越来越多的软件根本无须拆封即可线上安装使用,点击合同已经成为单独的合同模式,被广泛地用于线上交易。由于网络可以提供更多的信息以供阅读、选择,因而点击合同比拆封合同有更广泛的"可视性",也更容易通过网上交易成交。至于确认者是否经过认真阅读相关许可使用条款再点击,并不影响合同的成立。

点击合同比拆封合同少了一个拆封的环节,而通过网站下载后直接安装也给软件供应商多提供了一份安全保障,使购买安装更为便捷。点击合同已经成为电子商务时代标准的交易达成方式。

3. 浏览合同(browse-through contract)

浏览合同与点击合同类似,只是合同成立的方式相反。浏览合同的运用,一般是在网站的页面上以醒目的方式进行提醒,说明一经浏览即视为接受某种要约条件而构成承诺,并因此必须遵守一定的规则或承担一定的义务。这些义务一般并不复杂,大多是免除网站的某类责任。与点击合同相比,浏览合同以不作为的默认方式达成,但所达成的合同都存在于网上,而点击合同以主动作为的方式达成。

从性质上说,无论是点击合同还是浏览合同,其提醒的内容、点击确认的内容中有些条款形同店堂告示或免责声明,其有效性仍与《民法典》《消费者权益保护法》《广告法》等相关,需要结合具体情况判断其中某些免责条款的有效性。

4. 数据电文合同

数据电文,依据《民法典》(2020年)第四百六十九条第三款规定中的内容反推,系指能够有形地表现所载内容,并可以随时调取查用的电子数据、电子邮件等。以这种形式达成的合同,仍旧属于书面合同。

电子数据,依据《最高人民法院关于适用〈中华人民共和国民事诉讼法〉的解释》(2022年修正)第一百一十六条第二款、第三款的规定:"电子数据是指通过电子邮件、电子数据交换、网上聊天记录、博客、微博客、手机短信、电子签名、域名等形成或者存储在电子介质中的信息。存储在电子介质中的录音资料和影像资料,适用电子数据的规定。"

对于数据电文合同要约、承诺的生效,《民法典》(2020年)第一百三十七条第二款规定:"以非对话方式作出的意思表示,到达相对人时生效。以非对话方式作出的采用数据电文形式的意思表示,相对人指定特定系统接收数据电文的,该数据电文进入该特定系统时生效;未指定特定系统的,相对人知道或者应当知道该数据电文进入其系统时生效。当事人对采用数据电文形式的意思表示的生效时间另有约定的,按照其约定。"

另外,数据电文一般没有共同的合同签订地,因此《民法典》(2020年)第四百九十二条特别规定了相关的管辖问题:"承诺生效的地点为合同成立的地点。采用数据电文形式订立合同的,收件人的主营业地为合同成立的地点;没有主营业地的,其住所地为合同成立的地点。当事人另有约定的,按照其约定。"

目前,数据电文合同已经从以前的传真为主转为电子数据交换为主、电子邮件为辅,而电报、电传等已经基本绝迹。

根据《最高人民法院关于适用〈中华人民共和国民事诉讼法〉的解释》(2022年修正)第一百一十六条第二款、第三款的规定,电子数据交换,应该是指特定的电子数据使用人之间所进行的电子数据的发送和接收。因此现在广泛采用的通过第三方交易平台进行交易的做法,如通过购物网站购买商品、从面向企业的生产资料交易平台采购物资等,均为以电子数据交换方式签订的书面合同。

这类合同的特点:一是包括要约、承诺、合同的文本只存在于电子介质之中,双方的要约与承诺都通过电子数据交换完成,可以理解为点击合同;二是交易双方往往并不需要另行签订合同,而是各方在其注册加入交易平台时已经通过点击的方式同意了交易规则,因此至少面向消费者的交易平台,交易双方不需要签订合同。

(三)不同交易模式的不同形态

除了前面介绍的合同,纸质合同也会因交易方式的不同而不再具备常规的首部、正文、尾部、附件,甚至交易双方根本没有合同而是按交易平台的规则、交易习惯进行交易。

1. 交易凭证

交易凭证是交易过程中产生的记载一定交易信息的书面凭据。仅有交易凭证而没有合同的交易,大多是依据交易习惯或某种第三方的规则进行交易。一般情况下,交易凭证只是交易中某个环节的凭据而不是整个交易的凭据,因而不是合同本身,需要依据其具体内容及使用场景来判定是否属于合同。

对于这一问题,《最高人民法院关于审理买卖合同纠纷案件适用法律问题的解释》(2020年修正)第一条规定,"当事人之间没有书面合同,一方以送货单、收货单、结算单、发票等主张存在买卖合同关系的,人民法院应当结合当事人之间的交易方式、交易习惯以及其他相关证据,对买卖合同是否成立作出认定"。可见,交易凭证一般情况下并非合同本身。

在特定情形下,交易凭证可以是合同的一种存在形态。例如定期存款凭条,既证明了存款人与收款银行、存款金额、存款期限、利息等信息,又证明了存款人的款项已经交付给银行,存款凭条实际上已经是存款人与银行之间达成的合同,只不过不属于《民法典》(2020年)合同编的典型合同分编中的"借款合同"。但另外一些凭证,例如只能证明交付过款项却无法证明双方达成交易,则付款凭证本身并不是合同。因此,在理论上,交易凭证是否属于合同应根据其内容是否反映了合同一般包括的条款及双方是否达成一致来判断,至于证据效力问题则另当别论。

再以超市的购物小票为例。此类凭证均由结算终端设备打印形成,一般没有买方的姓名,至多只有会员卡号,主要内容是交易品种、数量、单价、总价、交易日期等信息。这类凭证不需要双方签署,只能证明某位顾客已经付款并提走商品,有时甚至由于商品名称使用简写或代码,仅根据购物小票无法判定购买的物品。既不能证明交易方也不能直接证明交易内容,购物小票只能称为凭证而无法称为合同。

而一些订购服务或维修服务等领域的表单,作为交易凭证不仅有明确的内容、日期等合同一般包括的条款信息,还有消费者的签字和店家的图章以及责任条款说明,这类表单虽然篇幅较短但已经具备主要合同一般包括的条款,甚至还有附件。这类交易凭证虽然并不完全具备合同的四个组成部分,但应当视为合同。

2. 持续履行合同

持续履行合同也称"框架合同",多用于原料采购等大宗商品的长期交易。这种合同的特点是双方一般签订一份长期履行的合同,对交易的标的、质量、履行方式、解决争议方式等进行详细的约定,但并不约定具体的交易数量、价格和交货期等具体条款,具体交易以订单的方式约定品种、数量、价格、交付地点等即可,其他均按框架合同履行。

这类合同实际上是把一份完整的合同分成了两部分,具体的实际交易条款在实际交易发生时由双方另行确定,既确保交易秩序的稳定性,又保证交易安排的灵活性,同时也可避免僵化的价格及交易量条款因市场的波动而难以按部就班地执行所带来的不便。

交易秩序的稳定性、合同审批流程的简化是大中型企业不得不考虑的问题,因为它关系到管理的效率和成本,而持续履行合同则完全可以同时实现这两个目标。尤其是设立了供应商管理制度对供应商的资格、业绩等进行管理的企业,可以通过这种合同有效地提高合同履行的质量并稳定交易秩序、稳定供需方关系。

关于持续履行合同的更多讨论,参见本书第一章第九节的相关内容。

三、合同的四大基本功能

合同的篇幅、表述方式多种多样,但所有合同都具有四大基本功能,即锁定交易主体、锁定交易内容、锁定交易方式、锁定问题处理。从最简单的订单到大型的BOT 项目合同,甚至到复杂的 FIDIC 工程承包合同等合同,均可适用。

(一)锁定交易主体

锁定交易主体主要用于确立合同主体、具备什么资格、每一方的身份事项等与交易主体密切相关的问题。其中,合同主体名称通常同时出现在合同首部及尾部的签署栏。体现合同这一功能的主要内容有:

① 交易各方的姓名或名称;

② 交易各方基本情况描述;

③ 各方是否具有签署合同的权限;

④ 各方是否具备履行合同的资格、资质等要求;

⑤ 各方的通信地址、联系方式;

⑥ 各方的代表人或联系人;

⑦ 合同是否涉及第三人履行或向第三人履行等。

上述内容用于解决合同当事人身份及是否具备签订、履行合同的能力,以及在实际履行过程中的通知、配合等问题,但不涉及具体的交易内容、交易程序及问题处理。但某些内容,如资格资质、签约权限等,除非用于强调否则并不需要出现在合同中,而是应当作为交易资格管理的内容在合同之外的管理活动中加以控制。

在大中型企业的合同管理活动中,合作商的选择是极为重要的一环。合同管理活动不仅涉及合作商是否具备所需要的资格资质,某些交易还需要通过招标才能确定合作商。选择供应商的标准、流程、规则等属于合同外的管理工作,并不需要在合同中约定,只需与审查合格的供应商签订合同即可。

(二) 锁定交易内容

交易是为了换取某种资源,因而产生交易的前提是产生了需求。人们总是先有需求,再去找能够满足这种需求的交易主体。需求在具体的交易中,便是合同的标的。这一功能主要是明确双方交易的内容是什么,以及交易标的的具体数量、价格、质量标准等,主要解决如下问题:

① 交易的内容、目的;

② 交易标的的质量标准;

③ 交易标的的规格、数量、计量单位;

④ 单价及总价,以及价格中包括哪些内容;

⑤ 附属的备品备件,或附加的其他服务;

⑥ 是否提供资料、技术、培训;

⑦ 知识产权或其使用许可;

⑧ 售后服务内容或范围;

⑨ 对合同标的的术语定义等。

合同可以锁定静态的交易内容,并不涉及如何实现交易。在实际运用中,常规产品买卖合同的交易内容比较直观也容易把握,但应用得较少的合同或并购等非典型合同,其交易内容有时需要认真辨析,否则容易出现漏洞。因此,对于交易内容的判定需要以交易目的为基础,或者说是以交易需求为准。即便是同类商品,不同的需求也会产生不同的选择。

例如,同为采购某一设备,经销该设备与购置该设备用于生产,其交易目的不同决定了对交易标的关注点的不同。前者关注的是利润及便于销售,后者则出于实际生产的需要可能需要另外的培训及售后服务。

(三) 锁定交易方式

合同可以锁定完成交易的程序以确保交易的实现并控制风险,解决"怎么做"的问题。锁定交易方式可以解决如下问题:

① 实现交易的时间、地点、批次及每批数量;

② 装卸、包装、运输、交接、储存、投保的方式及相关费用承担方式;

③ 说明资料、软件、知识产权、备品备件等内容的提供方式;

④ 对质量、数量、规格验收的标准及程序,包括异议的方式、程序;

⑤ 结算费用类别、程序、付款方式及期限、发票种类及提供方式;

⑥ 售后服务的期限、标准、提供方式、费用承担；

⑦ 履行的担保方式、种类、范围、期限；

⑧ 通知与送达的方式、方法；

⑨ 双方对履行合同的其他特别约定；

⑩ 合同本身的份数、各方持有数量、合同附件的份数及页数等。

交易方式问题在简单的交易中只不过是对如何实现交易所进行的约定，但实际上涉及风险转移的界限、所有权转移的时点、交易成本控制、交易风险控制等诸多内容。甚至于某些交易之所以过程复杂、主体复杂，是因为交易方式中涉及避税问题。因而对于交易方式的约定，往往比对交易标的的约定更需要深思熟虑。

(四) 锁定问题处理

锁定问题处理的功能，指合同中往往会明确约定在合同履行过程中如果出现某类问题时应当怎样处理。前面所介绍的三个功能都是为了交易能够顺利、正常地进行，但履行中很可能因一方违约或不可抗力等因素而出现合同无法全面履行的非正常情况。这一功能，正是用于解决出现问题时的"怎么办"问题。

事实上，合同履行过程中出现意外的情形非常多。违约或情势变更、不可抗力等都可导致合同无法按约定正常履行，但法律对此仅有笼统的规定，难以充分保护受损方的利益。要想得到充分的保护，就必须对违约事项的范围以及违约责任如何承担进行约定。锁定问题处理可以解决以下问题：

① 违约的具体种类、判断标准；

② 何种违约应继续履行或采取补救措施，并对造成的损失进行赔偿；

③ 违约金的金额或计算方法，或违约损失赔偿额的计算方法；

④ 定金等担保在出现担保责任时的责任承担方式；

⑤ 可得利益损失的范围及计算方法；

⑥ 政府行为或法律环境变更影响的处理及损失承担方式；

⑦ 不可抗力的具体类型及判断标准、处理方式、损失承担；

⑧ 市场剧烈变化等情势变更情况的类型、判断标准、处理原则、损失承担；

⑨ 重大疫情、重大社会事件等影响合同履行时的处理方式、损失承担；

⑩ 双方约定的合同解除条件及处理方法、损失承担；

⑪ 有权解除合同的情况及判断依据，以及责任或损失的承担；

⑫ 一方合同履行期间丧失履行能力或资格时的处理方法及损失承担；

⑬ 合同文件的解释方式及解释顺序；

⑭ 争议解决方式及地点等；

⑮ 合同生效的条件、失效的条件。

这些条款的共同特征是不涉及交易内容、交易方式和交易主体的具体事项,只解决合同履行过程中出现的非正常情况,包括主体资格、标的的权属,合同的成立、生效是否符合法定要求,以及交易违约的处理等。

通过上述功能更容易理解合同工作的目标和出发点,也有助于从合同之外审视合同并提高合同质量。现实中的合同也正是由包括上述四个基本功能的不同合同条款交织而成的,只不过在特定的交易场景下某些合同可能并不需要同时具备四个功能。比如许多合同没有问题处理模块,消费合同往往并不需要交易主体模块等,但没有标的的合同,一般认为合同未成立。

四、合同四大基本功能分析实例

1995 年,在中华全国律师协会举办的"兼并与收购"业务培训中,美国律师展示了美国律师协会向会员推荐的一份《股份收购合同》示范文本。该文本包括目录 3 页、正文 68 页、两个附件各 1 页、封面 1 页,共计 74 页 A4 纸。该文本篇幅虽长但条理清晰、内容细致,堪称楷模。其标题结构如下:

1. 释义

2. 出售和转让股份、交割

(含股份、购买价格、交割、交割义务、调整额五项内容)

3. 卖方陈述与保证

(包括公司状况、授权与无抵触、资本构成、财务报表、账簿和记录、财产权及债权、资产状况、应收账项、库存、无未披露债务、税务、无重大不利变化、雇员福利、遵守法律规定及政府授权、诉讼与决议、无某些变化与事件、合同及无预先设定、保险、环境、雇员、劳动关系及履约、知识产权、付款、披露、与有关人员的关系、经理人或承销商,共计二十六项内容)

4. 买方陈述与保证

(含公司状况、授权与无抵触、投资意向、诉讼、经纪人或承包商五项内容)

5. 卖方交割日前承诺

(包括准入和调查、被收购公司的经营、否定承诺、所需批准、通知、相关人员偿债、不谈判、尽最大努力,共计八项内容)

6. 买方交割日前承诺

(含政府部门批准、最大努力两项内容)

7. 买方履行交割义务的前提条件

(含陈述的准确性、卖方的表现、同意、补充文件、无诉讼、对股权或销售无权利要求、无禁忌七项内容)

8. 卖方履行交割义务的前提条件

(含陈述的准确性、买方的表现、同意、补充文件、无禁止五项内容)

9. 终止

(含终止事项、终止影响两项)

10. 赔偿及补偿

(含继续有效及受赔偿权不受知识影响、卖方赔偿、卖方赔偿环境问题、买方赔偿、时限、数量限制—卖方、数量限制—买方、第三方代存及抵押权、赔偿程序—第三方求偿、赔偿程序—其他求偿十项内容)

11. 总则

(含支出、公告、保密、通知、管辖及送达、进一步保证、免除、完整性与修改、披露信、转让和继承、无第三方权利、可分割性、标题、时效、管辖法律、复本,共计十六项内容)

这份合同传入中国时,国内的企业兼并与收购刚刚起步,根本想象不出这样的文本。该合同的逻辑是对收购所涉及的各类横向关系按时间顺序进行的纵向安排,每个分标题都是该阶段横向关系、假设与处置的集合体,所有的集合体共同组成了这份合同的权利义务体系。

从四大基本功能的角度分析,该合同基本功能分布如下:

第一章为合同释义,服务于交易内容、交易方式的锁定,建立最基本的秩序。

第二章为合同交易内容条款,明确合同的最基本内容、解决要"干什么"的问题,也是从空间上对交易进行安排的第一个步骤。

第三章至第四章仍是交易内容条款,对基本的内容条款从买方与卖方两方面加以细化,是随第一个步骤展开的第二个步骤。

第五章至第八章实际上是在按时间顺序规定交易方式,解决的是"怎么干"的问题,约定了收购中双方各自应当交替完成的具体工作及具体标准。

第九章至第十章均为问题处理条款,假设了一旦有某些情况发生而需要终止合同时,双方对于遗留问题的处理方法,解决"出了问题怎么办"的问题。

第十一章除进一步约定交易方式外还归入了许多问题处理条款,其实是将无法归入其他章的内容一并收入。如按国内习惯,该章标题应为"其他约定事项"。

这份合同虽然篇幅较长、内容繁多,但四大基本功能的细节处理环环相扣。通过对合同四大基本功能的思路进行分析,也说明再复杂的合同也不神秘,只是体现四个基本功能的条款的复杂程度不同、布局方式不同。同时也说明合同水平的高低并不在于篇幅,而在于内在的实用价值和外在的表述形式,以及对合同四大基本功能的合理安排。

第七节　合同质量原理解析

质量是任何交易中都必须考虑的问题,无论是出售产品、转移财产、提供服务还是完成工作,都需要按质论价。对于合同本身也是如此,只有具备了合同质量的概念以及大致的衡量标准,才能促进合同工作的规范化和合同质量的不断提升。虽然某些标准一时只能定性而无法定量,但已足够评价合同质量。

一、合同质量的评价角度

合同的质量评价目前尚无统一标准,但这并不妨碍人们对合同质量加以评价。因为既然可以结合具体的交易背景评价相关合同是否符合交易需要,也就可以对合同质量的各个要素进行分析,二者相结合即为评价合同的方法和角度。

(一)具体交易的合同质量需求

合同质量是个笼统的概念,落实到微观的具体交易中,不同的视角会对合同质量提出不同的需求。即使不考虑在后续章节中展开讨论的营业、商务、专业、专家四个不同层面的交易,其他因素也决定着对合同质量的不同需求。

1. 交易角色与合同质量需求

交易角色,也就是在交易中是作为提供产品或服务以换取价款或报酬的一方,还是作为支付价款或报酬以换取产品或服务的一方。不同的角色决定了不同的交易利益,也决定了不同的质量需求。以买卖合同为例,买方关注的是能否如约得到质量、数量等一如所期的标的物,对于不具备专业知识、非经常性采购的买方更是如此;卖方关注的则是能否顺利交付并如约得到价款以实现利润,以及与标的相关的质量、法律等风险。

从给付义务上看,买方的义务一般只是按时、按量付款,违约类型少、复杂程度低、责任周期短;而卖方则相反,需要面对如何保证质量、数量,能否全面如约交付以及提供售后服务等,违约类型多、复杂程度高、责任周期长。因而买方所期望的合同质量,是对卖方的标的及履行行为有足够明确、严格的要求,但对于付款等买方责任则希望能够放宽。而卖方所期望的合同质量则与之相反,希望对买方的付款条件、期限、数量、违约责任等有严格、明确的表述,但对于质量责任、标的物交付等要求则希望放宽。

2. 交易目的与合同质量需求

不同的交易目的,对于合同质量的要求也不一致。仍以买卖合同为例,买方如果是一次性买卖标的物的最终用户,其合同重心就会关注设备的质量、稳定性、使用成本,因为这涉及工作效率和成本;如果买方只是批发商,则合同重心在于如何减少中间环节的成本支出以增加利润、如何由卖家直接向最终用户承担质量责任并承担因卖方过错造成的损失即可,产品质量未必是最为重要的因素。

卖方在不同交易目的下也同样有着不同的合同质量要求。如果买方只是一次性购买商品的终极客户,则买卖合同只是个常规事务、常规操作普通的交易。但当买方是中间商时,卖方更希望的合同质量是确保建立长期合作、稳定有序的合作关系,包括借助买方的营销网络扩展卖方的分销渠道、扩大销售量的同时,还要约束买方的再销售行为以防止扰乱市场秩序,或在销售给最终用户时给制造商带来麻烦等。

由此可见,不同的交易目的需要不同的合同工作重心、不同的条款内容及表述质量需求。

3. 交易内容与合同质量需求

标的物自身的质量标准体系、法律规范体系,以及交易相对方的商业信誉等情况,也会对合同质量产生不同的需求。例如,向商业信誉好、质量水平领先的家电企业采购产品,因强制性质量标准体系完善、相关法律规范完善、企业信誉度高、客户服务规范,其实并不需要特别复杂的合同,甚至并不需要刻意防范其违约风险。

这种情形的存在,是因为签订合同的目的是通过协商设立一种双方均可接受的交易秩序,而当标的物的质量已经由强制性质量标准明确规定、产品责任已经由法律规范明确规定、实际履行结果已由企业的商业信誉保障时,一个交易所需要的秩序体系就已经客观存在,完全可以不再通过合同建立秩序,也就不需要很高的合同质量要求。

4. 交易方式与合同质量需求

交易方式决定了合同履行的复杂程度,也决定了相关条款的质量需求。如果交易方式是卖方送货上门在先、买方付款在后,买方就可以通过验收合格后付款的方式确保交易安全,避免追究卖方违约时要求对方返还货款的麻烦。如果交易方式是买方付款在先且上门提货,卖方就可以避免因买方违约而向其追索货款所带来的麻烦。当合同中已经约定了对己方有利的交易方式时,则主要风险已可掌控、违约责任条款质量要求已经无须很高;而当合同中约定的交易方式对己方不利时,就必须考虑如何分散风险、降低成本等问题,对合同条款质量则会有更高的要求。

再以精装修商品房的家电产品安装为例,开发商最省事的交易模式是现场验收,卖方自行承担运输、装卸、保管、安装、调试等责任及风险。在这一模式下,买方只需在合同中概括性地将责任及风险归于卖方,并无更多质量需求。

(二)评价质量的基本角度

无论何种合同,实现交易目的都是交易的终极目标,不足以实现合同目的的合同一定存有缺陷。交易目的是当事人从事交易的真实动机或终极目标,如果交易目的与合同目的一致,则交易目的等于合同目的,如出租是为了收获租金、委托是希望受托人完成工作等。与之类似的是,如果在签订及履行合同时遇到无论是合同条款、交易习惯还是法律规定都无法解决的问题,则一定属于合同条款设置上存在缺陷。

除此以外,合同质量还可以从交易主体、交易内容、交易方式、问题处理等诸多方面进行评价。例如,质量较好的合同条款严谨、明确因而事事有着落,同时法定权益用足、没有各类瑕疵等。要接近这种理想化的境界,需要在将主观愿望转换为具体的条款时,综合考虑多种因素才能让想法落地,如同概念设计必须经过制造工艺才能转化为现实的产品。如果从要素角度分析,能给合同带来不利后果的质量因素可分为与法律有关、与法律无关两大类,分别定义为内在质量、外在质量。顺着这一思路,可将质量因素分为两大类各五个问题。

1. 法律为主的内在质量

合同的内在质量,是指合同的交易主体、交易内容、交易方式、问题处理条款与法律规定、交易目的的符合程度。它侧重于法律视角下的合同安全,大致分为五个方面。

① 主体资格是否合格——交易主体是否具备签订及履行合同的合法资格;

② 约定内容是否合法——交易内容及交易方式等是否符合法律规定;

③ 合同条款是否实用——合同条款能否解决交易中可能发生的实际问题;

④ 权利义务是否明确——双方的权利义务是否明确、权利义务边界是否明确;

⑤ 交易需求能否满足——合同条款的设置能否保证交易目的的实现。

2. 表述为主的外在质量

合同是对交易双方所达成的一致意见的语言文字表述,是对双方的抽象权利义务的物化。以表述方面问题为主的合同外在质量,是法律以外影响合同质量的另一重大因素。它涉及语言文字、逻辑思维以及结构、语法等,主要包括五个方面。

① 结构体系是否清晰——作为合同质量技术保障的结构体系是否合理、清晰;

② 功能模块是否完备——合同是否具备了应有的各功能模块且功能是否完整;

③ 整体思维是否严谨——假设、处置是否周延,概念是否合适且前后一致;

④ 语言表达是否精确——语体、用词、用句等是否规范、符合语法且精确;

⑤ 版面安排是否美观——文本版面是否美观大方、排版规则是否一致等。

这些内在质量、外在质量涉及的十项内容可以展开为更多的要素,本节随后的内容将对其展开详细的讨论。

二、侧重法律问题的合同内在质量

合同内在质量强调合同内容的合法性,以保证合同的顺利履行及发生意外情况时能够顺利地通过司法救济手段维护合法权益。

(一)主体资格的合格性

合同主体的合格性,是指合同主体符合法律关于设立、经营、交易等方面的各类要求,以避免合同无效或受到行政处罚。合同主体按《民法典》(2020 年)的规定划分为法人、非法人组织、自然人三类。法律对企业的经营活动有着诸多的制度规定,主体合格是交易安全的前提。

1. 市场主体登记管理制度

合同主体以法律上的市场主体为主,必须依法登记取得合法资格后才能开展经营活动。尽管主要的市场主体是公司,但市场主体的范围不只是公司,也不只是法人。《市场主体登记管理条例》(国务院令第 746 号,2021 年)第二条规定,"本条例所称市场主体,是指在中华人民共和国境内以营利为目的从事经营活动的下列自然人、法人及非法人组织"。同样依据该条规定,应当登记注册的各类市场主体,可以分为以下几类:

(一)公司、非公司企业法人及其分支机构;

(二)个人独资企业、合伙企业及其分支机构;

(三)农民专业合作社(联合社)及其分支机构;

(四)个体工商户;

(五)外国公司分支机构;

(六)法律、行政法规规定的其他市场主体。

另外,依据《外国企业常驻代表机构登记管理条例》(2018 年修订)的规定,设立外国企业常驻代表机构必须登记。该条例第二条规定,"本条例所称外国企业常驻代表机构(以下简称代表机构),是指外国企业依照本条例规定,在中国境内设立的从事与该外国企业业务有关的非营利性活动的办事机构"。

2. 经营范围管理制度

经营范围是市场主体的登记内容之一,曾是受到严格管理的领域。随着《企业经营范围登记管理规定》(2015 年)被废止,取而代之的《市场主体登记管理条例》(2021 年)并未设定超越经营范围从事经营活动时的行政处罚。只在该条例第十四条规定了"市场主体的经营范围包括一般经营项目和许可经营项目。经营范围中属于在登记前依法须经批准的许可经营项目,市场主体应当在申请登记时提交有关批准文件",以及"市场主体应当按照登记机关公布的经营项目分类标准办理经营范围登记"。其中,一般经营项目是指不需要另行批准即可经营的项目,许可经营项目是指必须依据法律、行政法规等报经有关部门批准方可经营的项目。许可经营项目又分为前置许可经营项目、后置许可经营项目两类,前置许可经营项目必须在市场主体登记前取得批准。但无论是前置还是后置,许可经营项目都必须同时具备经营许可和营业执照方为合法经营。

对于经营范围变更的规定也同样简单。该条例第二十六条规定:"市场主体变更经营范围,属于依法须经批准的项目的,应当自批准之日起 30 日内申请变更登记。许可证或者批准文件被吊销、撤销或者有效期届满的,应当自许可证或者批准文件被吊销、撤销或者有效期届满之日起 30 日内向登记机关申请变更登记或者办理注销登记。"

对于一般经营项目和许可经营项目,虽然已经取消了对于超越经营范围行为的处罚,但在《市场主体登记管理条例实施细则》(国家市场监管总局令第 52 号,2022 年)分别作出了规定。其中,第六十八条规定:"未经设立登记从事一般经营活动的,由登记机关责令改正,没收违法所得;拒不改正的,处 1 万元以上 10 万元以下的罚款;情节严重的,依法责令关闭停业,并处 10 万元以上 50 万元以下的罚款。"第六十九条规定:"未经设立登记从事许可经营活动或者未依法取得许可从事经营活动的,由法律、法规或者国务院决定规定的部门予以查处;法律、法规或者国务院决定没有规定或者规定不明确的,由省、自治区、直辖市人民政府确定的部门予以查处。"

由此可见,只有超越经营范围的行为违反了许可经营项目的管理规定时,才会受到依据许可经营管理相关法律法规的处罚。

3. 许可证书管理制度

许可证书问题是经营范围问题的延伸。依据《行政许可法》(2019 年修正)第三十九条第一款第一项的规定,"许可证、执照或者其他许可证书"属于同类的行政许可。这些许可应用广泛且产生依据繁杂,有的直接依据《行政许可法》(2019 年修正),有的则依据该法第十二条规定的"法律、行政法规规定可以设定行政许可的其他事项"。

例如,依据《渔业捕捞许可管理规定》(2022 年修订)第三条的规定,"国家对捕捞业实行船网工具控制指标管理,实行捕捞许可证制度和捕捞限额制度"。而其法律依据,则是《渔业法》(2013 年)。

许多行业都实行许可证管理制度。如废物经营行业有《危险废物经营许可证管理办法》(2016 年修订)、药品行业有《药品经营许可证管理办法》(已失效)、银行保险业有《银行保险机构许可证管理办法》(2021 年)、烟草行业有《烟草专卖许可证管理办法》(2016 年)等。只有查验相关企业的许可证,才能确定其是否具备合法的交易资格。未取得许可证而从事相关经营活动的直接后果是行政处罚,甚至构成刑事责任,而且很容易导致合同无效。

其中,《工业产品生产许可证管理条例》(2023 年修订)及《工业产品生产许可证管理条例实施办法》(2022 年修订)是工业企业接触最多的许可制度。依据《工业产品生产许可证管理条例》第一条的规定,其制订目的是"保证直接关系公共安全、人体健康、生命财产安全的重要工业产品的质量安全,贯彻国家产业政策,促进社会主义市场经济健康、协调发展"。

对工业产品实行生产许可证管理的范围体现在《工业产品目录》之内。《工业产品生产许可证管理条例》第三条规定,"国家实行生产许可证制度的工业产品目录(以下简称目录)由国务院工业产品生产许可证主管部门会同国务院有关部门制定,并征求消费者协会和相关产品行业协会的意见,报国务院批准后向社会公布"。

4. 资格证、资质证或者其他合格证书

资格资质的行政许可属于《行政许可法》(2019 年修正)第十二条第一款第三项所规定的"提供公众服务并且直接关系公共利益的职业、行业,需要确定具备特殊信誉、特殊条件或者特殊技能等资格、资质的事项",其证书属于该法第三十九条第一款第二项规定的"资格证、资质证或者其他合格证书"。

在行政处罚方面,该法第八十一条规定:"公民、法人或者其他组织未经行政许可,擅自从事依法应当取得行政许可的活动的,行政机关应当依法采取措施予以制止,并依法给予行政处罚;构成犯罪的,依法追究刑事责任。"

其中,对于资质资格的合法取得,该法第五十四条规定,"实施本法第十二条第三项所列事项的行政许可,赋予公民特定资格,依法应当举行国家考试的,行政机关根据考试成绩和其他法定条件作出行政许可决定;赋予法人或者其他组织特定的资格、资质的,行政机关根据申请人的专业人员构成、技术条件、经营业绩和管理水平等的考核结果作出行政许可决定。但是,法律、行政法规另有规定的,依照其规定"。

该法条所涉内容广泛,因而许多行业需要资格资质才能经营,而且资格资质往往还分为不同等级。建筑、广告、房地产等是典型的资质管理行业,监理、律师等是典型的资格管理职业。没有相关资格资质或超越资格资质签订的合同,其效力需要参照相关许可管理规定的具体内容加以核实,但很可能会被认定为无效。

例如,《房地产开发企业资质管理规定》(2022 年修正)第三条规定:"房地产开发企业应当按照本规定申请核定企业资质等级。未取得房地产开发资质等级证书（以下简称资质证书）的企业,不得从事房地产开发经营业务。"

5. 专业人员从业资格

合同履行人员有无从业资格不属于合同主体本身的问题,但与履行的合法性及履行能力相关。《劳动法》(2018 年修正)第六十九条规定:"国家确定职业分类,对规定的职业制定职业技能标准,实行职业资格证书制度,由经备案的考核鉴定机构负责对劳动者实施职业技能考核鉴定。"

按照人力资源和社会保障部等部门于 2015 年发布的《中华人民共和国职业分类大典》的规定,职业分类结构为 8 个大类、75 个中类、434 个小类、1481 个职业。其中与合同履行人员的专业技术资格相关的内容,主要是第二个大类中的"专业技术人员"。

另外,根据 2021 年人力资源和社会保障部颁布的《国家职业资格目录》的规定,职业资格分为 59 类专业技术人员职业资格和 13 类技能人员职业资格。

其中,59 项专业技术人员职业资格分为准入类 36 项、水平评价类 23 项。这类职业资格要求较高,大多关系到公共利益或人身财产安全并有法律法规或国务院决定作为依据,具有较强的专业性和社会通用性。直接由法律法规规定并推行职业资格证书制度的行业,如医生、律师、老师等直接属于准入类的专业技术人员职业资格,不再另行制定职业标准。

除此之外,还有技能人员职业资格 13 项。由于其中的某些职业资格进一步细分为准入类和水平评价类,因而共有准入类 15 项、水平评价类 3 项。这些职业资格主要针对有技术、技能要求的操作人员,如焊工、安全保护服务人员、消防和应急救援人员等。

由此可知,如果合同的履行涉及上述职业资格而实际履行人员却无法提供相关证书,则可以判定履行方可能存在履行能力瑕疵,履行质量难以保证。

6. 法定代表人及代理人

某些交易需要双方现场签署合同,因而必须有相对方法定代表人的身份证明或相对方的授权委托书。在商务谈判过程中,需要首先核实相对方业务人员是否具备商务洽谈的代理权。如果由代表人而非法定代表人签署合同,还需要核对代表人是否拥有签署合同的授权。

(二) 约定内容的合法性

约定内容的合法性,是指除合同主体的合法性以外,合同其他内容也必须符合法律的强制性规定,包括合同法以及所涉及的任何法律的强制性规定,也包括术语等表述方面的合法性。

1. 标的的合法性

标的的合法性,主要是指标的本身是否合法。《民法典》(2020 年)第五百九十七条规定:"因出卖人未取得处分权致使标的物所有权不能转移的,买受人可以解除合同并请求出卖人承担违约责任。法律、行政法规禁止或者限制转让的标的物,依照其规定。"

标的的合法性还涉及大量的法律规范、强制性质量标准等。例如,是否在销售国家已经明令淘汰的产品、是否在买卖侵权产品、广告内容是否为法律所禁止、特定财产是否存在安全缺陷,以及销售的商品房未取得预售或销售许可等,这些禁止性规定大多散见于相关的行政法规之中。

2. 权利义务的合法性

合同条款的约定必须符合法律、行政法规、地方性法规和规章等法律规范的强制性规定,无论是交易内容还是交易方式、问题处理。如有违反,同样可能导致合同的部分无效。

例如,《民法典》(2020 年)第七百零五条规定:"租赁期限不得超过二十年。超过二十年的,超过部分无效。租赁期限届满,当事人可以续订租赁合同;但是,约定的租赁期限自续订之日起不得超过二十年。"因此,合同中如果约定超过 20 年的租期则有违法律规定,属于严重的低级错误。

又如,某商品房交易中,示范文本条款已经分别约定了买受人逾期 30 天以内及逾期超过 30 天未能付款时的违约责任、处理方法。但双方又另外约定:

买受人自行解除合同或由于买受人原因导致出卖人解除合同的,买受人所支付的定金不再充抵房款,供出卖人按定金性质处理、不予返还买受人。

解除本合同后,买受人所需支付的违约金另行计算。

这一自行补充的条款中,定金的适用方式、定金与违约金并用的方式,都存在一定的法律问题。

3. 表述的合法性

表述的合法性,是指合同中的合同名称、术语、表述方式都要符合法律规范、司法解释、技术标准等规范性文件的规定,或遵从相关的用法或解释,以排除不确定性,减少不必要的风险。

例如,在以保证的方式提供担保的担保合同中,应明确担保的方式是保证,而不应通篇只使用"担保"一词,否则极不规范。

4. 生效程序的合法性

在没有特别约定的情况下,合同一般自成立时起生效。但需要注意《民法典》(2020 年)第五百零二条规定的特殊情形,即"依法成立的合同,自成立时生效,但是法律另有规定或者当事人另有约定的除外。依照法律、行政法规的规定,合同应当办理批准等手续的,依照其规定。未办理批准等手续影响合同生效的,不影响合同中履行报批等义务条款以及相关条款的效力。应当办理申请批准等手续的当事人未履行义务的,对方可以请求其承担违反该义务的责任。依照法律、行政法规的规定,合同的变更、转让、解除等情形应当办理批准等手续的,适用前款规定"。

除此之外,还有《民法典》(2020年)第一百五十八条、第一百五十九条所规定的合同附生效条件或解除条件的情形,合同成立同样不等于生效。而合同中对于合同生效或解除的约定,不能与法律规定或约定冲突。

(三)合同条款的实用性

合同条款的实用性,是指在不进行约定则合同难以履行的一般包括的条款以外,针对可能出现的问题设计出相应的条款以促进交易目的的实现、降低成本、降低风险、提高效率,从而增加合同的实用性。其目标是用足法律所赋予的权利,实现利益的最大化和风险的最小化,尽量避免泛泛而谈。

1. 交易目的与标的范围

标的条款的实用性,是指按照交易目的设定交易内容范围。例如,采购产品自用的一方必须考虑附带产品质量责任及售后服务;采购成套设备自用还要考虑安装、调试、验收、试车、技术培训、备品备件、售后服务等;采购大批量的原料或元器件需要考虑允许的计量误差范围等。不同交易目的下的标的需要注意不同的风险,因而要有针对性地增加个性化、实用性的条款。

2. 合同目的与条款表述

交易目的如果在合同中以合同目的的形式出现,则意味着相对方签订合同时能够预见其违约行为可能导致的另一方的可得利益损失,从而增加了向相对方追讨可得利益损失的机会。而不加表述,交易目的只能依据合同内容进行判断。

例如,某房地产开发公司借钱给员工用于购买指定的房产,目的是由员工以个人名义将可能受施工影响的房子买下,以免施工时受到周边住户投诉。但因借款合同并未描述这一真实动机,也没有其他协议描述员工所购房产必须归房地产开发公司所有,这一借款合同便真的成了借款合同。房地产开发公司因此只能催促员工还款,却无从享受房产增值的利益。

《民法典》(2020年)中的"合同目的"虽然定义尚未明确但在解释合同未尽事宜、确定违约责任范围等方面起着十分重要的作用。

3. 行业特点与风险防范

不同行业会有不同"特色"的风险,需要以不同的措施加以应对。以广播电视广告为例,虽然只规定每天在什么栏目播出几次、一共播出多少期即可,但该类广告一般要在特定频道、特定栏目的特定时间段播出,才能最大限度地推向目标客户。同时还要考虑广告播出的前后一定时间段内,节目内容或其他广告的内容是否会与将要播出的广告冲突,尤其是否会与竞争对手的广告同时出现,以及播出时间的准时率、是否完整播出,播出的频率、周期是否符合等。对这些问题的考虑及约定,才是这类广告的实用性条款,才能最大限度地提高广告效果。

4. 违约方式与违约责任

前瞻性地分析出最容易发生及最不希望发生的违约,并使违约成本尽可能大于履行成本以迫使对方依约履行,并确保相对方违约时可以向其转嫁所有损失,才是违约条款的设计之道。但往往只有委托人在交易中处于优势地位时才能实现。

除了设定较高但能得到支持的违约金,或约定哪些情形属于违约及损失的计算方式,通过合同条款使相对方能够预见到其违约可能造成的损失,会无形中增加追索可得利益损失的机会,同样也是一种实用条款。

5. 争议处理与管辖条款

合同各方都希望争议管辖地对自己有利,但选择结果有单方有利和机会公平之分。《民事诉讼法》(2023 年修正)第三十五条规定:"合同或者其他财产权益纠纷的当事人可以书面协议选择被告住所地、合同履行地、合同签订地、原告住所地、标的物所在地等与争议有实际联系的地点的人民法院管辖,但不得违反本法对级别管辖和专属管辖的规定。"如果没有约定,则适用该法第二十四条的规定,即"因合同纠纷提起的诉讼,由被告住所地或者合同履行地人民法院管辖"。

其中,"原告住所地"对主动维权方相对有利,"被告住所地"对被诉可能性大的一方相对有利。而"合同签订地""合同履行地""标的物所在地",则是在哪一方的住所地就对哪一方相对有利。

管辖问题中最为复杂的是隐含的诉讼管辖地。合同可以对管辖地不作明确表述甚至只字不提,因为从成立地、履行地角度完全可以确定管辖地。因此,未约定管辖地,不等于诉讼管辖地不明确。

(四)权利义务的明确性

合同权利义务的明确性,是指对于合同履行过程中可能发生的问题有周延的假设、明确的处置方案,且权利义务可识别、可客观判断并只有唯一解释,从而划清各类权利义务的边界,避免歧义或约定不明,不给任何形式的推诿甚至违约以机会和借口。

约定不明的条款虽然根据《民法典》(2020 年)的规定还有许多补救办法,但解决争议的成本及不确定性远大于在合同中增加明确权利义务条款的成本。

1. 权利义务的可识别性

明确、可识别的权利义务是合同全面履行的基础,也是判断违约的依据。公说公有理、婆说婆有理的不确定状态,会使缺乏诚信的一方有借口拒不履行或不全面履行合同,即使提起诉讼也可能由于合同权利义务的约定不明确而无法得到足够的救济。

权利义务的可识别性,强调的是避免任何《民法典》(2020年)意义上的"没有约定或者约定不明确"的情形。将资格资质、技术标准、业务规范、考核方法等细节要求列入合同附件,能够大幅提升权利义务的明确性。如有必要还可约定各方附件必须"真实、完整、合法、有效",以及将附件的虚假作为解除合同的条件之一,以进一步明确各方合同权利义务。

英美法系在诉讼中有"合理的人"的概念,即以随机产生的人选的理解作为对某一事物的通常理解。中国法律尚无这一制度,但《民法典》(2020年)中反复提及的"通常理解""通常情形""通常标准""通常路线",其实正是在无具体标准可供判断时,将正常人的习惯性理解作为判断依据并由法院自由裁量。为保险起见,应将相关问题具体化,从而杜绝各执一词或由第三方判断。

2. 违约责任的可识别性

违约责任的可识别性,是指能够依据合同条款非常明确地识别出哪些事项属于违约、哪种违约应承担何种具体的违约责任。二者相辅相成,确保违约行为无法摆脱责任追究和损失赔偿,以促进合同的全面履行。尤其要避免虽约定了哪些情形属于违约,却没有约定承担何种责任的情形。

这类可识别性要求,强调通过约定使违约条款明确化、具体化。"任何一方违反本合同均需依法承担违约责任"之类的约定,既无从判断哪种情形属于违约也无法确定每种违约应承担何种责任,毫无实际意义。它重复了根本无须约定的法定违约责任原则,却没有充分利用法律的授权针对个案进行具体的约定。

3. "合理"与约定的可识别性

《民法典》(2020年)中除了反复提及"通常理解""通常情形""通常标准""通常路线"等"通常"情形,还反复提到了"合理期限""合理的方式""合理费用""合理期间"等,但未对"合理"加以解释。而基于主观判断认为的"合理"比基于大概率发生的"通常"更难提供判断标准,因此它其实是将人们基于习惯理解的事理或情理作为判断标准的依据,作为法院自由裁量是非对错的尺度。然而这种尺度充满了不确定性,实属无奈之举。

从《民法典》(2020年)对于"合理"的运用来看,只有那些没有约定或者约定不明确且不能达成补充协议的合同才需要依此判断,而且事实上多是在法院裁判时运用。最高人民法院《关于审理买卖合同纠纷案件适用法律问题的解释》(2020年修正)第十二条第一款规定:"人民法院具体认定民法典第六百二十一条第二款规定的'合理期限'时,应当综合当事人之间的交易性质、交易目的、交易方式、交易习惯、标的物的种类、数量、性质、安装和使用情况、瑕疵的性质、买受人应尽的合理注意义务、检验方法和难易程度、买受人或者检验人所处的具体环境、自身技能以及其他合理因素,依据诚实信用原则进行判断。"

(五) 交易需求的满足性

交易需求的满足性,是指在合法且能够实现的情况下,合同权利义务的设定应最大限度地保障当事人交易目的的实现。现实中,有些合同没有表述交易目的、有些表述与交易目的"两层皮",但仅从法律角度来看可能并无问题。

1. 内容服从交易目的

合同中的权利义务设定通常只关注交易如何顺利完成并取得所需要的资源。这对通常情况下的"例行公事"并无太大问题,然而并非所有合同均可如此。

以企业并购为例,收购有的是为了得到目标企业的生产能力,有的是为了控制或利用目标企业的上下游资源,有的是为了利用目标公司作为"壳公司",有的却只是为了得到目标企业的土地,甚至只是为了包装后转手营利。而不同的交易目的有着不同的交易利益,合同条款必须随这些交易利益的不同而调整重心。例如,收购目的是用于扩大产能,则要通过合同尽可能多地保有目标企业的生产技术、生产能力、管理能力、营销渠道等资源;如果收购目的仅仅是取得目标企业的土地资源,则需要注意成本的控制和土地的未来使用前景等。

2. 交易需求需要识别

交易需求可以理解成为了实现交易目的而必须实施的各类交易行为。许多当事人根本无法系统、明确地提供这些信息,而是需要通过律师帮助其提炼、归纳。交易需求是交易目的的实现方式,也是后续合同工作的素材、前提和需要通过条款重点实现的目标。

对于交易需求的识别是满足当事人需求的前提,可以用简单的方式也可以用细致的方式,有时还需要反复讨论才能完成识别的过程。当事人所提出的"用户需求"越多、越具体,合同工作就越容易开展,因为这些信息为后续工作指明了目标、提供了内容,而"量身定制"的合同也更容易让当事人满意。

3. 不同程度的满足需求

合同满足当事人需求的程度,分为文本形式和文本内容两个层面。

在文本形式层面,过于专业的文本难以阅读、理解和执行,过于简单的文本又难以充分维护当事人的合法权益。因此文本形式要结合重要性、复杂程度、违约的可能性等因素,尤其是当事人的偏好决定了文本的难易程度和质量水平。

而在文本内容层面,当事人的主观愿望可能会因客观条件的制约而无法实现,因此内容安排只能是理想与现实之间的妥协。当某些交易处于法律规定不明确的"灰色地带"时,更需要在满足交易需求和控制法律风险两个方面加以平衡。

在理解内在质量原理后,可以充分地综合运用,以不同的权利义务设置方式服务于交易,让合同与企业一起不断共同成长。

三、侧重表述问题的合同外在质量

语言表述是对交易双方所达成的一致意见的固化和有形化,是法律知识、思维能力、语言功底的外在体现。唯有以合适的表述将零散的主观意愿转换为整体解决方案,合同质量才不会功亏一篑或留下安全隐患。同时,语言技能也是解决谈判分歧、提高工作质量和工作效率的保障。

合同的体裁风格,是在漫长的历史过程中逐渐形成的。美国曾为了克服专业语言的深奥难懂而发起"Plain English"运动,但法律语言仍旧因其无可替代的庄重性、逻辑性、严谨性而回归到主导状态。

合同的外在质量,是为了便于阅读、理解和执行,以及避免因表述不当而引起不利的法律后果,而对合同外在形式进行的安排。这种安排不涉及法律问题,而是通过结构、语法、措辞等安排确保合同质量,大致分为五个方面。

(一) 结构体系的清晰性

结构体系的清晰性,是指合同内容是否经过一定的秩序安排而具备了清晰地呈现其内容体系的结构。作为交易用的权利义务体系,合同是由条款集合成的功能各异的不同模块所组成的。合同条款不是简单地堆放在一起,而是分成不同的种类、系统,各有各的位置和功能且彼此无法替代。

许多合同之所以看上去杂乱无章,是因为结构不清、表述思路不畅。制作精确且标题体系整齐清晰的合同,其结构和模块功能一目了然,不看具体内容也能让人心生信任。

1. 两条主线及结构体系

任何合同的履行都同时具有事项和顺序两条主线。前者是关于合同工作的具体内容,后者是关于合同工作的先后顺序。两条主线的交织,便是简单的结构体系。而建立合同的结构体系,简言之便是将合同工作的具体内容按主题分为若干个组成部分,并在协调各部分内部及之间的关系秩序后,按时间等顺序加以排列。

例如,阅读一份数千字的包安装的设备采购合同时,如果内容没有分成大类、条款不设标题,整个合同的条款以简单罗列的方式按序号一条条往后排,一定会让阅读者感到不知所云,同时也因为难以找到关联信息加以核对而根本无法正常完成工作。反之,将合同内容按阶段性、工作主题等分门别类划分为若干部分,则阅读、理解、比对都会很方便。例如将合同内容按如下方式排列:

第一条　合同目的和合同双方

第二条　卖方提供的产品与服务

第三条　卖方的质量保证

第四条 合同价款和付款方式

第五条 包装与交付

第六条 产品的清点与检验

第七条 现场安装、调试与验收

第八条 产品的技术服务和备件供应

第九条 知识产权与商业秘密的保护

第十条 不可抗力

第十一条 违约责任

第十二条 其他约定

这样安排合同条款，既有顺序上的安排又有事项上的安排，拆分出的各个部分因主题集中而更便于阅读理解。如果需要还可进一步划分内容、设立下一层标题，结构体系也会更清晰，也更加易读易懂。

2. 标题体系和内容模块

标题体系，是将合同结构体系的各组成部分加上标题后形成的体系，是结构体系的外在表现，或者说标题体系就是加上了标题的结构体系。标题连同标题下的内容，为了表述方便，称为内容模块。有了标题体系就可以直观地发现组成合同的各模块之间是否重叠或遗漏，以及各模块的位置是否合理、上下级模块或前后模块的关系是否需要调整。

某些结构复杂的合同可以分出更多层级。前面示例的包安装的设备采购合同的十二个条款只是第一级标题，每条可以视需要划分出更细的第二层级，例如第二条的第二层级分为产品、服务两个模块，并视需要进一步划分出第三层级、第四层级。

建立结构体系划分的过程也是用逻辑来优化结构的过程，恰如其分地为每个层级加上标题，合同就有了直观的结构体系，从而可以便捷地分析合同结构或精耕细作各个"作业区"的内容。

建立标题体系是一种积极的工作方法。即使是只有500字的合同，设立标题体系后不仅易读易懂也会让合同显得专业。条款内容不分层次、模块地"一锅煮"的合同，不仅影响工作的效率及质量，也会损害企业的管理形象。反之，如果阅读一份哪怕只有1000余字的合同时感觉费力，不妨先设立标题体系再阅读、分析，合同有无结构性缺陷也会因此一目了然。

（二）功能模块的完备性

功能模块的完备性，是指借助合同的结构体系分析并根据交易目的及法律环境判断权利义务的安排是否合理、合同的各功能模块是否完备且无遗漏、无重叠。

结构体系的建立以及基于结构体系建立的标题体系,使各个标题与其项下的内容共同构成包含不同信息的功能模块,通过这些模块可以直观地审视合同是否存在结构性的内容重叠或遗漏等缺陷,并解决秩序安排、文字量均衡等问题。

1. 判断功能模块的完备度

标题体系的首要作用,是用于判断合同功能模块是否完备、结构安排是否合理。判断功能模块是否完备主要考虑以下几个方面:

① 各模块的标题是否准确反映内容的主题;

② 模块之间是否存在功能缺失或重叠;

③ 模块的顺序安排、层级安排是否清晰、合理;

④ 各模块是否具备应有的功能;

⑤ 各模块内部的模块或条款是否功能齐全。

例如,某通信企业(乙方)为向签约客户免费提供新业务所用的通信设备准备了一份直接罗列条款的合同。经分析,该合同的实际功能模块如下:

一、产品功能说明、业务实现方式说明

二、产品功能说明、术语解释

三、产品的资费标准

四、计费周期、付款方式、甲方逾期付费的责任

五、设备归属及甲方使用规则、甲方违反时的后果

六、甲方需设立账号托收缴费

七、乙方的责任及免责事项

八、履行期限、乙方的单方调整权、对乙方单方调整权的限制、对乙方单方调整权的免责

九、协议的份数及生效、协议有效期及起算时间

十、未尽事宜协商解决

从整体结构及内容分布上看,该合同没有清晰、流畅的整体思路,各模块随意散布在不同的条款中且层级关系、先后顺序杂乱无章。由于布局混乱,产品功能说明未能集中表述,表述顺序也不合理,需要拆分优化。

2. 各功能模块的精细调整

从结构的角度审视,合同是由不同主题、篇幅、功能的模块组成的有机体。最顶层的是合同的基本模块,由不同大小、数量的模块组成。将合同分成模块既可用于判断整体结构有无缺陷,又可对各个模块单独地精雕细琢。不同层级、内容的模块共同实现了合同的四大基本功能,也构成了合同。将合同分成模块既可用于判断整体结构有无缺陷,又可对各个模块单独地精雕细琢。

以若干年前某移动通信企业长达4700余字的入网协议为例,经过反复推敲和

调整的模块化合同结构系统性强、内容完备。该格式合同的目标是规范公司与客户之间的关系、明确各方的责任。其基本模块分为五个部分,每个基本模块下有数量不等的子模块,子模块下为具体条款。该格式合同标题体系如下:

特别提示

一、入网前的告知事项

1.1　网络覆盖范围

1.2　移动电话机型与甲方的服务

1.3　通信的可靠性和保密性问题

1.4　不宜使用移动电话的部分场合、场所

1.5　客户的关注义务

1.6　公益号码的使用

1.7　国际漫游服务

1.8　移动通信手段的合法使用

二、客户的入网

2.1　客户资料的真实性

2.2　网络服务项目选择

2.3　移动电子商务服务

2.4　SIM 卡或 STK 卡的使用与保管

2.5　服务密码

2.6　业务的办理

2.7　客户与甲方的联系方式

2.8　挂失

三、话费计算与缴费

3.1　话费及计算周期、缴费方式

3.2　话费通知单及通话清单

3.3　对客户隐私权的保护

3.4　客户的缴费义务

3.5　话费的催缴

3.6　保护性停机

3.7　信用控制

四、特殊情况的责任承担

4.1　甲方的技术改进与工程施工

4.2　资料的修改与服务的变更

4.3　对公共利益的维护

4.4　甲方合作商的责任承担

4.5　轻微影响的豁免

五、其他约定

5.1　协议的生效及终止

5.2　本协议的补充协议

5.3　争议的处理

5.4　委托代理人的义务

这里的每个标题都体现了不同的功能模块,在用于判断结构和功能之余,也使客户在阅读时能够直奔主题,克服合同文字量较多而没有耐心阅读的缺陷,实现了合同严密性与可读性之间的平衡,也为可能的后续调整提供了方便。

(三)整体思维的严谨性

整体思维的严谨性,主要是指通过缜密的思维使合同中的权利义务体系在相互关系上事事有着落、环环相扣、滴水不漏,着重在条款的内涵、外延方面以及条款之间的关系方面提高合同的表述质量,实现"模块完备"基础上的严谨。

1. 逻辑推理的严谨性

合同条款与法律条款的共同之处,是围绕未来可能发生的问题,以"假设—处置"的方式设定处置方案。合同整理思维的严谨性取决于假设是否严谨,至少对于发生概率高、影响大的情况必须假设到位。如果履行期间出现的问题在合同条款中、法律条文中都没有找到解决方案,毫无疑问是假设不够严谨。为了保证假设过程严谨,有时必须采用概念分析、矩阵图、鱼骨图等辅助方法去穷尽各种可能性以克服想象力的不足。

例如,某买卖合同约定:"出卖方未按期全部交付的,买受方有权根据影响程度决定由出卖方补齐并承担违约责任,或解除合同、退还出卖方所交付的所有产品、追究出卖方的违约责任。"这一条款约定了卖方未能按期全部交付标的物时的处置方案,也就是补交并承担违约责任、退货并承担违约责任。或许买方的意愿确实如此,但从技术角度分析还有其他可能,如解除合同并要求卖方承担违约责任或者既不要求补货也不退货,以及要求折扣处理等。

2. 内涵、外延的严谨性

调整内涵、外延是常用的合同条款调整方法。从逻辑学的角度来说,概念的内涵越大则外延越小,内涵越小则外延越大。增加内涵可以减少条款被扩大解释的可能性,确保权利义务的明确性和确定性。减少内涵可以使条款具有更广泛的适用范围,确保权利义务的广泛性。落实到语法上,增加或减少定语、状语都可以调整权利义务的适用范围,具体以实际表述而定。正因如此,许多合同不遗余力地对概念、前提加以界定,并在陈述时不惜使用冗长的定语或状语以明确权利义务范围,确保条款的严谨。

例如,某合同对撤销项目管理机构及项目经理的条件规定如下:

除另有约定外,本合同至各项工程的质量保证期满后终止。但在正常履行状态下,如遇下列情形,项目管理人可以撤销项目管理机构及项目经理:

(1) 项目管理人向委托人办理完毕全部竣工验收及全部工程移交手续;

(2) 施工单位编制的保修期责任计划全部审查完毕,且各供应商、承包商已经全部与委托人签订工程保修责任书;

(3) 工程审价工作已经全部完成,且委托人已扣除本项目管理合同报酬5%的质保金;

(4) 供应商或承包商的尾款已经结清或未能结清的原因与项目管理人无关;

(5) 委托人所委托的其他事务,除质保期内的事务外已经全部办理完结;

(6) 无尚未了结的争议处理或诉讼等事务。

上述六项内容是项目管理人撤销项目管理机构及项目经理的前提,前提条件越多、考虑越周全,则负面影响越小。从项目管理人的角度来看,这一条款足够公平。但从业主的角度来看,最后一项的适用范围还不够大,应以“无尚未了结的其他本合同义务及争议处理或诉讼等事务”为宜。这类复杂的约定是为了双方利益的平衡,需要仔细甄别处置的先决条件,工作量远大于简单的肯定或否定。

3. 条款配合的严谨性

合同中再严谨的条款也要与其他条款有效配合才能使合同达到整体最优。条款之间的关联度不足或相互冲突等,都会影响整个合同的严谨性,并产生问题条款。

例如,某合同中约定:“如乙方违反其对甲方履行的其他义务,应当承担违约责任的,甲方有权从该保证金中扣除乙方应支付的违约金。”但相应的违约责任条款却约定:“甲乙双方中的任何一方违反在本协议中所作的保证、承诺或其他条款,均构成违约。因违约而给另一方造成损失,违约方应承担赔偿责任。”由于“违约金”与“赔偿责任”分属不同的责任承担方式,两个条款无法对接。

条款一致性方面的严谨,还体现在同一合同中的用词一致性、词义一致性、表述一致性、逻辑一致性、术语一致性等上。表述上的前后不一甚至自相矛盾属于低级错误,会让人对合同起草者的工作态度或工作能力产生怀疑。

例如,某些合同会同时出现“本合同”“本协议”“本合约”等不同提法,甚至有的合同对于同一当事人同时使用了“甲方”“出租方”“××公司”“××有限责任公司”四种提法。这些足以令人怀疑合同起草者的责任心和质量水平。

4. 表述方式的严谨性

表述不当是影响合同条款严谨性的最常见原因。这类情形的出现,有的是由于语言基础薄弱而未察觉词义上的区别,有的是对法律上的特定含义未加深入界定而随意使用。

例如,"验收"一词按《现代汉语词典》的解释,是指按照一定标准进行检验而后收下。但在百货商场等零售行业,店方根本没有能力一一检验进货的质量。其"验收合格"并不涉及内在质量,只不过是"清点接收",内在质量问题处理应当另行约定。

另外,许多俗语并不严谨,需要通过使用学名或增加注释的方式以明确。例如,市场上盛行的"小龙虾"根本不是个头小的龙虾,而是淡水养殖的"螯虾"。生物学上的"小熊猫"也根本不是个头小的熊猫,而是另一个物种。

(四)语言表达的精确性

语言表达的精确性,是指语言表述是否准确、规范、正式且与实际情况相符,以避免各类不精确的表述所带来的误解、歧义甚至争议和损失。这一考量涉及从标点符号、用词、语句、语法到段落的精确表达,以及定义的解释、内涵和外延的调整等。合同的权利义务都有其明示或默示的边界,作为一种明示的边界,表述上的失之毫厘会导致权利义务的谬以千里。现实的合同工作中,语言文字问题远多于法律问题,甚至律师的许多时间不是在解决法律问题而是在当"语文老师"。

1. 语体问题

语体是指文书的体裁风格。作为法律文书,合同采用正式的书面公文语体,风格严肃庄重、内容精确严谨、语法及标点符号规范。这方面的常见错误有以下几种。

(1)使用书面口语

书面语是一种通过文字来表达、通过书写和阅读来传播的语言,口语即便是用文字传播也同样不是书面语。将口语用书面形式表达会因脱离了原有语境,更加不精确,而且不够庄重和严谨。

例如,某服务合同中约定:"无论在什么情况下终止服务,乙方都应及时、合理、充分地告知用户终止服务事宜和妥善地处理善后事宜,同时乙方必须保证白天(上午8:00—下午5:30)手机不关机。"这里的"无论在什么情况下""都""白天""手机不关机"均为明显的口语,使合同显得非常不正式。规范的表述应为"在任何情况下""均""工作时间""手机通信畅通"等。

(2)使用广告语体

广告语体多有夸张甚至哗众取宠的成分,用于合同不仅不够精确甚至有欺诈之嫌,所以绝对应当避免。

例如,来自广告语的"整套的优质服务""全面的解决方案"等如果没有内容、范围等细节,则均无实际意义且容易引起歧义。

(3)使用商业信函语言

商业信函讲究礼仪和措辞,有多种礼貌、婉转的提法。而合同条款更强调交易身份,传统上仍以"甲方""乙方"或"出卖人""买受人"等方式表示。

虽有将"您""我们"等人称代词用于消费合同的尝试,但商务合同仍用正式的合同语体,"贵公司""本公司"等提法也仅用于商务信函而非合同。

2. 词汇问题

词汇包括词和固定短语,是语言当中有意义的能够独立应用的最小单位,是语言表达的基础,有实词与虚词之分。其中,同义词、近义词之间有褒贬、内涵与外延、修饰性与限制性以及固定搭配等区别。合同一般选用其中更为中性、客观、严谨、庄重的书面语词汇,因而不具褒贬色彩、感情色彩,否则无法实现语意的精准及庄重。

3. 语法问题

语法是用以将词汇组成语句,并界定语句的结构、语意的规则。规范地使用词汇及语法,才能以明确、公认的含义表达和理解语言所传递的信息。而这并不是法律问题,甚至在语言问题中也是基础素养问题。

由于不够重视和训练不足,合同语句中的句子成分错误、搭配错误等常识性错误并不罕见,连法条中的语法问题也屡见不鲜。尤其是英文合同汉译后,无论是表述习惯还是语法特征均与规范的书面汉语不同,属于汉化不当或刻意模仿问题,同样需要改以规范的汉语表述。

4. 标点符号不规范问题

标点符号是书面语中用于辅助标明断句、语气以及词语的性质和作用的符号,是阅读语句、判断含义以及判断语法、句子成分的重要依据。不按照《标点符号用法》(GB/T15834-2011)规范使用标点符号,很容易影响合同权利义务的界限划分方式,导致语法意义上的语义变化,并最终影响权利义务的边界。

例如,某诉讼前后长达四年,其争议焦点居然是通篇使用的英文点号究竟何处为逗号、何处为句号。

5. 语言歧义问题

语言歧义,是某些语句按不同的语法解释可以产生不同的理解的现象。① 这种现象可能给合同带来极为严重的不利后果,出现在格式条款中则会导致灾难性的后果。许多欺诈行为,也是在有意利用语言歧义。英语由于语法上有性、格、时

---

① 参见本书第三章第五节的相关内容。

态、单复数等变化,语言歧义出现得较少。汉语由于使用灵活、组词方式灵活、词组结构灵活,因而容易产生歧义。

例如,某真实案例中的字条为:"张某借高某人民币 14000 元,今还欠款 4000 元。"这里的关键词"还"如果读成"hái",是说明目前仍然欠款 4000 元;如果读成"huán",则说明现在已经归还 4000 元,仍欠款 10000 元。可见,语言歧义足以颠覆对权利义务的理解。

语言歧义因其危害性强且比较隐蔽,有时需要局外人审核才能发现。一经发现,可通过变换措辞、语序、语法等方式加以消除。

(五)版面安排的美观性

版面安排的美观性,是指综合运用字体、字号、加粗、行间距等设置使版面显得整齐有序、美观大方的程度。美观性带有一定的主观性,但还是有一些共同认同的尺度。排版是合同工作中的最后工序,良好的版面安排反映了工作态度和职业形象。企业识别系统(CIS)中,版式是其重要的工作内容。良好的排版能缓解阅读压力,便于阅读。

1. 版面的应知内容

合同版面安排并无一定之规,但以传统中文版式为宜。排版所涉及的术语、内容等,可参见中华人民共和国国家标准《党政机关公文格式》(GB/T 9704-2012)。

版面包括每页纸上的文字、插图、表格等信息以及周边的空白。文字、插图及表格等内容位于版面的中心位置,被称为"版心",版心周边的空白部分被称为"版口"。版心上边的空白为"天头"、下边的空白为"地脚"、左边的空白为"订口",右边的空白为"切口"。文字处理软件中的天头、地脚及左右空白被统一称为上、下、左、右的"页边距",有些文档的左边还留下装订线的宽度,以便于日后装订存档。

20 世纪 90 年代,我国的公文尺寸开始与国际接轨,从原来的 16K 型纸改为 A4 型纸。其成品幅面尺寸为 210mm×297mm,裁边允许误差为±3mm。各类文字处理软件的版面也都与此看齐,其中微软公司文字处理软件的 A4 页面上、下页边距均为 2.54cm,左、右页边距均为 3.17cm。但标准规定的天头(上白边)为 37mm±1mm、订口(左白边)为 28mm±1mm、版心尺寸为 156mm×225mm(不含页码)。

版口的尺寸存在一定的美学比例,类似于绘画中的"留白",不可随意占用。版心如果内容超出版口挤占页边空白,版面就会在视觉比例上失衡并影响整体的美观。这种现象也被称为"超版口",在版面不规范的合同中大量存在,但在正式的排版中应当避免。

2. 合同的中文版式

合同的中文版式,是指以中文传统习惯安排合同版式时所涉及的版面要素。由于缺乏传承,许多合同根本没有采用标准的中文版式。

（1）中文版式的一般规则

标准的中文版式全部使用全角字、全角的标点符号，字与符号均占用一个完整的汉字位置，合同中的数字和英文字母则一律为半角，以保持版面的整齐。换行采用软回车，换自然段采用硬回车，如果行末不是段落的结尾则每行的右侧要直抵版口，也就是按右边距对齐。

此外，每段首行空两格、次行顶格，行首除了前引号、前书名号、前括号、破折号，不用其他标点符号。此外，外国人名汉译后间隔号使用中圆点。

（2）中文标题的一般规则

所谓标题，是指标明下属文章内容的简短语句。标题可以而且一般也只是词组，只要提纲挈领地标出下属内容的主题即可，没有必要使用长句及完整句，标题末尾也无须使用句号。如果以完整长句为标题或使用句号结尾，反而不规范。

标题按层次有大、中、小之别，或称为一级标题、二级标题、三级标题等。合同名是最大的标题，一般居中设置。合同中最大的几个组成部分的标题可以居中，也可以独占一行并缩进两格且使用全角汉字。更小级的标题一般不居中，而是独占一行并在标题前空两格。

3. 标题及序号的基本规则

合同的名称及各级标题是个完整的系统。正文标题都带有序号并有层级之别，以便区别顺序及层级。合同标题序号的任何混乱或重复、跳跃，都可能影响不同条款的归属关系并引起权利义务的变化。

（1）标题序号的秩序

篇幅较短的合同可以直接用"条"来一一列出，篇幅较长的合同则需要标注不同层级的标题并配以层级分明的序号。内容较为复杂或篇幅更长的合同需要分成不同的组成部分，比如按章、节、条、款、项等方式由大到小，层层细分。

在用数字序号表示层级及顺序关系时，常规的做法是从大到小按照"一、""（一）""1.""（1）""①"分为不同层级，也可以用西式的"1""1.1""1.1.1"等方式标注。这种设立标题层级的方式比较流行，也易于理解和认可。

（2）使用序号的规范

在正式的中文版式中，绝大多数带括号的数字序号只占一个字符，而且后面不用顿号。这种序号在文字处理软件的符号功能中可以找到，但这方面的低级错误比比皆是。

例如，应当使用只占一个字符的"㈠"而不是使用占三个字符的"（一）"，更不应该使用带顿号的"㈠、"。如果使用带括号的阿拉伯数字，则同样使用只占一个字符的"⑴"而不是占三个字符的"（1）"，更不应该使用带顿号的"⑴、"。同理，只能使用"①"而不能使用"①、"。

这里所介绍的仅为排版方面的基本原则,可以根据实际需要安排版面。还有一些实务性内容将在合同审查及合同修改部分加以介绍。

第八节　合同表述基本原理

合同是对交易各方权利义务的书面表述,表述水平影响合同的外观质量和内在质量,并影响对合同的阅读、理解和执行以及合同的安全系数。没有良好的表述水平,合同不可能成为精品,甚至会带来非常严重的不利后果。

表述是语言文字综合组织运用能力的体现,能力上的差异会导致合同质量的巨大差异。为促进表述水平的提高,本节将详细讨论其原理。

一、从读者角度理解表述

合同的专业性决定了它必然具有一定的阅读难度,也随之增加了审查、修改、执行等一系列工作的难度。签订合同的目的是实际执行,简单地压缩篇幅或放弃严谨性、专业性的方法并不可取,以读者为中心采取综合手段提高表述质量、降低阅读理解的难度,才是真正的解决方案。

人的阅读能力是有限的,个体的知识储备、理解能力决定了人们阅读能力上的差异。同时,合同并非用于娱乐、欣赏的文艺作品,必须准确理解才能避免因履行中的过错而承担法律责任,更是加重了阅读理解的难度。

(一)注意能力的有限性

人的注意力是有限的,而且会受情绪的影响。过长的篇幅、过于复杂的语法、过于随意的结构、过于啰唆的表述、过多的"旁征博引",都会分散注意力、打断阅读思路并影响阅读情绪。因此需要通过秩序、表述上的组织,尽可能让人们在一般的注意力水平范围内顺利地阅读和理解。

偏离中文语法和表述习惯的中文合同,也会增加阅读难度。法律英语为了严谨,可以连续一二十行文字没有任何标点符号,甚至连找出中心词都很费力。但用这种语法结构和模式表述中文合同显属不当,不仅阅读、理解困难而且容易因语法特征不同而引起歧义,因此中文合同需要使用中文的语法及表述方式。

改进表述的方式,可以大大降低阅读理解的难度。在多数情况下,合同的长度、严谨程度、专业程度并不必然导致阅读难度的增加。建立符合人们阅读习惯且精心安排的结构体系、标题体系、内容表述秩序,以及尽早描述合同的交易目的、适用场景等,都有助于有效避免读者注意力的分散并降低阅读难度。

(二)记忆能力的有限性

　　人的记忆能力可以分为瞬间、短期、长期三种,但同样都是有限的。便于理解、印象强烈、内容简短的信息容易记忆,反之则难以记住。而阅读的同时带着多个问题或多种信息,会导致大脑"内存"被大量挤占,阅读、理解能力的降低在所难免。段落过于杂乱、相关内容过于分散、表述秩序过于混乱、重要内容令人费解等都会如此,迫使人们带着残缺不全的信息边阅读边找答案。

　　减少不必要的记忆内容,同样可以降低阅读难度。将相关内容集中起来表述清楚、每个语句甚至条款只表述一个问题、表述顺序符合人们阅读习惯或事物发生发展规律,都可以让人们及时将阅读过的内容"清零"而不必反复核对各部分内容,从而降低阅读难度。甚至各条款的主语和宾语写全、多个语句共用一个主语,也会起到尽量避免对人们记忆力的占用,以及对阅读思路的干扰的作用。

(三)理解能力的有限性

　　人的理解能力取决于知识储备和思维能力。如前所述,合同工作的知识及技能储备包括了交易相关知识和文字表述技能,有了前者的储备才会易于理解、有了后者的实践才会有清晰恰当的表述。在笔者曾经参加的一次商务谈判中,村民委员会代表面对合同文本既无法完整地理解长句也无法理解标点符号的区别,洽谈以既无法有效沟通又无法充分信任的情形收场。这虽是阅读理解能力方面比较极端的个案,但也足以说明文本在促进合同的签订及履行方面的重要作用。

　　基于专业性和严谨性的要求,合同文本不可能为了迎合阅读能力而降低质量,但应尽力避免制造理解上的困难。生僻的术语、晦涩的定义、拗口的语句,都会使人们的理解能力大打折扣。还有一些基于英文直译的文本等,虽以中文表述但其语法、习惯均与中国有所区别,既难以理解也增加了权利义务的不确定性。所有这些缺陷都可以用更好的表述方式加以避免,而且不影响其专业性和严谨性。

(四)阅读时间的有限性

　　日益加快的工作节奏,使得人们平心静气阅读合同的时间越来越少。生活、工作节奏的不断加快导致"快餐文化"四处蔓延,甚至人们的简历、报告也变得越来越短。受交易的复杂性和表述的严谨性影响,合同不可能追求篇幅的短小,因为严谨性的降低比篇幅冗长的风险更大;但人们阅读合同的时间越来越短是不争的事实,二者之间的解决之道唯有提高表述方式使得合同便于阅读和理解,以总体上降低阅读难度的方式平衡文字数量大与阅读时间少之间的矛盾。

　　降低阅读难度才能保证有效的阅读。从诉讼暴露出的问题来看,许多企业虽有复杂的合同审查程序,但显而易见的低级错误依旧存在,这说明合同数量的众多和内容的复杂使得许多合同根本无法被认真阅读。这一问题的解决之道,除了建立标准化的文本体系并使用标准化的文本,就是让合同文本以特定的结构、顺序、语言来使之易读易懂。

总之,在内容无法压缩的前提下,以便于读者阅读理解为中心,通过结构、顺序、语句等方面的综合调整降低阅读理解的难度,使合同易读易懂且保持专业性和安全性,这是合同表述的必备要求。

二、如何表述更易被接受

理解了阅读能力的有限性以及阅读能力与表述方式的关系后,对合同条款的表述便有了明确的方向。既严谨精确又易读易懂,是合同表述应该努力的方向,也是其应当达到的质量标准。

严谨精确与易读易懂的平衡,是为了兼顾合同的履行及诉讼。为了便于合同的履行,就要尽可能让非专业人员看懂。从签订到履行,需要阅读合同文本的可能有业务员、部门经理、公司法务、律师、分管负责人,以及负责具体履行事务的操作人员等,非法律专业人员远比法律专业人员多,所以合同需要让具备通常阅读能力的人能够理解。但同时合同又要兼顾语言的规范性、理解的唯一性、表述的一致性,以便严谨性和专业性能够经受住诉讼的检验。

严谨精确与易读易懂之间的平衡主要通过表述的方式来实现。从技术角度看,广受欢迎的合同文本具有以下几个特征。

(一)开门见山的主题

开门见山地点明主题,可以让阅读者的注意力直接聚焦到与主题相关的必备条款、保障措施等内容上。这非常有利于阅读和理解,因为可以避免人们漫无目的地阅读,也使人们不必带着猜测先去搞清合同到底要做什么以及适用范围。描述用途的合同名称、交易目的的引言,以及适用范围、合同标的等均可实现这一目标。例如,相对于"审计合同","零星工程年度审计合同"的名称足以让人明白它是用于零星工程的包年审计,而不必再猜测审计什么和时间范围。

许多合同之所以难读难懂并非由于内容专业或复杂,而仅仅是由于缺乏意识。业务部门往往对合同外的事务了如指掌,再没有意识到其他他人对文本以外的信息一无所知,文本上没有的信息等于没有约定的信息。因此当一份审计合同直至读到第7页才从字里行间判断出是用于包年审计的文本时,无端消耗了大量时间。可见开门见山地提示主题,对于阅读理解帮助极大。

(二)一目了然的结构

一目了然的结构,是指将篇幅稍大的合同根据内容主题的不同分成若干个组成部分,然后再进一步细分成不同的条、款、项、目,并视需要标上若干层级的标题,使不同的内容各从其类、各就其位,从而使人们能够一览无余地审视整个合同的架构和内容层级。

这样做如同将整个企业集团的人员按其所在的公司、部门、职位分别归入不同的楼层、不同的房间一样,分门别类、按部就班,因而便于联系工作。有了清晰的结构和内容分布,每个人都可以根据标题直奔所要关注的条款,查找和核对相关内容也非常方便,因为并非所有人都需要仔细阅读所有条款。

(三)行云流水的布局

行云流水的布局,是指内容安排的层级和顺序合理、顺畅,符合事物发生发展的基本规律和人们的阅读理解习惯。层级和顺序是文字表述挥之不去的秩序安排,按照自然规律和人们的阅读习惯,层级上一般是从大到小,顺序安排上一般按时间上的前后顺序、逻辑上的因果关系,以及重要性上的从重到轻、发生概率的从大到小安排,这会让人阅读起来顺畅、自然并顺理成章、易于理解。反之,就会觉得内容跳跃甚至颠三倒四,难以看清全貌。

按上述方式表述的合同甚至可以直接当成工作计划书,因为既有各项事务的具体内容安排,又有事物发生、发展规律的安排,而且条理清晰、一目了然,业务部门按照其内容和顺序履行即可。

(四)专业正式的语体

表述合同的标准语言,其体裁风格定位是基于法律专业语言的正式公文语体。虽然用人们的日常语言来表述合同内容并无不可,但其严谨性、凝练度和庄重度不可同日而语。尤其是在以日常语言沟通时,表情、手势等背景信息会加入其中使之尽管并不严谨但仍能被人理解,但合同条款则完全依靠专业性、严谨性和逻辑性使必备信息在语句中体现出来,未能表述清楚则很有可能导致权益的丧失。

合同语体由专业术语、专业句式、专业逻辑等内容组成,属于专业书面语。其表述方式不仅与口语不同,甚至与日常书面语也有很大的不同,有特有的语法结构与规律。不使用这种专业语言,不仅会使合同读起来没有"合同味",而且严谨性和专业性也无从得到保障。

(五)精确严谨的表达

每个合同条款都是双方权利义务的边界,唯有精确严谨的表达才能保证界限清晰、责任明确。由于阅读合同的很可能是一些"局外人",因而与交易中权利义务相关的信息必须以易于人们准确理解的方式完整地体现在合同里,因此要更多地采用限制中心词内涵与外延的定语、状语、补语以及特有的句式,以确保合同条款以及整个合同的内涵与外延明确、权利义务清晰。

精确严谨的表达还体现在更加细微的层面。规范的标点符号、更为精准的措辞、专业术语等,都可用于保证所表述的内容具体、明确而没有歧义。至于同一语句存在多种合乎语法的解释的语言歧义现象,则更是合同语言表述中需要杜绝的现象,需要通过措辞、修饰成分、句式的调整加以避免。而语言精确严谨方面所要达到的境界,便是只有一种理解、没有漏洞可钻。

(六)美观大方的版面

文本版面是合同给人的第一印象,是作者的"仪表",其影响力甚至超过内容的质量。版面的外观由页边距、行间距、序号、标题以及正文的字体、字号等共同构成,不同的要素组合产生不同的外在形象。作为审美的一部分,美观大方的版面代表认真的工作态度以及极致的质量追求。混乱、随意的版面,体现的不仅是审美能力的匮乏,更是委托人感受意识和工作秩序意识的缺乏。

排版的作用不只是美观,更是提供便于阅读的表述并利于通过结构、标题来排查问题。花哨的字体、过小的字号、过密的行间距、参差不齐的排版,都会影响阅读情绪和阅读效率。尤其是文字量比较大的合同,如果不设标题、不设模块、不分层级又缺乏统一的排版标准,例如没有统一的行间距、字体、字号及序号安排,将会给内容的识别带来不便。

三、条款秩序的基本原理

合同条款间的秩序,是指条款之间的层级关系及前后顺序。这种秩序的外在体现,就是通过目录及标题体系呈现的包括顺序和层级关系的合同整体架构。这个架构并不直接描述合同的具体内容,只是通过标题体系显示各个部分被安排的内容。有了清晰的架构,人们既可以首先审视架构是否存在问题再审视具体的合同条款,也可以按图索骥直奔所关心的重点条款。

便于阅读理解的合同,一定不会是毫无秩序地将条款简单地堆在一起,而是具有精心安排的、顺应人们阅读理解习惯的秩序。

(一)对于条款秩序的理解

条款秩序最好按照固有规律完整成套、彼此匹配。

1. 理想状况下的阅读体验

如果不按一定之规基于读者的阅读习惯而便利安排合同内容,那么合同不可能易读易懂。理想状况下的合同,阅读体验应该是以下这样的。

① 从合同标题以及引言上,能够直接了解合同的用途、适用范围和基本的法律关系定位;

② 如果有目录,通过目录能够看到合同已描述了交易主体、交易内容、交易方式、问题处理的内容;

③ 忘掉目录,通过由不同层级的标题所形成的标题体系一览无余地看清合同的架构,并看到各个内容下层级分明、功能完整;

④ 忘掉标题体系,审视每个标题下的具体条款,可以看到具体事项的主体、行为、标准和时间、地点等已描述清楚,同层级的内容之间搭配得当;

⑤ 忘掉各个具体标题下的内容,审视不同大标题项下的内容搭配,如禁止事项是否被设定为违约、关键词是否一致等。

由此可见,合同篇幅并不是主要问题,主要问题在于内容的秩序安排。

2. 安排条款秩序的益处

安排条款秩序虽然会多花一些时间,但从质量控制和便于阅读理解方面来看,这一举措非常值得,因为有如下好处。

(1)便于掌控全局

将不同的条款按层级顺序归入不同的标题之下,或称为内容模块之下,有利于从总体上看清大局,尤其是判断是否存在应有内容的缺失或不足。

(2)便于精雕细琢

将合同内容归入不同模块后,尤其是模块间的调整范围得到合理安排后,合同已经不再是"一锅粥"而是被划分出了不同的"作业区",可以从容地在各"作业区"内精雕细琢具体的合同条款。

(3)便于审查修改

对合同的审查、修改或起草往往并非一次就可以完成,如果合同条款间的界限清晰、标题明确,则每次都可以直接通过标题体系找到相关条款加以修改,并且可以轻易按照标题体系找到其他标题下的关联条款同步进行调整,节约了寻找相关条款的时间、判断条款关系的时间,效率也自然大大提高。

由此可见,条款秩序的安排、内容的模块化不仅是分析合同功能、结构的方法,也是从全局角度提高工作效率及质量的工作方法。

(二)建立条款秩序的基本原理

合同秩序的作用在道理上并不复杂。条款秩序的安排涉及两个方面,一是内容划分的规则问题,二是内容安排的层级和顺序问题。

1. 各从其类划分内容

正如合同条款可以分属交易主体、交易内容、交易方式、问题处理四个基本主题,每个合同条款都在整个合同架构体系中处于特定的位置,甚至完全就是以上四个主题的进一步细分。

大类上的划分可以借鉴合同一般包括的条款,如果是典型合同还可借鉴《民法典》(2020 年)合同编的典型合同分编中规定的该类合同一般包括的条款,并视需要加以拆分或归并。例如合同一般包括的条款中关于交易内容的条款分为标的、数量、质量、价款或者报酬四项，但买卖合同中质量条款一般要求较多因而往往单列，标的、数量、价款条款则并在一起，甚至可以用一张表列明标的、数量、价款，但标的则细分为规格、型号等更为具体的项目。

小类上的划分可以参见共同主题下的近似内容。例如，企业自用的《房屋租赁合同》标准文本，可以根据企业的实际情况细分为店面租赁、办公场地租赁、仓库租赁、宿舍租赁，并为不同用途的租赁设定不同的房屋质量要求和使用规则。而对于那些划入任何模块都不太合适的内容，内容多的可以任其独立，内容少的则可划入统一的"其他约定"模块。

如果简单地加以概括，划分内容的原则就是"各从其类"，只是有些主题按不同的标准可以划为不同的模块。这其实并不是问题，因为不同背景、需求的合同本就应该以具体的交易来确定内容的侧重点。

2. 物以类聚安排位置

前面"各从其类"地划分内容是对合同内容的"分解"，安排内容的层级和顺序则是对合同的重新"组装"。这一过程的基本原理是区分层级和顺序的"物以类聚"。

对于层级的安排是"金字塔式"，也就是依照从上一级概念到下一级概念、从抽象到具体的不断细分和延伸。比如交易方式条款先是分成期限、地点、履行方式，履行方式又可以分为交付方式、检验方式、结算方式，而结算方式又可以分为预付款、进度款、质保金等。

3. 顺其自然排列顺序

对于顺序的安排往往是"顺其自然"，也就是参照事物发生发展顺序、因果关系、重要性、频度来安排，从而顺应一般的阅读理解习惯。之所以称之为"参照"，是因为并非所有条款都适合任何方式的排序，合同中的排序只能是多种方法的混合使用。这些排序方式有：

（1）时间顺序

按履行合同行为的先后顺序来安排条款，好处是在阅读每个条款时都已经知道了相关的前置信息，对各条款的理解也就水到渠成。例如，先描述了发货前如何通知，后描述到货后如何交接，再描述交接中出现问题如何处理，三个环节按时间顺序一气呵成，不会因为时间顺序的混乱而感到莫名其妙。

（2）因果顺序

按因果顺序与按时间顺序排序的原理完全相同，只不过有些条款事项不一定会实际发生而只是描述了假设和处置方法，因而与其说具备时间上的先后，还不如说存在逻辑因果关系上的先后顺序，或者说是普通的在前、除外的在后。例如，不可抗力条款便是基于发生不可抗力的假设，以此为因描述对合同的影响，再描述合同因此受到影响而应该采取的措施等。

（3）重要程度

按重要程序排序，就是将最重要的条款排在最前面、次重要条款排在其后并以此类推。例如，标的是决定合同能否成立的内容、交付是决定交易能否实现的内容，理所当然应放在靠前的位置。而保修、维修等条款不如前两个条款重要，理所当然应放在稍后的位置。

（4）发生频度

按发生频度排序，就是必然发生的在前、可能发生的在后，正常情况在前、非正常情况在后，普遍规律在前、例外情形在后，几种标准互有混合。例如，合同正常履行时必然发生的到货检验、安排调试、技术培训在先而处理质量责任在后，以及对逾期付款问题的约定在先、对超额付款问题的约定在后。

简言之，合同秩序的设立，就是先将已有或设计中的合同内容按功能分解成若干个模块，再将每个模块继续细分，然后根据实际情况综合采用前面介绍的方法将这些模块按一定层级和顺序重新组装成优化后的合同。

四、内容取舍的基本原理

对于合同内容，"取"是指内容的增加或保留，"舍"是指内容的去除或削减。为了明确事项或提高实用价值，必须以"取"的方式增加内容；而为了控制篇幅，必须以"舍"的方式减少内容。"取"会增加篇幅和复杂程度，并带来一系列问题；"舍"则往往使权利义务缺乏细节，导致合同存在某种漏洞。

但上述现象并未反映本质问题，只有结合交易安全和功能需要来考虑内容的"取"与"舍"才有意义。或者说，当交易安全不受影响、交易功能无本质区别时才可以"舍"，否则只能考虑"取"。

（一）强制规范的取舍

法律规范有强制性规范与任意性规范之分。任意性规范在特定范围内允许当事人自行约定，或者优先适用当事人的约定。如《民法典》（2020年）第六百六十八条第一款规定："借款合同应当采用书面形式，但是自然人之间借款另有约定的除外。"所以未对任意性规范作约定则失去了自行设定权利义务的机会，只能按相关法律执行。

强制性规范属于强制性、必须遵守的规范，不允许当事人自行约定，无论是否知悉、是否接受都必须依照相关规定执行。例如，《民法典》（2020年）第五百七十七条规定："当事人一方不履行合同义务或者履行合同义务不符合约定的，应当承担继续履行、采取补救措施或者赔偿损失等违约责任。"因为有了这个强制性规范，在合同中直接引入"任何一方不履行合同义务或者履行合同义务不符合约定的，均应当承担违约责任",便毫无意义。

由于强制性规范无论是否写进合同对于法律的适用都没有任何影响,因此除非是用于提醒或强调,否则没有必要将强制性规范作为条款写入合同。在某些篇幅受限的合同中,光是省掉这类条款就能节省不少篇幅。尤其是在某些合同中,如果隐去那些生硬的强制性规定,会更有助于交易的达成且对权利义务没有任何影响。

(二) 无用条款的取舍

类似的情况是,有些合同中与管辖有关的条款会因为法律管辖的唯一性和强制性,而成为没有实际意义的"正确的废话"。例如,经常出现的"甲乙双方经友好协商,依据中华人民共和国法律之规定订立本合同"之类的条款,由于无论合同是否这样约定都受法律的调整,因此也毫无实际用途。

又如,《民法典》(2020 年)第十二条规定:"中华人民共和国领域内的民事活动,适用中华人民共和国法律。法律另有规定的,依照其规定。"因此,在毫无涉外因素的合同中约定"本协议的有效性、解释、执行及履行和争议解决均适用中华人民共和国法律",甚至用半页纸的篇幅描写适用法律问题,便成为绝对正确但毫无意义的表述。还有,"未尽事宜由双方协商解决,协商不成由合同签订地人民法院管辖"之类的约定也只有姿态上的意义,因为提起诉讼是当事人的法定权利,不经协商直接起诉并无法律障碍。

类似以上的约定不仅没有设定法律关系的意义,甚至也没有提醒和强调的意义,基本上只是一种套话或象征、姿态。这类既无法律意义又无实用价值的条款,都是可以删减的内容,尤其是需要节省篇幅时。

(三) 管理问题的取舍

合同签订、履行过程中的法律风险来自两个方面:一是文本内容条款,二是签订履行管理。企业如果因合同条款的缺陷而受到不利影响的属于文本问题;如果因与不具备相应资格的相对方签约而受到不利影响的,则属于审查管理问题。前者的问题出在合同之内,后者的问题出在合同之外。

合同签订履行管理方面的事项应当在合同外解决。合同依何种法律在何时、何地成立,相对方是否具备签订合同的资格,相对方是否具备履行合同的法定资质等,均属合同签订前的审查事项。具备一定管理常识的企业一般都会事先审查相对方的资格、资质、信用等情况,通过审查则双方进入合同洽谈和签订流程,未能通过则直接终止洽谈。一般不存在在合同中约定这类条款而不审查相对方签订履行能力事项的做法。

因此,相对方资格资质审查等事项没有必要通过合同条款约定,而是应当在合同文本以外,通过实质性的审查来确定其是否具备相应的资格资质。但可以约定对方所提供的资料存在虚假、不完整、失效等情形时如何赔偿由此给己方造成的损失。

(四)履行模式的取舍

对于某些非常复杂的交易方式条款,有时需要审视这种复杂是否必要。以成套设备的采购合同为例,其履行过程往往分为初验、安装、调试、试运营、终试等环节,且每个环节都需要确定检验的标准、异议的处理。这种复杂必不可少,否则难以有效、及时发现问题并控制风险。但这种只针对成套设备采购适用的交易模式如果生搬硬套到其他产品的采购中,则纯属"自找麻烦"。

例如,某份合同将这一模式套用到办公设备采购合同上,约定交付后进行初验、安装、调试、试运营、终试,不仅过程烦琐且占用了大量的篇幅。但从合同适用对象来看,办公用品是指人们日常办公时所使用的各类物品,包括没有多少复杂性和技术含量的文具、耗材、器具、家具、生活用品,以及有一定复杂性和技术含量但技术成熟、高度标准化的电脑、复印机、电视电话系统等。这些用品无一需要通过复杂的过程去检验其质量,也并不需要由专业技术人员操作。

因此,这类物品的采购完全没有必要约定如此复杂的过程,只需要到货清点并约定卖方售后服务的责任范围、期限等即可,既符合实际也减少了篇幅,同时也并不会降低安全系数。何况买方也无法承受如此复杂的验收过程。

(五)偏题内容的取舍

某些合同会由于沟通、理解上的偏差而导致跑题,也有一些虽未跑题但工作重心偏离了交易目的。前者一般是用错了文本,例如两家企业准备合作开设连锁门店并联合经营,而业务部门准备的文本却是设立公司的出资协议。设立公司是双方合作经营的第一步,但只是合作经营所涉事项中很少的一部分内容,而且是双方签订合作协议以后的下一步工作。后者一般是未能准确地把握轻重缓急,例如客户需要户外高炮广告合同文本却得到了广播电视广告合同文本。户外高炮广告注重的是开灯时间和发生损坏后的及时修补,广播电视广告注重的则是播出时点,因此两种广告关注的重点极为不同。

对于前者,毫无疑问需要将出资协议留作备用并另起炉灶重新设计。而对于后者,则可以在保留基本框架的前提下变更交易内容、交易方式条款,并根据重心的不同调整问题处理条款,把偏离的方向扭转回来。

(六)细节描述的取舍

在交易内容条款及交易方式条款方面,某些合同会有众多的对标的物种类、规格等细节的描述,或是对履行过程有大量的技术要求和管理要求。这些内容往往会占据很长的篇幅,如果全部纳入正文就会喧宾夺主,合同就会显得"头重脚轻"甚至"不识庐山真面目"。这类细节问题没有必要放在正文之中而应当将其作为合同附件,以减少正文的文字量。

附件的作用,是收录与合同正文内容相关的技术性、管理性要求,以及证明资格资质类的文件等。虽然将细节移入附件并不是真正意义上的取舍,但能提高正文内容的一致性并便于阅读。为了阅读方便,应当在正文相关条款作出约定后提及相关附件。例如:"乙方在接待甲方客户的投诉过程中,应严格按照甲方的业务操作规范执行,相关要求详见附件《客户投诉受理规程》。"

以上所讨论的在不降低安全系数前提下的条款取舍,既涉及文字表述也涉及交易模式,说明文字量的减少未必会降低合同的安全系数。甚至一方表面上的"舍",反而使另一方面临更大的风险。因此必须用架构思维去看待合同,才能看到条款之外的权利义务,从而识别出风险并控制风险。

五、表述效率的基本原理

表述效率,是指在文字量相同的前提下表述内容中所包含的信息数量。表述效率高意味着用更少的文字量表述了相同的信息量,或用相同的文字量表述了更多的内容。阅读合同是一项需要注意力高度集中甚至精神高度紧张的脑力劳动,因而在权利义务表达清楚、不增加阅读难度的前提下,合同文字量越少越好。

当无法采用前面讨论的方式舍弃某些内容时,还可以用"等值替换"等方式精简文字、提高表述效率。这同样需要内容精简与交易安全的平衡,在不影响合同质量的前提下使表述言简意赅,而不是简单地删除句子成分。

(一)变换列举方式

列举可以正向也可以逆向,不同的列举方式有着不同的文字量。正向列举比较直观,直接罗列所想到的某一条款的权利义务事项,是最为常见的列举方式;而逆向列举则是以排除法罗列需要排除的事项,未被列举的事项才是需要确定的权利义务或前提,一般需要考虑更多的问题。正向列举简单易行且直观、明了,逆向列举则多用于需要正向列举的事项较多的情形。很难说哪种列举使用的文字量大,但二者之间总会有一种更为凝练。

例如,项目管理人的过错责任,以正向列举方式表述时的局部条款为:

……特别是由于下列原因造成的,均视为项目管理人违约:

(1)项目管理人在服务过程中直接下达错误指令或提供了错误的建议或咨询结论,从而对建设方的决策造成不利影响;

(2)项目管理人的行为违背合同约定或违反其应有的职业操守,损害或影响建设方的利益；

（3）项目管理人所下达的命令或提供的建议、咨询结论，以及项目管理人职责范围内的其他作为或不作为行为侵犯合同以外第三方合法权益的。

如果用排除法进行逆向列举，则可以缩短篇幅、扩大适用范围，其条款为：

……除由于下列原因者外，均视为项目管理人违约：

（1）项目管理人依照行业管理法律强制性规定所从事的行为；

（2）在合同约定范围内合理行使职权，且程序符合约定的行为；

（3）已经明确告知了不利的法律后果，建设方仍决定实施的行为。

（二）概括代替列举

对于条款事项的列举虽然直观、明了但也会占用较大篇幅，在没有篇幅限制时当然没有问题。但为了避免简单列举可能产生的遗漏，有时可以用抽象的定性概括来补充。如果具体列举的事项已经被包含于抽象概括的权利义务之中，则完全可以用概括代替列举，来提高表述效率，而且这是运用较多的实用技能。

例如，"买方除承担合同总价及相关的增值税外，与本合同的签订及履行相关的其他费用，如包装费、装卸费、运输费、保管费、安装费、调试费，以及保险费、检验费、人工费、差旅费、补贴费等，均由卖方承担"这一条款，核心内容是卖方承担其他相关的一切费用，因此可以删除列举，只概括地描述为"买方除承担合同总价及相关的增值税外，与本合同的签订及履行相关的其他费用均由卖方承担"即可。

同理，前面所举的从正向列举转为逆向列举的例子，如果改以抽象的本质概括代替列举，则这一条款可以更为凝练："除项目管理人依据法律规定、本合同约定，以及项目管理人已明确告知不利后果而建设方仍旧决定实施的情况外，项目管理人对其因过错等损害建设方利益的行为承担违约或赔偿责任。"

（三）减少低效重复

合同条款中的提法重复在所难免。某些内容或表述仅仅因为在前面的条款中出现过，后续的条款为了与其保持一致就不得不重复地使用同样的提法。如果这一提法是冗长词组或语句，就会出现低效率的重复。这种低效重复并不具备特别的法律意义或实用价值，只是为了避免措辞不统一而造成的混乱或不同理解。

对于这种情形，可以用简单的方法先定义出一个关键词，其他条款只要引用这一关键词就可以避免低效重复。但这个定义出来的关键词在合同中必须是特有的而不是通用的或其他专用的措辞，以免造成新的混乱。

例如，某代理协议中规定代理商不得从事"超出合同约定的地域范围销售产品的行为"。为了避免反复提及这一行为，可以在合同中专设条款将其定义为"串货行为"，用简单的方式为其作出定义，如"超出合同约定的地域范围销售产品的行为(以下简称'串货行为')"，或"超出合同约定的地域范围销售产品的行为，即'串货行为'"。有了定义以后，后续条款只需使用"串货行为"即可。

(四)使用简洁句式

调整表述的句式可以压缩整句的文字量，积少成多就可缩短合同篇幅。这一方法尤其适合消费类合同或表单，因为这类合同或表单需要文字量尽可能少，但有价值的约定又必不可少，因此只有最具价值的文字才能留下，以最少的文字界定关键的权利义务，逐字逐句挤出篇幅的空间。

使用简洁的句式，是指在语义不变或无实质变化的前提下，通过调整句式以"等值替换"的方式压缩文字总量。例如，"交货日期为2004年12月月底"，如果改用简洁的状语加谓语的表述方式替换，则为"2004年12月月底交付"。虽然只缩减了3个字，但从比例上却比原句节省了约27%的文字量，全篇调整后压缩的篇幅非常可观。又如，"对甲方的及时履行产生严重影响的"共用了15个字，而改为"严重影响甲方及时履行的"则只用了11个字，节省文字量达25%以上。

(五)共用句子成分

当句子中重复出现多个相同的主语或其他内容相同的句子成分时，可以通过共用一个主语或共用一个句子成分的方式，避免主语或其他句子成分的无谓重复并减少文字量。就语言习惯而言，反复出现同样的主语、同样内容的句子成分如果不是为了强调或其他目的，则属于较为初级的表述方式，读起来非常乏味。

某商品房质量保证书原稿中的表述为"因业主在卫生间装修时切割地面引起的渗水不在保修之列，业主在卫生间养水时间超过规范要求而引起的地面及墙面渗水，也不在保修之列"。由于"业主在卫生间""不在保修之列"均重复出现而且毫无特殊价值，可以通过共用句子成分的方式而改成"因业主在卫生间装修时切割地面引起的渗水，或养水时间超过规范要求而引起的地面及墙面渗水，均不在保修之列"，这样可以节省11个字，文字量减少约18%。

还有一些精简文字、提高表述效率的方法在此不再一一介绍。事实上，只要采用正式的书面语，本身就能减少不少的文字量，可见语言基础能力的重要。

关于合同的语言表述，本节不再展开，可参见本书第五章第一节的相关内容。

第九节　合同分类及应用原理

合同是应用型文书，仅仅看懂语句的字面意思毫无意义，更重要的是"看透"

字里行间体现的交易架构和"弦外之音",以及条款搭配中显示的玄机。唯有了解各类合同的法律关系定位、内容架构、交易特点等信息,并从本质和原理的角度去参透合同中的"所以然",才能对合同事务的处理驾轻就熟。

一、对书面合同应用的理解

从本质上看,合同是交易各方达成并承诺遵守的交易方案。法律对合同的定义及对合同行为的调整,是基于法律视角建立秩序、解决争议,并不涉及合同领域的全部内容。而书面合同成为交易的必备环节,则是由于交易内容、交易方式、法律环境等日益复杂,只能以书面约定的方式在法律授权自治的范围内完成交易。

对于企业而言,采用书面合同进行交易主要有以下实用目的。

(一)证明约定内容

书面合同的作用,首先是弥补记忆能力的不足。即使交易双方都诚实守信,也难以仅凭自己的记忆记住复杂的或很久以前的交易细节。记忆的消失或模糊会导致无法精准还原交易细节,严重影响合同权利的实现和合同义务的履行。即使有证人,口头合同的证明效力也远不及书面合同,因此旧时契约里经常直接出现"恐日后口说无凭,特立此为据"的语句。现实中,许多债权人因为口头合同的债务人意外死亡而陷入无法举证、无法主张权利的境地。

即使是在科技高度发达的今天,书面合同仍是证明交易双方意思表示最为便捷、经济的方式,而且便于保存、阅读和举证、质证。同时,书面合同也是双方是否诚信履行承诺的间接证据,会给试图违约者带来商业道德上的压力。

(二)符合形式要求

某些合同必须依法采用书面形式。例如,《民法典》(2020年)第六百六十八条规定:"借款合同应当采用书面形式,但是自然人之间借款另有约定的除外。借款合同的内容一般包括借款种类、币种、用途、数额、利率、期限和还款方式等条款。"第七百零七条也规定:"租赁期限六个月以上的,应当采用书面形式。当事人未采用书面形式,无法确定租赁期限的,视为不定期租赁。"

法律明文规定某些合同必须采用书面形式,是为了使约定事项复杂、履行期限长的合同的内容得以固化、可视化,并因此而便于管理、履行甚至行政审批。至于那些履行期限长、履行事项多、履行过程复杂的交易,即使没有法律规定也会采用书面形式,因为口头合同根本无法容纳如此复杂的内容。

(三)便于事务管理

现代企业的经营管理,都是团队协作甚至不同部门共同参与。合同的签订和履行有时需要跨越不同的部门,要想使从未深度参与过合同洽谈及签订的其他人员及时了解合同内容以及执行合同中的履行事项,包括不同部门对合同的审核、生产运营的安排,以及财务统计分析、总结提高等,只有使用书面合同才能实现。

因此,虽然《民法典》(2020年)第四百六十九条第一款规定了"当事人订立合同,可以采用书面形式、口头形式或者其他形式"。但正式的商务合同均采用书面形式。尤其是具备一定规模的企业,文本管理是合同签订和履行管理中非常重要的一项工作。

(四)锁定预期利益

合同是交易双方在交易利益方面所达成的平衡。这种平衡意味着双方在此消彼长的交易利益博弈中,找到了都可以接受的解决方案,并就此锁定了预期可得的交易利益。随之而来的,是各方为了履行交易而进行资源的调配,以便及时完成交易、实现利润并进入下一个生产经营循环。

现实中的合同,永远是特定的交易方在特定时间、特定地点对特定交易达成的一致意见。这个一致可能并非最理想的交易,但企业不可能无限期地坐等最理想交易机会的出现,只能适时地锁定交易、建立交易秩序,并通过明确无误的履行去实现预期利益,避免合同履行中意外因素引起对价的增加或收益的减少,促进利益的全面实现。

回到问题的原点,合同首先是经济行为,签订和履行合同是为了通过资源交换获取所需的资源,因此首先遵循的是经济规律,其次才是控制法律风险问题。因此,合同服务于企业的需求,而法律工作则是服务于企业的合同需求,即在促成交易的同时控制法律风险。企业宁可选择虽然有风险但有盈利机会的交易,也不会选择没有风险也没有利润的交易,这是现实中的客观规律。但即使是经济行为,企业如果忽视合同风险的控制,也属于盲人瞎马式的发展。

二、法律关系分类及应用

合同存在着不同的分类方式而且彼此交叉。这些分类有的基于外在形式、有的基于法律关系、有的基于运作方法。

(一)典型合同与非典型合同

典型合同与非典型合同,是根据有无相关立法确定相应名称及法律关系而对合同进行的区分。由于相关立法的存在,典型合同的权利义务更为明确。

1. 基本定义与法律关系

典型合同又称有名合同,是立法上载有确定名称与规则的合同。《民法典》(2020年)合同编的典型合同分编中加以定义并确定基本规则的买卖合同、赠与合同、借款合同、租赁合同等 19 类合同,便是典型的中国法律环境下的典型合同。

非典型合同又称无名合同,是立法上尚未确定名称与规则的合同,众包合同等便是如此。但还有一些合同介于典型合同与非典型合同之间,其性质尚无定论。例如,承包合同虽然广泛存在但并无法定定义,甚至《农村土地承包法》(2018 年修正)提及"承包"两百余次却始终未对承包合同加以定义。加之学界对承包的法律关系存在争议,因此尚不算典型合同。

区分典型合同与非典型合同的意义在于法律适用。典型合同有更为清晰、明确的法律强制性规定,可大大减少合同签订、履行过程中权利义务的不确定性。对于争议,典型合同可直接适用《民法典》(2020 年)中的具体规定,并考虑其他法律的规定。

非典型合同的争议处理一般没有专门的法律可依,只能参照一般规定。《民法典》(2020 年)第四百六十七条第一款规定:"本法或者其他法律没有明文规定的合同,适用本编通则的规定,并可以参照适用本编或者其他法律最相类似合同的规定。"第六百四十六条规定:"法律对其他有偿合同有规定的,依照其规定;没有规定的,参照适用买卖合同的有关规定。"

2. 非典型合同中的混合合同

非典型合同有单纯的非典型合同与混合合同之分。合同内容不符合任何典型合同要件且成分单一的合同是典型的非典型合同,例如广告商同名人所达成的名人肖像使用合同。混合合同则是不同合同成分混合而成的合同,可分为典型合同与典型合同、典型合同与非典型合同、非典型合同与非典型合同三种组合。

依照三种混合合同中给付义务相等、给付义务不等划分,可得出表 1 的组合。

表 1   混合合同组合

	1. 典型+典型	2. 典型+非典型	3. 非典型+典型	4. 非典型+非典型
A 给付义务相等	典型=典型	典型=非典型	非典型=典型	非典型=非典型
B 主给付+从给付	典型〉典型	典型〉非典型	非典型〉典型	非典型〉非典型

对于混合合同的上述不同组合,一般在法律适用上有下列理解可供参考。

(1)典型合同+典型合同的组合(A1、B1)

A1 通常出现在双方当事人分别属于不同类型的给付义务的合同中。例如,甲方向乙方提供汽车修理服务、乙方向甲方提供代理服务,甲方的给付义务为承揽合同、乙方的给付义务属于委托合同,应分别适用不同的典型合同的约定。

B1 通常出现在一份合同中同时存在两种给付义务且有主次之分时,原则上按照主要的典型合同处理。例如,某书店向图书馆出售一部分图书并赠送一小部分其他图书,该交易同时属于买卖合同和赠与合同,原则上适用买卖合同的相关规定。

(2)典型合同+非典型合同的组合(A2、B2、A3、B3)

A2、A3 属于同样的典型合同、非典型合同成分各占一半的合同,而合同相对方只承担单一的给付义务,因而需要分别处理。例如,航空器湿租合同的标的,既包括租用航空器又包括机组人员的服务,需要分别适用典型合同和非典型合同的规范。

B2 的情形比较好区分。合同既然以典型合同为主,应当适用典型合同的法律规定,其中的非典型合同部分视为从给付义务。例如,企业向家电商场购买办公用空调设备并由商场包安装,由于安装成本远低于设备成本而且安装是从给付义务,因此整个合同属于买卖合同附带服务合同。

B3 由于主给付义务为无名合同,因而按无名合同处理。

(3)非典型合同与非典型合同的组合(A4、B4)

A4 与 B4 作为非典型合同的组合,完全按非典型合同的法律适用。

由于混合合同的定义及解释目前尚未进入法律体系,因此交易模式、合同权利义务应当尽可能向典型合同靠拢,并接近最高人民法院司法案例中的思维模式,以便得到更具确定性的权利义务保障。

(二)单务合同与双务合同

以合同双方是否相互负有对价义务为标准,合同可以分为单务合同与双务合同两种。单务合同是指仅有一方当事人承担义务的合同,最典型的便是不附条件的赠与合同;双务合同是指双方当事人互相承担对价义务的合同,绝大部分合同是这类合同,如买卖合同、承揽合同、租赁合同等。互负对价义务并不要求双方给付对价的价值相等,只要求对价的给付具有相互依存、相互牵连的关系。

区分两者的法律意义在于,双务合同的当事人由于互负给付义务,所以均会存在违约风险和追究对方违约责任的权利,同时也有行使后履行抗辩权、同时履行抗辩权、不安抗辩权的权利。而单务合同的一方由于没有给付义务,因而没有违约风险及行使抗辩权的权利,除法律另有规定外一般没有追究对方违约责任的权利。

(三)有偿合同与无偿合同

以合同当事人是否需要支付对价为标准,可将合同分为有偿合同与无偿合同。有偿合同是指合同当事人需要为其从合同中获得的利益支付对价的合同。买卖合同、租赁合同、雇佣合同、承揽合同、行纪合同等绝大多数的双务合同都是有偿合同,其对价包括但不限于给付财产、提供劳务、完成工作等,但对价可以不对等。无偿合同是指只有一方当事人作出给付,或者虽是双方作出给付但不具有对价意义的合同。赠与合同是典型的无偿合同,免费代理、免费保管等合同也属于无偿合同。

区分有偿合同与无偿合同有助于界定合同当事人的法律责任。例如是否具备主体资格、有无返还义务,以及是否应当承担责任及何种责任、责任大小等。现代商务合同都为有偿合同,识别出"无偿合同"的对价并写入合同往往更有利于保护接受对价的一方。而许多"无偿"的商务合同,如为了促销而无偿提供赠品的活动,实为销售活动的一部分,虽为无偿赠送但促销方一般仍需对其安全承担责任。

(四)束己合同与涉他合同

从合同相对性的角度,按照合同仅约束双方当事人还是涉及合同以外的第三人,合同可以分为束己合同和涉他合同。束己合同仅约定合同当事人各方的权利义务,不约定合同以外第三人的权利义务。除涉及合同侵权或法律另有其他规定之外,合同以外的第三人不因合同的约定而对合同当事人享有权利或负有义务。涉他合同,则是各方当事人在合同中为合同以外的第三人设定了权利义务的合同,包括由第三人履行的合同和向第三人履行的合同。这是一类并不多见的合同,一般需要有第三人的承认或接受,否则不对第三人产生效力。

涉他合同的典型运用,是甲公司采购乙公司产品的合同中,约定产品直接由乙公司交付给丙公司,价款则由甲公司付给丁公司。《民法典》(2020 年)中虽未使用"涉他合同"的术语,但在第五百二十二条第一款、第五百二十三条中分别规定:"当事人约定由债务人向第三人履行债务,债务人未向第三人履行债务或者履行债务不符合约定的,应当向债权人承担违约责任。""当事人约定由第三人向债权人履行债务,第三人不履行债务或者履行债务不符合约定的,债务人应当向债权人承担违约责任。"而《民法典》(2020 年)合同编中关于合同权利的转让、合同义务的转让、合同权利义务的概括转让,实际上也与涉他合同有关。

合同的束己或涉他,涉及对合同当事人及交易模式的设定。当合同的履行涉及第三人时,将其直接拉入合同作为当事人并约定其权利义务则是束己合同;将双方权利义务涉及的第三人置于合同之外,并以其他方式设定第三人与合同权利义务的衔接则是涉他合同。之所以需要这样处理,是因为合同具有相对性,除非法定情形,合同不对合同以外的第三人产生约束力,第三人有权拒绝未曾与其达成一致的任何权利或义务。

(五)一次性合同与持续性合同

按照是否需要反复履行,合同可分为一次性合同与持续性合同。持续性合同又称持续履行合同,或框架合同。一次性合同用于履行合同签订时已经特定的具体交易,而无论其分成几次履行;持续性合同则一般用于在一定期间内反复履行,但合同签订时尚无法确定某些细节的一系列交易。

持续性合同相当于将一次性合同分为两个部分。主合同约定履行期间内除具体的品种、数量、价格等标的细节外的所有内容，而每次交易时则以表单等方式约定这些内容及期限等细节作为与主合同不可分割的组成部分。这种合同既可以明确双方在合同履行期间的权利义务，又不必每次履行时重复审查、签订合同，还能兼顾市场行情的波动，因而多用于持续发生，每次数量、金额不确定的交易。

例如，买方签约购买 1 万吨钢材，无论是一次性还是分批次付款、交货均为一次性合同。如果双方签约由卖方在一年内持续供应钢材并约定了交易条件、方式，具体数量、价格以具体订单为准，则是持续性合同。区别在于：

① 完整程度不同。一次性合同的交易内容在签约时已经完整；持续性合同只约定了交易标的的类型但具体数量、金额、时间等需要交易时再次约定。

② 可履行性不同。一次性合同是完整的合同，可在签订后直接履行；持续性合同欠缺数量、时间、价格等条款，在签订后无法直接履行。

③ 终止方式不同。一次性合同以合同约定事项履行完毕作为合同的终止条件；持续性合同以合同期满作为合同的终止条件。

两类合同的存在是为了应对不同的交易需求。在交易的灵活性方面，持续性合同是在锁定了交易主体、交易方式、问题处理条款后，将部分交易内容条款留待实际履行时根据需要另行确定以利于生产安排及应对市场波动；一次性合同则只是一单内容特定的交易。在管理的便利性方面，持续性合同可以大大减少与固定的供应商之间重复审查、重复签订合同所带来的不便；而一次性合同则无此需求。

因此对于持续性的合同，更需要注意合同正文与表单之间的衔接。在主合同方面必须推敲定价机制、计量误差、争议解决等内容，在表单方面则必须充分锁定交易细节、交易程序，并与主合同配合有序。

另外，合同有效期限属于持续性合同的必备条款；而一次性合同的权利义务按合同约定履行，约定合同有效期限一般属于画蛇添足。

(六) 确定合同与射幸合同

按照权利义务的确定性划分，合同可分为确定合同与射幸合同。确定合同又称实定合同，是指合同约定的权利义务必然发生的合同，绝大多数合同属于此类。射幸合同又称机会合同，是指合同中所约定的权利义务有可能发生但未必发生的合同。常见的保险合同便是典型的射幸合同，此外还包括抽奖、博彩等合同。

大部分合同都是确定合同，因为其权利义务必定发生。例如使用量最大的买卖合同，其中的交付、支付等均为必然发生的事项，权利义务十分确定。射幸合同只是特例，例如，财产保险合同签订后，只要未出险则保险公司无须履行赔偿财产损失义务，因而保险公司的理赔可能发生也可能根本不发生。正因如此，合同双方的对价并不确定。未出险则投保人白白付了保险费,出险则保险公司的赔付可能远远超过保费。

三、生效方式分类及应用

典型的合同生效方式是双方一起签字盖章,但自古以来就有许多合同需要满足其他条件后才能生效。随着交易内容及交易方式前所未有的发展,以及进入信息时代后对效率、便利性、风险控制的需要,商务合同的达成已经逐渐产生了新的谈判、签署、履行模式,并在很大程度上被司法实践认可。

(一)要式合同与非要式合同

要式合同,是按照法律规定或者当事人约定必须采用特定形式订立方能成立的合同。非要式合同是对合同成立的形式没有特别要求的合同。确认是否属于要式合同的依据,是法律的相关规定或当事人之间的约定,不符合法定的或约定的形式要求的合同,可能面临效力方面的缺陷。

对于这个问题,《民法典》(2020年)第五百零二条第一款、第二款和第一百五十八条分别针对法定要求和约定要求进行了规定,即"依法成立的合同,自成立时生效,但是法律另有规定或者当事人另有约定的除外。依照法律、行政法规的规定,合同应当办理批准等手续的,依照其规定。未办理批准等手续影响合同生效的,不影响合同中履行报批等义务条款以及相关条款的效力。应当办理申请批准等手续的当事人未履行义务的,对方可以请求其承担违反该义务的责任",以及"民事法律行为可以附条件,但是根据其性质不得附条件的除外。附生效条件的民事法律行为,自条件成就时生效。附解除条件的民事法律行为,自条件成就时失效"。

要式合同在日常生活中并不罕见,房产交易、机动车交易时的合同便是典型的要式。这两种交易的完成环节并非标的物的交付,而是标的物产权在政府部门完成登记的变更。而且这种合同古已有之,无论是中国古代还是古罗马,对于土地、房产均有类似的规定。

能够区分出要式合同,就可以在合同中加设交易方式条款以确保交易安全,也可以预判交易的可行性,并用于识别或设定合同的生效条件,以控制交易法律风险。

(二)诺成合同与实践合同

依据合同的成立仅需要承诺还是需要现实给付,可将合同分为诺成合同与实践合同。诺成合同经当事人意思表示一致即可认定合同成立,实践合同则在当事人意思表示一致以外尚须实际交付标的物或具有其他现实给付行为才能成立。

判断是否属于实践合同,必须依据法律规定或当事人的约定。常见的实践合同有保管合同,自然人之间的借贷合同、定金合同等。例如,《民法典》(2020 年)第八百九十条规定:"保管合同自保管物交付时成立,但是当事人另有约定的除外。"因该合同系"保管物交付时成立",所以是标准的实践合同。

诺成合同与实践合同的区别在于:在成立条件上,诺成合同仅以合意为成立要件;而实践合同在达成合意后还需其他给付才为成立。在成立时间上,诺成合同中的给付是合同成立后的义务,合同成立后未给付才产生违约责任;而实践合同直到给付才成立,未给付则合同不生效,但可能构成缔约过失责任。

(三)格式合同与非格式合同

按照《民法典》(2020 年)第四百九十六条的定义,"格式条款是当事人为了重复使用而预先拟定,并在订立合同时未与对方协商的条款"。按字面理解,协商后填空的条款、可修改的条款都是非格式条款,事先拟定、不可修改的固定条款便是格式条款。但实践中,人们大多忽略合同中的非格式条款,直接将为了重复使用而预先拟定且在订立合同时不得修改条款的合同称之为格式合同。

《民法典》(2020 年)对于格式条款有一系列的额外规定,导致格式合同的使用并不简单。概括起来有如下规定:

1. 提供格式条款时的义务①

① 遵循公平原则确定当事人之间的权利和义务;

② 采取合理的方式提请对方注意免除或者限制其责任的条款;

③ 按照对方的要求,对条款予以说明。

2. 格式条款的无效②

① 存在法定的合同无效情形;

② 存在合同免责条款无效的情形;

③ 不合理地免除或者减轻其责任、加重对方责任、限制对方主要权利;

④ 排除对方主要权利。

---

① 《民法典》(2020 年)第四百九十六条第二款规定:"采用格式条款订立合同的,提供格式条款的一方应当遵循公平原则确定当事人之间的权利和义务,并采取合理的方式提示对方注意免除或者减轻其责任等与对方有重大利害关系的条款,按照对方的要求,对该条款予以说明。提供格式条款的一方未履行提示或者说明义务,致使对方没有注意或者理解与其有重大利害关系的条款的,对方可以主张该条款不成为合同的内容。"

② 《民法典》(2020 年)第四百九十七条规定:"有下列情形之一的,该格式条款无效:(一)具有本法第一编第六章第三节和本法第五百零六条规定的无效情形;(二)提供格式条款一方不合理地免除或者减轻其责任、加重对方责任、限制对方主要权利;(三)提供格式条款一方排除对方主要权利。"

3. 格式条款的解释①

① 对格式条款的理解发生争议的,应当按照通常理解予以解释;

② 格式条款有两种以上解释的,应当作出不利于提供格式条款一方的解释;

③ 格式条款和非格式条款不一致的,应当采用非格式条款。

从严格意义上说,带有格式条款的合同的特别之处不在于内容,而在于法律允许这种合同形式存在的同时加重了出具格式条款方的责任。或者说,相对方可以签也可以不签,但不可以修改。正是因为格式条款有强加于人之处,《民法典》(2020 年)、已经失效的《合同法》(1999 年)才作出了诸多严格规定来限制格式条款提供方的权利以维持利益平衡。

格式合同的使用,既有自我保护的成分也有无奈的成分。当企业面对数量众多的客户时,不可能通过一一协商的方式签订合同,否则根本承受不了昂贵的缔约成本、管理成本。开发商销售商品房时之所以宁愿打折也不愿修改合同,一个重要的原因是如果权利义务内容不同的合同版本太多会大大增加管理成本,且很容易造成开发商在履行合同时的各种违约。

格式合同在现实中大量存在,重要的是如何理解和应用。面向广大消费者的合同,如电信企业等公共事业单位的服务、银行的业务等,根本无法也没有必要同消费者一一洽谈、签订合同,如不使用格式合同也根本无从正常经营。因此这是一种合法、必需的存在。但法律法规对格式条款进行了特别限制,格式条款需要符合合法性要求、避免语言歧义或不同理解。

(四) 数据电文合同与纸质合同

按照《民法典》(2020 年)第四百六十九条第二款的规定,书面形式是合同书、信件、电报、电传、传真等可以有形地表现所载内容的形式,可知数据电文合同与纸质合同都属于书面合同。

数据电文合同目前已有多种签订方式,如电子邮件方式、第三方交易平台方式。而且基于信息技术和互联网技术,达成数据电文合同的方式还有多种,比如拆封合同、点击合同、浏览合同等。

关于数据电文合同以及拆封合同、点击合同、浏览合同方面的具体分析,参见本书第一章第六节的相关内容。

---

① 《民法典》(2020 年)第四百九十八条规定:"对格式条款的理解发生争议的,应当按照通常理解予以解释。对格式条款有两种以上解释的,应当作出不利于提供格式条款一方的解释。格式条款和非格式条款不一致的,应当采用非格式条款。"

四、内容安排分类及应用

传统的合同一般分为首部、正文、尾部、附件四个组成部分。而在进入信息时代的现代社会,为了提高工作效率和工作质量,这种传统的合同内容安排方式不断发生变化。这种变化主要来自不同应用及管理需要下对合同内容的拆分和组合,目的是让主要条款更为明了、管理更为方便、交易更易使用。

(一)主合同与从合同

按照相关合同之间的主从关系,合同可分为主合同与从合同。主合同是无须以其他合同存在为前提即可独立存在的合同,具有独立性。从合同又称附属合同,是以主合同的存在为存在前提的合同。例如,贷款合同是主合同,完全可以独立存在;而担保合同是主合同的从合同。

将合同分为主合同与从合同会带来许多便利。在文档处理上,可避免不同的法律关系在一份合同中相互纠缠而增加复杂程度,使每份合同的内容处理都相对简单;在合同管理上,将不同的法律事务设定在不同的合同里,尤其是当事人不同时,每个事务可单独调整以减少对整个合同事务的影响,尤其是对主合同义务的影响。

(二)预约合同与本约合同

按照是否直接签订交易合同,合同可以分为预约合同和本约合同。对于预约合同,《最高人民法院关于适用〈中华人民共和国民法典〉合同编通则若干问题的解释》(2023年)第六条第一款规定:"当事人以认购书、订购书、预订书等形式约定在将来一定期限内订立合同,或者为担保在将来一定期限内订立合同交付了定金,能够确定将来所要订立合同的主体、标的等内容的,人民法院应当认定预约合同成立。"

根据该条内容反推,预约合同是指合同当事人以签订认购书、订购书、预订书等形式约定在将来一定期限内订立合同的合同。而本约合同,则是合同当事人通过预约合同所约定的、由双方在约定期限内订立的合同。简言之,预约合同中的合同义务只是订立本约合同,而本约合同才是当事人进行交易所要订立的合同。

例如,商品房销售合同经常分为预约合同与本约合同。买卖双方在经过初步了解后先订立预约合同锁定准备交易的商品房,并约定双方订立《商品房买卖合同》的日期,在此之前,买方可以进一步了解楼盘状况并进行其他的准备。由于预约合同中并无相关法律规定的商品房买卖的必备条款,尚不足以实现商品房交易,交易需要通过签订《商品房买卖合同》完成。如果任何一方违反预约合同拒绝订立《商品房买卖合同》,则只需承担预约合同中约定的违约责任。只有《商品房买卖合同》生效以后的违约才是针对本约合同的违约,才需要依照《商品房买卖合同》承担违约责任。

将合同分设为预约合同与本约合同有利于双方及时固定商业机会。在商品房销售方面,开发商可以在激烈的同行竞争中争夺资源率先锁定意向客户,消费者可以先锁定资源再仔细考虑以避免失去交易机会或因反悔而承担重大的违约责任。而当任何一方最终决定放弃目标资源时,均可以预约合同违约金为代价脱身而退,避免更重的违约责任。如果没有预约合同这一交易模式,任何一方都有可能在犹豫不决中失去交易机会,或者当一方违反口头承诺不再签订本约合同时只能尝试着追究缔约过失责任。

如果说持续性合同是将针对类似甚至相同标的的多个交易放进了一份合同中,那么预约合同、本约合同就是将一份合同拆分成了两个相互独立的合同。前者是为了提高交易效率、便于交易管理,后者是为了分散风险、便于交易。

(三)通用条款与专用条款

这两类条款最早是政府部门提供的建设工程类合同示范文本,其特点是合同双方可针对合同所列的全面、详细的"通用条款",通过协商将其变更为交易中实际执行的"专用条款",未作变更的则仍按标准条款执行,因此也可称为对比式合同。除建筑施工合同外,道路工程、水电工程、铁路工程、输电工程等专业工程以及监理合同也常用这种模式。工程监理、造价咨询等合同多用"标准合同条件""专用合同条件"的表述方式,但原理相同。由于专用条款是对通用条款的修正,因此其效力优于通用条款。

之所以采用这类合同形式,是由于建设工程耗资大、工期长、内容复杂,影响质量因素多、隐蔽工程检测难,且工程质量直接关系人身财产安全。因此各类强制性的质量标准等对工程建设的材料、设备、工艺、施工、技术标准等有着非常复杂的技术、管理要求。为了全面控制工程质量,必须用通用条款的方式将需要涉及的内容全部列明以作为示范,再由当事人结合具体情况协商确定。

正因如此,其实并不需要花力气去审查、修改合同中的通用条款或标准合同条件,而是要集中精力发现专用条款、专用合同条件中的问题,以及这些内容之间的匹配问题。而修改也并不需要在通用条款或标准合同条件上进行,只需要用与通用条款或标准合同条件完全相同的序号在专用条款或专用合同条件中重新约定相应内容,以变更或增补、否定通用条款或标准合同条件中的内容。

这类合同的缺点,是必须对照阅读通用条款和专用条款或标准合同条件和与专用合同条件,才能明确权利义务体系的实际状况。当然,这类条款的设计思路,值得在设计复杂且反复使用的合同时借鉴。

(四)固定条款与填空条款

分立式合同将条款分为不可调整的固定条款和专门用于约定的填空条款,以示范合同的方式供重复使用。固定条款固化了质量责任、交易方式、违约责任等条款,填空条款以填空方式确定标的的品种、数量、单价、履行期限等。这类合同将所有需要约定的内容集中在一起形成填空条款,其他部分原则上不允许改动,往往只需一两页纸就能概括所有需要约定的标的、数量、金额、日期等内容,适合高效地审查、管理数量巨大的合同文本,但需要利用相对优势的交易地位来推行这类文本。一旦双方接受这一文本,则只需审查填空条款,省时省力。

这类合同同样割裂了合同原有的自然结构,增加了阅读理解的工作量,并且只有交易的优势方才有机会采用。但这类合同的设计初衷本就不是为了一次次地审查,一般作为标准文本经各部门审查通过后即使审查也只看相对方要求增加或修改的条款而不是所有条款。

合同的终极目的是服务于交易,它源于交易并可以在不断的"进化"中优化交易。至于合同的法律关系、生效方式、体现形式,完全不必拘泥于原有的传统形态。

第二章　合同的理解与审查

本章提示

　　合同审查是律师最为常见的非诉讼工作,也是所有合同工作的基础。怎样保证合同审查的工作质量、工作效率并避免执业风险,一直是律师行业孜孜以求的目标。尽管人工智能将开启人类文明的新时代,但它的发展依赖于人类认知能力的发展,要想替代律师的脑力劳动尚需时日。

　　作为以交易的方式获取资源的桥梁,合同在本质上属于经济行为。法律专业人员的介入,是利用其专业知识及法律思维为当事人控制法律风险。这决定了合同工作基于但不限于《民法典》(2020 年)的合同编,根本目标也并非为了懂法、守法,而是充分利用既有的法律环境条件实现法律风险的最小化和交易利益的最大化。因此,合同工作应以交易为本而非以法律为本。

　　审查合同的过程,是基于对合同条款的理解、标的知识的熟悉、法律规定的调研,用心中的尺度去衡量合同的质量,以发现可能影响委托人利益的权利义务设定,并以合适的方式报告给当事人。这一过程是典型的批判性思维的运用,因而合同审查是修改、起草等合同工作的基本功。不具备这种能力,其他合同工作的质量便无从谈起。

　　简单地概括,合同审查的工作内容就是"三个比对"——约定与法定的比对、现实与理想的比对、条款与条款的比对。本章将从合同一般包括条款入手,结合合同四大基本功能、合同质量要素对此加以讨论,同时介绍律师调查、提交成果等辅助工作事务。

　　而与合同审查关联度最高的合同修改,因工作范围、工作方法、工作目标等与合同审查存在巨大差异,将在后续章节中讨论。

第一节 合同中的常见问题

合同所存在的具体问题可谓不胜枚举,但概括起来可以分为法律问题、商务问题和表述问题。合同质量是法律素养、业务知识和表述技能的综合,要让合同没有问题或少出问题并不容易。分析前车之鉴能够让我们明白在具体的合同工作中应注意哪些方面的问题,以及应该如何操作。

一、对合同历程的简单回顾

纵向看待自改革开放以来的合同发展史,当下的合同质量无论是内容深度还是应用广度早已与初期不可同日而语。这种进步并非由于合同领域的闭门造车,而是因为交易内容及方式在进步、法律体系在进步、人们对合同的认识也在进步,以及来自正反两个方面的经验和教训。

中国重新发展市场经济始于 20 世纪 80 年代。由于市场经济意识的缺失,从开始心里没底的摸索到如今的基本成熟,合同文本的发展大致经历了四个不同的阶段。

(一)沿用模仿阶段

自 1978 年开始实行对内改革、对外开放政策时起,中国开始了从计划经济向市场经济的过渡。20 世纪 90 年代初期,随着《经济合同法》《建筑安装工程承包合同条例》《工矿产品购销合同条例》《农副产品购销合同条例》(现均已失效)等相继出台,结束了市场经济领域的无序状态。但由于当时的交易内容简单、交易规模有限,合同内容相对简单、结构相对松散,留有许多计划经济时代产品调拨单的风格。

随着当时的国家工商行政管理局《经济合同示范文本管理办法》(已废止)的发布及合同示范文本的陆续推出,许多企业开始广泛套用这些示范文本。示范文本多为一式三份,中间夹入复写纸书写。企业可到当地工商部门、业务主管部门及指定的发放单位领取示范文本,发放单位可收取工本费,但实际操作中一些工商部门强制要求企业必须购买和使用示范文本。按该管理办法的规定,非经指定及备案而擅自印制、"非发放单位和个人在市场上销售经济合同示范文本",以及"当事人擅自制订、印制合同文本"均属违法,要面临行政处罚。

各类示范文本为不同领域的交易提供了合同的基本格式和内容,使内容的完整性和合法性有了大幅度的提高。但由于适用范围有限,许多交易存在生搬硬套的情形。同时由于合同都是固定格式的印刷品,因而带着盖章后的空白合同四处走的情形屡见不鲜。当时的法律已经固定了违约金的比例,因而对合同内容无须关注太多。

(二) 自建范本阶段

自 20 世纪 90 年代后期开始,由于经济迅速发展以及《民法通则》(已失效)的出台,许多企业深感自行制订的简单文本及示范文本均无法满足交易需要,开始制定自己的合同文本并加强合同审批、公章使用等方面的管理。同时随着工商行政管理部门逐步取消对企业合同文本使用上的限制,以及电脑、打印机等设备的日益普及,企业已无须使用印刷文本或政府示范文本,自行制定文本的情况开始增多。

在这一历史时期,企业开始在律师的参与下,基于以前用过的示范文本和自行制定的文本,结合实际需要修订相对完善的合同文本体系。但由于对合同本质及权利义务体系的认识还处于探索阶段,而且许多企业在交易中并不处于优势地位,因而只是交易条款越来越具体化。

(三) 霸王合同阶段

霸王合同并非法律术语,也未必是格式合同。无论是否是格式合同,只要对己方单方有利而使权利义务失去平衡,均可称为霸王合同。进入 21 世纪后,随着规模的扩大和实力的增强,某些企业开始利用交易优势地位以权利义务不对等的霸王合同与上下游企业进行交易。这类合同尤以银行、保险等行业,以及生产制造业中那些采购量大、产品知名度高的企业使用居多。

这些企业通过制定和使用这类文本大大提高了合同风险的控制水平,但同时也客观上形成了对供应商和分销商的不公平待遇,甚至行文上的粗暴无理。这种合同在本质上是借助于企业的强势地位迫使处于弱势的合作商接受那些只对强势方有利的交易条件,但尽管双方的权利义务不对等、弱势方的利益很难得到公平对待,但毕竟能够提供交易安全及营利机会,所以仍旧会达成交易。

(四) 成熟文本阶段

成熟文本虽然也会利用相对优势的交易地位,但其重点并不在于将责任全部推给相对方,而是在相互尊重的基础上通过良好的交易秩序和权利义务平衡促进交易的实现和利益上的双赢,并减少合同谈判过程中的无谓之争,提高签约率。在技术上,这类合同往往细化假设及处罚方案,详细约定违约的情形及责任,并以完善、公平的条款对待交易相对方。

这类合同是在霸王合同大行其道后的另一发展方向。因为管理良好的企业并不需要以霸王合同的方式控制风险,合同也完全可以设计得既严格又不霸王,尤其是许多内容无非是形式上的调整。霸王合同虽然"有效"但不能公平对待交易相对方的合理诉求,甚至"简单粗暴"地无视相对方的尊严,这样并不能建立起良好的客户关系。而以条款上的急功近利抵御管理能力不足的风险,仍属粗放型管理而且并非长远之计。

合同不断发展的另一动因,是市场经济时代的客观现实。在没有社会信用记录、企业信息不透明的时代,那些交易中的不良行为曾给正常经营的企业造成惨重损失。因此,交易及安全的需求促使合同质量的提升,而提升合同质量也始终是为了交易的顺利实现并确保交易的过程及结果安全。

二、合同中的总体问题

合同中的总体问题,是指当前实际运用的合同中普遍存在的状况。这种状况与整个经济、社会、文化、历史的发展有很高的关联度,但并非每份合同中都存在这种状况。造成这种状况存在的原因,大多是经济、社会、文化发展的不均衡。不同地域、不同行业、不同发展阶段、不同历程的企业,对合同有着不同的理解和运用习惯。

除去那些处于质量水平两极的企业,当前的合同文本总体上存在如下问题。

(一) 内容貌合神离

从合同与交易的关系角度分析,虽然合同水平参差不齐,但过于简单的合同和过于复杂的合同其实都是偏离实际需求的合同。因为合同条款本应围绕交易需求,为了实现交易目的而量身定做,既不存在没有约定或约定不明、约定不足的情况,又不存在毫无实际意义甚至几乎无关的冗余条款。

合同文本不符合交易所需的情形,无论是用简单的文本还是用复杂的文本都会存在。如果合同文本内容虽然明确了交易内容、交易方式,但还有许多内容没有约定而是需要合同履行时另行沟通解决,则属于合同过于简单。如果合同虽然进行了长篇累牍的约定,但许多条款看上去即使无错误却也缺乏实际意义,或是具体、严格到脱离实际交易需要,则属于合同过于复杂。出现这些状况,往往是企业将合同当成了交易的一个环节和形式,并未深究这一交易到底需要哪些条款。而在交易环节中已经出现过的问题,也未通过合同的修订加以避免。

出现这种情形往往是基于多种原因。一种原因是具体的管理者并不擅长或并未认真对待合同文本,甚至不知道合同能够起到何种作用或应该起到何种作用,即使使用篇幅很长的文本也因约定不当而隔靴搔痒,形同只会使用专业相机的自动挡。另一种原因是企业的合同文本大多未经过仔细推敲、梳理,因而在大量"借鉴"外来文本时只知其然而不知其所以然,未进行充分的适应性修改。

（二）照搬合同文本

为企业量身定制合同需要花费更多的时间精力,同时还要有更深厚的业务功底,因而许多企业往往将业务等活动中收集到的合同文本略加调整后用于交易。即使在律师行业,使用先例文本作为合同起草的基础文本也十分常见,这些都无可厚非,只知其然而不知其所以然的模仿,以及不假思索或不负责任的生搬硬套才是问题。例如,将采购工业设备的文本直接用于采购食品,一字不改地规定食品的售后服务响应时间以及"上门修复"等义务,实在毫无道理。

在后面的相关部分还会提及大多数不同背景下的合同文本根本就无法相互套用。其中最重要的一个原因是,出具合同的一方往往事先在合同中设定了对自己更为有利的条款,如果不假思索地套用,例如将买方设计的文本用于卖方的销售,将承租方提供的文本用于出租方,其结果只能是合同条款更倾向于维护合同相对方的利益。此外,交易标的、交易方式、交易主体的区别也决定了合同有不同的约定重点。同时,许多企业的信条是先签订了再说、有问题再协商,因而不重视文本的质量,使企业承担的风险增大。

此外,还有一些文本套用了外来文本的格式、表述方式甚至语法,也同样并不合适。因为有些汉化不彻底的合同文本会造成阅读理解上的困难,而且由于语言特征不同、法律体系不同、合同传统不同,许多内容并不适合实际交易。

（三）线性简单列举

合同工作能力的提高除了经验的积累还需要逻辑的运用。如果一份合同只有从第一条到最后一条的交易事项的简单罗列,且并非由于交易相对简单而采取此种表述方式,这就是标准的线性思维。在这种思维模式下,对于权利义务往往只是有一说一、有二说二,没有根据某个具体问题举一反三发现同类的其他问题。这种思维模式的结果往往是容易遗漏简单列举以外但其实很容易发现的其他问题。例如,有些合同只约定了质量违约应该如何处理,似乎根本没有想到还存在时间上的违约,空间上的违约,从合同义务的违约等,因而对于违约行为的假设出现了一个巨大的漏洞。

线性思维的另一特点是条款之间的孤立导致合同权利义务体系的不健全。某些合同存在有"前言"却无"后语"的现象,例如前面约定了禁止某种行为,但后面并未约定出现这类行为时如何处理,或者条款之间无法衔接甚至相互抵触。设立合同条款的思维模式是"假设—处置",但如果只有线性思维,就很容易造成假设不全面,也就难免出现诸如此类的问题。

（四）怠于充分约定

合同是交易双方行使约定权的机会,怠于充分利用就意味着无法得到充分的保障。在这一问题上,东西方的契约观念存在很大的不同。许多中国企业希望合同简单、随时协商,这对于诚信的企业并无太大的问题,但如果遇到协商不成时则问题很难解决。而西方的契约观念则是事无巨细地将问题全部摆出来一一协商,签订后按约定履行,因此合同洽谈比较费力。相比之下后者更接近于契约精神,但这也并不奇怪,本来契约精神便是西方的产物。尤其是当所有事务都摆上桌面商谈时,未来的交易便少有"阴谋""陷阱",同时也更便于现代企业的生产经营安排。而对于前者,如果未加约定或约定不明部分恰遇到法律上无相关强制性规定时,企业将完全失去掌握自己命运的机会。

例如,某些企业在向广告公司支付了大量费用后,却由于广告公司的设计内容违法而作为广告主受到处罚,显然广告经营者并未尽职地履行核对广告内容的义务。而对于这一问题,广告主完全可以在广告代理合同中明确约定因广告内容违法或发布手续不全等引起的损失均由广告公司承担,这样更容易充分保护广告主的合法权益。

除此之外,法律上虽然对于附随义务、交易习惯、情势变更等有所规定,但最为简单、稳妥的方式,是以合同中的具体约定来保护自己。

三、合同中的法律条款缺陷

合同的内在质量缺陷既包括法律缺陷也包括商务缺陷。法律方面的缺陷,主要是合同四个基本功能方面存在违反法律规定而导致的条款效力问题、条款约定不足等问题,这也是各类法律缺陷中仅有的可从文本角度加以解决的问题。

(一)无效的合同

关于合同无效问题,《合同法》(已失效)和《民法典》(2020 年)均有类似规定,前者中的表述一般为合同无效,而后者中则一般表述为民事法律行为无效。关于无效的规定比较多,而且涉及不同的层面。

1. 合同无效和条款无效

能够导致合同无效的情形有多种,依据《民法典》(2020 年)总则编"第六章 民事法律行为"中的"第三节 民事法律行为的效力"的相关规定,民事法律行为无效的法定情形分为以下几种:

第一百四十四条　无民事行为能力人实施的民事法律行为无效。

第一百四十六条　行为人与相对人以虚假的意思表示实施的民事法律行为无效。

以虚假的意思表示隐藏的民事法律行为的效力,依照有关法律规定处理。

第一百五十三条　违反法律、行政法规的强制性规定的民事法律行为无效。

但是,该强制性规定不导致该民事法律行为无效的除外。违背公序良俗的民事法律行为无效。

第一百五十四条　行为人与相对人恶意串通,损害他人合法权益的民事法律行为无效。

其中,某些"违反法律、行政法规的强制性规定"的行为属于不具备合法经营的资格,如资格、资质方面的不符。与这类主体签约,安全难以保障。

除此之外,《民法典》(2020年)合同编第五百零六条规定:"合同中的下列免责条款无效:

(一)造成对方人身损害的;

(二)因故意或者重大过失造成对方财产损失的。"

沿用以前的思路,合同编第四百九十七条规定:"有下列情形之一的,该格式条款无效:

(一)具有本法第一编第六章第三节和本法第五百零六条规定的无效情形;

(二)提供格式条款一方不合理地免除或者减轻其责任、加重对方责任、限制对方主要权利;

(三)提供格式条款一方排除对方主要权利。"

另外一个与合同条款无效密切相关的规定是《民法典》(2020年)第一百九十七条的规定:"诉讼时效的期间、计算方法以及中止、中断的事由由法律规定,当事人约定无效。当事人对诉讼时效利益的预先放弃无效。"

此外,某些典型合同也会因相关的具体规定而无效。如《民法典》(2020年)第七百零五条规定,"租赁期限不得超过二十年。超过二十年的,超过部分无效"。第八百五十条关于技术合同的规定:"非法垄断技术或者侵害他人技术成果的技术合同无效。"

2. 无效的结果和处理

对于合同无效的结果,《民法典》(2020年)的规定分别如下:

第一百五十五条　无效的或者被撤销的民事法律行为自始没有法律约束力。

第一百五十六条　民事法律行为部分无效,不影响其他部分效力的,其他部分仍然有效。

第五百零七条　合同不生效、无效、被撤销或者终止的,不影响合同中有关解决争议方法的条款的效力。

而对于合同无效后的处理,《民法典》(2020年)第一百五十七条的规定:"民事法律行为无效、被撤销或者确定不发生效力后,行为人因该行为取得的财产,应当予以返还;不能返还或者没有必要返还的,应当折价补偿。有过错的一方应当赔偿对方由此所受到的损失;各方都有过错的,应当各自承担相应的责任。法律另有规定的,依照其规定。"

从法律专业的角度来说,合同无效属于重大的合同缺陷。但对于大多数企业来说,合同是否有效固然重要,但更重要的是出问题后的损失额度。只要能够降低损失额度,大多数企业并不在意合同是否有效。至少在以往的历史时期,曾经出现过合同无效反而使违约方获利的情况。在原《经济合同法》(已失效)有效的时期,最为典型的判决是企业之间拆借资金后逾期未还,法院的处理方式是合同无效、本金返还,但约定的利息不予支持,仅赔偿相当于银行存款利息的损失。随着审判观念的改进,这类情况已经改变。但仅从技术角度而言,有时在设计合同条款时需要比较合同有效和无效之间的后果。

(二)效力待定合同

效力待定合同,是指某些合同虽然已经成立,但由于当事人缺乏完全的民事行为能力和处分能力而造成合同既不能认定其为有效又不能认定其为无效的合同。这类合同未违反法律的强制性规定也并未损害社会公共利益,同时也不存在意思表示不真实的情形,但效力处于等待其他事实出现而定的状态。在一定的期间内,权利人可以追认其为有效或拒绝追认,善意相对人也可以催告权利人进行追认或撤销合同。

通常情况下,按照《民法典》(2020 年)第五百零二条的规定,"依法成立的合同,自成立时生效,但是法律另有规定或者当事人另有约定的除外。

依照法律、行政法规的规定,合同应当办理批准等手续的,依照其规定。未办理批准等手续影响合同生效的,不影响合同中履行报批等义务条款以及相关条款的效力。应当办理申请批准等手续的当事人未履行义务的,对方可以请求其承担违反该义务的责任"。

但以下三种情况属于合同效力待定。

1. 限制行为能力人订立的合同

限制民事行为能力人分为两类。一类是《民法典》(2020 年)第十九条所规定的"八周岁以上的未成年人",一类是《民法典》(2020 年)第二十二条所规定的"不能完全辨认自己行为的成年人"。限制民事行为能力人签订商务合同的情形极少会发生,却是效力待定合同的典型。对于此类效力待定合同,《民法典》(2020 年)中的相关规定如下:

第一百四十五条　限制民事行为能力人实施的纯获利益的民事法律行为或者与其年龄、智力、精神健康状况相适应的民事法律行为有效;实施的其他民事法律行为经法定代理人同意或者追认后有效。

相对人可以催告法定代理人自收到通知之日起三十日内予以追认。法定代理人未作表示的,视为拒绝追认。民事法律行为被追认前,善意相对人有撤销的权利。撤销应当以通知的方式作出。

2. 无权代理人订立的合同

无权代理人,是指没有代理权、超越代理权或者代理权终止后仍旧实施代理行为的人。对于无权代理行为,《民法典》(2020 年)总则编和合同编均有规定,沿续并细化了此前在《合同法》(已失效)中的相关规定。在《民法典》(2020 年)中的相关法律规定如下:

第一百七十一条　行为人没有代理权、超越代理权或者代理权终止后,仍然实施代理行为,未经被代理人追认的,对被代理人不发生效力。

相对人可以催告被代理人自收到通知之日起三十日内予以追认。被代理人未作表示的,视为拒绝追认。行为人实施的行为被追认前,善意相对人有撤销的权利。撤销应当以通知的方式作出。

行为人实施的行为未被追认的,善意相对人有权请求行为人履行债务或者就其受到的损害请求行为人赔偿。但是,赔偿的范围不得超过被代理人追认时相对人所能获得的利益。

相对人知道或者应当知道行为人无权代理的,相对人和行为人按照各自的过错承担责任。

第五百零三条　无权代理人以被代理人的名义订立合同,被代理人已经开始履行合同义务或者接受相对人履行的,视为对合同的追认。

第五百零四条　法人的法定代表人或者非法人组织的负责人超越权限订立的合同,除相对人知道或者应当知道其超越权限外,该代表行为有效,订立的合同对法人或者非法人组织发生效力。

但对于该第五百零四条规定,《最高人民法院关于适用〈中华人民共和国民法典〉合同编通则若干问题的解释》(2023 年)有更进一步的解释,将其分为超越法律规定的职权和超越单位设定的职权两类。其具体规定为:

第二十一条　法人、非法人组织的工作人员就超越其职权范围的事项以法人、非法人组织的名义订立合同,相对人主张该合同对法人、非法人组织发生效力并由其承担违约责任的,人民法院不予支持。但是,法人、非法人组织有过错的,人民法院可以参照民法典第一百五十七条的规定判决其承担相应的赔偿责任。前述情形,构成表见代理的,人民法院应当依据民法典第一百七十二条的规定处理。

合同所涉事项有下列情形之一的,人民法院应当认定法人、非法人组织的工作人员在订立合同时超越其职权范围:

(一)依法应当由法人、非法人组织的权力机构或者决策机构决议的事项;

（二）依法应当由法人、非法人组织的执行机构决定的事项；

（三）依法应当由法定代表人、负责人代表法人、非法人组织实施的事项；

（四）不属于通常情形下依其职权可以处理的事项。

合同所涉事项未超越依据前款确定的职权范围，但是超越法人、非法人组织对工作人员职权范围的限制，相对人主张该合同对法人、非法人组织发生效力并由其承担违约责任的，人民法院应予支持。但是，法人、非法人组织举证证明相对人知道或者应当知道该限制的除外。

法人、非法人组织承担民事责任后，向故意或者有重大过失的工作人员追偿的，人民法院依法予以支持。

3. 无处分权人订立的合同

无处分权人处分他人财产，《民法典》（2020年）以前的规定为经权利人追认或者无处分权的人订立合同后取得处分权，合同方为有效。但《民法典》（2020年）对此作了进一步的细化规定，强化了善意取得第三人的利益，弱化了"效力待定"的属质。相关法律规定为：

第三百一十一条　无处分权人将不动产或者动产转让给受让人的，所有权人有权追回；除法律另有规定外，符合下列情形的，受让人取得该不动产或者动产的所有权：

（一）受让人受让该不动产或者动产时是善意；

（二）以合理的价格转让；

（三）转让的不动产或者动产依照法律规定应当登记的已经登记，不需要登记的已经交付给受让人。

受让人依据前款规定取得不动产或者动产的所有权的，原所有权人有权向无处分权人请求损害赔偿。

当事人善意取得其他物权的，参照适用前两款规定。

在实际交易中，效力待定合同的出现概率比较少。这类问题以及某些可撤销合同的问题，可以通过合同文本上的约定来尽量避免，也可以通过合同以外的合同审查、合同签订履行管理等解决。

（三）约定不足的合同

法律缺陷视角下的合同权利义务约定不足，主要是指未能充分运用法律上的授权对具体问题加以约定，或是某些具体问题虽有法律规定但实际上缺乏可操作性或充满不确定性，应当以合同条款的方式加以约定。这两种缺陷如果在有机会约定时未通过约定去避免，则均可归结为"约定不足"的缺陷。

1. 未充分利用法律授权性条款

法律授权性条款,或称为任意性条款,是指法律明确规定由当事人自行约定的条款,或法律虽有规定但优先适用当事人约定的条款。对于这类条款,如果因疏忽而未予约定且其后果对委托人的合法权益有实际性的影响,则属于一种法律上的缺陷。

法律上的这类规定有许多。例如,《民法典》(2020年)有如下规定:

第六十七条第二款　法人分立的,其权利和义务由分立后的法人享有连带债权,承担连带债务,但是债权人和债务人另有约定的除外。

第一百三十七条　以对话方式作出的意思表示,相对人知道其内容时生效。

以非对话方式作出的意思表示,到达相对人时生效。以非对话方式作出的采用数据电文形式的意思表示,相对人指定特定系统接收数据电文的,该数据电文进入该特定系统时生效;未指定特定系统的,相对人知道或者应当知道该数据电文进入其系统时生效。当事人对采用数据电文形式的意思表示的生效时间另有约定的,按照其约定。

第六百条　出卖具有知识产权的标的物的,除法律另有规定或者当事人另有约定外,该标的物的知识产权不属于买受人。

除这些条款外,大量带有"可以"的法律条款也是一种任意性条款。例如,对管辖权的约定、对违约金的约定等,在条件允许的情况下充分加以约定,才能更好地维护委托人的合法权益,至少可以提供更多的交易便利。但许多合同并未重视这类规定,因而未能充分约定。

2. 未将法理条款转为合同条款

某些法律规定在合同中缺乏关键词定义,有些关键词虽有解释但较为抽象,因此可操作性较差或充满了不确定性。为避免这些问题,应将其转为更具体、更明确的合同条款。

例如,《民法典》(2020年)对于没有约定或约定不明的事项的解决,有多处以"交易习惯"作为解释合同义务的判断标准。但许多行业可能并不存在统一的交易习惯,例如餐饮行业既有先结账后用餐的做法也有先用餐后结账的做法,只能视具体的企业而定。如果通过诉讼或仲裁解决争议,对于并非众所周知的交易或具体的交易方,往往还要通过证据来证明其实际交易习惯。而所有这些做法都不如直接在合同中约定某些交易细节更为明了、稳妥。

又如,《民法典》(2020年)吸收了原《合同法》(已失效)及相关司法解释中对于附随义务、情势变更的相关规定,但实际处理时是否被认定为附随义务、是否被认定为情势变更均存在极大的不确定性,远不如将所需写入合同条款、将发生哪些情形时进行调整甚至解除合同写入条款,既明确又容易得到法律上的保护。

总的来说,除非遇到非常少见的交易或外行的当事人,大多数合同都不会遇到合法性问题,出现最多的是约定不足的问题。而合同条款约定上的不足,即使尚未因此而蒙受重大损失,从技术角度而言仍属技术缺陷,除非在具体的交易场景下确实没有必要约定。

另外,2023年12月份颁布的《最高人民法院关于适用〈中华人民共和国民法典〉合同编通则若干问题的解释》终于为"交易习惯"作出了解释,可供合同实务操作中参考。其内容为:

第二条　下列情形,不违反法律、行政法规的强制性规定且不违背公序良俗的,人民法院可以认定为民法典所称的"交易习惯":

(一)当事人之间在交易活动中的惯常做法;

(二)在交易行为当地或者某一领域、某一行业通常采用并为交易对方订立合同时所知道或者应当知道的做法。

对于交易习惯,由提出主张的当事人一方承担举证责任。

四、合同中的商务条款缺陷

商务条款缺陷是合同内在质量缺陷中的另外一种,主要是指基于交易所需,但同法律要求或法律应用并无密切关系的交易内容、交易方式设定方面的缺陷。大部分的合同缺陷属于这类,本应由业务部门在设计交易条款时加以避免。

《民法典》(2020年)合同编所规定的合同一般包括条款中的前六个条款,即当事人的姓名或者名称和住所、标的、数量、质量、价款或者报酬,以及履行期限、地点和方式,虽然因法条有所列举而可以称为法律条款,但这些条款既是标准的商务条款也是交易中的常识性条款、不约定无法履行的条款,因而更应当称为商务条款。这方面的缺陷,更属于商务条款缺陷。

(一)存在重大风险的合同

存在重大风险的合同是基于交易地位差距等原因所形成的权利义务不对等造成的仅对合同相对方单向有利而己方的权益无法得到有效保障的合同。这种情形在一些领域里普遍存在。

1. 进退两难的合同

进退两难的合同,是指某些合同的履行和解除都被"锁死",履行会因条款不利而蒙受损失、解除则要承担巨额的违约责任,因而进退两难。在这类合同中,权利义务方面处于不利地位一方的本身利益受损,加之没有主动权且解除合同的违约责任过高,无论是否继续履行都将面临损失。

例如,某开发商与中介机构签订了一份商品房代理销售合同,不仅约定了中介方较高的代理费和较少的合同义务,还约定任何一方提前解除合同均需赔偿损失500万元。为此,开发商无论继续履行还是解除合同均需付出沉重代价。

这类合同的形成原因往往比较复杂,因为严重偏离商务常识。而一经签订就很难从合同角度予以补救,因此往往比无效合同还要可怕。因为合同无效的后果只是可能导致不利,而这类合同的后果则是一定导致不利。

2. 完全被动的合同

完全被动的合同大多由交易地位的不平等而引发。在这类合同中,合同的履行时间、交易金额,甚至合同是否生效等均由相对方掌握,合同如何履行、是否履行全凭相对方意愿,已方则毫无主动权,未来也充满了不确定性。

金融领域存在大量这类合同,可以细分为生效被动合同和条款被动合同两类。前一类以银行的贷款合同为代表,某些银行的贷款合同需要借款人完成签字、盖章等所有手续后提交给银行审查,但银行并未签署,是否提供贷款则以贷款是否实际发放为准,银行控制合同是否生效及贷款金额、生效时间。后一类以某些金融衍生品理财服务合同为代表,银行不提供任何的盈利保障,客户发生巨额亏损时银行至多免收手续费。

这类合同有的是处于优势交易地位的一方为便于自己的管理以及降低自己的风险,有的则是因为确实无法给客户以任何承诺。而有些合同之所以如此签订,是因为处于优势地位的企业既想快速锁定交易机会,同时又对上级公司的决策结果心中无数,因此才设置了复杂的生效条件以便放弃交易时可以全身而退,但对于另一方而言则冒着极大的风险。

3. 必然违法的合同

企业未经行政许可从事许可经营项目的经营,或从事禁止生产、销售的产品的经营或是从事其他禁止经营项目而签订的合同,不仅可能导致合同无效还将面临行政处罚甚至刑事处罚。这类行为包括违反许可证管理制度或违反资格证、资质证管理制度,超出许可范围、资格范围、资质范围而从事相关交易,以及经营禁止流转物等。

这类合同虽然违法,但后果则视具体的法律规定而异。如果违反的不是效力性的强制规定则合同并不当然无效,但这并不等于违法企业可以免于相关部门的行政处罚。

4. 必然违约的合同

必然违约的合同有的出于侥幸心理,有的出于管理失误,而企业因产能、成本、原料供应等原因根本无法按约履行。

前者的典型代表是企业签订了超出其生产能力的合同,以先抓住商业机会并在后续履行中通过协商解决履行逾期等问题。后者则大多由于业务部门与其他部门沟通不足,导致其他部门无法按约定配合,且未在合同审查中发现问题。例如,某企业的业务人员在合同中约定到货后 15 天内付款,但按公司的实际审批流程,即使一切顺利也需要近两个月时间才能付款。

这类合同条款在法律上并无问题,完全属于当事人各业务部门在合同签订时需要自行审核、解决的问题。

(二)权利义务不明确的合同

权利义务不明确的合同,是指《民法典》(2020 年)第五百一十条规定:"合同生效后,当事人就质量、价款或者报酬、履行地点等内容没有约定或者约定不明确的,可以协议补充;不能达成补充协议的,按照合同相关条款或者交易习惯确定。"这里的"没有约定或者约定不明确"的合同,一般简称为"约定不足"的合同,属于缺乏明确性的合同。合同履行期间如果出现这种情形,便会由于权利义务不明确而无法履行,如果双方未能通过诚信原则协商解决,则只有按照该条及第五百一十一条的规定解决,甚至由仲裁机构或法院来确定义务的归属,可谓费时费力。

合同的交易内容、交易方式、内容处理三个模块最容易出现"约定不足",参见本书第二章第三节至第六节的相关内容。

1. 没有相关约定

"没有约定",是指合同条款对交易内容、交易方式、问题处理等具体事务中的某项或某些权利义务未能作出应有的约定,从而导致合同无法依照约定履行或某些权利无法依照合同主张的情形。没有约定的合同条款既可能是法律条款也可能是商务条款,既可以出现在质量要求、履行环节中又可以出现在意外情形的处理方面。

出现这类情形的原因,有的是对合同工作缺乏经验,例如某租赁合同遗漏了租金条款,足以让合同无法实现合同目的;有的则是起草者对于自己熟悉的行业过于"熟视无睹",以至于完全忽略了其他人可能对起草者谙熟的背景知识、习惯做法一无所知。

2. 约定不够明确

约定不明确的合同看似已经约定了相关的条款,但事实上该条款根本无法落地实施或者存在不同理解。例如在交易方式条款方面,有些合同直接约定"交货地点为甲方仓库"。这一约定看似没有问题,在许多情况下也确实没有问题。但如果甲方有多个仓库,或者原来的经办人员已被新进人员替换,则会给实际履行带来困难。更有甚者,某些企业甚至连合同审查人员都不知道仓库的确切地点。

出现这种情况,大多是因为业务部门并未意识到其他人并不知道其仓库的确切位置,或是一时无法确定。对于前者,应增加明确、具体的门牌号码等描述;对于后者,比较理想的约定方式应当为"交货地点为甲方仓库,具体以甲方指定为准"。

3. 内容相互冲突

这种情形是由于条款中或不同条款之间存在相互冲突的约定。这是一种严重的低级错误,即使不具备法律专业知识的人也能发现,何况商务合同一般要经过多人审查或审核才会签订。相对于无效条款,条款冲突带来的混乱和不确定性更大,容易造成无谓的争议和损失。

例如,某影音系统采购合同中,先是约定了合同经双方盖章后生效,但后续条款又约定了从买方定金到账时起生效。这类条款在合同签订后、定金到账前,会因约定的矛盾而导致混乱或发生争议。

4. 条款衔接不当

此类情形的出现,主因是应当相互搭配的条款出现了内容衔接上的问题,从而影响合同的依约履行,或是权利的依约主张。

例如,合同正文约定了"具体工作内容及标准详见附件"但合同却没有附件,因而具体的工作内容和工作标准不明,导致了标的不明确。如果合同因此处于标的、数量均不明确的状态,连合同是否成立都会成为问题。

(三)偏离交易方向的合同

合同偏离方向,是指合同内容的设定偏离了交易目的或应用场景,仅从技术角度看合同可能并无太大问题,实则无法实现交易目的或因缺乏实用性而根本无法适用于相关交易,甚至毫无使用价值。

1. 偏离交易目的

"合同目的"在《民法典》(2020 年)中被提及了 11 次之多,可在约定不明时用于判定应有的质量标准、应有的履行方式,以及在某些情况下,合同的一方当事人可以因无法实现合同目的而解除合同。如果合同目的与交易目的重合,则更有利于从合同目的的角度保护交易目的。

偏离交易目的的情形有多种,例如交易内容无法实现交易目的、交易方式无法实现交易目的等。前者是指交易的标的物或标的范围不足以实现交易目的,如采购了技术参数达不到企业需求的设备;后者是指交易方式无法实现交易目的,如原计划是利用闲散资金快速周转却最终签订了履行期较长的合同等。在中国移动通信服务业发展的早期,也出现过将移动通信服务合同写成提供手机合同的情形。虽然提供手机是提供移动通信服务的一个组成部分,但主合同义务是提供移动通信而非提供手机,这种给付义务的主从颠倒,也是一种对交易目的的背离。

如果合同目的无法反映交易目的且无法保障交易目的的实现,也是一种对交易目的的偏离。例如,相互关联的权利义务被分置于各自独立且并未建立起这种关联的两份合同之中,如果一方在一份合同中违约而另一方却无法行使同时履行抗辩权或后履行抗辩权,则增加了解决问题的难度。

2. 缺乏实用条款

合同缺乏实用条款,是指表面上合同一般应包括的条款已到位,但没有针对交易内容、交易方式在实际履行中容易遇到的具体问题设立细化条款或解决方案。这类情形往往多出现在政府部门出具的合同示范文本中,因为设计这类文本的目的是通用性而非具体交易的适用性。当企业不假思索地套用某个文本时就会出现这类情况,许多合同条款与实际交易的需要严重脱离,解决不了具体交易中的实际问题甚至根本不能使用。

条款的实用性取决于对事件发生可能性的推演能力。有些需要经验积累,有些则是基于一般规律的假设。例如,针对促销用的小礼品的使用量不确定的情况,在采购时明确约定单价以及双方据实结算,则相比买断式的采购能够有效地减少不必要的资金和储存空间的挤占。

这类问题往往由于企业合同管理上的漏洞而成为企业管理的盲区。一般的律师或企业法务人员,其工作重心是合同中的法律条款,即使业务部门将实用性条款加入合同之中也不属于法律专业审查的工作范围。如果业务部门没有意识到实用性条款的问题,则存在问题的合同很可能直到签订时也无人发觉。

从风险损失角度看,商务条款缺陷造成的损失未必小于法律条款缺陷所造成的损失,因此二者需要同等对待。订立合同的目的是通过交易得到所需的资源,而这属于商务条款的功能,需要通过增加或调整商务条款来促进交易目的的实现。

五、合同中的文字表述缺陷

合同中的表述问题,其实既非法律问题又非商务问题,而是纯粹的语文和写作问题,属于合同的外在质量问题。合同布局混乱、词不达意、语法错误、语言歧义、语体不符等都会严重影响合同的专业性、严谨性和安全性,而这类问题往往比法律问题更为突出、更为普遍。这些问题并不需要专业知识就能发现,是律师、法务人员的大忌。

(一)缺乏结构观念

如前所述,合理的结构安排是一种有利于阅读、理解和审查、修改,并有效提高工作效率和质量的专业方法。许多合同不注意合同双方权利义务安排上的层级关系和顺序关系,以至于合同因缺乏"条理"而显得杂乱无章,既难以阅读、理解,又难以发现结构性的合同风险。

1. 缺乏结构安排

有些合同似乎在以随机的条款列举安排内容,毫无结构可言。条款更像是想到哪里写到哪里,条款之间主题混杂、思路跳跃,条款排序也不考虑功能、秩序,不利于发现问题。

这相当于将一幢有一百个房间的大厦,简单地把房间从第 1 号编到第 100 号,序号只反映房间的序号而不反映所在楼层,无法判断哪个房间在哪个楼层。合同条款以这种方式排序,无法识别同类条款的位置,也难以直观地判断条款缺陷。

2. 缺乏秩序安排

某些合同有一定的结构安排,但条款或模块的层级或顺序杂乱,起不到通过既定秩序发现结构缺陷的作用。例如,同一主题的条款毫无秩序地放在同一主题内,或是同一主题的内容被分散在多个条款中,以及条款顺序极不协调等。

(二) 表述不够专业

标准的合同语言是专业的书面语体,严谨、凝练、正式。如果做不到这些,则会出现表述精确性、逻辑严谨性和表述效率问题。这些缺陷并非是法律适用问题或商务安排问题,但同样能够带来巨大的风险。

1. 表述不够精确

表述不够精确,是指由于工作上的疏忽或语言能力不足而引发的表述不规范、语意不确切、措辞不恰当、标点符号滥用、关键词不统一、标题似是而非,以及语言歧义等。

这类缺陷不仅影响合同的专业性和严肃性,有时还会引发合同性质的改变,甚至将有效的合同变成无效的合同。例如,某钢材供应合同花了大量篇幅约定钢材款的利息计算方式,给人的感觉更像是一份以供应钢材的名义掩盖企业之间的借款合同,因而引发了合同性质争议。在某些特定情形下,合同是否合法、是否有效既取决于商业模式又取决于如何表述。

表述不够精确也是引发争议和扯皮的重要原因。其中有的是因为表述上的随意,有的是因为使用了判断标准不明且无法识别的用语,如"及时""重要""妥善"等,均属于相对主观的概念而并没有确切的含义,一旦出现争议很难得出一致意见,为相互扯皮甚至反复诉讼提供了理由。

2. 逻辑不够严谨

逻辑不够严谨,是指表述合同条款时的定义、判断、推理等未能严格遵循逻辑规律而导致条款缺陷。其中有些缺陷同时也是表述不够精确的问题,但这方面的缺陷侧重于逻辑方面的问题而非语法、措辞等问题。

过宽或过窄的定义,都有可能导致内涵、外延与实际需要不符,并导致权利义务范围的扩大或缩小。因此为了表述上的精确和严谨,有时必须重新定义某些容易望文生义的关键词以确保正确的理解。例如,"话费催缴服务"中的"话费"其实并不只是通话费,还包括基本月租费、短信费、流量费等。如果要严谨地表达,要么修改为"通信服务费用催缴服务",要么重新定义"话费",否则会有不同的理解。

3. 文字效率过低

文字效率过低,是指合同表述上用了过多的重复文字或存在太多并无实际意义的内容。这种"啰唆"既有语言修养问题,也有对法律的理解、对合同的理解问题。例如约定法律已有明确规定因而并不需要约定的内容,以及不知如何用更简捷的方式表述等。

通常情况下,这种表述缺陷只是让人明显感觉行文方式非常业余,但有时也会导致严重后果。这种表述缺陷大多是由于表述不够凝练、不够精确,因而过多的文字在解决一部分问题的同时也往往会制造出一些新问题。某些消费类合同力求简短、安全,过低的文字效率根本无法达到要求。

(三) 忽略版面质量

目前版面上"不修边幅"的现象大量存在。这种缺陷产生的原因是对工作成果外在质量的重要性缺乏足够的重视。

1. 排版缺乏规则

按照某种规律排版的版面只有美观性的差异,排版没有规律则毫无美观可言。有些合同未经认真排版,因而正文中字体设置、标题设立方式、序号层级混乱。

另外的一种情况是排版方式过于丰富,使版面太富于变化而显得花哨或杂乱,与应有的体裁风格不协调。

2. 违反排版规则

版面安排事实上既有排版业的规则也有长期以来的公文排版传统,违反这些规则或传统只会令人感觉不够稳重和成熟。

例如,内容或图表超出版心、页边距过宽或过窄,中文版式首行没有缩进两格、次行顶格,以及括号内的括号与其外部括号相同、引号内的引号与其外部引号相同、书名号内的书名号与其外部书名号相同等,都是常识性的低级错误。尤其是某些文本照搬英文的排版方式,如标题的不断缩进等,并不符合中文排版要求。

本节内容与其他章节内容密切相关,更详细的讨论可参见本书第一章第七节、第八节以及第二章第三节的相关内容。

第二节　合同审查基本理念

合同审查是合同工作中较为基础的一项工作,也是律师合同工作中时间消耗最多、发生频率最高的业务。对现有合同文本进行审查,是修改以及以修改先例文本方式起草合同的前提,因而需要首先理解从合同工作中总结出来的工作理念。

一、审查前的必要沟通

审查合同前的沟通,是为了明确合同审查的方向和质量标准。因为审查的目的不同则关注点、深度也随之不同。如果面对合同而不知该审查什么、怎么审查,这既有工作经验的问题也有与委托人沟通的问题。老练的委托人会明确说明要审查什么、达到什么目的,而毫无概念的委托人可能只要求"看看有什么问题"。

对于后一种情况可以有两种不同的理解方式和做法,一种是认为提交审查的经办人并不清楚需要审查什么、达到什么目的,因而需要进一步沟通以明确工作方向;另一种是委托人已经充分授权,一切按审查人的习惯办。前一种方式一般用于重大的合同、非经常性业务的合同,后一种方式一般用于非重大的合同、经常性交易的合同。

对于比较重大的合同,比如金额巨大的合同、履行周期长的合同、内容复杂的合同,在着手审查前应尽可能多地让委托人提供如下信息。

(一)合同审查目的

一般情况下,委托人提交合同审查的目的不同,审查的方向及质量标准也会不同。主要分为以下几种情况:

1. 用于实际交易

对用于实际交易的合同,尤其是并非委托人常规业务的合同,需要全力以赴认真对待以发现合同中的各种问题及风险。尤其需要注重细节上的问题,如交易内容是否明确、交易环节是否严谨等。

但这类合同的工作深度及工作宽度还需依据委托人提供的其他相关信息,尤其是交易目的、可修改程度等。

2. 用于决策参考

这类合同并不需要过多关注交易的细节问题,更不需要关注如何修改的问题,需要注意的是大的方向性问题,如交易模式是否最优、主要风险等。因为审查意见是用于决定是否交易时的参考,更关注的是战略性的大问题而非细节,除非某个细节对于能否交易起着决定性的作用。

例如,必须招投标的工程在未招标前一切都是空谈,根本无须审查细节。

3. 用于其他目的

在某些情况下,委托人可能希望了解某份合同的优点、缺点或合同中某个条款的意义等,既不是用于交易又不是用于决策参考。这类合同因为没有具体的交易需求,因而除非是作为审查水平的检验,否则并不需要严格审查。

(二) 交易背景信息

交易背景信息涉及交易目的以及交易环境对合同条款的限制,不同的交易目的、不同的交易条件限制,都有着不同的合同审查导向。

1. 交易目的

不同的交易目的决定不同的审查方向。常规的、经常性的业务,比如生产企业例行的原材料采购、服务采购等,以及贸易企业的正常进货、囤货等,基本属于"例行审查"。如果并非常规的、经常性的业务,比如生产型企业利用市场波动机会大量采购、囤货用于出售,则需要考虑贸易方面的条款。

2. 交易地位

交易地位几乎是对合同最终形态起决定性作用的因素,处于强势地位的一方可以提出更多的要求,而处于弱势地位的一方则大多只能让步。因此委托人的交易地位是强是弱,是合同审查前必须了解的问题。委托人处于弱势地位,有些可提可不提的问题则可以不提,处于优势地位时则可以多提问题。

3. 条件限制

所有的交易资源都是有限的,因此需要了解一下诸如交易机会是否紧迫、是否必须保留某个条款等,以便于安排完成合同审查的时间,以及针对那些必须保留的条款研究其用意及对策等。

4. 条款需求

条款需求是双方基本谈定的条款、当事人想要写入的条款。当事人对于这些条款的描述或转述可能并不精确,甚至并不了解其法律上的涵义及后果,但是了解双方谈判情况和本方当事人需求的重要渠道。

(三) 合同文本来源

了解合同文本的来源,主要目的是判定合同文本中的利益保护倾向。出具合同文本的一方,都会有意无意地提出对己方有利的条款以实现利益最大化,这算是"本能"而不算是"阴谋"。发现这些问题并提出来谈判解决,是商务谈判中的"阳谋"。

1. 相对方文本

如果文本系交易相对方起草并提供,则尤其需要关注合同是否增加了相对方的权利或减少了相对方的义务,以及是否存在表面上缺失但实际上对相对方有利的条款、委托人一方能否控制交易风险等。或是相反,合同增加了委托人一方的义务、减少了委托人一方的权利,以及影响委托人利益及交易安全的其他情形。

2. 委托方文本

如果合同文本系委托人起草并提供,则检查文本利益保护倾向的压力要小一些。尤其是当委托人在交易中处于优势地位且属于其经常性的交易时,工作压力往往会更小一些。如果委托人并未认真梳理过合同文本,则仍需按照相对方文本对待。

3. 第三方文本

在某些情况下,提交审查的合同文本并非出自交易中的任何一方,而是来自交易外的第三方,如"借鉴"了第三方的合同文本或使用政府部门提供的示范文本等。这种文本由于倾向性不明,需要当成相对方文本仔细对待。

(四)基本工作要求

合同审查的工作要求,是指委托人对合同审查的工作重点、注意事项、工作深度等方面的具体事项指示,用于进一步掌握工作的宽度、深度等。这些信息多多益善,只是委托人可能自己也没有想清楚。

1. 重点关注问题

发现委托人重点关注的问题,对提升合同审查的价值最为有利。合同审查的重点,有的在于其主体或标的的合法性、有无合法处分权,有的在于发现条款漏洞,有的在于审查是否存在交易陷阱,有的甚至以商务条款为主。合同审查当然需要以委托人的需求为核心,但实际审查时应该包括但不限于委托人关注的重点。毕竟法律问题有其规律,必须按部就班地完成工作才不失专业水准。

2. 可修改的幅度

合同审查大多是合同修改的前一道工序,哪些可以修改、由谁修改等问题都会影响工作方式。有些合同因相对方明确的保留意见使得某些条款根本无法改动,因而审查时可以提出意见,但如想修改则可能并无直接解决方案,只能以其他方法补救。

修改合同也存在不同的方式。许多企业只需要律师或法务人员提交审查意见,具体由业务部门或合同承办部门自行修改,因而审查意见要清晰、明确、易读易懂。还有一些企业并不关心审查的过程和结果,只需要为其修改好文本,因此需要审查与修改一次性完成。

3. 其他审查要求

除前述内容外,某些合同可能还会涉及修改不符合商务礼仪的措辞、控制篇幅、调整表述方式、降低履行的复杂程度等方面的审查、控制要求。例如,要求将生僻的定义、拗口的语句通俗化,以便于员工在履行合同时能够正确地理解和执行等。

(五)工作成果的提交要求

审查成果的提交涉及时间、方式问题,需要在与委托人沟通时明确并遵守。这既是一种确保工作质量的计划安排,也是确保留有足够的工作时间以保证工作质量、预防执业风险的有效手段。

1. 完成时间

何时提交合同审查成果需要在沟通中予以明确,以合理的时间进行仔细研究,同时避免影响委托人的工作安排。这是双方之间的一种"契约",需要认真遵守。

2. 修改成果的提交

现在默认的通行方式,是纸质文档直接在来稿上提出审查意见后以传真方式传回,或扫描后以电子邮件方式发回。而对于电子文档,则直接在电子文档上以批注的方式提出审查意见,或者按要求既审查又修改后以电子邮件发回。

比较少见的是以书面方式出具审查意见,包括正式的合同审查法律意见书或在合同原件之外另外起草一份审查报告。主流的方式是电子邮件发来等待审查的电子版合同,以修订模式审查甚至修改后用电子邮件发回。

前述审查前沟通所需了解的信息有助于提高合同审查工作的针对性,但在实际操作中,许多企业并无如此详细的信息,因此要加强实际沟通。这些信息都需要作为工作档案的一部分妥善保存,甚至电话沟通结果也需要转为文档保存。

二、合同审查的注意事项

审查合同并非只看合同文本,整个过程涉及不同的要点。这些要点并非法律或律师执业规范的要求,但对于提高工作效率和工作质量、防范执业风险很有帮助,可作为审查合同时的注意事项。

(一)避免接收原件

除了需要附带查验相对方的证照、资质资格证书、已签订的合同等法律文件,合同审查一般并不需要接收资料原件。即使查验这些法律文件,也并不需要留存。接收了原件就意味着负有保管责任,何种原件都意味着它无可替代,无论是遗失还是毁损均属于执业过错并有可能导致当事人无法挽回的损失。

从便于保管的角度出发,应与委托人约定尽量以电子邮件的方式提供合同的电子文档以及相关资料的扫描件,因为对于电子文档只需要进行文件夹管理和文件名管理,并不需要物理空间。即使接收了原件,也应尽可能将其扫描后使用。总之,避免直接接手或审查原件。

(二)预览合同文本

审查合同时先要对整个文本进行快速预览,以了解主题以及总体内容、内容分布、结构体系,做到事先心中有数,这可以避免许多无效劳动。直接从头开始逐字逐句地审查有可能因为前面信息的不完整而给出错误的意见,导致在读到后续信息时不得不返工。只有篇幅很短的合同,才适合直接审查。对于篇幅较长的合同,可以通过目录或"文档结构图"①先审查其结构体系。

在预览的过程中可以标注需要重点关注的问题,例如,明显的笔误、可能存在问题的条款等。如果是审查纸质合同,可以用荧光笔标注出可能有问题的条款;如果是审查电子文档,则可以将需要关注的条款设成彩色。

(三) 研读关联条款

有些条款需要研读关联条款后才能确定有无问题。如果发现某个条款可能存在缺陷,最好是先看一下有无关联条款,以及关联条款是否另有约定或弥补了这一缺陷,在排除其他可能性的情况下才能得出准确的结论。这也是为什么本书一再强调合同需要建立结构体系、标题体系,有了这些才更容易发现关联条款。

某些情况下甚至需要审查合同附件的部分条款,以确定有无配合上的缺陷。例如,某些合同在正文中对于工作内容进行了原则性的约定,并注明"具体工作内容以附件为准",而附件中的相关条款却对合同正文的工作范围作了大幅度的压缩,如果不核对附件的相关规定,根本无法了解工作内容上存在的冲突。

(四) 核对相关法条

审查合同时经常需要核对相关法条,以精准了解法律条款的相关规定、相关规定有无更新、交易模式有无法律问题、法律条款有无法律冲突等,尤其是对那些并不常见的合同及术语。当然,并非每份合同都需要复杂的法律调研。

经常需要核对的法条有《民法典》(2020 年)、相关司法解释,以及与交易相关的部门法。核对前者的目的是确定典型合同的相关规定是否已经满足、权利是否用足、约定与法律是否存在冲突,后者主要是看合同约定是否符合相关部门法的要求以避免交易主体或交易内容存在合法性缺陷。这项工作有时工作量非常大,因为有些合同会同时涉及不同的法律部门、不同的法律层级。

(五) 慎待商务条款

商务条款是当事人为了交换资源而就交易内容、交易方式所做的约定,如标的物及其规格、数量、价格、交付期限、交付方式等。这些条款与法律并没有多少直接关联,完全应当由当事人自行决定,通常不属于律师的工作范围。

对于这些条款以及与之性质类似的技术条款、财务条款等方面的细节数据,最简单的工作方法是提醒委托人自行审查。如果确有必要或委托人提出要求,可核对相关条款是否严谨、有无遗漏、是否不利、能否实现交易目的等,并给出建议,提

---

① "文档结构图"系微软公司 Word 文字处理软件中的一种功能,如果被打开的文档事先设置了目录体系,则使用软件的这一功能就可以在文档左侧的窗口显示出整个文档的目录体系。

醒委托人注意。但无论是否审查,在提交工作成果时都应说明哪些应由委托人相关部门自行审查,以避免出现工作范围上的误解及审查漏洞。

(六)保留沟通记录

随工作成果一起保留沟通记录对多年后复原合同工作的场景极有帮助。这些沟通记录包括相关的资料、工作指示、工作记录,以及工作联系单、电子邮件等。这些资料既是工作的依据、回顾成长历程的资料,又是自我保护的依据。尤其是对于某些敏感合同的审查,更需要保留完整档案以防范执业风险。

为了提高工作效率,以电子邮件、即时通信工具联系合同审查工作并保留相关记录不失为一举两得的好方法。除了可以及时沟通,其内容记录可以长期保存,也便于回顾和总结自己的工作,以及检查工作质量且防范执业风险。而对于数量巨大的合同审查,可以通过设计好的联系单以明确工作要求、保留工作记录。

(七)实现交易优先

许多法律人在面对合同时会下意识地从法律角度加以审视,这是个误区。如前所述,合同首先是一种经济行为,法律在整个经济事务中的作用是为经济活动提供有利的秩序,并对参与人的合法权益加以保护。只有经济活动中存在违法行为时,法律才会主动干预,甚至出现了违约行为也是"不告不理"。因此,只从法律角度看问题是法官思维或诉讼思维,而非合同思维。

因此,对于参与合同工作的法律人而言,其工作重心并不是怎样让当事人遵守法律,而首先是如何帮助企业实现交易,然后才是如何运用法律手段维护其合法权益。或者说,法律人在合同事务中的工作重心首先是交易,其次才是法律。

(八)关注条款以外

合同审查的工作范围不仅仅是合同文本,因为在文本的文字表述之外还有隐含的信息以及与该文本关联的信息。合同文本中没有约定的事务不等于没有规则需要遵守,因为法律已为合同事务制定了许多规则,无论当事人是否知道或同意都对其有约束力,因而在审查合同的文字信息之外还要分析其隐含的信息。

除此之外,合同文本能否实现交易目的、是否与其他文本之间存在重大关联等,也在必须考虑的范围之内。例如,某些合同内容未能体现实现交易目的所必需的从合同义务条款、某些涉他合同直接规定了合同外第三方的权利义务,即使本身并无问题也会因合同以外的原因而无法实现交易目的。

三、看透合同的隐含信息

合同审查并不仅仅是详细核查合同文本,还要看透文字未表述的隐含信息。

这些信息虽然"隐形",但通过对合同条款搭配的分析、通过对相关法律规定的分析,仍旧能够看出端倪。看清全文的体系及用意已经不易,看出文字以外的信息更加不易,但这必须做到。

(一) 文本外的法定义务

法律的强制性使之在其管辖范围内对任何合同主体均有约束力,而无论他们是否知悉或同意。正如前面所探讨过的,合同所涉及的法律可以大致分为交易主体法、交易标的法、交易规则法和经营责任法,涉及不同领域、不同层级的法律规定。这些规定根本不可能写入合同甚至不可能提及,但无论如何都不影响其效力。

例如,《民法典》(2020 年)第一百五十三条规定:"违反法律、行政法规的强制性规定的民事法律行为无效。但是,该强制性规定不导致该民事法律行为无效的除外。

违背公序良俗的民事法律行为无效。"

可见合同条款之外仍有许多权利义务,但需要通过查询相关的法律规定才能了解。在这些隐含于合同之外的为数众多的权利义务中,最为敏感的可能算是管辖权问题,因为不约定管辖并不等于管辖法院不确定。在没有约定管辖法院的合同中,交易模式往往已经决定了管辖法院。

(二) 交易风险的不对等

合同风险虽然人尽皆知,但交易双方的合同风险其实并不对等。以典型的买卖合同为例,买方最主要的违约风险是付款的时间、金额两类,卖方违约风险则包括数量、质量、期限等,而且买方按时付清款项后即为履行完毕,但卖方交付完毕往往还有售后服务等义务。因此,交易身份的不同意味着合同风险的不同。

正因如此,审查合同前必须先明确委托人属于哪一方,并站在委托人的立场分析潜在的风险。买方需要关注交易内容是否是自己所需,交易方式、问题处理等是否利于标的物出问题时维护自己的权益;而卖方则要关注质量责任范围、期限、承担方式,以及买方付款的前提、金额、时间等是否合理。不重视隐含的不对等,工作就无法到位。

(三) 标的信息的法律责任

在合同条款之外,以广告、宣传资料、产品说明书等形式对标的性能、使用价值等方面的介绍或承诺,同样是条款以外隐含的法律责任条款。

例如,《最高人民法院关于审理商品房买卖合同纠纷案件适用法律若干问题的解释》(2020 年修正)第三条规定:"商品房的销售广告和宣传资料为要约邀请,但是出卖人就商品房开发规划范围内的房屋及相关设施所作的说明和允诺具体确定,并对商品房买卖合同的订立以及房屋价格的确定有重大影响的,构成要约。该说明和允诺即使未载入商品房买卖合同,亦应当为合同内容,当事人违反的,应当承担违约责任。"

又如,《产品质量法》(2018 年修正)第二十六条规定了生产者应当对其生产的产品质量负责,而产品质量应当符合的要求分别为:

（一）不存在危及人身、财产安全的不合理的危险,有保障人体健康和人身、财产安全的国家标准、行业标准的,应当符合该标准;

（二）具备产品应当具备的使用性能,但是,对产品存在使用性能的瑕疵作出说明的除外;

（三）符合在产品或者其包装上注明采用的产品标准,符合以产品说明、实物样品等方式表明的质量状况。

上述第一项是对工业产品质量的法定要求,属于文本以外的法定义务;第三项是对产品标准、产品说明、样品的法律后果的规定,也是合同以外的责任。

(四) 文本的利益倾向性

合同文本的利益倾向性,是指合同条款在权利义务设置上偏向于保护其中某一方的利益。其具体体现类似于《民法典》(2020 年)第四百九十七条关于格式合同条款无效的表述,即"不合理地免除或者减轻其责任、加重对方责任、限制对方主要权利",只是一般不会严重到无效的程度。概括来说,合同的利益倾向性就是合同条款存在的对交易中的一方增加权利、限制责任,而对其相对方限制权利、增加责任的倾向。

这种利益倾向性可以分布在交易内容、交易方式、问题处理的任何一个条款中,以及文本以外隐含的信息中。作为以营利为目的的企业,在进行初步的商务洽谈时,这种做法无可厚非。因为任何一方都有权提出对自己最为有利的方案,而商务谈判的过程正是平衡利益的过程。

律师审查的合同文本可能来自任何一方,而文本的利益倾向性有时也有例外。甚至一些坚持要用自己的合同文本的当事人,其文本实际上对相对方更为有利。任何深思熟虑起草文本的一方,都会尽量设置对自己较为有利的条款。理解这种做法并准确地从文本中识别出这种倾向性,才能做出准确的反应。

(五) 示范文本的倾向性

合同工作中所使用的文本,可以分为在其他交易中使用过的先例文本、企业自行制定的标准化文本,以及示范文本。示范文本一般是指由政府部门制定和发布的、用于在某类交易中起到示范作用的合同文本。示范文本有着悠久的历史,古今中外都有出现。在《经济合同示范文本管理办法》(已废止)颁布后,工商及其他部门颁发了大量的涉及不同合同领域的示范文本。但随着该管理办法于 2010 年废止,由政府部门大规模推出示范合同文本已不再可能。

在这些示范文本中,有些合同更倾向于站在中间立场以维护交易双方的利益平衡;还有一些合同可能是由于行业行政主管部门主持起草的缘故,其内容上除了加入一些维护利益平衡所必备的条款,还有一些条款看似更倾向于维护特定行业的利益。前一类文本强调通用性,因而通用性强而适用性差,在具体的交易中如不调整很难直接适用;后者则取决于交易身份,如果是相关行业的一方则只需要进一步细化,否则需要注意其利益倾向性可能带来的不利因素。

事实上,几乎所有文本都需要考虑适用性和倾向性问题,尤其是当交易身份与设计合同时所基于的身份不符时。

四、合同质量层面及审查方向

由于规模、周期和复杂程度的不同,交易用的合同分为不同的质量层面。这实际上是合同的"理论质量"与"实际质量"之分,或者是合同在纯技术角度能够达到的质量水平与不同交易中实际需求的质量水平的区别。合同工作是在二者之间寻求平衡,以在特定场景下接近于完美。质量过低固然不敷使用,质量过剩则往往会增加阅读理解和实际履行的难度,同样偏离了需求。

合同质量高低不同的情形有目共睹,有的是由于需求不同,有的却是由于制作水平不同。正如标准化使得现代工业的生产规模、生产效率大幅度提升,而具备了合同质量评价的概念可以更透彻地理解合同工作的内容与程度。

(一) 客观存在的质量层面

合同质量在多数情况下并非越高越好,而是在质量的"宽容度"内越高越好。精心设计的合同被企业拒绝使用并不罕见,这是因为合同质量水平受交易需求限制,因而质量水平不能超越其所在的交易层面。

1. 营业层面的合同

营业层面的合同多用于营业中当面发生、即时结清的生活消费或小额交易,实为基于交易习惯的口头合同。但往往有票据、表单、提单等交易凭证,适合内容不复杂、金额不大、交易条件约定俗成的生活消费,如购物、乘车、就餐等。

这类合同一般只涉及合同一般包括条款中的当事人、标的、数量、价格四项,其他事宜均按交易习惯或即时约定处理,经简单沟通后直接交易。由于内容过于简单,难有更多的交易细节及交易安全保障,质量问题基本无从谈起。但这类交易能够满足特定领域内的质量直观判断、价格即时协商、给付即时结清的小型交易需求。

2. 商务层面的合同

商务层面的合同多用于满足日常生产经营需要而采用的书面合同。这类合同往往经过洽谈后达成一致意见并签署,合同一般包括条款到位、四大基本功能齐全、重要权益得到保障,内容及形式较为完整和正式。虽然在文字表述和条款搭配上欠严谨,也不讲究内容布局和整体性,但在基本的合法权益保障上没有问题。

由于这类交易对合同的要求并不高,因而其质量虽高于营业层面但细节上存在一定的实用性等缺陷,尚无法充分利用法律规定来保护自己。

3. 专业层面的合同

专业层面的合同一般由具备一定规模和管理水平的大中型企业使用。由于它们的企业规模和交易规模使其具备了一定的交易优势,且需要关注交易安全,因此其合同文本多由具备一定业务经验的管理人员及职业律师参与整理,因而文本更精细、更实用且有更多法律上的保障。

这类合同一般结构清晰、模块完整、条款实用、思维严谨、表达精确,并预埋了主要争议的防止或补救措施。除忽略一些发生概率较低的问题外,只是某些细节需要推敲,且在体系化方面需要提高。

4. 专家层面的合同

专家层面的合同是文本的最高境界,多由具有一定优势地位、管理精细且更注重文本外在形式的大中型企业采用。这类合同在内在质量与外在形式、约定内容与法律环境,以及商业利益与风险控制方面均有良好的解决方案及功能平衡,既在商务、法律上安排得滴水不漏又充分考虑了合同履行的便利。这一质量层面唯有充分熟悉交易所涉及的行业情况、法律体系及委托人管理水平且与委托人有良好沟通时才能实现。这类合同质量足以让企业不经审核而直接签署,甚至业务部门可以直接将其当成清晰、详细的工作计划方案使用。

这类合同在内在质量方面充分利用法律规定,合法、实用、明确、系统地设计了企业需要但没有想到的细节内容,并前瞻性地预埋了争议解决方案;在外在质量方面则结构体系清晰、逻辑思维严谨、语言表述精确、功能模块完备、版面安排美观等。因此它全面且超越了专业层面,是需要追求的目标。

上述分层只是大致的,未必每份合同都能准确地对号入座。但质量层面客观存在,审查、修改、起草合同只有遵循其应属层级,才能充分满足质量需求。

(二) 不同质量层面合同的审查

在技术上,合同审查可以有极大的广度和深度。如同一个容量实验的例子:老师先用石子装满一只广口玻璃瓶,在学生认为已经装满后又装入了一些小石子;当学生又一次认为已经装满后,老师又倒入了沙子;当学生再次认为已经装满后,老师又成功地倒进了一杯水;当学生终于认为已经装满时,老师又出乎意料地慢慢加进了一勺盐。因此以不同的标准审查合同,既可能蜻蜓点水又可能会全盘否定,既可以只限于法律问题又可以附带优化商业条款甚至运作模式。

每份合同可能都有不同的工作方向和质量要求,而质量层面的影响仍十分巨大。这种分层是由需求决定的,因而均有不可替代性并将长期共存。面对不同的"消费层次",不得不大致了解不同层面的不同需求,才能做好相关工作。

1. 营业层面合同的审查

这类合同处于基础层面且内容简单,只适合简单、小额的便捷交易。由于信息量少,其内容以描述交易标的为主,同时以附带说明的方式设定简单的交易方式、问题处理条款,其他缺失的部分完全依靠法律规定、交易习惯、口头协商解决,虽因简单而有许多不足但其合同形态与交易模式、合同应用层级相适合。

这类合同以满足基本的经常性交易的效率及安全需求为主,审查重点是明确性、实用性和安全性,但以各方能够接受为准。增加合同篇幅、提高复杂程度固然可以大幅度提高合同质量,但很可能交易双方均不接受,因为这样既会改变交易习惯又会增加交易复杂程度,只有少数合同可以通过"精耕细作"来提升。

例如,一份简单的首饰定制单上应有明确的品名、材质、质量要求、数量、重量区间、价格区间、起版费、预付款,以及交货期限、取货地点、退货处理、放弃处理、保管费、重量误差结算等项目,设定简单但明确的交易秩序即可。

2. 商务层面合同的审查

商务层面的合同一般用于企业间的生产经营往来,具有一定的专业性,交易内容、交易方式条款也比前一层面相对复杂、周详,足以保证合同顺利、正常履行和常见问题的简单处理。未经良好管理的大中型企业的合同文本,也是处于这一水平。但这类合同往往缺乏法律风险防范的考虑,违约责任等问题处理条款约定不足。此类合同往往由企业自行拟定并使用,企业一般性原料采购、服务提供、产品销售等合同便属于这一层面。

审查此类合同时可关注交易主体资格、资质的审查方式及控制方式,以及交易内容、交易方式、问题处理能否进一步细化、明确并增强实用性等。同时,由于使用这类合同的多为中小型企业,因而在交易中大多不具有优势地位,很少具备决定合同形态的机会,因而合同质量不太容易提升至更高层面。

3. 专业层面合同的审查

专业层面的合同往往结构完整、内容完善,多由法律或企业的专业人员起草,被大中型、在交易中占有优势地位的企业广泛采用。因为这类企业往往在交易中占有相对优势的地位,其自行拟定和完善的合同文本可以充分发挥作用。在技术上,这类合同大多内容复杂、约定细致且合同技术水平较高,多用于大额交易或某些专业领域的交易。某些在政府部门主持下编制的合同示范文本也有同样的水准,如建筑施工方面的示范文本等。

这类合同的技术水平高于商务层面的合同,法律条款及商务条款的低级错误少、表述质量高,但结合其所在行业的法律规范体系以及合同的实际使用情况,仍能在一定程度上发现个别细节上的不足,比如相关法律上的权益是否用足、个别交易环节的假设及处置是否可以优化、交易模式可否优化等。

4. 专家层面合同的审查

这一层面的合同是合同工作所要追求的目标。由于专业性的原因,这类合同往往只能针对具体的、适用面狭窄的交易领域,因而大多只是个案,并被处于优势交易地位的企业使用。这类合同以专业层面的质量标准为基础,结合企业实际情况、相关事务的法律环境,以及企业具体交易中的交易目的、管理偏好、资源状况等因素为企业量身定制实用性强、可操作性强、可控性好的解决方案。作为法律事务管理与企业管理的良好平衡和有机结合,只有其中一类知识储备远远不足以完成这类合同。

审查这类合同并不复杂,因为无论是结构体系还是表述的秩序、规范性,以及法律安排、商务安排、问题处理均有良好体现且易读易懂。因此能够审查的只是哪些方面可以有更佳的解决方案,以及哪些细节还可以补充、完善。

合同审查的深度及宽度虽与个案关系密切,但只要没有特别需求一般仍按原层面的质量需求处理。随着经验的积累、认识水平的提高,合同审查水平也会在不断扬弃中升级,从而亦能够发现越来越多的问题。

五、理解合同的一般包括条款

合同一般包括条款是交易的构成要素,是建立合同行为的基本秩序,是避免低级错误而必备的条款,分属锁定交易主体、锁定交易内容、锁定交易方式、锁定问题处理四大基本功能。除问题处理条款外,其他一般包括条款的缺失均容易导致合同无法顺利履行,其中当事人、标的、标的数量的缺失还会影响合同的成立。

(一) 合同一般包括条款

对于一般包括条款,《民法典》(2020 年)第四百七十条表述为:"合同的内容由当事人约定,一般包括下列条款:

(一)当事人的姓名或者名称和住所;

(二)标的;

(三)数量;

(四)质量;

(五)价款或者报酬;

(六)履行期限、地点和方式;

(七)违约责任;

（八）解决争议的方法。

当事人可以参照各类合同的示范文本订立合同。"

这些条款其实与通用产品买卖合同的条款高度重合,毕竟买卖合同的应用最为广泛。或许正因如此,《民法典》(2020年)第五百九十六条规定:"买卖合同的内容一般包括标的物的名称、数量、质量、价款,履行期限、履行地点和方式、包装方式、检验标准和方法、结算方式、合同使用的文字及其效力等条款。"

对于买卖合同,《民法典》(2020年)第五百九十五条的定义为:"买卖合同是出卖人转移标的物的所有权于买受人,买受人支付价款的合同。"因为绝大部分的交易是转移标的物的所有权,因此买卖合同是所有合同的基础,买卖合同的交易逻辑完全可以用于其他合同。

正因如此,《民法典》(2020年)第六百四十六条规定:"法律对其他有偿合同有规定的,依照其规定;没有规定的,参照适用买卖合同的有关规定。"甚至第六百四十七条还规定了易货交易的准则:"当事人约定易货交易,转移标的物的所有权的,参照适用买卖合同的有关规定。"所以,买卖合同是所有合同的基础,需要重点研究。

（二）关于合同条款的其他规定

在《民法典》(2020年)之外,某些行政部门为便于行业管理或规范某类交易,对一些专业性较强的合同提出了更为具体的补充规定。

例如,国家外国专家局(留牌已撤销)于2011年发布的《外国文教专家聘用合同管理规定》第十二条规定:"聘用合同应当具备以下条款:

（一）聘用单位的名称、住所和法定代表人或主要负责人;

（二）外国文教专家的姓名、国籍、住址和护照号码:

（三）订立聘用合同的时间和地点;

（四）聘用合同的期限;

（五）工作内容、工作方式和工作地点;

（六）工作时间和休息休假;

（七）工作报酬和支付方式;

（八）保险;

（九）违反聘用合同的责任;

（十）聘用合同使用的文字及其效力;

（十一）法律法规定的应当纳入聘用合同的其他事项。

聘用合同除前款规定的必备条款外,聘用双方可以约定试用期、培训、保守秘密、解除合同条件和福利待遇等其他事项。"

除此之外,一些部门规章也规定了某类合同应当具备的内容甚至签订手续。

如国家知识产权局颁布的《专利实施许可合同备案办法》(2011 年)等,都对相关合同的应有内容及有关手续等提出了具体的要求。而国家市场监督管理总局于 2023年颁布的《合同行政监督管理办法》,则对经营者的格式条款作出了一系列的禁止性规定。

这些规定比较零散也容易被忽略,违反的后果各不相同。有的影响合同成立,有的影响合同生效,有的则可能导致行政处罚。因此在合同工作中仅熟悉《民法典》(2020 年)还远远不够,有时必须知道特定领域有无这类具体规定。

(三) 合同一般包括条款的四大基本内容

《民法典》(2020 年)中提出的合同一般包括条款是为了兼顾合同的普遍规律,在实际运用中,不同行业、不同场景的合同会有不同的变化,以使其更有针对性和实用价值。同样基于普遍性,从合同四大基本功能的角度去拆分《民法典》(2020年)所列举的八个一般包括条款,可以发现这些条款无非四类内容。

① 交易主体条款——当事人的姓名或者名称和住所;

② 交易内容条款——标的、数量、质量、价款或者报酬;

③ 交易方式条款——履行期限、地点和方式;

④ 问题处理条款——违约责任、解决争议的方法。

为了更详细地从合同四大基本功能的角度探究合同一般包括条款的商务及法律意义,本章将在后续的四节分别探讨这四类基本内容条款。

第三节　合同交易主体条款解析

交易主体条款是合同工作中首先遇到的条款,主要包括合同一般包括条款中的当事人的名称或者姓名、当事人的住所两部分,以及合法性问题。以此延伸则还有通信地址等条款,用于锁定交易各方的具体身份事项,从而锁定合同的具体交易方。而法律上的意义,则是一旦发生争议可以有明确的被告、明确的住所、明确的通知地址等。没有合同主体的合同,属于尚未成立的合同。

合同一般包括条款在不同的合同中有着不同方式的运用,既是商业活动所需又具有法律上的意义,结合法律及实务去理解这些一般包括条款可以排疑解惑甚至一通百通。关于主体资格的合法性问题,可参见本书第一章第七节的相关内容。

一、当事人的名称或者姓名

在《民法典》(2020 年)的提法中,"名称"用于法人和其他组织,"姓名"用于自然人。在合同实务中,既要清楚交易主体的法律性质,又要规范地载明当事人的名称或姓名,这些都与合法的身份证件和证照有关。

(一) 自然人当事人的姓名

合同中的自然人当事人,其姓名应以其合法有效的身份证件上的姓名为准,不同身份有不同的身份证件。

1. 居民身份证和户口簿

根据《居民身份证法》(2011 年修正)相关规定领取的居民身份证,是最为常见的证明自然人姓名的合法有效身份证件。因未满 16 周岁而没有申领居民身份证的公民,可依据《户口登记条例》(1958 年)的规定,以户口登记簿证明其姓名和身份。

另根据《居民身份证法》(2011 年修正)第九条的规定:"香港同胞、澳门同胞、台湾同胞迁入内地定居的,华侨回国定居的,以及外国人、无国籍人在中华人民共和国境内定居并被批准加入或者恢复中华人民共和国国籍的,在办理常住户口登记时,应当依照本法规定申请领取居民身份证。"这部分人同样可用居民身份证证明其姓名、身份。

2. 军人相关证件

在《现役军人和人民武装警察居民身份证申领发放办法》于 2008 年生效以前,在役的人民解放军军人、人民武装警察并无居民身份证,而是视其身份不同分别持有军官证、文职干部证、士兵证、学员证、军队离退休干部证。而该办法生效后,这些人可以同时拥有居民身份证,用于社会活动中证明其公民身份。

因此,这些人的姓名应以居民身份证为准,没有居民身份证则以军人身份证件证明其姓名和身份。

3. 港、澳、台地区居民相关证件

对于香港地区居民、澳门地区居民和台湾地区居民,其合法身份证明一般以所在地颁发的身份证件,及中国内地(大陆)相关部门颁发的有效通行证为准。

在有效通行证件方面,根据目前的法律规定,香港地区居民、澳门地区居民、台湾地区居民进出中国内地(大陆)需持有有关部门核发的有效证件,分别是"港澳居民来往内地通行证",或"台湾居民来往大陆通行证"和其他有效旅行证件。

4. 外国人相关身份证件

外国人在中国从事民事活动,必须同时拥有护照和签证。护照是一国发给本国国民用于证明公民国籍身份以合法出、返国境的法律文件。签证通常是由目的地国政府签发并直接加盖在护照空白页上的出入本国国境的许可证明。

《最高人民法院关于适用〈中华人民共和国民事诉讼法〉的解释》(2020 年修正)第五十九条规定,"在诉讼中,个体工商户以营业执照上登记的经营者为当事人。有字号的,以营业执照上登记的字号为当事人,但应同时注明该字号经营者的基本信息"。对此,可以理解为没有字号的个体工商户仍按自然人对待。

(二)法人当事人的名称

依据《民法典》(2020年)的划分方式,法人分为营利法人、非营利法人、特别法人。

法人是最主要的合同主体,其名称应以登记注册的正式名称为准,有些特殊法人的名称以备案为准。商务合同最主要的主体是企业法人,除此之外还有机关法人、事业单位法人、社会团体法人等。

法人或其他组织的登记注册名称中一般都带有一定的地域、行业、企业形态等信息,既是判断其签订及履行合同能力的依据,又是辨别或核实真伪的线索。

1. 营利法人的名称

依据《民法典》(2020年)第七十六条的规定,营利法人是指"以取得利润并分配给股东等出资人为目的成立的法人",包括有限责任公司、股份有限公司和其他企业法人等。因此,"营利法人"包括了以前的"企业法人"。

根据《企业名称登记管理规定》(2020年修订)第六条的规定:"企业名称由行政区划名称、字号、行业或者经营特点、组织形式组成。跨省、自治区、直辖市经营的企业,其名称可以不含行政区划名称;跨行业综合经营的企业,其名称可以不含行业或者经营特点。"如上海大众汽车有限公司。

对于不能独立承担民事责任的企业法人分支机构,命名规则参见《企业名称登记管理规定》(2020年修订)第十三条的规定:"企业分支机构名称应当冠以其所从属企业的名称,并缀以'分公司'、'分厂'、'分店'等字词。境外企业分支机构还应当在名称中标明该企业的国籍及责任形式。"

根据《企业名称登记管理规定实施办法》(2023年)第十四条的规定:"企业名称冠以'中国'、'中华'、'中央'、'全国'、'国家'等字词的,国家市场监督管理总局应当按照法律法规相关规定从严审核,提出审核意见并报国务院批准。

企业名称中间含有"中国"、"中华"、"全国"、"国家"等字词的,该字词应当是行业限定语。"

2. 非营利法人的名称

非营利法人的分类,实为将原来几种非营利性质的法人归为一类。依据《民法典》(2020年)第八十七条的规定:"为公益目的或者其他非营利目的成立,不向出资人、设立人或者会员分配所取得利润的法人,为非营利法人。非营利法人包括事业单位、社会团体、基金会、社会服务机构等。"

(1)事业单位法人的名称

按照《事业单位登记管理暂行条例》(2004年修订)第二条的规定,事业单位是指国家为了社会公益目的,由国家机关举办或者其他组织利用国有资产举办的,从事教育、科技、文化、卫生等活动的社会服务组织。

按照《事业单位登记管理暂行条例》(2004 年修订)第八条的规定,准予登记的,发给《事业单位法人证书》,事业单位法人登记事项包括名称、住所、宗旨和业务范围、法定代表人、经费来源(开办资金)等情况。

此外,事业单位被撤销、解散的,应向登记管理机关办理注销登记或者注销备案,并由登记管理机关收缴《事业单位法人证书》和印章。事业单位的登记、备案或者变更名称、住所以及注销登记或者注销备案,由登记管理机关予以公告。

(2)社会团体法人的名称

根据《社会团体登记管理条例》(2016 年修订)第二条的规定,社会团体,是指中国公民自愿组成,为实现会员共同意愿,按照其章程开展活动的非营利性社会组织。成立社会团体应经业务主管单位审查并依照该条例登记。社会团体应当具备法人条件,但某些团体无须按该条例进行登记,包括参加中国人民政治协商会议的人民团体、国务院机构编制管理机关核定并经国务院批准免于登记的团体、各机关或团体及企业事业单位内部经本单位批准成立且在本单位内活动的团体。

负责从事社会团体登记的管理机关是各级政府的民政部门。相关政府部门、相关人民政府的授权组织为社会团体的业务主管单位。

依法成立的社会团体法人由民政机构颁发《社会团体法人登记证书》,证书上的名称即为其标准名称。而社会团体的分支机构、代表机构只是社会团体的组成部分,不具有法人资格。

(3)基金会的名称

依据《基金会管理条例》(2004 年)第二条的规定,基金会是指利用自然人、法人或者其他组织捐赠的财产,以从事公益事业为目的,按照该条例的规定成立的非营利性法人。

基金会分为面向公众募捐的基金会(公募基金会)和不得面向公众募捐的基金会(非公募基金会),公募基金会又分为全国性公募基金会和地方性公募基金会。国务院民政部门和省、自治区、直辖市人民政府民政部门是基金会的登记管理机关。登记管理机关准予登记的,发给《基金会法人登记证书》。

(4)社会服务机构的名称

当前,社会服务机构的主要形式是民办非企业单位。依据《民办非企业单位登记管理暂行条例》(1998 年)第二条的规定,民办非企业单位,是指企业事业单位、社会团体和其他社会力量以及公民个人利用非国有资产举办的,从事非营利性社会服务活动的社会组织。但并非所有这类单位都是法人,只有通过登记符合法人条件的这类组织,才颁发《民办非企业单位(法人)登记证书》。

3. 特别法人的名称

依据《民法典》(2020 年)第九十六条的定义及划分,机关法人、农村集体经济组织法人、城镇农村的合作经济组织法人、基层群众性自治组织法人,为特别法人。因此,特别法人包括但不限于原来的机关法人。

(1)机关法人的名称

机关法人的成立分为直接依据法律设立和依据审批设立,其法律依据分别是《中华人民共和国宪法》《中华人民共和国全国人民代表大会组织法》《中华人民共和国国务院组织法》《中华人民共和国地方各级人民代表大会和地方各级人民政府组织法》《中华人民共和国人民法院组织法》(以下简称《人民法院组织法》)、《中华人民共和国人民检察院组织法》。依此具体化,国家机关分为以下几类:

① 国家权力机关,即全国人民代表大会和地方各级人民代表大会及其常务委员会;

② 国家行政机关,国务院和地方各级人民政府及其工作机构,即国务院各部委、地方政府的各委、办、局等;

③ 国家审判机关和法律监督机关,即各级人民法院、人民检察院;

④ 国家军事机关,即中央军事委员会和人民解放军各级机关或单位。

依上述法律设立的机关法人,应按设立时的批准文件确定名称,具体全称一般均可在人民代表大会、政府等相关网站上查到。

(2)农村集体经济组织法人的名称

依据《民法典》(2020 年)第九十九条的规定,"法律、行政法规对农村集体经济组织有规定的,依照其规定"。但目前只有相关的规定,未见设立这类组织的相关法律。

(3)合作经济组织法人的名称

依据《民法典》(2020 年)第一百条的规定,"法律、行政法规对城镇农村的合作经济组织有规定的,依照其规定"。由于现行法律中并无具体规定,许多规则需要以后续规定为准。

(4)基层群众性自治组织法人的名称

依据《民法典》(2020 年)第一百零一条的规定:"居民委员会、村民委员会具有基层群众性自治组织法人资格,可以从事为履行职能所需要的民事活动。未设立村集体经济组织的,村民委员会可以依法代行村集体经济组织的职能"。基层群众性自治组织的名称,当以成立时的决定、批准文件为准。

依据《城市居民委员会组织法》(2018 年修正)第二条的规定,居民委员会是居民自我管理、自我教育、自我服务的基层群众性自治组织。依据该法第六条的规定,居民委员会的设立、撤销、规模调整,由不设区的市、市辖区的人民政府决定。

依据《村民委员会组织法》(2018年修正)第二条的规定,村民委员会是村民自我管理、自我教育、自我服务的基层群众性自治组织,实行民主选举、民主决策、民主管理、民主监督。根据该法第三条的规定,村民委员会的设立、撤销、范围调整,由乡、民族乡、镇的人民政府提出,经村民会议讨论同意,报县级人民政府批准。

(三)非法人组织当事人的名称

非法人组织,依据《民法典》(2020年)第一百零二条,"是不具有法人资格,但是能够依法以自己的名义从事民事活动的组织",主要包括个人独资企业、合伙企业、不具有法人资格的专业服务机构等。

在《合同法》(已失效)第二条中,曾将非法人组织称为"其他组织",但"非法人组织"的提法无疑更为严谨。由于不能独立承担民事义务,非法人组织的财产不足以清偿债务的,其出资人或者设立人承担无限责任。

《民法总则》(已失效)之后的立法,包括《民法典》(2020年),也普遍开始采用"非法人组织"的提法。但尚未修正的将其表述为"其他组织"的法律法规等,仍旧有效。

(1)个人独资企业的名称

依据《个人独资企业法》(1999年)第二条的规定,个人独资企业是指依照本法在中国境内设立,由一个自然人投资,财产为投资人个人所有,投资人以其个人财产对企业债务承担无限责任的经营实体。

登记机关予以登记的,向投资人发放《个人独资企业营业执照》。

(2)合伙企业的名称

依据《合伙企业法》(2006年修订)第二条的规定,合伙企业是指自然人、法人和其他组织依照本法在中国境内设立的普通合伙企业和有限合伙企业。因此,合伙企业的名称以其批准设立的《合伙企业营业执照》为准。

同样依据该条规定,普通合伙企业由普通合伙人组成,合伙人对合伙企业债务承担无限连带责任。《合伙企业法》(2006年修订)对普通合伙人承担责任的形式有特别规定的,从其规定。依照规定,普通合伙企业的名称中应当标明"普通合伙"字样。

其中,特殊的普通合伙企业,即以专业知识和专门技能为客户提供有偿服务的专业服务机构,其企业名称中应当标明"特殊普通合伙"字样。

《合伙企业法》(2006年修订)第二条第三款还规定:"有限合伙企业由普通合伙人和有限合伙人组成,普通合伙人对合伙企业债务承担无限连带责任,有限合伙人以其认缴的出资额为限对合伙企业债务承担责任。"该法同时规定,有限合伙企业名称中应当标明"有限合伙"字样。

(3)不具有法人资格的专业服务机构的名称

如前所述,非法人组织属于"不具有法人资格的专业服务机构"。这一提法目前尚无专门的立法,但结合条款及词义理解,应该是指在"专业服务机构"中,不具有法人资格的为非法人组织、有法人资格的为法人,而不是一种专门的组织形式。

例如,特殊的普通合伙企业的定义即为以专业知识和专门技能为客户提供有偿服务的专业服务机构。

在合同实务中,由于市场竞争的激烈和企业生存发展的艰难,很多时候不得不与自然人、法人之外的非法人组织进行交易,例如以前许多企业不得不与电视台、报社的广告部签订广告服务合同,甚至与连非法人组织都算不上的非正式组织进行交易。仅从交易角度而言,只要能够确保交易安全且无法律禁止事项,且一旦发生诉讼可以有明确的、适格的、有承担能力的主体,与之交易也未尝不可。

二、当事人的住所

由于人口流动和城市变迁的日益频繁,无论是自然人还是法人,其法定证照上注明的住所信息往往与事实不符,甚至根本无法用于正常通信。虽然法律规定经营地点发生变更时需要变更登记,但登记注册地与实际办公地不一致的情况依然存在。甚至某些企业不仅登记注册地与实际办公地不同,实际办公地还分为行政办公地和业务办公地,以至于一个企业有三个地址。

(一)当事人的住所与履行

当事人的住所,也是合同一般包括条款内容之一。对此,《民法典》(2020年)有如下规定:

第二十五条 自然人以户籍登记或者其他有效身份登记记载的居所为住所;经常居所与住所不一致的,经常居所视为住所。

第六十三条 法人以其主要办事机构所在地为住所。依法需要办理法人登记的,应当将主要办事机构所在地登记为住所。

非法人组织的住所在该法中未见规定,但应当参照法人住所的规定确定。

1. 用于履行通知义务

在合同中,住所一般采用"住所地""单位地址""通信地址"之类的表述,其目的多是便于履行及通知,并兼以确定管辖地。但通信地址可以是法律意义上的住所,也可以是为了通信方便而设定的第三方住所,仅用于及时转交信息。

《民法典》(2020年)第五百零九条规定,"当事人应当按照约定全面履行自己的义务。当事人应当遵循诚信原则,根据合同的性质、目的和交易习惯履行通知、协助、保密等义务"。而通知、协助、保密等事项如合同已有明确约定则为合同义务,否则属于附随义务。唯有向合同中载明了的住所发出通知,才属于最适当的履行。

此外,要约与承诺的撤回、承诺的撤销、对效力待定合同行使撤销权、行使不安抗辩权的中止履行等诸多法律关系的设定、变更、解除,均以通知对方为要件。向合同载明的住所发出通知并留有发出通知的证据,才能确保对方收到或被依法认定为应当收到,从而满足法定要件,进而形成新的法律关系。

2. 用于确定履行地点

合同中一般都会约定明确的履行地点,或者注明履行地点另行指定。如果没有约定、约定不明且既无法达成补充协议又无交易习惯可供确定,合同中的当事人住所地往往被理解为合同履行地点。

按照《民法典》(2020年)第五百一十一条第一款第三项的规定:"履行地点不明确,给付货币的,在接受货币一方所在地履行;交付不动产的,在不动产所在地履行;其他标的,在履行义务一方所在地履行。"因此约定是否明确对于履行地点的确定、合同管辖地的确定,均有重大影响。

合同当事人的住所涉及一系列法律关系,最好以约定清楚为妥。其中"通信地址"即便不是任何一方的住所,用于向其发送通知也并无问题。但这类情形的"通信地址"并不属于法律上的"住所",无法起到住所的法律作用。

(二)当事人的住所与管辖

住所地一直是确定地域管辖的基础。《民事诉讼法》(2023年修正)第二十二条第一、第二款分别规定,"对公民提起的民事诉讼,由被告住所地人民法院管辖;被告住所地与经常居住地不一致的,由经常居住地人民法院管辖",以及"对法人或者其他组织提起的民事诉讼,由被告住所地人民法院管辖"。而依据该法第二十四条的规定:"因合同纠纷提起的诉讼,由被告住所地或者合同履行地人民法院管辖。"

但住所地的实际运用方式不止于此。依据《民法典》(2020年)第四百九十二条规定:"承诺生效的地点为合同成立的地点。采用数据电文形式订立合同的,收件人的主营业地为合同成立的地点;没有主营业地的,其住所地为合同成立的地点。当事人另有约定的,按照其约定。"

因此,合同成立意味着合同完成了最后的签署程序,合同成立地可视为合同签订地。当合同中约定了合同签订地管辖,而签订地又恰为住所地,则相当于约定由收件人住所地法院管辖。如果这正是当事人想要的,则合同中根本不需要约定具体管辖法院。

三、交易主体的合法性

合同主体是否具备签订及履行合同的合法资格,是合同工作中的首要问题。主体资格上存在法律缺陷,对于法律人而言是合同无可回避的根本性缺陷。但对于某些企业来说,对方主体是否合格并不重要,重要的是交易有利且风险可承受。

通常情况下,通过卖方名称就能大致判断对方是否具备合法的主体资格,但查验其各类证照、许可才最为稳妥。多数情况下买方更需要详细审查卖方的主体资格,因为涉及交易的合法性及卖方的履行能力问题。而对于卖方来说,产品或服务提供给谁并不重要,只要有足够的支付能力即可。

由于合同主体相关法律要求在本节前两部分以及本书第一章第七节已有较多介绍,因此本部分未提及内容请参阅相关部分。

(一) 主体合法的条件

合同工作最主要的服务对象是企业法人,也就是拥有合法有效的企业法人营业执照的经济组织,审查这类合同主体已可满足日常工作需要。但合同主体并不局限于企业法人,在法律允许及没有资格限制的情况下,其他类法人、非法人组织、自然人等也可以是合法的合同主体。

合同主体生产经营活动合法的前提是拥有合法有效的行政许可。《行政许可法》(2019 年修正)第三十九条第一款规定,"行政机关作出准予行政许可的决定,需要颁发行政许可证件的,应当向申请人颁发加盖本行政机关印章的下列行政许可证件:

(一)许可证、执照或者其他许可证书;

(二)资格证、资质证或者其他合格证书;

(三)行政机关的批准文件或者证明文件;

(四)法律、法规规定的其他行政许可证件"。

上述证件中最为常见的为第一和第二类。相关内容已在第一章第七节进行讨论,在此为了方便阅读仅简单提及而不再展开。

1. 许可证、执照或者其他许可证书

商务合同主体中,非企业法人、非法人组织、自然人都比较少。因此查验《企业法人营业执照》是合同工作的经常性事务,目的是查验相对方的证照及注册登记信息、证照有效期、法定代表人、经营地点等是否真实、相符,以确认企业法人资格的真实、合法、有效。

同时还可查验经营范围、注册资本、经营期限等是否与合同相适应,与之相关的营业执照等可供信息之间的参照比对。由于各地营业执照内容等可能有所不

同,有时可能需要核实更多的信息。

营业执照或其他通过设立登记取得的证照可证明合同主体依法成立,一般经营项目可依此开始经营而无须另行许可,但许可经营项目必须在取得许可证后方可经营。其中,实施前置许可的项目取得营业执照即意味着已经得到许可并可以经营,而实施后置许可的项目必须持营业执照办理相关许可后方可经营。

许可经营项目的行政许可散见于不同的行政规章中,并且依据行业不同而有诸如安全生产许可证、工业产品生产许可证等不同名称,需要时必须按法规线索核对。《民法典》(2020 年)第五百零五条也规定:"当事人超越经营范围订立的合同的效力,应当依照本法第一编第六章第三节和本编的有关规定确定,不得仅以超越经营范围确认合同无效。"

目前,超越营业执照经营范围的经营活动已不再单独作为行政处罚的依据,但当经营行为违反了相关行政许可的规定时,行政部门可依据相关行政许可规定予以处罚。

2. 资格证、资质证或者其他合格证书

资格、资质是另一类行政许可,其立法依据是《行政许可法》(2019 年修正)第十二条第一款第三项,即"提供公众服务并且直接关系公共利益的职业、行业,需要确定具备特殊信誉、特殊条件或者特殊技能等资格、资质的事项"。

主体资格问题一般集中在卖方且对卖方不利,例如没有某些行政许可的经营行为属于非法经营,足以导致合同无效并由卖方承担赔偿责任。但在某些法律另有规定的情形下,买方同样会受到行政处罚或承担对第三方的民事责任。

(二) 人员合格的条件

人员合格,是指相对方所委派的从事合同履行的具体人员必须具备法律规定的专业技术资格,以确保履行的质量。并非所有的合同履行人员都要有法定的资格要求,但对于那些有法定资格要求的工种,没有相应资格则无论是从法律上还是从技术上均无法保障合同的履行质量。

1. 从业人员的法定资格

有些交易,比如工程施工、税务代理等,必须由具有专业资格的人员实施才能确保合同履行的质量。例如,工程监理公司为履行监理合同所派出的监理工程师,必须具备监理相应工程的监理工程师资格,否则其本人及公司均属违法。

又如,《中华人民共和国特种设备安全法》(2013 年)第十四条规定:"特种设备安全管理人员、检测人员和作业人员应当按照国家有关规定取得相应资格,方可从事相关工作。特种设备安全管理人员、检测人员和作业人员应当严格执行安全技术规范和管理制度,保证特种设备安全。"

2. 法定代表人及代理人

从合同谈判到合同签订,代表相对方的可能分别是作为代理人的业务员、法定代表人,以及代表法定代表人签署合同的代表人,需要一一核对其得到的授权在时间、权限、事项上与交易是否相适应,以及其自然人身份,并将所有相关资料存档备查。即使相对方是自然人,有时也要根据交易内容核实其具体身份、专业技能等,以确定其是否具有签订及履行合同的能力。

如果相对方的公司章程对签订合同的授权另有约定,可能还需要核实其公司章程的相关规定对合同的签订及履行有无影响。

(三)合同相关的其他资格

除上述内容及本书第一章第七节中关于合同主体资格的相关内容外,合同工作还要考虑具体交易的前提要求,包括来自法律或相对方的资格要求。

例如,在招投标过程中有时发标方会对投标方在注册资金、资质、业绩等方面作出限制性规定,不符合这些条件的投标将会无功而返。

另外,还有一些交易可能会涉及第三方。如果是纯粹的向第三方履行则相对比较轻松,如果由第三方承担给付义务则必须审核第三方的履行能力。

在实际工作中,有些委托人会将空白的合同提交审查,这非常容易出问题。如果审查者凭着想当然理解交易主体身份,很可能会颠倒工作的方向而完全站在相对方的立场去维护相对方的利益,当委托人在业务中可能是合同的任一方时更是如此。同时,企业名称也是初步判断合同主体资格的依据,当事人处于不同的交易角色有着不同的审查重点。因此审查合同前必须由委托人注明交易双方的名称,至少要注明委托人自己属于哪一方,以避免方向性错误。

此外,除非是管理严格的国有企业,许多企业在实际交易中更关注交易利益及交易安全而不太在意相对方的各种法定资格。只要法律风险可控或可承受,并且己方主体资格合法,往往仍会达成交易。只有己方存在资格违法问题时,才会尽量避免交易或尽量避免不利后果的发生。但对于合同审查来说,这类风险应当在提交审查成果时进行提示,是否交易由企业自己决定。

四、合同签署的相关事项

合同尾部的主要内容是合同的签署栏,包括双方的名称、地址、法定代表人、代理人等。这些信息有时放在一个表格里,有时只是罗列在那里,是合同交易主体相关信息的集中体现。有一些合同内容过多时会将签署栏放在合同的首部,但传统上是放在尾部以便于签署。

（一）签署栏的主要作用

签署栏的主要作用是将身份信息归纳在一起，便于核对和签署。这部分内容容易在合同审查时被忽略而出现代理人身份等问题。签署栏有如下基本功能。

1. 确定合同主体身份事项

签署栏的内容一般包括当事人的姓名或名称、法定代表人或代表人、通信地址、代理人或联系人、联系方式、开户银行及银行账号。

（1）当事人的姓名或名称

身份栏中的当事人姓名或名称前一般都会标注其在合同中的身份，如"甲方""乙方"或"出卖人""买受人"等，以表明其法律关系身份并与合同中的描述对应。

如前面所讨论过的，自然人应当以身份证件上的姓名为准、法人或非法人组织应当以合法有效的营业执照或其他政府颁发文件上的名称为准。

（2）法定代表人或代表人

法定代表人以企业法人营业执照、营业执照以及其他合法有效证照载明的为准。需要注意的是，非法人单位也有法定代表人。

"代表人"是实际工作中比较灵活的标注方式，包括法定代表人和委托代理人，法定代表人不到场时其他人也可以在这一栏中签字。经过合法授权，非法定代表人的项目负责人也可以在这一栏中签字。

（3）通信地址

通信地址一般包括客观存在的用于通信的物理地址，以及该地址的邮政编码，以便于通信联系或发出正式的通知。如果地址发生变更，应向相对方发出正式通知，否则不影响正式送达的效力。

（4）代理人或联系人

这一栏用于注明法定代表人不到场时的授权委托代理人姓名，一般以相关的授权委托书为依据。有时法定代表人到场签署了合同，但仍旧注明代理人、联系人、项目负责人等，便于在合同履行期间与具体的负责人员联络。非经正式发出通知变更，这些代理人或联系人即代表所在方，其后果由所在方承担。

（5）联系方式

联系方式是指通信地址以外的固定电话、传真、电子邮件地址等，既包括当事人的也包括具体的代理人或联系人的。

（6）开户银行及银行账号

开户银行及银行账号是用于标明双方结算款项时的开户银行及银行账号。向注明的账号支付款项是标准的合同履行方式，如有变更也必须事先通知。

许多诉讼都会涉及身份识别问题，例如哪些人的言行代表所在公司、项目履行期间哪些人代表所在公司等，目的是主张或排除责任。在签署栏中的身份事项栏中注明联系人、联系方式,并在合同中申明他们分别代表所在公司行使职权、行使职权的后果由企业承担,是明确代理人及代理后果最为简单、明确的方式。

2. 用于强化证据关联性和真实性

信息时代,作为一种便捷的沟通手段,电子邮件、传真等联系方式越来越多地被用于交易之中。当双方产生争议时,通过这些方式进行沟通的记录、内容即可作为证据使用,但传真、电子邮件都属于《民法典》(2020 年)所称的数据电文,由于其与传统证据的存在形式有所不同,因而作为证据使用时对其关联性、真实性、合法性等众说纷纭。

为加强这些身份事项的证据作用,按目前法院系统比较认同的做法,可以将相关的传真号码、邮箱地址在合同中载明,并注明双方在合同履行过程中可将其作为标准联系方式以固定相关证据的关联性。如果发生诉讼并需要举证,再以公证等辅助方式将其转换为可直接阅读的书证。

(二) 签章的法律问题

合同上的签字或盖章是确定交易主体及其意思表示的重要依据,同时也是确定合同是否成立的重要依据。按照目前的传统和法律规定,合同成立的标志是双方对合同文本的签署,即《民法典》(2020 年)第四百九十条规定的,"当事人采用合同书形式订立合同的,自当事人均签名、盖章或者按指印时合同成立"。

1. 签署方式问题

合同一般是在尾部的签署栏里设定的单位盖章、法定代表人签字处进行盖章、签字。但也有一些合同文本,如建设施工合同的示范文本,签字或盖章是在篇幅很短的形式上的合同上,真正的合同正文反而是附件。但两种方式均可,毫无法律问题。

依据《民法典》(2020 年)第四百九十条对于订立合同过程的描述"签名、盖章或者按指印"均能构成合同成立。在通常做法中,自然人当事人在订立合同时应签名、按手印,但一般不接受自然人相对人使用私章。因为一旦自然人相对方反悔,很难证明该私章系自然人相对方所有、代表自然人相对人的真实意思表示。

法人当事人或非法人组织当事人签订合同时一般以单位盖章、法定代表人签名为准,除非法律对特定合同另有要求或当事人另有约定,并不一定需要法定代表人签名。法定代表人由于身份足以代表其所在的法人或非法人组织,如果合同没有特别约定,法定代表人在合同上签名一般即视为合同签署完毕并成立。但是否为法定代表人,企业以营业执照记载为准,其他法人或非法人组织以其他的证照记载为准。

具体如何认定,需要参见《最高人民法院关于适用〈中华人民共和国民法典〉合同编通则若干问题的解释》(2023 年)第二十二条相关条款。

需要说明的是,由于自然人的签名有的过于个性化、有的过于潦草,因此比较稳妥的做法是写上或打上印刷体的姓名后再由自然人签名,以免难以识别。而更为慎重的做法,则是签订时留下签署合同时的照片作为合同成立的依据。

2. 签章的效力问题

签名、盖章是合同成立的通常方式,绝大部分合同都是以这种方式成立的。但有些特别情形下,合同未经这一过程也同样成立。但这是后续章节讨论的问题,在此不再展开。

合同当事人大多以签名、盖章上的姓名或名称为准。在个别情况下,签署合同时的签名或公章会与合同上载明的当事人姓名或名称不符,出现这种情况时,司法实践中一般对自然人之间的合同以签名为准,对单位之间的合同以公章为准,也就是依签名或公章确定当事人。

但特殊情况下的盖章,其法律后果不同。例如,《最高人民法院经济审判庭关于为经济合同一方当事人代盖公章给另一方造成经济损失如何承担责任的电话答复》(1990 年)中认为,第三人使用自己的公章代合同中的一方盖章且相对方同意的,"代盖公章的一方只承担与其过错相适应的赔偿责任"。这意味着该方要承担的并非合同义务。

而《最高人民法院关于企业职工利用本单位公章为自己实施的民事行为担保企业是否应承担担保责任问题的函》(1992 年)中则确定,员工使用单位公章为自己与其他人签订的合同提供担保的,属于没有代理权的个人行为,其行为无效并自行承担责任。

公章与私章的效力有许多不同。公章有一系列管理制度,比较容易查询真伪。例如,《律师事务所管理办法》(2018 年修正)第二十四条规定:"律师事务所设立申请人应当在领取执业许可证后的六十日内,按照有关规定刻制印章、开立银行账户、办理税务登记,完成律师事务所开业的各项准备工作,并将刻制的律师事务所公章、财务章印模和开立的银行账户报所在地设区的市级或者直辖市的区(县)司法行政机关备案。"因此,公章在备案或批准机关、银行等处有很多的机会核实真伪。而私章除非留底或有其他方式证明是使用者所用,否则难以鉴定真伪。

此外,依据《最高人民法院关于适用〈中华人民共和国民法典〉合同编通则若干问题的解释》(2023 年)第二十二条,盖章方面的法律效力问题认定规则为:"法定代表人、负责人或者工作人员以法人、非法人组织的名义订立合同且未超越权限,法人、非法人组织仅以合同加盖的印章不是备案印章或者系伪造的印章为由主张该合同对其不发生效力的,人民法院不予支持。

合同系以法人、非法人组织的名义订立,但是仅有法定代表人、负责人或者工作人员签名或者按指印而未加盖法人、非法人组织的印章,相对人能够证明法定代表人、负责人或者工作人员在订立合同时未超越权限的,人民法院应当认定合同对法人、非法人组织发生效力。但是,当事人约定以加盖印章作为合同成立条件的除外。

合同仅加盖法人、非法人组织的印章而无人员签名或者按指印,相对人能够证明合同系法定代表人、负责人或者工作人员在其权限范围内订立的,人民法院应当认定该合同对法人、非法人组织发生效力。

在前三款规定的情形下,法定代表人、负责人或者工作人员在订立合同时虽然超越代表或者代理权限,但是依据民法典第五百零四条的规定构成表见代表,或者依据民法典第一百七十二条的规定构成表见代理的,人民法院应当认定合同对法人、非法人组织发生效力。"

第四节　合同交易内容条款解析

合同交易内容条款包括合同一般包括条款中的标的、数量、质量、价款或者报酬,以及其他锁定交易标的的条款。从这些角度描述交易标的,是为了从诸多的同类标的中精确地锁定所需要的标的及对价,以实现预期的交易目的。

在合同实务中,人们通常借用买卖合同中的概念,将给付货币以获得标的的一方称为买方,将给付标的以获得货币的一方称为卖方,本书也沿用同样的提法。

本节中提及的质量合法性等内容,参见本书第一章第七节的相关内容。

一、交易的标的

合同标的,按现在通行的提法,是合同法律关系的客体、合同权利义务所指向的对象。按照通常的理解,合同标的可分为大致的四类:①以工业产品和特定物为代表的有形财产;②以股权及知识产权为代表的权益;③以运输及代理等为代表的劳务;④以承揽及建设施工为代表的工作成果。标的是有形物时可称为标的物,因此并非所有标的都可称为标的物。

合同标的是合同中最为基本的内容,没有标的则合同无法成立。合同的交易方式条款、问题处理条款,也会因标的不同而不同。但合同一般包括条款意义上的合同标的,只是一种希望通过交易而流转的资源,所有其他条款都围绕获取这一资源而展开。

(一)交易目的决定合同标的

交易目的是满足对于某种资源的需求,而合同标的正是这种资源,因此交易目的决定了合同标的。即便是同类标的甚至是同一标的,有不同交易目的的买方也会有不同的侧重点,这也是同样标的的交易有时难以使用同一份合同的主要原因。

例如,对于价位相近的机动车,用于商务接待一般会选商务车型,用于野外活动一般会选越野车型,纯粹用于城市代步则一般会选经济实用车型。制造商们开发出众多的不同车型,正是用以满足不同的交易目的以获取利润。而同一品牌,同一车型有时也分为不同价位、不同配置,亦是满足更加细分的交易目的。

标的是合同成立的前提,没有标的则合同的权利义务没有基础。除此之外,标的必须具备合法性,不得属于禁止流通物,如果标的属于限制流通物则交易双方必须具备相关的资格并按规定程序进行交易。同时,标的必须具有可交付性,不仅仅是标的实物的交付,某些情况下还包括标的权属的变更。

而标的本身则早已今非昔比。标的既可以是物也可以是行为,既可以是无形财产又可以是某种权益,既可以是作为又可以是不作为,既可以是现实存在的物又可以是虚拟空间中存在的物。

(二) 合同标的决定给付义务

需要以签订合同的方式进行的交易,一般都不是即时结清的交易,而且也大多在给付标的以外存在其他的义务。例如,销售机动车必须提供用以登记上牌的正式发票等文件、销售商品房必须承担一定期限内的保修服务等。这些在同一合同中产生的可以区分主次的不同义务,在法理上称为主给付义务、从给付义务。

一般认为,主给付义务是指合同法律关系中所固有的、不可缺少并决定合同性质、类型的基本合同义务;从给付义务则是基于主给付义务而设立的,虽不具有独立存在的意义但可以单独请求履行,并且会给主给付权利增加价值的义务。例如,销售产品附带送货服务的买卖合同中,主给付义务是产品,从给付义务是送货,没有产品则送货毫无意义,有了送货才可让买家更为方便。

合同标的的设定首先要满足主给付义务,而增设从给付义务则会让交易增值。那些并不需要增加交易的成本但能提高合同的实用价值的从给付义务,或虽然增加了成本但能够确保工作质量或工期的从给付义务,都是设定合同标的时需要考虑的内容。例如,房地产开发中的电梯采购几乎全部由供货商包安装,目的是防止电梯运行状况不理想时供货商与第三方安装商之间相互推诿。

在商务谈判中,如果价格无法谈妥,有时便需要在从给付义务上做文章。在交易中赠送物品、赠送免费服务,包括送货上门、交货包安装等,其中有些仅是促进交易的手段,另外一些则是交易标的中必不可少的从给付义务。善于运用从给付义务,才能充分提高交易的价值以及合同的实用性。

此外,从给付义务与附随义务比较接近。通常情况下,从给付义务可以理解为是一种在合同中有明确约定的辅助性义务,附随义务则是合同中没有明确约定但基于诚信原则及合同目的而应当履行的义务。因此,尽量将需要履行的其他义务以从给付义务的方式体现在合同中,可免去许多无谓之争。

二、交易标的的数量

"数量",是"数"与"量"的结合,分别对应数词和量词。交易标的的数量既包括数额又包括计量单位,二者有机结合才能准确锁定交易标的的确切规模。

(一)数额问题

数额问题相对简单,用于锁定标的的总量及款项的总量,而且是不需要专业技能就可以审核的商务条款,通常不属于法律人在合同工作中的关注内容。交易的数额都直接与当事人的交易需求相关,完全是当事人需要自行决定的事项,因而问题不是数额而是数额的表述。

实际交易中,需要关注并避免数额的不确定性。许多产品并未采用定装包装,因而数额误差在所难免。例如,钢材交易是根据实际称重确定最终的数额及价格,因而价款往往不是以 0 结尾的整数。商品房的面积方面也是如此,不存在建筑误差的几乎没有。诸如此类的交易都需要考虑设定误差范围,并约定误差范围之内及之外的部分如何计价,以免去无谓纷争。不当的表述也同样会增加具体数额的不确定性。如"提供××号水泥约 30 吨"的表述,"约"或类似提法将数额变得不确定,因而可用前一种实际称重的方法进行计算。

数额的大写在电脑打印时代已失去实际意义。在手工书写时代,由于每个人的书习习惯以及字体、大小等各有不同,加之某些汉字数字存在增加笔画的空间,因此会有金额被篡改的可能,需要用大写的方式复述金额以保真。但在电脑打印时代,使用的字体已经标准化,输出也已经无可干预,在打印好的数额上通过增打阿拉伯数字或汉字数字来篡改数额已经没有可能,在满足法律要求、管理要求的情况下,只要规范地在数额前使用货币符号,在数额中使用分隔符就可以防伪。

(二)计量单位问题

交易中的计量单位比数额更容易出问题。其中容易出问题的是那些没有确切标准的计量单位。例如,各类合同中都会出现的"套"便是如此。不同行业、不同企业,甚至是不同商品的组合,都会使量词彼此不同、前后不一,需要重点关注。

内贸交易合同中的计量单位,应以法定计量单位为准。《计量法》(2018 年修正)第三条规定,"国家实行法定计量单位制度。国际单位制计量单位和国家选定的其他计量单位,为国家法定计量单位。国家法定计量单位的名称、符号由国务院公布"。而根据 1984 年 2 月 27 日颁布实施的《中华人民共和国法定计量单位》的规定,法定计量单位由国际单位制的基本单位、辅助单位及具有专门名称的导出单位,国家选定的非国际单位制单位以及以上单位构成的组合形成的单位等构成。这些单位包括了国际单位制的基本单位米、千克、秒等,也有一些非国际单位制单位,但至今仍在使用的斤、两、尺等不在此列。

外贸交易合同中的计量单位需要了解其确切标准。当今的所谓公制、英制,其实是法制与英制,而国际计量单位也基于公制发展形成。在国际贸易领域还有更为生僻的计量单位,如计量重量的公吨、长吨、短吨以及计量数量的件、双、套、打、罗、令、卷等。有些国家至今仍在使用的磅、英尺、华氏度等,更是换算复杂。例如,一磅十盎司并不是两磅,因为一磅是十六盎司;而一英尺十英寸也不是两英尺,因为一英尺是十二英寸。

数量与标的共同影响合同的成立。即便合同有了标的,但没有数量的标的,除非是唯一的特定物,否则合同很可能被视为未成立,因为根本无法履行。

三、交易标的的质量

合同标的质量有多种衡量方式,大致分为以技术标准及样品标准为代表的客观标准,以及以主观判断为代表的主观标准。客观标准多是可量化判断的定量标准或基于定量标准与定性标准的结合,而主观标准则为基于主观判断的定性标准。将主观标准转换为可量化的客观标准,是工业水平和科技水平的体现。

标的质量与价款或报酬的计算密不可分,按质论价是交易公平的体现。一般情况下,只有卖方才会熟知质量、成本情况,因此卖方既可以提供高质高价的产品,又可以提供低质低价的产品,还可以削减备品备件或附件以降低售价,甚至以压低整机价格、抬高耗材价格的商业模式获利。

质量条款与交易目的同样密不可分。不同的交易目的需要不同质量水平的标的,质量达不到要求则无法实现交易目的。例如,摄影器材中的单反相机,其普及型的镜头及机身是面向偶尔使用或并不特别在意图片质量的客户,而对于质量要求高、使用环境恶劣的客户,则只能选择专业的机身及镜头。

(一)技术质量标准

技术质量标准,是基于技术手段确定的可客观衡量的质量标准。可以通过技术手段公允地判断质量水平,因为技术质量标准是现实交易中最常用的客观标准。按照《标准化法》(2017年修订)第二条的规定,标准(含标准样品),是指农业、工业、服务业以及社会事业等领域需要统一的技术要求。国家标准分为强制性标准、推荐性标准,而行业标准和地方标准属于推荐性标准。强制性标准必须执行,国家鼓励采用推荐性标准。

质量标准与民事责任紧密相关。在总体上,各类标准侧重于从技术角度确定质量的衡量方法、衡量标准,而《产品质量法》(2018 年修正)则依据产品质量确定产品责任。两个领域相互补充,派生出一系列的质量标准、法律法规、部门规章等,使整个质量体系得到细化、强化。

标准涉及的范围非常广泛。《标准化法实施条例》(1990 年)第二条规定:

对下列需要统一的技术要求,应当制定标准:

(一)工业产品的品种、规格、质量、等级或者安全、卫生要求;

(二)工业产品的设计、生产、试验、检验、包装、储存、运输、使用的方法或者生产、储存、运输过程中的安全、卫生要求;

(三)有关环境保护的各项技术要求和检验方法;

(四)建设工程的勘察、设计、施工、验收的技术要求和方法;

(五)有关工业生产、工程建设和环境保护的技术术语、符号、代号、制图方法、互换配合要求;

(六)农业(含林业、牧业、渔业,下同)产品(含种子、种苗、种畜、种禽,下同)的品种、规格、质量、等级、检验、包装、储存、运输以及生产技术、管理技术的要求;

(七)信息、能源、资源、交通运输的技术要求。

标准包括国家标准、行业标准、地方标准和团体标准、企业标准,当前的标准体系已经非常成熟,覆盖着社会生活的方方面面。《标准化法》(2017 年修订)第十七条规定:"强制性标准文本应当免费向社会公开。国家推动免费向社会公开推荐性标准文本。"因此已有许多标准文本可供免费查询、研究。

1. 国家标准

对于国家标准,依据《标准化法》(2017 年修订)第十条、第十一条的规定,对保障人身健康和生命财产安全、国家安全、生态环境安全以及满足经济社会管理基本需要的技术要求,应当制定强制性国家标准;对满足基础通用、与强制性国家标准配套、对各有关行业起引领作用等需要的技术要求,可以制定推荐性国家标准。

对于标准的范围,《国家标准管理办法》(2022 年)第三条规定:

对农业、工业、服务业以及社会事业等领域需要在全国范围内统一的技术要求,可以制定国家标准(含国家标准样品),包括下列内容:

(一)通用的技术术语、符号、分类、代号(含代码)、文件格式、制图方法等通用技术语言要求和互换配合要求;

(二)资源、能源、环境的通用技术要求;

(三)通用基础件,基础原材料,重要产品和系统的技术要求;

(四)通用的试验、检验方法;

(五)社会管理、服务,以及生产和流通的管理等通用技术要求;

（六）工程建设的勘察、规划、设计、施工及验收的通用技术要求；

（七）对各有关行业起引领作用的技术要求；

（八）国家需要规范的其他技术要求。

对保障人身健康和生命财产安全、国家安全、生态环境安全以及满足经济社会管理基本需要的技术要求，应当制定强制性国家标准。

质量标准直接决定产品的合法性。《标准化法》（2017 年修订）第二十一条第一款规定："推荐性国家标准、行业标准、地方标准、团体标准、企业标准的技术要求不得低于强制性国家标准的相关技术要求。"该法第二十五条还规定："不符合强制性标准的产品、服务，不得生产、销售、进口或者提供。"因此，强制性标准是衡量产品是否合法的准绳。而推荐性标准，只有在合同中约定为质量标准时才有约束力。

在代号方面，国家强制性标准的编号包含如下信息：①国家强制性标准代号"GB"或国家推荐性标准代号"GB/T"；②国家标准发布的顺序号；③国家标准发布的年号。

例如，GB 36886—2018，是指 2018 年发布的顺序号为 36886 的强制性国家标准《非道路柴油移动机械排气烟度限值及测量方法》；GB/T 37066—2018，是指 2018 年发布的顺序号为 37066 的国家推荐性标准。

截至 2023 年 12 月 10 日，全国标准信息公共服务平台 https：//std.samr.gov.cn 共收录了现行国家标准 43720 个，即将实施的国家标准 1382 个，包括被采用后以国家标准形式出现的国际标准。

2. 行业标准

关于行业标准，《标准化法》（2017 年修订）第十二条第一款规定："对没有推荐性国家标准、需要在全国某个行业范围内统一的技术要求，可以制定行业标准。"《标准化法实施条例》（1990 年）第十四条第二款规定："行业标准在相应的国家标准实施后，自行废止。"

与国家标准相区别的是，行业标准由国务院有关行政主管部门制定，而国家标准则由国务院标准化行政主管部门制定。目前，国家标准的代号只有 GB 和 GB/T 两个，而行业标准则有约 70 个。截至 2023 年 11 月底，全国标准信息公共服务平台 https：//std.samr.gov.cn 共收录了工业及信息化部行业标准 49886 个、国家能源局行业标准 10729 个、海关总署行业标准 7254 个、农业农村部行业标准 6657 个、公安部行业标准 3281 个、国家林业和草原局行业标准 2564 个、国家药监局行业标准 2537 个、交通运输部行业标准 1694 个、国家煤矿安全监督局行业标准 1550 个，等等。合计 44 个部门，共计 102494 个行业标准。

依据《行业标准管理办法》（1990 年）的规定，行业标准的编号由行业标准代号、标准顺序号及年号组成。如果是推荐性标准,则在标准顺序号前加"/T"。

需要说明的是,该办法截至 2023 年 12 月 10 日仍未废止。其将行业标准分为强制性标准、地方性标准的做法,与《标准化法》(2017 年修订)所作的行业标准为推荐性标准的规定有一定冲突。究其原因,应该是《标准化法》(2017 年修订)第十条第五款规定的"法律、行政法规和国务院决定对强制性标准的制定另有规定的,从其规定"。现实中,强制性行业标准虽然越来越少但仍旧与推荐性标准并存。

例如,2018 年经过备案及公告的 AQ 2002—2018,就是安全生产领域的强制性行业标准《炼铁安全规程》;AQ/T 4127—2018,则是 2018 年备案并公告的安全生产领域的推荐性行业标准《烟花爆竹工程竣工验收规范》。

3. 地方标准

关于地方标准,《标准化法》(2017 年修订)第十三条规定:"为满足地方自然条件、风俗习惯等特殊技术要求,可以制定地方标准……地方标准由省、自治区、直辖市人民政府标准化行政主管部门报国务院标准化行政主管部门备案,由国务院标准化行政主管部门通报国务院有关行政主管部门。"

虽然《标准化法》(2017 年修订)规定了地方标准的技术要求不得低于强制性国家标准的相关技术要求,但事实上地方标准一般用来弥补国家标准、行业标准的缺失,只有当某些地方性的产品等需要技术标准而没有上述标准时,才会考虑制定地方标准。而且,地方标准在相应的国家标准或行业标准实施后,自行废止。

根据《地方标准管理办法》(2020 年)第十八条的规定,"地方标准的编号,由地方标准代号、顺序号和年代号三部分组成。省级地方标准代号,由汉语拼音字母'DB'加上其行政区划代码前两位数字组成。市级地方标准代号,由汉语拼音字母'DB'加上其行政区划代码前四位数字组成"。

换言之,地方标准的编号包含如下信息:①代号"DB";②省、自治区、直辖市行政区划代码;③代表强制性标准的斜线"/",或代表推荐性标准的"/T";④地方标准顺序号;⑤年号。例如,浙江省强制性地方标准代号为 DB33/(三位标准顺序号)—(两位年号)、浙江省推荐性地方标准代号为 DB33/T(标准顺序号)—(年号)。

例如,DB11/ 121—2018,代表北京市于 2018 年发布的强制性地方标准《柴油车加载减速污染物排放限值及测量方法》;DB31/T 1094—2018,代表上海市于 2018 年发布的推荐性标准《有轨电车试运营基本条件》。两个标准均已备案并公告。

与行业标准类似的情形是,虽然《标准化法》(2017 年修订)规定了地方标准是推荐性标准,但少量的强制性地方标准仍与大量的推荐性地方标准并存。前面提到的北京市强制性地方标准便是其中一例。

截至 2023 年 12 月 10 日，全国标准信息公共服务平台 https://std.samr.gov.cn 共收录 31 个省、市、自治区备案的地方标准 91309 个。其中数量较多依次为山东省 6344 个、江苏省 5824 个、安徽省 4372 个、四川省 4307 个，其余各省、自治区、直辖市的地方标准量除西藏、海南为三位数外，均为四位数。

4. 团体标准

团体标准是《标准化法》(2017 年修订) 修订后新出现的提法。《标准化法》(2017 年修订) 第十八条第一款规定："国家鼓励学会、协会、商会、联合会、产业技术联盟等社会团体协调相关市场主体共同制定满足市场和创新需要的团体标准，由本团体成员约定采用或者按照本团体的规定供社会自愿采用。"

对于团体标准，政府部门的职能是"规范、引导和监督"，要求相对宽松，干预较少。《标准化法》(2017 年修订) 第二十一条规定："推荐性国家标准、行业标准、地方标准、团体标准、企业标准的技术要求不得低于强制性国家标准的相关技术要求。

国家鼓励社会团体、企业制定高于推荐性标准相关技术要求的团体标准、企业标准。"

根据国家标准化管理委员会、民政部于 2019 年 1 月联合下发的《团体标准管理规定》的规定，团体标准的代号包含以下信息：① 团体标准代号"T/"；② 提出该标准的社会团体的拉丁文或拉丁文加阿拉伯数字代号；③ 团体标准的顺序号；④ 标准的年代号。例如，T/CAMDA 6—2019，是指中国农业机械流通协会 (CAMDA) 于 2019 年发布实施的第 6 号团体标准。

团体标准的提法，首次出现于国务院《关于印发深化标准化工作改革方案的通知》(2015 年) 中，旨在借鉴国际做法，在政府主导制定的国家标准、行业标准、地方标准之外，利用市场自主制定的团体标准、企业标准规范市场，促进经济有序发展。目前，团体标准一般体现为行业协会、促进会、学会等社会团体组织自行制订的推荐性或自律性的标准，门类几乎覆盖各个领域。

截至 2023 年 12 月 10 日，全国标准信息公共服务平台 https://std.samr.gov.cn/共收录了各类团体标准 70864 个。

5. 企业标准

企业标准与团体标准一样，不属于政府主导制定的强制性标准或推荐性标准，而是基于企业的自身需求而制定的自律性标准。依据《标准化法》(2017 年修订) 第十九条及第二十一条的相关规定，企业可以根据需要自行制定企业标准，或者与其他企业联合制定企业标准；推荐性国家标准、行业标准、地方标准、团体标准、企业标准的技术要求不得低于强制性国家标准的相关技术要求。国家鼓励社会团体、企业制定高于推荐性标准相关技术要求的团体标准、企业标准。

《标准化法实施条例》(1990 年)第十七条第一款规定:"企业生产的产品没有国家标准、行业标准和地方标准的,应当制定相应的企业标准,作为组织生产的依据。企业标准由企业组织制定(农业企业标准制定办法另定),并按省、自治区、直辖市人民政府的规定备案。"该条例第二十四条还规定:"企业生产执行国家标准、行业标准、地方标准或企业标准,应当在产品或其说明书、包装物上标注所执行标准的代号、编号、名称。"

在实际操作中,企业标准大多用于没有相关强制性标准甚至没有相关推荐性标准的产品的组织生产,尤其是新产品的组织生产,以及用于将自己生产的优于现行质量标准的产品与同类其他产品相区别。对于后一种情况,可以视为企业标准代表着更高的质量水准。由于产品标准必须明示,因此核对标准、检验质量并不困难。如果卖方产品涉及多个标准,则买方必须明确标的的质量标准以免混淆。

企业标准可以自行制定和发布,但是要履行备案程序,而且还要定期复审。政府标准化行政主管部门在受理备案并登记时如果发现备案的企业产品标准违反有关法律、法规和强制性标准的规定,有权责令企业限期改正或停止实施,企业可以修订后重新备案。在实际操作中,企业往往先与相关主管部门进行充分沟通再完成制定、备案,因为大多数企业并不完全具备自行制定标准的能力。按照《企业标准化管理办法》(已失效)第六条的规定,企业标准主要有以下几种:

① 企业生产的产品,没有国家标准、行业标准和地方标准的,制定的企业产品标准;

② 为提高产品质量和技术进步,制定的严于国家标准、行业标准或地方标准的企业产品标准;

③ 对国家标准、行业标准的选择或补充的标准;

④ 工艺、工装、半成品和方法标准;

⑤ 生产、经营活动中的管理标准和工作标准。

企业标准的编号包括如下信息:① 企业标准代号 Q/;② 以汉语拼音字母或阿拉伯数字或两者组合的企业代号;③ 标准顺序号;④ 标准年号。其中,企业标准代号必须符合政府相关主管部门的相关规定。例如,Q/HDCTS0002-2017,系中国电信集团卫星通信有限公司于 2017 年备案发布的第二个企业标准《中国电信移动终端测试方法——手持卫星终端分册(试行)》。

由于企业产品标准备案制度已于 2017 年全面取消。按照《标准化法》(2017年修订)第二十七条的规定,"国家实行团体标准、企业标准自我声明公开和监督制度。企业应当公开其执行的强制性标准、推荐性标准、团体标准或者企业标准的编号和名称;企业执行自行制定的企业标准的,还应当公开产品、服务的功能指标和产品的性能指标。国家鼓励团体标准、企业标准通过标准信息公共服务平台向社会公开。"

截至 2023 年 11 月 30 日,全国标准信息公共服务平台 https://std.samr.gov.cn/累计已公示企业 465241 家,声明公开标准信息 3110618 项,涉及产品 5182973 项。

(二)关于质量技术标准的其他规定

上述五类标准已经覆盖了绝大部分交易中可能涉及的质量问题,但还有相关信息需要了解。

1. 国际标准的采用方式

根据《采用国际标准管理办法》(2001 年)第三条的规定,国际标准,是指国际标准化组织(ISO)、国际电工委员会(IEC)和国际电信联盟(ITU)制定的标准,以及国际标准化组织确认并公布的其他国际组织制定的标准。为了提高中国产品的质量水平并与国际接轨,这些标准一般是在经过分析研究和试验验证后,等同或修改转化为国家标准、行业标准、地方标准和企业标准,并按正常的标准审批发布程序进行审批发布。因此,完全可以只看相关的我国标准。

对国际标准的采用分为两类:

① 等同采用,指与国际标准在技术内容和文本结构上相同,或者与国际标准在技术内容上相同只存在少量编辑性修改。以这类方式采用的国际标准,以"GB""ISO"双编号的方法表示,如:GB×××××-××××/ISO×××××:××××。

② 修改采用,指与国际标准之间存在技术性差异,并清楚地标明这些差异以及解释其产生的原因,允许包含编辑性修改。以这类方式采用的国际标准,只使用中国的标准编号。

2. 违反强制性标准的后果

强制性标准广泛存在于国家标准、行业标准、地方标准之中,是必须执行的标准,法律禁止生产、销售和进口不符合强制性标准的产品。

在民事责任方面,依照《标准化法》(2017 年修订)第三十六条的规定:"生产、销售、进口产品或者提供服务不符合强制性标准,或者企业生产的产品、提供的服务不符合其公开标准的技术要求的,依法承担民事责任。"进一步说,在交易中提供了不符合强制性标准的标的,除另有规定外,属于违反效力性强制性规定,可以直接导致合同无效。

在行政处罚和刑事责任方面,《标准化法》(2017 年修订)第三十七条规定:"生产、销售、进口产品或者提供服务不符合强制性标准的,依照《中华人民共和国产品质量法》《中华人民共和国进出口商品检验法》《中华人民共和国消费者权益保护法》等法律、行政法规的规定查处,记入信用记录,并依照有关法律、行政法规的规定予以公示;构成犯罪的,依法追究刑事责任。"

此外,《标准化法》(2017 年修订)第二十二条还对不正常竞争或垄断行为进行了限制,相关规定为"制定标准应当有利于科学合理利用资源,推广科学技术成果,增强产品的安全性、通用性、可替换性,提高经济效益、社会效益、生态效益,做到技术上先进、经济上合理。禁止利用标准实施妨碍商品、服务自由流通等排除、限制市场竞争的行为"。

3. 质量约定不明的解决方式

标的所涉及的质量标准,往往不是单一的一项标准而是复杂的一系列标准。以食品安全标准为例,从其内在质量涉及的各种成分的含量标准到包装物标准、食品标签标准,甚至关于生产原料、生产容器、生产过程、生产人员、食品标签等都有一系列的标准。其中的强制性标准即便在合同中未加约定,也同样对标的有约束力,而对其中的推荐性标准则可以根据实际需要选择性地列为合同标准。

对于合同质量条款约定不明确的情形,相关法律有着类似的规定。

《民法典》(2020年)第五百一十条规定:"合同生效后,当事人就质量、价款或者报酬、履行地点等内容没有约定或者约定不明确的,可以协议补充;不能达成补充协议的,按照合同相关条款或者交易习惯确定。"第五百一十一条第一款第一项规定:"质量要求不明确的,按照强制性国家标准履行;没有强制性国家标准的,按照推荐性国家标准履行;没有推荐性国家标准的,按照行业标准履行;没有国家标准、行业标准的,按照通常标准或者符合合同目的的特定标准履行。"

而《产品质量法》(2018年修正)第二十六条第二款则规定:

产品质量应当符合下列要求:

(一)不存在危及人身、财产安全的不合理的危险,有保障人体健康和人身、财产安全的国家标准、行业标准的,应当符合该标准;

(二)具备产品应当具备的使用性能,但是,对产品存在使用性能的瑕疵作出说明的除外;

(三)符合在产品或者其包装上注明采用的产品标准,符合以产品说明、实物样品等方式表明的质量状况。

按照常规的理解,《标准化法》(2017年修订)中的"通常标准",可以理解为同一产品在一般情况下所达到的质量标准,可根据合同目的、产品用途,以及产品的通常使用方式、平均质量水平等多方面因素进行确定,如果产品质量一向如此则应当视为符合交易习惯上的产品质量标准。同样,《产品质量法》(2018年修正)中的"应当具备的使用性能"虽然表述方式不同但其衡量的方式类似,即依据相关产品的一般用途及使用方式,产品在被正常使用的情况下所应当达到的性能,同样需要结合合同目的及使用方式进行判断。这些规定其实是明确了法官在无其他标准可以依据时的自由裁量权,以解决技术裁定无法解决的问题。

例如,多年前曾有一家企业生产的新车在洗车时发现水会从正常关闭的车门缝喷入车内。从字面上理解,这类问题完全可以直接援引上述两部法律的条款认定其未达到通常标准或不具备应当具备的使用性能,而不必以没有相关质量标准为由否认客观存在的质量缺陷。

(三)样品质量标准

样品质量标准同样也是一种客观标准,只是相比技术质量标准带有更多的主观性。之所以用样品作为质量标准,是由于技术质量标准并不能确定所有问题,以文字表述有时更加困难。例如,新款外观设计的玻璃工艺品从原料成分、制造工艺上看与其他款式并无技术质量区别,语言文字无论怎样描述其外观都不足以锁定外观质量要求,此时封样便是锁定质量标准最为简单的方式。

正是由于样品本身也有质量的不确定性,《民法典》(2020年)第六百三十五条规定:"凭样品买卖的当事人应当封存样品,并可以对样品质量予以说明。出卖人交付的标的物应当与样品及其说明的质量相同。"而第六百三十六条则进一步规定:"凭样品买卖的买受人不知道样品有隐蔽瑕疵的,即使交付的标的物与样品相同,出卖人交付的标的物的质量仍然应当符合同种物的通常标准。"这两条规定都是为了保护在商品信息上处于不利地位的买受人的利益。

最高人民法院《关于审理买卖合同纠纷案件适用法律问题的解释》(2020年修正)第二十九条为此规定:"合同约定的样品质量与文字说明不一致且发生纠纷时当事人不能达成合意,样品封存后外观和内在品质没有发生变化的,人民法院应当以样品为准;外观和内在品质发生变化,或者当事人对是否发生变化有争议而又无法查明的,人民法院应当以文字说明为准。"这一司法解释明确了两种典型情形下无法达成一致时的质量判定标准,非常具有实用价值。

另外,《产品质量法》(2018年修正)等其他法律亦对以样品质量为标准有所规定。如《消费者权益保护法》(2013年修正)第二十三条第二款规定:"经营者以广告、产品说明、实物样品或者其他方式表明商品或者服务的质量状况的,应当保证其提供的商品或者服务的实际质量与表明的质量状况相符。"

(四)主观质量标准

主观质量标准,是基于主观判断加以衡量的质量标准。这类标准主要用于需要感官判断或尚无客观标准,以及需要综合判断而无法单纯以客观标准定性的标的质量。虽然是一种较为"原始"的判断方法,但即使是在现代的技术质量标准中,有些物品仍旧需要辅以主观方式进行判断。

例如,中华人民共和国国家卫生健康委员会、国家市场监督管理总局于2018年6月21日发布的 GB 8537—2018《食品安全国家标准　饮用天然矿泉水》,在"3.2 感官要求"中要求滋味、气味"具有矿泉水特征性口味,无异味、无异嗅",状态

"允许有极少量的天然矿物盐沉淀,无正常视力可见外来异物"。但其中提及的"正常视力"则并非主观标准,如按照 GB 11533-2011《标准对数视力表》中的"3.2正常视力标准",则"能分辨 1′视角的视力为正常视力标准"。

但更为主观的标准则是以某方是否"满意"来判断。"满意"是一种当事物符合期待时的心理状态,具有判断依据的随机性、判断结论的不确定性和判断偏好的依赖性,因而是一种无法以其他方式作为替代判断且难以达成共识的判断标准。这种情形如同某种主题的特定艺术形式,既有人认同也有人否定,而且无法达成一致意见。这类条款通常以"满意为准"的形式出现,多分布于交付成果、完成工作类的合同,如承揽合同、委托合同以及标的为智力创造成果的合同,因为这些标的难以用客观标准加以衡量。

目前,对于这类主观标准尚无直接的解释或案例。在查询到的在"本院认为"部分对"满意"问题进行认定的"薛某某诉哈尔滨七彩百荷色彩服饰有限公司加工承揽合同纠纷案"①中(法宝引证码:CLI. C. 16588956),基层法院认为人们对事物的满意程度各不相同,对于"满意"没有客观可衡量的标准,且因双方分歧已不可调和,后续履行不可能达成一致满意,因而驳回了继续履行的诉讼请求。

在实际操作中,这一问题需要区别对待。通常情况下,涉及设计、创作类标的的标准,如广告设计、绘画、书法、音乐等,既无技术质量标准又无法用语言文字详细、全面地描述要求,当不能以其他方式控制质量时,以"满意为准"作为工作成果的质量标准显属无奈。但应当通过交易的分阶段履行、法定的任意解除权的强调、承揽人或受托人损失的控制等方式,设定质量判断与法律后果之间的关系。

四、标的的价款或者报酬

价款或报酬是为了取得合同标的而支付的对价,前者多用于购买商品或特定物的交易,后者多用于提供服务或完成工作的交易。但对价不仅仅是货币体现的价款或者报酬,也可以是物或行为,包括不作为的行为。在英美法中,对价是合同有效成立并得以执行的基础,但对价可以与标的并不等值。中国法律目前并无对价方面的规定,约定的价款或报酬高于或低于市场行情并不影响合同的效力。

(一)价款或报酬的计算

价款或报酬与标的的数量及计价标准有关。并非所有的交易都能事先精确地确定具体的价格,有些交易在签订合同时只有预算金额及明确的计算方法、计算标准,最终的价格只有决算时才能确定,建设工程施工合同便是如此。

---

① 参见黑龙江省哈尔滨市香坊区人民法院(2014)香民四初字第 139 号民事判决书。

虽然每个工程都有造价工程师编制详细的工程预算,但实际操作中却很难精确地将造价控制在预算范围内。合同履行过程中的工程量调整、设计变更、工程返工等原因,以及工程定额、税率等政府原因造成的调整,都会影响总造价。甚至有些建筑施工企业,利用业主单位缺乏经验或管理能力不足、合同不严谨等,以低价中标后在施工内容、施工数量、施工质量等方面做文章而获利颇丰。

价款或报酬也与标的的质量紧密相关。由于专业知识有限,许多企业在采购主营业务外的产品或服务时,若没有事先确定质量、数量标准就单纯地以压价降低成本并不可取。因为在质量、数量还没锁定的情形下,买方虽能将价格压低,但卖方也可相应降低质量或数量。尤其是某些服务招标项目,投标资格宽松、服务内容及质量笼统,并且采取最低价中标政策的,大多只能得到低质、低价的结果。

(二)支付方式及约定不明

价款或报酬的支付方式同样涉及交易风险的控制。实际操作中,大额交易直接付清全款的情形并不多,而是有支付定金、支付预付款、提供保证金、分期付款、预留质保金等多种操作模式。但这些操作并不属于交易内容条款,而是属于交易方式条款。

对于价格、报酬约定不明确的情形,同样首先适用《民法典》(2020 年)第五百一十条的规定:"合同生效后,当事人就质量、价款或者报酬、履行地点等内容没有约定或者约定不明确的,可以协议补充;不能达成补充协议的,按照合同相关条款或者交易习惯确定。"如果仍旧解决不了问题,则依据第五百一十一条第一款第二项的规定解决,即"价款或者报酬不明确的,按照订立合同时履行地的市场价格履行;依法应当执行政府定价或者政府指导价的,依照规定履行",以及第六项所规定的"履行费用的负担不明确的,由履行义务一方负担;因债权人原因增加的履行费用,由债权人负担"。

第五节　合同交易方式条款解析

交易方式条款是指《民法典》(2020 年)所列合同一般包括条款中的"履行期限、地点和方式"。这些条款的作用,是设定实际履行的时间、地点、方式等一系列权利义务,以便双方通过互动获得预想的资源。因此,交易内容只是标的的静态存在,交易方式则是标的动态的实现。但合同的交易方式条款不仅仅是期限、地点、方式,还可以有其他各种交易要求。

交易方式可以分为交付方式和支付方式,都存在期限、地点和方式的问题。而这三个问题,则分别设定了时间界限、空间界限和方法界限。理想状况下,合同履行涉及的时间、地点、方式应当清晰无误到可以直接顺利履行完毕。

一、履行的期限

履行,是指以实际行为完成合同约定或法律规定的事项。依据《民法典》(2020 年)第五百零九条的规定,"当事人应当按照约定全面履行自己的义务。当事人应当遵循诚信原则,根据合同的性质、目的和交易习惯履行通知、协助、保密等义务"。因此,不仅要全面履行合同中约定的义务,还要履行附随义务。那种先签订后违约的做法因有违商业道德而极不可取,并且失信企业名单制度的建立也会使这种行为的成本越来越高。

(一) 履行的期限问题

期限,在现代汉语中有两种含义,一种是指限定的一段时间,另一种是指所限时间的最后界限。《民法典》(2020 年) 中的用法与此相同,有的指时间段、有的指最后界限。《民法典》(2020 年) 对合同履行的规定特别提及了以下几种情形:

一是附期限的合同。附生效期限的合同、附终止期限的合同,分别在期限届满时生效或失效[见《民法典》(2020 年)第一百六十条]。

二是履行期限不明确的合同。债务人可以随时履行,债权人可以随时要求履行但应当给对方必要的准备时间[见《民法典》(2020 年)第五百一十一条]。

三是交付期限与价格执行。执行政府定价或者政府指导价的,在合同约定的交付期限内政府价格调整时,按交付时的价格计价。逾期交付标的物的按逾期前后的价格中对其不利的价格执行,逾期提取标的物或者逾期付款的按逾期前后的价格中对其不利的价格执行(见《民法典》第五百一十三条)。

1. 起始点与截止点

从技术角度来说,期限是将合同义务的履行划定在特定时间长度之内或特定时间点之前。二者都涉及期限的起始点与截止点,只不过后者因并不需要或从上下文可以推算出起始时间,而省略了对起始点的描述。时间点是一个独一无二的瞬间,例如 2018 年 12 月 31 日 24 时,适合精确地表达时间段的开始或截止。如果期限表示的是时间长度,则有起始点与截止点;如果期限表示的是截止时间,则往往只有截止点。

看似平常的时间表述经常遇到时间的起始点与截止点问题。合同中对时间长度的约定方式与日常习惯并无不同,包括以"工作周""工作日"为单位,但不同企业的"工作日"未必相同,"工作周"的起始时间也可能不同,因而以年、月、日、时的方式表述会更为明确。曾有一起争议,一方认为履行期限应按自然时间到截止日的 24 时止,另一方则认为按交易习惯是到截止日的工作时间结束时止,因而约定到具体时点可以避免争议。

履行期限与生产经营安排息息相关。有了明确的履行期限才便于安排经营计划、调配资源,以使经营管理活动稳定有序。逾期交付会打乱相对方的计划安排,而且很容易导致相对方向第三方违约,提前交付也同样会打乱相对方的计划安排并增加管理成本。提前支付一般不会有企业反对,除非涉及关键时点上的资金计划或税务安排等问题,但提前支付会无形中增加自己的资金成本。因而按约定履行以及在履行中充分沟通,是避免造成不利后果、降低双方交易成本的首选。

履行期限也是识别和控制风险的重要手段。期限上的违约非常容易直观地识别,期限上确定的时间点能够轻易地检验一方的履行能力及商业信誉,逾期未能全面履行即为违约,问题会立即浮现并发出及时应对的预警。同时,期限也是最后一道保险,如因合同缺陷而出现了不利的履行后果却又无法变更或解除合同,或是解除合同成本太高,至少可以履行到合同期满后自然解除,这样能够避免久拖不决、骑虎难下的情形。

期限有不同的类型、设定方式,直接涉及对风险的控制。其中截止期限往往更为重要,至少可用于结束某种不利状态。一次性交易的合同,其各项义务已经设定了具体的履行期限,因此再另设一个合同有效期限其实没有必要。

2. 时间期限与条件期限

期限可以用时间单位设定,也可以用先决条件来设定。前者是最为普遍的方式,通过时间单位进行设定,此处不多加介绍;后者则是《民法典》(2020 年)第一百五十八条所规定的"附条件的民事法律行为"。当然,合同所附条件本身并不属于期限,但从合同履行期限的视角解读,附条件的合同属于履行期限不确定的合同,至少是初始时间和截止时间不确定的合同,因为所附条件是否成就、何时成就均为未知数。

在许多情况下,合同中某项具体义务的履行时间很难在签订合同时确定,因此会进行"具体时间以买方通知为准"之类的约定。这种做法无可厚非,但最好附一个大致的时间以便双方履行,或以"具体时间以买方提前七天通知为准"的方式给另一方留出准备的时间。但有些合同附的条件过于复杂甚至苛刻,例如,某股权转让协议中所约定的收购方结付尾款的前提条件如下:

① 目标公司的资产清点、交割顺利进行,且未发现与提交材料不符的情况。

② 目标公司董事会业已通过决议,批准本协议所述的股权转让事宜。

③ 目标公司所涉外资股权变更已获审批机关批准同意的文件。

④ 收购方的有权部门已批准本协议所述的股权转让事宜。

⑤ 目标公司的章程已进行了修订,本次股权转让已在章程及决议中载明。

⑥ 目标公司转让后的董事、监事及高级管理人员已重新委任。

从条款内容来看,上述条款不但前提条件多、每个条件的不确定因素多,而且某些条件能否成就、何时成就取决于收购方。因而对于收购方非常有利,对于出让方则有极大的不确定性。

相对而言,附条件的合同比较难把控,而且条件越多就越难把控。虽然《民法典》(2020年)第一百五十九条规定了"附条件的民事法律行为,当事人为自己的利益不正当地阻止条件成就的,视为条件已经成就;不正当地促成条件成就的,视为条件不成就",但据此解决争议会面临举证问题。

3. 开放的期限与封闭的期限

如果期限有明确的起始时点、截止时点,便是封闭的期限,这是最为精确的期限设定方式。如果期限只有一个时点,则属于开放的期限。其中,缺少起始时点的是向前开放的期限,或称为向前敞开的期限;缺少截止时点的是向后开放的期限,或称为向后敞开的期限。不存在没有任何一个时点的期限,那属于没有期限。而没有期限的合同则属于约定不明的合同,适用《民法典》(2020年)第五百一十一条规定的"债务人可以随时履行,债权人也可以随时要求履行,但是应当给对方必要的准备时间"。

缺少起始时点的合同很难保障义务的及时履行。虽然《民事诉讼法》(2023年)第八十五条规定了"期间包括法定期间和人民法院指定的期间。期间以时、日、月、年计算。期间开始的时和日,不计算在期间内",但严格意义上说,这一规定只在发生民事诉讼时适用于人民法院与诉讼参与人之间,并不当然适用于合同事务。因此,在合同中应采用"次日起三日内"或"之日起三日内"之类的表述,避免采用"三日内"无起始时点的表述。如果二者之间只用其一,则截止时点更为重要。例如,对于付款时间没有任何其他约定而只规定了"于2018年12月31日前结清",其实是自明示或默示的条件成就时起并到该时点截止,起始时点只是没有明示。

缺少截止时点的合同无法控制未来的履行风险,因为权利义务自起始时点起面向未来无限延伸。但任何交易都不可能永久履行下去,不断变化的外部环境会使合同的履行偏离签订时所基于的背景,出现《民法典》(2020年)第五百三十三条所描述的情形,即"合同成立后,合同的基础条件发生了当事人在订立合同时无法预见的、不属于商业风险的重大变化,继续履行合同对于当事人一方明显不公平"。

因而这类向后开放的期限,对于合同的履行方风险极大。虽可以援引该法条"受不利影响的当事人可以与对方重新协商;在合理期限内协商不成的,当事人可以请求人民法院或者仲裁机构变更或者解除合同",但相对于简单地给合同义务约定截止时点要复杂得多,也不确定得多。例如,某电信企业限时促销的优惠资费套餐服务,由于协议中没有设定截止日期而变成了"永久优惠",既减少了正常收入又难以简单地取消,造成了不小的损失及麻烦。

另外一种向后敞开期限的条款更为常见,"甲方收到全部货款 3 个月后开始发货"之类的约定便是这种情形。这一条款其实只规定了卖方在收到全部货款后,3个月内有权不发货,但根本没有约定何时有义务发货,使发货义务失去了具体时间界限的约束,对于买方非常不利。

(二)条件期限的时间锁定

当期限的起始时点与截止时点中有一个甚至两个是某种条件的成就时,合同履行的起始时点与截止时点中,就会存在一个甚至两个无法确定的时间。这种情形既不利于经营活动的资源和资金安排,又给缺乏诚信的相对方带来了借口。在20 世纪 90 年代,曾有一段时期有大量的企业进口纺织设备,其中有些合同约定的贷款结清时间为"通过验收之日起三个月内",于是便有个别企业迟迟不"验收合格"以拖欠货款。这种案例至今仍未绝迹。例如,某企业在采购设备已投入运营一年半之久而且运营情况良好的情况下迟迟没有验收,并以尚未验收合格为由拒绝付款。

对于条件期限,有必要通过时间期限加以约束。由于不确定性的存在,条件期限难有明确的起始时间或截止时间,而且对条件是否成就有时会有不同的理解,不利于及时履行,甚至不利于解除合同。对此,成熟的做法是在设定条件期限之余再加上容易判断的时间期限,以明确的时间终结不确定状态。以前一合同为例,后来出现的纺织设备进口合同,统统改成了"通过验收之日起三个月内,或自货物到达目的地港口之日起二十四个月,上述期限以先到者为准"。

条件期限也可以用于终止合同。《民法典》(2020 年)第五百六十二条规定:"当事人协商一致,可以解除合同。当事人可以约定一方解除合同的事由。解除合同的事由发生时,解除权人可以解除合同。"这种方法是将可能发生的情势变更情形作为合同终止的条件,当条件成就、继续履行无法实现合同目的时终止合同,从而确保合同利益。对于这类合同,同样可以在条件期限之外加设一个"刚性"的日期期限。日期期限更容易识别,期限一到则权利义务终止,结束充满不确定性的等待。

(三)长期履行合同的变与不变

合同期限是否属于"长期"并无绝对标准,甚至可以说判断合同履行期限长短的依据并非时间长度而是未来的不确定程度,未来的不确定性越强则合同履行期限越需要短。相对而言,持续性合同的履行期限长于一次性合同,但一次性的工程类合同也有可能需要前后履行数十年,比一般的持续性合同还长。

长期履行的合同必须设立义务调整条款。许多合同需要长期履行,几乎没有必要设定截止时点,但必须设定权利义务调整条款,或可以将这些合同称为"附条件的长期履行合同"。例如,供用电、水、气、热力以及通信等公共事业服务合同均要长期履行,供应商也希望能够永远提供服务以获得稳定的收入。这类合同的风险不在于期限,而在于主给付义务是否可以适时调整。如果设定了永远不变的固定费率,且固定了收费项目及计算方式、服务的技术标准,那么很可能会对服务提供方不利。

例如,当移动通信技术自 20 世纪 90 年代初期引入中国时,服务由当时还属于政府的电信部门提供。当时只有登记而没有服务合同,也没有人想到技术会更新换代。当模拟机遭遇技术瓶颈而不得不被数字机淘汰时,刚从电信部门剥离出来的中国移动,作为企业不得不在没有合同依据的前提下于 21 世纪初期开展了一场全国性的"模转数"活动,同时要面临那些新买了模拟机却无法再用的客户发起的投诉。

总体来看,条件期限比日期期限更复杂、更难设计,但用这种方式可以既锁定交易机会又可以确保交易利益。但由于条件期限操作的复杂性,在实际操作中既容易成为高端的合同技能也容易成为败笔,具体取决于对交易背景、所必须成就的条件以及如何判断条件是否成就。

二、履行的地点

履行地点是交付标的物或履行其他合同义务的地方或处所。履行地点不仅是合同履行的地点,往往还是风险转移的地点、诉讼管辖的地点。履行地点的设定在合同中既有商务方面的考虑又有法律方面的考虑。

如果将履行的期限视为从时间角度划分权利义务,则履行的地点就是从空间角度划分合同的权利义务,而履行的方式则是从事项的角度划分权利义务,三个维度锁定了特定时间、特定地点所要完成的特定事务,同时配套法律也就锁定了责任的范围和管辖。

例如,《民用航空法》(2021 年修正)第一百二十四条规定:"因发生在民用航空器上或者在旅客上、下民用航空器过程中的事件,造成旅客人身伤亡的,承运人应当承担责任……"这一划分同样是以地点作为确定责任和管辖的前提。

又如,《海商法》(1992 年)第四十六条第一款规定:"承运人对集装箱装运的货物的责任期间,是指从装货港接收货物时起至卸货港交付货物时止,货物处于承运人掌管之下的全部期间……在承运人的责任期间,货物发生灭失或者损坏,除本节另有规定外,承运人应当负赔偿责任。"据此,一般以船舷作为风险转移界限,当货物越过船舷则风险转由承运人承担,否则由托运人承担。

（一）履行意义上的地点

合同履行地点条款的作用,首先是为合同履行指明具体的空间范围以便于明确交易秩序、安排经营管理、估算履行成本、控制履行风险。除了其中可能涉及的管辖问题,其他属于企业应当自行考量的事务。虽然许多法律都提及了"地点",但并无专业解释,需要结合合同事务的具体情形加以理解。

在典型的合同履行事务中,以物的交付为标的的合同履行地点,是双方可以面对面完成交接的地点;以完成工作为标的的合同履行地点,是履行职责所必须出现的场所或建筑物施工的场所。这些地点要么是与合同履行行为无法剥离的场所,如施工场地;要么是一方至少有使用权的场所,如一方的办公室或租用的会议室等,履行地点的缺失或不明确会直接导致合同无法履行或履行困难。因此合同履行事务中的地点,无论是在条款中设定还是以通知的方式最终确定,都应尽可能具体,以避免因地点不明确而引起的时间成本、运输成本、管理成本等方面的浪费。

这种立法中缺乏标准定义而产生的问题有许多。例如,一位驾驶员在路边停车买烟时受到处罚,依据是《道路交通安全法》(2021 年修正)第九十三条第二款规定的"机动车驾驶人不在现场或者虽在现场但拒绝立即驶离,妨碍其他车辆、行人通行的,处二十元以上二百元以下罚款……"

由于"现场"并无准确定义,某些执法人员曾认定驾驶员不在驾驶室内即属于"不在现场"。但从该法中出现的"撤离现场""事故现场""赶赴现场"等措辞来看,现场肯定不是指驾驶室。在合同事务中,应尽量避免出现这类情形。

对于合同履行地点约定不明的情形,《民法典》(2020 年)第五百一十条、第五百一十一条设立了解决问题的基本规则,即 "……履行地点等内容没有约定或者约定不明确的,可以协议补充;不能达成补充协议的,按照合同相关条款或者交易习惯确定"以及"当事人就有关合同内容约定不明确,依据前条规定仍旧不能确定的,适用下列规定:……(三)履行地点不明确,给付货币的,在接受货币一方所在地履行;交付不动产的,在不动产所在地履行;其他标的,在履行义务一方所在地履行"。

对于物的交付,也可以参照《民法典》(2020 年)中对于买卖合同的规定。《民法典》(2020 年)第六百零三条第二款规定:

当事人没有约定交付地点或者约定不明确,依照本法第五百一十条的规定仍不能确定的,适用下列规定:

(一)标的物需要运输的,出卖人应当将标的物交付给第一承运人以运交给买受人;

(二)标的物不需要运输,出卖人和买受人订立合同时知道标的物在某一地点的,出卖人应当在该地点交付标的物;不知道标的物在某一地点的,应当在出卖人订立合同时的营业地交付标的物。

同样,支付行为也是一种履行行为,按照前述原则处理。即《民法典》(2020年)第六百二十七条规定的:"买受人应当按照约定的地点支付价款。对支付地点没有约定或者约定不明确,依据本法第五百一十条的规定仍不能确定的,买受人应当在出卖人的营业地支付;但是,约定支付价款以交付标的物或者交付提取标的物单证为条件的,在交付标的物或者交付提取标的物单证的所在地支付。"

(二) 风险意义上的地点

通常情况下,标的物的所有权及风险随交付而转移。依据《民法典》(2020年)第六百零四条规定:"标的物毁损、灭失的风险,在标的物交付之前由出卖人承担,交付之后由买受人承担,但是法律另有规定或者当事人另有约定的除外。"

《民法典》(2020年)第六百零六条、第六百零七条分别规定了在途风险的转移节点和承担方式,分别为"出卖人出卖交由承运人运输的在途标的物,除当事人另有约定外,毁损、灭失的风险自合同成立时起由买受人承担",以及"出卖人按照约定将标的物运送至买受人指定地点并交付给承运人后,标的物毁损、灭失的风险由买受人承担。

当事人没有约定交付地点或者约定不明确,依据本法第六百零三条第二款第一项的规定标的物需要运输的,出卖人将标的物交付给第一承运人后,标的物毁损、灭失的风险由买受人承担"。

同时,《民法典》(2020年)还将违约后的风险归责于违约方。

① 在提存方面,《民法典》(2020年)第五百七十三条规定:"标的物提存后,毁损、灭失的风险由债权人承担。提存期间,标的物的孳息归债权人所有。提存费用由债权人负担。"

② 在违约交付的风险方面,《民法典》(2020年)第六百零五条规定:"因买受人的原因致使标的物未按照约定的期限交付的,买受人应当自违反约定时起承担标的物毁损、灭失的风险。"

③ 在未履行接收义务方面,《民法典》(2020年)第六百零八条规定:"出卖人按照约定或者依据本法第六百零三条第二款第二项的规定将标的物置于交付地点,买受人违反约定没有收取的,标的物毁损、灭失的风险自违反约定时起由买受人承担。"

④ 在因瑕疵而拒收方面,《民法典》(2020年)第六百一十条规定:"因标的物不符合质量要求,致使不能实现合同目的的,买受人可以拒绝接受标的物或者解除合同。买受人拒绝接受标的物或者解除合同的,标的物毁损、灭失的风险由出卖人承担。"

(三)管辖意义上的地点

管辖意义上的地点,涉及合同签订地、合同履行地的确认。在合同没有明确约定某些地点时,可以根据相关法律的规定确定管辖权。合同成立是合同履行的起点,故在此一并讨论。

《民法典》(2020年)确定了某些合同成立地点的认定方式。例如,其第四百九十二条规定:"承诺生效的地点为合同成立的地点。采用数据电文形式订立合同的,收件人的主营业地为合同成立的地点;没有主营业地的,其住所地为合同成立的地点。当事人另有约定的,按照其约定。"另外,第四百九十三条还规定:"当事人采用合同书形式订立合同的,最后签名、盖章或者按指印的地点为合同成立的地点,但是当事人另有约定的除外。"这些规定结合《民事诉讼法》及相关司法解释,就会发现其直接会涉及诉讼解决争议时的管辖权问题。如果约定了由合同签订地管辖,则合同成立地可构成合同管辖地。

合同履行时的情形也与此类似,履行期间的财产所在地、合同履行地,均有可能依据《民事诉讼法》及相关司法解释被作为确定管辖权的依据。《民事诉讼法》(2023年修正)第二十四条、第三十五条也分别规定了"因合同纠纷提起的诉讼,由被告住所地或者合同履行地人民法院管辖";"合同或者其他财产权益纠纷的当事人可以书面协议选择被告住所地、合同履行地、合同签订地、原告住所地、标的物所在地等与争议有实际联系的地点的人民法院管辖,但不得违反本法对级别管辖和专属管辖的规定。"

而《民法典》(2020年)中关于判定履行地点的相关规定,往往也可以在发生诉讼时用于确定管辖地。相关条款的具体规定,参见前述"(一)履行意义上的地点"。

三、履行的方式

履行方式,是指履行合同义务时所采取的方法与形式。这类内容包括履行时具体事务的顺序安排、交付的方式、检验的方式、结算的方式等,同样是基于商务上的考虑并具备法律上的意义。在交易中处于优势地位的企业往往会在履行方式上作出对己方有利的各种安排,用于降低管理成本、提高工作效率并控制法律风险。

(一)顺序和批次

合同履行离交易风险最近,既是实现交易目的的关键过程也是控制风险的关键阶段。通过合同条款直接控制风险的方法,主要是合同义务的后履行和分散履行,即合同履行的顺序和批次问题。

合同义务的后履行,意味着由相对方先履行并确信相对方已经全面履行后再履行,以避免己方先履行后相对方不履行而带来的麻烦。尤其是主给付义务的后履行,更是预防主要合同风险的基本手段,但必须具备足够的交易优势才能做到这样。例如,在相对方交货并验收合格后再付款,以及在相对方付款到账后再发货,都可以充分避免相应对价的损失。

合同义务的分散履行,则是将可以一次性履行的合同义务分成若干部分分期履行并由相对方一一支付相应对价,即便对方不履行某一期合同,己方也只损失其中一期的收益。现实交易中将付款分为若干期、每期只付一部分的做法,往往既有资金安排上的考虑,也有风险控制方面的用意。

除此之外,同时履行抗辩权、后履行抗辩权等做法,无非是上述两个基本方法的延伸,将在本书的后续部分加以介绍。

(二) 交付的方式

交付的方式,是指标的物或工作成果的提交方式。不同的主体、不同的标的、不同的需求,可能会有不同的交付方式。在交付的主体方面,可以分为第三人履行、向第三人履行;在交付的客体方面,可以分为物的交付和工作成果的交付;在交付的批次方面,可以分为一次性交付和分期交付;在交付的地点方面,可以分为卖方送货和买方自提等,各有不同的法律关系。

正如前面已经介绍过的,交付的方式涉及成本承担及风险转移问题,因而除了商业习惯,大多是由处于优势地位的一方决定。求大于供的商品大多是买家上门自提,供大于求的商品则多是卖家送货上门。市场越是饱和、交易规模越大,卖方越是送货上门、服务周到,并承担费用。这种增值服务能大幅度降低买方的运输成本和在途风险,是相对交易优势使然。当然这并不意味着运输成本最终完全由卖方承担,因为商业运作有诸多不同的模式,包括成本的转移、分散模式。

标的物从卖方到买方的过程,既可以是卖方承担费用和风险的送货模式,也可以是买方承担费用和风险的代办托运模式。《民法典》(2020 年)针对买卖合同在第六百零七条中规定,"出卖人按照约定将标的物运送至买受人指定地点并交付给承运人后,标的物毁损、灭失的风险由买受人承担"。

另外,《最高人民法院关于适用〈中华人民共和国民事诉讼法〉的解释》(2022年修正)第二十条规定:"以信息网络方式订立的买卖合同,通过信息网络交付标的的,以买受人住所地为合同履行地;通过其他方式交付标的的,收货地为合同履行地。合同对履行地有约定的,从其约定。"因此电子商务时代的互联网交易,其合同履行地都在标的的接收方。

此外还可以约定标的物所有权的后转移。《民法典》(2020 年)第六百四十一条便规定,"当事人可以在买卖合同中约定买受人未履行支付价款或者其他义务的,标的物的所有权属于出卖人"。这类条款将物的交付与所有权的转移相分离,一般是标的物的出卖方使用,以便在买方未能全面履行时继续保有标的物的所有权,以利于争议的解决。

在交付方式中最为不同的是第三人履行或向第三人履行。这两种模式也就是《民法典》(2020年)第五百二十二条、第五百二十三条分别介绍的"当事人约定由债务人向第三人履行债务,债务人未向第三人履行债务或者履行债务不符合约定,应当向债权人承担违约责任",以及"当事人约定由第三人向债权人履行债务,第三人不履行债务或者履行债务不符合约定的,债务人应当向债权人承担违约责任"。这两种交付模式打破了履行在交易双方之间进行的常规,可以大幅度提高交易效率,但需要有更好的合同条款衔接。

其他交付方式还有许多划分方法和具体模式,在此不再一一讨论。

(三) 检验的方法

检验方法条款,是双方对如何检验标的质量、数量,以及检验的方式、标准和程序等进行的约定。这一条款用于验证为履行合同而提交的标的是否与约定一致,以便决定如何处理后续事宜。没有这一条款,质量条款就失去了意义。

及时检验标的物的质量及数量,是买受人的义务。《民法典》(2020年)第六百二十条规定:"买受人收到标的物时应当在约定的检验期限内检验。没有约定检验期限的,应当及时检验。"第六百二十一条还规定,"当事人约定检验期限的,买受人应当在检验期限内将标的物的数量或者质量不符合约定的情形通知出卖人。买受人怠于通知的,视为标的物的数量或者质量符合约定。当事人没有约定检验期限的,买受人应当在发现或者应当发现标的物的数量或者质量不符合约定的合理期限内通知出卖人。买受人在合理期限内未通知或者自收到标的物之日起二年内未通知出卖人的,视为标的物的数量或者质量符合约定;但是,对标的物有质量保证期的,适用质量保证期,不适用该二年的规定……"由于质量检验大多需要专业知识和专业设备,因而许多产品的"检验"只是数量的清点和外观瑕疵的"检验",经营百货的企业更是不具备一一检验产品内在质量的能力。因此,常规的"检验"实为"清点"。为此,《民法典》(2020年)第六百二十三条针对买卖合同规定:"当事人对检验期限未作约定,买受人签收的送货单、确认单等载明标的物数量、型号、规格的,推定买受人已经对数量和外观瑕疵进行检验,但是有相关证据足以推翻的除外。"

双方可以约定在对检验结果有不同意见时,共同提请具备法定鉴定资格的机构予以质量鉴定。这种鉴定分为两类,一类为送检,另一类为抽检,前者只判定送检样品的质量,后者可以判定抽检产品的整批次质量。具体的现场验收过程并非法律人的工作职责,但在设计合同条款时应明确验收是否包括内在质量,以及通过条款设定质量责任的方式避免因无法检验内在质量而导致的不利后果。另外,必须能够读懂产品说明书以及商品上的标签或铭牌。

(四)结算的方式

结算的前提、时间、方式等涉及成本及风险控制,同属合同的履行方式条款。合同中可能涉及的款项,有定金、预付款、保证金、首付款、尾款、质保金以及税金等。定金、保证金是对整个交易或部分事项的担保,其他款项是价格或酬金的不同表达方式,分别用于满足不同的风险控制或成本控制需求。

为款项支付设定前提可以步步为营地控制风险,是对买方有利的结算方式,也是通过合同义务后履行的方式控制风险的手段。通常,对于分阶段或分批次履行的交易会以分期付款的方式结算,每次结算的前提均为交付的标的验收合格,已经提供了符合法定或约定要求的正式发票。这种做法不仅可以在标的出现问题时暂停付款,便于发票管理,还可以将付款发票的提交作为一种付款提醒,而当任何一个条件未能成就时,就可以暂停付款而不必承担违约责任。

结算方面还有许多实际考虑,需要在实践中注意并不断积累经验。例如,许多企业的付款流程审查严格,如果约定的付款期限过短则根本无法及时付款。又如,某些企业会使用银行承诺汇票付款。这是一种企业委托其开户银行开具的延期支付票据,可在到期后由银行见票即付时得到全款。但要想在到期前使用则必须将汇票转让给银行,并在银行扣除贴现利益后得到余款,因此实际到手的并非全款。

四、特定类型合同交易方式条款

除了合同一般包括条款中的期限、地点和方式,具体的合同中常常还有一些其他条款来规定合同文本本身的"怎么交易"问题,属于广义的交易方式条款。

(一)其他类型的交易方式条款

由于交易内容不同,许多合同都有其特有的交易方式条款。例如《民法典》(2020年)第五百九十六条规定:"买卖合同的内容一般包括标的物的名称、数量、质量、价款、履行期限、履行地点和方式、包装方式、检验标准和方法、结算方式、合同使用的文字及其效力等条款。"

对这一规定进行分析,其内容包括两类:

一是"包装方式、检验标准和方法、结算方式"等与具体交易相关的"个性化"交易方式条款。

二是"合同使用的文字及其效力等条款"等虽与标的的转移无关,却在合同文本层面设定了广义的"怎么交易"的要求,属于其他类型的交易方式条款。

因此,我们不妨将基于合同一般包括条款的期限、地点和方式条款定义为"基本交易方式条款",将基于特定交易而存在的诸如包装方式、检验标准等条款定义为"特定交易方式条款",而将规定整个合同秩序的定义、语言文字、一式几份、生效方式等条款定义为"广义交易方式条款"。

(二)其他的广义交易方式条款

如前所述,广义的交易方式条款只是设定合同文本自身的基本秩序,并不直接与交易标的相关。常见的广义交易方式条款有以下几类。

1. 鉴于条款

鉴于条款的作用,在于阐明签订本合同或达成本合同某些条款的某种前提性情形,而且这类情形与合同权利义务的设定存在因果关系并具有法律意义,一旦这种前提不成立则产生不同的法律后果,甚至导致合同无效。如果没有实质性的、足以影响法律关系设定的前提,就没有必要设定这一条款。

鉴于所提及的内容可以是合同某一方对合同签订履行方面的承诺,某个事件对合同签订履行产生的重大影响,或是某一方提交的对于合同签订履行有重大影响的文件、资格等。这时的鉴于条款的去留会直接引起合同法律关系的变化,属于具有实际意义的条款。

例如,"鉴于甲方需要向乙方采购本合同项下的产品而乙方也同意向甲方出售本合同项下的产品"之类的条款,因签订合同的行为本身就意味着双方有此合议,且"鉴于"的有无对合同的成立和履行并无影响,因此并无实际意义。

2. 定义条款

定义条款的用途,是当合同中的某一术语的内涵与外延需要固化以避免人们望文生义或产生不同理解时,在通常理解之外对术语重新进行说明或补充说明。如果被定义的内容与通常的理解并无异议,则没有必要予以定义。

例如,移动通信行业所称的"话费"往往不仅仅是指通话费,而是包括短信费、流量费、漫游费等所有因使用移动通信网络而产生的费用,用于格式条款时要么分开表述,要么以定义的方式加以说明,否则容易导致歧义及相应不利后果。

3. 解释顺序

解释顺序的规定,是为同时存在且属于不同层级的多份文件设定优先级别,以便当这些文件的内容不一致时决定以哪一种解释为准。这类条款一般用在多份文件同时作为合同附件,而各文件所描述的权利义务既重叠但又不完全一致时。

例如,建设工程施工合同中会有许多附件作为权利义务的依据。这些附件可以是建设项目的图纸、资料等相关文件,也可以是招标过程中对工程中某些问题的解释。其中的多个文件会提及工程范围,如果全部用于解释合同便会产生冲突,因此必须设定解释的优先顺序,以排除不确定性或冲突。

4. 份数条款

经常出现在合同正文尾部的"本合同一式×份"条款也是广义的交易方式条

款。虽然交易双方约定合同一式两份无可厚非,但决定合同文本数量多少的是企业的合同管理需要或合同审批的需要,因此各执一份有时显得并不稳妥。

例如,有些大型企业的合同管理涉及诸多部门,因此需要多份合同分别由不同部门保留一份原件,例如《商品房买卖合同》因涉及多部门备案也需要多份原件。所以合同份数,完全取决于实际需要。

合同中还有一些广义的交易方式条款,在此不再一一列举。

第六节 合同问题处理条款解析

合同问题处理条款主要包括合同一般包括条款中的违约责任、争议解决方法两部分,也包括其他回答"怎么处理"的条款。交易主体、交易内容、交易方式三类条款均为正常交易需要甚至必备的条款,对于合同履行中可能出现的意外情况,则需要用问题处理条款解决。

问题处理条款只处理履行过程中的异常问题,交易方式条款则是正常履行时所需要的细节,这是二者的区别所在。

一、合同的履行异常

所谓履行异常,是指因任何原因而导致的合同未按约定全面履行。由于民事行为并不强调主观故意,因而履行异常是指合同未按约定全面履行的客观状态,无论是哪一事项,也无论主观是否故意。

(一)履行异常及减损原则

履行异常的原因可以分为当事人原因和非当事人原因两类,前者指当事人由于某种原因而未能全面履行合同,无论其原因是产能问题、管理问题还是人为事故或主观故意;后者由外界因素引起,如原料供应方违约、不可抗力、法律变更、第三方原因导致的合同无法全面履行等。

主观故意对于一般的违约没有太多影响。但恶意行为,如《民法典》(2020 年)第五百条规定的"恶意进行磋商"、第一百五十四条规定的"恶意串通"等,分别可导致缔约过失责任和恶意串通下的合同无效。对于"故意"的规定除了这两项,分别是赠与合同、委托合同、居间合同中的故意行为。当然,这并不等于在签订履行其他合同过程中故意造成的损害不能得到赔偿。

判断是否出现履行异常取决于合同权利义务的界限是否清晰,这也是强调权利义务明确性的重要原因。例如,明确的时间、地点、标的、数量、质量、包装方式等界限非常容易判断卖方的违约,而明确的金额、付款日期、银行账号则可以准确地判断买方是否违约。即使追究违约责任,同样需要有明确的违约行为界限、违约责任界限,笼统约定很难得到充分保护。

其中非常容易被忽略的是法律上的减损原则,即《民法典》(2020年)第五百九十一条规定:"当事人一方违约后,对方应当采取适当措施防止损失的扩大;没有采取适当措施致使损失扩大的,不得就扩大的损失请求赔偿。当事人因防止损失扩大而支出的合理费用,由违约方负担。"这一点无论是违约方还是违约方的相对方,在计算损失时都需要注意。

对于履行异常,企业最常用的方式是相对灵活的协商解决。诉讼或仲裁大多是协商不成且无其他方案可替代时的最终解决方案。诉讼或仲裁由于周期长并具有一定的不确定性,成本也未必低,因此并非企业的首选。

(二)履行异常的常用措施

《民法典》(2020年)中虽然并未出现"履行异常"一词,但对于合同未能全面履行的情况,已经规定了多种处理时采取的措施,其中以下几种比较常见。

1. 异议

异议,是在发生争议时对对方的决定或行为提出不同意见。在规定的时间内提出异议,是维护权益的基础也是主张权益的标志。《民法典》(2020年)及相关司法解释中关于异议的规定主要有:

① 在解除权方面,《民法典》(2020年)第五百六十五条规定,"当事人一方依法主张解除合同的,应当通知对方。合同自通知到达对方时解除;通知载明债务人在一定期限内不履行债务则合同自动解除,债务人在该期限内未履行债务的,合同自通知载明的期限届满时解除。对方对解除合同有异议的,任何一方当事人均可以请求人民法院或者仲裁机构确认解除行为的效力"。

② 在买卖合同方面,《民法典》(2020年)第六百二十二条规定,"当事人约定的检验期限过短,根据标的物的性质和交易习惯,买受人在检验期限内难以完成全面检验的,该期限仅视为买受人对标的物的外观瑕疵提出异议的期限"。

③ 在保证合同方面,《民法典》(2020年)第六百八十五条规定,"第三人单方以书面形式向债权人作出保证,债权人接收且未提出异议的,保证合同成立"。

④ 在租赁合同方面,《民法典》(2020年)第七百一十八条规定:"出租人知道或者应当知道承租人转租,但是在六个月内未提出异议的,视为出租人同意转租。"而第七百三十四条也规定,"租赁期限届满,承租人继续使用租赁物,出租人没有提出异议的,原租赁合同继续有效,但是租赁期限为不定期"。

⑤ 在运输合同方面,《民法典》(2020年)第八百三十一条规定,"收货人在约定的期限或者合理期限内对货物的数量、毁损等未提出异议的,视为承运人已经按

照运输单证的记载交付的初步证据"。

⑥ 提出异议的时限。例如,《民法典》(2020 年)第八百三十一条规定:"收货人提货时应当按照约定的期限检验货物。对检验货物的期限没有约定或者约定不明确,依据本法第五百一十条的规定仍不能确定的,应当在合理期限内检验货物。收货人在约定的期限或者合理期限内对货物的数量、毁损等未提出异议的,视为承运人已经按照运输单证的记载交付的初步证据。"

2. 催告

催告,是告知并敦促对方及时作为以及时结束某种状态。催告手段在法律上的应用场合较多,虽未见其标准定义但通常是一种要求对方在一定限期完成某行为或结束某行为,或者在一定期限内表明态度的方式。《民法典》(2020 年)中对于催告有如下规定:

① 对于限制行为能力人订立的合同,《民法典》(2020 年)第一百四十五条规定,"相对人可以催告法定代理人自收到通知之日起三十日内予以追认。法定代理人未作表示的,视为拒绝追认。民事法律行为被追认前,善意相对人有撤销的权利。撤销应当以通知的方式作出"。

② 对于无权代理人订立的合同,《民法典》(2020 年)第一百七十一条规定,"相对人可以催告被代理人自收到通知之日起三十日内予以追认。被代理人未作表示的,视为拒绝追认。行为人实施的行为被追认前,善意相对人有撤销的权利。撤销应当以通知的方式作出"。

③ 对于合同的法定解除,《民法典》(2020 年)第五百一十五条规定,"享有选择权的当事人在约定期限内或者履行期限届满未作选择,经催告后在合理期限内仍未选择的,选择权转移至对方"。

④ 对于解除权消灭,《民法典》(2020 年)第五百六十四条规定,"法律没有规定或者当事人没有约定解除权行使期限,自解除权人知道或者应当知道解除事由之日起一年内不行使,或者经对方催告后在合理期限内不行使的,该权利消灭"。

3. 抗辩

抗辩,是不接受某种客观事实或对方作出的判断、决定,并为拒绝按要求履行某种义务而提出的保护自身利益的理由或事实。《民法典》(2020 年)中所有的抗辩,包括不安抗辩,都是基于某种在先的事实而被动的、为排除或减轻己方义务而提出的拒绝履行的主张。相关的法律条文如下:

① 对于同时履行抗辩权,《民法典》(2020 年)第五百二十五条规定:"当事人互负债务,没有先后履行顺序的,应当同时履行。一方在对方履行之前有权拒绝其履行请求。一方在对方履行债务不符合约定时,有权拒绝其相应的履行请求。"

② 对于不安抗辩权,《民法典》(2020 年)第五百二十七条规定:"应当先履行

债务的当事人,有确切证据证明对方有下列情形之一的,可以中止履行:

（一）经营状况严重恶化;

（二）转移财产、抽逃资金,以逃避债务;

（三）丧失商业信誉;

（四）有丧失或者可能丧失履行债务能力的其他情形。

当事人没有确切证据中止履行的,应当承担违约责任。"

但对于这种权利的行使,《民法典》(2020年)在第五百二十八条中规定:"当事人依据前条规定中止履行的,应当及时通知对方。对方提供适当担保的,应当恢复履行。中止履行后,对方在合理期限内未恢复履行能力且未提供适当担保的,视为以自己的行为表明不履行主要债务,中止履行的一方可以解除合同并可以请求对方承担违约责任。"

《民法典》(2020年)第五百二十二条还对债权转让后债务承担人的抗辩权作出了规定,即"法律规定或者当事人约定第三人可以直接请求债务人向其履行债务,第三人未在合理期限内明确拒绝,债务人未向第三人履行债务或者履行债务不符合约定的,第三人可以请求债务人承担违约责任;债务人对债权人的抗辩,可以向第三人主张"。以及第五百三十五条规定的"相对人对债务人的抗辩,可以向债权人主张"。

4. 追认

追认是事后认可之意,《民法典》(2020年)上的语意与此相同。相关的法律规定由三部分组成,分别对应三种不同的情况。

① 对于限制行为能力人订立的合同,《民法典》(2020年)第一百四十五条规定:"限制民事行为能力人实施的纯获利益的民事法律行为或者与其年龄、智力、精神健康状况相适应的民事法律行为有效;实施的其他民事法律行为经法定代理人同意或者追认后有效。

相对人可以催告法定代理人自收到通知之日起三十日内予以追认。法定代理人未作表示的,视为拒绝追认。民事法律行为被追认前,善意相对人有撤销的权利。撤销应当以通知的方式作出。"

② 对于无权代理人订立的合同,《民法典》(2020年)第一百七十一条规定,"行为人没有代理权、超越代理权或者代理权终止后,仍然实施代理行为,未经被代理人追认的,对被代理人不发生效力。

相对人可以催告被代理人自收到通知之日起三十日内予以追认。被代理人未作表示的,视为拒绝追认。行为人实施的行为被追认前,善意相对人有撤销的权利。撤销应当以通知的方式作出"。

5. 通知

通知,是以陈述、解说等方式使他人知道某种态度、决定等信息。合同的签订、履行过程中需要大量的信息沟通,以设立、变更、终止某种权利义务关系,因而《民法典》(2020 年)中大量事务涉及通知。同时,通知也是异议、催告、抗辩等行为的发出方式。

例如,在合同成立前的要约、承诺过程中,许多环节需要以通知的方式表明自己的意思表示,以达成合同或发出新要约、变更原来的要约或承诺。而在合同成立后及履行过程中,效力待定合同的处理、附随义务的履行、不安抗辩权的行使、债权人变更后债务人的履行、债权的转让、合同解除权的行使、债务的抵销、债务人的标的物提存、因不可抗力不能履行合同等,均需通知相对方已发生法律效力或表明履行行为,以及减少对相对方的各种不利影响。此外,《民法典》(2020 年)许多典型合同也有专属的通知义务。

在实际操作中,这类通知经常以非常正式的书面方式发出,包括在 EMS 上注明通知的内容,并保留标签及发送记录作为发出通知的证据。有些大批量发送的通知,如开发商通知业主收楼的通知,甚至由公证部门对发送的内容、对象及地址以清单的方式进行公证。

(三)履行异常的解决途径

履行异常的应对措施一般视其发生原因而定,不同的原因会有不同的后果,并意味着不同的应对措施。例如,企业之间可以相互理解由于单据积压、简单失误等原因而导致的付款延误并耐心等待对方付款,但若遇到相对方账号被冻结、资产被查封等情形则往往先考虑暂停履行甚至提起诉讼以避免损失。

对于相对严重的履行异常,例如已经无法继续履行或继续履行已经没有必要等,《民法典》(2020 年)中的许多规定措施都可选用,并非只有诉讼或仲裁一条路。

1. 协议补充

当原合同因某些事项没有约定或约定不明而导致无法履行,或有其他事项需要在履行前明确时,双方可以协商并通过增加补充协议的方式来解决。

这一措施的法律依据为《民法典》(2020 年)第五百一十条,该条规定:"合同生效后,当事人就质量、价款或者报酬、履行地点等内容没有约定或者约定不明确的,可以协议补充;不能达成补充协议的,按照合同相关条款或者交易习惯确定。"

2. 行使代位权

行使代位权,是法律赋予债权人在某些特定情形下越过债务人以自己的名义行使债务人的债权的行为。这种权利的运用,对于明明有债权却故意不去实现债权并继续不向合同相对方履行债务的行为非常有效。

这一措施的法律依据为《民法典》(2020 年)第五百三十五条,规定为,"因债务人怠于行使其债权或者与该债权有关的从权利,影响债权人的到期债权实现的,债权人可以向人民法院请求以自己的名义代位行使债务人对相对人的权利,但是该权利专属于债务人自身的除外"。

3. 行使撤销权

除了怠于行使债权,更有债务人恶意放弃或转让到期债权。在这种情形下,法律赋予债权人申请确认债务人行为无效,以维护其合法债权的权利。

这一措施的法律依据为《民法典》(2020年)第五百三十八条:"债务人以放弃其债权、放弃债权担保、无偿转让财产等方式无偿处分财产权益,或者恶意延长其到期债权的履行期限,影响债权人的债权实现的,债权人可以请求人民法院撤销债务人的行为。"

但该权利的行使有时间上的限制,《民法典》(2020年)第五百四十一条规定:"撤销权自债权人知道或者应当知道撤销事由之日起一年内行使。自债务人的行为发生之日起五年内没有行使撤销权的,该撤销权消灭。"

4. 变更原合同

当原合同客观上已经无法全面履行,甚至一方本身已经违约,则可以通过协商一致的方式直接变更合同或以补充协议的方式变更合同的全部或部分权利义务,以便于后续履行或补救。但有两个特别要求:其一,《民法典》(2020年)第五百零二条:"依法成立的合同,自成立时生效,但是法律另有规定或者当事人另有约定的除外。依照法律、行政法规的规定,合同应当办理批准等手续的,依照其规定。未办理批准等手续影响合同生效的,不影响合同中履行报批等义务条款以及相关条款的效力。应当办理申请批准等手续的当事人未履行义务的,对方可以请求其承担违反该义务的责任。

依照法律、行政法规的规定,合同的变更、转让、解除等情形应当办理批准等手续的,适用前款规定。"其二,第五百四十四条:"当事人对合同变更的内容约定不明确的,推定为未变更。"

事实上,债务人部分履行债务而债权人接受的情形,也可以被视为合同的变更。

5. 债权债务的转让

当一方当事人由于某种原因而希望由其他方去主张债权时,可将其债权转让给第三人但应通知债务人而且不得撤销,债务人也可以将债务转让给第三人但必须经债权人同意。其相关规定为《民法典》(2020年)第五百四十五条:"债权人可以将债权的全部或者部分转让给第三人,但是有下列情形之一的除外:

(一)根据债权性质不得转让;

(二)按照当事人约定不得转让;

(三)依照法律规定不得转让。

当事人约定非金钱债权不得转让的,不得对抗善意第三人。当事人约定金钱债权不得转让的,不得对抗第三人。"

与合同变更的情形相似,如果法律、行政法规规定转让权利或义务应当办理批准、登记等手续,唯有完成相关手续才没有法律瑕疵。

6. 合同解除

解除是合同消灭的七种情形之一,分为约定解除和法定解除两类。

约定解除的规定见《民法典》(2020 年)第五百六十二条,即"当事人协商一致,可以解除合同。当事人可以约定一方解除合同的事由。解除合同的事由发生时,解除权人可以解除合同"。

法定解除的规定见《民法典》(2020 年)第五百六十三条,即"有下列情形之一的,当事人可以解除合同:

(一)因不可抗力致使不能实现合同目的;

(二)在履行期限届满前,当事人一方明确表示或者以自己的行为表明不履行主要债务;

(三)当事人一方迟延履行主要债务,经催告后在合理期限内仍未履行;

(四)当事人一方迟延履行债务或者有其他违约行为致使不能实现合同目的;

(五)法律规定的其他情形。

以持续履行的债务为内容的不定期合同,当事人可以随时解除合同,但是应当在合理期限之前通知对方"。

行使约定解除权必须在合同中明确约定行使解除权的条件,并且约定行使解除权的期限。《民法典》(2020 年)第五百六十四条规定:"法律规定或者当事人约定解除权行使期限,期限届满当事人不行使的,该权利消灭。

法律没有规定或者当事人没有约定解除权行使期限,自解除权人知道或者应当知道解除事由之日起一年内不行使,或者经对方催告后在合理期限内不行使的,该权利消灭。"

这些都进一步说明了合同工作与合同诉讼的不同之处。即诉讼业务是依据法律和证据去解决已经发生的合同争议,而合同工作则是依据法律规定防止某些不利情况的发生。

7. 债务抵销

债务抵销,是债权人与债务人互负债务时的一种直接消除债务的方式。其法律规定为《民法典》(2020 年)第五百六十八条:"当事人互负债务,该债务的标的物种类、品质相同的,任何一方可以将自己的债务与对方的到期债务抵销;但是,根据债务性质、按照当事人约定或者依照法律规定不得抵销的除外。

当事人主张抵销的,应当通知对方。通知自到达对方时生效。抵销不得附条件或者附期限。"

但这类标的物种类、品质相同的情形比较少见,较多的是约定抵销,即《民法典》(2020 年)第五百六十九条规定的"当事人互负债务,标的物种类、品质不相同的,经协商一致,也可以抵销"。

8. 标的物提存

提存,是债务人在无法向债权人直接履行时采取的一种消灭债务的方法。其法律规定为《民法典》(2020 年)第五百七十条,即"有下列情形之一,难以履行债务的,债务人可以将标的物提存:

(一)债权人无正当理由拒绝受领;

(二)债权人下落不明;

(三)债权人死亡未确定继承人、遗产管理人,或者丧失民事行为能力未确定监护人;

(四)法律规定的其他情形。

标的物不适于提存或者提存费用过高的,债务人依法可以拍卖或者变卖标的物,提存所得的价款"。

债务人完成提存后,依据《民法典》(2020 年)第五百七十三条:"标的物提存后,毁损、灭失的风险由债权人承担。提存期间,标的物的孳息归债权人所有。提存费用由债权人负担。"但该法第五百七十二条也规定了"标的物提存后,债务人应当及时通知债权人或者债权人的继承人、遗产管理人、监护人、财产代管人"。

9. 免除与混同

免除债务和债务混同可以导致债权消灭,但相对少见。其法律规定分别为《民法典》(2020 年)第五百七十五条规定的"债权人免除债务人部分或者全部债务的,债权债务部分或者全部终止,但是债务人在合理期限内拒绝的除外"。以及第五百七十六条规定的"债权和债务同归于一人的,债权债务终止,但是损害第三人利益的除外"。

二、违约责任条款

违约责任条款,是依照法律规定设定何种情形属于违约以及应承担何种责任的条款。设立违约责任条款的目的,一是以足够高的违约成本迫使交易相对方遵守合同,二是当相对方违约并造成己方损失时可以将所受到的损失转嫁给违约方。合同履行过程中出现的任何与约定不符的情形都可称为违约,但未必任何违约都会被追究违约责任。

(一)对违约责任的解析

"违约"这一动宾词组的重点在于"约"。对此,《民法典》(2020 年)第一百七十六条规定:"民事主体依照法律规定或者按照当事人约定,履行民事义务,承担民事责任。"《民法典》(2020 年)第五百七十七条:"当事人一方不履行合同义务或者履行合同义务不符合约定的,应当承担继续履行、采取补救措施或者赔偿损失等违约责任。"而"合同义务""约定"的基础,都是双方在合同中的约定,可见约定之重要。由于承担违约是法律上的强制性规定,因而"任何一方违反本合同均需依法承担违约责任"之类的约定并无实际意义,约定与否均不影响法律后果。唯有将交易中不希望发生的行为约定为违约行为,并约定违约行为的责任承担方式,才能得到应有的法律保护。而这些约定除非违反了效力性强制规定,一般并不存在法律障碍。

但《民法典》(2020 年)项下的违约责任是补偿性的,因而有其法定限度。例如《民法典》(2020 年)第五百八十四条:"当事人一方不履行合同义务或者履行合同义务不符合约定,造成对方损失的,损失赔偿额应当相当于因违约所造成的损失,包括合同履行后可以获得的利益;但是,不得超过违约一方订立合同时预见到或者应当预见到的因违约可能造成的损失。"概括来说,一是要有合同约定,二是一般要有损失,三是不得超过限度。

如果将违约的判定标准分为法定与约定两类,法定的情形只有笼统的规定,而约定的情形则是对法定情形的补充与细化。事实上法律直接规定违约金金额或比例的情况较少,并且大多只在当事人没有约定时适用,多数情况是授权当事人自行约定违约的情形及违约责任。

例如,《民法典》(2020 年)第五百八十二条:"履行不符合约定的,应当按照当事人的约定承担违约责任。对违约责任没有约定或者约定不明确,依据本法第五百一十条的规定仍不能确定的,受损害方根据标的的性质以及损失的大小,可以合理选择请求对方承担修理、重作、更换、退货、减少价款或者报酬等违约责任。"

(二)违约责任的承担方式

《民法典》(2020 年)第五百七十七条规定:"当事人一方不履行合同义务或者履行合同义务不符合约定的,应当承担继续履行、采取补救措施或者赔偿损失等违约责任。"其中,支付违约金、承担赔偿责任和适用定金罚则的情形较多。

1. 违约金

在设定违约责任方面,违约金的应用最为广泛。对于违约情形的假设主要基于交易内容条款和交易方式条款,按程度可分为全部未履行的违约、部分未履行的违约,按类型可分为未按约定时间履行、未按约定地点履行、未按约定方式履行、未按约定质量履行、未按约定数量履行五类,具体可根据相关条款细分。

违约金的额度可以两种方式设定。依照《民法典》(2020 年)第五百八十五条,"当事人可以约定一方违约时应当根据违约情况向对方支付一定数额的违约金,也可以约定因违约产生的损失赔偿额的计算方法"。前者直接、简单地设定具体的违约金金额,后者设定计算基数及比例,如基于违约金额按某一比例计算、基于固定的基数及比例按日计算等。二者的优势都在于无须证明所受损失,只需证明对方违约即可主张。

但由于违约责任带有补偿性,违约金的设定受到一定限制。《民法典》(2020年)第五百八十五条还规定"约定的违约金低于造成的损失的,人民法院或者仲裁机构可以根据当事人的请求予以增加;约定的违约金过分高于造成的损失的,人民法院或者仲裁机构可以根据当事人的请求予以适当减少。"

因此,对于违约金,《民法典》(2020年)第五百八十五条规定:"当事人可以约定一方违约时应当根据违约情况向对方支付一定数额的违约金,也可以约定因违约产生的损失赔偿额的计算方法。

约定的违约金低于造成的损失的,人民法院或者仲裁机构可以根据当事人的请求予以增加;约定的违约金过分高于造成的损失的,人民法院或者仲裁机构可以根据当事人的请求予以适当减少。

当事人就迟延履行约定违约金的,违约方支付违约金后,还应当履行债务。"

根据《最高人民法院关于适用〈中华人民共和国民法典〉合同编通则若干问题的解释》(2023年)第六十五条,违约金比例问题规定如下:

"当事人主张约定的违约金过分高于违约造成的损失,请求予以适当减少的,人民法院应当以民法典第五百八十四条规定的损失为基础,兼顾合同主体、交易类型、合同的履行情况、当事人的过错程度、履约背景等因素,遵循公平原则和诚信原则进行衡量,并作出裁判。

约定的违约金超过造成损失的百分之三十的,人民法院一般可以认定为过分高于造成的损失。

恶意违约的当事人一方请求减少违约金的,人民法院一般不予支持。"

2. 定金

定金本身并不属于违约责任,而是与保证、抵押、质押、留置同属担保方式。但定金可用于承担违约责任,即《民法典》(2020年)第五百八十七条规定:"债务人履行债务的,定金应当抵作价款或者收回。给付定金的一方不履行债务或者履行债务不符合约定,致使不能实现合同目的的,无权请求返还定金;收受定金的一方不履行债务或者履行债务不符合约定,致使不能实现合同目的的,应当双倍返还定金。"

但定金的约定需要符合法定的限度。依据《民法典》(2020年)第五百八十六条:"当事人可以约定一方向对方给付定金作为债权的担保。定金合同自实际交付定金时成立。

定金的数额由当事人约定；但是，不得超过主合同标的额的百分之二十，超过部分不产生定金的效力。实际交付的定金数额多于或者少于约定数额的，视为变更约定的定金数额。"

同时，定金还可与赔偿损失并用。依据该法第五百八十八条还规定："当事人既约定违约金，又约定定金的，一方违约时，对方可以选择适用违约金或者定金条款。

定金不足以弥补一方违约造成的损失的，对方可以请求赔偿超过定金数额的损失。"

需要注意的是，定金合同的生效时间是定金交付之日而非合同签订之日。《民法典》(2020年)第五百八十六条中，既规定了"定金合同自实际交付定金时成立"，又规定了"实际交付的定金数额多于或者少于约定数额的，视为变更约定的定金数额"。

对于定金的适用，《最高人民法院关于适用〈中华人民共和国民法典〉合同编通则若干问题的解释》(2023年)第六十七条规定："当事人交付留置金、担保金、保证金、订约金、押金或者订金等，但是没有约定定金性质，一方主张适用民法典第五百八十七条规定的定金罚则的，人民法院不予支持。当事人约定了定金性质，但是未约定定金类型或者约定不明，一方主张为违约定金的，人民法院应予支持。

当事人约定以交付定金作为订立合同的担保，一方拒绝订立合同或者在磋商订立合同时违背诚信原则导致未能订立合同，对方主张适用民法典第五百八十七条规定的定金罚则的，人民法院应予支持。

当事人约定以交付定金作为合同成立或者生效条件，应当交付定金的一方未交付定金，但是合同主要义务已经履行完毕并为对方所接受的，人民法院应当认定合同在对方接受履行时已经成立或者生效。

当事人约定定金性质为解约定金，交付定金的一方主张以丧失定金为代价解除合同的，或者收受定金的一方主张以双倍返还定金为代价解除合同的，人民法院应予支持。"

3. 赔偿损失

赔偿损失是承担民事责任的基本原则，也是《民法典》(2020年)第五百七十七条所规定的承担民事责任的方式之一，即"当事人一方不履行合同义务或者履行合同义务不符合约定的，应当承担继续履行、采取补救措施或者赔偿损失等违约责任"。因此，赔偿损失的主张即便合同中没有约定也可以得到支持，问题只是能否充分举证。

对于赔偿损失的约定比对违约金的约定更复杂。对于赔偿损失，通常约定为"因违约行为而给相对方造成的一切损失，包括但不限于差旅费、调查取证费用、合理的律师费、消除不利影响的费用以及因此而减少的收入",更细的约定还包括各类费用的计算方法及标准以使违约损失量化,但律师费能否得到支持视法院审判观念而定。

关于赔偿损失与定金之间的关系,《民法典》(2020年)第五百八十八条规定:"当事人既约定违约金,又约定定金的,一方违约时,对方可以选择适用违约金或者定金条款。定金不足以弥补一方违约造成的损失的,对方可以请求赔偿超过定金数额的损失。"

当双方没有约定逾期付款违约金时,可适用相关司法解释来处理。对此,《最高人民法院关于适用〈中华人民共和国民法典〉合同编通则若干问题的解释》(2023年)第六十三条规定:"在认定民法典第五百八十四条规定的'违约一方订立合同时预见到或者应当预见到的因违约可能造成的损失'时,人民法院应当根据当事人订立合同的目的,综合考虑合同主体、合同内容、交易类型、交易习惯、磋商过程等因素,按照与违约方处于相同或者类似情况的民事主体在订立合同时预见到或者应当预见到的损失予以确定。

除合同履行后可以获得的利益外,非违约方主张还有其向第三人承担违约责任应当支出的额外费用等其他因违约所造成的损失,并请求违约方赔偿,经审理认为该损失系违约一方订立合同时预见到或者应当预见到的,人民法院应予支持。

在确定违约损失赔偿额时,违约方主张扣除非违约方未采取适当措施导致的扩大损失、非违约方也有过错造成的相应损失、非违约方因违约获得的额外利益或者减少的必要支出的,人民法院依法予以支持。"

此外,《最高人民法院关于审理买卖合同纠纷案件适用法律问题的解释》(2020年修正)第十八条第四款规定:"买卖合同没有约定逾期付款违约金或者该违约金的计算方法,出卖人以买受人违约为由主张赔偿逾期付款损失,违约行为发生在2019年8月19日之前的,人民法院可以中国人民银行同期同类人民币贷款基准利率为基础,参照逾期罚息利率标准计算;违约行为发生在2019年8月20日之后的,人民法院可以违约行为发生时中国人民银行授权全国银行间同业拆借中心公布的一年期贷款市场报价利率(LPR)标准为基础,加计30-50%计算逾期付款损失。"

三、解决争议的方法

"解决争议的方法"是《民法典》(2020年)中所规定的最后一个合同一般包括条款,也是问题处理条款中的第二类内容。诉讼或仲裁虽是解决争议的典型方式,但企业通常会先通过协商来解决争议,包括双方让步、利益补偿、替代履行等,甚至是不讲法律、不问对错而只看双方能否接受的"协商",诉讼与仲裁往往是最后的选择。

许多人将《民法典》(2020年)当成解决诉讼问题的唯一依据,相关的司法解释更是加深了人们的这类印象。但它实际上主要是关于交易秩序的交易规则法,利用这些规则解决争议更加顺理成章,并不意味着必须经过诉讼或仲裁。

(一)法定依据与约定依据

在解决履行异常问题时,无论是协商解决还是诉讼解决,法律依据和合同依据都是强有力的理由。前面提到的各种可能手段,一般也都是在诉讼之前采用。理解各类措施的法律含义并在合同中预埋解决方案,才能在出现异常时占据主动。

例如,按照《民法典》(2020年)关于合同的法定和约定解除权行使期限的规定,"期限届满当事人不行使的,该权利消灭"如果没有法律规定和双方约定,则"自解除权人知道或者应当知道解除事由之日起一年内不行使,或者经对方催告后在合理期限内不行使的,该权利消灭"因此在合同中设定解除权行使期限有助于缩短权利义务的不确定状况期间。

法律授权当事人自行约定的内容,均为设计解决争议条款时需要充分利用的机会。例如,《民法典》(2020年)第四百九十二条规定,"采用数据电文形式订立合同的,收件人的主营业地为合同成立的地点;没有主营业地的,其住所地为合同成立的地点。当事人另有约定的,按照其约定"。

又如,《民法典》(2020年)第四百零七条规定:"抵押权不得与债权分离而单独转让或者作为其他债权的担保。债权转让的,担保该债权的抵押权一并转让,但是法律另有规定或者当事人另有约定的除外。"

另外,合同领域的法律问题也可以从其他法律体系中寻找解决方案。由于合同涉及主体、客体等诸多因素,许多问题既可以在合同以外解决又可以在《民法典》(2020年)以外解决。例如,合同方的欠款问题可能最后会通过向其股东主张出资填补义务的方式解决,而某些合同争议也完全可以通过侵权法或消费者权益保护法加以解决。

(二)情势变更问题

情势变更是变更或解除合同的原因之一,但实际操作并不容易,不如将其转化为合同的约定解除条件。

1. 情势变更的解除权

当前的法律体系对于"情势变更"的描述,见于《民法典》(2020年)第五百三十三条,"合同成立后,合同的基础条件发生了当事人在订立合同时无法预见的、不属于商业风险的重大变化,继续履行合同对于当事人一方明显不公平的,受不利影响的当事人可以与对方重新协商;在合理期限内协商不成的,当事人可以请求人民法院或者仲裁机构变更或者解除合同"。

由于判断标准过于笼统,只能借鉴相关案例的认定模式,从可预见性、可归责性及可能的后果来综合判断。从相关案件来看,因政府政策的调整或合同当事人意志之外的客观情况发生重大变化,且不属于商业风险而导致合同不能继续履行或者不能实现合同目的的,可以作为情势变更处理。正常的商业风险、商业判断失误等情况,均不属于情势变更。

构成情势变更的实际案件相对较少,因此通过合同约定解决问题更为稳妥。尤其是对于"继续履行合同对于一方当事人明显不公平或者不能实现合同目的"的情形,以概括描述或简单列举的方式作为合同解除的条件会更加方便、有效。

2. 解除权的行使期限

《民法典》(2020 年)所规定的依据法律规定行使的法定解除权和依据约定行使的约定解除权,是合同权利义务终止的基础。包括《民法典》(2020 年)第一百五十八条规定的"附解除条件的民事法律行为,自条件成就时失效"。

结合上述规定以及《民法典》(2020 年)关于解除权行使期限的规定,在条件允许的情况下可以在合同条款中充分约定何种条件下可以解除合同,如原料价格的重大波动、道路改造影响正常经营、重大技术升级淘汰了原有技术等,将之作为解除的条件并约定行使解除权的期限,以便在无法实现合同目的时解除合同,避免更大的损失。

解除合同未必需要支付违约金,但并不等于不用承担任何义务。《民法典》(2020 年)第五百六十六条规定:"合同解除后,尚未履行的,终止履行;已经履行的,根据履行情况和合同性质,当事人可以请求恢复原状或者采取其他补救措施,并有权请求赔偿损失。

合同因违约解除的,解除权人可以请求违约方承担违约责任,但是当事人另有约定的除外。

主合同解除后,担保人对债务人应当承担的民事责任仍应当承担担保责任,但是担保合同另有约定的除外。"

(三) 管辖权的约定

问题处理条款中很重要的一个内容就是管辖权问题,即诉讼解决还是仲裁解决,以及解决争议的地点。

1. 诉讼或仲裁的选择

诉讼、仲裁都是自行协商无法解决争议时的选择,如何选择视当事人的自身需要和偏好而定,但二者之间的区别需要明确,主要有以下方面:

① 法院是行使审判权的国家司法机关,其诉讼管辖权由法律规定;仲裁机构

带有民间组织性质,其管辖权基于争议双方的约定或同意。

② 法院依据《人民法院组织法》设立并具有完整的上下级系统;仲裁委员会依据《仲裁法》设立,各仲裁委员会彼此独立,并无隶属关系。

③ 诉讼只能在法定的地域管辖、级别管辖和专属管辖中选择,而仲裁机构的选择没有这类限制。

④ 诉讼时当事人无权选择法官,代理人有人数限制;仲裁时当事人可以选择仲裁员,而且代理人一般没有人数限制。

⑤ 诉讼程序依照《民事诉讼法》及相关司法解释的规定;仲裁程序则依据《仲裁法》及各仲裁委员会的仲裁规则,不同的仲裁机构会有一定的区别。

⑥ 诉讼有审级规定,一审败诉后仍有上诉、申诉的机会;仲裁是一裁终局制,除个别法定情形外没有第二次机会。

通常情况下,通过仲裁解决争议相当于双方找第三方居中裁决,因而许多企业由于不愿过于对抗而选择仲裁,诉讼的对抗性则比较强。

2. 诉讼管辖的选择

如果选择以诉讼解决争议,则首先要区分地域管辖中的一般地域管辖和专属管辖。《民事诉讼法》(2023 年修正)第三十四条规定:"下列案件,由本条规定的人民法院专属管辖:(一) 因不动产纠纷提起的诉讼,由不动产所在地人民法院管辖;(二) 因港口作业中发生纠纷提起的诉讼,由港口所在地人民法院管辖;(三) 因继承遗产纠纷提起的诉讼,由被继承人死亡时住所地或者主要遗产所在地人民法院管辖。"除了这些专属管辖的案件,地域管辖又分不同的级别管辖。

由于《人民法院组织法》(2018 年修订)中规定的"专门人民法院"仍旧存在,某些地区仍由专门法院管辖海事、知识产权等特定类型的案件,需要在约定时注意。

选择法院的原则一般是就近,因为任何一方选择在其所在地进行诉讼,都会得到交通、沟通等方面的便利。但在合同未对管辖加以约定或选择了被告住所地管辖时,管辖法院并不特定。《民事诉讼法》(2023 年修正)第二十二条规定:"对公民提起的民事诉讼,由被告住所地人民法院管辖;被告住所地与经常居住地不一致的,由经常居住地人民法院管辖。对法人或者其他组织提起的民事诉讼,由被告住所地人民法院管辖……"这意味着在没有约定管辖地点的前提下,法律规定的管辖地点为被告提供了就近管辖的便利。只是由于哪一方提起诉讼并不确定,最终的管辖地并不确定。选择原告住所地管辖的,也是同样的情况。

当事人在符合规定的情况下,有权选择自认为最合适的法院管辖。依据《民事诉讼法》(2023 年修正)第三十五条的规定,当事人只要不违反级别管辖和专属管辖的规定,可有多种选择。该条规定:"合同或者其他财产权益纠纷的当事人可以书面协议选择被告住所地、合同履行地、合同签订地、原告住所地、标的物所在地等与争议有实际联系的地点的人民法院管辖,但不得违反本法对级别管辖和专属管辖的规定。"

除此之外要注意的是,如果合同中对管辖法院的约定不明确或未进行约定,有可能因签订或履行合同过程中的某种行为而由法院依法认定诉讼管辖地。

第七节 合同审查中的"三个比对"

所谓审查,是指仔细地检查、核对是否正确和妥当。"检查"和"核对",都有按照一定的标准或参照物进行比对之意。同理,审查合同也是用一定的尺度去衡量合同条款及整份合同是否存在某种问题,只是尺度更加抽象、多维。

由于涉及对合同质量、合同一般包括条款的分析,本节内容参见本书第一章第七节及第二章第三节至第六节的相关内容。

一、浅析"三个比对"

用抽象、多维的视角审查合同,每个人都会得出不同的结论。合同四大基本内容、合同一般包括条款、合同的内在和外在质量要素等,视角不同但殊途同归,只是各有侧重、用途。四大基本内容是基于概括、归类后的合同一般包括条款,属于庖丁解牛式的静态分析。而内在和外在质量要素,则是将具体的交易方案与理想化的合同进行比对,以查明这一权利义务系统的整体状况。

审查合同不仅看细节还看整体及合同与交易背景间的关系,这样才是一种考虑周到的尺度。因此,简单概括的合同审查工作内容,就是基于合同一般包括条款的内涵以及合同内在和外在质量要素,按从内在到外在、从专业到非专业的角度,进行条款与条款的比对、现实与理想的比对、约定与法定的比对。

1. 约定与法定的比对

这是内在的比对,主要目标是通过合同条款与法律条款的比对,发现条款中存在或可能存在的法律问题。其功能是确保交易主体、交易内容、交易方式、问题处理条款的合法性,最大限度地受到法律的保护。

2. 现实与理想的比对

这是商务安排的比对,是内在与外在之间的过渡、具体与抽象之间的过渡、非专业与专业之间的过渡,主要解决合同条款如何优化的问题,包括商务条款的优化、表述方式的优化,以提高合同的质量和使用价值。

3. 条款与条款的比对

这是外在的比对,因为这种比对并不需要法律专业知识,甚至只要具备一定的阅读理解和逻辑判断能力即可胜任。这一比对的功能,是发现合同文本中可能存在不利后果的低级错误。

回顾合同内在质量的主体合格性、约定合法性、条款实用性、权义明确性、需求满足性,以及外在质量的结构清晰性、功能完备性、思维严谨性、表达精确性、版面美观性,合同审查的三个比对只是省略了外在质量的结构清晰性、版面美观性(因为合同审查一般不需要审查这两项),并对其他八个要素重新进行了排列组合。

为了方便理解和参考,以下将对三种比对以检查清单的方式展开讨论。以下内容的更多细节,参见本书第一章第七节及第二章第三节至第六节的相关内容,在此不再重复。

二、约定与法定的比对

约定与法定的比对,是将现实的合同条款与相关的法律规定相比对,即进行合同条款的合法性审查。它涉及合同四大基本内容的各个组成部分,并且包括内在质量的主体合格性、内容合法性、权义明确性三个方面,用以判断主体、标的、交易方式、解决方案等条款的合法性。

(一)商务条款的合法性

此处所提及的商务条款,包括合同文本中的合同名称、交易主体、交易内容、交易方式条款,并未严格按照合同四大基本内容划分。相关的详细讨论,参见本书第一章第七节及第二章第三节至第六节的相关内容。

1. 合同名称的合法性

《民法典》(2020年)中的十九种合同属于"典型合同",其名称代表了合同的标的、类别、法律关系等。除此以外的合同属于"非典型合同",其法律定位大多没有定论,只能通过《民法典》(2020年)的通则以及其他法律的规定解释。如果合同名称与实际内容不符,会造成法律关系、权利义务上的混乱,并给合同的解释及争议的处理带来无谓的麻烦。

在合同名称方面,典型合同应使用标准名称或至少不至于混淆的名称,而非典型合同也不应张冠李戴,以免合同名称影响合同性质和法律关系的判断。同时,合同权利义务的设置、交易模式等需要与合同名称相匹配。例如,服装厂销售自行生产的成品服装属于买卖合同关系,按照客户的要求加工生产属于承揽合同关系,但许多交易介于二者之间,需要斟酌合同名称。

2. 交易主体的合法性

审查交易主体的合法性,或称为主体合格性,目的是看合同各方姓名或名称是否与身份证件或批准其成立的法律文件相符,是否具备从事相关交易所必备的且合法有效的法律资格文件,以及合同有没有载明住所,如有载明是否与法定的地址一致等。

对于主体的合法性,首先需要审查营业执照与许可证书、资格证书与资质证书,为了控制履行质量还要审查具体履行人员的从业资格、代理人资格等。其工作重点,是当标的为许可经营项目时,企业是否拥有相应的经营许可。

在主体资格方面,以企业法人为例,企业法人营业执照能够证明其合法成立、具备法人资格并可以从事一般经营项目,但从事后置许可类的许可经营项目则还需取得相关许可证后方可经营。

3. 交易标的的合法性

标的的合法性问题,主要关注标的是否可以合法地生产、销售、购买、拥有、使用等。这涉及合同是否有效以及有无行政处罚甚至刑事责任。具体而言,对于涉嫌违法的标的需要审查其是否属于禁止生产和销售的产品;对于工程项目需要审查其是否拥有合法的项目审批及许可文件;对于可能违法的服务,应审查其是否为法律禁止。

例如,《产品质量法》(2018 修正)第五条规定:"禁止伪造或者冒用认证标志等质量标志;禁止伪造产品的产地,伪造或者冒用他人的厂名、厂址;禁止在生产、销售的产品中掺杂、掺假,以假充真,以次充好。"第十三条第二款规定,"禁止生产、销售不符合保障人体健康和人身、财产安全的标准和要求的工业产品"。违反上述规定的产品均不具备合法性。

又如,国家市场监督管理总局、工业和信息化部、公安部发布的《关于加强电动自行车国家标准实施监督的意见》(2019 年)中"五、建立长效监管机制"中规定,"严禁生产、销售未获得 CCC 认证、也未列入《道路机动车辆生产企业及产品公告》的电动摩托车产品,防止假借电动摩托车名义生产、销售违标电动自行车"。这类交易,即为标的物违法。

同时与标的有关的,是审查标的物是否有合法的权属证明以及出卖方是否拥有合法的处分权,避免出现效力待定的问题。那些限制经营的产品或服务其实是主体资格是否合法问题,并不属于标的合法性问题。

4. 交易过程的合法性

《民法典》(2020 年)合同编的典型合同分编为典型合同提供了基本的交易行为规范,但还有一些交易要求散见于其他的法律、法规、地方性法规、部门规章、地方政府规章以及司法解释中。要确保交易的合法性,就需要把控相关环节。

例如,《民法典》(2020 年)对于买卖合同履行过程中分批交货时的违约处理,以及《最高人民法院关于审理城镇房屋租赁合同纠纷案件具体应用法律若干问题的解释》(2020 年修正)第三条所规定的"出租人就未经批准或者未按照批准内容建设的临时建筑,与承租人订立的租赁合同无效"的规定等。

(二)语言表述的合法性

合同中的条款表述如果涉及法律上的相关术语、法规名称等,需要规范使用。

1. 引用内容的合法性

合同中一般并不需要引用法律或技术标准,除非是比较生僻的、需要引起双方注意的规定。如有引用则必须审查确定其是否现行有效,否则会制造混乱并影响相关条款的效力。但推荐性标准必须引用,否则不对双方产生约束力。

法律的强制性规定除非用于引起注意,否则也并不需要引用。授权当事人自行约定的任意性条款,需要审查是否超出其适用的范围。

2. 术语措辞的合法性

合同中的各类术语、关键词,必须符合法律规范、技术规范等方面的权威解释,没有相关解释的应符合通常用法。如果所用术语与权威解释、通常理解存在差异则需要以定义的方式明确,否则会带来误解或歧义。

例如,合同中经常出现的订金、押金等不确定的用语均应以规范的术语"定金"替代;合同中也要杜绝"××市仲裁委员会"的提法,而以标准的"××仲裁委员会"替代。

(三)法律条款的合法性

法律条款的合法性,主要是合同中与法律规定关系密切的条款与法律有无冲突。

1. 权利义务的合法性

合同条款不能与强制性的法律规定相冲突,否则可能无效或部分无效,包括法律对于格式条款的要求,以及对于限制相对方权利、加重相对方义务情形的规定等。同时,法律规定由当事人自行约定的,应当用足相关约定。在实务操作中,某些典型合同的权利义务设置,需要核对相关司法解释以确定其合法性。

例如,某公共事业企业与服务承包商之间的合同对客户投诉处理的约定为"甲方将在收到用户投诉之日起七个工作日内将投诉资料提交乙方,并由乙方负责在收到投诉资料后的十五个工作日内最终妥善解决"。这一条款本身并无问题,但时限超过了行业主管部门的规定,同样存在合法性问题。

2. 违约处理的合法性

法律对于违约责任的处理存在不同的规定,包括追究违约责任以及解除合同等,超越这些路径和限度也会使违约责任的约定变得不合法。

例如,定金比例超出法定范围、违约金比例超出法定范围、定金与违约金并用等。不属于法定情节的,如果要作为解除合同的条件,需要加以约定。

3. 争议管辖的合法性

这种合法性主要不是解决哪种管辖方式最为有利,而是解决管辖的约定是否合法的问题,既要在法律规定的范围内选择又要注意级别管辖和专属管辖的规定。

例如,以前曾经发生过有些管辖条款约定的法院过于具体,而诉讼金额超出了级别管辖的标准;还有一些合同自行约定的管辖地点违反了专属管辖的规定;此外,还有约定仲裁的条款将仲裁委员会的名称写错等。

4. 生效方式的合法性

在法律或相关合同对某个交易的程序另有规定或约定的情况下,合同必须符合法律的规定或双方的在先约定,其生效、变更、解除等才能合法、有效,尤其是要遵守必须履行一定的手续才能生效的效力性强制规定。

例如,中外合资经营合同即使已经成立,只要未经相关部门批准,其在法律上就并未生效。类似的情况还有法律规定某些项目必须经过招标才能生效,某些公司的章程中对签订、履行合同另有规定,以及交易双方在其他合同中另有约定等。

三、现实与理想的比对

现实与理想的比对,是将现实状态的合同文本能否实现交易目的问题、商务条款问题、语言表述问题等与理想化的合同文本应当达到的水准进行比较以审查文本中存在的需要通过优化来提高文本质量、增加安全度的问题。这种比对涉及的工作内容较多,但既非外在问题也非法律问题,相当于合同内在和外在质量要素的交易要求满足性、条款实用性、权义明确性、表达精确性领域。

(一) 条款功能是否完备

由于一般包括条款各有不同的功能,因而可将合同的各个组成部分视为不同的功能模块。审查条款功能是否完备,是从商务角度审视不同层级的合同条款有无影响交易安全和正常履行的功能缺失。例如,是否因质量条款缺失而导致标的容易被替换、是否因交付方式及地点缺失而容易被另行收费等。

1. 一般包括条款有无缺失

审查一般包括条款有无缺失的基本思路,可借鉴《民法典》(2020 年)第四百七十条列举的八个合同一般包括条款。还可参照第五百九十六条对于买卖合同的相关规定,将一般包括条款扩展为:标的物的名称、数量、质量、价款、履行期限、履行地点和方式、包装方式、检验标准和方法、结算方式、合同使用的文字及其效力等条款。不过其中的"合同使用的文字及其效力等条款"在内贸合同中毫无必要,而合同生效类条款则更为实用。

这些条款基于买卖合同,但由于买卖合同是最为基本的合同,且《民法典》

(2020年)第六百四十六条规定了"法律对其他有偿合同有规定的,依照其规定;没有规定的,参照适用买卖合同的有关规定"。因此用于其他合同时只需略作类推调整。而许多合同也可以根据需要将一些一般包括条款并在一个条款中,如将标的、数量、质量一并表述,以减少条款的总数。

此外,由于不同质量层面的合同对于条款有着不同的需要,因此成套设备采购合同、商品房买卖合同等即使有了这些条款也未必足够,但没有这些条款,从法律强制规定、交易习惯等方面就无从判定合同如何履行,则一般可以视为存在条款缺陷。当然也有一些合同由于内容简单或属于常见交易,可以不做功能分析而直接发现条款是否完备。

2. 中间条款有无缺失

合同一般包括条款在合同中一般只是标题,如果将其视为一级条款,则往往这些一级条款下还有二级条款,如果二级条款下是具体条款的话,则二级条款往往也只是一个标题。从一般包括条款到具体条款是一个逐渐具体化的过程,二者之间无论分为几层均为中间条款。而内容组织严谨的合同,条款分出二级、三级且都设有标题也很正常,所有中间条款的审查思路完全相同。这种标题体系清晰的合同,最适合"按图索骥"地审查。

例如,以"当事人的名称或者姓名和住所"这一一般包括条款,或称为交易主体模块为例,其下的二级条款可以视需要分为各方的执照及许可证事项、资格资质事项;而设备采购合同中的"标的"条款,则往往除了设备本身还有安装调试、技术培训、备品条件、售后服务等内容。这些二级条款的细分明确了合同中的权利义务,而且因为涉及具体内容,反而更容易判断。

3. 具体条款有无缺失

直接描述权利义务的具体条款有的设标题,有的不设标题,不设标题的可以通过概括主题的方式审查有无功能上的缺失,有标题则更加方便。

例如,某合同的第三级条款为具体条款,各条款的标题如下:

3.1　开通准备

3.2　投诉处理

3.3　对运营的具体约定

3.4　乙方职责

这四个条款所构成的不同模块间显然既有秩序上的混乱也有功能上的不完整。"开通"一定需要双方配合,因而有"3.4　乙方职责"的同时也一定应该有"甲方职责"。顺序也以如下方式为宜:

3.1　开通准备

3.2　对运营的具体约定

3.3　甲方职责

3.4　乙方职责

3.5　投诉处理

从一般包括条款到具体条款,存在不同形式的功能模块缺陷。合同的起草者由于身陷其中,很容易因熟悉而忽略某些内容并造成这些缺陷。由于合同审查一般并不调整合同的结构,只是当条款分布过于杂乱时才会临时性地为了便于审查而重新调整结构或划分模块。对于审查中发现的问题,包括模块的缺少或重叠、冲突、位置不当,也都只是在审查结论中建议加以调整即可,合同结构上的调整不属于合同审查的工作范围,甚至有时会因为改动太大而属于合同的起草范围。

4. 情况假设是否充分

这种审查的目的是发现是否存在被遗漏的假设。合同是对未来事务所作的约定,需要尽可能预见到可能出现的问题并预设解决方案,其思维模式是"假设—处置"。假设是否详尽并覆盖了各种可能性,正是需要审视之处。

合同正常履行所必需的交易主体、交易内容、交易方式条款如有问题,一定会在履行过程中暴露。这实际是对问题处理条款中各种可能出现的问题的假设,针对的是履行合同时可能发生或发现的问题。如果具备一定的实际工作经验则更容易预见这些问题,但如果只有点式思维的简单列举、线性思维的"死脑筋",即使将假设建立在经验的基础之上,也难以充分预见到各类可能性,因而思维方法、思维工具非常重要。

例如,如果买方收到的产品并非交易所需,既可能是卖方质量违约也可能是交易内容条款约定不明而导致交货混淆甚至恶意顶包;对于生产设备采购合同,如果在验收、安装调试、试生产过程中出现问题只能协商解决,则说明未对这些环节有过明确约定。这些方面的假设有时需要一定的专业知识或专业经验,但更要靠清醒的头脑。

大多数合同对于违约类型的假设都不充分,部分原因是条件的制约使之无法细化,还有一些则明显是技术上的假设不充分。如果合同中没有约定而法律上也没有强制性规定,则在争议处理时很难充分维护权益。但违约情形与当事人的要求、合同的重要程度、合同风险高低有关,并非所有合同都要详细约定。

买卖双方的违约情形各有不同,对于卖方可能出现的违约只有对标的、数量、方式、时间、质量甚至主体等均作出约定,才属于假设充分的合同。至少在合同审查时应当发现主要的、极可能出现而又被遗忘的违约情形。

假设的过程既是思维能力的运用过程也是背景知识、业务经验的调用过程。

有时通过简单的推理可能无法得出严谨的假设,这时便需要借助相关的思维工具,如矩阵图、因果关系树等。相关讨论参见本书第一章第三节、第四节的相关内容。

(二) 条款约定是否实用

合同条款是否实用是指除了合同履行所必备的那些条款,有没有结合交易中可能出现的具体情况设计出解决可能出现的问题的个性化条款,以降低风险、排除争议及提高效率、降低成本、促进交易目的的实现。

合同的交易内容、交易方式、问题处理条款都可以提高实用性,但视具体交易中的标的性质、法律关系、合同目的、交易背景等因素而定。没有一般包括条款则合同难以履行,没有实用性条款则利益难以最大化。并非所有的合同都能约定实用性条款,因为有些合同因委托人处于弱势地位而不能实现,有些合同则确实不需要。

1. 交易内容是否所需

对交易内容的约定是否所需,体现在标的范围以及质量、数量、服务等特殊要求方面。通常情况下这并不属于合同审查的范围,可以作为"增值服务"。

例如,采购相对专业的设备一般都需要安装调试甚至进行个性化设置,此外还有技术培训、备品备件、软件升级等,有些并不需要额外费用,有的则属于要实现交易目的就无法压缩的开支,需要在标的范围内考虑。还有一些用于特定目的的交易,如为了促销而采购礼品等,由于数额无法固定则可以按实结算确定数量和金额,甚至可以根据销量实行阶梯定价。

2. 交易方式是否有利

某些标的的交易环节有许多"门道",约定不够细致、明确则容易在合同履行中产生争议,甚至付出比预期高得多的代价。

例如,针对装修时经常需要临时改动的情况,约定每一部分的施工均需经发包方确认,以避免工程修改造成浪费;销售可能存在数量误差的商品时约定误差调整方法,误差范围以内的不调整、超过范围如何调整等;增加发货通知条款以便于收货方准备等。

还有一个容易忽略的问题是合同的具体履行人员,因为某些交易中履行人员的履行能力决定了合同履行的质量。尤其是对于设计、监理等与智力、经验、技术、专业有关的合同履行,必须约定具体由哪些有资格或能力的人员履行。虽然当事人亲自履行、按质量要求履行是《民法典》(2020 年)规定的全面履行的基本要求,但主创人员、项目负责人等与身份及工作质量有关的内容如在合同中明确则更为有利。

3. 问题处理是否实用

问题处理条款的实用性体现在对可能出现的情形、各类情形的处理方式,以及诉讼管辖的约定方面。对于违约问题的讨论,参见本书第一章第七节以及第二章第五节的相关内容。

审查争议管辖地点主要是看在该地点诉讼或仲裁是否有利,因为一旦发生诉讼则涉及诉讼成本和便利等问题。《民事诉讼法》(2023 年修正)第三十五条规定:"合同或者其他财产权益纠纷的当事人可以书面协议选择被告住所地、合同履行地、合同签订地、原告住所地、标的物所在地等与争议有实际联系的地点的人民法院管辖,但不得违反本法对级别管辖和专属管辖的规定。"

管辖地大多由在交易中处于相对强势地位的一方决定,而相对弱势的一方可以主张机会公平的被告住所地、原告住所地等,但视违约的可能性和诉讼的可能性而定。如果有可能成为被告则选择被告住所地管辖,相对方很可能违约则选择原告住所地管辖,但不排除违约方以"恶人先告状"的方式争夺管辖权。

如果约定由合同签订地或履行地管辖,则合同中必须明确签订地点或履行地点以免造成管辖地不明确;如果合同中未约定管辖问题,则要看实际履行中发生诉讼时的法定管辖在哪里,是否有利于委托人。同时还要注意管辖条款是否与级别管辖或专属管辖的相关规定相冲突。除非诉讼不可能涉及级别管辖问题,否则用"合同签订地""原告住所地"等只确定地点不确定具体法院的方式进行约定比较方便。

当然,也可以约定采用相对温和的仲裁解决争议。这涉及在仲裁的一裁终局制与法院的不同审级之间如何选择,以及不同仲裁机构在仲裁规则、选定仲裁员等方面不同的问题。

综上所述,"谈生意"正是将对自己有利的方案拿出来与对方博弈并最终达成妥协,因此如果需要则可在这一阶段提出实用性的条款以供双方协商。

4. 交易模式可否优化

交易模式的优化是提高合同实用性的战略性手段,但一般不属审查范畴。其基本做法是以更安全、更简捷的方式实现合同目的。这一工作不属于合同审查的内容,但能大大提升合同审查的价值。

例如,收购目标公司还是收购其资产、服务是外包给专业公司还是交由劳务公司,都涉及哪一种更为简捷、更接近交易目的的问题。此外,对于经常交易且相对方信誉良好的企业采用"框架合同"加订单的方式进行交易,合同确定基本秩序,订单确定具体的数量、价格等内容,也可减少不必要的一事一审的管理成本。

值得一提的是,有时合同并不能解决所有问题。某化纤产品生产企业虽然每年的销售额达到数十亿元,但多年来居然没有应收款。其策略其实很简单,就是与其价格高些赊销,不如价格低些即时结清。因而这一企业虽然利润率并不高,但资金流动速度快,没有应收账款,也因此节省了坏账成本。

(三)权利义务是否明确

衡量权利义务是否明确的标准是其可识别性,不具备可识别性则属于约定不明确甚至没有约定。在审查合同时如果发现这类问题应当提请委托人注意,尤其需要注意主合同义务及违约判定标准等关键条款的不明确。出现权利义务不明确的情况有的是出于疏忽,有的是出于点式思维下的"条款罗列",须以建立结构体系的方法克服。

1. 交易内容约定不明

通过交易得到想要的标的是交易的目的,因而必须以明确的标的、数量、质量、价款或报酬等条款保证所得与所需相一致。合同虽可大致分为提交产品、转移财产、完成工作、提供服务四个大类,但都要求具有一致性,因为细微的差别也会影响交易目的的实现。

(1)交易标的不明

交易标的的不明确,一般是由于标的的型号、性能、制造商、材质、花色等约定不足以区分"此物非彼物",并因此造成混淆甚至被故意作为漏洞利用。对于同类产品众多的工业品,有时不仅需要不厌其烦地描述具体的规格、型号、参数等内涵以减少其外延、提高明确性,还要通过样品进一步确定交易标的。如某合同中出现的"进口涤纶长丝",由于标的适用范围太广而不具有特定性,也就失去了可识别性。

对于已有标准的产品或服务,尽管《标准化法》(2017 修订)规定了庞大的质量标准体系,但国家标准并不代表着能够满足需求,许多情况仍须自行约定。例如,某企业经考察指定某种石材用于办公大楼的外墙装饰,但施工后外观效果不理想。经调查,当时的质量标准为镜向光泽度不低于 80 度,施工企业采用的石材的镜向光泽度为 83 度,远未达到企业要求的镜向光泽度 90 度,严重影响了外观。

(2)辨别标准不明

缺乏识别标准等配套信息是常见的权利义务不明确。例如,某广告合同中约定:"乙方负责在本市内电视台新闻综合频道《行遍街》栏目中制作、播出 20 秒的'短信有奖竞猜'节目,同时在该栏目片尾播出甲方 10 秒形象广告。"这一条款本身并无问题,但整个合同中并未约定连续播出几周、每周几期、每期播出几次、每次播出的时段等内容,从而使广告的价值、履行的方式无法确定,属于重大条款缺失。

又如,某广告承揽合同中约定:"承揽方不能按期履行合同义务的,每逾期一天,须向定作方按未履行部分广告费的 0.5% 偿付违约金。定作方逾期支付广告费用,每逾期一天,须向承揽方按所欠款项的 0.5% 偿付违约金。"该条款表面上权利义务对等,但合同中并没有约定承揽方完成广告制作的时间,回避了承揽方时间上违约的责任,其违约责任形同虚设。但定作方付款的期限、金额却十分明确,其违约行为极易识别和追究。

同样,条款附件的缺失也会导致标准不明确。如果仅仅在合同中规定"乙方对外提供的服务必须符合甲方的管理规范",而未将管理规范作为合同附件,必然造成履行及解决争议上的麻烦。

此外,"甲方满意为准"之类的条款由于其标准无法客观衡量,因而同样难以成为一个明确的标准。

2. 交易方式约定不明

交易方式约定不明主要体现在履行的期限、地点、方式、要求等方面,任何一点未加约定都可能给缺乏诚信的一方以不履行、不按约定履行的借口。这些细节涉及履行成本及风险转移时点,甚至诉讼管辖地点。

(1)整体性问题

现实中的履行方式条款大多不够详细,因为大多数企业缺乏精确地制订和实施远期计划的习惯,且许多企业虽未全面履行但仍有交易的诚意,从而无须详细约定。但在附随义务、交易习惯、情势变更、不可抗力等问题上,有所约定都会胜过由第三方裁判决定。

例如,产品的包装、运输、验收等细节如果约定不明都有可能因风险的承担和费用的承担而产生争议。一般情况下,送货上门则风险与费用由卖家承担,自行提货则由买方承担。判断交易方式是否约定明确的最简单方式,是想象一下交易的物理过程,如果存在无法顺利履行、不知如何处理的情形,就是需要明确之处。有些内容因法律上已有规定而不加约定也没有法律问题,但有了约定则会起到说明、提醒的作用。

以最为常见的买卖合同为例,按《民法典》(2020 年)的相关规定,可能涉及如下问题:

标的物所有权的转移时间?

标的物提单以外的单证和资料的范围及如何提交?

标的物为软件时的知识产权归属?

交付地点、运费承担是否明确?

标的物损毁或灭失的责任承担界限?

买卖在途标的物时的风险承担?

买方通知卖方数量或质量不符的期限?

多交的标的物如何处理?

分期付款交易出卖人因买受人原因解除合同时标的物使用费如何计算?

凭样买卖的封样质量是否说明?

试用买卖的试用期间?

不会有买卖合同遇到所有这些问题,但具体交易中的实际问题一般只会更多。

（2）时间界限不明

合同中的任何权利义务都只能存在于特定的时间界限之内。而敞开式的时间区间，或者权利义务缺乏时间界限等，都会引起权利义务不明甚至无限扩大。

例如，"在……之后"是典型的向后敞开的时间区间，意味着履行时间可以无限延后。但真实的交易中根本不可能存在可以无限延后的履行，因而一定要设定权利义务截止的时间，以避免权利或义务超出正常范围。

又如，如果没有时间上的界限，"延期履行"与"未能履行"就无法区分，只有约定多少时间内履行算作"延迟"、超过多少时间视为"未能"，或以其他方式表述，才能准确识别二者之间的区别并设置不同的违约责任。

（3）操作方式不明

即便法律有明文规定或行业有强制性标准，合同的履行过程往往仍需要明确某些要求，否则等于可以任意方式履行并影响履行质量。例如，某些货物需要有包装要求、某些货物要求运输工具达到清洁标准、某些产品需要全程冷链运输等。

3. 问题处理约定不明

问题处理条款需要明确、合法、可操作、可识别，否则相关条款因缺乏具体判断标准和可操作性而形同虚设，在法律上毫无意义。

例如"未尽事宜由双方协商解决"之类的约定，如果没有约定哪类问题具体如何处理则只是一种姿态。这类条款在出现争议时解决不了是否违约及承担何责任的问题，无法成为处理纠纷的依据，也无法阻止另一方提起诉讼。

如果有了明确的、足以得到法律支持的约定，则双方可以通过合同条款解决争议，足以避免损失扩大及诉讼。何况诉讼需要投入正常经营以外的成本，而且诉讼结果在很多时候并不确定，没有企业愿意冒险。

4. 权利义务归属不明

合同必须明确每种行为的施动者或受动者。主语或宾语可以合乎语法地省略，但不能因缺失而导致无法判断权利义务归属。

例如，某合同中约定："业务类型：声讯服务（考试查分、彩票查询、交通信息、有奖竞猜、人工聊天、娱乐等）。"由于没有主语，无法判断谁向谁提供业务及双方的分工，容易在履行中相互推诿。

同理，如果句子中主语或宾语较多或语法关系复杂，有时会导致指代内容不明确，同样无法判断所指代的是施动者还是受动者，同样属于权利义务归属不明。

例如，"经友好协商，甲乙双方就甲方代理乙方为其客户进行租赁业务达成如下协议"这一条款中，"其客户"的概念如不结合全文则无法直接判断。如果双方主营业务交叉、客户交叉，则更难判断。

另外，客户的概念大于用户的概念。"用户"一般是使用有形产品或使用有形产品实现的服务功能的客户,如产品用户、网络服务用户等。咨询服务提供的是信息,因而接受咨询服务的主体不应称为"用户",而只能称为"客户"。

(四)表述是否精确严谨

语言表达是否精确,涉及从词汇选择到句法、语法、语体、语言歧义等多个方面。不精确的措辞代表了专业性的不足,也会使权利义务的边界变更不明确,进而带来合同质量及法律风险方面的隐患。

1. 内涵和外延是否恰当

清楚地理解措辞、用语的内涵和外延是精确表述权利义务的基础,而现实中的许多表述都在这一方面经不起推敲。

(1)法律术语是否恰当

法律术语如果被不加区别地滥用,不仅足以改变条款的法律性质,也足以让外行人贻笑大方。

例如,某法律意见书中声明:"本意见书仅依据意见书出具之日生效的中国法律、法规而出具。""生效"一般为"产生法律效力"之意,而此处实为"已经生效"或"有效"之意。否则该声明只能理解为该法律意见书所依据的仅是在当天生效的法律、法规,以前的均无效力。

又如,许多企业大量使用的"商业机密"其实并无明确的法律定位,标准术语应为《反不正当竞争法》(2019 年修正)中的"商业秘密"。

合同以及司法解释中经常出现的一些常用提法在逻辑上同样不够严谨。例如,"守约方"的提法在最高人民法院的司法解释、通知中十分常见,"非违约方"的提法在部门规章中十分常见,两种提法均可在合同中找到。

但无论是从逻辑上还是现实案例看,一方违约不等于另一方守约或没有违约。以前也确有被告在法庭辩论中称其不应承担违约责任,因为对方也构成违约,不属于法律上的"守约方"。因此使用"相对方"或"另一方"比较严谨,也符合《民法典》(2020 年)第五百九十二条所规定的"当事人都违反合同的,应当各自承担相应的责任"。

(2)概念是否名实相符

合同条款权利义务的内涵、外延需要名实相符,日常概念上的混淆会导致权利义务的不明确。例如某合同中约定:"乙方与本次旅游有关的广告、宣传制品视为本合同的一部分,对乙方具有约束力。"这一条款表面上没有问题,但与行业营利模式相结合则很可能会有问题。

一般来说,旅行社本身并无景点资源而只是提供服务,而"广告、宣传制品"既介绍景点又介绍服务,既包括旅行社的服务又包括其他方的服务,既有统一项目又有自选项目,因而许多内容远非旅行社力所能及,这一约定因外延过大而增加了旅行社的责任。

业务中使用的许多措辞虽经长期使用,但也会因从未经过推敲而存在错误。这类错误如出现在格式条款中,很有可能造成重大问题。

例如,电信服务的"用户"是指已建立服务合同关系的单位或个人,但"乙方必须同时具备代办甲方电信网络用户入网的经营范围和能力"这一条款显然针对的是尚未办理入网手续的单位或个人,因而不能称为"用户"而应称为"新用户"或"新客户"。改成"乙方必须同时具备代办加入甲方电信网络手续的经营范围和能力",则可以避开表述上的困难。

又如,"话费"一词源于早期功能单一的固定电话,包括基本月租费和通话费、长途费。但信息时代,移动电话使用费用中的收费项目越来越多、通话费比例越来越低,因而使用《电信条例》(2016 年修订)中的"电信费用"更为精确。

再如,某"移动电话催缴协议"的内容是关于催缴使用移动电话产生的欠费,而该标题看似在催促上缴移动电话,规范的表述应为"移动电话欠费催缴协议"。

(3)常用副词是否精确

汉语中的副词,是以表示程度、范围、时间、频率、状态等情况来修饰、限制动词或形容词的虚词。许多副词本身只是表示大致的程度,如与条款搭配会导致极大的不确定性。常见的影响精确度的副词如下:

① 表示程度的副词,如"基本""严重""较大"等,由于没有客观判断标准,除非对其加以定义并赋予具体标准,否则无法确定;

② 表示范围的副词,如"以内""以上"等在法律行业多包括本数,但通常的理解有时并非如此,可用"大于或等于××元""××件或以上的",以及"不低于××元""不少于××件"等方式增加明确性;

③ 表示时间的副词,如"马上""立即""长期"等,因没有具体的时间标准而并不确切,需要以明确的月、周、日、小时等替代以增加明确性;

④ 表示频率的副词,如"经常""多次""频繁"等,因非标准的时间概念而难以定论,可用有具体判断标准的"一周内超过两次""累计三次"等替代。

(4)计量单位有无标准

非法定计量单位的量词,如果未注明计量标准则在合同中必然带来不确定性。

例如,某合同中约定:"甲方与乙方联办一档节目,内容由甲方提供,长度 10 分钟,每周一组,重播三次,双方商定甲方支付乙方该专题联办费人民币肆仟圆整。"

这一条款中的"档""组""专题"均非法定计量单位,内涵不确定,三者之间的关系不确定,无从确定该条款的权利义务。

2. 句间关联是否正确

合同用语多采用固化句间关系的关联词以使语意明确,并以概括加除外的方式明确内涵与外延,常见的"但书"条款即为典型代表。关联词使用不当会引起句间关系的变化和语意上的变化,至少在语法上不尽通顺。

例如,某合同中约定:"乙方承诺并保证其提供的内容或信息不会侵犯任何第三方的知识产权或其他民事权利,乙方进一步承诺将就违反上述承诺与保证所引起的一切诉讼、索赔、行政处罚、损失与损害向甲方承担赔偿责任。"事实上这两个句子并无递进关系,"乙方进一步"应改成"并"。

3. 语句有无语言歧义

语言歧义是一种书面语表述中经常出现的现象。它是基于词语的多义性、搭配的灵活性和语法的多样性而产生的,通常会使同一语句在符合不同语法的情形下有着不同的解释。

产生语言歧义的原因有多种,包括句子成分缺失、句子成分杂糅、一词多义、背景信息不足甚至标点符号使用不当。这些情形会导致权利义务的不明确。当格式合同中出现语言歧义时,出具合同的一方会因此面临巨大风险。

例如,"乙方产品由乙方承担为期一年的质量保修"这一条款相对于厂家提供的均为其自制的产品来说并无问题。如果乙方提供的产品中既有自产产品又有外购配套产品,"乙方产品"既可以是"乙方提供的产品"也可以是"乙方生产的产品",会影响乙方的责任范围。虽然从《产品质量法》(2018年修正)的角度来看,卖方对所有产品质量责无旁贷,但质量保证能力的区别可能会影响买方利益。

(五)语言文字是否规范

合同属于正式的专业法律文书,需要以规范的法律语言表述。规范的法律语言涉及语体、词汇等各种语言现象。

1. 合同语体是否规范

语体大致分为文艺语体、科技语体、政论语体、公文语体四类,合同应采用公文语体书面语,体裁正式、庄重、凝练、抽象、精确。在句法上,合同语言句子较长、关联词较多、语法较为复杂、表述较为规范。为了让未参与谈判的人也能看懂,合同通常表述严谨、逻辑性强,且多采用学名、全称、双音节词等书面语词汇。因此,其他语体在合同中出现会使合同缺乏严谨性。

2. 标点符号是否规范

标点符号是语言表述中的最小单位,但同样也是语句间关系的标志、语句所表达的权利义务范围的标志。标点符号使用上的不规范属于低级错误,轻则严重影响职业形象,重则导致权利义务边界上的变化。这种不规范并非法律问题,但因可能导致不利后果,所以仍属律师合同审查的范围。尤其是那些有可能导致权利义务关系变化的标点符号滥用、错用,仍应予以指出。

（1）逗号

逗号与句号的混淆最容易引起权利义务界限的变化。逗号是句子内各成分或分句间的停顿，表示的是一句完整的话尚未说完。

（2）句号

句号与逗号的区别在于一个事项是否叙述完毕，而并不在于句子长短。为了隔断条款间的关联，有时不仅用到句号，还会另起一段。

标题通常只表示所属内容的主题，并不使用完整句子，因此句尾不加句号。

（3）顿号

顿号用于在句子中表示比逗号短的停顿，主要用于并列关系。标有引号的并列成分之间、标有书名号的并列成分之间，通常不用顿号。

3. 用词搭配是否规范

合同的性质决定了合同用词以庄重、正式的学名、正式名、双音节词为主，而词语之间的搭配也以中规中矩的固定搭配为主。合同用词大多本身比较庄重，固定搭配也可以增加严谨性和庄重感。因此在审查商务合同的过程中，如果较为正式的合同中存在使用口语、方言，以及广告语体裁、文学语言，或者是不规范的词语搭配的情况，均应加以指出及纠正。

日常生活中的许多词语属于多义词，脱离具体的语境往往含义不明，因此审查出合同中的这些词有助于明确含义。例如，日常的"上课"，既可以是"听别人上课"，也可以是"给别人上课"。又如，"甲方借乙方十块钱"，在某些地区既可能是"我借给你十块钱"，也可能是"我向你借十块钱"。这类情况比较普遍，但大多可以通过增加句子成分的方式消除歧义。

此外，"不许"等用语常出现于某些强势方出具的合同中，"不能"常出现于管理粗放的企业合同中，均属不规范用法。前者有违交易双方地位平等的原则，后者则是明显的口语。

（六）交易需求能否满足

合同需要服务于交易目的，交易目的可以体现为合同目的。因此在审查某些合同时，应注意其合同目的能否代表交易目的、合同条款能否实现交易目的。这种审查一般只针对非经常性的交易，例行的原材料采购合同等通常不需要这类审查。

1. 合同标的能否满足交易目的

审查交易目的能否实现，是为了避免合同内容与交易目的不匹配而产生根本性的错误。由于没有明确定义，《民法典》（2020 年）中反复提及的"合同目的"就其语境而言是指基于合同法律关系而要达到的目的。例如在租赁合同中，出租方的合同目的是取得租金，而承租方的合同目的是使用租赁物。

合同审查一般只是就事论事地根据合同目的审查合同，只有了解了委托人的真实交易目的或合同目的体现了交易目的时,才能发现合同条款是否背离了交易目的。

例如,某单位采购红外测温设备用于在公共场所识别体温较高人群。但在审查产品说明书时发现以下三个问题:

① 产品使用对象是矿山、钢铁厂、森林防火、工业探伤等场所,不具备探测人体体温的设计用途;

② 测量误差为2%或2℃,远远超过医学上测量体温所允许的误差范围;

③ 所测温度仅为体表温度,易受人为因素影响,且体表温度与体温的对应关系供方无法确定。

由此可知,该产品仅能起到有限的、辅助性的体表温度初步甄别作用,与采购目的存在偏差。对于审查中发现的这类问题,律师有义务提醒委托人产品性能可能无法达到交易目的,但是否采购不在律师的职责范围之内。

又如,某宾馆准备为改建工程造成的施工影响投保,以借助保险理赔来处理施工造成的周边住宅发生的开裂。保险公司出具的条款表示,只有当施工引起周边房屋开裂影响到房屋安全时才能给予赔偿,无法全部满足该宾馆的交易目的,因而需要进一步协商或另找保险公司。

由此可知,审查合同能否满足交易目的时需要关注标的的细节。如果是产品,可以审查使用说明等资料注明的设计用途、技术参数;如果是服务则审查服务内容、除外条件;如果涉及更多专业知识则应由企业相关部门自行审查。

2. 适用范围能否满足交易需求

除了合同标的,履行时间、履行方式等其他条款,合同的适用范围同样会影响交易目的的实现,但只有委托人与律师有充分的信任和良好的沟通时,审查中才能发现问题。

例如,某单位在对楼后住宅采光损失予以补偿的协议中将合同目的描述为"甲方鉴于改扩建工程新建建筑影响乙方住宅日照时间,为保证甲方工程建设的顺利进行,体现等价公平的原则,甲乙双方经友好协商达成协议如下共同遵守"。由于通过沟通了解到企业的初衷是通过这一协议给予一次性补偿并了断所有问题,律师将其修改为"甲方鉴于改扩建工程新建建筑的施工及日后使用会影响乙方住宅日照时间,为保证甲方工程建设及日后经营的顺利进行,体现等价公平的原则,甲乙双方经友好协商达成协议如下共同遵守"。这一修改明确并扩大了合同的适用范围,更好地满足了委托人的交易需求。

3. 其他条款能否满足交易需求

合同的交易内容、交易方式甚至问题处理条款也会关系到交易目的能否实现。从实现交易目的角度来看,这些条款属于交易的底线。在委托人有需求并有顺畅沟通的前提下,律师应该尽可能地发现这些条款与交易目的之间的冲突或偏离并告知委托人。

例如,某企业准备利用短期内闲置的资金在市场上进行临时周转,此情形下的合同文本不应考虑长期合作。又如,业主单位为了确保工程质量而依据《建设工程项目管理试行办法》(2004 年)的规定委托专业公司实施建设工程项目管理,在此情形下必须明确项目负责人、主要专业技术人员是否到岗以及在岗时间。

如果需要对合同进行大幅度修改,还要审查合同的结构等问题,但仅就合同审查而言一般并不需要,因此不在本节讨论。关于合同修改,参见本书第三章的相关内容。

四、条款与条款的比对

条款与条款的比对是审查条款之间的匹配程度,以杜绝逐一审查条款时无法发现的问题。这类问题大多属于非专业的低级错误,但有些问题却需要极大的关注度和细致度才能发现。这种比对侧重于整个合同文本中概念的一致性、思维的严谨性等,大致相当于合同外在质量中的内容完备性和思维严谨性审查。

(一)前后描述的一致性

前后描述的一致性,简单说就是保持概念、观点的内涵与外延不变,避免自相矛盾而导致的合同履行无所适从。或者说,合同条款的表述应当遵守同一律。

1. 表述事物的同一性

这种同一性是指比对合同前后文中的术语、关键词、权利义务、观点等是否保持一致,而无论是商务条款、技术条款还是法律条款或其他条款。虽然这类问题并不复杂,但在实际工作中却很容易被忽视。

例如,曾有一份来自某企业的《音像设备采购合同》,金额不大、文字不多,但低级错误却不少。主要问题是标的栏中描述的是其他品牌的产品,而其他条款中却出现了另一品牌。但即使是如此明显的低级错误,在练习合同审查技能时仍有许多人未能发现。

又如,许多合同正文对双方当事人同时存在多种描述方式。有时是甲方、乙方,有时是买方、卖方,有时又出现了企业的简称。这种错误未必有什么不利后果,但明显的低级错误的出现总会让人对合同质量无法放心。

2. 同类事物的差异化

差异化是对前面介绍的同一性的反向操作。当某一措辞虽然保持了前后的同一性,但由于其外延过大而易于混淆时,需要拆分成不同的差异化概念,以便于对合同的正确阅读理解。

例如,大型设备的采购涉及不同阶段及内容的验收,虽然合同中从头至尾均用"验收"并无不可,但表述时容易混淆或复杂化。如将不同阶段的验收特定化,分成"到货验收""进场验收""试车验收"等专有名词,则易于理解、引用且不至于混淆。

特别是在"违约责任"条款之下,特定化的"到货验收不合格""试车验收不合格"之类的表述对应关系明确、脉络清晰,也提高了整个合同的严谨性。

(二)关联条款的匹配性

关联条款的匹配性,主要是通过条款之间的配合来判断是否存在权利义务约定的冲突或遗漏。这方面的问题比较隐蔽,如果律师具备一定的逻辑思维能力和业务经验,则更容易通过条款比对发现问题。

1. 条款之间的冲突

条款功能划分上的不合理或条款表述不当都会产生条款间的冲突。这种冲突如果出现在关键的条款中,会导致约定不明确甚至决定诉讼的胜负。为避免这类冲突,划分条款功能时必须合理界定各模块、各条款间的"势力范围",以便于判断是否存在冲突或遗漏。尤其是对那些阶段性明显、内容相对独立的条款,可以集中表述,尽量避免与其他条款产生冲突。

这种权利义务设置上的重叠多为低级错误。例如,前面提及的《音像设备采购合同》的另一个错误,是既约定了双方签字盖章生效又约定了定金到账后生效,两种相冲突的约定带来了合同生效起始点上的混乱。

即使不存在冲突有时也存在相互干扰。因此将大型设备买卖合同按阶段划分为"到货验收""进场验收""综合验收"等模块并分别设定验收标准、验收程序等条款,也可避免不同阶段的"验收"相混淆。

2. 条款配合的缺失

除了条款冲突,关联条款匹配性的另一问题是配合的缺失。这种缺失,主要体现在某些权利义务缺少相关条款的配合而失去或削弱了制约作用。典型现象是合同中权利义务方面出现"有前言、无后语"的现象。

例如,某促销广告合同中约定了"乙方有权对样本进行认可及提出异议",但并未约定对方是否对异议应限期负有答复、整改的义务,更未规定对异议不进行处理属于违约以及承担何种责任,最终这一条款因"烂尾"而失去了意义。

因此,有要求就应约定违反要求属于违约,有违约情形的描述就应约定相应的违约责任,没有制裁措施的禁止性规定毫无意义。

3. 条款引用的缺位

这类问题主要是指由于表述不当或条款的拆分、序号的变更,以及疏于校对所导致的条款中的描述与实际情况不符。

例如,某合同中约定"本条所述价格在 2002 年年内不变",但该条约定中并未约定价格问题,其内容实际上应当是"本合同所述价格在 2002 年年内不变"。这也属于表述的严谨性问题。

(三) 条款序号的连贯性

序号代表条款在整个合同中的层级、顺序,它的混乱有可能导致权利义务体系的混乱。尤其是出现以下几种情形时:

① 条款的序号与实际位置不一致,例如本应位于 3.1 条之后的 3.2 条出现在 4.5 条之后,且足以引起对法律关系的不同解释;

② 缺失的序号恰巧在两页文本之间,而合同未设页码,因此有合同被抽走一页的嫌疑。

除此以外,以前还有页码的连续性问题。但随着打印机的普及,只要设置了页码,打印时就不再会出现页码跳跃的问题。

第八节 主动调查及特殊审查

除了审查合同文本,个别合同还需要针对相对方的情况主动展开调查以确保相对方资料的真实性。其中尽职调查在并购等投资项目中非常普遍,重大交易中也会实施常规调查。随着政府信息公开化和信息技术的发展,许多调查已不再需要律师,甚至足不出户即可完成。

一、合同审查中的两种调查

律师合同工作中的调查包括常规调查和尽职调查,但二者有时也被统称为尽职调查。前者一般是对交易相对方基本信息的调查,内容相对较少、工作相对简单,多用于交易决策参考;后者则多为股票上市、收购兼并、重大资产转让等项目中对于资产状况等事项展开的全面调查,内容要求高、调查面广、要求严格,多被当成必经程序。

(一) 常规调查

针对毫不熟悉的潜在客户展开常规调查至今仍旧十分必要,以前有许多企业由于未在签订合同前进行常规调查而损失惨重。例如,某民事案件中,原告业务员已走到被告的厂门口,却轻信了厂房、围墙、大门等外观而没有迈进大门,待到货款有去无还再去查看时才发现大门之内空无一物。又如,某房地产开发企业通过招投标选中一家不知名的家用电梯生产企业,签约后实地考察时才发现该企业根本没有能够生产此类设备的能力,虽然资格、资质没有问题但其生产能力及质量堪忧。

从工作内容和工作目标来看,合同领域经常开展的常规调查大致可分为资格、标的、资信三类,而且并非一定由律师完成。

1. 调查民事主体资格

这类调查一般分为两类,一是调查基本的许可证、执照或其他许可证书,以判断主体是否依法成立、身份资料是否真实、是否具备从事相关交易的基本资格;二是调查资格证、资质证或者其他合格证书,以确定主体是否具备从事相关交易的资格、资质等行政许可。这些资料原来均需凭律师执业资格证书及律师事务所证明到相关部门调阅、复制,但现在已经有越来越多的信息可以足不出户地通过网上查询获得。

除这些信息外,企业的营业执照等可作为辅助资料印证这些信息。这类信息只是表明企业合法成立且民事主体身份合格,但并不意味着一定具有交付产品或支付款项的履行能力。如果这些资料存在瑕疵,则被调查企业明显不具备签订和履行合同的合法资格。

2. 调查标的实际情况

这类调查基本上围绕标的的权属及性状展开。通常情况下,对那些质量稳定、实力雄厚、口碑良好的企业或非常了解的企业,并不需要这类调查。

对标的权属的调查一般是针对特定物,尤其是需要进行权属登记的不动产、机动车等,一般以律师调查为主。其目的是核实标的物是否为对方所有,以及是否设置了无法交易的他项权益。例如,《民法典》(2020 年)第二百零八条规定:"不动产物权的设立、变更、转让和消灭,应当依照法律规定登记。动产物权的设立和转让,应当依照法律规定交付。"通过登记,可以明确和公示其所有权归属,从而更有利于权益的保护。除此之外,商标权、专利权、股权等均可进行权属核实。

对标的性状的调查既针对特定物也针对种类物,前者包括对不动产状况的现场考察,后者包括对产品性能和生产企业的实地考察。这类考察大多涉及商业价值或技术要求,多由企业人员自行完成,律师即使参与也只是关注相关状况是否真实、完整、合法。

3. 调查对方资信状况

资信调查包括资产和信用两个方面。前者是用于了解被调查对象的合同履行能力及一旦发生问题是否具有承担民事责任的经济能力,后者是用于了解被调查对象以往的合同履行情况及商业信誉情况,二者都是衡量交易风险的重要手段。此类调查以前非常困难,但随着社会信用体系的逐步建立和政府部门运作的规范化,尤其是随着《企业经营异常名录管理暂行办法》(2014 年)、《市场监督管理严重违法失信名单管理办法》(2021 年)、《最高人民法院关于公布失信被执行人名单信息的若干规定》(2017 年修正)的颁布实施,已有越来越多的信息可在网上查询,甚至还有一些专业机构面向社会提供资信调查服务。

对于资产,可以根据需要了解企业的注册登记及变更情况、出资比例及到位情况、股权结构及实际控制情况、经营业绩及财务状况、分支机构及对外投资情况;对于信誉,可以查看企业是否受过行政处罚,受处罚原因是否与产品质量或商业信誉有关,以及是否被列入企业异常名录、失信被执行人名单、失信企业名单等。综合二者可以判断被调查对象有无履行合同、承担民事责任能力,以及是否有良好的商业信誉。

(二)尽职调查

"尽职"(due diligence)这一概念可以追溯到罗马法概念中的"勤勉",该词还有谨慎之意,后来在英国法律体系中得以发展。从历史渊源及实际应用来看,法律视角下的尽职调查其实是针对具有事实及法律意义的相关资料、状况进行调查,使对目标公司的整体判断建立在客观、全面、合法的证据信息基础之上,避免影响对预期交易目标的价值判断。这类调查的范围全面覆盖并远远超过常规调查。

1. 尽职调查的基本理解

按照 MBA 智库百科的解释,尽职调查(due diligence investigation)又称谨慎性调查,一般是指投资人在与目标企业达成初步合作意向后,经协商一致,投资人对目标企业一切与本次投资有关的事项进行现场调查、资料分析的一系列活动。该定义多用于企业并购。尽职调查内容一般包括目标企业所在行业研究、企业所有者、历史沿革、人力资源、营销与销售、研究与开发、生产与服务、采购、法律与监管、财务与会计、税收、管理信息系统等。

广义的尽职调查,类似于维基百科的解释,即"尽职调查是在签署合约或是其他交易之前,依特定注意标准,对合约或交易相关人或是公司的调查"。

尽职调查是有目的地通过调阅资料、查证事实等方法取得反映原始或真实状况的资料,一般分为财务尽职调查、资产尽职调查、法律尽职调查等方面。具体的尽职调查又因对象类型、法律环境、工作目标、工作深度、工作规模的不同而有很大的差异,因而在尽职调查前开列出明确、周全的调查清单至关重要。

相对于常规调查,尽职调查更倾向于全面、细致、深入地调查企业某一领域甚至全面的状况,因而在涉及目标公司实际价值的并购或投融资方面应用最多。例如在并购类合同签订之前,收购方大多需要查明目标企业的实际生产能力、资产负债、固定资产、经营资质、行政许可、员工状况等。这类交易内容复杂、牵涉面广,必须全面查清后才能确切地知道实际价值并进而确定交易价格、交易方式。

2. 相关的法律或规则

在 20 世纪 30 年代,随着对证券交易规则的不断强化、规范化,美国关于证券交易相关法律不断强化股票上市前的审计,促进了尽职调查的发展,并使之成为一种保护投资人利益、降低审计人员风险的标准手段。

由于应用面比较狭窄,目前中国的法律体系中对于尽职调查只有特定领域的具体法规或部门规章,且集中在金融领域。

例如,《保荐人尽职调查工作准则》(2022 年修订)第二条规定:"本准则所称尽职调查是指保荐人对拟推荐境内公开发行股票、可转换债券、存托凭证等公司(以下简称"发行人")进行的尽职调查,通过执行合理、必要的尽职调查程序,以合理确信发行人符合《证券法》等法律法规的相关规定,符合中国证监会及证券交易所规定的发行条件、上市条件和信息披露要求,以及合理确信公开披露文件已结合发行人实际情况进行有针对性的风险提示,充分披露了投资者作出价值判断和投资决策所必需的信息,信息披露真实、准确、完整。"

但对于律师工作最有直接指导意义的,其实是律师协会编写的各类专项业务尽职调查操作指引。例如,《中华全国律师协会知识产权尽职调查操作指引》《律师办理高新技术业务领域法律尽职调查业务操作指引》《律师从事证券法律业务尽职调查操作指引》等,这些都可以在"北大法宝"的数据库中找到。

二、调查的准备与实施

就合同工作而言,常规调查因并不需要了解太多信息而相对简单,尽职调查则因涉及企业的财务状况、资产状况等而复杂得多且要形成厚厚的包括所取得的材料在内的调查报告,在尽职调查之前往往要事先制作调查清单。

(一)调查清单的制作

常规调查有时会涉及调查对象的特定许可证、资格证、资质证等内容,尽职调查则更容易涉及不同领域的法律或需要深入某一领域的诸多细节,因此常常需要先针对相关法律事务展开法律调研,以明确调查方向、列出调查清单,以便后续工作的开展。

1. 常规调查中的法律调研

常规调查的目标基本是特定的,也就是围绕主体、标的、资信进行,以能够满足基本交易安全为目的。调查清单内容一般包括如下几类:

① 企业基本信息,主要包括注册登记状况、组织章程等主体合法性信息;

② 经营资格信息,包括资质证、资格证、许可证等涉及交易合法性的信息;

③ 处分权信息,相对方对特定物或在建工程等特殊标的有无合法处分权;

④ 授权信息,业务人员的代理权限,某些交易还须上级部门、权利方授权;

⑤ 履行能力信息,某些交易需要了解供方的生产能力、供货能力等信息;

⑥ 信用记录信息,包括年度报告及是否为失信被执行人、失信企业等。

但是对不同的合同主体、不同的交易标的可能需要不同的调查内容。因为企业的经营资格、资格资质等虽然都属于行政许可,但由于行政许可涉及不同的主管部门、不同的行政法规,因此许多内容只有针对性地检索才能查清。前置性的许可在企业获发营业执照时已经满足,后置性的许可则必须在取得营业执照后再行申请,且往往涉及更多的专业资格问题。

2. 尽职调查中的法律调研

尽职调查虽然以了解资产的实际状况为主要目标,但交易目的及目标公司的类型、规模、行业等的不同也会使调查内容各不相同,一般包括财务、资产、经营、法律几个方面。

财务方面的尽职调查涉及财务报表的调取、审计及分析、判断。如通过资产负债财务报表和利润报表等初步分析目标公司的资产状况、盈利状况,结合企业的资产状况、经营情况判断目标公司的利润率、负债比率等财务指标,但这一般不是律师工作的重点。

资产方面的尽职调查以查证有形资产、无形资产的实际状况及价值为主,包括目标公司的知识产权、特许经营权、所有权或使用权的限制,以及已经发生及将要发生的重大诉讼、仲裁或行政处罚情况等。

经营方面的尽职调查涉及生产经营的各个环节,涉及企业的价值及安全性问题。如管理制度体系、决策管理、债权债务、应收应付款项、对外担保、营利模式、人力资源、市场营销等,还包括生产能力、产品质量、环境保护方面的措施、状况等。

法律方面的尽职调查涉及目标公司各类主体资格、资格资质等,包括目标公司的设立程序,取得的各类许可等是否符合法律、规范性文件的规定及所属行业特定的管理要求,以及受到行政处罚情况等。这类调查最适合由律师完成,但许多内容远远超过律师日常工作的范围。

这几方面是对尽职调查内容的大致分类,具体目标、对象下的尽职调查需要查询更多的行业规定、审批文件,结合历史背景、行业状况等制订尽职调查提纲以尽可能详尽、周密、全面地调查行政许可等合法性文件的实际情况、对相关法律规范的遵守情况等。同时还需要随时根据前期调查的结果调整后续调查的对象、深度与宽度,以确保调查质量。

例如,一份收购水泥生产企业的尽职调查,会涉及企业的财务状况、资产状况、各类生产经营行政许可的状况、人力资源状况、环保要求遵从情况等一系列的信息,需要从多个政府部门调取相关的档案资料。而对于其他类型的合同,例如买卖合同,往往并不需要进行如此复杂、深入的调查,只需要了解交易相对方的法人资格、经营类资格资质、信用记录等信息以作为参考。

（二）主要的调查渠道

常规调查与尽职调查的信息来源基本相同，只是尽职调查有更多、更高的要求。因信息来源不同，不同的调查内容有不同的取得方式。

1. 营业执照、身份证等基本事项

调查法人、非法人组织、自然人的身份事项是最基本的调查，目的是核实这些对象的真实身份，以及有无各类法定资格等。

对于企业类的法人、非法人组织，可从市场管理部门调查企业登记情况，包括是否具有合法、有效的企业法人营业执照或营业执照等证照，以及与这些证照中载明的事项是否相符。这些法人、非法人组织一般都在经营所在地的市场监督管理部门登记，视企业规模及企业名称等分别登记在省级、市级或区县级的相关部门，个别企业还有可能在中央政府相关部门进行登记，而这些部门也有义务依法提供查询。目前，已有"企查查"（https://www.qichacha.com）等网站支持企业信息线上查询。

如果调查对象并非企业类的法人、非法人组织，则需通过其成立的法律依据找出批准其成立的主管部门或备案部门，然后核实相关身份事项。

对于自然人，主要是调查身份证、户籍登记情况。这类调查在公安机关户籍管理部门进行，调查前需要办理一定的登记手续。目前，政府部门已经开放了公民身份证号码查询服务，可以通过网站远程核实某个身份证信息与公安部门储存的信息是否相符。相关比对网站为全国公民身份证号码查询服务中心（http://www.nci-ic.com.cn）。

2. 许可证或其他许可证书

某些经营项目必须在取得营业执照后另行取得许可证或其他许可证书方可经营，即所谓的许可经营项目。这类许可多为效力性的强制规定，违反这类规定从事经营一般会导致合同无效。

经营或生产方面的许可一般都比较专业，由相关的行政主管部门颁发并与营业执照共同使用。这类许可的品种、审批部门非常多。涉及行业准入资格的金融许可证、安全生产许可证、烟草专卖许可证以及各类准入性的经营许可证等都是从事相关经营的必备条件，没有这些合法资格则不得从事相关经营。目前，工业产品生产许可证可查询中国 QS 查询网（http://www.qszt.net/area/），另外还有一些其他许可证可在专业网站或主管部门网站查询。

有些许可证还可以细分为多种许可证，例如，烟草专卖许可证可以细分为烟草专卖生产企业许可证、烟草专卖批发企业许可证、烟草专卖零售许可证。

3. 资格证、资质证或者其他合格证书

资格证、资质证或其他合格证书，是许可证、执照外的另一类行政许可，主要用于提供公众服务并且直接关系公共利益的职业、行业。无论是法人还是自然人,从事某些特定行业时必须具备特殊信誉、特殊条件或特殊技能等资格、资质。

资格证书一般分为企业与自然人两类。企业的资格证书,如《农业部远洋渔业企业资格证书》《工程咨询单位资格证书》等,有的可从政府部门公告中查询,有的可在政府相关网站查询。自然人的职业资格比较复杂,某些职业可查询国家职业资格工作网(http://www.osta.org.cn/),如是特种作业人员则其操作证可查询特种作业操作证及安全生产知识和管理能力考核合格信息查询平台(http://cx.mem.gov.cn)。还有一些职业,如律师、会计师等,需要从其主管部门或行业协会网站进行查询。

企业资质证书实际上就是指企业有能力完成一项工程的证明书,分为许多行业种类,不具备相应资质则不可以从事相应项目经营。尤其是勘察、设计、施工以及监测、检测、监理、环境影响评价、咨询、特殊设备制造等技术要求高、社会影响大的行业,均实行资质管理。但这些资质管理均以不同行业主管部门的部门规章的形式出现,因而非常分散、查询困难,需要根据行为分别查询。

例如,对于建设工程设计企业、工程监理企业、建筑业企业、城市规划编制单位、工程造价咨询企业、房地产开发企业,可从住房和城乡建设部的官方网站(http://www.mohurd.gov.cn)查询其资质。

4. 企业各类资产状况

对于资产状况的调查主要是判断企业有无履行合同的经济实力,以及相关的资产或项目是否真实存在、是否设置了他项权益等问题。除了风险投资、并购等合同,担保、抵押以及金额大、期限长的交易等也可能涉及此类调查。

在了解企业整体经营状况方面,上市公司由于必须履行法定的信息披露义务而更容易了解。例如通过巨潮资讯网(http://www.cninfo.com.cn/)以及上海证券交易所、深圳证券交易所网站即可查询上市公司的资产状况、财务状况、赢利水平、年度业绩、重大事项等。

目前能够了解的资产一般只是经过登记的资产,例如在政府部门登记的土地、房产、机动车辆,以及股权登记、抵押登记等,有时在企业的年报资料里也可以看出企业的资产状况,但银行存款情况,非执法机构一般无权调查。

目前,部分可查询各类资产相关信息的网址如下:

土地交易及审批:自然资源部门户网站(http://www.mnr.gov.cn/);

商标相关信息:国家知识产权局商标局(http://sbj.cnipa.gov.cn/);

专利相关信息:国家知识产权局(http://www.cnipa.gov.cn/)。

5. 信用状况及有无负面信息

在近四十年的发展过程中,我国的社会信用体系建设一直滞后于时代的需要,但当前已经有较大的改善。现在调查个人或企业信用状况的渠道已经越来越多，而且许多可以远程进行。

对于信用记录，可通过中国人民银行征信中心（http://www.pbccrc.org.cn/）的个人征信服务、企业征信服务进行查询。但该记录尚未向公众开放，仅限个人及其代理人查询自己的信用记录，法定代表人或其代理人查询企业的信用记录。

如果需要查询企业有无已决诉讼，可通过中国裁判文书网（http://wenshu.court.gov.cn/）以及其他的地方法院网站进行查询。

对于企业或个人是否因未履行生效判决而被列入失信被执行人名单，可通过中国执行信息公开网（http://zxgk.court.gov.cn/）进行查询。

对于企业信用信息以及有无经营异常、严重违法失信，可以通过国家企业信用信息公示系统（http://www.gsxt.gov.cn）进行查询。

6. 调查签章真伪

印章的真伪对于初次签约的合同双方来说一般很难识别，初次交易使用的签名更是如此，因为都存在难以核实的问题。但相对而言，印章的印记比较固定，可识别性好于签字。比较传统的方式是将合同上的签字、印章的印记同企业开业登记时留下的资料进行比对以识别真伪，或是直接要求必须使用市场主体登记资料中使用的印章签订合同。

印章真伪的识别问题在当前有两面性。由于强制性的单位印章管理已经逐渐淡化，印章的刻制和使用管理远比以前宽松。但同时仍有许多行业或地方仍设有各类登记时进行印章备案的要求，因此某些印章的真伪可以与备案登记档案中留下的印记进行比对；另一方面，许多地方的政府部门已结合现代信息技术对印章的刻制、登记实行统一管理，使得印章的真伪仍有机会核查。

(三)调查的原则及调查报告

律师调查的目的是取得资料以证明某种客观状况，因此在调查过程中需要注意这些资料的形式，并使用这些信息得出有理有据的结论。

1. 以证据标准取证

律师是少有的直接由全国人民代表大会制定法律规定的职业，需要依据法律及行业规范执业。除了网上可以进行的调查，律师实地调取证据至少要持有律师执业证书和律师事务所证明，有些调查可能还需要委托人的授权委托书等文件。同时应尽量避免调查所得资料被用于不正当目的。

而最为关键的是，要符合作为证据使用时的要求。律师调查取得的资料应加盖相应部门的档案管理章或其他印章，如果是被调查单位提供则应加盖提供单位的印章以证明其来源和真实性、合法性。对于那些从网页上调取的证据，则应将其转成 PDF 格式并以标准的方式命名，使其易于识别和调用。

此外,调查是为了得到某种信息,并从现场或其他信息源取得相关信息作为证据以供查验,需要足够的主动性和客观性。需要足够了解可能的信息源并视需要开展调查,必要时需要穷尽一切可能以得出确切结论。同时,本着以事实为依据的原则看待证据证明的事实,避免主观上的先入为主,既不为被调查方的证据、态度所引导,也不为原来的主观印象所引导。

2. 不同的取证方式

尽职调查一般有资料收集、现场访谈两种工作模式。前者主要用于从政府部门、第三方处调取书面资料,以证实目标企业的登记状况、行政许可状况、财产状况、信息状况等,同时也用于向目标企业按清单索取某些书面资料以便了解其实际情况。后者一般是通过现场的实地观察、访谈等,了解书面资料以外的情形及书面资料的描述是否与实际相符。

大多数情形下,二者必须结合才能了解真实的情况。例如,账面上存在的设备是否已经投入使用并具备生产能力、数据圆满的企业是否还在运行,以及企业的规章制度实际执行情况、企业的基本建设进度情况等。这些即使不作为直接证据,也可作为进一步调查的基础性线索和方向。

现场访谈是一种单刀直入的调查方式,可以摆脱书面资料信息的干扰而直奔主题。相对于书面资料所反映的情况,现场的情况一般来说更直观、真实,既可以看到那些比书面资料更难掩盖的问题,又能通过访谈了解更多的信息。常规调查中的现场观察对确定是否交易非常重要,许多企业因缺少这"临门一脚"而坠入合同陷阱。而尽职调查中的现场访谈几乎是一种"标配",可以通过访谈了解许多书面资料以外的有用信息。

3. 对调查结果的分析与报告

对于尽职调查结果的判断是最后的决定性环节,需要同诉讼一样关注证据的真实性、关联性、合法性,去粗取精、去伪存真。尤其是对其中的"孤证",有时需要从法律以外的行业情况,甚至依据常识去判断其可信性。虽然只是个别现象,但以前也曾发生过借阅档的机会将篡改后的资料放入工商档案诱人上钩的情形,因此需要综合各类信息作出判断。

如果需要撰写报告,调查结论必须有凭有据。调查结论不只是简单地将调查到的信息加以概括、总结,而是必须体现判断的依据和思路。或者说是依照证据得出结论,没有证据的需要说明判断的方式和理由,以供决策者参考。这个过程需要精确、严谨地体现证据所能反映的事实,任何夸大或缩小都会误导结论,进而误导决策。这既是职业操守的要求,也是防范执业风险的必需。

从实际情况来看,大多数的合同审查只是围绕合同文本展开。需要在签订前展开调查的合同并不多,有些直接由业务部门代劳,而且往往买方才需要仔细审查卖方的情况。甚至那些后付款的常规性原材料采购交易,连卖方资格都不用审查。

对于许多企业而言,决定性的影响,一是交易安全,二是价格合适。只要能顺利成交、依约履行且不出问题,企业往往并不关心相对方是否符合经营范围、经营资格等法定要求。只有因信息不对称而存在许多不确定性,草率交易可能危及交易安全时,才会进行调查。

三、几类特殊的审查

《民法典》(2020 年)中提及的十九种典型合同,是基于交易内容及法律关系上的区别。而在合同审查层面,既要面对大量的非典型合同也要面对大量形态各异的典型合同,同时还有一些与合同相关的文件,这些都需要依据其特点加以审查。

(一)几类特殊合同的审查

即使是典型合同,变换为不同的形态时也会涉及另外的法律规定,因而需要额外增加审查的内容。其中,格式条款、框架合同所涉法律问题的相关讨论参见本书第一章第九节的相关内容,在此不再重复。

1. 格式合同的审查

格式合同,是为了大量重复使用而预先拟定、订立合同时未与对方协商且含有格式条款的合同。因格式合同未与对方协商,起草者极易利用强势地位损害交易相对方的合法利益,《民法典》(2020 年)及相关司法解释为其附加了额外的义务,因而需要在常规审查以外增加审查内容。由于格式合同一般都会反复使用,特别是面向消费者的格式合同会有极大的使用量,如果在使用前未能发现法律上的缺陷,使用后可能会引起雪崩般的效应。

格式合同在文本内容及使用程序方面都需要额外注意。例如,格式合同如果同时又是消费类合同,这意味着合同中的某些内容还可能涉及《产品质量法》《消费者权益保护法》《反不正当竞争法》等方面的法律规定,甚至涉及《标准化法》(2017 年修订)、强制性质量标准、行业管理部门的行政规章、地方性法规等,包括地方性法规中对于格式合同备案制度的特别规定等。

因此,格式合同在正式启用前,必须对交易内容及交易程序所涉及的《民法典》(2020 年)等法律规范进行细致的法律调研,才能保证其内容及使用程序不出问题。主要包括:

① 审查有无合同无效的法定情形;

② 审查有无合同免责条款无效的法定情形;

③ 审查有无免除自身责任、加重对方责任、排除对方主要权利的情形;

④ 审查有无采取合理的方式提请对方注意免除或者限制其责任的条款;

⑤ 对可能发生争议的格式条款，通常理解是否正是所希望的解释方式；

⑥ 格式条款如有两种以上解释，是否存在不利于提供格式条款一方的解释；

⑦ 格式条款和非格式条款不一致时，非格式条款是否损害自身利益。

除此之外，签订合同时应遵循《民法典》（2020 年）第四百九十六条的规定"按照对方的要求，对该条款予以说明"并保有说明的证据。包括在签字栏之前设置一个接受格式合同方的签署栏，用于申明已作了说明并签署该声明。

2. 担保合同的审查

担保合同是主合同的从合同，没有主合同也就无须担保合同。根据《民法典》（2020 年）第六百八十五条的规定，"保证合同可以是单独订立的书面合同，也可以是主债权债务合同中的保证条款。

第三人单方以书面形式向债权人作出保证，债权人接收且未提出异议的，保证合同成立。"

提供担保一直是导致经营状况良好的企业遭受沉重打击的重要因素。20 世纪八九十年代，大量企业由于向其他企业提供担保而被"套牢"甚至倒闭。21 世纪初期由于资金紧缺，更是出现了互相提供担保的企业成片陷入绝境的情形。因而现在许多企业只在集团内部的公司之间互相提供担保。

在各类担保合同中，向贷款银行出具的担保合同基本无法修改。这类合同均采用各家银行总行出具的标准文本，各下属银行无权改动。而且需要贷款的企业在借款合同中处于弱势地位，对于担保合同没有讨价还价的可能，施展的空间十分有限。由于没有协商及改动的余地，审查此类合同只是指出风险点。

除向贷款银行出具的担保合同外，其他的担保合同大多存在修改的空间。但由于没有统一的格式而且所担保的主合同各不相同，因此审查方式也各不相同。许多担保合同没有描述担保的起因或所依据的事实等前提条件，甚至在同时有多份担保书时并未说明担保的为哪一份主合同或将某份主合同列为合同附件。这一缺陷容易导致当担保所依据的事实或文件被证明为纯属虚假时，难以更好地保护自己。

例如，某担保合同引言部分的描述为："现我××××有限公司（下称担保人）根据周××（下称出借人）与黄××（下称借款人）于 2004 年 9 月 17 日签订的借款合同（下称主合同）愿意给借款人提供担保。"但全文并没有介绍被担保的借款合同的背景或内容，也没有将所担保的主合同作为合同附件，担保人的担保义务范围极易被移花接木。

而该合同的另一条款又约定："二、借款人履行债务的期限：借款人必须在园区赔付其房屋拆迁费之日起三天内将两万元人民币归还给出借人。"这一突如其来的"园区赔付"让人莫名其妙，没有前因后果，无法锁定具体的权利义务，也容易造成履行时的争议。

如果将主合同作为担保合同的附件,主合同的内容及担保事项都会非常明确。而且,当被担保人向担保人描述的事实或提供的文件被证明纯属虚假时,担保人可有更多的机会利用法律维护自己的合法权益。

3. 附标准条款类合同的审查

工程施工类合同常有"通用条款"或"标准合同条件"之类的组成部分。例如建设工程施工合同通常由"协议书""通用条款""专用条款"三部分组成,有时还有"补充条款"等。与建筑行业相关的勘察、设计等合同,也常有类似情况。

由于专业性比较强、涉及内容也比较多,因此这类合同中的"通用条款"或"标准合同条件"是设定双方权利义务的基本尺度,一般不直接进行修改。所有的个性化约定,都是先将需要约定的条款连同序号一并列入专用条款或专用合同条件中,然后将原内容转换成双方约定的内容,而序号则保持不变。经过这样的约定,专用条款或专用合同条件中的条款序号虽然相互对应但内容并不连贯。

这类合同的"协议书"只是形式上的合同,并非重点。审查这类合同的重点是冗长的"标准合同条件"与"专用合同条件"的不同,或是比对"通用条款"与"专用条款"的不同,以及那些固定条款内容中存在哪些问题。但除非"标准合同条件"与"专用合同条件"之间,或"通用条款"与"专用条款"之间的序号标注不对应,否则无须变更任何条款的序号。

某些个性化的财产保险合同也有类似情况。例如,建设工程一切险及第三者责任险一类的财产保险合同往往分为保险合同、标准条款、扩展条款三个部分。各大保险公司对这类保险往往都有一个标准的保险条款,而且一般不进行修改。事实上这一标准条款也无须修改,因为个性化的内容大多可以通过扩展或补充条款来约定,以绕过甚至否定标准保险条款中的某些不适用的内容。

但无论是建设工程施工合同还是保险合同,都需要注意标准条款与扩展条款或协议书、专业条款等内容之间的配合,尤其是除外责任、责任承担方式等条款,以便发现大量文字掩盖之下的问题。

(二) 几类特殊文件的审查

某些交易在合同以外还会有其他的法律文件,如类似于准合同的意向书、备忘录以及与交易标的质量相关的产品说明书等。这些文件在特定情形下同样会引起一定的法律后果,偶尔也需要进行审查。

1. 意向书

意向书,是指在经济活动中签署的表明双方意向的文书。而意向,则是指意图、打算。据此理解,意向书载明的只是双方"打算"从事的某种商务活动,而不是确定从事的某种商务活动。从法律上解读,合同是平等主体的自然人、法人、其他组织之间设立、变更、终止民事权利义务关系的协议。而意向书并未设定民事权利义务,也不具备合同一般包括条款等实际履行所必备的要件,因此无法形成双方之间的合同义务,只是声明将来"准备做什么"的一种姿态。但当"意向书"的内容符合《民法典》(2020年)关于合同的定义时,它就完全可以被认定为合同。

例如,某金融机构与某开发商签订的《合作意向书》,除了名称与合同毫无二致,不仅违约金等条款制定得严格、详细,甚至双方还按约定履行了近两年。这一"意向书"无论是其内容还是成立方式均符合《民法典》(2020年)关于合同的规定,是毫无疑问的合同。

推而广之,如果签订意向书的行为构成了缔约过失责任,则有可能依据《民法典》(2020年)第五百条的规定予以追究责任。即:"当事人在订立合同过程中有下列情形之一,造成对方损失的,应当承担赔偿责任:(一)假借订立合同,恶意进行磋商;(二)故意隐瞒与订立合同有关的重要事实或者提供虚假情况;(三)有其他违背诚信原则的行为。"

还有一些意向书实际上是某种行政许可或行业管理手段,而非真正意义的意向书。例如,《技术进出口管理条例》(2020年修订)中的"意向书"实为进口或出口某种技术的行政许可。而商业银行对拟批准的贷款建立的"意向书"则是一种管理手段。

签订意向书往往是由于方案尚未考虑成熟或只是表示姿态。如果是前者,其实可以用"附条件的合同"替代,即条件成就则着手实施,条件未成就或期限届满则不必实施,这样既可锁定商业机会,又可避免诸多的不确定性。

因此在审查意向书时,应明确签订的意图。如果仅仅是意向,则应指出易被当成合同条款混淆的内容,特别是要剔除其中的细节性商务条款、违约责任条款,使之不具备合同一般交易条款、没有可履行性,以避免意向书被理解为合同。甚至可以约定如意向无法实现则双方互不承担责任。

2. 产品说明与业务说明

产品说明一般用于有形的产品,业务说明一般用于附着于产品或独立存在的服务,二者都用于介绍功能、使用方式方法等。而在法律上,它往往代表明示担保或默示担保的条件、责任范围等。

默示担保条件,是指国家法律法规对产品质量规定的必须满足的要求,是生产者或经营者的法定责任。明示担保条件,是指生产者、经营者通过标明采用的标准、产品标识、使用说明、实物样品等方式对产品质量作出的明示承诺和保证,类似于生产者或经营者自行承诺的约定义务。如果产品或服务存在危及人身、财产安全的不合理危险,良好的明示担保可合理界定责任范围,减少不必要的责任。

（1）产品说明与产品质量

《产品质量法》（2018年修正）并未强制所有的产品都必须具备产品说明，附带使用说明只是产品易被接受和免除不必要责任、减轻客服压力的重要手段。因为产品说明是对外表明质量状况、说明性能瑕疵的重要手段。因此产品说明的内容及形式要符合法律规范、充分利用法律规定，而产品质量则要符合产品说明。服务也同样需要业务说明以界定服务的质量标准、价格、质量责任、责任范围。

产品说明一向是界定产品质量、产品责任的重要依据。《民法典》（2020年）第六百一十五条规定，"出卖人应当按照约定的质量要求交付标的物。出卖人提供有关标的物质量说明的，交付的标的物应当符合该说明的质量要求"。与此类似，《产品质量法》（2018年修正）第二十六条第二款也规定："产品质量应当符合下列要求：……（二）具备产品应当具备的使用性能，但是，对产品存在使用性能的瑕疵作出说明的除外；（三）符合在产品或者其包装上注明采用的产品标准，符合以产品说明、实物样品等方式表明的质量状况。"因此，无论是对于中间商还是对于最终用户，产品说明都是生产者对产品质量、产品责任范围的有力说明。当产品为消费品或被农民购买并直接用于农业生产而被视为消费品的生产资料时，更是如此。

如果只将产品说明或业务说明当成"技术"或"生产"问题，也就无法实现主动依据法律规范减少风险损失的目的。例如，某企业为显示质量水平而提高质量指标但未考虑法律风险，后因原料质量不稳定使其产品经常因无法达标而被认定为不合格。而竞争厂家仍旧采用成熟标准，其产品合格率高、质量稳定。

（2）说明资料与知情权

产品说明或服务说明还是履行告知义务的直接手段。《消费者权益保护法》（2013年修正）第八条规定："消费者享有知悉其购买、使用的商品或者接受的服务的真实情况的权利。消费者有权根据商品或者服务的不同情况，要求经营者提供商品的价格、产地、生产者、用途、性能、规格、等级、主要成份、生产日期、有效期限、检验合格证明、使用方法说明书、售后服务，或者服务的内容、规格、费用等有关情况。"

同时，其第十八条还规定："经营者应当保证其提供的商品或者服务符合保障人身、财产安全的要求。对可能危及人身、财产安全的商品和服务，应当向消费者作出真实的说明和明确的警示，并说明和标明正确使用商品或者接受服务的方法以及防止危害发生的方法。宾馆、商场、餐馆、银行、机场、车站、港口、影剧院等经营场所的经营者，应当对消费者尽到安全保障义务。"可见产品或服务的说明不仅要提供技术质量信息，还要提供正确使用的信息以确保正确安装、使用和维护，并对不合理使用时可能产生的危险予以警告以确保使用安全。

例如，某国外品牌电冰箱的使用说明中提醒："冰箱内不能储存易挥发、易燃、易爆物质,压缩机启动时可能产生的电火花,有可能导致挥发到空气中的这类物质爆炸。"而且,国内也确实发生过因冰箱内酒精挥发而引发的爆炸事件。对此,如果厂家已在使用说明中明确提醒用户,则爆炸的发生属于用户使用不当,至少要减轻厂家责任;如果厂家未进行提醒,至少应承担产品质量、未尽告知义务的主要责任。如果能证明生产者明知故犯,生产者甚至可能面临行政处罚等责任。

因此,良好的产品说明或服务说明既是履行法定义务也是企业的自我保护。而对这些说明资料的审查,重点在于是否依法披露了可能存在的缺陷及风险,并通过法律语言以符合法律规范的方式予以说明或警告。事实上,这一工作同样适用于产品包装、业务宣传等需要履行告知义务的领域,而且同样需要从《产品质量法》的视角发现技术上可能存在的危险,并以合适的方式进行描述以避免不必要的风险。

3. 备忘录与会议纪要

备忘录并非合同领域所用的法律文件。按照《现代汉语词典》的解释,它本是一种外交文书,用于声明自己方面对某种问题的立场,或把某些事项的概况(包括必须注意的名称、数字等)通知对方。按照《辞海》的解释,备忘录是外交会谈的一方为了使自己所作口头陈述明确或不致引起误解而在会谈末了当面交给另一方的书面纪要,也是一种备忘录。此外,有些国家的政府或群众团体有时利用备忘录形式阐明对某一问题的立场、态度和要求。

目前国内企业对于"备忘录"的理解与使用,其实是望文生义的"防备遗忘的记录",并无法律地位及效力。它们有的用于确定合同谈判中达成的共识,有的用于记录双方在合同履行期间的协商结果。前者并无法律意义,后者有可能成为补充协议。但已被签署的备忘录,无疑可以当作某种证据。因此对于后者的审查,同合同审查无异。

会议纪要同样不是合同领域所用的法律文件,其使用情况与备忘录相似。如果双方在合同生效后对某些条款的调整达成一致并共同签署,该"会议纪要"相当于双方达成的补充协议。除此之外,会议纪要有时可以作为中断诉讼时效的证据,有时是作为催讨或通知的证据,但还要考虑以公证、特快专递等方式送达以确保其证据效力。

第九节　合同审查工作成果的提交

提交工作成果是合同审查的最后阶段。在这一阶段,合同审查者的工作能力及工作质量将以具体的形态体现出来供人评判。这一阶段也存在许多的误区和机会,如果掉以轻心往往会使前期工作大打折扣。

关于如何提交合同审查的工作成果目前没有统一的标准,本节提供的一些工作方式仅供参考。提出审查意见、提交工作成果过程中涉及的工作原则、需求等参见本书第一章第五节及第二章第二节的相关内容。

一、提出审查意见的要点

提交合同审查工作成果固然是完成工作的一个环节,但同时也涉及客户体验的提升和对执业风险的防范。以书面形式提交的工作成果会持续经受不同时间、不同对象、不同角度的检验,因而需要花更多的时间进行更严谨的调研、选择更精确的表达。

(一)针对企业需求

对于提交审查的合同,如果有明确的工作指示则应按指示完成工作;如果没有明确的工作指示则可按通常的做法完成,或在存疑时主动了解委托人的审查需求。

1. 明确审查要求

委托人的审查要求和合同的交易背景决定着合同审查的方向,有时甚至需要主动进行了解。许多企业由于并未意识到审查目标、交易背景的重要性,对合同审查既无工作指示又无背景介绍,使得律师无法紧密结合企业需求进行审查。还有一些审查人员由于缺乏经验,合同审查漫无目标或只能发现表面问题。

例如,某公司曾提交一份"设备进出口合同"供律师审核,如果按平常的操作程序,应当完全按照进出口业务的法律关系进行审核。但律师在了解交易背景后发现,该交易事实上完全是与进出口无关的国内交易,写成进出口合同纯系业务人员不熟悉业务的随意"借鉴",这一发现有效避免了律师的劳而无功和企业的"削足适履"。

2. 需要了解的信息

除了原材料采购、销售等常规业务,审查其他合同前应视需要了解一些合同涉及的基础信息。除本书第一章第四节的详细内容外,一般可大致了解以下信息:

① 合同用途、交易目的、交易背景;
② 合同双方地位和对方当事人情况;
③ 对合同的基本设想和关注的主要内容;
④ 标的物的特点及相关的技术问题;
⑤ 工作成果的提交方式和质量要求。

明确上述问题以后,合同审查的工作成果就容易达到委托人的要求,不至于浪费宝贵的工作时间,同时也提高了工作效率。如果企业在将合同提交审查时并未介绍背景情况以及审查的要求,律师则只能按以往的习惯进行例行审查,也无从发现合同文本与目的之间可能存在的关系,更无从审查其他类似风险。

(二)基于事实及法律

提出审查意见同样需要遵循"以事实为依据、以法律为准绳"的原则。遵循这项原则是专业素养的体现,也是工作严谨性的要求。

1. 基于事实

这里所说的"事实"与诉讼中所说的事实不同,主要是指委托人为有助于合同审查而提供的各类辅助信息,以及对审查的工作指示,包括委托人介绍的交易目的、审查目的,以及委托人提供的各类背景资料、项目内容介绍等。这些信息往往会影响合同审查的方向及标准,如审查宜松还是宜紧、委托人是否处于优势地位等。

对于委托人提供的这些信息如果没有明显的不实或可疑之处则一般无须核对,因为其真实性、完整性应由委托人自行负责,而且许多信息无法核实。但委托人提供的信息中如有令人起疑之处,如有违命名规律的单位名称、存在破绽的证书等,则有必要核实该合同主体是否真实存在。

如果合同的签订及履行需要核实某种资格、身份,而且委托人的工作要求中包括对这些资格的审核,则需要通过调查取得相关资料后依据相关证据加以判断而不是依据口头介绍。如果信息实在无法考证,则需要在提交工作成果时注明信息来源及其可靠性或合法性无法核实。

2. 基于法律

对于合同法律条款的审查意见,无论是具体问题还是总体结论,均应以现实有效的法律规定为准。或者说,所有的法律意见必须有法律、司法解释的条款相对应。如果是出具书面审查意见书,相关条款还需加以引用。

严格依据现行法律规范提供意见,意味着对许多看似简单的问题不得不进行大量的法律调研。例如,被法院查封的在建商场可否出租问题,如果凭直觉解答当然以不出租为妥。但要依据法律规范给出结论,则涉及民事责任、行政处罚、刑事责任诸多法律领域及各领域不同层级的法律,需要大量的分析调研才能得出具体的结论。

如果某些信息的准确性无法判断且必须加以判断其法律性质或后果,则可分别假设出不同的情况并分别进行法律后果或法律意义上的判断。

(三)恪守执业规则

律师属于提供咨询代理服务的行业,只能对委托人所咨询、委托的法律事务在行业法律法规所规定的范围内提供法律方面的服务,而且必须在从事这一系列工作时恪守职业操守。

1. 审查意见独立

律师审查合同应当建立在以事实和法律为依据的客观、独立、公正的立场上。这不仅是起草报告内容时的要求,更是合同审查中的心态要求。合同行为是企业经营行为的一部分,是否交易、如何交易均为企业的权利,律师只需依据企业的要求和法律上的规定、专业上的水准独立完成审查工作。委托人有权选择是否采纳律师的意见,因此不必因为能否成交而改变独立立场。

律师的职责只是针对合同出具法律意见,而不是卷入利益之争。尤其是某些企业的不同部门之间有时会有不同的意见,律师更应注意依据自己独立的职业操守不带个人主观偏见地出具意见,避免卷入企业内部的无谓之争。

2. 履行保密义务

保守当事人的商业秘密是律师基本行为规范之一。《律师法》(2017 年修正)第三十八条第一款及中华全国律师协会印发的《律师执业行为规范(试行)》(2018年)第九条第一款都规定:"律师应当保守在执业活动中知悉的国家秘密、商业秘密,不得泄露当事人的隐私。"《律师法》(2017 年修正)第三十八条第二款甚至还规定:"律师对在执业活动中知悉的委托人和其他人不愿泄露的有关情况和信息,应当予以保密。但是,委托人或者其他人准备或者正在实施危害国家安全、公共安全以及严重危害他人人身安全的犯罪事实和信息除外。"

律师在审查合同过程中所接触的企业商业计划、项目谈判、投资决策等均为企业的商业秘密,未经同意不应泄露。这不仅是职业规范的规定,也往往是律师为企业提供服务的合同中的条款。因此律师不得将这些信息泄露给任何第三方,甚至不宜公开讨论、不宜向委托人的其他部门人员透露。

除上述原则外,律师出具法律意见应在维护专业性的同时,尽量将阅读难度控制在不具备法律专业知识的人士能够看懂,或增加注释以便于理解。但不能因降低阅读难度而牺牲严谨性和精确性,以防范执业风险。

二、文档处理及意见表述

合同审查的工作内容、审查深度完全取决于委托人的要求和合同审查者的经验判断。通常情况下的合同审查只需提出合同中的问题即可,但有时需要提供初步的解决方案,甚至提出更优的解决方案以控制成本和风险。

(一)文档的处理原则

在信息时代,电子文档可以方便地储存、携带、管理、查找、调用,因此应当将其用于标准的合同审查工作之中。其中,文件名管理、文件夹管理、文字处理等,详见

第一章第四节的相关内容,本部分仅简要介绍基本原则。

1. 保存各类原稿

在任何情况下都应保存各类原稿,并应尽量避免接收原件。对于电子文稿,应连同其附属资料一并列入专用的文件夹,此后的任何审查均应在另存形成的副本上进行,以保留原件供日后核对;对于纸质文稿,应复印后保留原稿并在复印件上开展工作,以保持送审时的原样。

尽可能避免接收原件是为了减少保管负担、降低灭失风险。

2. 规范文档管理

对于电子文档,应首先将其另存为副本并进行规范命名后存入专为委托人设置的文件夹;对于纸质文档,可将其扫描成电子文档,甚至将其转换为可编辑的电子文档,并以标准的方式命名后存入专为委托人设置的文件夹。由于电子文档便于保存、携带和查找,应尽可能以电子方式管理文档。

3. 保留过程文件

保留所有的过程性文件。任何进行过反复审查的来稿,无论是何种介质,都应全程保留各阶段的审查来稿和审查意见,因为许多合同的审查会随着方案的变化或谈判的结果而恢复到原来某一阶段的方案中。而有时为了检查工作质量和团队协作情况,也需要检查不同阶段的审查意见。因此,保留不同阶段的稿件,既可以在需要时找出该稿,也可以随时返回到某一阶段的方案。

4. 活用修订模式

提交审查意见最为简单的方式是在电子文档的原稿副本上直接以修订模式操作。这样既可以显示原稿与修订的区别,还可以用批注的方式注明一些问题、建议等信息。同时还可以充分利用软件中丰富的关键词查找、文本比对、搜索替换、文档结构图等功能,提高工作效率和质量。

而对于纸质文档,则可在复制件上采用规范的校对符号加边注的方式。如果需要,可以在问题部位加注序号,并另附纸张说明各序号下存在的问题。总之,要能够识别出审查意见与原文,以便于后续工作的开展。

5. 重要文档加密

目前广泛使用的 Word、Adobe 等文字处理软件均具备文档加密功能。对于需要高度保密的 Word 或 PDF 等文件,可以通过增设密码的方式提高其安全系数,防止未经授权的打开和阅读。

需要传输这些已经加密的文件时,也可以在传输的同时以另外的渠道告知对方相关密码,以保证传输的安全。

(二) 审查意见的表述方式

传统的合同审查意见是直接在纸质稿上通过评价、修改等方式表述审查意见。

如今直接在电脑上完成合同的审查、修改的效率更高,尤其是易于及时纠正、搜索关键词。

概括起来,所表述的审查意见一般分为五种,即说明、建议、疑问、提醒、警告。对于某些浅显的笔误或语法、文字问题,如术语上的错别字等,也可以直接用修订的方式显示审查意见,但只限于以简便方式提交审查意见时用。

1. 说明

审查意见中的说明用于指出存在问题的条款或语句,并通过说明的方式解释该部分的不当之处。如果需要,还要附加相应的法律依据。也可以采用"应为……"的方式说明应采用的正确条款或语句,这是最为常见的方式,用以说明问题。

2. 建议

审查意见中的建议用于提出合同以外的新方案、新思路等供委托人参考,以改善合同条款中的交易模式、责任划分方式、权利义务等内容。例如,如果合同中约定的定金比例太低而对方违约的可能性较大,则可以标出原稿中的定金比例,然后建议提高该比例。

3. 疑问

审查意见中的疑问,是对于合同中无法理解的或违反常规的条款内容、表述方式,在无法或无须了解相关用意的情况下,直接以疑问的方式提出意见。这种意见可以只针对问题条款或问题语句,也可以针对遗漏的条款。例如,针对虽明确禁止但未设定违约责任的条款,可以提问"此类违约是否需要明确违约责任",意在提请注意的同时供委托人选择。

4. 提醒

审查意见中的提醒,是针对审查中所发现的不利于委托人的条款,或是对很容易造成委托人一方在履行时违约的条款,以及扩大了委托人义务、限制了委托人权利的条款,以提请注意的方式要求委托人关注其重要性或后果。之所以只是提醒,是因为某些条款即使是委托人也无法更改,因而只能提醒其加以注意。

5. 警告

审查意见中的警告,是提醒委托人合同中所存在的重大隐患或重大法律风险,以及对委托人的交易安全、经济利益存在巨大威胁的事项,通过发出"特别提醒"的方式,警告当事人必须注意关键性条款的存在,并慎重考虑该条款的危害性,以供委托人自行决定是坚持进行修改还是放弃交易,或是仍旧接受。

以上只是大致的提交审查意见的方式,一般用于直接针对来稿提出意见,但以正式的方式提交书面审查意见时也可以参照这些表述方式。

三、审查成果的提交

提交审查成果意味着合同审查工作的完成。但只有注重提交成果的方式，才可使之成为"圆满完成"。总体上，提交的方式分为简便方式和正式方式两种。

(一) 简便方式与正式方式

前面介绍的了解委托人需求及交易背景信息等工作，并不是每个合同审查工作都要如此操作。在与委托人有着良好的沟通和信任的基础上，许多工作成果可以用比较简便的方式加以处理、提交。

1. 以简便的方式提交

通常情况下，由于合同的审查、签订属于常规的经营事项，大部分的审查意见都可以简便的方式直接通过邮件提交。其中又分为两种方式，一种是合同中的问题以修订加批注的模式体现在电子文档中，另一种是在前者的基础上另加简单的摘录但并非正式的法律意见书。

即使是以简便的方式提交审查意见，如果涉及合同中的简单问题，如措辞、术语不当及错别字等，都可通过修订模式下的直接调整的方式显示审查意见。在调整范围不大的情况下，对于某些条款也可以直接提供修改意见以供委托人参考。但修改不是合同审查的主要工作，除非委托人的要求是审查及修改。

委托人对于合同审查的要求差异明显。一些合同工作能力强的企业只需要律师指出合同中存在的问题，由业务部门酌情考虑如何处理，需要律师修改的只是相对专业、超出他们能力范围的问题。但也有一些委托人，即使变动一下具体的措辞或标点也要律师进行审查。

2. 以正式的方式提交

通常情况下，除非委托人要求或律师认为有必要，合同审查都是以简单的方式提交。因为以这种方式提交意见比较直观，工作量小很多，工作成果的阅读量也会减少。而对于那些用于重大决策依据的合同审查，或者律师认为使用简便方式无法说清审查意见的合同审查，则需要以正式的方式通过法律意见书提交，但是越正式的法律意见书，占用的篇幅就越大、内容就越多，也越不便于阅读。

这种提交方式也分为两种，一种是就合同审查结果出具法律意见书，另一种是论证相关法律问题并出具法律意见书。

相对于简便方式提交的工作成果，这类工作成果的提交必须符合相关的格式、内容要求，因而工作质量要求更高、工作量更大。

(二) 以简便方式提交成果

在委托人对于合同审查没有特别要求的情况下，一般都是以简便方式提交工作成果。而且对于绝大多数的合同,以简易的方式提交工作成果并不影响其质量和理解,因为提交成果时往往需要附上简单的说明。

1. 总体性审查意见的主题

对于合同的审查意见一般包括总体性和具体性两类。总体性审查意见一般不谈具体问题而只谈总体问题,如果合同的总体问题不明显也可以不提。具体性审查意见是针对合同具体问题提出的意见,包括内在、外在质量问题。如果需要对总体问题提出意见,一般包括下列内容:

(1)合同的审查范围说明

合同的审查范围说明是指对于审查工作包括哪些或不包括哪些内容进行说明,例如可以注明合同中涉及的价款计算是否准确,合同附件所列的内容是否需要由委托人自己审查等。如果合同中缺少某页内容,也应在此加以说明。

合同中的许多计算公式、技术性的细节要求等主要是商务性的内容,审查时只需关注其明确性即可,但应指出这类条款应由技术部门或委托人自行审核。毕竟,这里所说的审查是从法律角度,技术和财务方面的问题需要委托人自行解决,因此需要提醒委托人这一点。

(2)对合同的总体评价

对合同的总体评价包括合同的利益倾向性、普遍存在的问题、对于委托人的利益维护程度等。如果由于来件不齐而影响总体评价,也应说明评价仅根据现有资料作出以及对缺少部分不予评价。

这类评价是为委托人提供总体的印象,起到定调、导读之类的作用,便于委托人将阅读时的思路集中到相关方面。

(3)对委托人的特别提醒

对于某些非常重要的条款缺失或对委托人利益有重大影响的条款,以及委托人在签订或履行合同时还要注意的问题,除在具体性审查意见中提及外,必要时也可在总体性审查意见中强调。特别是要说明可能发生的不利后果,以及应当注意从哪些角度努力以降低风险。

并非所有合同中的法律风险都可有效避免,因此在提交工作成果时对于委托人通常无法预见的问题应当加以说明,以提醒委托人考虑如何处理。说明与提醒也可防止因委托人误解审查范围、审查结果而给律师带来执业风险,并避免因委托企业内部的纷争而将责任转嫁给律师。

2. 总体性审查意见的提交

总体性审查意见有两种提交方式:一种是在提交成果时以随附便函的方式一并提交,单独形成一份文件以便于归档,适合文档管理要求稍高的委托人;另一种则是在提交工作成果时以电子邮件正文的方式提交,审查过的合同稿则作为邮件的附件或将意见直接写在审查过的合同稿的尾部,适合文档管理宽松的委托人。

这两种方式都是审查完电子文档合同后提交工作成果的常用方式。作为相对简便的提交方式,这类意见并不需要很多的文字量,也无须像法律意见书那样严谨,同时一般也并不需要指出相关的法律规定。其作用只是划定律师的责任界限、评价合同的总体状况、提醒合同中存在的总体问题。

对于委托人的纸质来稿,如果有的话,可以在复制件上直接标出存在的总体问题。总体性审查意见应在醒目部位列出,一般写在来稿的首部或尾部的空白处,由审查人在页面的适当位置签名并注明审查日期。在发送意见时,委托人如无特别要求可用电子邮件方式,并在内容前加上对方的称谓和问候语、在结尾加上落款和签名,以使邮件符合商务礼仪而不是一片空白。

如果委托人要求以意见单、会签单、联系单等方式提交工作成果,其工作方式与前面的相同,一般只是将总体性审查意见写入委托人指定的表单即可。此类表单不属于律师的法律意见书,属于双方约定的工作方式的一部分,无须按照法律意见书对待。

(三) 以正式方式提交成果

相对正式的审查意见或当事人有明确要求的,应以法律意见书的形式提交合同审查意见或合同论证意见,前者针对合同审查,后者针对合同法律问题论证。这些法律意见书完全独立于合同之外,因而需要引用原文并指出存在的问题,需要符合一定的格式,使用礼仪用语,阅读时还必须结合合同才能看清全貌,因而无论是委托人还是律师都会增加不少的工作量。

1. 合同审查法律意见书

以法律意见书的方式提交工作成果,相当于把相关的总体问题、具体问题写在一起,并加上固定的开头和结尾,其内容组织方式与以简便方式提交工作成果相同。

例如,某合同审查法律意见书(未按实际使用排版)样本如下:

××××律师事务所

法律意见书

××××集团有限公司:

贵公司传真至本所的,签署方分别为贵公司与《××晚报》广告部(以下简称"广告部")的《广告发布合同书》正文两页、附件一页,本所已于××月××日收悉。

在收到相关传真件的同时,贵公司口头要求本所:

① 审查该合同可能存在的法律问题;② 审查合同条款中对贵公司可能不利的情况。

现根据传真件中的合同内容,以及目前的法律规定提供审查意见如下:

一、总体问题

通过审查,我们发现,该合同的版本显然比较陈旧,难以满足贵公司进行长期广告合作的需要。

1. 对方的合同主体问题

代表报社与贵公司签订合同的为晚报所属的广告部,该主体显然不具备独立的法人资格,贵公司与这样的主体签订合同存在一定风险。

但通过广告部对外招揽广告业务是媒体界较为普遍的做法。如其能够提供报社授权其招揽广告业务的授权书原件,则贵公司与之签订合同基本没有法律主体风险。

2. 合同文本本身的问题

该合同文本的条款源于已经淘汰的示范文本,仅能满足单次广告服务的需要,而贵公司拟与广告部签订的合同有效期为一年,因此该文本不符合贵公司的实际要求。

对此,建议贵公司通过另行制作文本,或与主合同同时签订补充协议的方式加以解决。目的是细化权利义务条款、增加适用性。

3. 文本的倾向性问题

该合同文本系对方提供的第一稿,其合同条款倾向于维护广告部单方的权益,对贵公司权利的保护非常有限,如果不加修改直接签订将会严重影响贵公司在该合同履行过程中的正当权益。

二、条款中的具体问题

1. 合同中的称谓不统一

该合同以贵公司为甲方、广告部为乙方,但合同中同时存在"集团公司""广告部"的不同称谓,应当统一为合同"甲方""乙方",避免混乱。

2. 合同援引的法律已经废止

合同约定"根据《中华人民共和国经济合同法》"或"根据《中华人民共和国合同法》"签订该合同,由于所引用的法律均已废止而且此类约定并无实际意义,因此完全可以删除。

3. 工作内容应当调整

合同第一条所约定的"形象广告"含义不明,不如改成"甲方指定广告",以给贵公司更多的灵活性,也防止合同条款的不确定性。

4. 广告部应承担审稿中的义务

来稿中规定广告部有审稿权,这与法律规定并无冲突。根据贵公司的目前状况,建议该条款约定为"乙方负责审查广告内容及表现形式的合法性并负责广告发布相关手续的办理,因上述工作中的过错而引起的侵权、违法等问题由乙方负责处理并承担赔偿责任,包括因此而给甲方造成的损失"。

5. 对本合同附件的审查

合同第六条规定"乙方《广告刊例》"为合同附件,但此次传真件中未见该《广告刊例》,因此无法审查。

同时,本次来稿中的第三页为附件,内容为付款的具体金额及日期,该附件内容不属律师审核工作范围,请贵公司相关部门自行审查决定。

6. 广告费余额的退款时间应明确

由于采用先预付后结算的方式支付广告费,因此在年终很有可能存在退还余额或优惠部分广告款的问题,故应当在合同中明确退还的时间。

7. 合同的违约条款不对等

合同第九条只约定了甲方的违约责任而无乙方的违约责任,考虑到报社可能发生错登、漏登、少登的情况,故应当约定乙方的违约责任。

8. 合同第十一条的其他约定

该条内容部分字迹不清,而且贵公司无法提供更为清晰的文本,因此该条款无法审查。

以上意见谨供贵公司参考,如有不明之处请及时与我们联系。

顺颂商安!

××××律师事务所

律师:×××

××××年××月××日

2. 合同论证法律意见书

相对于合同审查法律意见书,用于提交合同法律论证成果的法律意见书更为正式也更为复杂,但使用的机会不多。这种法律意见书,一般是用于论证交易模式、交易风险等重大法律问题而非针对具体的合同,其使用目的是决策而非交易,因而涉及更为严格的法律调研,也需要更严谨的语言表述,有更大的工作难度并需要更多的工作时间。

这种法律意见书在法律上和表述上都存在难点。法律上的难点在于需要论证的都是非常规的问题,甚至是法律上的边缘问题,因而不仅需要大量的法律调研,而且有些可以得出确切结论而另外一些则难以定论。表述上的观点则在于以何种体例将复杂的法律关系、调研过程严谨地表述清楚,使之易读易懂。尤其是当存在多重的不确定性时,需要以诸多的假设来厘清不同的情形并对不同的情形作出法律上的判断。

除此之外,作为最为正式的法律意见书,有时这类法律意见书还要附有免责声明,履行对委托人的告知义务、排除某些不必要的风险。如果内容过多,往往还需要建立详细的目录以便阅读,必要时还可以用各种图示的方法使之更易于阅读和理解。

这类法律意见书并无固定格式,但一般的组成部分、表述顺序和内容安排可参考下列体例:

(1)首部

首部可以采用与前一范例相同的方式表述,包括标题、文书名称、发文对象、引言,有时还需要加上意见书文号。例如:

××××律师事务所
法律意见书(节选)

××××集团有限公司:

贵公司以电子邮件方式向本所发出的合同论证需求已经收悉。根据来件的内容,贵公司要求论证的问题分别为:

(1)×××××××;

(2)×××××××。

现根据来件提及的背景信息描述,以及我们查询到的现行有效的法律法规等相关规定,结合我们的工作经验、专业知识,提供法律意见如下:

(2)正文

正文的内容是对论述过程、涉及的法律问题的展开。按照一般的阅读理解习惯,应当先概述对问题的理解、问题的分类,然后再一一论述,并在正文的最后部分归纳调研的结论。例如:

一、对论证需求的理解

(结合背景资料及需求,将需要论证的问题转换成法律问题)

二、对相关法律问题的理解

(根据转换出的法律问题,分析其涉及的各个法律领域,以及每个领域中所涉及的法律问题点,总结出需要调研的具体法律问题)

三、对××××的法律论证

(论证第一个问题,分别提及相关的法律领域、该领域不同层级的法律、各具体法律的相关规定,以及法律问题与法律规定相比对而得出的结论)

四、对××××的法律论证

(论证方式同上)

五、对××××的法律论证

(论证方式同上)

六、对××××的法律论证

(论证方式同上,假定共有四个问题点)

七、对前述论证的总结

(总结、归纳前述论证的各个结论,排除不适用或无须考虑的问题,得出总体性的法律调研结论)

八、对相关问题的建议

(如果该公司的问题包括如何实现相关业务,则结合总结性结论和该业务构想,提出从事相关业务的工作要点的建议)

(3)尾部

尾部的内容包括正文结束后的所有内容,大致有结束语、商务礼仪用语,以及事务所名称、律师签名、日期等,可以与前一意见书相同。如果还有附件,则在日期以后附带列出。例如:

以上意见谨供贵公司参考,如有不明之处请及时与我们联系。

顺颂商安!

××××律师事务所

律师:×××

××××年××月××日

附件:① ×××××××;

② ×××××××;

③ ×××××××;

④ ×××××××。

第三章　合同的修改与调整

合同的修改与调整是合同审查的延伸,其目的是通过内容的修改以及结构、交易模式的调整等,尽可能将权利义务的边界向有利于委托人利益的方向调整,以维护委托人的合法权益。这一过程是商务谈判的一部分,也常常是不断提出新要约的过程。

相对于旨在发现问题的合同审查,旨在解决问题的合同修改的难点在于,某些问题容易发现却难以解决。有的是因为在交易主体、交易内容、交易方式上存在一定的法律障碍,有的则是因为在交易中处于劣势地位或受到交易背景的限制,以至于修改的完成并不意味着风险完全可控。

正因如此,高难度的合同修改需要更多的法律、商务、表述等方面的知识和经验,以实现理想与现实的平衡以及交易利益的最大化和交易风险的最小化,甚至不得不以调整交易模式等方法达成合法交易,其工作难度远大于合同审查。

这项工作通过删除、修改、调整、增加内容的方式变更原有的条款,从而降低风险水平、提高安全系数,同时也通过进行各类其他方面的优化以使合同更适用于交易。由于其成果大多是新旧内容的结合,如果进一步优化,则工作量已经不亚于以修改参考文本的方式进行合同起草。而无论修改调整到何种程度,律师均需对整个合同文本的质量负责,因此责任更重。

本章内容并非对合同审查理论、方法的简单重复,而是新增了一些在审查合同时通常无须考虑的问题,并探讨相关解决方案以使修改后的合同更加完善。为便于理解和操作,特在本章最后一节集中介绍相关工作方法和工作要点。

第一节 合同修改的目标与理念

修改与调整是合同正式签订前的最后工序,合同必须在这一阶段实现理想与现实之间的平衡。在这一阶段,合同工作的核心是在帮助委托人达成交易目的的同时控制合同中的法律风险,避免漏洞百出的合同给委托人带来不利后果。过严的控制会导致无法交易,过宽的控制会导致法律风险,如何平衡也是问题所在。

修改与调整的工作量要远大于审查,所要考虑的问题也要比审查阶段多得多,而且许多合同由于客观条件的限制,根本无法修改。

一、对合同缺陷的回顾

合同的质量缺陷包括了法律条款缺陷、商务条款缺陷以及文字表述缺陷。对合同质量问题的详细讨论,参见本书第二章第一节的相关内容,为表述方便这里只列举其梗概。

(一)合同中的法律条款缺陷

诉讼是对合同质量的终极检验,也唯有判决可以被大量用于研究。如果损失是由于合同条款设置不当而引起的,则说明合同存在质量缺陷。因而研究法律与司法解释、典型案例既可用来解决争议,也可用于合同质量判断。

合同在法律方面的缺陷,主要是合同条款因违反以《民法典》(2020年)为主的相关法律规定而导致条款的无效、效力待定以及约定不足等问题。为便于阅读在此只简单提及,更为详细的内容参见第二章第一节的相关内容。

1. 无效的合同

根据《民法典》(2020年),这类情形可以分为合同无效和条款无效,主要包括以下四种情形:

(1)合同无效的法定情形

第一百四十六条规定:"行为人与相对人以虚假的意思表示实施的民事法律行为无效。

以虚假的意思表示隐藏的民事法律行为的效力,依照有关法律规定处理。"

第一百五十三条规定:"违反法律、行政法规的强制性规定的民事法律行为无效。但是,该强制性规定不导致该民事法律行为无效的除外。

违背公序良俗的民事法律行为无效。"

第一百五十四条规定:"行为人与相对人恶意串通,损害他人合法权益的民事法律行为无效。"

（2）合同免责条款无效的情形

第五百零六条规定:"合同中的下列免责条款无效:

（一）造成对方人身损害的;

（二）因故意或者重大过失造成对方财产损失的。"

（3）格式条款无效的情形

第四百九十七条规定:"有下列情形之一的,该格式条款无效:

（一）具有本法第一编第六章第三节和本法第五百零六条规定的无效情形;

（二）提供格式条款一方不合理地免除或者减轻其责任、加重对方责任、限制对方主要权利;

（三）提供格式条款一方排除对方主要权利。"

（4）诉讼时效条款无效的情形

第一百九十七条规定:"诉讼时效的期间、计算方法以及中止、中断的事由由法律规定,当事人约定无效。

当事人对诉讼时效利益的预先放弃无效。"

2. 效力待定合同

《民法典》（2020 年）规定的效力待定合同,分为以下两种情形:

（1）限制行为能力人订立的合同

第一百四十五条第一款规定:"限制民事行为能力人实施的纯获利益的民事法律行为或者与其年龄、智力、精神健康状况相适应的民事法律行为有效;实施的其他民事法律行为经法定代理人同意或者追认后有效。"

（2）无权代理人订立的合同

第一百七十一条规定:"行为人没有代理权、超越代理权或者代理权终止后,仍然实施代理行为,未经被代理人追认的,对被代理人不发生效力。

相对人可以催告被代理人自收到通知之日起三十日内予以追认。被代理人未作表示的,视为拒绝追认。行为人实施的行为被追认前,善意相对人有撤销的权利。撤销应当以通知的方式作出。

行为人实施的行为未被追认的,善意相对人有权请求行为人履行债务或者就其受到的损害请求行为人赔偿。但是,赔偿的范围不得超过被代理人追认时相对人所能获得的利益。

相对人知道或者应当知道行为人无权代理的,相对人和行为人按照各自的过错承担责任。"

（3）无处分权人订立的合同

第三百一十一条规定:"无处分权人将不动产或者动产转让给受让人的,所有

权人有权追回;除法律另有规定外,符合下列情形的,受让人取得该不动产或者动产的所有权:

(一)受让人受让该不动产或者动产时是善意;

(二)以合理的价格转让;

(三)转让的不动产或者动产依照法律规定应当登记的已经登记,不需要登记的已经交付给受让人。

受让人依据前款规定取得不动产或者动产的所有权的,原所有权人有权向无处分权人请求损害赔偿。

当事人善意取得其他物权的,参照适用前两款规定。"

3. 约定不足的合同

作为法律缺陷,合同权利义务约定不足主要是指"权利未能用足"。

(1)未充分利用法律授权性条款

未充分利用法律授权性条款,是指未充分利用法律规定可由当事人自行约定的授权性条款。

(2)未将学理条款转为合同条款

未将学理条款转为合同条款,是指未将法律上虽有规定但操作或举证困难的权利义务约定为合同条款。

4. 不成立的合同

不成立的合同,是指因为欠缺交易的基本要素,没有明确的当事人或欠缺明确的标和数量,因而主体不确定、标的不确定以至于根本无从交易的合同。其中,标的及数量的结合才是合同的具体标的,没有数量的标的只是不足以进行交易的种类物。

依据 2023 年 12 月 5 日开始施行的《最高人民法院关于适用〈中华人民共和国民法典〉合同编通则若干问题的解释》第三条,"当事人对合同是否成立存在争议,人民法院能够确定当事人姓名或者名称、标的和数量的,一般应当认定合同成立。但是,法律另有规定或者当事人另有约定的除外"。

(二)合同中的商务条款缺陷

商务条款缺陷是指合同在商务条款的设计方面存在的缺陷,合同即使存在这些缺陷也并不违法,但很容易造成损失。

1. 存在重大风险的合同

存在重大风险的合同主要是指权利义务不对等、仅对相对方有利,己方权益无法得到保障的合同。

(1)进退两难的合同

进退两难的合同主要是指处于不利地位的一方无论是继续履行还是解除合同

都要付出沉重代价的合同。

（2）完全被动的合同

完全被动的合同主要是指合同的履行、生效等均由相对方掌握,己方则毫无主动权的合同。

（3）必然违法的合同

必然违法的合同主要是指违反相关法律法规的规定,合同主体不具备合法资格或经营违法标的的合同。

（4）必然违约的合同

必然违约的合同主要是指由于产能、成本、原材料等原因,企业根本无法按约履行的合同。

2. 权利义务不明确的合同

权利义务不明确的合同是指没有约定或约定不明确,需要以其他方式补救或判断的合同。

（1）没有相关约定

对交易内容、交易方式、问题处理等事务的某些权利义务未进行应有的约定。

（2）条款过于笼统

条款已有某种程度的约定,但因过于笼统而根本无法实际履行。

（3）内容相互冲突

不同条款之间甚至同一条款之中存在排斥性的不同约定。

3. 偏离交易方向的合同

偏离交易方向的合同因内容偏离了交易目的或应用场景,而降低甚至失去了价值。

（1）偏离交易目的

合同条款严重影响交易目的的实现,或降低实现交易目的所获利的价值。

（2）缺乏实用性

合同近乎只有一般包括条款,解决不了实际交易中可能再现的具体问题。

（三）合同中的文字表述缺陷

这类问题包括结构混乱、词不达意、语法错误、语言歧义、语体不符等。

1. 缺乏结构观念

缺乏结构观念的结果是合同没有结构安排,或是虽有结构安排但秩序混乱。

（1）缺乏结构安排

条款设置随机,条款间主题混杂、思路跳跃、缺乏整体结构安排。

（2）缺乏秩序安排

条款或模块的主题以及内容的层级、顺序杂乱,无法通过既定秩序发现问题。

2. 表述不够专业

表述不够专业主要是指合同在语体、表达精确性、逻辑严谨性和表述效率等方面存在问题。

(1)表述不够精确

表述不够精确主要是指表述不规范、语意不确切、标点符号滥用、存在语言歧义等。

(2)逻辑不够严谨

合同条款的定义、判断、推理等未能严格遵循逻辑规律。

(3)文字效率过低

过多的重复文字或无实际意义的内容,导致篇幅毫无意义地扩大。

3. 忽略版面质量

忽略版面质量主要体现在排版无规则、不符合基本规则,以及不够美观大方等方面。

(1)缺乏排版规则

排版没有统一规则,版面安排因过于随意而杂乱无章、毫无美感。

(2)违反排版规则

排版违反通用的排版规则,导致常识性错误并影响专业性和严谨性。

二、合同修改的性质

合同修改都做哪些事情?如果简单地概括,就是调整权利义务的边界。具体来说,一是让不明确的边界变得清晰,二是让边界向有利于委托人的方向推移。如果再具体一点,则是为了调整权利义务边界而进行权利义务及语言表述的调整。

(一)修改是调整权利义务边界

每份合同都是一个由各种权利义务交织在一起而形成的权利义务体系,既存在双方都享有的权利、都要承担的义务,也因交易身份的不同而存在只属于某一方的权利和只属于某一方的义务。

例如,在一份买卖合同中,合同生效的方式、合同共几式几份、管辖地点等与双方有关,而质量责任则专属于卖方,付款责任专属于买方。因而合同双方的权利义务存在此消彼长的情形,其间存在一条无形的由权利义务构成的"边界"。

而合同修改的性质,则正是要调整这条双方之间权利义务的边界,而无论这种边界问题是由于要约而引起还是由于缺陷而引起。

1. 对权利义务边界的调整

在谈判过程中出具合同稿,其目的是便于相对方确认具体的权利义务细节。

这既是"讨价还价"中的一环,也是合同修改工作的由来。如果以法律语言表述,合同稿的提交是发出书面要约,而对合同稿中的内容进行实质性变更,则是发出新要约。

《民法典》(2020年)第四百八十八条规定:"承诺的内容应当与要约的内容一致。受要约人对要约的内容作出实质性变更的,为新要约。有关合同标的、数量、质量、价款或者报酬、履行期限、履行地点和方式、违约责任和解决争议方法等的变更,是对要约内容的实质性变更。"

因而这一阶段的工作内容,毫无疑问是在不同程度上尽量为委托人增加权利、减少义务,并使相对方增加义务、减少权利。

2. 对权利义务边界的明确

大多数的合同由于条款设计或表述方式上的原因,权利义务边界并非所有重要部分都足够清晰,因此需要在修订合同时加以明确。例如,有些合同对于通知、协助、保密等义务并无明确约定,《民法典》(2020年)第五百零九条,原则性地规定了"当事人应当按照约定全面履行自己的义务。当事人应当遵循诚信原则,根据合同的性质、目的和交易习惯履行通知、协助、保密等义务"。因此许多合同中的这部分边界并不清晰。但并非所有的交易都需要对这部分内容划定清晰的边界,只有那些对履行配合度要求高的交易,如冷链运输等,才需要明确规定通知、协助等义务,以清晰权利义务的边界。

(二)几种权利义务边界

在合同民事法律行为领域,权利是法律赋予或双方约定的合同主体在交易中为实现自己的利益而要求相对方作为或不作为的力量,义务则是法律赋予或双方约定的合同主体在交易中需要实现某种作为或不作为的职责。

如前所述,合同是由交易当事人围绕交易而自行设定的权利义务系统,既有双方的权利义务也有单方的权利或义务。而合同中的所有权利义务事实上都是有限的,限于特定的时间、空间、主体、行为,因而需要多维度的清晰边界。

1. 时间上的边界

合同中设定时间上的边界的方式有多种,有的是以文字设定、有的是以行为设定,而以文字设定的又可分为以具体的时间设定和以某种事件设定。

最为常见的时间界限,是以签订日期体现的合同生效日期和合同中约定的有效期截止日期,以及履行具体的交付义务、付款义务的日期,这些都是以时间点表示的时间界限。而对于表示一段时期的时间界限,可以分为确切的以日期表示的时期,以及到某一时点截止的向前敞开的时期、从某一时间点开始的向后敞开的时期。前者其实有一个事实上的起始点,一般是合同生效时间,而后者如果没有时间截止点的设置,则有巨大风险的时间界限设置。

调整权利义务边界的其中一个内容便是对时间界限的调整,使之更明确,或是更符合自己的利益、更便于自己履行。

关于时间上的边界的更多内容,参见本书第二章第五节的相关内容。

2. 空间上的边界

空间上的边界主要是指与合同履行相关的具体地点。如果合同的履行涉及物理上的交接地点,则这一地点必须是排他的可识别、可到达、可交接的地点。如果是对虚拟标的物的履行,如线上提供合同软件、注册码等并无实际物理交接地点的合同履行,则其"地点"与其说是履行地点,不如说是履行方式,所指向的是排他的可识别、可抵达、可交接的虚拟"地点"。

合同修改中对于地点的调整大多是进一步明确具体的地点,以及选择更有利于合同履行中的成本控制和风险控制的地点,包括解决争议的管辖地点。

3. 主体上的边界

主体上的边界,就是合同权利由谁向谁行使、合同义务由谁向谁履行的边界。通常,合同必须由合同主体履行而不能由其他方代劳,这是一个默认的原则。例如,生产商签订的供货合同如果未作特别说明,则需要提供自己生产的产品而不能提供其他企业生产的同类产品。即使是并无自己产品的经销商,其供应的产品固然不可能是其自行生产的,但合同必须由其自行履行而不得转给其他方履行。

合同履行如果涉及履行主体的法律、技术等资格问题则一般无法调整,但对于需要具备专业资格才能确定履行的质量及安全的事项,则可以进一步明确履行人员的资格,这是延伸出的主体上的边界。而在双方同意的情况下,合同中的债务人可以向合同外的第三人履行,合同外的第三人也可以向合同中的债权人履行,但都并不因此免除相对方的履行责任。

4. 行为上的边界

行为上的边界是合同生效后的履行期间各方的作为与不作为,既包括约定的也包括法定的作为与不作为,同时还可分为双方的和单方的作为与不作为。行为上的边界,其实就是合同履行行为的权利义务边界,与前三种边界一并组成了全面履行的综合性要求。

这类边界的调整总体来说是在向更明确、更实用的方向调整,或者说对于界限不清的要设置界限、对没有界限的要划定界限,因而其工作远比对时间上的边界、空间上的边界上的调整要多得多,有时是明确权利义务的边界,有时是为了使权利义务边界变更有利于委托人。

以上仅为简单介绍,更为详细的讨论参见本书第三章第六节的相关内容。

三、合同修改的常见问题

不仅合同之间存在巨大的质量差异,合同修改的结果也是如此。这既有质量标准问题,也有思维的深度和广度问题。合同修改思路及方法的提升可以有效地提高合同修改的质量与效率,并有效预防律师执业风险。但由于合同修改涉及综合知识、工作经验以及法律体系、委托人需求等方方面面,很少有人仅凭经验便能在合同修改时解决所有问题,因而需要对修改中存在的问题加以分析。

(一) 忽略背景信息

以交易目的、关联交易、特殊要求等为代表的交易背景信息决定着合同修改的方向,脱离这些背景可能使合同因未能随之调整而损失交易利益。

1. 忽视合同目的

交易目的的不同足以引起合同交易标的、交易方式等条款的调整,应使合同适应背景因素的要求,即使交易几乎完全相同也必须考虑交易目的是否存在重大区别。但如果委托人未加说明,一般即按通常的交易目的进行理解和修改。

例如,对于常规的经常性的原料采购,由于交易目的明确、过程安排熟练,几乎可以一直沿用相同的合同,正如许多企业的实际情况那样。但当企业为了帮助供应商解决产品积压、资金回笼问题而采购时,则不再需要像采购生产原料那样要求固定的交付期限,而采购价格或其他利益交易也变得可以商量。而当企业只是因为行情较好而提前采购或增加采购量,则合同条款并不需要进行特别调整,因为它只是增加了额外的因素而并未改变基本的交易目的。

2. 脱离实际需求

合同修改脱离实际需求的主要原因,一是企业与律师之间缺乏顺畅的工作沟通,二是在于通常情况下合同商务条款的修改并不属于律师的工作范围,三是某些合同文本基于通用性的考虑而缺乏具有针对性的条款。这方面的典型特征是合同缺乏实用性,貌似只是针对抽象的交易而不是具体的交易。

例如,一份采购促销现场使用的小额礼品的合同,就其合同性质而言是标准的买卖合同。但随着采购品的不同,需要关注的方向也有不同。采购电器则需注意电器产品安全责任及"三包"期限问题,采购食品则需注意食品的生产日期以及食品安全责任等。脱离背景信息就事论事地修改,很难使合同质量或交易安全得到实质性的提高,甚至会导致合同文本张冠李戴。

3. 合同目的虚设

合同目的是指合同所体现的当事人通过交易所希望达到的目标。例如,出租人的合同目的是获取租金、买受人的合同目的是得到所需产品,因此有了无法实现合同目的而有权解除合同的规定。而当合同中存在没有约定或约定不明确的情形时,合同目的还可用于解释合同。

　　但大多数的合同并没有对合同目的的描述,而是使用"甲乙双方经友好协商,依据国家法律之相关规定,本着平等互利、等价公平的原则签订合同如下"之类没有法律意义的套话,起不到明确目的、丰富条款及拾遗补缺的作用。尤其是某些背景信息的描述足以证明对方在订立合同时已经能够预见或应当预见到了其违约行为可能造成的损失,在合同中进行明确才有利于主张可得利益损失。

(二) 质量管理随意

　　合同修改确实没有固定的标准,不同的合同也难有共同的标准。但如果存在足以影响交易安全、交易目的的缺陷,则必须加以修改。

1. 修改流于形式

　　由于缺乏质量标准以及以传统方法修改合同时的随意性,某些合同的修改深度及范围存在问题。一些修改流于形式,甚至连法律问题也未认真关注,并未触及合同中的实质问题,既未进一步明确双方的权利义务也未应对潜在的风险,而只是纠正了个别措辞,对于合同质量的提高意义不大。

　　修改合同的目标是将合同中的法律风险控制到可以接受或可以掌控的范围之内,如果修改不能使合同提供更多的交易安全或交易利益,除非由于条件所限而无法实现,否则这类"语文老师"式的修改应当避免。当然,能改到什么程度应取决于能够发现多少潜在的风险,以及根据交易背景、交易目的判断出哪些必须修改。

2. 套用固定模式

　　套用固定模式是指某些修改会习惯性地套用某种固定的表述方式,例如在引言部分加上"定义""鉴于"以及交易资格描述条款、法律适用条款等。这些条款有时会使合同看上去庄重、正式,但有时实无必要。

　　增加这些固定模式的内容,其前提是为了提高内容的明确性。例如,如果合同中的术语、关键词与通常的理解相似,且结合交易内容、交易背景分析这些术语、关键词并不会产生误解或歧义,则其定义便毫无实际意义。同样,如果某些签订履行合同的条件是常识或并无法律上的影响,则也不用"鉴于"。

　　而且,合同因其对应的交易层面、使用场景的不同而存在不同的质量层级。每个不同的质量层级对于合同的精细程度、复杂程度,有着大致相同的需要和使用方式,并非所有的层级都适合以这类方式表述,甚至某些专业的合同文本也无此需要。

3. 条款不切实际

　　合同修改过程中普遍发生过的事例,是花大力气修改后的合同文本被委托人否决。这种情形的发生一般是由于合同修改过于理想化,使合同内容的变化超出了交易习惯、交易背景的适用范围,甚至超出了委托人或相对方的阅读、理解水平。

合同最需要的是"适合的质量",而不是学术上的"高质量"。合同修改作为一种实务工作,其工作范围、工作深度受到诸如交易层级、交易背景、交易地位、管理者偏好等各类因素的限制,只有"适合的质量"才是最好的质量。例如,某些交易的合同文本由强势方提供,即使问题很多,弱势方也很难修改;某些企业家偏好简单、易懂的合同,过于学术、过于复杂的合同则不受欢迎。

4. 疏于条款搭配

所谓的疏于条款搭配,是指遗漏了对搭配关系不当的条款的修改,或遗漏了对关联条款的修改。前一种情形下,每个单独的条款都不需要修改,但搭配使用则需要修改;后一种情形是修改了前面的条款却没有修改后面的相关条款,或是修改后未对所有条款进行全面的"兼容性"审查。这些情况的出现,都可能在未彻底解决原有问题的同时又制造出了新的问题。

例如,将时间上的违约细分为延迟交货、不能交货后,因为二者之间的违约责任、法律后果不同,需要界定二者之间的界限。

又如,交易内容部分的质量标准条款、交易方式部分的检验标准条款、问题处理部分的质量违约责任条款都与质量有关。这是一种表述安排上的无奈,很少有相关内容可能在一个条款里全部写完。因此在修改某些条款时,例如设备采购、安装合同,如果交易模式从买方参与各阶段检验改为买方直接以交钥匙的方式验收,则必须查验、修改相关联的到货验收、安装调试、试车等环节以及与之配套的违约责任环节,以确定是否协调、是否需要修改。

(三) 形式质量欠缺

所谓形式质量欠缺,在这里是指除了依据法律、商务等知识、经验修改合同,基础性的语言文字表述质量、提交工作成果方式等方面有待提高。

1. 表述能力欠佳

合同条款是对权利义务的表述,表述质量直接影响合同的质量。某些合同在修改后反而显示出修改者表述功底的不足,如修改后的语言不规范、明显缺乏调整内涵和外延的技巧、欠缺秩序安排意识、对过于复杂的语句未加拆分、表述内容词不达意、标题体系混乱等。

条款的表述是界定权利义务的边界,不当的表述使得这种边界界限模糊、偏离主观意愿,甚至产生歧义。而表述能力的提升,则除了持续关注、不断努力,没有捷径。至于那些表述不佳的原稿,有时个别的修改根本无法保证整体的质量,只有将原稿的内容当作素材全部重新排列组合及重写,但这属于合同起草而非合同修改。

2. 版面安排随意

版面的调整一般不属于合同修改的范畴,因为并不改变合同的实质内容。企业使用的合同普遍存在版面不统一且版面质量参差不齐的情况,例如内容超出版心、行间距不统一、字体字号过多、序号使用不规范、首行无缩进等,说明许多企业并不重视版面质量安排。同只需要指出问题的合同审查不同,理论上修改者需要对修改后的合同整体质量负责,其中也包括版面质量。

但与合同内容的修改相比,对不良版面的调整、美化更容易增强文本的质量感。因为合同条款质量的提升是内在的,需要认真阅读才能体会,而版面质量的提升则是直观、外在的提升,人人都能确切地感受到。如果进一步提高标准,则合同的结构体系调整、增加标题体系等,都可使版面质量进一步提高。

3. 成果不加说明

这种现象是指在提交修改工作成果时,未就工作范围、修改原因、注意事项等加以说明或提醒。合同修改属于"非标准化"的工作,如果不加说明则他人无法直接了解合同修改的范围、程度、出发点、遗留问题等,不利于企业交易风险的综合防控,也容易在修改者与委托人之间产生误解和隔阂,对双方均不利。

这一问题的产生与企业提交审查时习惯于不提供相关背景信息有关。有些企业甚至只是说请律师"看一下"而无具体工作指示,因而审查也只是依据个人的工作经验和主观判断。在这种合同修改任务模式下,提交工作成果时不加说明也就顺理成章。但提交成果时稍加说明,则会使合同工作更为规范,对委托人的保护也更为尽责。

本部分仅概述合同修改中的问题,对于合同自身缺陷的讨论见本书第一章第七节"合同质量原理解析"、第二章第七节"合同审查中的'三个比对'",以及本章后续的专题讨论。

四、合同修改的原则及目标

合同的修改如果与审查同步进行会有更高的效率,如果委托人能在审查前明确修改的目标、可修改的范围、可修改的程度,合同的修改也会更加顺利。与此同时,合同修改工作的一些思路同样有助于明确工作方法和方向。

合同条款的作用类似于交通标志。平时用以规范交通行为、维护交通秩序,而出现事故或争议时又是判定过错归属及应负责任范围的依据。修改合同的目标就是消除合同的缺陷和死角,避免出现问题时既无法定依据又无合同依据,同时避免因合同条款缺陷而导致败诉。

(一) 基本的修改原则

修改合同是指在原合同的基础上进行调整和优化,因此一般不改变合同的结构,不进行内容的全面重写,否则属于合同的起草。正因为合同原稿都是针对具体、现实的交易,因而遵循一定的原则进行修改可以保证工作的质量及效率。

1. 交易优先

由于受交易背景条件的制约,许多合同即使已基本定稿也并不完善,但要根据原因的不同而区别对待。如果只是利益上的不平衡,很有可能是交易地位不同使然,很难调整;如果纯粹是技术问题,比如某些条款界限不清或容易产生歧义,则可以建议修改,因为对双方都有利。修改合同的努力其实是在理想与现实之间寻找平衡点以最大化地接近交易目的的实现,但能否实现目标往往最终取决于交易地位,而是否交易则由委托人自行取舍。

例如,某广告公司的合同初稿大量采用国外著名设计机构的强势条款,但由于国内广告策划行业在房地产领域属于买方市场,因而合同文本被开发商修改得面目全非,但项目收入可观,因此该公司最终决定接受。经营的目的是赢利,因而对成交影响最大的是盈利能力而不是合同本身。

2. 满足需求

在明确了委托人的需求、委托人是哪一方的前提下,修改合同要在法律允许的前提下尽可能满足委托人的需求。但这种满足并非原封不动地维持委托人的主张或只作皮毛上的修改,而是理解委托人的用意和交易目标后征得其同意后的优化。尤其是对某些委托人特别看重的条款,可在分析出本质后用更好的模式和方式替代。因此合同修改完全可以合并零乱条款、删除无实际意义的条款、优化各类条款。

例如,某企业家有资本没市场、某业务员有市场没资本,企业家提出合资办厂并出资 90%。业务员如果依此出资,其决定权和分红权均十分有限,但又没有资金扩大出资比例。这个问题的本质是,出资比例是否决定了决策权、分红权比例。事实上,这三种权利完全可以设立成不同的比例,因此业务员可以一口答应这一出资比例并提出对决策权比例、分红权比例进行协商。

3. 层级不变

合同都存在大致的四个质量层级,即营业层级、商务层级、专业层级、专家层级。这种层级的形成是由于交易特征和标的特性以及交易习惯的共同作用。每个层级的合同文本如果上升一级则可能由于过于复杂而难以达成,降低一个层级则又可能过于简单而不敷使用。因此没有特殊的原因,一般的合同修改只是使之略有提高而不必完全"越级"。

例如,营业层级的普通餐饮消费不可能先订合同再消费,至多是对预订业务加设表单;普通的原材料买卖只需商务层级的合同即可,并不需要订立专业层级的合同,除非是资源垄断型的厂家出具的合同文本。尤其是需要适当控制调整的幅度,尽量避免增加的条款过多或改动太大而造成合同无法使用。

4. 降低风险

由于律师需要在修改合同后对整体质量负责,因此相比审查合同更需要合理、谨慎地提升合同质量,以更好地控制风险。这至少意味着要充分分析出可能的风险,并将其控制在可控的范围内或可承受的范围内。

控制风险的方式涉及方方面面。例如,尽可能减少合同漏洞,尤其是违约又无法制裁的漏洞;尽可能厘清法律关系,避免因法律关系不清而被适用可能对委托人不利的法律;尽可能明确权利义务的界限,以免在合同履行中出现推诿情形。

(二) 合同中的几种平衡

合同的交易主体间存在着利益此消彼长的情况,最终形成的文本是双方达成的利益平衡和妥协。合同修改远比合同审查难度更大之处,便是不得不考虑各种因素的平衡,以便在控制风险的同时促进交易的达成。

1. 理想与现实的平衡

合同修改以尽可能完善合同为目标,但由于各种客观因素的限制,最终只能在理想与现实之间寻求平衡。当某种资源属于企业的刚性需要时,如果遇到资源垄断型、处于强势地位的交易对手就不得不予以让步,甚至一字不改地以"无条件投降"的方式在对方的格式合同上签字,这也是理想与现实的平衡。

这种理想与现实的平衡没有固定的标准,只能由当事人自行衡量风险与收益孰轻孰重,以及风险是否在可以控制或可以承受的范围之内。这些复杂的因素大多难以量化,因此许多企业的决策方式其实就是"赌一把"。

2. 复杂性与操作性的平衡

严谨的合同的质量水平自然更高,但严谨的代价一般是更为精细的管控,以及更加复杂的操作。例如,提高严谨性就必须增加一些假设与处置,势必要增加合同条款,并因此增加合同履行的工作量和管理难度。

所谓合同的可操作性,是合同的约定是否便于理解、操作,尤其要考虑是否便于达成交易。简言之,就是便于合同的履行、降低违约的概率。例如,某成品石油生产企业与分销商之间的条款过于"霸王",而其所处的行业却是买方市场,因而业务人员发展分销商的成功率很低。在减少了严苛要求、改良了语言表述后,分销商接受的程度大大提高。

3. 专业性与可读性的平衡

规范的合同对于语体、句法、句型等方面均有一定要求,其中的长句、复杂句、专业表述会令某些人难以读懂,从而影响合同的履行。而用非专业性的表述又很难达到合同应有的专业性。可读性最强的合同是即时结清的交易表单,但这些表单仅约定了最基本的标的、数量、价格等交易条款,并不适合专业性要求高的合同。

专业性不等于让人看不懂,令人无法读懂的合同并非好合同,也并非专业水准的表现。合同的专业语言应尽量让具有一般文化程度但没有法律知识背景的人员能够看懂,只有当专业的表述无法替代时才选择专业的表述,以便于发生诉讼时获得审判机构的支持,而不至于因专业性的丧失导致权益的丧失。

例如,在某国内公司与某跨国公司的商务谈判中,该跨国公司提供了一份长达百页的合同,无论是思维模式还是表述方式均与通常的中文合同大不相同。而国内公司要求律师修改合同的理由,便是内容过于复杂,以至于按此履行则其业务人员一定会因无法读懂而违约。

4. 己方利益与对方利益的平衡

合同是各方均可接受的利益平衡点,在这个平衡点上的双方权利义务的集合就是合同。即使在交易中处于优势地位,过度地压榨相对方的利益,比如增加其义务、减少其权利等,最终也不会得到长期合作的交易伙伴。

而为企业提供原材料的上游供应商和销售企业产品的下游分销商,是企业发展不可或缺的商业伙伴。他们的忠诚度取决于双方利益分配是否均衡、双方交往是否相互尊重等因素,没有双赢就没有长期的互惠互利。

(三) 质量目标的确定

修改合同的目标就是通过优化合同以降低风险、促进交易。

1. 当事人修改合同的一般动机

委托人修改合同的动机有多种,甚至有时只是出于心理上的安全需要。如果无法及时沟通且确有必要,可在修改时提供几个备选方案以供选择而不是将问题留给委托人,这样才更像是个经验丰富的专家,对委托人也更有帮助。

一般来说,当事人修改合同条款的原因或目的主要有以下五点:

① 调整交易的内容、方式等条款以满足交易需求、实现交易目的;

② 排除条款漏洞、变更履行方式、增加安全措施,以提升交易安全性;

③ 调整权利义务界限体系、变更不切实际的条款,建立新的平衡;

④ 明确细节及界限、增加实用约定,避免产生歧义或争议;

⑤ 修改条款中的笔误、规范合同表述以提高严谨性。

由此可知,仅仅修改合同中的文字错误其实并非合同修改的主要目的,合同修改需要控制法律风险以及更好地维护委托人的利益、提升实用价值。

2. 对修改目标等信息的了解

为了更好地满足委托人需求、及时明确工作目标及范围,可通过与委托人沟通如下信息明确工作事项:

① 交易目的——交易背后的动机,或除了交易有无其他考虑;

② 交易背景——双方基本情况、委托人在交易中处于强势还是弱势地位;

③ 工作要点——哪些原则必须坚持、哪些条款可改、哪些条款不可改；

④ 修改程度——结构体系、复杂程度、表述方式等是否可以调整；

⑤ 时间限制——是否急需完成修改，完成修改并提交工作成果的时间。

同样与合同审查时需要了解的问题相似，许多人无法全部回答以上问题，甚至他们本身也并不了解。但无论如何，删减委托人特别关注的条款前必须与委托人有充分的沟通并征得其同意，以免发生误解。

3. 适合的质量是最好的质量

以委托人的需求为标准，最适合的质量才是最好的。质量过低自不必说，质量过高也往往意味着过于复杂或篇幅过长，且需要更高的业务素质、更高的管理水平才能操作，出错的可能性也更高，因此也更容易被交易双方放弃。

对不同业务层面的合同需求而言，营业、商务、专业、专家四个层面需要不同质量水平的合同，在篇幅、结构不变的前提下质量提升的余地不大。而一旦篇幅、结构进行了大的改动，则有可能成为上一质量层面的合同。因此在没有特别要求的情况下，合同修改一般只是在同一质量层面提升其质量水平。只有当企业的某项业务成为经常性业务，且企业在交易中具有一定优势地位时，才会大幅度提升合同文本的质量标准并将其标准化。

合同修改完成后的理想状态，是将合同的法律风险控制在委托人可以承受或掌控的范围之内，并足以令违约方承担包括可得利益在内的一切损失，同时还要便于委托人一方的履行。

第二节　合同与交易利益最大化

《民法典》(2020年)所调整的主要是商务合同，也就是以营利为目的的合同。因此律师介入合同事务时，如果除了考虑其中的法律问题还能充分理解企业的根本目的是营利，则合同问题的解决方案才能有助于企业实现交易利益的最大化。

企业的业务人员常被认为是合同的行家，但事实上他们大多只熟悉交易而并不擅长操作合同，更不熟悉合同法律体系。律师熟悉交易则比他们熟悉法律容易得多，也容易在合同事务中发挥作用。

一、交易利益与资源

交易利益，其实就是通过交易获得各种资源。通过交易所获得的直接资源是标的，但还有其他资源可以同时得到，那些是更需要加以开发利用的资源。

利益问题并不庸俗,甚至可以说是社会发展的重要动力。企业设立的目的是营利,即谋求利润——利益的形式之一。因而企业的一系列经营管理的终极目标都是为了使企业赢利,即获得利润。无法从经营中得到利益,企业则无法存续,社会物质财富的创造和积累就会停滞,社会也就无从发展。

(一) 资源是利益的体现

企业从设立起就在不断地与外界进行资源的交换,吸纳资金、采购设备和原材料、招聘人员,并不断为取得这些资源而付出对应的成本。在将这些要素融合在一起创造出社会所需要的新资源后,还需要以这些新资源去换取价款或酬金等收入,从而完成一个取得资源、转换资源、转让资源、取得增值的过程。

1. 利益可以是各种资源

利益的物化是资源,几乎以各种形态存在。资源可以是任何有形物或无形物、可以是物也可以是行为、可以是物质层面的存在也可以是精神层面的存在、可以是现实的存在也可以是未来的存在。从需求产生交易这个层面来说,当有需求产生时,任何一种存在都可以是交易的标的,只是基于社会秩序和公共利益等方面的考虑,才存在人为设定的禁止流通物、限制流通物,以及参与流通时的身份资格限制等问题。

交易的目的或利益总体上都是获得某种资源。这种资源即为民法意义上的物或行为,前者包括有形物与无形物,最为常见的是动产、不动产等商品或财产;后者包括作为与不作为,包括完成某种工作、提供某种服务,以及停止某种行为等。其中最后一种交易以前在历史上多次发生在国与国之间,例如以交付赎金的方式换取敌对方放弃攻城、停止战争等。

但交易利益并不仅仅体现在表面、直观的合同标的的资源获得上,甚至不是眼前的营利,还完全可以体现为以交易换取的机会资源、关系资源、商誉资源、影响力资源以及相对方的某种不作为等,因此在某些特定情况下,合同标的根本不是交易利益所在,甚至营利也完全不是真正想要得到的交易资源。

例如,零售商场中的商品并非每件都能获得足够的利润,甚至某些商品是在亏本销售,其目的是以整体的品种丰富的企业形象培养经常光顾的忠诚顾客。

2. 交易利益的多样性

交易利益多种多样,任何希望得到的资源都可以是交易利益之所在。以产品作为交易对象为例,产品有多种属性或者说是附加着多种资源,甚至其基本用途反而成为交易的次要目的。借用市场营销学上的理论,产品分为四个层面:核心产品、形式产品、附加产品、心理产品。

核心产品,主要是指产品所具有的满足某种需求的使用功能等效用;

有形产品,是核心产品借以体现的外观设计、品牌等外在产品特征;

附加产品,是有形产品带来的附加服务和利益,包括免费送货、售后服务等;

心理产品,指产品的品牌和形象提供给顾客心理上的满足。

随着社会财富的丰富、市场竞争的日益激烈,产品在使用功能方面的吸引力已经越来越小、可替代性越来越强,而其外在形式、附加利益、心理满足作用等非功能性的价值对于交易的达成起着越来越重要的作用。同理,许多交易的利益并不在于直接利益的标的,而是在于与交易相关的其他间接利益。

作为思路的延伸,充分发现、取得、利用资源,是交易利益最大化的原理所在。一项交易可以只达到一个目的、取得一种资源、实现一种利益,但同样的交易有时也可以同时达到多个目的、取得多种资源、实现多种利益。这便是对交易的主要价值和次要价值如何充分利用的问题,精明的企业经营者正是充分利用交易机会尽可能多地得到和利用其他关联的额外资源,以最大化地实现企业利益。这些额外资源,包括机会资源、关系资源、信息资源等。

(二) 交易是为获取资源利益

交易是最为常见的取得资源的方式,这也是合同的地位无可替代的根本原因。而且无论是在理论上还是在现实中,交易方式已经越来越多样化并因此带来更多的便利和价值。

1. 交易只有相对公平

由于资源永远是稀缺的,因而在不同层面上对资源的争夺从未停止。而在取得资源的途径方面,以支付对价的交易方式获取资源是历史悠久的古老方式,也比通过掠夺、剥夺等不支付对价的暴力方式取得资源更为文明、公平。伴随交易产生的交易原则在人类进入法制时代后演变为民事行为基本原则的一部分,并进而形成了包括公平原则的契约精神。

中国的法律体系中并无契约精神的提法,但这些原则根本无法在民事行为中绕开,因而在《民法通则》(已失效)、《民法总则》(已失效)、《民法典》(2020 年)中以民事行为基本原则的方式体现。《民法通则》(已失效)中表述的"民事活动"原则为"自愿、公平、等价有偿、诚实信用",而《民法总则》(已失效)、《民法典》(2020年)则在"第一章　基本规定"中分别列举了"平等原则""自愿原则""公平原则""诚信原则""守法与公序良俗原则""绿色原则",但没有保留"等价有偿"。在实际交易中,因为市场供需状况的波动和交易主体定价政策的不同使得市场上很难有统一的价格,也就无从"等价",绝对的"等价"甚至有违市场规律。

"公平"问题事实上也同样如此。交易地位的不同有时在合同条款中有着明显的体现,那就是条款偏向于保护强势方利益,甚至形成权利义务不对等的"霸王条款",而处于弱势地位的一方为了达成交易也只能屈服。尽管如此,要认定这类合同"显失公平"而主张撤销,却很难得到支持。

2. 交易可以不拘一格

虽然交易的方式、规则等由法律确定,但推动交易内容、交易方式发展的却是经济和科技。随着计划经济时代对商品生产、流通的束缚被逐渐解除,市场经济的活力促进了物质财富的极大丰富,而日益成熟的法律法规也开始侧重于建立交易秩序、减少政府干预,尤其是电子商务的发展使得新的交易内容、交易方式层出不穷。目前,与交易主体、交易内容、交易方式相关的行政许可在不断减少。

正因为利益有多重性并以不同资源的多种方式体现,而交易方面的行政许可也在不断减少,因此交易已变得越来越不拘一格。尤其是交易内容和方式的日益灵活,使得合同标的、交易方式的设定越来越依靠想象力而不是经济实力。

事实上,现代社会的交易也正是这样的——采购产品可以附带送货、购买设备可以附带安装调试、设备的日常维护可以外包、企业的售后服务可由专业公司代劳等,为其他企业贴牌生产的 OEM 生产模式则早已成熟。甚至在某些领域还有更加非常规的交易,例如某些新潮时装人为将新生产的服装做旧、做烂,还有一些玩具的卖点已经不再是玩具本身,而是对包装内玩具的不特定性的好奇和惊喜感。

因此,在实际交易中,无论是买方还是卖方,都完全可以设想出最为有利的标的组合和交易方式,以降低成本或降低风险并实现交易利益的最大化。

二、交易利益与法律成本

交易既是经济问题也是法律问题,因而在决策时除了考虑商务成本还要衡量法律成本,即如何通过某种投入而降低不确定性风险,以及一旦出现未按合同约定全面履行的情形时,以法律手段解决这些问题时需要付出的成本。

(一) 与违约相关的成本

违约成本是指一方因被追究违约责任而要付出的代价。一方的违约会给另一方造成不同程度的损失,如果蒙受损失的一方通过法律途径维护其权利则会产生一系列新的费用,这些都需要在设计解决争议条款时加以考虑。

1. 违约成本与守约成本

由于主观、非主观原因导致的违约都有可能导致相对方的经济损失,其中最令人无法接受的是以违约的方式获利,而这也正是需要重点考虑的问题。以二手房买卖为例,由于房价上涨较快,有时卖家即使承担了违约责任,通过向下一家加价出卖还是可以赚取更多的利润。在这种情形下,买方所受的损失更大。

但当违约后需要支付高额的违约金或双倍返还高额定金时,卖家的违约会变得无利可图或获利甚微,大多会选择继续履行合同。其他交易也是一样,促使相对方守约的方式之一就是尽量使违约成本大于守约成本。

增加违约成本的方式最主要的是约定定金、违约金，以及赔偿损失、继续履行等。此外还有一些与交易背景有关的方式，但总的原则是让违约方所承担的责任大于其违约可以获得的利益。

定金的法律关系明确、使用简捷，但有最高20%的限制；违约金在操作使用上灵活，适用范围广，而且可以约定某些情形属于违约，但违约金过高时可能会在诉讼中被降低。

设定赔偿损失的种类和计算方法也可增加违约成本，但由于涉及举证以及合同中对于损失计算方式的约定，操作起来有些复杂。但有些约定会有较高的实用价值，例如某些地区的法院认可双方对于合理的律师费由对方承担的约定，从而为当事人维权创造了条件。

2. 维权成本与举证成本

维权与举证都需要消耗精力和支出成本，这类成本因对方违约而引起并因此应由对方承担。如果约定的违约责任是"承担一切经济损失"，则必须在诉讼中证明差旅费、调查取证费、诉讼费、保全费、合理的律师费等支出。但有些证据既难以收集又难以保证其合法性、真实性、关联性，既复杂又容易被推翻。

如果在合同中约定违约金金额或比例，则完全可以绕开这类举证。只要合同中已经明确哪些情况属于违约，并有明确的违约金的金额或比例、计算基数，一旦诉讼即可免去举证的烦恼，足以节约举证成本、提高工作效率。

此外，律师费问题相对复杂。最高人民法院在知识产权、环境公益诉讼等司法解释中均提及支持"合理的律师费"。例如《最高人民法院关于审理环境民事公益诉讼案件适用法律若干问题的解释》(2020年修正)第二十二条规定："原告请求被告承担以下费用的，人民法院可以依法予以支持：

(一)生态环境损害调查、鉴定评估等费用；

(二)清除污染以及防止损害的发生和扩大所支出的合理费用；

(三)合理的律师费以及为诉讼支出的其他合理费用。"

在2021年之前，律师费是否会被法院支持因地区和领域而定，既有支持也有不支持。但在某些领域，最高人民法院的司法解释完全支持"合理的律师费用"。于2016年颁布的《最高人民法院关于进一步推进案件繁简分流优化司法资源配置的若干意见》即有明确规定，内容为："22.引导当事人诚信理性诉讼。加大对虚假诉讼、恶意诉讼等非诚信诉讼行为的打击力度，充分发挥诉讼费用、律师费用调节当事人诉讼行为的杠杆作用，促使当事人选择适当方式解决纠纷。当事人存在滥用诉讼权利、拖延承担诉讼义务等明显不当行为，造成诉讼对方或第三人直接损失的，人民法院可以根据具体情况对无过错方依法提出的赔偿合理的律师费用等正当要求予以支持。"

因此,"合理的律师费用"或"符合国家有关部门规定的律师费用"一般均可计算在诉讼赔偿范围之内,为当事人的维权提供了极大的支持。

3. 安全成本与机会成本

交易中的安全成本,是指在交易中为了保证安全而额外付出的成本。在具体的交易中,为了了解相对方的质量水平、信用状况而进行的调查是一种安全成本;为了确保产品质量及顺利履行而放弃价格更低但质量和信誉一般的小供应商而选择价格较高但质量、信誉更有保障的大供应商,多支出的部分同样也是一种安全成本。

交易中的机会成本,在这里所指的并非是被放弃的机会中最有价值的机会,而是指通过交易所获得的某种机会。这在现实的交易中非常普遍,甚至是市场营销的标准手段之一。例如,几乎所有的招标项目都会有对业绩、资格的要求,有些雄心勃勃的企业只是为了取得相关的业绩才参与投标,是否赢利并不在其考虑范围之内。这种投入,就是为了争取未来的机会而付出的成本。

这两种成本是人们在日常的工作、生活中经常需要考虑的,更是在交易中经常要考虑的。除此之外还有多种成本需要考虑,这里不再一一列举。

(二) 与违法相关的成本

"守法"是《民法典》(2020 年)的基本规定之一。但在交易行为中,当事人的守法既包括对相对方的守法,也包括对政府监管的守法。理论上,违法成本应大于守法成本。但法律体系不可能天衣无缝,因而对许多例外需要加以注意。

1. 法律规定间的冲突

法律之间缺乏良好的衔接是造成违法成本低于守法成本的主要原因,这种原因使得某些违法行为比起守法更加有利可图,而且可以"合法"地违法。这类情形随着立法的进步而越来越少,但对已经发生过的事情需要引以为鉴,在某些情形下,应以违约责任的加强来避免相对方因违约、违法而获利。

例如,21 世纪初某地的地方性法规规定已经存在的池塘、河道等未经批准不得变更,但另一地方性法规规定行政处罚的金额不得超过 1 万元人民币。以至于开发商们乐得侵占这些水面建造商品房并非常积极主动地要求罚款,因为相对于商品房的售价而言,这类处罚完全可以忽略不计。

2. 行政与司法的差异

由于职能不同,立法与司法之间、司法审判与行政执法之间有时也会存在配合上的问题,使得法律执行状况与立法要求并不完全一致,为当事人的"政策用足"、实现利益最大化提供了机会。

例如,《民法典》(2020 年)第五百零五条规定,"当事人超越经营范围订立的合同的效力,应当依照本法第一编第六章第三节和本编的有关规定确定,不得仅以超越经营范围确认合同无效。"由于社会管理观念的改变,以前严格管理的超越经营范围问题,目前只有违反许可经营项目管理要求的行为才有可能受到行政处罚并影响合同的效力。

3. 交易主体与合法化

经营活动是否违法主要涉及行政法规、部门规章、地方性法规、地方政府规章,这些法律规范虽已经过多次清理且在不断调整,但其系统化和相互配合上仍时有欠缺,甚至同一部门的不同规范间也会存在冲突或漏洞。某些年代久远、不适应现阶段社会发展的法律规范仍未废止,增加了某些交易的守法成本。

许多合同的效力与主体资格相关,但通过要素的分解和模式的转换,许多交易可以用完全合法的形式进行,且并不违反法律。例如,在无须招标的工程中,缺乏某种业务资格的企业在经营范围内作为总承包方,并申明通过具备专业资质的第三方完成工作,这种模式本身并不违法。

4. 合理节税并非违法

税收具有强制性,但充分了解地区、行业、经营方式、投融资方式等法律、政策差异可以合法地节约纳税成本。这一专业领域的筹划对企业经营影响深远,早些年汽车行业的 CKD、SKD、DKD 等生产模式都是为了降低进口税率而设定的经营模式。

以合法的形式节税属于对机会资源的充分利用,与偷税、漏税之类的违法行为有着本质的区别。节税的不断发展催生了税务筹划师,律师界也出现了税务律师。将这一领域的专业技能引入合同领域,更有利于实现委托人成本的最小化和利益的最大化。

三、交易利益与风险控制

合同的签订、履行面临诸多的不确定性,这些不确定因素存在遭受损失的可能性,因而必须在合同中加入风险控制措施。这些损失的可能性便是风险,其数学表达公式是"风险=损失×概率"。各类风险在法律上均有描述,因此也可以称为法律风险。风险无法根除,将其控制在可承受或可控制的范围之内,是修改合同的目标之一。

(一)直接控制法律风险

应对合同法律风险的基本原理,是降低其发生的概率及损失的幅度。落实到具体措施,常规的合同修改是降低风险事件发生的概率,具体的一些控制措施则是用于降低风险损失。这些都属于直接的法律风险控制。

1. 合同的约定解除权

合同的约定解除权,是《民法典》(2020 年)在法定解除权之外赋予当事人自行约定在何种情形下可以解除合同的权利。双方可能在合同中约定解除的条件及善后事宜。这是一种最为直接的控制风险的止损方式,包括约定对已履行部分的价款或酬金的计算和支付方式,以及未履行部分是否需要补偿或给予何种标准的补偿、对其他事项有无补偿或如何补偿等。

由于企业生产经营的外部环境变化日益剧烈,而情势变更原则的操作又同样具有不确定性,因而在合同中增加约定解除条款可以未雨绸缪地控制不确定性风险。尤其对于那些需要长期履行的合同,更应详细设定各类解除权的约定。

例如,甲乙双方约定在未来的 15 年内,甲方在同等价格、质量的前提下优先采购乙方的试剂。由于乙方屡次违约,甲方既担心乙方今后很可能发生的违约又担心另选供应商对乙方构成违约。如果当初在合同中明确了违约次数或金额的限度,超过限度则可解除合同而无进退两难之忧。

2. 分散履行降低风险

如果将合同解除看成防止损失扩大的措施,那么完整的合同分项履行或分期履行则是分散风险的措施。这种措施的风控原理是,后一个履行行为以前一个履行行为的圆满完成为前提,因而即使有损失也只是其中的一项或一期的损失而非全部损失。这类分散风险的方式,尤其适合各期或各项完全独立履行的交易,比如同质性的原料采购;但不适用于全部履行完毕后标的才能正常发挥作用的成套设备采购、道路交通建设等。

例如,房地产开发商对广告服务的需求一般期限较长。广告商希望签订长期合作合同以带来稳定的收入,而开发商则并不希望签订长期合同以便于在服务无法满足需求时调换广告商。二者之间并非不可调和,完全可以订立一份长期的合同,但按年独立履行及支付报酬,期满前不加确定则后续部分不再继续履行。

这种方式可以将期限长、金额高的合同化整为零,使开发商不必因个别问题而按合同总价承担违约责任。这种方式分散了责任风险、提高了对未来变数的可控性,也避免了广告商因合同解除而向开发商追索可得利益损失等麻烦。

3. 合同义务的后履行

作为一种风险控制措施,合同义务的后履行是充分利用《民法典》(2020 年)中关于同时履行抗辩权、后履行抗辩权的相关规定,通过约定由相对方先履行的方式来控制风险。

例如,买卖合同如果约定款到发货,则属于卖方的合同义务后履行,收款后发货则不再有货款风险,但买方存在收不到货的风险;而当合同约定为货到付款时,属于买方的合同义务后履行,货已到手再付货款便不再有交货风险,但卖方则有被拖欠货款的风险。

同理,约定付款的前提为提供合格的发票、产品检验合格,则既保证了交易风险的可控性又可以等到相对方具备条件后再付款而不承担延期付款的违约责任。

4. 指定特定人员履行

某些合同需要识别履行质量是否取决于特定个人。以艺术创作、工程监理、项目咨询、加工定做等作为标的的合同，履行的质量与个人的技术技能、工作经验、专业资格等密切相关。而且这类交易常常没有客观标准可以衡量合同履行的质量，其他人的替代履行不仅会降低履行的质量，甚至有冒名顶替之嫌。

明确由这些个人亲自履行，才能确保履行质量。如果可以选择，这类合同需要锁定具体的主创人员、咨询人员、主管人员等特定个人，甚至规定其到场工作时间、次数等事项，并明确辅助人员的资格等要求，以保证合同的履行质量。

同理，在合同中设定联系人或负责人也是一种提高可控性、避免不必要代理风险的方法。指定的联系人代表着交易双方，他们的行为代表着交易各方的行为，企业对他们的代理行为后果负责。这一设置还可用于排除未经授权人员对合同履行的干涉，避免出现以某一员工不代表公司为由推脱责任的情况，并避免因表见代理关系造成合同履行的混乱。

当然，这种约定需要明确任何人员的变动均需事先发出书面通知，进一步避免无权代理、越权代理、表见代理等情况的发生。例如，某个体企业主经常委派他的伙计提货，但最后一次提货后该伙计下落不明。由于构成表见代理关系，该个体企业主只好承担民事责任。

(二) 间接控制法律风险

设定、变更权利义务的意思表示有时并不限于合同本身，只对条款"咬文嚼字"形同作茧自缚。或者说，在合同之外还有许多方法可以控制法律风险。

1. 明确标的质量标准

以产品或服务为代表的标的都会涉及法定或约定的质量标准，尤其要符合强制性标准。《标准化法》(2017 年修订)规定的质量标准按照层级有国家标准、行业标准、地方标准、团体标准、企业标准之分，前三类标准中还有强制性、推荐性之分，其中的强制性标准即使在合同中未加约定也同样适用。

当产品或服务尚无相应标准或需求方的要求高于相应标准，就需要约定具体标准，以明确质量、控制质量风险。其中，如果约定采用推荐性标准的，应当在合同中注明标准的编号；如果采用团体标准或企业标准，则需确定该类标准履行过法定的备案等手续且符合其他相关的强制性标准的规定；如果在各类已有质量标准之外加设质量要求，如某些指标、参数以及包装要求等，只要与国家法律或强制性法规没有冲突则完全合法。如果约定标准的篇幅过大，则可以列为附件。

2. 正确表述示范文本

某些企业因法律概念不清，将交易中常用的样本合同、先例合同表述成企业的格式合同。这很容易引发风险,因为法律对格式合同规定了许多额外的义务。

《民法典》(2020年)对格式合同的使用有着复杂的规定,其中第四百九十六条就分别规定了"提供格式条款的一方应当遵循公平原则确定当事人之间的权利和义务""采取合理的方式提示对方注意免除或者减轻其责任等与对方有重大利害关系的条款,按照对方的要求,对该条款予以说明"。第四百九十八条还进一步规定,"对格式条款有两种以上解释的,应当作出不利于提供格式条款一方的解释。格式条款和非格式条款不一致的,应当采用非格式条款"。这些规定都说明,一旦企业自认使用的是格式条款,就需要承担更多的义务并面临更多的风险。

因此,企业对于合同文本应当有规范的表述,切忌自认为格式合同。依照《民法典》(2020年)第四百九十六条第一款解释:"格式条款是当事人为了重复使用而预先拟定,并在订立合同时未与对方协商的条款。"因此政府部门提供的合同范本并非格式合同,企业提供的用于商务谈判的合同稿也不是格式合同。

3. 规范业务说明资料

产品或服务的说明书、广告等直接标示其功能、性能、质量状况的信息,往往可以作为明确双方责任范围的依据。尤其是消费品的使用说明书,属于履行告知义务、提示安全风险、界定责任范围的重要手段,在没有书面消费合同的前提下,更是唯一的手段。非消费品的工业产品也同样如此。说明书起着界定质量责任范围的作用,需要时任何一方都可以将说明书作为锁定质量标准、功能、技术参数、合理使用方法的依据以判定责任、维护自身利益。

在产品说明方面,应特别关注以下三个问题。

(1)明确正确使用的方法

产品说明与产品广告的作用相反,需要尽可能谨慎、明确、严格地说明正确使用的方法、注意事项等。这些内容确定了承担产品责任的前提,为排除不必要的争议设定了界限。同时,也是在履行告知义务。

(2)明确生产者责任范围

产品说明可以用"特别提示""警告"等方式提示不合理使用可能产生的人身、财产危险及产品的损坏,以及承担保修责任的期限和范围。超出法定要求的"三包"承诺属于合同中的约定义务的组成部分,同样必须履行。

(3)宣传内容与实际质量保持一致

广告、宣传资料中如介绍数据、功能、性能、参数等,需要与产品说明保持一致,以免存在欺诈嫌疑。许多广告引发的行政处罚、民事赔偿,正是因为错用数据、错用图片等低级错误。因此许多广告上主动注明"仅属要约邀请,详见说明资料",会对避免误解具有一定帮助作用。

(三)提升合同的可操作性

提升合同的可操作性,是考虑如何便于操作、简化操作、避免误操作,以减少管理资源的过度消耗、减少出错的概率。操作越复杂越容易出错、工作越多越容易出错,这都是不争的事实。虽然提升员工素质、提高管理水平才是真正的解决之道,但就合同而言只能就事论事。

1. 降低文本阅读难度

降低合同文本的阅读难度,一方面是削减合同文本的篇幅,一方面是使用恰当的合同语言。合同的履行往往由并不了解背景信息的其他部门人员进行具体操作,他们如果无法正确理解合同,则实际履行很容易出错。过长而又没有设立标题体系的篇幅、履行要求分散在不同部分的内容编排、拗口生僻的语言,都足以导致误读、误解、误操作。

曾有一份 100 余页的双语合同用于一项 100 余万元的交易,由于汉译过程有一定欠缺加之外语思路与汉语不同,因此接单企业坚持要修改文本,其中最主要的理由并非技术问题而是看不懂文本,直到以标准的中文思路及表述方式将合同缩减到大约 10 页、企业能够完全看懂后,双方才最终签约。

2. 简化合同履行环节

过于复杂的操作环节也同样会增加合同履行时的难度,甚至产生巨大的精神压力。一是许多环节对于交易安全或质量控制毫无必要;二是有些要求即使专业人员也不知如何操作;三是企业人手有限,难以承受如此复杂的操作。因此,减少不必要的环节同样是提高可操作性及控制法律风险的实用措施。

仍以前一事例中的合同为例,该合同的每个履行阶段都需要有具体内容要求的通知,履行过程中需要记录、签名并声明、承诺,而且声明、承诺还有具体的内容要求,如用于重大、复杂的国际设备采购则恰如其分,但用于简单设备的采购则过于复杂。对于简单设备的采购,只要在规定时间、地点通过验收并保证售后服务的质量、响应时间就已足够。

3. 灵活处理责任范围

合同中的某些条款既有权利的一面也有义务的一面,必须明确界限妥善处理以免带来风险。例如,某甲方出具的服务合同中规定:"甲方负责对乙方的操作质量、管理进行指导。"这主要是一项义务但同时也是一项权利,即甲方可以据此监督乙方的业务操作和运营管理。但随之而来的问题是,如果乙方的操作和管理因甲方未能有效"指导"而达不到要求,甲方是否需要承担责任?

经过询问得知,这种指导并非常规性工作,仅仅是为了保留随时监督、制约的权利,而且也没有足够的人手负责"指导"。因此该条款被修改成"甲方有权随时对乙方的操作、管理进行监督、指导"。既保留了监督、指导、控制的权利,又使语言表述更接近其本意,也避免了甲方违约的可能性。

四、交易利益最大化的原理

总结前述内容,交易利益在于通过交易获得各种资源,交易需要考虑法律成本,合同需要植入风险控制措施。概括起来,实现交易利益最大化的途径并不复杂,那就是收益的最大化和合同成本的最小化。

由于商业成本问题并非本书写作主旨,因此主要讨论相关的合同、法律问题。

(一) 资源收益的最大化

作为资源交换的途径,交易是双方以各自的资源去换取对方的资源。而之所以这样交换,是因为一方需要将自己的资源换成对方手中的资金,而另一方恰好需要用自己的资金去换取对方的资源,而资金本身其实也是资源的一种。在这种交换中,通过交易所直接得到的是直接资源。在获得直接资源的同时,双方还会随之获得其他的资源,如对方行业的信息、交易的经验、交易的记录,以及企业存续和发展的机会、基于经验引进交易的机会等。

资源收益,除了在交易谈判中尽可能地得到更多直接资源,就是如何获取更多的间接资源并对其充分开发、利用以进一步实现更多的企业利益。

1. 最大化直接资源的收益

通过交易获取的直接资源是标的,如果能在不增加或少增加获得成本的前提下扩大标的范围,无疑可以获得更多的资源。这一点并不复杂而且是正常的商业规律,在商业活动中已经司空见惯。再强大的企业也需要客户,需要通过交易从供方换取所需的资源、通过交易将自己的成果换成利润,因此在交易中了解和满足对方的需求以获取更多的资源的回报,也是经营中的常用之道。

例如,企业的促销有的是为了打开市场、有的是为了减少库存,但都是为了企业的生存和发展而与外界交换资源。包括为客户延长质保期、送货上门、免费安装甚至提供贷款等,其基本原理都是在不降价的前提下为客户增加交易价值,因而实际上是变相降价。营销是这种原理的双向运用,以最大化地获得直接资源。

交易的直接资源的最大化涉及许多方面。交易主体问题涉及与谁交易可以得到更多、更好的资源,交易内容条款则更直接地涉及将哪些其他所需资源一并纳入合同标的作为直接资源。在这一问题上,价格很重要但价值更重要,价格高低有时并不是问题,是否值得才是问题。

2. 最大化间接资源的收益

交易的间接资源是指那些通过交易可以获得的,但并不属于合同标的的其他间接资源。在日新月异的商业领域,交易标的、交易方式都在变,实际交易目的与标的无关的情形并不罕见。许多公司收购业务的目的并不在于公司本身而是借此取得某种资格,某些商标的注册并非是为了自己使用而是为了不让别人使用等。因而许多交易所获得的间接资源远比直接资源更被决策者看重,甚至可以不顾经济收益,因为可以利用这些交易取得的间接资源作为资本从其他渠道获得收益。因此这是一个如何开发、利用交易取得的间接资源并从中获益的问题。

例如,某装备供应企业在特定行业争取到某一项目后,因业务经验不足、采购的元器件不过关而导致项目无法通过验收,为确保质量不惜全部更换质量更好的元器件,仅这一项足以导致其净亏损。但这一做法为其保住了供应商的资格、赢得了商业信誉,从而有了继续在相关行业参与项目的资格和业绩。

3. 最大化附加价值的收益

最大化附加价值也是实现交易收益最大化的一种手段。而附加价值,在这里是指商品本身的使用功能以外的其他价值。

当社会物质财富丰富到一定程度,附加价值对于销售的影响越来越明显。从产品的分类来说,某些日用品的畅销并非由于内在功能而在于外观设计,某些奢侈品所卖的也并非是产品本身而是产品带来的感觉。其中最离谱的是某些以前的寻常之物,经过大力炒作成了价格昂贵的保健品,它们的主要成本并非原料而是广告费,人们购买的也并不是保健效果而是可以变得健康的感觉。

无论是直接资源还是间接资源,都可以通过提升其附加价值的方式实现交易收益的最大化。但相对而言,卖方使用这种方式较多。

(二)综合成本的最小化

利益的最大化程度体现在收益与成本之差,因此除了最大化收益还要讨论最小化成本。如前所述,除了经济角度的成本,交易中还会涉及安全成本、机会成本、维权成本、举证成本等,这类成本虽不直观但客观存在。而且同通常意义上的成本一样,是否需要投入往往取决于战略眼光和经营理念。

1. 商务意义上的成本最小化

商务意义上的成本最小化,是指以最少的综合成本取得所需要的资源。正如前面提到过的,交易主体、交易内容、交易方式等方面都涉及这一问题。

例如,与不同主体的交易可能会有更好的价格或价格以外的其他利益;在能够满足需求的前提下采购更经济的产品可以降低采购成本;大批量采购或淡季采购等措施同样可以降低采购成本;对交易方式的精打细算则可以节省资金成本、管理成本、运输成本、仓储成本、时间成本等。所有这些成本的综合便是商务意义上的交易成本,是运营分析和成本核算时经常涉及的内容。

2. 法律风险管理意义上的成本最小化

法律风险管理意义上的成本最小化,是指风险损失成本的最小化,即如何将风险损失控制到最小。风险控制的目标就是尽可能减少风险损失,包括减少风险发生的概率、压缩损失的幅度,由于这些措施都需要成本的投入,因而实现法律风险的最小化常常意味着可能需要投入一定的成本。

现代社会的生产、生活都离不开风险控制措施与成本。最典型的风险控制事例是机动车保险,投保人以每年特定的投入"买平安",其对价是万一出险则由保险人承担损失、没有出险则保费成为保险人的收入。其基本原理是以特定的投入抵御不特定的损失。前面提及的对安全成本、维权成本、举证成本等风险损失的考虑,都是在探讨法律风险的控制措施及控制成本。有些控制措施不需要成本,只需在设计合同条款时加以调整即可,例如在合同中约定以支付违约金的方式承担违约责任,比要求对方赔偿损失的方式有更少的举证成本。此外,通过对可能发生的情事变更事件的约定、对违约行为的界定和违约责任承担方式的约定等,也都是在试图以合同条款的设计实现交易风险的最小化。

总之,合同工作的对象不应该只是文本而应该还有交易,尤其是要在某些情形下帮助企业考虑交易利益最大化问题,即如何实现交易收益的最大化和交易风险的最小化。

第三节　修改与不同的质量需求

修改合同首先面临的是质量标准问题,而质量标准的确定则需要依据委托人的需求。由于每份合同修改都存在不同的需求,合同质量也并非越高越好,按照适合的质量尺度修改才能满足需求。这个尺度,一半取决于委托人,一半取决于律师。完美但行不通的合同是对时间、精力、质量的浪费,未能使权利用足的合同是对权利的浪费。只有在保持专业水准的同时满足委托人的需求,才能恰到好处。

本节所涉及的合同质量层面的讨论,参见本书第二章第二节的相关内容。

一、合同修改的质量参照

当事人与合同利益密切相关,因而最有资格根据自身的情况、交易的情况、环境的情况决定合同的修改方向。但在满足他们需求的同时,律师需要按专业的水准完成工作,因此合同修改是二者的平衡。

(一)委托人的质量要求

委托人的合同修改需求有的来自交易需求、有的来自个人偏好,律师有时需要帮助委托人识别确切的需求,有时需要通过法律调研以确定委托人需求可否满足。

1. 协助委托人明确需求

相对而言,交易需求遵从理性原则因而便于理解和修改,而个人偏好则带有主观色彩甚至同法律人的专业习惯相抵触而难以满足。比较极端的两种委托人中,一种极端不喜欢简单条款,如果没有太多的调整便认为律师没有尽职;另一种极端不喜欢复杂条款,认为许多专业条款华而不实、影响交易。每种特别的需求都是对律师专业素养的考验,也是促使律师走向成熟的历练。

在许多情形下,委托人其实并不清楚或无法准确表述其需求。由于行业的隔阂,他们的许多想法要么没有涉及问题的本质,要么在法律上行不通,甚至根本就不切实际。这便需要从法律角度首先分析委托人需求的本质、涉及的领域,然后分析法律的相关规定,再找出可能的解决之道供委托人从中选择。

在确定了委托人的交易目的、交易底线、关注点等问题后,对于篇幅较短的合同可以直接边审边改;而对于篇幅较长的合同,或者结构混乱的合同、不设标题体系的合同,有时如果不事先辅助性地标注各条款的标题或调整其结构体系,则很难修改,因为无法正常阅读。

如何了解委托人的合同修改需求在其他章节均有介绍,这里不再重复。

2. 调研需求可否合法满足

委托人的某些需求只有通过法律调研才能确定其在法律上可否满足。某些问题看似通过法律人的常识或直觉即可判定,但由于法律体系的复杂性和法律修订的频繁性,许多直觉并不可靠,唯有通过法律条文、案例分析才能得出确切的结论。

例如,对于开发商可否出租尚未预售即被法院查封的在建商场问题,即使从直觉的角度也可以认定存在巨大的法律风险,甚至直接可按妨碍民事诉讼处理。但基于当时的法律环境进行的法律调研结果却显示,这一情形下的出租并不涉及妨碍民事诉讼问题,甚至不涉及刑事责任,只涉及部门规章和地方性法规中的行政处罚规定。

合同领域涉及许多法律并无明文规定的情形,有的是由于太过超前、有的是由于新生事物层出不穷,因此需要从最为相关的法律中,以及《民法典》(2020 年)总则编和对买卖合同的相关规定中寻找答案。

(二)合同的质量层面

由于客观存在的使用场景和交易习惯的差异,不同层面的交易对应不同质量层面的合同,即营业层面、商务层面、专业层面、专家层面。每个层面的合同都会有大致相同的质量水平范围,并随主体、行业和标的的不同而各有高低。因此并非所有合同都需要精雕细琢或大修大改,而是需要依据需求和质量层面而定。

例如,街头饮食摊位只会现货交易、即时结清,为小餐馆提供蔬菜的个体商贩会有按月结算的记账单,超市购物只有小票,如果都要先签几页纸的合同再进行交易,其结果只能是被客户敬而远之。同理,成套设备买卖、企业并购一类的复杂交易,也不可能简单地采用营业层面的表单。

正是因为交易习惯不同,合同需要兼顾交易的质量层面。行业、企业、产品或服务都有技术水平、复杂程度的高低之分以及交易习惯的差异,因而不同层面的合同并驾齐驱且会长期并存。层面相邻的合同会存在某种混合,因而合同可以在下一层面和上一层面之间折中。

例如,珠宝首饰零售交易属于最为简单的买卖合同关系,其交易习惯是现货即时结清,只有销售凭证作为双方之间的交易凭据。但当客户需要定制首饰时,因定制品的样式、重量、价格等不一定与定制要求完全一致,且交付、结算环节还有许多变数,只有通过商务层面的合同对这些意外情形加以预防并约定解决方案,才有利于交易的实现和争议的解决。但这类交易毕竟属于营业层面,不适合使用长篇大论的合同,因此以表单的形式体现合同即可。

营业层面的合同从技术角度上看有许多的不足,但大多可以根据交易习惯进行调整,过度修改可能会增加交易的不便。如果委托人没有具体要求,可依据合同所处的行业及交易习惯按略高的质量标准加以修改,但一般无须上升为商务层面。

(三)主观的修改标准

合同修改的质量标准目前仍属主观标准,时间消耗和质量水平差异很大。从简单的营业层面的合同到最高的专家层面的合同,工作量会有几何级数增长。如果说最低层面的审查只需 15 分钟便可完成,那么最高层面的审查修改可能至少需要半个工作日,因为质量标准不同、委托人需求不同、适用场景不同。

合同修改的范围通常是基于法律但不局限于法律,还包括了大量的表述问题。这是因为任何一种缺陷最后都会以法律风险的形式体现,因而通常情况下律师不得不修改语言表述问题,甚至形同批改作业的"语文老师"。由于法律环境、交易习惯、语言风格不同,直译后的英文合同并不完全适合在中国使用,有时不得不通过修改使之"本土化"以适合交易。

但无论何种委托人需求、何种质量层面下的修改,都必须维护法律专业的质量底线,避免修改后的合同存在明显的法律错误。

二、营业层面的合同修改

营业层面的交易大多发生在营业场所,合同多以业务表单的形式体现,条款简单且以交易内容条款为主以用于结账。这类合同一般用于经常性、即时结清的小额交易,且产品及服务已高度标准化、无须另行约定的交易。其交易方式多按交易习惯进行,因此问题处理条款的内容很少,往往需要在修改时补强。

(一) 篇幅及复杂度的控制

简单明了、便于交易是营业层面的合同的基本特征,因此修改不能增加太多篇幅。由于交易模式、交易习惯、合同形式的限制,这类交易大多无法采用长篇大论的合同。修改只能在原有表单的基础上进行,而且需要控制内容、掌握篇幅以便于使用,过多的内容或过于复杂的条款往往难以被接受。

例如电信行业的宽带服务、移动通信服务,虽然人们已经习惯了接受较长篇幅的合同,但仍以控制在一页之内为宜。

曾有两位给电脑市场运货的个体户希望在运营路线上进行合作,以发挥各自优势、扩展配送范围。但当时这一行业均为粗放型经营,当一方将律师调整过的合同文本提交给另一方时,另一方由于合同内容的增加超出了其阅读能力和管理水平,仅仅由于不放心而放弃了合作。而且,这类交易没有达成的大致情形基本如此。

(二) 问题处理条款的设定

营业层面的合同往往欠缺交易方式条款和问题处理条款。前者主要依据交易习惯而定,后者往往是在出现问题后通过协商解决,而且是那种不论是非、不论过错只讲能否接受的协商。由于条款、证据上的欠缺,许多争议即使通过诉讼也很难解决。同时,这类合同很有可能是格式合同,还要特别注意有无歧义等不同理解,以排除不必要的格式条款风险。

修改这类合同时,需要补强的大多是问题处理条款。由于篇幅和委托人接受程度上的限制,既要控制其篇幅、简明其内容,还要特别注意用语的规范和符合商务礼仪。为了便于阅读和查找相关内容,可为条款加上标题;为了压缩篇幅,法律已有明文规定的情形可以不写;为了提高实用价值,可将发生过但法律无法解决的问题作为约定的重点。由于篇幅有限,这类合同的修改有时更需要深思熟虑,也更容易修改成技术上的精品。

三、商务层面的合同修改

商务层面的合同大多并非即时结清的现货交易,而且签订合同的地点往往并非履行合同的地点,因而更需要以书面形式约定未来的履行事项。同时这类合同的金额相对于营业层面的合同要大、履行中的事项要求也更复杂,因而更容易出错且有更大的损失,因而需要更高质量的精细约定。

(一) 商务层面的合同缺陷识别

商务层面的合同的修改范围包括交易内容条款、交易方式条款、问题处理条款的所有方面,既有法律问题的修改也有表述问题的修改。修改的目标是明确双方的权利义务边界,并将这一边界向对委托人有利的方向调整。

合同修改首先用到的基本功是审查合同,用于发现合同问题。下面举例的合同的内容是委托方(乙方)为企业客户提供交换机服务。该合同原稿的部分内容及主要问题如下:

为丰富甲方业务的应用,进一步提高服务的品质,本着有偿服务、互利互惠的精神,经过友好协商,双方就以下条款达成一致。

一、①乙方为甲方的内部小型交换机提供接入业务,实现与乙方网络直连,并承载经该机呼出拨打乙方网络的话务和预埋乙方 IP 业务的长途话务。②

二、乙方为甲方提供的小型交换机接入业务中,整合了③虚拟专网扩充功能和 IP 预埋④。如果乙方已为甲方组建专网,该交换机接入设备可作为成员加入,其拨号方式采用虚拟业务拨号方式,该项功能的业务资费(向接入设备计费)参照接入业务的资费;IP 预埋⑤即指在甲方的许可下,乙方为经甲方交换机呼出的长途业务选择 IP 路由,并按 IP 资费进行计费,"预埋"意为在规定的方式下所有长途话务都会采用乙方 IP 路由接续。

三、(关于计费标准,略)

四、本业务以前月 21 日至当月 20 日为一个计费月,下月 1 日为缴费扣款日,甲方应按时以银行账户托收无承付方式按月交纳业务相关费用,逾期不缴或托收账户余额不足的前提下,乙方有权暂停或终止中继服务。乙方按月向甲方提供以中继为单位的话费详单。⑥

五、接入设备由乙方免费提供⑦,设备产权归乙方所有,其整体或部件,甲方未经乙方许可不可移作其他用途,否则乙方有权暂停或终止中继服务。

六、本地用户需在银行设立一个托收账号,用于托收本单位所有接入业务使用费用。⑧

七、乙方将全力保障业务的网络服务和客户服务。甲方知悉,当乙方为提高服务质量而进行设备更新、网络调整、参数优化等时,有可能造成短暂通信中断;因技术条件限制,可能存在少量掉线、单通等现象。以上情况和因非乙方过失和失误造成的故障对用户利益造成的损害,乙方不承担责任。

八、⑨本业务属于新业务试用,试用期自接入开通日起一年。试用期内如遇政策因素影响,在提前通知甲方的前提下,乙方有权在业务功能、业务资费上进行单方面的调整,甚至终止业务;在乙方单方面调整业务的前提下,甲方有权要求终止本协议,或双方修改协议并继续执行,但不得就乙方单方面调整业务的行为追究责任和索赔。⑩

九、本协议一式六份,双方各执三份。本协议有效期为一年,自接入设备开通之日起生效。

十、协议未尽事宜由双方协商解决。

由于委托方(乙方)具备合法的电信服务资格,因此只需直接审查合同的其他缺陷。所发现的主要问题如下:

① 所有序号后直接跟正文,没有标题不便于阅读理解;

② "一、""二、"均为业务内容描述,合并描述可使合同更整齐、易读;

③ "整合了"系极为随意的口语化表述,应修改;

④ 属于另外一项业务,分开表述条理更清晰;

⑤ 将 IP 业务单独列举并调整语句后集中表述,可使标的条款更清晰;

⑥ 整段表述语序混乱,本句应与前一句调整顺序,以使主题集中表述;

⑦ 乙方的特制设备其他方难以维修、维护,应增加乙方的维修、维护义务;

⑧ "本地用户""本单位"均应为"甲方",且本条应与结算问题一并表述;

⑨ 需要增设条款细化乙方的维修、维护义务,以确保设备正常运行;

⑩ 整段表述随意且最后一句表述不当,需要调整语序、规范表述。

按照当时的修改背景,由于该合同很可能被作为示范文本大批量使用,因此必须按较高标准大幅度地调整内容及结构,所以对质量控制的要求较高。

(二) 对内容及结构的调整

由于上述合同很可能会被多次重复使用,所以应以较高标准修改并重新编排结构和安排内容,以使合同更清晰、更正式、更规范。这些问题及其他问题的修改涉及引言以外的所有条款。修改后的合同如下:

为丰富甲方业务的应用,进一步提高服务的品质,本着有偿服务、互利互惠的精神,经过友好协商,双方就以下条款达成一致。

一、业务提供

乙方为甲方的内部小型交换机提供接入业务,实现与乙方网络直连,并承载下列业务:

1. 经该机呼出拨打乙方网络的话务。

2. 虚拟专网扩充功能。如果乙方已为甲方组建专网,该交换机接入设备可作为成员加入,其拨号方式采用虚拟业务拨号方式,该项功能的业务资费(向接入设备计费)参照接入业务的资费。

3. 预埋乙方 IP 业务的长途话务,即指在甲方的许可下,乙方为经甲方交换机呼出的长途业务选择 IP 路由,并按 IP 资费计费,"预埋"意为在规定的方式下,所有长途话务都会采用乙方 IP 路由接续。

二、计费标准

（略）

三、费用收缴

甲方需在银行设立一个托收账号,用于托收所有接入业务的使用费用。本业务以前月21日至当月20日为一个计费月,下月1日为缴费扣款日。乙方按月向甲方提供以中继为单位的话费详单。

甲方应按时以银行账户托收无承付方式按月交纳业务相关费用,在逾期不缴或托收账户余额不足的情况下,乙方有权暂停或终止中继服务。

四、设备的产权

接入设备由乙方免费提供并保修,设备产权归乙方所有,甲方负有保护义务。对于其整体或部件,甲方未经乙方许可不可移作其他用途,否则乙方有权暂停或终止中继服务。

五、乙方责任的免除

乙方将全力保障业务的网络服务和客户服务。甲方知悉,当乙方为提高服务质量而进行设备更新、网络调整、参数优化等时,有可能造成短暂通信中断;因技术条件限制,可能存在少量掉线、单通等现象。以上情况和非乙方过失和失误造成的故障对用户利益造成的损害,乙方不承担责任。

六、技术服务

乙方所提供的设备由乙方指定的××××公司为技术服务方,由该方向甲方提供包括安装、技术咨询、维修、维护等在内的技术服务。甲方在设备的使用过程中如发现故障,应及时与乙方指定的技术服务方联系。

七、其他事项

本业务属于新业务试用,试用期为自接入开通之日起一年。试用期内如遇电信产业政策或资费标准调整,乙方有权在提前通知甲方的前提下进行业务功能、业务资费上的调整,甚至终止业务。当乙方对上述业务功能进行调整时,甲方有权要求终止本协议或在经双方修改后继续执行,但甲方免除乙方的责任。

八、协议的生效

本协议一式六份、双方各执三份,自接入设备开通之日起生效,有效期为一年。协议未尽事宜由双方协商解决。

四、专业层面的合同修改

修改专业层面的合同的余地并不大,更多的工作是将其他层面的合同修改到专业层面。除非"借鉴"自并不同类的交易,否则专业层面的合同条理清晰、易读易懂,且表述规范、安排周到,而且一般用于制作格式合同或重大交易、复杂交易。

(一)专业层面的修改

在某些情况下,委托人会要求将商务层面的合同升级到专业层面。这类情况的发生主要是为了制作大批量重复使用的格式合同,或是作为同一业务领域的标准示范文本。这种从商务层面升级到专业层面的过程,从严格意义上说已经不是修改而是起草,因为"修改"后只有原来的要素而基本不再有原来的条款。

在实际工作中,除了前面介绍过的了解委托人的修改目的、修改要求,要完成这类修改至少需要以下五项工作。

1. 推敲商业模式

批量使用的合同更容易批量产生错误,因而需要更认真地推敲合同中的交易模式、实现过程、具体环节,必要时还要与市场部门、技术部门一起讨论,以确保交易模式有更可靠的技术、更简便的操作和更安全的管控。

2. 理解相关技术

对技术问题的研究并非律师的职责,这项工作的目的是保证合同条款对于技术的描述或理解与实相符。因此除了事先了解,在定稿前也需要由技术部门再次确认这些描述在对技术的理解和描述上准确无误。

3. 明确法律定位

如果属于某种新业务的非典型合同,或典型合同的新业务模式,则需要考虑交易的法律定位。即这一交易是否可以从第三方角度被清晰地定位于某种具体法律关系,而且这种法律关系下的权利义务明确、风险后果确定,以便一旦发生争议可以援引最有说服力的法律依据维护合法权益。

4. 增加实用条款

修改这类合同时,一个非常重要的辅助工作是了解这类合同或这一交易发生过哪些问题、可能发生哪些问题以及客户投诉的种类等,通过分析找出那些一旦发生争议完全依据法律无法妥善解决的问题,并在合同中约定解决方式。尤其是对于许多新业务,法律上对于损害赔偿没有明确规定只有相关原则,更需要以约定的方式明确双方的权利义务。

5. 严控表述质量

重复使用的合同是企业的"脸面",无论语言文字还是版面安排都应尽最大可能做到尽善尽美。一方面,严格审查可能存在的语言歧义、权利义务不明确之处;另一方面,保证措辞、语法、标点符号等方面的规范、严谨,以及合同结构体系、标题体系的科学、严谨。

(二)合同修改操作实例

某电信服务企业的《入网协议》制作于相关法律尚未配套、用户数量也远非今日可比的 21 世纪初。该协议为了充分履行告知义务并尽最大可能排除客户的误解，并使说明更有针对性，在花了大量时间分析客户投诉记录中反映的问题后，仅筛选法律上并无明文规定但可借助合同约定的内容作为合同正文。为便于阅读理解及兼顾消费者的阅读习惯，各条款设立了标题并将"入网前的告知事项"作为合同开头部分，以在一定程度上排除不必要的责任风险。

因时代久远，许多内容已不再适用，但思路仍可借鉴。其告知事项如下：

1.1　网络覆盖范围

移动通信信号并不覆盖所有的地域范围，即使在网络覆盖范围之内也可能因建筑物的遮挡、电磁干扰等因素而影响移动电话的使用效果甚至产生通信盲区，并非所有的通信信号问题都能得到解决。

1.2　移动电话机型与甲方的服务

并非所有移动电话机型都能享受甲方指定品牌提供的全部服务，客户使用的移动电话在功能上必须与所选择的具体服务内容相适应，否则某些服务可能无法实现。

移动电话本身的安全性及使用中的安全事项请仔细阅读产品说明书或向有关制造商、经销商咨询，甲方不对移动电话本身可能存在的危害承担责任。

1.3　通信的可靠性和保密性问题

任何无线通信都可能因网间互联失当、基站设备故障或技术维护需要等而退出服务，请客户不要将移动电话作为重要情况下的唯一通信工具。

所有无线传输的信号及入网后的 SIM 卡或 STK 卡信息均存在被截取并破译甚至被非法并机、复制的可能，甲方将在可能的技术条件下为客户提供安全保证。

1.4　不宜使用移动电话的部分场合、场所

正在驾车行驶或在其他需要注意力高度集中的情况下请勿使用移动电话，也不要在有雷电、易燃易爆环境等可能发生危险的场所使用移动电话，以免因此而发生意外。同时，请不要在明令禁止、有禁止标记，或有易受干扰的无线电设备的地方使用，以免给自己带来不便或对其他无线电设备形成干扰。

1.5　客户的关注义务

移动通信服务的内容、方式、资费甚至相关法律等均在不断变化中，甲方无法就此逐一告知客户，但将提前 48 小时通过受到影响地区的主要报刊或广播电视进行公告，并通过话费通知单或收据、网站、短信等方式之一进行通知，变更后的情况以公告及通知后的内容为准。请客户对前述告知或通知的方式保持必要的关注，以免造成误解和不利影响。

1.6　公益号码的使用

火警 119、匪警 110、医疗急救 120、交通事故报警 122 均为免费开放的公益电

话号码且不需加拨区号。一旦客户或他人遇到相关紧急情况,请直接拨打相关电话以获得保护或帮助。

1.7 国际漫游服务

国际漫游服务系需要登记方可开放的服务业务,且需要移动电话的功能支持。甲方向客户提供的国际漫游服务,仅限于与中国移动签订互联协议的国家和地区的移动通信运营商的信号覆盖地区。

五、专家层面的合同修改

当合同修改至专业层面后,合同所涉法律、表述问题均已有了到位的安排。如果还想再进一步,就要进一步分析委托人的交易目的、法律环境、应用场景及管理偏好等各类"额外"情况,以达到企业无须审核即可直接签署的境界。

(一)专家层面的修改思路

这一层面的合同修改建立在前一层面的基础之上,也就是在推敲商业模式、理解相关技术、明确法律定位、增加实用条款、严控表述质量的基础上,进一步使合同文本与应用场景、企业管理相结合,服务于企业的生产经营。与专业层面的合同相似,这类合同一般用于反复使用、影响面大的交易。合同在高质量地提供法律问题解决方案的同时,完全可以作为高质量的业务问题解决方案。

1. 了解应用场景

了解应用场景,是结合交易目的和企业的实际需求,详细了解企业使用合同的各种具体场景,包括合同双方掌握和利用资源的水平、可提供的合同标的的范围、各履行阶段可能出现的问题、以何种方式管理履行过程,以及如何处理争议最为合适等。应用场景越是细分、熟悉,则委托人的需求越明晰、全面,相应条款的设计也会越充分、实用。

2. 研究法律环境

这类合同往往涉及法律规定不明确甚至并无明确法律规定的地带。法律规定明确具体的合同事务,往往使用专业层面的合同就已经能够满足需求,所以专家层面的合同除了要给合同法律关系以明确法律上的定位,还要充分考虑交易模式和合同条款如何调整才更容易得到法律上的认可,并在发生仲裁或诉讼时得到支持。

3. 贴近管理偏好

设计交易方式、分配权利义务、约定争议处理等条款时,将相关内容与企业的思维模式、运营习惯保持一致,会便于企业的理解和执行以及在履行期间出现问题时妥善处理。而工作内容、操作顺序方面的良好编排,也会促使企业足以将其当成工作计划书来准备、操作、管理和解决争议。因此这一层面的合同的制作需要与委托人进行充分的沟通,并对委托人有相当的了解。

修改这类合同所涉及的工作内容在所有合同修改中最多,质量要求最高、时间消耗也最大。由于每一级的质量都建立在前一级的质量基础之上,因此了解交易目的等工作内容在这里不再重复。

(二)修改思路及操作实例

在《劳动合同法》(2012 年修正)颁布以前,"劳务派遣"的提法及法律关系尚未确立。但许多企业已经在用这一模式解决劳动用工问题,称为"社会化用工"。

当时,某通信服务企业需要与一家提供社会化用工服务的公司签约,由后者向前者提供劳务服务,因而要修改合同。由于合同原稿质量较差,原稿的痕迹在大幅度修改后已经荡然无存,篇幅、结构、内容等均发生了根本性变化。完成后的合同形成于 21 世纪初,由于在修改时提高了操作性和适用性,一直被当成无可替代的范本使用至《劳动合同法》(2012 年修正)及配套法律规范生效。该合同部分内容如下:

甲方:××××通信有限责任公司

乙方:××××电话商务有限公司

甲方因通信事业发展的需要,需由其他公司完成部分对外提供的服务。乙方承诺有合法的资格派出员工承担甲方的相关工作。经友好协商,双方就乙方向甲方提供劳务相关事宜达成协议如下,以资共同遵守:

一、合作的内容

1.1　乙方根据甲方各阶段的需要,以及甲方《职务分析报告》中规定的岗位人员任职要求,招收或直接向甲方派出相应的服务岗位人员按甲方的要求完成工作任务。

乙方每次派出人员的具体人数及素质标准,以及工作的内容、时间要求由甲方确定。

1.2　乙方负责完成的甲方工作内容为:

(1)秘书台接待服务;

(2)通信业务咨询;

(3)业务宣传、市场调查、服务回访(电话方式);

(4)以电话形式开展的业务受理;

(5)欠费催交;

(6)协助甲方负责热线服务现场管理;

(7)派出人员在甲方工作期间由甲方临时指定的其他工作。

1.3　甲方依据乙方提供的人员数量及考核结果向乙方支付服务费,具体考核条款详见附件。该服务费由乙方人员酬金、乙方为派出人员承担的社会保险金、乙方的管理费三部分组成。

乙方人员的工资待遇由乙方决定,但应维持在便于员工数量稳定、素质提高的标准,并应根据甲方的考核结果进行一定比例的浮动,以配合服务质量的提高。

二、人员的培训、上岗

2.1　乙方根据本协议派出到甲方完成指定工作的人员,应与乙方具备正式的劳动合同关系、人事档案关系并经过乙方的考核。

派出人员仅与乙方发生劳动法律关系,其工资、奖金、社会保险、医疗费用、福利、工伤待遇等均应符合国家有关规定,费用由乙方承担。

2.2　乙方人员在派出前应按甲方任职要求的规定进行相应的岗前培训,使之达到甲方所需的上岗标准。与岗前培训有关的授课、教材等费用均由乙方承担,授课场地由甲方负责解决。

甲方如需自派人员对乙方人员进行培训,授课人员的授课费用、授课场地由甲方解决。

2.3　乙方所派人员在经过岗前培训后,需通过甲方相应的考核(含面试、业务培训、试岗三个阶段)后才能上岗工作,各阶段考核的相关费用由甲方负责承担。考核期未通过任一阶段考核的乙方人员,不再进入下一阶段而直接由甲方通知乙方召回。

2.4　甲方从乙方人员进入试岗期开始向乙方支付试岗期服务费,试岗期一个月。期满能够胜任的进入工作期,甲方向乙方支付工作期的服务费。

试岗期内不能胜任工作的由甲方直接通知乙方招回。工作期内不能胜任工作的,由甲方提前30个工作日通知乙方招回。招回后的处理由乙方自行负责解决。

三、工作条件、要求

3.1　甲方为乙方派出人员提供必需的工作场地、工作设备、工作服等必备的工作条件。乙方派出人员的工作条件必须符合法律规定的劳动保护等相关规定,以及工作性质所决定的必须标准。

3.2　乙方为派出人员提供的社会保险金,缴纳的比例不得低于国家相关法规规定的标准,同时应根据派出人员的工作表现和乙方的规章制度进行考核、分配工资和奖金。

3.3　乙方派出人员在从事甲方的业务活动时完全受甲方的领导和约束。乙方人员必须全面遵守甲方的规章制度和业务规程,服从甲方业务指导、业务培训和考核。乙方同意甲方在发现乙方派出人员有违规行为时有权当场指正。

3.4　甲乙双方均应遵守保密义务,相互保守对方的商业秘密。乙方特别承诺加强对派出人员的管理以切实保护甲方的商业秘密。

本条所述的商业秘密,是指各方特别是甲方未向社会公开的、可能影响到甲方经济利益的相关技术信息、经营信息。

3.5 乙方派出人员无论何种原因结束在甲方的工作时,均应在离开甲方前向甲方交回工作服和其他工作用品、用具,办理交接手续。未归还甲方工作服和其他用品用具的,由乙方向甲方赔偿 200 元/人。

四、人员的替补与更换

4.1 甲方因工作需要提出增员需求,应提前 45 个工作日通知乙方。乙方须在接到通知后的 45 个工作日内完成增员工作及上岗前的培训。

甲方因工作需要提出减员要求的,应提前 30 个工作日通知乙方召回。

4.2 乙方因故需调换派出人员时,应征求甲方的意见,以保证对甲方服务的质量及人员的稳定。

甲方因乙方派出人员经考核无法胜任工作而要求乙方更换派出人员的,乙方应在接到甲方通知后的 30 个工作日内将派出人员召回,并按甲方的需要在接到甲方通知后的 45 个工作日内,派出符合上岗条件的人员进行替换。

4.3 甲方因乙方派出人员违反甲方的工作纪律、规章制度而要求乙方更换派出人员的,乙方应在接到甲方通知后的次日将派出人员召回,并按甲方的需要,在10 个工作日内派出符合上岗条件的人员进行替换。

4.4 乙方需解除或终止与派出人员的劳动合同时,应尽可能征求甲方意见,以保证满足甲方对人员数量、质量的需要。

对于乙方与派出人员间解除或终止合同的,乙方应在 10 个工作日内,增派符合上岗要求的人员进行替换。

五、费用结算

5.1 乙方每月的服务费由甲方于次月 10 日支付给乙方,乙方应对该费用开具统一税务发票给甲方,所需税金由乙方承担。

乙方派出人员的工资标准应参照甲方的意见由乙方制订、执行,乙方在发放后将清单抄送甲方。由甲方承担的乙方派出人员的福利待遇必须如数到位,以切实保障员工的利益。

5.2 甲方有权对乙方派出人员的工资收入、福利待遇等进行了解,以监督乙方对劳动法律的执行情况、保证派出人员在为甲方工作期间享受合理的工作报酬和待遇。

六、其他约定

6.1 甲乙双方均有遵守本协议条款的义务,除自然灾害等不可抗力影响外,均不得违反协议规定的有关条款。否则,违约方将承担相应的经济赔偿责任。具体经济赔偿责任详见附件相关条款。

6.2　甲乙双方中的任一方需提前解除本协议的,须提前40个工作日书面通知对方,经双方协商同意后,方可解除协议。

6.3　乙方在与派出人员签订劳动合同时,应将本协议中不涉及商业秘密的相关内容提供给派出人员,以便于派出人员明确自己的工作性质、工作地点、工作环境,增强责任心与稳定性。

6.4　甲乙双方自本协议签订后,对于签订前已经在履行的部分,应在两周内完成对本协议执行情况的检查,对尚未落实的项目及时补正。

如乙方尚未与员工签订劳动合同、支付保险费用、支付相应报酬,乙方应在本协议签订后的两周内结清应付派出人员的款项,补办劳动合同、保险福利等相关手续。

七、合同的生效

7.1　甲方的《热线服务人员服务规范》《热线服务人员服务考核办法》,以及《社会化用工合作商考核细则》为本协议不可分割的组成部分,也是甲方对乙方工作质量进行考核的依据,与本协议具有同等法律效力。

7.2　本协议有效期限自2001年01月01日起至2001年12月31日止。协议到期前40个工作日,甲乙双方应就本协议是否续签事宜进行协商,逾期未协商视为自动按本协议继续履行。

7.3　本协议一式四份,双方各执两份,经甲、乙双方盖章及代表签字后即生效。未尽事宜由双方协商后对本协议进行修改或补充,修改或补充的条款与本协议具有同等法律效力。双方协商不成的,由甲方住所地法院管辖。

随着法律环境及运营模式的变化,该合同已不再适用,但其修改思路及框架结构仍可借鉴。尤其是在实现交易目的、提升合同内在质量、解决履行细节方面的思路和方法,可以作为通用的合同技术。

第四节　合同的客户体验最优化

从最初的谈判到最后的履行完毕,会有许多人参与合同事务。正因为合同是给人看、由人履行的,就不能不考虑阅读者的主观感受。如果想让合同文本更容易阅读和理解、想让交易更容易达成、想让交易双方的合作更为融洽,在仔细设定当事人之间的权利义务的同时,还要充分考虑人们阅读时的感受,尤其是相对方当事人的阅读感受,让合同既维护委托人的利益又得到双方认可。

这方面的措施主要是建立标题体系、设置平等条款、改进表述方式等以提升客户体验,一般并不需要进行法律问题的调整。

一、客户体验影响交易

合同修改所处的商务洽谈阶段,双方对条款的变化都比较敏感,其主观感受涉及合同能否顺利签订及圆满履行。相比合同外在质量的控制,合同的客户体验问题考虑得更远。

(一)对客户体验的理解

客户体验是指客户从接触相关信息直到完成交易的整个过程中,对于交易内容及服务、品牌等方面的主观感受。这是一种全面提升客户忠诚度的管理理念和营销方法,但其思路可供借鉴。

1. 表述不佳的客户体验

阅读合同时的不良体验有多种,其中一种是需要"琢磨"才能看明白合同。这类问题有的是基于结构上的混乱或经验的缺乏,有些则是出于更低级的错误。从技术角度来说,解决这类问题其实并不困难。

例如,某品牌服务合同的首部及正文的内容与排版如下:

本协议于 2008 年 3 月 1 日订立,协议双方分别为:×××公司(下文简称"品牌公司");××××饭店(下文简称"客户")。

为了一并考虑到本协议中的前提和相互约定,品牌公司和客户约定如下:

(1) 服务

品牌公司将为客户提供本协议附件中规定的咨询服务(下文简称"服务")。附件中规定了在服务提供过程中将开发的交付项目(下文简称"交付项目")。如果本协议任何条款和附件之间发生任何抵触,必须以附件的条款为准。在各方就任何变更的费用和/或其对计划的影响达成书面一致之前,品牌公司没有义务开展与该变更相关的工作。

(2) 客户职责(以下略)

除这两个条款外,该合同的其余条款分别为"(3)专有材料和版权""(4)排他性""(5)保密""(6)责任限制""(7)终止""(8)不可抗力""(9)管辖法律"。虽然全文只有两千多字,但多位律师看过后都不知所云,因为无论是引言还是正文、附件均未点明合同的目的,加之合同内容本身比较晦涩,更令人费解。

在了解交易目的、调整排版方式和结构、风格后,将上述合同的引言调整为:

委托方因五星级品牌酒店建设需要,委托受托方提供酒店品牌定位及相关咨询服务。在经受托方承诺完全具备相应的专门知识和工作经验、足以按委托方要求完成相应工作的前提下,双方就委托事项、工作内容、工作成果达成以下合作条款。

由于引言点明了签订及履行合同的交易目的为"五星级品牌酒店建设需要"，工作的主要内容为"酒店品牌定位及相关咨询"，因此合同主题一目了然，且便于阅读时的理解和判断。可见许多合同只需调整表述，就能大大改善阅读合同时的感受。

2. 对客户体验的理解

客户体验管理是一种客户管理方法和技术。[①] 根据伯尔尼·H. 施密特(Bernd H. Schmitt)在《客户体验管理》一书中的定义，客户体验是客户根据自己与企业的互动产生的印象和感觉。理想的客户体验是一系列整体的舒适、欣赏、回味等心理过程，带给客户以获得价值的强烈心理感受。

而客户体验管理(Customer Experience Management, CEM)是战略性地管理客户对产品或公司全面体验的过程，它以提高客户整体体验为出发点，有目的地、无缝隙地为客户创造匹配品牌承诺的正面感觉，以提升客户的忠诚度。

就合同领域而言，委托人阅读修改后的合同是一种客户体验，相对人阅读修改后的合同也是一种客户体验，合同以外的其他人阅读修改后的合同同样是一种客户体验。能让委托人获得良好的体验，是律师对专业水准负责、对委托人负责的回报，也是律师吸引委托人的基础。

许多人认为合同只要双方能懂即可，一般情况下也确实如此。但合同履行涉及许多人的参与，甚至会由法官或仲裁员决定合同争议的命运。只有参与合同签订的人员才能看懂的合同，必然是表述上不完善的合同，也是容易被人另行解释并最终影响企业权益实现的合同，进言之，这类合同也是未实现交易利益最大化的合同。包括前述展示的合同，跳跃的思维让人担心他们的工作质量。

例如，某企业利用生产废料制造工业原料用的浆粕。由于生产有季节性，而且未能妥善处理与分销商之间的利益平衡关系，因此旺季时企业对分销商"六亲不认"。而作为同等客户体验的回报，淡季时分销商也对企业的销售要求敷衍了事。双方间如果只有利益关系，则合作很难紧密。

(二) 改善客户体验的要点

如前所述，提升客户体验并不需要调整法律条款，大多只需优化表述方式。要做到这一点虽然往往都要多花时间，但专业素养也会随之提升。

1. 易读的内容组织形式

合同工作中最令人厌烦的并非是合同条款的复杂，而是编排方式上的混乱。

---

① 参见"客户体验管理"，载 MBA 智库百科(网址：https://wiki.mbalib.com/wiki/客户体验管理)，访问日期：2019 年 1 月 12 日。

有时迟迟不愿意阅读、审查,只是因为看上去就令人压抑——天马行空、莫名其妙的主题,不分章节、不设标题的结构,顺序混乱、没头没脑的语句,以及词不达意、似是而非的表述,让人觉得要做的不是合同工作而是首先要像小学语文老师一样改作文。

关于如何令合同易读易懂,本书第一章第八节讨论的合同表述基本原理的第二部分"如何表述更易被接受"中已经有所总结。为了便于阅读理解这些合同文本应当具备的外在特征,在此简单加以回顾。

① 开门见山的主题——合同的交易内容、个性化交易模式(如果有)应当一望可知,二者中尤其是后者可在引言中,进行描述以让读者明白合同适用范围。

② 一目了然的结构——结构、内容分配清晰可辨,篇幅稍长的合同应当分成章节并设立标题体系,使各类内容分门别类、易于查找和核对。

③ 行云流水的布局——内容的层级和顺序顺理成章,太大的主题可拆分、太多的细节可列为附件,条款顺序应符合事物发生和发展规律以便于阅读、理解。

④ 专业正式的语体——体裁风格、逻辑模式、表达句式、措辞术语专业,使之不仅看上去专业、庄重,其内容也更精确、严谨。

⑤ 精确严谨的表达——条款表述严格遵循语法、句法以及标点符号使用规则以确保语意的唯一性,同时绝对避免可能出现的语言歧义。

⑥ 美观大方的版面——版面安排符合常规要求,版式统一、整齐、美观大方且不失庄重,标题及序号层级分明、使用规范。

2. 尊重他人的表述方式

这类提升和精细化是从文化传统、商务礼仪等方面关注他人的主观感受,并平等地尊重各方。前者需要一定的传统文化底蕴才能有所了解,后者需要一定的现代商务礼仪理念,但二者都需要文字表述技能。

例如,在对某企业的合同质量进行回顾时,业务部门提出的问题之一是某些合同条款上的表述需要改进。因为一些合作商在当地算是知名人物,已经习惯于受到别人的尊重,而合同中的某些条款让其觉得没有尊严,因此每次签约时的麻烦并不在于利益而在于表述。而在权利义务的设置上,几乎不存在根本无法调整的表述,因无关轻重的表述问题而影响合同的签订,实属因小失大。

3. 平衡的权利义务设置

平等是民事法律行为的基本原则之一,但在实际交易中很难实现各方面的平等。处于优势地位的一方有足够的机会与完全同意其条款的其他方成交,而处于弱势地位的一方有时不得不妥协、就范。久而久之,人们理解的成功企业,一定是用霸王条款的企业,也就是在合同条款方面霸道到让几乎所有的权利都归其所有、所有的义务都由对方承担的企业。

尽管有些企业在实际执行时会"放一马"，因为不断更换合作商对企业同样不利，但总体上权利义务的不平衡客观存在。这其实都是误解，合同可以既严厉、精细而又不"霸王"，同时也可以实现双方权利义务的平衡，只要能够达到一定的管理水平。

二、提高客户的阅读体验

为了提高客户的阅读体验，简单的办法是将合同改成结构清晰、思路顺畅的样式，以降低合同的阅读难度。同样的权利义务，合理地安排表述结构、顺序可以使合同更便于阅读、理解，也可以有效提高后续的工作效率和质量。

(一) 调整结构和标题体系

优化合同各个组成部分的层级、排列顺序并为其加上标题，使阅读者容易看清合同的结构及各部分的功能，是最直接的从外观上改变合同的阅读体验，而且往往也是投入产出比最大的合同修改。

1. 划分功能模块以建立结构体系

功能模块埋念将合同视为不同模块按一定规则组合的权利义务系统而不是条款的堆砌，所以才会有从模块到条款进行主题、层级、顺序安排的理念，目的是促使合同成为架构清晰、功能直观的文本。

合同的锁定交易主体、锁定交易内容、锁定交易方式、锁定问题处理形成了相关联的四个功能模块，但其划分并不适合用于直接延伸出具体的合同条款，合同的各个组成部分多为更具体的交易标的描述、支付方式等划分，而且每个组成部分都会根据需要而加入属于不同基本功能的条款。因此，四大基本功能下的条款分散于合同的不同组成部分。

从模块化的角度优化合同的结构体系如同修建金字塔，从基本模块到具体条款，数量呈几何级数增长。先将合同内容归纳为若干个基本模块，并加上标题以供识别、理顺顺序，如安排成标的物描述、价款、支付及履行方式、违约责任等以形成基本主线，再进一步细化各基本内容、加设标题、排序，直至分到不可再分的条款为止。这便是模块式的合同结构体系，属于典型的金字塔结构。

以这种方式建立的合同，各个模块从大到小呈金字塔结构展开直到最小条款，因而结构明确、思路清晰、秩序井然。由于这种做法理顺了条款间、模块间、基本内容间的关系，使阅读和理解更加流畅，也更便于审查和修改。

2. 实现模块无关化以减少关联

由于各模块内容有的来自静态的交易内容，有的来自动态的履行程序，有的是二者的结合，因此各模块间的内容盘根错节，很容易交叉、重叠。为了避免模块之间关系上的混乱和外延的交叉、重叠,需要依照"模块无关化"原则确定模块间的界限,以提高后续工作的效率。对于那些篇幅较长或履行程序非常复杂的合同,则更是如此。

模块无关化原则,是指为了避免模块之间的界限交叉或模糊不清,在划分模块时,每个模块都有确定的主题及功能,不同模块的主题及功能互不重复或交叉。按这种原则划分整个合同的模块,会一目了然地显示出合同中实现交易目的所需的各种模块功能是否齐全,便于发现模块功能的缺失和划分不当造成的模块功能重叠或交叉。

按模块无关化原则划分各个模块,才会形成干净利落的清晰结构。分属不同层级和顺序的模块沿着合同主线展开,各司其职又相互配合,每个模块只对上一级模块负责,形成从最基本的条款直到合同基本模块、从简单到复杂地组成更大的模块,直到形成具有完整权利义务体系的合同。当需要调整某个模块的规模或功能时,只会涉及很小的模块而不必牵一发而动全局。这样一来,既便于形成功能互不重复、体系完整无缺的权利义务系统,又便于后续调整。

例如,质量标准模块只谈具体的质量标准及特别要求,验收模块只谈验收的程序和内容,违约责任模块只谈违约的判定及责任承担方式,等等。由于不同功能的条款被收入不同功能的模块,避免了因内容重复而产生的条款冲突。

3. 建立名实相符的标题体系

合同的标题体系是合同结构体系的具体体现。除非是篇幅很短的合同,否则即使已经划分出不同的模块,也需要加上体现内容的标题并形成体系,才会变得易读易懂。而且各标题的内涵与外延还需要严格与实际内容相符,否则反而容易受其误导。如果篇幅较长、标题体系复杂,还需要设立目录以便于阅读和分析。这一工作类似于将不同的货物分门别类放进一幢大楼的不同房间,并标出货品名称、房号,使人一眼就能判明某一条款属于哪个"楼层"的哪个"房间"。

标题体系的建立是归纳模块内容并为模块命名的过程,也可以是根据需要命名模块并推导出其内容的过程,共同的目的仍是建立条款间的秩序、体现合同整体结构,以便于阅读、理解及后续的审查、修改。这同时也是一个逻辑分析的过程,因为很容易就此发现模块间的重叠或内容的漏洞,为后续调整指明方向。

初步建成标题体系后,往往都需要一个校准和调整的过程。这种校准或调整有的是为了优化模块的边界及结构,有的是为了优化顺序和位置,但首要目的是排查内容缺陷,同时也使条款、模块秩序井然并符合人们的阅读习惯,以便于核对重点内容和察看总体情况。

(二) 调整语句和表述方式

法律语言同样遵循现代汉语的语法规律和用法而且更为严格,在主题和内容不变的情况下,通过变换表述方式可以令阅读时的感觉大为改观。

1. 引述以无须核对为准

在合同中引述其他条款最好带有内容信息以便于阅读理解。类似于"违反本合同第十条约定"的表述方式使读者不得不查阅相关内容,从而造成阅读思路的跳跃,影响思路的连续性。带有内容信息则可以令人直接理解其含义以保证阅读思路的延续性,避免阅读者注意力的分散。

例如,将上述语句改为"违反本合同第十条关于知识产权的约定",由于同时提及了主题内容,阅读者不用复核该条内容也可继续阅读。

2. 省略以避免误读为准

对于需要反复提及或重复的内容,有时可在表述时省略以节省篇幅、精简语句、便于阅读。这种省略在合同中必须以整个条款的行为主体、行为对象、行为内容明确为限,避免因省略而可能产生的歧义或权利义务不明确。

例如,《民法通则》(已失效)第四十九条规定,"企业法人有下列情形之一的,除法人承担责任外,对法定代表人可以给予行政处分、罚款,构成犯罪的,依法追究刑事责任"。此条的主语为"企业法人","对法定代表人可以给予"的则是相关政府部门,后面的"构成犯罪的"在语法上可与任何一个主体相关联并作不同解读,存在语言歧义。

3. 复句以同一主语为主

同一条款如果内容较多并涉及不同主体的动作,应尽可能通过主体施动与受动的变化保持主语的一致性以便于阅读和理解。

例如,"甲方向乙方支付货款,乙方向甲方提供提货凭证,甲方凭乙方的提货凭证提货"之类的条款,阅读者随着主语的不断切换而被带得晕头转向。不如将其改为"甲方在向乙方支付货款后,凭乙方提供的提货凭证自行提取货物",两个分句共用一个主语,阅读时的注意力无须分散和切换,方便阅读和记忆。

4. 措辞以前后一致为准

合同中的同一事物应完全用同一措辞表述,以免不同的措辞令阅读者或执行者陷入困惑而无所适从。尤其是不同的措辞在内涵、外延上总会存在某种差异,不一致的措辞会导致不一致的权利义务,并因此影响交易安全。

例如,某合同同时使用"捐赠"与"捐献"表述同一事物。二者之间看似并无不同,但若从合同背景进行推敲,则两者仍有区别。捐赠往往指向捐赠的接收对象,而捐献则往往指向所捐献的物品,如果不是有意区别运用则完全应当统一,以免令人花费时间研究其中的不同。

三、提高表述的可接受程度

无论是出于基本素养还是商务礼仪，尊重他人是个人素质的表现，在合同文本中也是如此。落实到具体的合同文字上，那些令人"不顺眼"或不快的措辞、表述不仅毫无必要还会制造问题，应当换成他人容易接受的表述。

(一) 语言上的避讳

避讳是指人们回避不愿接触到的，代表某种能够引起人们不快且人们不希望遇到的情况的措辞的行为。忌讳的产生出于人类本能上的趋利避害情结，作为一种文化现象从古代延续至今。只有充分了解传统习俗、地方习俗，才能避免因误用而产生的不利影响。

1. 忌讳的表述

出于本能，人们普遍不希望遇到意外事故以及疾病、伤残、死亡等情况甚至话题。当这些话题直接涉及当事人时，就需要进行文字处理以免引起不快。

例如，"在借款合同履行完毕前借款人死亡的"之类的表述在法律上没问题，但某些借款人会心生不快。如将其改成"在借款合同履行完毕前如借款人身故"，用"如""身故"淡化死亡，虽然意思相同但听起来尚可接受。如果该条款的用意是解决借款人丧失履行能力后无法还款的问题，则可以表述为"在借款合同履行完毕前如借款人丧失合同履行能力"，将适用范围扩大能更好地保护出借人的权益。

由此引申，某些企业家对于间接的描述也有忌讳。例如，"广告发布期间，因广告牌坠落等造成人身或财产伤害的，由承揽方承担法律责任"，这一约定比前一例句要间接得多，但仍有人视之为"乌鸦嘴"。如需淡化并扩大适用范围，不妨改为"广告发布期间，承揽方对广告牌负有维护义务并对广告牌的安全负责，对因安全问题造成的各类损害承担法律责任"。

2. "不吉利"的表述

忌讳的进一步延伸是某些4、13之类的"不吉利"日期或数字等。尽管回避"不吉利"的谐音、数字体现了人文关怀且比较流行，但事实上有许多西方人并不知道数字13为什么要回避，有以讹传讹之嫌。

例如，中国有些电信运营商一般不提供以4结尾的电话号码，某些车辆登记管理部门一般不提供以4结尾的机动车号牌。甚至某些商务楼的电梯以12A、12B代替第13、14层，或在第12层后直接设第15层。更有一些企业家十分重视时辰、风水等，具体是否需要避讳由委托人自行决定。

此外，在修辞学上还有另外一种"避讳"，是指尽量回避直接称呼他人的姓名，这在当今仍旧是一种商务礼仪，在合同中完全可以用"乙方""受托人"等替代。

(二) 语气上的礼仪

语气,是指说话时流露出的感情色彩或说话时的气势。一般在口语中语气的特征比较明显,而在书面语中只有表达某种强烈观点时才会体现。合同用语一般无须体现语气,但语气有时会在不知不觉中流露出来,从而使合同表述不符合常规的商务礼仪,并体现出地位上的不平等问题。

1. 贬低对方的语气

通常情况下,每个词汇除了其基本的理性意义,还有语法意义和色彩意义。[①]色彩意义还可以分为感情色彩、形象色彩、风格色彩,其中的感情色彩一般分为褒义、中性、贬义,还有鲜明性、抒情性、细腻性、选择性等。正因如此,在措辞日趋随意化的当今社会,许多词的褒贬意味在发生变化,而一些带有褒贬意义的词汇也会出现在合同中。

例如,借助新闻热点传播某种信息的行为在当下已经十分普遍,人们通常称为"炒作"。但这一词具有一定的贬义,意指采用夸大其词、牵强附会或鸡蛋里面挑骨头的方式,借机吸引公众注意力并传播某种信息。在合同中使用这类措辞并不恰当,如某些合同中出现的"乙方不得在社会上炒作与甲方合作的信息""双方共同炒作产品卖点"等,前者明显对乙方带有贬义,后者如果双方能够接受也并无不可,但在第三方看来总会觉得双方文化水平欠佳,至少执笔者的文化水平欠佳。

因此需要强调,合同就其内容而言实为某种未来的行动计划,就事论事即可,不需要也不适合采用带有强烈抒情色彩,以及带有褒贬意味的词汇。

2. 居高临下的语气

某些在交易中处于强势地位的企业,尤其是那些使用"霸王合同"的企业,有时其合同文本的语气过于居高临下。不仅合同中的双方权利义务不对等,而且毫不顾及交易相对方的尊严,完全将其当成一个下级企业。甚至对交易相对方设定"处罚""罚款"等条款。

需要再次强调的是,商务合同的交易双方在法律上是平等的民事主体,优势地位只是商务问题而非法律上的权利。处罚、罚款之类的行政处罚权属于国家行政机关,合同中的双方只有权利追究对方的违约责任,但无权对另一方进行"处罚"。如果需要以严格的条款制止违约行为,则需认真地规划何种情形属于违约以及对不同的违约如何处理,而不是动辄追究天价的违约责任。而在措辞上,可以"×方的下列行为属于违约"代替"禁止×方从事下述行为",并约定这些违约的处置方式,会使合同显得更为严谨、专业、规范。

通过对相对方的尊重建立良好的客户关系几乎无须付出代价,而交易双方的

---

① 参见章炎:《浅谈词语的感情色彩》,载《辽宁大学学报(哲学社会科学版)》1983 年第 5 期。

融洽关系有时比严谨的条款还要有效。而且,尊重客户属于修养问题,同时也是企业良好形象的一种体现。因此对于管理问题和违约问题,可以用双方的合同条款约定,也可以用作为附件的业务规范加以约束,但应当以符合商务礼仪的方式表述双方间的权利义务,也就是说,要求可以严格,礼仪不可松懈。

四、改用平等尊重的商务条款

合同是双方为了实现各自利益而达成的妥协,因此"互利"是常态,但是否"平等"有时却比较复杂。事实上,交易地位上的差异多少会带来某种商业利益或权利义务上的不平等,但实现条款形式上的平等有时并不困难。

(一) 权利义务平衡的条款

从理论上说,权利义务不平衡的条款,是指相对于正常情况下交易性质所决定的双方权利义务,减轻己方责任、扩大己方权利,并加重对方责任、限制对方权利的条款。但这只是理论上的划分,实际交易中的情况无法一概而论。

例如,某制冷剂生产商与某制冷设备制造商长期保持供货关系,以前都是制冷剂生产企业占有交易优势。但当制冷剂厂家的同业竞争越来越激烈、产能越来越大时,双方的交易地位发生了逆转。其中,结算方式改为由制冷设备制造商按市场行情自行定价,每季度按实际用量结算。这种定价方式当然不算公平,但双方的交易并未终止,因为制冷剂生产商仍可以获得其他交易利益。

1. 实质上的平等

权利义务对等的表述以及双方平等的感觉,会让企业在竞争中得到更多的交易机会。事实上,管理规范的企业并不需要担心某些义务条款会为其带来更多的风险,因为许多条款针对的是不可能发生的低级错误,并因此而敢于在合同中对等地约定自己的违约责任。

例如,某国际餐饮业的巨头企业开设分店所用的承租合同,其内容表述上非常礼貌和"平等",除了由于交易身份差异而无法对等的内容,双方规定的违约情形基本相当。例如,甲方有下列情形之一时有权提请终止合同并要求乙方赔偿其遭受的一切实际损失:

1. 甲方无任何违约行为,乙方逾期支付租金连续达 3 个月以上;
2. 未经甲方同意,乙方擅自改变出租房屋用途;
3. 未经甲方同意,乙方将承租房产转租他人;
4. 乙方利用承租房产进行非法活动,损害公共利益。

从该企业的实际管理水平和经营业态来看,这类违约情形根本不可能发生。但形式上的对等带来的平等、受尊重的感觉,使得在这一合同基础上的协商、成交非常顺利。而一些竭尽全力剥夺相对方权利、相对方只要签字就相当于"无条件投降"的合同,往往会因相对方缺乏安全感而难以签订。

2. 形式上的平等

权利义务上的形式对等如果避重就轻,则更具迷惑性。某些精心设计的合同表面上非常对等、公平,甚至各方违约情形数量也完全相等,但一方的违约情况可能很少发生,另一方的违约情况却很有可能发生。相比之下,这种实质上的权利义务不对等比霸王条款形式的不对等更为隐蔽,更需要仔细分析才能发现。至于双方是以"斗智斗勇"解决还是"揣着明白装糊涂",只能由企业自行选择。

因此,合同中的双方权利义务有实质上的对等与形式上的对等之分。实质上的对等基于双方权利义务的对应性和发生概率、违约责任等方面,而形式上的对等则大多只是违约条款数量的对等,并无实际意义。

例如,广告服务如果对于履行质量没有统一、可操作的质量控制标准,形式上的条款对等往往使广告主所签订的合同成为"付钱合同"。也就是说,何时付钱、付多少钱是明确的,但却根本无法衡量交易对象的质量。

(二) 双方利益捆绑的条款

除了双方协同向第三方作为或不作为的合同,其他交易往往存在利益对立的关系,即有限的交易利益在双方之间存在着此消彼长的关系。由于双方并非针对第三方的利益共同体,因而交易中的利益冲突使得双方缺乏协同对方的动力。如果能够通过某种机制将双方的利益捆绑在一起,双方便有了更多的相互配合的动力。这种捆绑并非在所有交易中都可以实现,但现实中确有实例。

仍以前一份营业店面承租合同为例,其租金调整条款有如下约定:

如第一租赁年度(免租期满次日起至当年 12 月 31 日止)至第五租赁年度(当年 1 月 1 日起至 12 月 31 日止)乙方该处餐厅营业额超过人民币 1000 万元,则就该营业额超过部分以 4% 的比例作为抽成租金;

如第六租赁年度(当年 1 月 1 日起至 12 月 31 日)至第十租赁年度(当年 1 月 1 日起至 12 月 31 日)乙方该处餐厅营业额超过人民币 1000 万元,则就该营业额超过部分以 5% 的比例作为抽成租金。

从以上条款可以看出,通过巧妙的利益分配设计,该合同成功地将承租人与出租人的利益进行了捆绑,有利于共同解决租赁关系存续期间任何影响店面正常营业的问题。

五、通过排版提供阅读便利

近年来,虽然电子商务在经济交往中已经逐渐增多,电子签名也已得到法律确认,但绝大多数合同仍以纸张为载体。即使电脑中的文字稿也是以页面的形式显示,因此无论是电子版的合同还是纸质版的合同都存在排版问题。

版面的美化并不需要花太多的时间,只要养成良好的排版习惯便根本不必专门去排版,但其"投入产出比"甚至远远超过对合同内在质量的提高。

(一) 版面安排的基本原则

版面安排相当于合同内容的"外观设计",是合同质量的一部分。由于合同文本是一种公文体裁,因而排版风格以规范、统一、易读为主。

1. 规范化

规范化是指合同排版必须遵守一定的规则,尤其是通用的规则,否则会使版面显得另类,与合同的庄重大方风格不符。

对于通用的排版规则,虽然《党政机关公文格式》(GB/T 9704-2012)可提供一定的参考,但因该规则系党政机关公文用的推荐性标准,合同方面可借鉴的内容并不多。但其中表格及图片不得超出版心、内容不得挤占页边距等通用的基本规则,必须遵守。

2. 一致性

一致性是指合同排版有固定的排版标准,应在同类情形下使用相同的方式排版,使版面有规律且整齐划一。

排版方式不一致的合同会看上去像"半成品",而版式的一致需要有关于字体、字号、行间距、行前空行,以及对齐方式、首行缩进方式等方面的统一标准。其中,合同名称可以与正文的排版方式不同,但正文内的标题则一般只是简单地加粗及在行前空半行,并适用于全篇。

3. 易读性

易读性主要是指排版方式、标题设立方式、序号编排方式,甚至页码等,均以便于阅读理解为前提。

其中最需要强调的是标题体系。为每个条款归纳出一个名实相符的标题,才便于观察全文的内容分布,便于核对条款间的搭配,便于排查漏洞,便于查找读者所关心的重点内容。

4. 庄重性

庄重性是指基于合同的正式性和庄重性,合同的版面安排也需要以此作为基调以体现出庄重的气氛。

当前合同文本的排版尚无一定之规。因此,可以参照本节后续内容设立自己的排版标准。但过于"活泼"或花哨的版面布局或字体,一般与庄重性不符,因此一般不用于合同文本。

(二)版面安排的具体做法

版面安排需要通过字体、字号、行间距、加粗、对齐等排版要素实现。这些要素及标题设立方式等,共同影响阅读者的主观印象。要提高这种"表达"能力,既需要美学修养又需要文字处理软件操作技能。但合同属于非常正式的法律文书,可用的排版要素其实并不多。

1. 字体与字号

不同的字体体现着不同的风格,艺术性强的字体因相对花哨而不适合用于合同之中。合同一般只用宋体、楷体及衍生的字体,"横平竖直"的宋体显得正式、庄重,也便于在电脑上显示、阅读。从实用角度来说,楷体没有宋体正式,黑体则略显粗糙,所以使用宋体的合同较多且多用字体加粗代替黑体。

字号同样影响版面外观。过小的字号影响阅读,过大的字号徒增篇幅。从使用效果来看,合同正文以 Word 文字处理软件中的小四号字或上下一号字为宜,且正文的字体、字号一致。而正文中的标题大多加粗且在行前空半行,以便于识别和阅读。

2. 字间距与行间距

字间距和行间距体现了文字间的横向及纵向的距离,不同的疏密对阅读者有着不同的影响。

字间距一般用默认值即可。过大会显得文字稀稀拉拉,过小又会使相邻文字的笔画重叠。另外在相邻各行都有冒号且需要对齐时,通过调整冒号前的字间距可使冒号对齐以显得美观。

行间距对版面视觉效果的影响较大。过小的行间距令人感到压抑,也无法在原稿上书写意见。如果条款间只是单倍行距,行与行之间会有"透不过气"的感觉;而超过两倍的行间距,又会令人感觉内容"空洞",而且会使页数增加。

从美学角度看,行间距大小与字号大小有关,对于使用小四号字体的文本来说,行间距一般不应超过 2 倍,也不应小于 1.25 倍。

3. 缩进与顶格

中文的排版方式是首行缩进两格、次行顶格,这种排版方式更能体现段落与段落之间的分别,现行的各种文字处理软件都能实现这一效果。目前仍有许多合同的排版采用首行顶格,或缩进值不是标准的两格,使得版面极不规范且影响美观。

常见的 Word 文字处理软件中,左边对齐的版式并不符合中文书写传统;自动混排的序号则更易妨碍正常的排版,不宜作为正式合同的排版方式。这种排版方式也并非正式的英文排版方式,正式的英文法律文件也是首行缩进、次行顶格。

4. 条款与段落

如果某个条款内容过长,则需按内容主题将其分解为不同的段落,以减少每个自然段的文字量并降低阅读难度。通常情况下,一个段落只安排一个内容或主题,这样更能看清合同结构,便于梳理合同的条理。

短小甚至只有一句话的条款如果大量存在,会使版面显得疏密不均。可以考虑设立一个专门的标题,如"其他约定",而将多个文字量很少的条款纳入其中,以使版面显得均衡。

5. 中文序号与数字序号

传统的以法律条文为代表的中文序号,以"××法第×章第×节第×条"的表达方式为典型。这种编排方式的问题是在修改了一个条款的顺序后,必须调整其他所有条款的序号。

目前,许多合同已采用中西合璧的方式编排条款序号。这种方式以条为合同的基本组成部分,每条之下则设置详细的条款。如在"第二条　项目管理人的工作范围及要求"之下,分别设置"2.1 项目管理人的工作范围""2.6 项目管理人的履约保证"等条款。

以这种方式编排序号的好处在于结构清晰、引述方便。以"条"为基本模块,可直观地判断合同基本功能模块是否完备,通过条下的第 2.1—2.6 条又可判断该层模块是否齐全,以此类推。引述时也只要提到诸如"合同第 2.32 条"即非常明了,不用再说"第×章第×节第×条"。

除了上述提升客户体验的方式,许多场合都可以通过细节体现以人为本的关怀。例如,将两页 A4 纸的合同打印在一张 A3 纸上,既便于携带也不必加盖骑缝章;将给老年人使用的合同上使用较大的字号以便于阅读等。"运用之妙,存乎一心",在此不再一一介绍。

第五节　语言歧义的原因及克服

语言歧义是对合同权利义务明确性的最大威胁,对合同的顺利履行及争议的顺利解决有重大的负面影响。现行的法律规范中同样存在语言歧义。

一、语言歧义的现象及原因

语言歧义,是指同一语句存在两种或两种以上语义的语言现象。在即时交流的口语中,它多体现为音同字不同的歧义,而在书面语中则往往体现为字同义不同的歧义。口语歧义容易纠正,而在合同签订后修改语言歧义则未必能够实现。

(一) 歧义的起因与种类

语言歧义在所有的语言中都会存在,汉语相对于那些有性、格、时态之分的语言,有更多的一词多义和更灵活的表述方式,因而语言歧义的发生概率更高。当表述同时符合两种或两种以上的语法结构,或是其中的关键字具有多义性,以及由于特定语境导致同一表述存在不同解释等时,就会产生语言歧义。

在合同关键条款中出现的歧义,会破坏语义的明确性,为合同的顺利履行和利益平衡带来危机。特别是《民法典》(2020年)第四百九十八条规定了"对格式条款有两种以上解释的,应当作出不利于提供格式条款一方的解释",因而出现语言歧义对于提供格式条款的一方非常不利。

从类型上分析,合同中出现的语言歧义大致分为以下五种:

① 一词多义歧义,由于同一词汇具有多种语义,因而在语法相同的情况下产生不同的理解;

② 词义组合歧义,在同一语句中,因为句子构成方式同时符合不同的语法而产生的不同理解;

③ 指向不明歧义,由于缺乏主语或宾语,或是代词指向不明而导致的不同理解;

④ 标点符号歧义,标点符号的不同使用位置、方式产生不同的语法现象和语义;

⑤ 环境影响歧义,语句本身并无问题,但其应用环境使人困惑并产生不同理解。

(二) 几种歧义的解决之道

如前所述,语言歧义的产生原因是词汇的多义性和组合的灵活性,因此破解之道就是明确语义的内涵和外延。事实上,大多数的语言歧义通过变换表达的方式均能消除。因此以一种表述替代另一种表述,不仅可以使表述条款内容更容易被接受、更明确、更精练,还可以用来避免产生语言歧义。

总体而言,解决语言歧义问题可以有以下八种方式。

1. 披露语境

在合同中的适当位置,例如在合同引言部分,简要描述签订合同所依据的背景信息或交易目的,从而缩小语句的解释范围。

例如,当担保方与贷款方签有多份担保合同后针对其中一份达成和解时,在引言中明确《和解协议》针对哪一份担保合同,可避免适用范围被任意解释。

2. 给出定义

这是一种合同中常见的提高严谨性的方式,尤其适用于合同中的概念与日常使用的概念措辞相同但实际语意不同,容易令人望文生义的情形。

例如,明确规定"机动车"是指一切以机械力量推动的陆路交通工具,将所有电动自行车也划为机动车,避开电动自行车是否属于机动车之争。

3. 变更措辞

在语法、句法不变的前提下,用词义明确或词义较少的词代替容易产生多种理解的多义词。

例如,"蔬菜"严格意义上是指植物性食材,但许多蔬菜供应事实上包括了动物性食材和米面粮油,如果有必要可将"蔬菜"改为"食材"。

4. 调整语句

通过对语句表述方式的调整,即改变句式,使语句有更为明确的内容,从而减少不同理解。

例如,"有瑕疵、缺陷等不合格产品"可有多种理解方式,甚至"有瑕疵、缺陷"的合格品也可以认为不在此列,因此需要改为"有瑕疵、缺陷产品及不合格产品"。

5. 增加成分

增加语句中的定语、状语、补语,必要时增加语句中的宾语、主语,以及使用长单句,使语句的表述因句子成分的增加而变得更明确。

这类用法其实非常普遍,例如"除本合同另有约定……"便是一种增强明确性、消除歧义最常见的表达方式。

6. 强化关联

使用不同单句组成的复句,并通过关联词连接、强化这些复句,使语句之间的关系更明确,从而进一步明确语义。

例如,"不按照本合同签订、履行、变更、解除合同或在签订、履行、变更、解除合同中无书面协议或其他书面凭证,造成我方损失的"的表述中存在"造成我方损失的"与前面一种行为还是两种行为关联的歧义。如果只与后者有关联,可改成"不按照本合同签订、履行、变更、解除合同,或在签订、履行、变更、解除合同中无书面协议或其他书面凭证造成我方损失的";如果与二者都有关联,可改成"不按照本合同签订、履行、变更、解除合同或在签订、履行、变更、解除合同中无书面协议或其他书面凭证,并且造成我方损失的"。

如果希望二种行为并列,则可改为"不按照本合同签订、履行、变更、解除合同,在签订、履行、变更、解除合同中无书面协议或其他书面凭证,以及造成我方损失的"。如果将其分列为三项,则更为明确,如:

(1)不按照本合同签订、履行、变更、解除合同的;

(2)在签订、履行、变更、解除合同中无书面协议或其他书面凭证的;

(3)造成我方损失的。

7. 推敲句读

句读(jùdòu)是文辞中的停顿,语意完整为句、语间未完的中间停顿为读,推敲句读也就是在语句中推敲如何正确地使用标点符号界定语意。

例如,"丢失、损毁合同资料或对合同文件资料未按期归档造成资料不完整,对已建档合同因管理不善,造成遗失、被窃和损坏的",不仅内容过多、语句过长而且存在标点符号的滥用,可调整标点符号以消除歧义,如"丢失、损毁合同资料,或对合同文件资料未按期归档造成资料不完整,或对已建档合同因管理不善,造成遗失、被窃和损坏的"。

8. 设置标题

为合同的不同组成部分加设标题,可明确其内容范围,避免语义的适用范围被牵强附会地扩大,同时也可通过条款无关化措施减少不必要的语义关联。

例如,一份设备采购合同因涉及到货验收、安装验收、调试验收、运行验收等环节,条款之间的"验收"很容易被混淆。将这些过程分为不同的单元并加上标题,就可以有效地调整各环节的适用范围,将不同的"验收"加以分隔。

语言歧义的划分标准多种多样,甚至对于某种现象的解释也不尽相同,因此本节无法一一列举,只介绍常见的几类。

二、一词多义产生的歧义

词汇的多义性不仅会体现为一词多义,还往往同时体现为一词多性。我们日常生活中最为平常不过的"和"字,如果细究起来其实共有五种词义、五种读音。其中,"hé"同时具有连词及形容词的性质,"huò"既是动词也是量词,其余的"hè""huó""hú"均为动词。也有学者提出将这类词定义为"同形词"更为恰当,因为它们彼此之间在词义上几无关联。

(一)词义过宽的歧义

许多词汇本身就有多个词义,加之语言习惯的变迁、简化汉字时的合并、新事物的产生等,增加了词汇的多义性。

1. 名词词义过宽

许多实词都存在一词多义的现象,甚至像前面举例的"和"字一样同时存在多种词性。尤其是其中的一些单音节词,如果不与其他词合并使用则语义十分难以确定。其中,名词的词义过宽更容易影响权利义务范围。

例如,"甲方向乙方供菜"中,对"菜"有不同的理解。既可能理解为"蔬菜",也可能当成"菜肴""菜品",甚至可以当成"饭菜"。因而对于此类兼有多重含义的词汇,特别是有多重含义的单字词,最好与其他词汇组成词组一并使用,针对具体情况和条款的真实意图进行调整。例如,可分别用"甲方向乙方供应蔬菜""甲方向乙方供应菜品""甲方向乙方供应饭菜"来代替,以排除不确定性。

2. 适用范围过宽

词汇的多义性可以出现于任何词汇类型中,即使是合同中名词、动词以外的其他词,包括虚词,如果出现在语句的特定位置同样会产生歧义。

例如,"如两个以上公司的员工未被告知"的条款,既可以理解为"如两家以上公司的员工未被告知",强调是两个法人未被告知;也可以理解为"如两名以上公司的员工未被告知",强调是两个自然人未被告知。因为当"个"作为量词时,它的适用范围很广,既能修饰"公司"又能修饰"员工",因而当"公司"与"员工"同时出现时,该句便可产生不同的理解。如果将"个"分别改成只能用于修饰公司的"家",或只能用于修饰员工的"名",便不会产生歧义。

事实上,这一例句中的"以上"有时也会产生歧义,因为"两个以上公司"在法律专业的表述一般为包括本数"两个",但非法律专业的表述及理解既可能是同样包括本数也可能是不包括本数,有时需要通过核对以使其更加明确,可改为"两个及以上公司"或"超过两个公司"。

3. 谓语一词多义

为了表达上的准确和语句上的严谨,合同中经常采用双宾语。例如"定作人支付承揽人酬金"中,"承揽人"与"酬金"这两个宾语均为"支付"的对象。其中,离谓语动词近的一般用于指人,称为"近宾语"或"间接宾语";而离谓语动词较远的一般用于指物,称为"远宾语"或"直接宾语"。

但当谓语动词一词多义时,双宾语语句会出现动作指向不明的歧义。例如"甲方借乙方人民币一万元""甲方分乙方一半利润"之类的条款,由于"借""分"均有双向性,既可以理解为"借给乙方"或"分给乙方",也可以理解为"从乙方借""从乙方分"。如果没有其他条款或证据,难以区分哪一方是债务人。

(二) 一词多性的歧义

一词多性现象大多体现在某一词汇同时具有实词、虚词两种词性时。

当一个词同时具有两个不同的词性,而且在语句中均能以符合语法的方式加以解读时,便会产生跨词性的语言歧义。

1. 名词兼助词的歧义

例如,在服务行业的营业厅中,经常可以在雨天看到警示牌"小心地滑"。这种警示牌的作用是履行经营者的告知义务和保护消费者人身安全。但"地"字也存在一词多性和一词多义,因此会有非常滑稽的不同理解。按照设立警示牌的初衷,"地"是实词中的名词,指的是地面、地板,"小心地滑"是指地面上有水、比较滑,走路时要小心防止摔倒。但"地"在汉语中使用最为频繁的则是被用于充当虚词中的助词,并位于动词之前表示它前面的成分是状语,如果按照这一词义理解,则"小心地滑"可以理解为:滑过去时要小心。或许在溜冰场所、滑雪场所真的会有这样的警示。

2. 动词兼副词的歧义

当动词兼作副词时同样会产生歧义,而且已发生过多起类似案件。例如,某诉讼案件中的关键证据借条中载明:"张某借高某人民币 14000 元,今还欠款 4000元。"这句话由于"还"是多音字,不同的读音又代表不同的词性、不同的语法,因而也会产生不同的理解。

如果将这里的"还"读成拼音中的 hái,则"今还欠款 4000 元"是"今仍旧欠款4000 元"之意,意味着张某已经归还了 10000 元,目前的欠款额为 4000 元。如果将这里的"还"读成拼音中的 huán,则"今还欠款 4000 元"是"今归还欠款 4000 元"之意,意味着张某目前归还了 4000 元,今后的欠款额为 10000 元。这种由于一词多义而引起的语言歧义现象比较极端,其危害极大。

此类歧义与关键词及句子成分少有关,增加文字或句子成分便可消除。如果当时是在归还部分欠款,可用双音节词"归还"替换"还";如果当时是在确认余额,则可用"仍欠"替代"还欠"。

三、句子成分与语言歧义

汉语词汇不仅因多义性容易产生歧义,词汇构成句子方式的多样性同样非常容易产生语言歧义。由于词汇组成句子的方式比较灵活,再加上词汇没有某些字母语言所具有的性、格、时态变化,当句子缺少或省略句子成分时,更容易产生语言歧义。破解这类语言歧义的基本方式就是通过增加句子成分以明确相应权利义务的归属及范围。

(一) 句子成分搭配的歧义

某些句子包含多个行为主体,而且至少两个行为主体均有可能采取同类行为,如果没有主语用于明确某一行为的施动者,则会产生究竟谁是施动者或承担者的歧义。这种歧义多发生在句子结构复杂或信息量过大时。

1. 共用句子成分的歧义

在使用复杂句表述时,因为句中往往同时存在多个语句,经常会出现共用句子成分,尤其是共用主语的情形。即使是由不同单独的句子所组成的复句,由于存在表述的前后、主题相同等原因,往往也会存在借用前句的主语或省略某种句子成分的情形。这些情况都容易导致语言歧义。

例如,前面已经提到的《合同法》(已失效)第一百二十七条规定:"工商行政管理部门和其他有关行政主管部门在各自的职权范围内,依照法律、行政法规的规定,对利用合同危害国家利益、社会公共利益的违法行为,负责监督处理;构成犯罪的,依法追究刑事责任。"由于分号前面的句子主语是"工商行政管理部门和其他有关行政主管部门",其工作对象是"对利用合同危害国家利益、社会公共利益的违法行为",而分号后面的句子又没有主语,从语法上"构成犯罪的"既可以理解为"违法行为构成犯罪的"也可以理解为"工商行政管理部门和其他有关行政主管部门构成犯罪的",因而构成了因共用句子成分而产生的语言歧义。

无论是共用主语还是宾语,只要表述动作的实施者或接受者时不甚明确,都有可能产生语言歧义。因而在精炼合同语句时,必须以哪一方为施动者、哪一方为受动者明确为限,以免影响合同的明确性或严肃性。上述法条只要将最后一句稍加文字改为"违法行为构成犯罪的,依法追究刑事责任"即可消除该歧义。还可以进一步将前一分句的条件句前置,改为"对利用合同危害国家利益、社会公共利益的违法行为,工商行政管理部门和其他有关行政主管部门在各自的职权范围内,依照法律、行政法规的规定,负责监督处理"。

2. 指代不明的歧义

许多句子由于省略共用句子成分,造成句子表述中的指代关系不明。由于无法判断指代的对象,当不同的合同主体都可以成为条款中的行为主体时,就会由于语言歧义而导致合同权利义务主体无法确定。这类情形不仅会出现在合同中,同样也会出现在立法中。

例如,《民法通则》(已失效)第一百二十六条规定:"建筑物或者其他设施以及建筑物上的搁置物、悬挂物发生倒塌、脱落、坠落造成他人损害的,它的所有人或者管理人应当承担民事责任,但能够证明自己没有过错的除外。"这一条款中的"它的",其实既非专业用语也无明确指代,因为至少从语法上讲它既可以指代"建筑物或者其他设施",也可以指代"建筑物上的搁置物、悬挂物",还可以理解为同时代表了两者。而且"建筑物或者其他设施"的所有人或管理人,有时并非"建筑物上的搁置物、悬挂物"的所有人或管理人。目前大量存在于建筑物之上的户外广告,就基本上都处于建筑物所有权人与广告设施的所有人、广告管理人相分离的状态,这类指代不明容易为随意适用法律规定提供机会。

此外,该条只规定了"建筑物上的搁置物、悬挂物"出现意外时的处理,并未规定"其他设施上的搁置物、悬挂物"出现意外时如何处理,应该属于因描述语句过于复杂而造成的话题丢失,属于立法上的技术缺陷。

如果需要明确表述,则该条应改为:"建筑物或者其他设施,或建筑物上的搁置物、悬挂物,因发生倒塌、脱落、坠落造成他人损害的,所有人或者管理人应当承担民事责任,但能够证明自己没有过错的除外。"这种调整,其实是将条款按情形进行拆分,分别表述为"建筑物或者其他设施"以及"搁置物、悬挂物"的"倒塌、脱落、坠落",并根据不同情况设定民事责任。

(二)句子成分组合的歧义

特定结构的语句可同时适用不同的语法,并因此产生不同的理解,即"同形异构"现象。这种情况并不少见,是经常出现的语言歧义种类。

1. 不同并列关系的歧义

在同时描述多个动作主体或同时描述多个动作时,会因并列方式的不同而产生歧义。这类歧义在日常生活中频繁出现,只因各方心知肚明而并无争议。但当合同双方出现利益冲突且无法协商解决时,此类问题就会纠缠不清。

例如,某合同的生效条件为"买受人及出卖人的上级公司批准后生效"。这一生效条件可作三种解释:第一种是"买受人及出卖人"共同的"上级公司"批准;第二种是"买受人及出卖人"各自的"上级公司"批准;第三种是"买受人"及"出卖人的上级公司"批准。而且在已经发生过的案件中,曾有双方以此为据得出针锋相对结论的情形。

又如,"根据我国民法通则及合同法有关条文的规定"一语,由于从语法角度可以分为两种不同的结构形式,同样会产生歧义。一种是理解为根据"民法通则"的全部与"合同法的有关条文";另一种是理解为根据"民法通则的有关条文和合同法的有关条文"的规定。这里产生歧义的原因是"及"字引起的"民法通则"与"及"字以后的成分的并列,而且"及"字后面的部分既可以是"合同法有关条文",也可以是"合同法"。

要消除这类语言歧义,首先要看表达的意图。如果要表达的内容是"民法通则"的全部与"合同法有关条文",则该句只要调整"及"字前后两部分语法成分的位置就可以消除歧义,即改为"根据我国合同法有关条文及民法通则的规定";如果要表达的内容是"及"字前后两部法律的各一部分,则只要在前一部分增加"有关条文"即可消除歧义,即改为"根据我国民法通则有关条文及合同法有关条文的规定"。

2. 修饰不同成分的歧义

在汉语中有些特殊的句子,从语法上分析往往既符合"动词+偏正词组宾语"的结构,又符合"动宾词组定语+中心词"的结构。由于同时存在不同的语法分析方式,就会产生语言歧义。

例如,对于"起诉乙方的客户"一语,既可以将"起诉"理解为谓语、将"乙方的客户"理解为宾语,从而将整句理解为动宾关系,表示对乙方的客户提起诉讼。同时也可以将"起诉乙方"理解为动宾词组定语、将"客户"理解为修饰对象,从而将整句理解为偏正关系,表示客户对乙方提起了诉讼。同理,"追究违约一方"既可以理解为对"违约一方"进行追究,也可以理解为主动"追究违约"的一方。

对于此类表述,也需要在清楚合同的本意的情况下进行调整,有时只要增加一个"被"字就能解决问题。例如,上述句子可以分别描述为"被起诉的乙方客户""被客户起诉的乙方",当然也可以表述为"乙方客户被起诉""乙方被客户起诉",或者表述为"对乙方的客户提起诉讼""对乙方提起诉讼的客户"。

3. 重叠使用定语的歧义

在同时使用几个词修饰一个名词时,有时也会产生与前类情形相似的语言歧义。这一现象的产生,是因为前一修饰词既可以修饰中心词也可以修饰下一个修饰词,而第二个修饰词也有可能存在词性的不同。许多欺诈性的广告便在利用这类语言歧义。

例如,某客车公司招徕旅客的广告中写着"进口空调大巴"。由于天气炎热,人们对此往往理解为"进口的、开有空调的大巴",即语法上是以"进口"修饰"空调大巴"。但该客车既非进口车也没有开空调。当受到质问时,相关人员狡辩称该车是安装了"进口空调"的"大巴",即用"进口空调"修饰"大巴"。

同理,合同条款中同样需要注意因定语重叠而可能产生的语言歧义,尤其是要识破以此作为欺诈甚至诈骗手段的合同。

四、其他形式的语言歧义

除前述两种相对普遍的语言歧义,还有许多种语言歧义现象。有的学者研究,产生语言歧义的语法结构有十余种之多。由于篇幅及主题所限,这里仅讨论较为常见的情形。

(一)标点符号引发的歧义

标点符号是划分权利义务边界的最小单位,起着明确语句范围、语义范围的作用。标点符号准确、规范的语句尚且会产生语言歧义,滥用标点符号的结果自不必说。合同上的标点符号错误,同样足以导致经济损失。

1. 标点符号的由来

汉语中使用标点符号的历史并不长,正式大规模使用的历史未足百年。1986年由上海古籍出版社与上海书店出版社共同出版的影印本《二十五史》中,从《史记》开始到1914年始修的《清史稿》止,所有影印文本均未使用标点符号。

20世纪初期,自1915年《新青年》杂志创刊开始,中国的文化界掀起了提倡使用白话文和标点符号的"新文化"运动。胡适先生不仅对标点符号进行了系统的研究,还向当时的中国政府提交了使用标点符号的议案。由于已经有了广泛的群众基础和足够的理论基础,当时的教育部于1920年通令采用了该议案,标点符号自此得到官方认可。中华人民共和国成立后,于1951年9月公布了《标点符号用法》,并经1990年、2011年的修订,被作为国家标准颁布执行。

由于缺乏标点符号,古汉语中的语言歧义现象非常普遍。许多古籍因为在断句问题上存在分歧,迟迟没有定论。在现代社会中,由于标点符号的原因而引起语言歧义的现象已经大大减少,但仍有一些合同由于未能正确使用标点符号而导致歧义和合同纠纷。由于起因来自语言歧义,而且举证责任归于主张方,因此对于原告非常不利,因为其无法证明理解的唯一性,类似于围棋中的"后手",对举证方非常不利。

由国家质量监督检验检疫总局(现已更名)和国家标准化管理委员会发布,于2012年6月1日起实施的《标点符号用法》(GB/T 15834-2011)对标点符号的定义为"辅助文字记录语言的符号,是书面语的有机组成部分,用来表示语句的停顿、语气以及标示某些成分(主要是词语)的特定性质和作用"。在体例上,《标点符号用法》仍将标点符号分为标号、点号以及符号三类。

2. 标点符号的歧义

由于可按多种方式解释,没有标点符号的语句存在极大的语义不确定性。在不使用标点符号的时代,"句读"是正确阅读、理解的基本功,也即阅读者必须自行断句。正因如此,语言歧义不可避免。

其中最为经典的合同条款歧义来自广为流传的一则笑话。其内容是一位吝啬的富人准备为其子女聘请一位私塾先生,当问及伙食标准时,私塾先生写下了"无鸡鸭也可无鱼肉也可青菜一碟足矣"。富人将其理解为"无鸡鸭也可,无鱼肉也可,青菜一碟足矣",便请了这位先生。但第一天,当私塾先生看到席上只有一碟青菜时便勃然大怒,称其原意是指"无鸡,鸭也可;无鱼,肉也可;青菜,一碟足矣!"也就是说在满足前面两个条件后,才另外需要一碟青菜,也就是我们俗称的"两荤一素"。

现代的合同条款中因标点符号使用不当而引起的歧义也同样常见。例如,某合同条款规定的违约情形之一为:"在合同可履行的情况下,无正当理由拒不实际履行或不完全履行合同,或擅自中止履行合同从而造成甲方损失的。"从字面上理解,这一条款可以解释为三类行为"造成甲方损失"均可追究,也可以理解为只有"擅自中止履行合同"需要"造成甲方损失"才予追究。

对此有两种修改方式,一种是三类行为造成损失均需承担责任,即改成"在合同可履行的情况下,无正当理由拒不实际履行、不完全履行合同或擅自中止履行合同,从而造成甲方损失的",使三种行为并列、任何一种行为造成损失均需要赔偿。另一种修改则可以是任何行为均不必"造成甲方损失"即可追究,即改为"在合同可履行的情况下,无正当理由拒不实际履行或不完全履行合同,或擅自中止履行合同"。

　　使用标点符号不规范同样会造成巨大的损失。一个长达 3 年并最终通过申诉才得以解决的合同纠纷,起因是合同条款并未使用标准的逗号或句号,而是一律以不伦不类的点号,或者说是用英文的句号一点到底。而将其中一个点号分别理解为逗号与句号,会产生截然相反的法律后果。这一案例足以说明,不规范的标点符号完全可以颠覆原来的语义,并带来极大的不确定性。

(二) 与交易环境相关的歧义

　　某些语句当其独立于合同之外时看似没有问题,但放在具体的合同中就会产生歧义。甚至放在某份合同中并无问题,但移到另一份合同中时便出现歧义。

1. 交易背景不同的歧义

　　某些词汇组合成句后,由于关注点的不同或是重读词汇的不同,放在不同的交易背景下会有不同的语义。

　　例如,"提供三套产品的技术标准"放在不同的交易背景下可以有三种不同的理解方式:

　　① 强调抽样的"提供三套产品的技术标准",即从多套类似的产品技术标准中抽取并提供三套,而不在于其属于什么产品;

　　② 强调种类的"提供三套产品的技术标准",即技术标准有产品、服务等多个种类,现在需要的只是关于产品的技术标准,并且要三套;

　　③ 强调数量的"提供三套产品的技术标准",即要求提供的技术标准的数量为三套,不太强调这三套内容相同还是不同。

　　产生此类歧义的原因来自关注点、交易背景及重读词的不同,这些不同意味着不同的交易背景、不同的语法结构。换成不容易产生歧义的表述方式,修改后的三个句子依次可分别为:

　　① 提供其中三套产品的技术标准;

　　② 提供三套产品方面的技术标准;

　　③ 产品的技术标准提供三套。

　　这种歧义同样也是因重叠使用定语而引起,但与交易背景的关联性更大,未加注意更难意识到歧义的存在。

2. 适用对象变化的歧义

　　某些语句单纯从语法上看并无歧义,但与某些交易背景相关联时,会由于适用对象等原因而产生歧义。

　　例如,在一些买卖合同中经常出现的"供方产品",当供方系生产企业且产品全部自行生产时并不存在问题。但如果供方是贸易型企业,或其成套产品中既有自产部分也有外购部分时,便会产生歧义。这种现象虽说仍旧属于语言歧义,但其关键在于合同措辞的内涵和外延是否准确的问题。

"供方产品"有广义、狭义之分。生产型企业提供的自产产品毫无疑问是属于"供方产品",而贸易型企业的"供方产品"则无疑是指"供方提供的产品"而不是其生产的产品。尤其是当企业出售的产品中既有自产部分又有采购后用于配套供应部分时,再用"供方产品"就会引起歧义。

这类问题如果必须修改,则要么向相关技术人员了解后以清单的方式明确约定哪些是自产、哪些是外购配套,要么忽略细节而直接在合同中约定供方对其所提供的一切产品承担责任,具体视委托人的需求而定。

总的来看,语言歧义现象虽然带来的风险极大,但熟悉其规律后不难通过推敲来发现它们。而消除歧义的原理也并不复杂,其实就是消除语句中多余的语法结构符合项,使每个语句只符合唯一的语法结构以实现语义的唯一性。

第六节　修改与调整的原理及操作

合同是在特定时间、特定地点与特定对象以特定方式进行的特定交易,因此任何的资源和权利义务都是有限的。为了自身利益的最大化,合同双方的谈判过程也是利益博弈的过程,而合同的修改与调整正是双方思路的体现。

修改是针对合同文本中存在的具体问题,属于战术层面;调整则是针对合同的方向性问题而非文本本身,属于战略层面。修改和调整的本质,是调整权利义务的边界,涉及从宏观到微观、从法律到商务、从逻辑到措辞等多个层面。本节的讨论以具体的细节操作为主,而按体例进行的合同修改与调整,参见本书第三章第七节的相关内容。

一、权利义务边界及调整原理

合同中各方的民事权利义务,简单来说就是一方享有的依据法律规定及合同约定要求另一方作为或不作为的权利和利益,以及承担的依据法律规定及合同约定向另一方作为或不作为的责任。因此,所有的权利义务都是有限的。

(一)合同的权利义务边界

分别来自法定和约定的权利义务,会由于人们背景知识、认知水平的不同而有着不同水平的运用。合同权利义务边界的调整,是运用水平最直接的体现。

1. 法定的边界

法定的边界是指由法律界定出来的作为与不作为的边界,包括交易主体法、交易标的法、交易规则法等。[①] 在合同领域,不仅交易相关的一系列规定来自法律,就连合同及合同双方的权利义务,也来自法律规定。

《民法典》(2020 年)第五条规定的"民事主体从事民事活动,应当遵循自愿原则,按照自己的意思设立、变更、终止民事法律关系",即是对合同双方自行约定交易事项的法律授权。而第一章"基本规定"中的平等、自愿、公平、诚信、守法与公序良俗、绿色等原则,则是从立法角度界定了包括合同在内的所有民事行为的基本守则。

《民法典》(2020 年)第八条规定的"民事主体从事民事活动,不得违反法律,不得违背公序良俗",则为合同行为划定了法律上的边界。相对于有明文规定的法律,公序良俗的界限有时并不清晰,因而往往由司法机关最终加以界定。

由此可见,法律为合同领域里几乎所有的合同事务规定了基本秩序,包括自行约定的权利也是来自法律,因此合同理所当然受法律的调整和保护。

2. 约定的边界

现实中的任何交易,都是在特定的时间、特定的地点与特定的对象就特定资源进行的交换,这本身就是同时跨越许多维度的行为,有着时间、空间、主体、行为等多维的界限。[②]

在这个界限之内,双方的约定是对权利义务的进一步界定。而且,这是唯一能通过当事人的主观意愿调整的权利义务边界。交易双方就自己所希望得到的资源和希望付出的资源,通过洽谈就交易内容、交易方式、问题处理等达成一致,就是在进一步地细化、清晰化、具体化权利义务的边界。谈判的过程是要约、反要约以及新一轮要约、反要约的过程,直到达成一致。

这一过程中所最终达成的一致意见,不论是明示的内容还是默示的内容,都是对权利义务的"有限化",受到法律环境、资源条件、交易背景和交易目的的限制。任何一方的权利范围往往都对应相对方的义务范围,反之亦然,是一个问题的两个方面。这个复杂的系统犹如复式记账,锁定了一方权利的界限也就锁定了相对方义务的界限,锁定了一方义务的界限也就划出了相对方权利的界限。

3. 判定的边界

合同成立是对双方权利义务边界的最终确定。这个最终确定的边界是双方利益的平衡点,各方将自己的权利和利益、责任和风险控制在了所希望或可接受的范

---

① 参见本书第一章第三节第三部分的相关内容。
② 参见本书第三章第一节第二部分的相关内容。

围内。这既是确保合同具有可履行性的需要,也是控制合同法律风险的需要。

但法定的界限与约定的界限有时并不十分明晰,如果产生争议且双方无法达成一致,则只能由第三方判定。虽然《民法典》(2020 年)的篇幅和详细程度前所未有,而且明确规定了各种没有约定或约定不明确情形发生时的判断标准,但仍无法明确所有的细节问题和不同的状况,因而仍留有许多弹性较大的判定空间。而司法机关的审判或仲裁机构的裁决,其职能之一就是处理这类法律尚未明确的界限,所以才存在这种由第三方判定的界限。

严格来说,这种界限并非独立的、与法定或约定的界限并列的界限,因为判定它的标准仍旧是法律规定及双方约定,只不过由第三方来据此作出判断。

(二)调整权利义务边界的原理

合同权利义务的边界围绕双方的权利和义务这两大要素展开,如果可以随心所欲,任何一方都希望在界限调整时"严于律人、宽以待己"。或者说,交易中的任何一方都希望给自己以最大的利益和便利、给对方以足够的约束,以免在出现问题时自己付出过高的代价。

1. 扩大权利和利益

在权利义务的"权利"一端,任何一方都希望扩大自己的权利。如扩大对于履行事项和争议事项的认定权、扩大相对方责任的追究权等。

在交易利益方面,任何一方也都同样希望扩大自己的利益。如前所述,交易利益即为通过交易可以得到的资源,包括直接得到的标的和可以间接得到的机会资源、商誉资源、影响力资源、关系资源等。而扩大交易利益,则是根据交易目的,尽可能多地从交易中获得更多的价值,即使不从价格上获取也要从服务、知识产权等方面获取。[①]

权利和利益方面的争夺最终往往由交易地位决定。买方希望获得更低的价格和更好的服务,卖方希望有更高的价格和更少的责任,二者的利益总是存在冲突并需要借助某种力量达成平衡以实现交易。这时起决定作用的往往是交易地位,处于强势地位的一方有着更多的选择机会,可以不满足条件绝不交易;而处于弱势地位的一方则没有太多选择机会,妥协的可能性更高。

落实到具体的利益边界争夺,焦点都在于明确对方的履行质量等要求并加重对方的违约责任。卖方希望获得更多的利润、更及时的付款、更多的逾期付款赔偿,买方则希望有更少的支出、更宽松的付款期限和更好的质量、更重的质量违约责任。例如,广告设计、制作服务因难以设定质量标准,很容易使合同成为"付钱合同",即很容易追究广告主未及时付款、未按金额付款的责任,但很难追究服务商的

---

① 参见本书第三章第二节第一部分的相关内容。

质量责任。

2. 减少义务和风险

相对于各方在调整边界时都希望增加自己的权利和利益,各方同时也都希望减少自己的义务和风险。一方的权利和利益对应着另一方的义务和风险,如同一枚硬币的两面。需要履行的义务越多、履行过程越复杂、合同周期越长,则风险必然越大,而不稳定的市场、欠佳的相对方履行能力、没有保护措施的合同条款,也同样会增加合同风险。但有时更多的义务和风险往往是要求更多回报的筹码,这同样是商业规律使然。

在技术操作方面,尽量减少履行期间的义务事项、缩小违约的范围、降低违约责任,以及减少先履行义务、选择更具履行能力和商业信誉的交易方,都可以降低风险。例如,任何一方都希望对方先履行以降低先履行风险、都希望有明确的交易金额和时间以便于经营计划的安排等。

总的来说,为交易双方划分出明确的权利义务界限更有利于交易的顺利实现和争议的处理,但往往只有双方在交易中的地位势均力敌时才能实现。买方与卖方虽然在利益的关注点、责任界限上存在巨大差异,但最终会在相互妥协中针对交易形成各类权利义务的界限。

(三)调整权利义务边界的思维方式

调整边界的第一步是依托合同审查的基本功,准确地分析出权利义务不够清晰的边界、需要调整的边界。该阶段所用的思维工具,仍是概念划分原理。

1. 概念划分原理回顾

在众多的思维工具中,概念划分原理是基础中的基础。它利用事物存在和发展的各种要素及逻辑关系,结合逻辑学中种、属概念间的划分原理,通过逻辑推理去分析可能存在的问题,既可用于演绎也可用于归纳。

概念划分原理在分析问题时的运用,是将一个问题当作中间概念,并借此发现其上级概念和下级概念,以及基于上级概念的外延而存在的与需要分析的中间概念并行的其他概念。运用这种思维方法分析问题,相当于使用抽象的逻辑尺度去分析事物的结构,并以分析出的结果与现实的结构、内容等进行比对,从而发现合同条款体系是否存在问题、合同条款本身是否存在问题。

这一原理是基于概念的种属关系,并不复杂。如果将一个概念作为属概念,则该概念可以划分出若干个下一级的种概念。划分的规则是属概念的外延之和等于种概念的外延,相当于属概念等于种概念的集合。通过不断的划分,不同层级和内容的概念最终会形成一个结构清晰的体系。将其与现实中的事物结构体系进行比对,就可以发现现实事物在结构等方面存在的问题。

对于合同中的严谨性、明确性、体系性等问题,均可利用概念划分原理发现问题、细化问题并找出可能的答案。尤其适合排查假设不够周延而遗漏的某些可能性，以及对权利义务问题进行细分。如果对此比较陌生，也可用思维导图或矩阵图、鱼骨图、树图等作为辅助分析工具，以保证质量和效率。

2. 概念划分原理的运用

作为一种逻辑方法，概念划分原理对事物进行的分析可以在很大程度上摆脱经验的束缚，不依赖经验而凭借逻辑得出正确的判断。而在具体运用时，除非过于复杂的判断需要借助图上作业等方式完成，绝大部分问题可以直接通过逻辑判断解决。

例如，对于企业大批量使用的标准化合同示范文本，约定违约可能性及其对应的违约责任会非常复杂，凭经验只能简单列举。某旅游合同示范文本即是如此，对于旅游者的违约行为只列举了三项，即逾期付款、逾期提供有关材料、擅自变更行程。

如果只列这三种情形是因为"抓大放小"或许情有可原，但从概念划分的角度分析，甚至只是通过简单的推理分析，也可以知道旅游者出现的违约可能性远不止这三类。例如资料虚假、不遵守时间、擅自脱团、不支付合理分摊的费用等。这些情况均会对旅游进程产生较大影响且极有可能发生，属于应当约定的内容。如果需要进一步细分，则需要依照法律规定、合同约定以矩阵图的方式作进一步的详细分析。

二、表述层面的权利义务边界调整

提高表述的精确度，是从语言的角度厘清和优化权利义务的边界。合同中的任何语句都有可能成为争议的焦点，甚至决定当事人的命运。而从最小的标点符号到词汇、语句，都有许多方面可以调整。

(一)标点符号的责任界限调整

依据国家推荐性标准《标点符号用法》(GB/T 15834–2011)的定义，标点符号系"辅助文字记录语言的符号，是书面语的有机组成部分，用来表示语句的停顿、语气以及标示某些成分(主要是词语)的特定性质和作用"。

1. 常用类型及使用规范

标点符号分为标号、点号两类。依据《标点符号用法》的规定，合同领域需要注意的相关事项摘录如下：

(1)标点符号的类型

点号：点号的作用是点断，主要表示说话时的停顿和语气，分为句末点号和句内点号。

句末点号用在句末,表示句末停顿和句子的语气,包括句号、问号、叹号。

句内点号用在句内,表示句内各种不同性质的停顿,有逗号、顿号、分号、冒号之分。

标号:标号的作用是标明,主要标示某些成分(主要是词语)的特定性质和作用,包括引号、括号、破折号、省略号、着重号、连接号、间隔号、书名号、专名号、分隔号。

(2)几类标号的用法

合同领域所用的标点符号并不多。在点号方面,平时使用最多的是句内点号的全部,即逗号、顿号、分号、冒号,以及句外点号中的句号。在标号方面,主要有引号、括号、连接号、间隔号、书名号、分隔号。

其中,连接号、间隔号、分隔号在合同中很少有机会使用。如:

连接号用于标示某些相关联成分之间的连接,分为短横线"–"、一字线"—"和浪纹线"~"三种,用于表示日期、编号、年代区间等。例如"表 2–8""2011–02–15""2011 年 2 月 3 日—10 日""北京—上海特别旅客快车"等。

间隔号用于标示某些相关联成分之间的分界,形式是"·",用于表示人名、事件或节日、书名与章节的分界等。例如"莎拉·布莱曼""《淮南子·本经训》""3·15"等。

分隔号用于标示诗行、节拍及某些相关文字的分隔,形式是"/",用于表示供选择或转换的两项、表示"和"等。例如"包括述语动词所带的宾语和/或补语""13/14 次特别快车"等。

(3)位置与书写形式规则

① 句号、逗号、顿号、分号、冒号均置于相应文字之后,占一个字位置,居左下,不出现在一行之首。

② 引号、括号、书名号中的两部分标在相应项目的两端,各占一个字的位置。其中前一半不出现在一行之末,后一半不出现在一行之首。

③ 连接号中的短横线比汉字"一"略短,占半个字位置;一字线比汉字"一"略长,占一个字位置;浪纹线占一个字位置。连接号上下居中,不出现在一行之首。

④ 间隔号标在需要隔开的项目之间,占半个字位置,上下居中,不出现在一行之首。

⑤ 分隔号占半个字位置,不出现在一行之首或一行之末。

⑥ 标点符号排在一行末尾时,若为全角字符则应占半角字符的宽度(即半个字位置),以使视觉效果更美观。

⑦ 在实际编辑出版工作中,为排版美观、方便阅读等需要,或为避免某一小节最后一个汉字转行或出现在另外一页开头等情况(浪费版面及视觉效果差),可适

当压缩标点符号所占用的空间。

2. 以标点符号调整权利义务

标点符号本身并无含义,但在句子中却起着界定语义的作用,可谓划分权利义务边界的最小单位。由于语言歧义现象的存在,尤其是不按规范使用标点符号,合同语句很容易产生不同的理解并引起权利义务边界的变化。

例如,"甲方同意,报销运费,支付装卸费,保管费由乙方负责",由于标点符号不严谨导致存在多种理解方式,换用规范的标点符号,其本来的语义可能是以下三种理解方式之一:

甲方同意报销运费、支付装卸费,保管费由乙方负责。

甲方同意报销运费,支付装卸费、保管费由乙方负责。

甲方同意,报销运费、支付装卸费、保管费由乙方负责。

这一例句的问题出在逗号的滥用。逗号用于表示句子或语段内的一般性停顿,使得逗号前后的成分分别归入不同的组成部分。而顿号则表示语段中并列词语之间或某些序次语之后的停顿,表示词语前后之间一般为并列关系或顺序关系。因此,例句中的成分如果是并列关系则应用顿号代替逗号,不需要停顿之处则应当去掉逗号,以保证语义的明确性。

又如,"乙方必须坚决停止抵制串货行为"的条款读起来形同笑话,原因是可以理解为对"抵制串货行为"的"坚决停止",与正常的逻辑相反。而在正常逻辑下,"坚决停止抵制串货行为"其实是针对"串货行为"的"坚决停止、抵制",也就是如果乙方有串货行为则应立即停止,并从此以后坚决抵制,而不是对串货行为"坚决"地"停止抵制"。

在标点符号的滥用中,频率最高的就是逗号、顿号、句号的混用。而它们的混用很容易改变原有语义,扭曲权利义务的边界。对此,需要通过增加、改变或去除标点符号的方式规范表示、避免产生歧义。尤其需要注意,逗号表示其前后内容属于同一句子,顿号表示前后成分是并列关系或顺序关系,而句号则表示一个完整语句的结束。为了避免两个语句被误读为关联关系,有时在一个语句被句号结束之后,后续内容需要另起一行,以示两个句子并无关联。

(二)措辞层面的责任界限调整

汉语里的实词、虚词都可以改变权利义务的界限,前者主要通过名词、动词、形容词、副词词义的不同,后者主要通过副词、介词、连词、助词对语句时态、句间关系等方面的调整。

对于实词、虚词方面的更多讨论,参见本书第五章的相关内容。

1. 选择更专业的用语

合同中使用词汇的原则,是以规范的术语替换非术语、以定义明确的术语代替定义不明的术语、以法条上的标准用法代替通常用法。但在具体的语句或语言环境中，即使特定的术语也有可能发生语义上的变化，需要通过调整句式、增减句子成分的方式明确其内涵及外延以免混淆。

例如，《民事诉讼法》(2017 年修正) 中对于管辖的表述有"住所地""经常居住地"，虽然许多合同中采用"居所地""地址"的表述而且未必有严重后果，但与法律条文中的表述一致才会有毫无疑义的对应关系和语义。

因此在词汇的选择上，有以下要点可供参考：

① 法律或司法解释对某一术语具有明确解释的，在合同中使用时应与之完全一致，否则需要定义或调整。

② 法律或司法解释对某一术语没有明确解释的，合同中的术语含义应与立法本意和在法律条款中所拥有的通常含义一致。

除此以外，对于那些非法律术语，同样应当按照通常被理解的含义去使用，即按照"通常理解"加以解释。

2. 修改欠精确的措辞

词汇本身有着本义、引申义、比喻义的区别，词汇之间又有词义内涵和适用范围的区别，因而用在合同条款里本身就有权利义务边界的不同。

例如，"甲方有权要求乙方保证其开展的服务的合法性，发现乙方或其用户通过乙方向用户提供非法信息，要求其采取相应措施进行规范"这一条款，由于措辞不严谨、过渡不顺畅，"保证其"不知是指甲方还是乙方，"要求其"不知是指乙方还是乙方用户，而且对"其用户"与"向用户"并未充分界定，都存在不同的理解或阅读困难。

这一条款需要核实其本意后再行调整。为避免不同理解并精确其语义，其中一种可能的改法是："乙方保证其开展的服务的合法性。如发现乙方或任何其他方通过乙方向甲方用户提供非法信息，甲方有权要求乙方采取相应措施进行规范。"

又如，"乙方在提供服务的过程中引起用户的严重投诉或众多用户的投诉的……"这一条款，由于"严重"和"众多"均无计量标准，其程度难以衡量，也就容易产生争议。可以改为可识别、可测量的"引起媒体或行政主管部门点名批评的投诉""投诉量占用户总数×‰以上的或数量超过×起的投诉"，使判断标准可测量、权利义务边界清晰。

精确的表达代表理解的唯一性、权利义务边界的清晰性，合同的任何术语、关键词、语句等必须只有唯一的解释，否则可能"失之毫厘，谬以千里"。

3. 使用虚词固定语义

虚词中的连词、介词本身并无太多词义，但它们可以固定和明确句间关系、提高表达的明确性，同样起到划清权利义务边界的作用。而虚词中的副词在合同表

述中则应用广泛,是调整被修饰词边界的最常用手段。其中:

连词可用来连接词汇、词组、句子并表示逻辑关系上的并列、转折、递进、条件、因果等关系,是句间关系最为明显的标志。例如"和""或者""及""但是""如果""因此"等。

介词可用在名词或名词性短语以及代词之前,组合成介词结构的形式表示地点、时间、状态、方式、原因、目的、比较对象等。例如"自……到……""除""除非",以及"按""依照"等。

副词是用以修饰、限制动词或形容词,表示时间、频率、范围、语气、程度等的词。例如"立即""随时""以内""多次""连续""持续"等,也有表示范围的"全部""另外""仅仅"等。副词的使用是调整中心词内涵和外延最为便利的手段。

(三)语句层面的责任界限调整

语句层面的权利义务调整,是充分利用句子成分的调节功能或者调整全部语句表述方式来界定或调整权利义务边界。

1. 内涵和外延的调整

语句层面的权利义务边界调整,最为简单的方式是用定语、状语和补语来调整所修饰的中心词的内涵和外延,从而调整权利义务的边界。通过这些句子成分的增加、调整或删除,可以有效且直观地增加或减少权利义务范围。这样处理虽然有时会导致合同中出现较长的定语、状语,使表述及阅读、理解略显复杂,但权利义务的边界也借此清晰化或被重新划定。

例如,"违约责任"的适用范围极大,但增加定语改为"逾期履行的违约责任"则增加了内涵、减少了外延,大大缩小了违约责任的范围。如果进一步增加限制成分,如改成"因电力供应不正常而导致的逾期履行的违约责任",则进一步增加了内涵、减少了外延,使得适用范围进一步变窄。

又如,"未经甲方确认乙方不得发运"并未明确确认方式,因界限不清可能存在举证问题。增加状语将其修改为"未经甲方书面确认乙方不得发运",进一步明确了确认的方法,增加了严谨性,也便于解决争议时的举证问题。

内涵与外延的调整是一个事物的两面,增加了内涵就减少了外延,反之亦然。前面所举的例子中,在"违约责任"前增加定语就增加了整个词组的内涵,但同时其适用范围大大缩小,也就是减少了其外延。

2. 根据语句原意改写

某些表述方式由于表述能力、语言风格等原因非常不适合作为合同条款,且简单调整无法解决问题,必须根据原意进行改写。这类情形有的是出于合同起草人员毫无经验或极度缺乏表述能力,有的则是出在外来文本的翻译过程中。

例如,某咨询合同译自外来文本,虽经汉化但仍采用英语语法的长定语、多重

定语等,其中一个条款内容为:

对于委托人或其他任何经在受托人同意的根据本合同的约定可以从受托人所提供的专业服务中获益的第三方(委托人和该第三方统称为"报告收件人"),受托人应承担的因本专业服务或相关交易所引致的或与此相关的所有损失(包括费用和利息)的任何性质的赔偿责任的赔偿金额的总和,无论是因合同、民事侵权行为(包括但不限于疏忽责任)导致或因其他因素造成,亦无论其种类及如何因本约定服务或相关交易所引致或与之相关,均不应超过受托人于本合同项下所收取的专业服务费用的两倍。报告收件人承认受托人在任何情况下都有权就受损方自身有过错提出辩护并从中获益,且当有关仲裁庭或法院认定受损方自身有过错时,上述赔偿责任限额将相应减低。

这份"汉语"的合同,读起来足以让以汉语为母语和工作语言的人"窒息"。与其说是表达的"专业"程度高,还不如说其条款"汉化"的水平低,属于典型的精度过剩和翻译不当。如果需要精简化修改,可以精减掉在中国法律环境下并不需要约定的内容,表述为:

因本服务或相关交易所引致的所有损失中(包括费用和利息),受托人应承担的任何赔偿责任的赔偿总额,均不应超过受托人于本合同项下所收取的专业服务费用的两倍。无论是因违约、侵权(包括但不限于疏忽责任)或其他因素造成,亦无论其种类及如何与本约定服务或相关交易相关。

3. 完整语句层面的调整

语句层面的权利义务调整,是从整体的角度审视条款本身是否存在文字表述内容以外的缺陷,并从高于文本本身的层面调整权利义务的边界。如果只关注合同文本已经表述的内容,而不站在更高的高度去思考这些表述是否符合需要、表述之间是否存在搭配问题,则很容易忽略这些问题。

例如,一份合同将交付后不合格品的调换约定为:"出卖方交付的规格型号与约定不符的,由出卖方免费调换并承担因此产生的一切费用。超过合同约定的交付期限,视为未按期交付。"

由于免费调换与交付期限之间存在四种组合:在期限内已调换、在期限内未调换、期限外已调换、期限外未调换,因而第二句话的约定方式及表述方式均有问题。鉴于此,修改时将其改为:"出卖方交付的规格型号与约定不符的,由出卖方免费调换并承担因此产生的一切费用。未完成调换的部分及调换后仍不合格的部分,超过合同约定的交付期限,视为未按期交付。"明确了对象以后,权利义务边界更加清晰。

三、结构层面的权利义务边界调整

结构层面的权利义务边界调整,主要是通过为原合同作方向性、侧重点调整的方式改变权利义务体系的重心,进而从全局角度厘清及调整权利义务边界。与表述方式方面的调整不同,这方面的调整倾向于结构而非词句。

(一)内容安排与责任界限调整

这类调整主要包括改变合同名称、交易模式,定义、描述交易目的及责任范围,调整交易模式、交易内容、交易方式、问题处理条款等。

由于内容相互关联,本书第三章第七节中提及的内容在这里不再重复。

1. 定义

定义,是对事物的本质特征或内涵、外延作出说明。尤其是当合同中使用的某一概念与通常理解不同,或存在多种不同理解时,给出定义十分重要也十分必要。通常情况下,当合同中的某个措施可能会引起不同的理解,而且不同的理解足以影响到权利义务的边界时,就需要通过定义的方式明确其确切的内涵和外延,从而改变整个合同中的权利义务边界。

例如,某集团公司实行整个集团集中采购的政策,所签合同对旗下的关联公司同样适用,但"关联公司"并无确切范围。为了让各关联公司可以直接参与交易,合同中将"关联公司"定义为:"买方的各级分公司、子公司、中国境内由买方直接或间接控股的公司,以及上述公司的合法继承人。"

有时定义也可以是为了表述上的方便。当某些措辞过长却又不得不重复使用时,可以通过定义使该措辞变得简短以便于表述。上例中对于"关联公司"的定义也同时提供了表述上的便利,否则将不得不反复提及"买方及其各级分公司、子公司、中国境内由买方直接或间接控股的公司,以及上述公司的合法继承人"。

2. 责任声明

责任声明是指通过简单的文字排除某些不希望承担的责任,是一种便捷的权利义务边界调整方式。至于责任声明是否合法、有效,则是另外一个问题。

例如,某航空控股公司门户网站中有以下的责任声明:

对由于政府禁令、现行生效的相关法律或法规的变更、洪水、火灾、地震、动乱、战争、停电、通讯线路中断等不可预见、不可避免、不可克服和不可控制的事件,他人蓄意破坏、使用不当而造成的海航股份网站错误以及海航股份网站页面浏览者由此受到的一切损失不承担任何责任。

这一声明虽然文字组织及表述方式有待商榷,但其用意十分明显,是为了排除因法律变化、不可抗力、蓄意破坏、使用不当造成的网站错误等后果所要承担的责任。这类声明有的可视为履行告知义务,如果与法律规定没有冲突则可以确保不必要责任的排除。

3. 设立标题

如果不使用专门的定义来区分合同中的类似情形,则标题就是这些定义的适用范围的界限。

例如,某广告服务合同由于同时包括了设计、制作、发布三个环节,而且各个环节都有可能发生时间上的违约、质量上的违约、内容上的违约,因此表述起来比较复杂。为了表述上不至于发生混淆、混乱,一种方法是统一在违约条款中表述,并为每种违约都标注上所在的环节,例如"广告设计质量不合格""广告制作质量不合格""广告发布质量不合格"等;另一种方法是将相关问题分散进设计、制作、发布三个不同的条款,在各自的标题下的分别表述,自然不用再加类似的定语。

4. 内容拆分

内容拆分同设立标题的作用类似,都是将风险分散到不同的边界,只是动作更大。这一方式虽然操作的机会不多,但做法却是司空见惯。

例如,将合同分为本约与预约便是常见的一种拆分。违反预约合同时只承担预约合同的违约责任,分散了风险也隔离了风险,避免了以本约为基数的违约责任追究。

又如,某些合同因特殊的操作需要,将完整的合同分为主合同、业务表单、业务说明三部分,主合同与业务表单分别设定违约责任并注明适用范围,也是一种权利义务边界的调整。

(二) 设置前提与责任界限调整

以设置前提的方式划定权利义务的边界,是将近乎需要无条件履行或承担责任的事项,变为满足一定条件才可履行或承担责任的事项,从而重新界定权利义务的边界,并使风险更小、交易更安全。当然,同其他方式的调整一样,这种调整也可能使相对方风险更大、交易更不安全。

1. 为承担责任设置前提

为履行义务或承担责任设置前提在商务上并不罕见,在法律层面同样是理由充分。交易中的资源、权利都是有限的,义务和责任也同样如此。在法律层面,《民法典》(2020 年)对附条件的合同更是有着明确的规定。因此,附条件是相对而言更为精细的交易环节设计,不附任何条件也并不等同于慷慨大方。

为义务设置前提的方式有着不同的运用层面,它也是调整中心词内涵和外延的一种常用方法。例如,"由甲方承担责任"意味着一切可能的责任。如果增加中心词的内涵将其修改成"由甲方承担法律有明文规定且符合本合同约定限度的责任",则甲方承担责任的前提是同时满足"法律有明文规定""符合本合同约定限度"两个前提,其责任的外延大幅度减少,排除了许多风险。

2. 为履行义务设置前提

为履行义务设置前提在商务层面更为顺理成章。附条件的履行可以确保履行顺利和交易安全。比如电梯安装服务,安装的一般前提是现场施工进度和其他条件能够满足安装电梯所需的建筑构造和电力供应等要求,过早的介入毫无实际意义。即便是一般的买卖合同,往往也会为付款附加验收合格、发票合格之类的前提以确保交易安全。而那些金额大、履行程序复杂的交易,为履行设置前提条件,尤其是为付款设置前提条件,则更是普遍。

例如,某并购合同设置的收购方付款的前提条件足以保证收购方在所有法律手续齐备的前提下付款并完成交易。其具体约定如下:

在满足以下全部条件的前提下,甲方于本次股权转让交接完成且完成股东工商登记变更之日后六个月内,向乙方支付上述转让价款余款(扣除甲方同意保留在目标公司的银行借款等债务,以及根据本协议约定应当扣除的款项):

(1) 目标公司经有关审批机关批准获得批准证书;

(2) 目标公司办理完毕股东工商变更登记并且交接完成;

(3) 乙、丙两方已经清理完毕或依本协议第4.8款的约定处理完毕目标公司的债权、对外投资,并经甲方确认;

(4) 乙、丙两方提供有权税务部门出具的目标公司自成立之日起至交接日的企业所得税、增值税和营业税等完税证明。

四、战略层面的权利义务边界调整

从战略层面对合同进行的调整,不在于对合同具体缺陷的修改和调整,而是侧重于交易模式、法律定位等通常在合同以外考虑的事项。相比之下,即使将合同修改得面目全非,也只是完成了战略决策下的具体工作,仍旧无法弥补战略上存在的问题。因此合同的审查、修改、起草都不能只针对文本就事论事,必须同时"抬头看路"。

(一)商务层面的战略性调整

商务层面的交易模式选择、交易定位属于交易中常见的"战略性"问题。这种决策确定了此模式与彼模式的区别,也决定了风险、代价和收益的不同,是在更高的层面上为权利义务划定界限。而具体合同中的具体权利义务,都不过是这个框架之内的细化。

1. 交易模式与赢利模式

赢利模式,是指企业在市场竞争中逐步形成的企业特有的赖以盈利的商务结构及对应的业务结构。业务结构反映的是企业内部资源配置情况,商务结构反映的是企业内部资源整合的对象及其目的。

其中,商务结构主要指企业外部所选择的交易对象、交易内容、交易规模、交易方式、交易渠道、交易环境等商务内容及其时空结构;业务结构主要指满足商务结构所需要的企业内部从事的包括科研、采购、生产、储运、营销等业务内容及其时空结构。

上述表述相对而言比较抽象。如果用并不精确但比较直白的语言解释赢利模式,其实就是企业的赚钱模式。制造商通过制造和销售产品赚钱、古董商通过"低进高出"的特定物赚钱、广告商通过广告服务赚钱、建筑承包商通过完成工程赚钱,仅此而已。至于商务结构和业务结构,则是企业为了赚钱而调用资源的方式,存在明显的水平高低之分。

而无论企业以哪种模式赢利,合同都是其赢利的必经之路。因而合同与赢利模式密不可分、相互影响,并共同发展。

2. 交易模式的调整

尽管许多行业已经十分古老,但人们对赢利模式的认识仍处于不断的"进化"之中,尽管有些"进化"无法为某些行业带去本质性的变化。

赢利模式的变化已使许多行业深度地"表里不一"。百货零售业最初的赢利模式是采购不同的商品集中销售,以"低进高出"的方式赢利,概念上属于经销。后来发展为不再进行采购而是由供应商赊账供货并在一定期限内按实结算,概念上属于代销。现在的许多"百货商场"则只专注营业环境的改进和对企业形象的维护,其赢利主要来自柜台出租、场地发包和广告收入。制造业也是如此,许多著名品牌的服装、鞋类、电子产品的"制造商"根本没有自己的实体工厂,制造过程全由其他企业完成,"制造商"只进行品牌宣传和产品设计、质量监督。

企业赢利模式的变化正是这里所讨论的交易模式的变化。显而易见,不同的商业模式涉及不同的法律关系、不同的合同。零售业的经销模式最初是以买卖合同的方式进货、销售,后来虽然保留了后端的销售,但前端的进货已经转变为代理关系。至于最后一种赢利模式,百货商场的赢利是基于出租柜台的租赁合同、场地发包的承包合同、商业广告的发布合同,已经与买卖合同毫无关系。

由此可见,就合同领域而言,对合同法律关系的最大影响来自战略层面的赢利模式变化。理解了这一层,接下来的具体工作已经无须更多的讨论,只是如何在不同合同法律关系之间平衡法律风险、降低成本,以及如何最大化利用不同法律环境的优势问题,包括税务安排问题等。

(二) 法律层面的战略性调整

法律层面的战略性调整必然随着赢利模式的变化而发生,区别只在于是主动研究赢利模式并为其量身定制整套解决方案,还是被动地等待赢利模式发生变化后将其套入法律规范之中。

1. 企业战略层面的选择

赢利模式的选择在合同领域里体现为交易模式的选择。不同的交易模式往往对应着不同的法律关系,而不同的法律体系存在不同的强制性要求。在新旧模式之间,企业负责考虑商务、财务上的风险与收益,律师则负责法律关系的定位、合同条款的设计和表述。

例如,某集团因业务发展需要扩大产能,目标公司在技术能力、生产能力、产品质量、管理水平上均令该集团十分满意。在事先未征求目标公司主观愿望的前提下,该集团针对目标公司可有多种选择。每种选择对应一种交易模式,都有着不同的优势及风险。

① 全资收购,彻底将目标公司收购为全资子公司,直接控制、管理企业并发挥其资源及产能优势,但牵涉面广、操作复杂、资金成本大。

② 取得控制权,直接或间接地入股或收购股权以实现对目标公司的控制,不参与实际管理但对公司事项拥有决定权,成本较低但控制力度不如前者。

③ 业务合作,双方以合作合同的方式在产品开发、市场开拓、生产装配等方面进行深度合作,但不参与目标公司的经营管理,建立合作关系共担风险。

④ 定牌生产,以采购合同的方式将其作为核心供应商或定牌生产企业,由目标公司按规定标准生产,统一回购后用于市场销售,不增加投资但扩大产能。

除此以外还有其他非主流的方案可供选择,但这些方案已经足以说明交易模式的多样性。尽管这些操作均为非典型合同交易,但不同方案所涉及的法律侧重点不同,加之这类事项本身属于战略层面的决策,其选择也为战略性选择。

2. 业务定位方面的选择

随着新产品、新服务、新业务模式的不断涌现,越来越多的企业涉及赢利模式的法律定位问题。点击合同、浏览合同、在线资格认证等合同成立过程以及业务分包、服务外包、众包等业务模式,使非典型合同的运用越来越广泛,同时也带来对法律调研能力、交易模式设计的更高要求。

例如,移动通信服务商向消费者提供手机的交易模式,在较早的时期存在赠与还是租赁之争,这涉及两种完全不同的法律关系。该运营模式的外在表现是服务商免费或以优惠价格向用户提供手机,用户保证在约定的期间内按约定的金额每月在网消费。这在法律上到底是属于赠与还是租赁的问题并不简单。需要解决的并非简单地从法律上进行定位的问题,而是以法律上的何种理由处理个别用户收到手机后期限未满就违约退网的行为。

起初业务部门曾将其简单地定义为赠送。虽然当时可适用《合同法》(已失效)第一百九十条的规定"赠与可以附义务""赠与附义务的,受赠人应当按照约定履行义务",但对于接受赠送后即不再按约使用的用户缺乏足够制约能力。

另外一种当时用过的业务模式为手机租赁。但按照当时适用的《合同法》(已失效)第二百一十二条的规定,租赁合同是出租人将租赁物交付承租人使用、收益,承租人支付租金的合同。而实际业务中并无租金金额一项,因而难以计算租金损失,且要求违约用户返还租赁物也因手机贬值而毫无实际意义,同样并不理想。

最后的定位是"合约机",实际上是将其定位为当时法律环境下的一种非典型合同,反而不受典型合同相关规定的约束,可以捆绑号码、可以约定消费金额,甚至可以设置充值返现等措施,操作更为方便。

战略层面、业务定位方面的考虑,是在合同文本之上却又决定着合同文本形态的权利义务边界调整,也是在未来的合同工作中不得不予以重视的主题。

第七节　合同权利义务边界的调整

调整权利义务边界的基本思路,是依据合同内在质量所涉及的主体合格性、约定合法性、条款实用性、权义明确性、需求满足性,以及外在质量的结构清晰性、功能完备性、思维严谨性、表达精确性这九个方面展开的。这些工作都依赖于合同审查的结果。版面美观度虽属合同修改和调整的范围,但不属于对权利义务的调整。

在这一过程中,需要充分用足法律上的权利和商务上的机会,在条件允许的前提下消除合同的法律缺陷、明确及优化双方的权利义务界限,并用足法律授权的权利及协商的机会,实现交易利益的最大化和代价的最小化。这些修改和调整即使被否定也属正常,因为这是谈判中的一环。

本节按合同结构内容顺序讨论具体问题的修改和调整,与本书第一章第七节"合同质量原理解析"、第二章第七节"合同审查中的'三个比对'"、第三章第六节"修改与调整的原理及操作"的内容相互补充,对相同的内容会尽量予以避免。

一、交易主体条款的调整

交易主体条款是当事人的名称或者姓名和住所等身份事项条款。简单的例行工作是调整这些条款使之与实相符,但某些合同需要考虑交易主体的合格性问题,甚至需要考虑交易主体或交易模式的调整。

(一) 交易主体的基本问题

交易主体资格问题是合同一般包括条款以外的"战略性"问题,本身可能并不在合同中显现。如果只针对文本本身,合同中的交易主体身份事项,即名称或姓名、住所,才是常规修改的内容。

1. 当事人的名称

当事人名称包括法人、自然人、非法人组织的名称,而法人与非法人组织的名称因设立方式的不同有多种核对方式。但无论何种合同主体,如果证明其合法身份的证、照等法律文件上的内容与其声称的姓名或名称不符,则应以相关的身份证以及法人、非法人组织的营业执照等批准成立的文件为准。

尤其需要注意的是,某些自然人平时使用的姓名可能并非身份证上的姓名,某些企业平时使用的名称也并非营业执照上的名称,这些都必须以相关的法律文件为准。另外,非法人组织同样是合法的合同主体,完全可以与之进行交易。许多企业内部规定只能与具备法人资格的企业交易,是企业内部的管理要求而非法律上的要求。

合同主体名称方面的讨论参见本书第二章第三节的相关内容。

2. 当事人的住所

合同中必须载明通信地址,以便需要时有明确的向对方发出书面通知的地点。因合同中没有载明通信地址而无法发出通知,或所发通知的有效性无法证实,很有可能导致一系列法律关系变更,如履行通知义务、合同的解除、不安抗辩权的行使等难以合法成立。对于合同法律关系影响较大的通知,甚至既要发出通知还要保留证据证明向该地址发出了通知。

这种"通信地址"一般与相对方营业执照等合法成立的批准文件上所注明的住所地一致。虽然"通信地址"有时与住所地或经常居住地并不一致,但设立"通信地址"的主要目的是在需要时可以向这一地址发出正式的书面通知,因此并不强求与住所地、经常居住地一致。

(二) 交易主体的合格性

合同主体资格上的法律缺陷,其核心问题是当标的属于许可经营项目时,交易主体是否具备相应的许可经营资格。因不具备这类资格而产生的影响合同效力的法律缺陷,是根本性的、并非修改合同条款就能够解决的致命缺陷。虽然其中的某些情形可以采取措施补救,但确保主体合法才能使交易得到切实的法律保障。

1. 主体资格与合同效力

为取得价款或酬金而提供产品或服务及完成工作的交易主体,如果经营的是许可经营项目,则需要得到某些行政许可方可从事相关业务。个别情况下,买方、接受服务方也需要得到某些行政许可才能从事相关业务。例如,《民用爆炸物品安全管理条例》(2014 年修订)第二条第一款规定:"民用爆炸物品的生产、销售、购买、进出口、运输、爆破作业和储存以及硝酸铵的销售、购买,适用本条例。"

对企业而言,只要交易安全和交易利益有所保障,合同主体是否合格常常被其忽略。只有那些管理规范、重视合规的企业,合同主体的合格性才成为其经营中的两难问题。一方面,与某种主体的交易符合企业利益,甚至无可替代;另一方面,与不具备相应资格的主体签订合同,无论是有效性还是安全性都会存在隐患。从常规的合同审查及风险管理角度来看,与不合格主体的交易应该被否决,但一味地否决可能并不符合企业的利益。

例如,以前发生过某企业为了使广阔水域内的岛屿上的旅游设备得以及时维护,在没有更好的选择的情况下只能使用派出所的汽艇运送技术人员及设备并支付费用。从法律角度看,出租方的主体资格无论如何都存在问题,但企业却由此得到了更及时、便利、经济的运输条件。

2. 对某些主体缺陷的处理

如果纯粹基于经济利益驱动,只要违法成本小于守法成本便存在企业借此获利的诱因。因而守法程度的提升,取决于法律体系的完善和执法环境的改善,以及政府部门以身作则的表率效应。合同主体是否合格、是否拥有合法处分权,是律师必查的合法性底线,但当事人则更注重权衡风险是否在可以接受的范围之内,以及能否顺利实现交易目的。

何况合同的无效并非意味着所有的利益均不受任何保护。依据《民法典》(2020 年)第一百五十七条的规定:"民事法律行为无效、被撤销或者确定不发生效力后,行为人因该行为取得的财产,应当予以返还;不能返还或者没有必要返还的,应当折价补偿。有过错的一方应当赔偿对方由此所受到的损失;各方都有过错的,应当各自承担相应的责任。法律另有规定的,依照其规定。"此外,"不能从违约中获利"的审判原则也使通过主张合同无效而牟利的行为受到遏制。

主体资格存在缺陷不等于不可以签订合同,某些主体资格缺陷可以在合同开始履行前通过补办许可手续等方式弥补。对于这类情形,如果交易安全和履行质量能够得到保障,可在合同中约定相对方在实际履行合同前必须具备相应的经营资格资质等许可,并约定相对方逾期未能补办相关手续时,己方有权解除合同及追究责任,以通过"过渡期"解决签约时的主体合法性问题,促进交易的实现。

(三) 交易主体的合法化

尽管法规的清理和修订一直在进行,但仍有许多行政法规、部门规章、地方性法规、地方政府规章等已远远落后于社会的发展而仍未被废止或修订。尽管在现实中它们中的许多已经不再执行,但违反相关规定而受到行政处罚仍于法有据。

主体资格的合格性是合法经营具体业务的必备前提,主体资格不合法不仅会对正在进行的交易构成严重威胁,还有可能因"秋后算账"而使经营成果前功尽弃。在某些行业中,同样的事故对于具备经营资格的主体而言只是经济赔偿或行政处罚,但对于没有相应经营资格的主体,则会被追究刑事责任。

例如,《刑法》(2020年修正)第二百二十五条规定:"违反国家规定,有下列非法经营行为之一,扰乱市场秩序,情节严重的,处五年以下有期徒刑或者拘役,并处或者单处违法所得一倍以上五倍以下罚金;情节特别严重的,处五年以上有期徒刑,并处违法所得一倍以上五倍以下罚金或者没收财产:(一)未经许可经营法律、行政法规规定的专营、专卖物品或者其他限制买卖的物品的……"

因此对于那些必须得到许可方能经营的项目,如果不能通过补办临时许可等方式获得合法的交易资格,则只能在分解交易环节后再从事合法部分的经营,从而使交易合法化并回避主体资格法律风险。而具体的环节中哪些可以参与、哪些不可以参与,则必须结合标的、经营方式、行业管理规定等细节加以判断。其中某些交易,可以通过调整运作模式、变更业务内容、与其他交易主体合作、增加或减少民事主体等方式进行处理,确保只经营自身能够合法经营的部分。

并非所有被法律所禁止和限制的交易都能经过要素分解后经营其中的合法部分。国家明令禁止的经营行为都应当回避,因为这些行为往往都会损害其他方的利益甚至损害公共利益,于法、于理都不应当涉足。

二、交易内容条款的调整

交易内容条款主要涉及标的、数量、质量、价款或者报酬。对于这些内容的调整,首先保证合同名称、合同标的的合法性以及交易内容与交易目的相符,数量、价款或者报酬等基本属于商务条款,并不需要关注其具体数字。

(一)合同名称与合同标的

合同名称是合同法律关系的体现,涉及交易双方的法律关系性质以及法律适用问题。这方面的基本要求是名实相符,以免不规范的合同名称影响双方的权利义务关系。

1. 合同名称问题

《民法典》(2020年)对于买卖、借款、租赁、承揽、建设工程、运输、委托等十九种典型合同,并在相应章节中设有定义,这些定义将不同的交易模式、法律关系作了区分,也是确定或调整合同名称的依据。

在实际操作中,如果某一典型合同的从给付义务属于其他典型合同,一般并不认为其合同性质发生了变化。例如,包运输的买卖合同其实是买卖合同外加运输合同,但人们一般并不认为合同性质因此发生了变化,因为其主给付义务仍旧是买卖合同的给付义务。这就是合同名称修改的另一种依据,即依据主给付义务确定合同名称,从给付义务只是辅助性的特别约定。

现实的交易中还有大量的合同与典型合同均无近似之处。对于这类合同,《民法典》(2020年)第四百六十七条规定,"本法或者其他法律没有明文规定的合同,适用本编通则的规定,并可以参照适用本编或者其他法律最相类似合同的规定"。因此可以用最简单的修改方式将其改成《合同书》或《协议书》,如《餐饮服务协议书》,以避免合同名称涉及某种法律关系而误导法律适用。

2. 标的的合法性

标的的合法性是指标的的生产、销售、购买、使用等是否合法。前面所讨论的主体合格性问题,其实同样属于是否具备许可经营项目的许可问题。在民事交易领域,所有主体都可以交易自由流通物,只有具备了相应许可的主体才能交易限制流通物,而对于禁止流通物则禁止任何民事主体交易。

禁止流通物有许多种类。例如,《刑法》(2020年修正)所禁止的枪支弹药、毒品、侵权复制品等,以及《产品质量法》(2018年修正)中规定的禁止生产、销售的产品,如不符合保障人体健康和人身、财产安全的标准和要求的工业产品等。用于交易禁止流通物的合同,属于《民法典》(2020年)第一百五十三条规定的"违反法律、行政法规的强制性规定的民事法律行为无效"。

由于绝大多数产品属于一般经营项目或合法的许可经营项目,因而绝大多数的交易不存在标的合法性问题。但当交易有可能属于"违反法律、行政法规的强制性规定"时,或当标的陌生且有违法嫌疑时,则需要核实标的是否属于禁止流通物。对于禁止流通物,包括禁止从事的"服务",毫无疑问不能进行交易。

但在个别情况下,标的是否合法只是交易方式问题。例如,曾有一份租赁合同言明租用场地、人员、营业执照。但后面两项均非租赁物,因而法院认定合同无效。该合同当事人的真实动机并非恶意违法,只是毫无法律概念。其交易只需使用承包合同,即可解决合法性问题。

(二) 交易目的与合同标的

显而易见的常规产品或服务交易,或是委托人没有特别要求时,一般无须考虑交易目的问题。对于深度介入的并购项目等,如果发现合同无法实现交易目的,则需要及时提醒委托人考虑是否需要调整。当需要关注交易目的问题时,可从以下四个方面加以考虑和调整。

1. 合同目的

许多合同都有类似"根据《中华人民共和国××法》等相关法律规定,双方经友好协商,签订如下合同"之类的引言条款。这类条款既不是对合同目的的描述,也毫无法律意义可言,合同涉及的法律也远不止一部法律。因而这类约定并无实际意义,属于可有可无的"装饰性"形式条款。

真正的合同目的描述,应当是描述交易的目标或是利益。例如,"为使甲方按时、按质、按量获得所需的原材料用于圣诞礼品生产,双方经协商签订合同如下"。这在明确了合同目的的同时,可用于解释约定不明事项,并足以证明供方在签约时已能预见其违约将给需方造成的可得利益损失,具有实际的法律意义。

2. 交易标的

交易目的、交易身份的不同决定了利益点的不同。交易目的不同决定了即使是同样的标的也会有不同的关注点,如同经销生产设备和使用生产设备有着不同的关注点。交易标的是当事人基于需求而确定商务条款,通常并不需要律师调整。精明的买家都会在价格无法调低时尽可能多地将服务、备品备件等加入标的范围以摊薄成本,而精明的卖家也同样会以这种方式维持其总的营业收入。

有些内容或技术复杂的交易,必须考虑标的范围问题。例如,收购企业资产的交易中,标的的范围、数量、质量状况、计价方式、交付方式、验收方式等内容会占用很长篇幅。还有一些交易,如电梯采购等,如果不根据交易目的同时采购相关的安装调试服务,将会严重影响交易目的的实现,或增加另行采购的成本。

交易身份的不同,决定了关注角度的不同、合同文本利益倾向性的不同。"买方"的交易身份使其更关注标的物的质量及交付时间、获得成本,"卖方"则更关注价款或酬金的付款条件、付款期限、付款模式。这就决定了出具合同文本的一方会首先关注和满足自己的利益,相对方的利益需要其自行关注和满足。因此处于不同身份的双方都需要调整交易内容、交易方式等以维护自身利益。

此外,法律强制性规定的限制也决定了必须修改条款以符合法定要求。例如,租赁期限最长为20年,所以希望长期租赁的则不得不考虑如何既不违反这一规定又能长期租用的问题。从谨慎原则出发,修改后的合同条款不能与法律强制性规定相抵触,以避免引起法律适用方面的争议。

3. 标的数量

标的数量同样属于商务条款,尤其是其中的"数",正常情况下不应由律师审查修改。尽管有些企业要求法务或律师核算数量、价格,但这既非社会主流也非法律人的专业范围,完全属于业务部门或财务部门的工作职责。律师虽能核对单价、总价是否计算正确,却无法知道合同中的数量是否与谈判相符、是否为企业所需,因而律师应该做的只是在提交工作成果时注明提请相关部门核对数量。

标的数量中真正需要注意的是"量"而非"数"。商务运营中经常会使用一些概念不明的量词,如"套""组""批"等概念不明的非法定计量单位。如果不注明其具体包含的内容,则在实际履行中很容易产生争议。

4. 价款与酬金

价款与酬金首先涉及价格是否含税的问题,甚至有些交易因同时涉及不同的税率而需要列表以分别计算。价格是否含税需要在合同中注明,有时还要强调由哪一方承担税款。至于人们习惯上的金额大写,其实只是防伪传统和管理传统的保留,除了服从管理规定,其实已经毫无必要。在信息时代,已经无法通过添加笔画的方式篡改金额,金额的大写也只剩下了管理上的意义。

某些标的在实际交付时会存在一定的数量误差,因而合同中只有单价和大致的数量及金额而没有给出精确的金额。这类情形以建设施工类合同为主,因为预算的工程量有时不得不根据实际情况加以调整。有时预算的总价会与实际发生的工程量存在巨大差异,并因此而产生纠纷。这类情形有的可以通过限定最高总价的方式解决,有的只能通过约定价格调整方式解决。例如,对于商品房交付时的面积误差,一般是确定一个调整幅度,在此幅度内的按实调整,超出幅度的部分不予调整或解除合同。

还有一些钢材、煤灰之类的散货交易,以及体积小、数量大的电子元器件交易等,同样也会在实际交付时因难以精确计量而存在数量误差。对于前者,由于是按照重量结算,因此大多按实结算。对于后者,有的也以不同误差幅度对应不同价格区间的方式进行解决,或者直接拒收超出数量误差幅度的部分。

价款与酬金还与标的质量状况、支付方式有关。某些产品因批量采购,会约定在通过检验确定了质量状况后按照不同标准定价结算。而支付方式的不同有时会影响到资金的利息成本,因此要约定不同支付期限的不同价格,只是这种计价方式比较少见,多用违约金的方式进行约定。

(三) 标的质量标准条款

质量标准的覆盖面非常广,产品、服务、建设施工等领域中都大量涉及。如果合同中的质量界限不清晰或不合理,则需要清晰化或加以调整。

1. 强制标准与约定标准

质量标准有强制性标准、推荐性标准之分,以及国家标准、行业标准、地方标准、团体标准、企业标准之分。其中的强制性标准具有同强制性法律一样的效果,无论是否知悉都必须遵守。质量标准是技术问题,一般的合同修改并不涉及,但可提醒委托人核对质量标准条款是否合适、是否过期。如果合同中的质量标准不明,则可建议委托人自行明确,或为其增加概括性的质量要求。

质量标准体系中的国家标准虽有"国家"之名,但只是国家层面的统一标准,并不等于最高质量标准。大量的以"GB/T"为编号缩写的推荐性国家标准如果不被约定为合同中的质量标准,则对标的质量并无约束力。无论是哪方面的标的质量,如果需要,应要求相对方提供质量标准,以核对是否符合交易目的。如果是公开查询无法得到的质量标准,还应将其作为合同附件。

某些合同,特别是广告策划等提供智力服务的合同,由于质量无法量化或标准化,往往成为"付款合同"。由于何时付款、付款多少十分清楚且易于追究违约责任,而质量标准却含糊不定难以追究责任,因此这类合同至少需要确定原则性的质量标准,甚至以广告主的主观判断为准也强于质量条款的缺失。

2. 进一步明确质量要求

无论标的有无质量标准,都可以在合同中提出质量要求。其中,对于标准化的标的可以在质量标准以外约定其他标准,如包装方式、运输方式、质量检验方式、售后服务方式等;对于非标准化的标的,还可以围绕着交易目的设定更多的质量要求。许多合同由于交易金额巨大或质量要求高,还会约定由第三方负责质量检验,以便公平地处理质量争议。

在修改广告、加工承揽、劳务等没有强制性质量标准甚至没有质量标准的合同时,约定质量要求尤其重要。没有明确、固定的质量标准,就无法保证履行质量、无法追究违约责任,交易目的的实现也就无法保障。在这一方面,可根据交易目的推断其应该达到的质量标准,并作为合同的质量依据。

三、交易方式条款的修改

交易方式条款包括履行期限、地点和方式等为了实际履行而需要明确的事项,属于交易实现过程中的必备事项。有些交易需要进一步明确这些事项,以使履行过程中的各类事项处理都有合同依据,从而便于顺利履行和顺利解决争议。

这类努力基本上可以归结为实用性的提高。其技术上的依托是实际工作经验和基于规律的预见能力,从而能见人所未见并运筹帷幄、趋利避害。

(一) 影响交易方式的因素

交易方式的选择主要是基于商务活动的需要以及风险控制的需求。前者是经营必须考虑的内容,后者是经营必须遵守的内容,如何安排二者的内容及关系,取决于环境、主体等外界因素。

1. 法律要求

如果法律对相关交易已有明确规定,则首先要按照相关法律的要求修改合同,包括法律对行业的要求以及具体交易中涉及的法律问题。同时,还要遵守《民法典》(2020年)第四百六十七条的规定,即"本法或者其他法律没有明文规定的合同,适用本编通则的规定,并可以参照适用本编或者其他法律最相类似合同的规定"。此外还要适用该法第六百四十六条的规定,即"法律对其他有偿合同有规定的,依照其规定;没有规定的,参照适用买卖合同的有关规定。"

例如,《旅游法》(2018年修正)第五十八条对包价旅游的合同条款作了明确的规定,这些规定可以视为广义的交易方式条款:

包价旅游合同应当采用书面形式,包括下列内容:

（一）旅行社、旅游者的基本信息;

（二）旅游行程安排;

（三）旅游团成团的最低人数;

（四）交通、住宿、餐饮等旅游服务安排和标准;

（五）游览、娱乐等项目的具体内容和时间;

（六）自由活动时间安排;

（七）旅游费用及其交纳的期限和方式;

（八）违约责任和解决纠纷的方式;

（九）法律、法规规定和双方约定的其他事项。

订立包价旅游合同时,旅行社应当向旅游者详细说明前款第二项至第八项所载内容。

此外,该法第六十二条规定了旅行社在订立包价旅游合同时应向旅游者告知的事项,第六十七条规定了因不可抗力等旅行社已尽合理注意义务的事件影响旅游行程时的处理等,这些有的必须在合同中体现,有的必须在服务中体现。

2. 主体性质

不同的交易主体有时需要不同的交易方式才能实现风险的最小化及利益的最大化,尤其是在主体的变化会导致法律关系随之变化时。

同样以旅游服务合同为例,它是旅行社与旅游者之间签订的非典型合同,同时还是格式合同、消费合同,同时涉及《民法典》《旅游法》《消费者权益保护法》,包括某些地方性法规或地方政府规章对于消费者、旅游业的相关规定,某些特殊法律适用问题还有大量的旅游纠纷案例可供参考,对修改出高质量的标准合同文本大有帮助。

此外,《民法典》(2020年)第一百八十六条还规定:"因当事人一方的违约行为,损害对方人身权益、财产权益的,受损害方有权选择请求其承担违约责任或者侵权责任。"这就使得设计旅游合同条款时,需要作更多一层的考虑。

3. 标的特点

交易内容涉及法律规定和实际操作两个问题,前者考虑合同内容如何适应与标的相关的行业管理规定,后者需要考虑行业特点所决定的合同履行中的实际操作问题。从这两个角度考虑交易方式条款的调整,同样考验风险的预见范围和深度以及条款的实用程度。

例如,装修合同大多存在边施工边变更设计方案的情形。《住宅室内装饰装修管理办法》（2011年修正）虽规定了此类装修合同的条款内容、装修申报与监督等，但对于防范风险只规定了"合同变更和解除的条件"作为住宅室内装饰装修合同应当包括的主要内容，此外并无其他规定。因此，在装修合同修改时增加"承包方在备料前需经业主确认""业主有权在承包方备料前变更设计且不属违约"等，均是对业主的实用性保护。

（二）其他的交易方式条款

当交易的相对方有足够的商业信誉及技术实力、经济实力时，交易方式的选择只需考虑商务上的利益和法律上的要求。反之，则必须考虑交易安全问题，甚至为了交易安全而需要牺牲一部分经济利益、付出一定的成本。

1. 特定交易方式条款

不同标的的特定交易方式条款，往往是该类合同的实用性条款。例如，买卖合同中的包装条款、供用电合同中中断供电的通知义务条款、租赁合同中的租赁物维修条款、承揽合同中的留置权条款等，都是在实际履行这些典型合同过程中需要约定的事项。除了个别交易不存在相关问题，对该类条款加以约定通常会提高条款实用性。

还有一些交易需要某种特殊设计以充分维护委托人的合法权益。这些设计多体现在对合同生效方式的控制以及对后履行抗辩权、同时履行抗辩权的设置上，以控制交易风险。例如，某小型企业因在业务中处于弱势地位，经常被处于强势地位的企业要求提供签字、盖章后的合同，但是否交易、何时交易并不确定。为了控制合同风险，可以加设合同生效确认环节，以避免陷入不确定、完全被动的处境。

至于常规的期限、地点和方式条款，因多属于由当事人自行约定的商务条款而且受资源的市场供需关系影响较大，一般并不需要从法律角度考虑修改。最需要注意的是，所有持续履行的合同都必须设有履行截止期限，绝不能向后无限敞开。这类合同可以约定在合同履行期满前未及时续签或重签的，视为不定期延长并履行至一方通知解除时止，或约定视为自动顺延、每次期限为一年。

这些是减少续签工作量的简单方法，而稳妥的办法仍是在到期前双方修订后重新签订合同。

2. 广义交易方式条款

除了期限、地点和方式这三个基本交易方式条款，某些合同会因标的和行业的不同而具有特定交易方式条款，而每份合同又都同时存在规定文本一式几份、文件的解释顺序等广义交易方式条款。包括某些法律对于某类合同应当具备的条款的规定，也可视为对广义交易方式条款的规定。

尽管许多法律法规对相关合同应当具备的条款有详细的规定，但很少有法律法规会规定违反该规定有何种行政处罚等后果。因为交易条款属于私权范围，并不需要也不应该由公权力来干预。包括前面引用的《旅游法》(2018 年修正),虽然第五十八条规定了包价旅游合同条款,但并未规定合同条款与之不符的法律后果。

遵守法律对广义交易方式条款的规定,可有效防范相关风险。如前所述,许多合同既是格式合同又是消费合同,本身比一般的商务条款有着更多的风险。遵守相关规定,尤其是与格式合同或消费合同相关的规定,可有效减少合同的漏洞且防范相关风险。

例如,《网络交易平台合同格式条款规范指引》对于合同的无效、禁止排除或者限制平台内经营者或者消费者的权利等规定,虽无直接的处罚规定,但相关行为受《民法典》《消费者权益保护法》《网络交易监督管理办法》等制约,仍属必须遵守之列。还有一些合同格式要求是供行政部门行业管理的审批、备案之用,更需要遵守。

四、问题处理条款的修改

合同的问题处理条款在合同一般包括条款中包括违约责任、争议解决方法两项,在实际应用中还包括不可抗力等一切非正常情况的解决方案。约定这些条款的目的是划定权利义务的界限,预设履行异常及争议的解决方案。

对于违约责任的更多探讨,参见本书第二章第六节的相关内容。

(一) 明确责任界限

责任界限的明确包括责任范围的明确以及具体责任的明确,后者针对具体事项而前者涉及宏观范围。

1. 责任范围的问题

责任范围调整空间远比具体责任的调整空间要大,因而如果只关注具体责任的条款,有时会疏忽责任范围条款是否足够的问题。

例如,某国内旅游合同的示范文本中规定了旅行社需承担违约责任的四种情况:擅自减少旅游景点、擅自增加购物地点和自费娱乐项目、擅自改变住宿饭店、导游在旅游期间擅自离队。然而旅行社可能存在的违约情况远远不止上述四种,例如擅自更改旅游景点、导游不具备相应的资质、因旅行社的原因导致旅游者误机、擅自更换旅游服务者等都属于严重违约,但在合同中却未加约定。

如果需要调整这类责任范围,相对简单的方式是以概括性地定性的方式进行约定,如"除前述情形外,任何乙方或其工作人员的实际资格、资质等情况,以及本合同约定或业务说明中对旅游项目的描述等,如与法律要求或实际状况不符均属乙方违约",即可扩大违约责任的范围。较为复杂的方式,则是对各种情况一一列举。

2. 具体责任的明确

合同中的具体责任由于比较直观,相对而言更容易调整,具体包括调整内涵和外延以及明确责任承担方式。如果某些判断违约的标准较复杂,例如某些产品的一系列理化指标,如果并非通用的质量标准或无法从公开的渠道得到,则可以将其约定为合同附件,列入合同中的附件清单,这样在签署合同的同时也确定了附件内容。而在合同中最好也注明某一条款的细节参见某一附件,以便于查找和增强明确性。正文与附件可能产生冲突或附件之间容易产生冲突的,还要约定解释顺序,以便于在产生冲突时确定最终的解释结果。

(二)明确违约责任

在违约条款方面,"任何一方违反本合同约定均需依法承担违约责任"类的约定毫无实际意义,需要约定的是具体的违约情形和责任承担方式。

1. 约定违约的情形

任何未按约定履行的行为均为广义上的违约,但在合同领域,狭义上的违约大多专指广义违约中被法律规定或被双方约定的违约行为,尤其是设定了违约责任的行为。如果没有约定具体的违约责任承担方式而法律上也无其他规定,即便约定了某种行为属于违约,对其进行追责也充满了不确定性。

例如,在质量上、时间上、给付义务上的违约虽然被一致认可,但具体如何处理属于当事人约定的范围,法律上并未直接规定。《最高人民法院关于审理买卖合同纠纷案件适用法律问题的解释》(2020年修正)同样如此,相对例外的是第十八条第四款规定了逾期付款违约金的计算方式,即"买卖合同没有约定逾期付款违约金或者该违约金的计算方法,出卖人以买受人违约为由主张赔偿逾期付款损失,违约行为发生在2019年8月19日之前的,人民法院可以中国人民银行同期同类人民币贷款基准利率为基础,参照逾期罚息利率标准计算;违约行为发生在2019年8月20日之后的,人民法院可以违约行为发生时中国人民银行授权全国银行间同业拆借中心公布的一年期贷款市场报价利率(LPR)标准为基础,加计30-50%计算逾期付款损失。"

由上可知,首先需要明确约定哪些行为属于违约,然后约定违约责任的承担方式,否则违约责任可能难以追究或无法达到所需结果。

2. 损害赔偿的范围

列明损害赔偿范围是一种法定的违约责任追究方式。约定赔偿范围时通常会列入因违约而产生的调查费、差旅费、律师费等,以便由相对方承担这些损失。

但律师费的问题相对复杂。除了某些法律规定损失计算包括律师费,某些地区的法院对于合同中明确约定必须赔偿律师费的,在一定限度内也会给予一定的支持。但各地对律师费的认可幅度并不一致,只能视各地情况而定。

3. 违约金的金额

如果约定违约损失的计算范围,就必须为自己的损失举证并经过对方质证。而约定违约金的金额则无须另外举证,因而简单明了、举证成本低。但这种方式也有其缺点,也就是过高的违约金可能导致对方提起诉讼要求法院予以减少,因此金额要控制在法院可以支持的范围之内。

4. 违约金的比例

约定违约金比例比约定违约金额灵活,违约责任可随违约影响而变化。但比例过高可能受到审判机关或仲裁机构的调整,而过低又可能没有足够的威慑力或不足以弥补实际发生的损失。

对此,2023 年 12 月 5 日开始施行的《最高人民法院关于适用〈中华人民共和国民法典〉合同编通则若干问题的解释》第六十五条作出了明确的规定:

"当事人主张约定的违约金过分高于违约造成的损失,请求予以适当减少的,人民法院应当以民法典第五百八十四条规定的损失为基础,兼顾合同主体、交易类型、合同的履行情况、当事人的过错程度、履约背景等因素,遵循公平原则和诚信原则进行衡量,并作出裁判。

约定的违约金超过造成损失的百分之三十的,人民法院一般可以认定为过分高于造成的损失。

恶意违约的当事人一方请求减少违约金的,人民法院一般不予支持。"

(三) 其他问题处理方式条款

合同履行中可能出现的异常并非都要以约定违约责任的方式进行处理,约定争议处理方式也并非只有约定管辖。企业的使命是生产经营,往往更倾向于用协商的方式以双方都能接受的方案解决履行异常和争议问题。

只要有充分的预见和约定,履行异常的情形可以不作为违约处理。在合同中约定哪些情形下合同可以变更、解除,以及变更、解除的程序和善后处理,都是将履行异常视为一种特殊情形并以商务方式进行处理,而且这种处理方式在商务合同中也并不罕见。还有一些合同,会以替代履行、替代补偿等方式解决履行异常问题,甚至以最简单的相互谅解的方式进行解决。

争议解决也可以不通过诉讼或仲裁方式。严格地说,只有出现了履行异常且双方就责任承担等问题无法达成一致意见时才算是产生了争议。对于争议,也只有无法通过协商等方式解决时才会通过诉讼或仲裁方式解决。而诉讼或仲裁有时也仅仅作为最后手段从表面上解决了争议,并非企业的首选。

例如,两家企业在产生争议后互不信任,僵持不下准备诉讼。后经双方共同信任的第三方中介机构协调,两家企业分别将资金打到中介机构账上以示诚意并一致同意由中介机构主持调解。经中介机构分析、解释,双方分清了责任、达成了谅解,款项一次性结清、争议一次性解决,处理效果远胜过诉讼或仲裁。

五、优化结构与完善条款

在传统工作中,修改合同并不需要大规模地优化合同结构,只需要完善合同的功能模块和条款。但个别合同因结构体系过于混乱而不得不大幅度地加以调整,调整这类合同属于最复杂的修改,也算是一种广义的对权利义务边界的调整。这种调整并不针对权利义务,属于辅助性的工作方法。

(一)合同结构的再造

结构体系有助于理清合同头绪、提高工作效率和工作质量。结构体系混乱的合同,即使采用了条款无关化或模块无关化的理念去制作,也仍旧无法抵消结构混乱带来的质量风险。

1. 结构体系的设立

识别合同结构体系最为简单的方式,是将内容混乱的合同条款加上不同层级的标题,并在这一工作的基础上按一定的秩序将其重新排列组合。这相当于用标题体系将一堆杂乱无章的条款贴上标签,然后分门别类放入不同的仓库,从而可以高效地识别、调用。

标题体系是合同结构的直观体现,显示着合同的组成部分、主题、层级、相互关系。设立各级标题、调整条款位置的过程也是梳理合同结构、细分内容主题的过程,对修改较长篇幅的合同极有帮助。即使是简单调整 1000 字左右的简短合同,将内容分别归入几个一般包括条款并列出标题,也会使之增色不少。

例如,某 2000 字左右的代理合同,原稿既未区分主题也未设立任何标题,直接将条款从第一条罗列至最后一条,虽然篇幅不长但阅读理解仍旧费力。通过识别与归纳,将内容分入不同大类并设立标题、重新排列后,其结构体系如下:

(1) 双方主体描述

(2) 委托代理事项

(3) 委托代理的权限

(4) 特殊情况的处理

(5) 费用的计算与给付

(6) 违约责任的认定与承担

(7) 合同的生效与解除

(8) 其他约定

这种识别、标注、归类、调整的工作方法简单、实用,或许可以作为专业与非专业、熟练与非熟练、用心与不用心的区分标志之一。通过这样处理,合同条款不再杂乱无章,审查、修改都会轻松省力,也是判断合同功能是否完备的基础。

2. 结构缺陷的判断

梳理结构时按主题加上标题,表述缺陷就会一览无余。文字量过多或过少的条款往往都是需要调整之处,因为文字量的悬殊往往意味着内容分配上的畸轻或畸重。

例如,一份较为极端的约1900字的合同,其文字量分配如下:

(1) 合作内容(约1600字)
甲方的权利
甲方的义务
乙方的义务
乙方负责的媒体工作
乙方的宣传品提供
(2) 付款方式(约60字)
(3) 违约责任(约140字)
(4) 本协议自签订之日起生效(14字)
(5) 未尽事宜,双方友好协商解决,本协议一式六份,双方各执三份(31字)

这份合同虽设立了条款标题,但第(1)条约为1600字,约占文字总量的84%,使基本内容模块的划分失去意义。尤其是第(4)条、第(5)条本应设置标题,却直接在标题处列入了具体条款,更使结构显得混乱。

对于这类合同,不得不通过优化结构使之看上去"像"一份合同。首先需要将第(1)条拆分成"合作内容""甲方权利义务""乙方权利义务"三项,将后两项上升为条,而不再是第(1)条下的二级功能模块。第(4)条、第(5)条由于内容简短且无法归入其他标题,可设立一个"其他约定"条款并将这两条纳入其中,以使合同内容均衡。

有些合同的第二级甚至第三级模块,即"款"甚至"项",也需要调整。例如,某合同的一个条款分为以下四个二级模块:

(1) 开通准备
(2) 投诉处理
(3) 运营中的具体约定
(4) 乙方职责

这四项内容的设置同时反映了结构和顺序上的混乱,尤其是此处的"(4)乙方职责"更是显得没头没脑、不伦不类。"乙方职责"不仅在前三个条款中有,整个合同中也随处可见。尤其是在相互配合的活动中,有了"乙方职责"也必然有"甲方职责"。而且从"开通准备"直接跳到"投诉处理"再回到"运营中的具体约定",整个顺序颠三倒四。因此,需要将"(4)乙方职责"分解到其他条款中并调整结构、顺序,使内容集中、顺序流畅并增强秩序感,即:

(1) 开通前的准备

(2) 与运营有关的具体约定

(3) 投诉处理

因此,对于结构不够清晰的合同,首先要识别每个条款的功能、标注每个条款的标题,然后将这些内容模块根据标题按新的秩序重新排列组合以便于进一步分析。这一环节并不复杂,是一种从系统的角度去理解和分析合同的工作方法。

3. 标题体系的梳理

加上标题体系的合同,其条款可分为条、款、项三个层级,篇幅更长的也可以参照法律条文的体例依次分为编、章、节、条、款、项等层级。这样处理可使标题从大到小逐步细化形成金字塔结构,便于进一步优化出合理的结构体系。这一过程需要注意以下三个问题。

(1)标题需要名副其实

某些条款放在不同的部分就会有不同的内涵,从而影响合同的全貌。因此在归纳或审查合同的标题体系时,要特别注意标题是否忠实于合同的本意,如有差异就需要及时调整,以避免被张冠李戴的标题误导。

(2)大小标题按层分布

标题的从大到小,意味着内容上的从宏观到具体,以及概念从上到下的越来越小。例如,"标的"条款之下可以分为品种、质量、数量、单价。同时,同一层级的标题应当是大致的并列关系,这样才能理顺合同思路并使内容井井有条。

(3)顺畅排列标题顺序

要想条款顺序顺畅,需要按时间顺序或因果关系顺序排列条款,没有这两种顺序的可以按发生概率顺序或重要程度顺序排列,以确保阅读顺序通畅。前面举例的二级模块调整,正是改成了按开通、运营、投诉处理的时间顺序排列。

(二)合同条款的完善

梳理标题体系的过程,相当于将一堆工具放回工具箱里的不同定位槽。每个工具一一归位后,就能发现缺少了哪一件工具。以这种方式进行梳理,很容易发现合同功能模块是否完备,并及时加以调整。

1. 核对必备的功能模块

完善合同条款比较初级的做法,是比照《民法典》(2020 年)第四百七十条列举的一般应当具备的一般包括条款,即:

（一）当事人的姓名或者名称和住所；

（二）标的；

（三）数量；

（四）质量；

（五）价款或者报酬；

（六）履行期限、地点和方式；

（七）违约责任；

（八）解决争议的方法。

如果需要修改的合同连这些一般包括条款都无法完全满足，则缺失的条款便是需要修改的目标。现实中的合同几乎不会像一般包括条款这样排列内容，这些内容被分散在不同的组成部分中。但只要缺少了这些内容而且并非合同性质决定的没有必要，例如营业层面的合同一般没有违约责任条款和解决争议条款，则缺失的条款就是需要补充的条款。

合同必备条款缺失的可能性不大，但缺乏经验和合同内容过于复杂都有可能造成缺失。例如某企业为电力自动化控制项目采购电子元件，由于合同刻意模仿国外文本，在洋洋洒洒书写之余没有约定质量标准，以至于出现质量事故后索赔艰难。

2. 完善应有的假设条款

梳理出标题体系后，还可以直接通过标题体系判断合同内容有无缺失。判断所依据的方法，可以是分析合同条款能否满足交易目的需要，或借助于合同交易主体、交易内容、交易方式、问题处理四大基本内容的理念。

对于条款的完善有时仅凭逻辑推理能力也可完成。合同条款与法律条款的行文方式非常相似，全文充斥着对于可能情况的假设以及对于假设情况的处置，假设得越充分，合同越完善。

例如，某广告合作合同中约定的违约条款为："未经乙方同意，甲方如擅自改动经乙方确认的内容，每发生一次向乙方支付当笔业务总金额的 10% 作为违约金，并赔偿由此引起的乙方的一切损失。"这一条款本身并无问题，问题是违约条款只有这一个，而可能的违约情形还有许多种。由于乙方原因造成的漏登、错登、迟登等情况，都会导致甲方无法实现交易目的。结合具体的场景进行想象，可以大大提高推理的严谨性，也就可以更好地避免出现漏洞。

3. 优化内容搭配关系

结构体系、基本功能到位后，下一步的工作是协调关联条款的调整范围和内容搭配，使整个合同浑然一体。这一阶段的工作需要以拆分、合并、补充、删减等方式精耕细作，并在整个过程中贯彻"条款无关化"原则。

条款无关化原则,要求尽可能清晰地划定各模块及各条款的"势力范围",有意识地将不同功能的内容放在不同功能的条款之中,以避免条款之间出现过多的交叉、重叠。对于履行阶段性非常明显的合同,甚至可以按不同的阶段设立模块及标题,每一阶段的模块解决相关的权利义务、违约责任等内容,以避免与其他条款产生冲突。

例如,大型设备的买卖、安装、调试、验收等环节的阶段性非常明显。可将不同阶段的工作内容、工作目标、工作标准、问题处理等分别置于各阶段的模块中,例如,分为到货验收、安装调试、综合验收等,使所有问题在同一模块中得到解决,避免与其他阶段的相关内容相混淆。

第八节 合同修改实例

理论上来讲,修改合同的原则、思路和方法具有普适性,可广泛用于各类合同的修改。但具体的合同往往需要针对特定的法律环境或交易背景而设定"个性化"的条款,因此,在通用的原则、思路和方法之外有时还需要进行"个性化"的修改。

合同需要的个性化调整虽多,但所需考虑的不过是法律因素、交易背景因素、当事人意愿三大类。为讨论相关问题,本节选择几个修改幅度较大的实例,以介绍其中的思路、方式,但并非所有合同都要这样修改。

一、营业层面格式合同的修改

营业层面的交易,尤其是以日常生活消费为主的交易,一般不用合同或合同十分简单,除非是其中的订制服务。但一些特殊的营业类交易,如移动通信、有线电视、互联网等通信领域的消费,则全部需要签订合同。这些合同既是营业类交易中最具特色的消费合同,也是格式合同,实际上也是修改要求最高的合同。

(一)消费类格式合同的法律适用

消费类格式合同应该属于法律要求最为严格的合同。《民法典》(2020年)第一百八十六条还规定:"因当事人一方的违约行为,损害对方人身权益、财产权益的,受损害方有权选择请求其承担违约责任或者侵权责任。"因此,这类合同既适用《民法典》(2020年),尤其是格式条款的规定,又适用《消费者权益保护法》等对消费者规定的特别保护,并视标的的不同涉及《产品质量法》等法律规定。

1.《民法典》(2020 年)的相关规定

消费合同几乎全是为了重复使用而预先拟定,并在订立合同时未与对方协商的条款。因此在适用一般规定的同时,还尤其适用法律对格式条款的相关规定。

(1)出具格式条款方的义务

《民法典》(2020 年)第四百九十六条规定,"采用格式条款订立合同的,提供格式条款的一方应当遵循公平原则确定当事人之间的权利和义务,并采取合理的方式提示对方注意免除或者减轻其责任等与对方有重大利害关系的条款,按照对方的要求,对该条款予以说明。提供格式条款的一方未履行提示或者说明义务,致使对方没有注意或者理解与其有重大利害关系的条款的,对方可以主张该条款不成为合同的内容"。

对此,《最高人民法院关于适用〈中华人民共和国民法典〉合同编通则若干问题的解释》(2023 年)第十条也规定:

"提供格式条款的一方在合同订立时采用通常足以引起对方注意的文字、符号、字体等明显标识,提示对方注意免除或者减轻其责任、排除或者限制对方权利等与对方有重大利害关系的异常条款的,人民法院可以认定其已经履行民法典第四百九十六条第二款规定的提示义务。

提供格式条款的一方按照对方的要求,就与对方有重大利害关系的异常条款的概念、内容及其法律后果以书面或者口头形式向对方作出通常能够理解的解释说明的,人民法院可以认定其已经履行民法典第四百九十六条第二款规定的说明义务。

提供格式条款的一方对其已经尽到提示义务或者说明义务承担举证责任。对于通过互联网等信息网络订立的电子合同,提供格式条款的一方仅以采取了设置勾选、弹窗等方式为由主张其已经履行提示义务或者说明义务的,人民法院不予支持,但是其举证符合前两款规定的除外。"

(2)格式条款的无效

格式条款无效的情形有很多。《民法典》(2020 年)第四百九十七条规定:"有下列情形之一的,该格式条款无效:

(一)具有本法第一编第六章第三节和本法第五百零六条规定的无效情形;

(二)提供格式条款一方不合理地免除或者减轻其责任、加重对方责任、限制对方主要权利;

(三)提供格式条款一方排除对方主要权利。"

而该条款中提及的几条内容,分别为:

第一百四十四条规定:"无民事行为能力人实施的民事法律行为无效。"

第一百四十六条第一款规定:"行为人与相对人以虚假的意思表示实施的民事

法律行为无效。"

第一百五十三条规定:"违反法律、行政法规的强制性规定的民事法律行为无效。但是,该强制性规定不导致该民事法律行为无效的除外。

违背公序良俗的民事法律行为无效。"

第一百五十四条规定:"行为人与相对人恶意串通,损害他人合法权益的民事法律行为无效。"

第五百零六条规定:"合同中的下列免责条款无效:

(一)造成对方人身损害的;

(二)因故意或者重大过失造成对方财产损失的。"

(3)格式条款的解释和认定

《民法典》(2020 年)第四百九十八条规定:"对格式条款的理解发生争议的,应当按照通常理解予以解释。对格式条款有两种以上解释的,应当作出不利于提供格式条款一方的解释。格式条款和非格式条款不一致的,应当采用非格式条款。"

对于格式条款的认定,《最高人民法院关于适用〈中华人民共和国民法典〉合同编通则若干问题的解释》(2023 年)第九条规定:"合同条款符合民法典第四百九十六条第一款规定的情形,当事人仅以合同系依据合同示范文本制作或者双方已经明确约定合同条款不属于格式条款为由主张该条款不是格式条款的,人民法院不予支持。

从事经营活动的当事人一方仅以未实际重复使用为由主张其预先拟定且未与对方协商的合同条款不是格式条款的,人民法院不予支持。但是,有证据证明该条款不是为了重复使用而预先拟定的除外。"

(4)格式条款的撤销

《民法典》(2020 年)第四百九十六条规定,"提供格式条款的一方未履行提示或者说明义务,致使对方没有注意或者理解与其有重大利害关系的条款的,对方可以主张该条款不成为合同的内容"。

除此之外,格式条款同样适用《民法典》(2020 年)中关于可撤销的民事法律行为的相关规定。即当合同行为中存在着意思表示虚假、重大误解、欺诈、胁迫的情形,或是该法第一百五十一条规定的"利用对方处于危困状态、缺乏判断能力等情形,致使民事法律行为成立时显失公平的"情形,受损害方均有权请求人民法院或仲裁机构撤销合同。

由于格式条款的使用条件严格、法律责任重大,因此格式合同在给商家带来更高效率的同时也带来了更大的法律风险。

2.《消费者权益保护法》的相关规定

《消费者权益保护法》(2013 年修正)第二十六条规定:"经营者在经营活动中

使用格式条款的,应当以显著方式提请消费者注意商品或者服务的数量和质量、价款或者费用、履行期限和方式、安全注意事项和风险警示、售后服务、民事责任等与消费者有重大利害关系的内容,并按照消费者的要求予以说明。经营者不得以格式条款、通知、声明、店堂告示等方式,作出排除或者限制消费者权利、减轻或者免除经营者责任、加重消费者责任等对消费者不公平、不合理的规定,不得利用格式条款并借助技术手段强制交易。格式条款、通知、声明、店堂告示等含有前款所列内容的,其内容无效。”

《消费者权益保护法》(2013 年修正)第五十五条第二款规定:“经营者明知商品或者服务存在缺陷,仍然向消费者提供,造成消费者或者其他受害人死亡或者健康严重损害的,受害人有权要求经营者依照本法第四十九条、第五十一条等法律规定赔偿损失,并有权要求所受损失二倍以下的惩罚性赔偿。”

3. 行业法律的相关规定

依据标的的不同,消费合同还涉及不同的行业法律规范。这些法律规范大多是竞合关系,发生争议时消费者有权选择对其最为有利的法律规范。因此在评价消费合同的法律后果时,往往需要做“最坏”的打算。

(1)《产品质量法》的相关规定

由于《产品质量法》(2018 年修正)第二条规定了“本法所称产品是指经过加工、制作,用于销售的产品”,因此几乎所有的商品都受该法管辖。其中生产者的责任规定在《产品质量法》(2018 年修正)第二十六条,该条规定:

“生产者应当对其生产的产品质量负责。

产品质量应当符合下列要求:

(一)不存在危及人身、财产安全的不合理的危险,有保障人体健康和人身、财产安全的国家标准、行业标准的,应当符合该标准;

(二)具备产品应当具备的使用性能,但是,对产品存在使用性能的瑕疵作出说明的除外;

(三)符合在产品或者其包装上注明采用的产品标准,符合以产品说明、实物样品等方式表明的质量状况。”

而对于销售者的责任,《产品质量法》(2018 年修正)有着与上述要求相对应的规定,同时还在第四十条中规定“生产者之间,销售者之间,生产者与销售者之间订立的买卖合同、承揽合同有不同约定的,合同当事人按照合同约定执行”,由此可见,销售者与生产者之间合同之重要。

(2)《食品安全法》的相关规定

如果消费合同提供的商品属于工业品中的食品,则在前述法律的基础之上还要受食品安全方面的法律约束。

关于责任主体,《食品安全法》(2021年修正)第一百三十一条第二款规定:"消费者通过网络食品交易第三方平台购买食品,其合法权益受到损害的,可以向入网食品经营者或者食品生产者要求赔偿。网络食品交易第三方平台提供者不能提供入网食品经营者的真实名称、地址和有效联系方式的,由网络食品交易第三方平台提供者赔偿。网络食品交易第三方平台提供者赔偿后,有权向入网食品经营者或者食品生产者追偿。网络食品交易第三方平台提供者作出更有利于消费者承诺的,应当履行其承诺。"

《食品安全法》(2021年修正)的损害赔偿额度也是相关法律中最高的。该法第一百四十八条第二款规定:"生产不符合食品安全标准的食品或者经营明知是不符合食品安全标准的食品,消费者除要求赔偿损失外,还可以向生产者或者经营者要求支付价款十倍或者损失三倍的赔偿金;增加赔偿的金额不足一千元的,为一千元。但是,食品的标签、说明书存在不影响食品安全且不会对消费者造成误导的瑕疵的除外。"

(二)消费合同样本及修改情况

除了法律对消费类格式合同的约束,消费类合同的质量水平一般处于营业层面,一方主体是消费者加上消费习惯上不需要复杂合同,决定其表述方式、篇幅等均与其他合同有所不同,所以有许多必须额外考虑的问题。

1. 原合同存在的问题

某珠宝销售企业以表单式合同向重要顾客提供订货服务,为规范该合同并易于使用而委托律师修改。原合同来稿及版式如下:

购 销 合 同

甲方(供方):

乙方(需方):

经甲乙双方友好协商,发生如下购销业务:

1. 乙方向甲方订购饰品,具体要求如下:

饰品名称	单位	数量	重量要求范围 (每件)	价格要求范围 (每件)	备注说明
	件		约	约	
	件		约	约	
	件		约	约	

(1)具体图案详见附件。附件经甲乙双方签字确认后具有同样的法律效力。

（2）重量要求范围和价格要求范围，乙方应尽量满足条件。

2．销售单价为____元/克，如订购的饰品属于珠宝类、18K、银器、钻石类等则采用按件分别核算价格。

3．乙方应在签字之日，向甲方支付定金_____（大写）元。同时，甲方应在____年____月____日前通知乙方到指定商店（地址：_____）提货。

4．货到验收合格后，按实际重量和合同约定的单价进行结算，如属于珠宝类、18K、银器、钻石类等饰品则采用每件价格之和进行结算。同时另加收起版费____元/件，乙方须支付余款。

5．如乙方在收到提货通知3天内未提货，应视乙方违约，本合同自动终止，同时已付定金将作为违约金不予退还。

6．本合同未尽事宜由甲乙双方协商解决。

7．本合同自签字之日起生效。

甲　　方：　　　　　　　　　　乙　　方：
代　　表：　　　　　　　　　　代　　表：
日　　期：　　　　　　　　　　日　　期：
（盖章）　　　　　　　　　　　（盖章）

上述合同包含签字栏、合同名称在内共有440字，其中正文七条共有390字。虽然篇幅很短，而且本身并无重大法律问题，但这一合同仍旧存在以下问题：

① 版面未经修饰，不仅有失大方、庄重，甚至表格超出了版心；

② 文字总量不多但语言不够精练，权利义务明确性差；

③ 未能充分利用篇幅约定可能发生的问题的解决方案，条款实用性差；

④ 表格内外均有填空使之显得零散，填空部分本可全部在表格里完成；

⑤ "违约""作为违约金不予退还"等措辞对于消费者而言过于生硬。

2．修改的思路及方法

原合同中需要修改的问题有二十余个。由于原合同内容不多，而且是消费类的格式合同，以往在使用时虽发生过一些问题但主要是消费者的责任，且从法律角度看，其整体上本身并无太大问题，只是需要在修改后增加保护措施。结合委托人的需求、当时的法律环境、行业特点、交易习惯等，在征得委托人同意后进行如下调整。

（1）总体定位的调整

原合同虽为消费合同但并未充分顺应消费合同的使用习惯，因此需要明确其定位并使之回归至应有的定位。

① 将"合同"改为表单，使之更符合交易习惯、提高企业亲和力；

② 完善表述方式、调整版面安排、明确交易模式，提升企业形象；

③ 充分考虑消费者的使用场景,控制篇幅、整体布局以使其易读、易懂。

(2)排版方面的修改

重新排版使原合同符合中文版式,同时进行一系列调整保证版面庄重、大方且一丝不苟。

① 加大总标题的字体,使之与版面协调;

② 身份栏及签署栏的字号与正文字号统一;

③ 缩小表格宽度,使表格缩入版心;

④ 每个段落首行空两格、次行顶格,遵循规范的中文版式;

⑤ 删除部分条款序号与正文之间因自动排版多出来的空格;

⑥ 除总标题外,合同采用统一字号以使版面整齐。

(3)表述方面的修改

为了有效利用篇幅增加具有法律意义的条款,删除原合同中许多无效的表述及低效的重复,以腾出文字量用于表达更多的内容。

① 合同左上角增加当事人的标志,以适用于所有连锁店;

② 删除无实际意义的引言"经甲乙双方友好协商,发生如下购销业务";

③ 删除首部的当事人身份栏,双方身份直接在落款处一次性体现即可;

④ 删除没有实际意义的第 6 条"本合同未尽事宜由甲乙双方协商解决";

⑤ 删除没有实际意义的第 7 条"本合同自签字之日起生效"。

(4)法律方面的修改

在法律方面,原合同部分条款的描述不明确且容易产生误解,需要在保留原意的基础上提高表达的精确度并增加实用性条款、优化整体布局。主要项目有:

① 合同性质应为定作而非买卖,故需要变更表单名称;

② 表格下的备注说明改为正文条款,与其他说明条款并列使用;

③ 表格栏目无法用于所有饰品,应当调整;

④ 起版费应在表格中体现;

⑤ 合同中"违约"的表述过于生硬,应当弱化。

经对上述内容进行修改后,完成的表单如下:

(公司标记略)

饰品订购单(稿)

饰品名称	单位	数量	单价	重量范围(每件)	价格范围(每件)	起版费	备注

（续表）

饰品名称	单位	数量	单价	重量范围(每件)	价格范围(每件)	起版费	备注
订单总价(大写):				预付款(大写):			

订货说明：

（一）具体饰品图样以双方签字确认为准,并作为本订单不可分割的附件。

（二）订货时需付清预付款。订货后约____天方可到货,届时由店方通知客户到本店或指定门店(地址:_____;联系电话:_____)提货。

（三）本订单是提货的唯一凭证。客户应在收到通知后3日内凭本订单前往门店验货,验收合格并按饰品实际重量及上表约定的单价结清余款后方可提货。

（四）重量或价格超出约定范围而客户同意接收的,由店方按超出或不足部分的折算金额给予____%的优惠,不同意接收的由店方免费调换或退货。

（五）逾期提货店方有权按货值的____‰每日加收保管费且风险由客户承担。

（六）放弃订货或未经同意逾期提货超过____天,店方有权从预付款中扣除损失费____元后将余款退还、货品不再交付。

本订单一经签署即视为客户同意并接受上述条件！

客　　户：　　　　　　　　　店　　方：

联系地址：　　　　　　　　　联系地址：

联系电话：　　　　　　　　　联系电话：

委托代理人：　　　　　　　　经 办 人：

开户行及账号：　　　　　　　订购日期：　　年　　月　　日

经过这样调整,信息总量、条款实用性、权利义务的明确性均大幅提高,字数反而减少了20个。还有一些操作性问题仅凭订单条款无法解决,需要通过企业内部的操作规范及业务培训加以处理。例如,在填单时关于重量范围或价格范围最好是任选其一,以免发生冲突。因为此合同、相关配套制度同属于法律风险管理项目的一部分,一并由律师配套提供。

二、商务层面合同的修改

在生产经营中大量应用商务层面的合同,相比于营业层面的合同,条款、细节都较多且合同各类功能条款基本齐备。但此类合同质量参差不齐,许多合同看似条款已经齐备,但实际上似是而非并经不起推敲。

(一) 商务合同样本状况

某金融企业为提高网络结算系统的安全性,准备将主机设在某电信企业的标准机房内。因竞争激烈,该电信企业非常希望得到这一业务,并主动提供了合同样本。由于金融企业在整个谈判中处于优势地位,因此可以对该合同进行较大幅度的修改。

该合同甲方为委托人某金融企业,乙方为提供机房服务的电信企业,全文共有3700字,其合同结构及文字量分布如下:

引言(161 字)

第一条 合同标的物(1 个条款,153 字)

第二条 ×××公司数据中心 VIP 机房建设的相关要求(8 个条款,645 字)

第三条 甲方权利和义务(7 个条款,511 字)

第四条 乙方权利和义务(10 个条款,678 字)

第五条 资费标准和付费方式(2 个条款,230 字)

第六条 质量保障和故障处理(2 个条款,124 字)

第七条 违约责任(1 个条款,70 字)

第八条 权利义务的转让(1 个条款,45 字)

第九条 保密(1 个条款,41 字)

第十条 免责条款(1 个条款,166 字)

第十一条 通知(1 个条款,90 字)

第十二条 争议的解决(1 个条款,91 字)

第十三条 合同期限(3 个条款,127 字)

第十四条 附则(4 个条款,123 字)

从结构上看,文字量最多的"第四条 乙方权利和义务"共有 10 个条款、678字,文字量最少的"第九条 保密"仅有 1 个条款、41 字,条款文字量分布不均。文字量最多的关于甲方逾期付款责任的"5.2"款共有 166 字,文字量多于 10 个条款、与"第十条 免责条款"持平。

该合同"第三条 甲方权利和义务"和"第四条 乙方权利和义务"两个条款将近 1200 字,不仅文字量多而且割裂了履约的过程,无法看清整个合同权利义务的阶段特征。而且逻辑上也并不通顺,因为整个合同的条款,基本上都属于不同形式的"甲方权利和义务"和"乙方权利和义务",而不仅仅是这两个条款。

而从内容上看,该合同的布局和表述方式存在诸多欠合理之处。虽然提供合同的乙方无意通过合同免除自己的责任、限制甲方的权利,但合同的利益倾向性明显趋于保护乙方的利益,且甲方权利界限模糊、不明确。因此,应在维持原意的基础上进行有针对性的修改,维护权利义务的平衡。

(二)商务层面合同的修改

基于上述合同文本由乙方提供、委托人系在交易中处于优势地位的甲方,且从甲方已进行的修改中已经可以明确甲方思路、服务器机房并非垄断性行业,笔者通过初步审查发现了如下需要修改的问题。

1. 合同首部

合同首部包括正文前的所有内容,一般包括合同标题、合同编号、双方当事人、合同引言。

(1)合同名称及签名栏

该合同的名称《关于为××市××××××××公司提供 VIP 机房托管的服务合同》明显过长而且没有必要,因此简化为《VIP 机房托管服务合同》。虽然合同性质接近于租赁,但不按当时的有名合同修改也没有太多问题,因此只进行了名称简化而未修改合同名称。

另外,该合同虽然篇幅不长但签署栏却设在合同正文引言前,因不太符合通常的布局习惯而将其移至合同尾部。

(2)合同引言

该合同使用了 161 字作为描述合同的引言:"鉴于××市××××××××公司(以下简称"甲方")作为本市重要的金融机构,并有组建金融数据中心机房托管的需求,而××××××××公司××分公司(以下简称"乙方")作为中国××××运营商之一,有着丰富的数据中心机房托管以及建设维护经验。双方经友好、坦诚协商,就甲方'建设××××××数据中心并提供 VIP 机房托管'项目的合作事宜,达成以下合同。"

这段内容文字量不少,但在法律上意义不大。需要点明的是,甲方委托乙方管理所看中的是乙方的专业能力可为甲方服务器的安全、稳定运行提供保障。甲乙双方已经在身份栏中列明,这里没有必要重复。故该段应修改为:"甲方系本市重要的金融机构,具有组建金融数据中心机房并托管的需求;乙方系通信运营商,有着丰富的数据中心机房托管以及建设维护经验。为确保甲方数据中心的安全和畅通,双方就乙方为甲方数据中心提供建设及 VIP 机房托管服务相关事宜,达成以下合同。"当然,其中的第一句话可有可无。

2. 合同正文

该合同正文包括了交易内容、交易方式、问题处理条款,内容较多且是修改的重点,可以通过调整正文中的权利义务边界,实现委托人所需要的平衡。

(1)合同第一条

原合同第一条"合同标的物"的条款内容为:"甲方按照本合同向乙方租用××××六楼 VIP 机房托管服务。机房设计面积为 350 平方米,其中 VIP 机房托管面积为 300 平方米,租金为 8500 元/平方米.年,VIP 机房托管年租金为 255 万元/年;机房其余部分为监控室,按办公场所性质租用,租金为 5 元/平方米.天。若未来甲方根据需要将监控室更改为机房,租金按照机房价格进行计算。"

该条款存在的主要问题有:

① 条款内容不仅有标的物,还包括了租金价格等约定,因此标题并不确切;

② "租用"与"VIP 机房托管服务"系搭配错误,因为"服务"无法"租用";

③ "VIP 机房托管年租金"的提法不当,托管是一种服务,服务无法用"年租金"来计算;

④ 结合全文,"VIP 机房托管年租金"中去掉"托管"更为通顺;

⑤ 租赁物所在地点不明确;

⑥ 合同究竟是关于场地租赁还是关于托管服务不明确;

⑦ 标的内容并未集中表述,还有部分内容被分散在其他条款中;

⑧ 场地问题与价格问题、今后租用问题混合表述,难以说清且容易混淆。

为了使整个合同条理清晰,笔者将第一条的标题修改为"服务及价格",具体条款内容也分别修改为:

1.1　乙方利用位于××××六楼的 VIP 机房向甲方提供 VIP 机房托管服务,该机房的地址为×××市××××路××号。

1.2　上述机房设计面积为 350 平方米,其中向甲方提供 VIP 机房托管服务的面积为 300 平方米,租金为每年 8500 元/平方米,即 VIP 机房年租金为 255 万元/年。

1.3　除甲方租用的 VIP 机房面积外,机房其余部分为监控室,甲方可按办公场所性质全部或部分租用,租金为每天 5 元/平方米。甲方有权根据需要将监控室改为机房,届时租金按机房价格计算。

1.4　甲方的数据中心机房设在所承租的 VIP 机房内并由乙方提供托管服务,乙方将为甲方提供优质的 IDC 机房 VIP 包房服务,服务费用包括在租金中。

由于对方未提供关于"优质的 IDC 机房 VIP 包房服务"的说明,因此笔者在修改合同时直接将该服务的说明及技术标准列为合同附件。

（2）合同第二条

原合同第二条的标题及其项下的 8 个条款，无论是内容还是表述方式均需要进行修改。

① 标题"×××公司数据中心 VIP 机房建设的相关要求"显然不合适，故笔者根据内容将其修改为"VIP 机房的建设要求"。

② 第 2.2 款内容为："考虑到甲方大型服务器的需要，双方商定机房空调采用下出风。乙方承诺：空调功率符合设计要求；消防设施符合公安消防有关规定要求，并通过公安消防部门的检查；铺设的防静电地板符合国家的有关标准，并根据设计方案铺设。"

虽然语义大致清楚但表述十分凌乱，因此，笔者改为以列举的方式进行表述：

为满足向甲方提供本合同项下服务的要求，乙方提供的机房尤其须符合如下要求：

空调功率符合设计要求，机房空调采用下出风，以满足甲方大型服务器的使用要求；

消防设施符合公安消防有关规定，并通过公安消防部门的检查；

根据设计方案铺设符合国家有关标准的防静电地板。

③ 第 2.7 款内容为："甲方承诺：在乙方采购的 UPS 主机设备未到货前，由甲方提供 2 台 120KV 的 UPS 主机设备暂供乙方机房使用。"

由于"暂供"没有时间范围，因此笔者注明需由甲方进行界定。而"乙方机房"则包括但不限于甲方租用部分，故直接修改为"甲方承租的乙方机房"。

④ 第 2.8 款内容为："双方确认：根据'谁投资，谁所有'的原则界定所涉及的各类资源（如通信设备、管线等）的所有权，在合同有效期内，使用方根据合同获得资源的使用权，未经所有权方同意，使用方不得与他人共用、挪移、毁损、废弃。"

其中，"谁投资，谁所有"是极不庄重的口语说法，"使用方根据合同获得资源的使用权"这一表达方式欠佳，"共用、挪移、毁损、废弃"并未包括影响甲方的全部可能性。

因此笔者将该款修改为："各类资源（如通信设备、管线等）由投资方拥有所有权。在本合同履行期内，任何一方有权根据本合同或为了履行本合同而获得对方资源的使用权，但未经所有权方同意不得改变对方资源的初始状况，也不得出借或与他人共用对方资源。"

（3）合同第三条

原合同第 3.3 款规定："甲方保证所托管的设备符合国家规定的相关行业标准。"

由于甲方与乙方并非同一专业,无法判断托管设备是否符合国家相关行业标准,因此需要将其转换为乙方义务,即修改为"乙方确保甲方所托管的设备符合国家规定的相关行业标准"。

(4)合同第四条

原合同第四条的10个条款同样不同程度地存在权利义务明确性问题以及表述问题,主要的修改情况如下:

① 原合同第4.2款规定:"乙方应妥善保管甲方托管的设备,如因乙方过错造成甲方设备的损坏,乙方予以赔偿,赔偿额以该设备的重置价格为限;由此引起的其他相关损失,双方另行协商。"

这一款中的"其他相关损失,双方另行协商"并无实际意义,但整条也并无太大问题。这样的条款是一种姿态,否则过多的责任会令乙方望而却步。但甲方租用乙方机房并由乙方提供服务的目的,是为了保障数据中心设备安全、稳定的运行。而除了乙方的过错,还有其他因素可能会影响到甲方数据中心的安全,因此笔者在修改中增加了许多内容。最终的条款为:

乙方对甲方托管的设备应妥善保管及巡视,由于乙方过错造成甲方设备损坏的,乙方应在第一时间通报甲方并采取有效措施加以修复,以确保甲方数据中心的安全、正常运行。乙方在正常保管或巡视时如发现故障或故障隐患,应立即采取保护性措施并及时征求甲方的处理意见。

因乙方作为或不作为的过错给甲方造成的损失由乙方予以赔偿,其中对资源的赔偿额以重置价为限、其他相关损失赔偿比例另行协商。

② 原合同第4.4款约定:"如果甲方在使用本合同项下服务时违反有关法律、法规的规定,乙方应及时通知甲方,甲方应在双方商定的时间内予以改正,否则乙方有权立即中止向甲方提供相关服务,直至部分或全部解除合同。"

这里的"使用本合同项下服务时违反有关法律、法规的规定"的外延实在太大,而且是甲方完全陌生的领域,而"乙方有权立即中止向甲方提供相关服务"也会使甲方这种大型金融企业的整个经营系统陷入瘫痪。在明确范围、降低风险后,笔者将这一条款修改为:

如甲方在接受本合同项下服务时具有违反国家有关法律、法规的行为,乙方应及时通知甲方并由甲方在双方商定的时间内予以改正。

如甲方严重违反国家电信管理法律法规,利用机房从事违法犯罪及妨碍社会治安等行为,则乙方有权在立即通知甲方后暂时中止向甲方提供相关服务。乙方因此而部分或全部解除合同的,无须承担赔偿责任,但在中止提供服务前乙方必须采取有效措施保管甲方的数据以防丢失。

（5）其他条款的修改

原合同中较大的法律问题是在违约条款中援引《电信条例》的规定，按每日应付款金额3‰的比率收取逾期付款违约金。由于出租机房并非电信业务，因此不能按电信业务的标准收取违约金。故笔者在修改时将其改为"每天0.21‰。"此外，原合同在表述习惯上存在不严谨的问题及较多的语法问题，因此笔者在理清原合同的结构后，根据甲方的交易目的，增加或扩充了如下的实用性条款：

5.3　除甲方同意或另有明确约定外，甲方向乙方所支付的上述费用已经包括乙方履行本合同应收取的所有费用。因收取上述费用而产生的税、费由乙方自行承担。

6.3　乙方应当采取有效措施保护甲方的数据安全，包括数据的完整、准确以及不为他人所接触、取得。

乙方对于在履行本合同中所知悉的甲方信息负有保密义务，非经甲方同意不得接触甲方数据，更不得以阅读、截取、复制、保存等方法取得或提供给他人。

由于只是合同修改，故尽管有多处修改但笔者并未调整合同结构，只是调整了标题和内容的分布。调整后增加了将近800字，但双方的权利义务更加明确，特别是进一步明确和加强了甲方的权利。所增文字量主要应用于细化原合同的内容及提高原合同语句的规范性、严谨性，大部分语句经调整后虽字数并未增加但提升了内涵。

三、专业层面合同的修改

专业层面的合同在内在质量和外在质量方面往往都胜过商务层面的合同，通常被作为企业的标准合同文本而重复使用。但这类文本也存在质量水平的差异，因而往往也同样并非无懈可击，与更高层面合同的质量差异在于对交易的理解深度和对企业生产经营的理解深度不同。

（一）专业层面合同的样本状况

某集团企业因实行集中采购制度且采购量大，因而制订了办公用品及劳保用品采购合同标准示范文本。该文本共有13条、20页、10430字，可谓是名副其实的"大合同"，修改的目的是对如何优化合同做可行性的技术验证。

1. 合同目录及文字量分布

这份合同相对专业，但相对于办公用品及劳保用品采购来说，其篇幅过长且某些条款并不实用。其目录及文字量分布如下：

第一条　合同当事人（包括"鉴于"条款，416字）

第二条 合同标的及价格(6个条款,893字)

第三条 付款方式(8个条款,1550字)

第四条 运输与包装(3个条款,401字)

第五条 交付、开箱检验及验收(9个条款,1829字)

第六条 保修与维修(4个条款,694字)

第七条 承诺与保证(2个条款,265字)

第八条 保密责任(1个条款,32字)

第九条 违约责任(8个条款,1546字)

第十条 不可抗力(4个条款,504字)

第十一条 通知与送达(4个条款,567字)

第十二条 法律适用和争议解决(6个条款,363字)

第十三条 合同生效、终止及其他(16个条款,1120字)

2. 下属条款及字数的极端分布

虽然原合同的条款数、文字量因需求而定,但如果将比较极端的条款数量及文字量列出来,可以看到:

(1)最短的条款

条款数、文字量都最少的条款为"第八条 保密责任",仅有1个条款、连标题在内共有32字,内容为:"8.1 保密相关事宜双方另行签订保密协议,详见合同附件。"

(2)下属条款最多的条款

"第十三条 合同生效、终止及其他"共有16个条款、1120字,而且其标题并未独占一行而是加句号后与内容同行,16个下属条款分别为:

13.1 新闻发布及公告……

13.2 第三方不受益……

13.3 整体合同……

13.4 转让……

13.5 语言和文本……

13.6 标题……

13.7 弃权……

13.8 可分割性……

13.9 费用……

13.10 鉴于条款纳入……

13.11 无中间代理……

13.12 合同修改和补充……

13.13　签署授权……

13.14　合同效力……

13.15　合同附件……

13.16　双方就本合同相关条款协商一致后补充约定如下:【/】

此类标题与内容同行且以句号分隔的表述方式比较少见,给人以不规范之感。尤其是最后这一条款,未设标题而直接列出条款内容,给人的感觉是校对错误而忘记了同前15个条款一样加上标题。

(3)字数最多的条款

"第五条　交付、开箱检验及验收"这一条款字数最多,共有9个下属条款、1829字。但每个下属条款中除第5.7、5.8款外,都只有序号而无标题,分别为:

5.1　交货时间为……

5.2　买方指定的交货地点及收货人……

5.3　卖方交货后应立即与买方和/或买方指定收货人进行到货检验……

5.4　卖方将货物运送至买方指定交货地点后【5】日内……

5.5　各方应共同签署一个详细的检验报告……

5.6　到货检验完成后……

5.7　初验

5.7.1　设备安装及系统测试完成后……

5.7.2　如果合同系统存在无实质性影响的微小缺陷/故障/瑕疵……

5.7.3　如果由于卖方的原因……

5.7.4　在初验过程中……

5.8　试运行及终验

5.8.1　从初验合格证书签署后的第2日起……

5.8.2　试运行期间合同系统的功能和性能应符合本合同中卖方的所有承诺和担保……

5.8.3　在试运行期间……

5.8.4　试运行期结束后……

5.8.5　在试运行和终验过程中……

5.9　因卖方货物原因造成买方使用卖方货物的项目工程未能验收通过或存在质量问题的……

如果仅讨论排版,9个下属条款中有7个不设标题,只有余下的2个有标题,同样给人以排版、排序、标注比较随意的感觉。

从全文来看,原合同一级模块比较整齐,全部设了标题并独占一行;二级模块则比较随意,有的设标题并另起一行、有的设标题但以句号与内容分隔、有的不设标题;三级模块则均不设标题。在体量上,最小的一级模块仅有 32 字,而最大的一个二级模块则长达 432 字,是前者的 13.5 倍。所有这些低级缺陷,让这份合同看似并未最终完成。

(二)专业层面合同的修改

由于原合同的修改系技术验证,因此可以只考虑合同的实际使用场景、业务的实际操作等情况,进行大刀阔斧的修改。

1. 基本修改思路

鉴于原合同需要的改进较多涉及结构,而且不必要的履行过程会成为企业的负担,因此需要进行全面调整。

(1)主题集中表述

原合同的思路是将每个细节问题都单独列为一个条款,因而一、二级模块普遍条款繁多、内容碎片化,看不出履行的阶段性和合同的主要组成部分。因此笔者在修改时打破原体例,按主题相近原理合并字数不多的模块以减少模块数量。

(2)标题体系一致

原合同仅一级模块全部设标题,二级模块部分设标题,因而不便于阅读、查找和履行。为此,笔者在修订中重新调整内容的层级和顺序并全文统一加上标题。

(3)增强条款的实用性

原合同的基本文稿明显来自于生产型设备的采购合同,使用大量篇幅描述并不需要自行约定的质量标准,以及并无必要地将验收细分为烦琐的环节,不符合办公用品及劳保用品的产品特征、违约责任特征,表述复杂且缺乏实用价值,需要删减。

(4)规范内容定位

原合同条款中的许多事务,如当事人身份的审查等,应在合同以外通过供应商管理、签订前管理等方式解决,无须列为合同条款。

2. 实际变化情况

笔者基于原合同已有内容、该类采购品的一般特征、采购环节管理的实际需要,为便于使用、便于管理、提高效率、确保安全,对原合同进行了大幅度的调整。

(1)大幅减少文字

修改后的合同文本从 13 条减少为 8 条、从 20 页减少到 12 页,文字量也从10430 字减少到 6117 字,删除 40% 的文字但安全系数未减,甚至以提高实用性的方式提高了安全系数。笔者删除了大量法律已有明确规定、无须当事人自行约定的内容,以定性化表述替代烦琐的原表述,并合并了大量分散、重叠的相关约定。

（2）增加实用条款

针对办公用品及劳保用品采购中可能需要的填空项,笔者设计了实用性的表格和具体条款,新增实用条款并增设了指定邮箱栏目,以便于实际操作。

（3）理顺条款关系

笔者将需要通过合同管理解决的身份事项问题、违约供应商下次投标的限制等内容外移,在合同中只约定与交易直接有关的内容。

（4）简化操作环节

办公设备、劳保用品通过简单操作就能验收的,无须套用工业设备采购流程,业务部门也无资源和精力进行这些操作,故笔者对其进行了大幅度的简化。

（5）重新调整框架

笔者为二级模块增设了标题以便于阅读和查找,并针对原来的交易模式设计、条款搭配、违约情形等进行了大幅度的拆分、合并、补充。

3. 完成后的目录

在新增许多内容但总体上仍减少了40%的篇幅后,合同内容及操作流程大大简化,模块数量也大大减少。修改后带二级标题的结构体系为:

第一条　合同标的及价格

1.1　产品及数量

1.2　质量标准

1.3　质量保证

1.4　产品价格

第二条　付款前提及方式

2.1　付款的期限及方式

2.2　付款的前提

2.3　双方的结算信息

2.4　付款金额调整

2.5　票据管理

2.6　定金或履约保证金

第三条　包装、运输及交付

3.1　产品包装

3.2　发货及运输

3.3　交付时的现场清点

3.4　入库清单

3.5　抽检

3.6　投入使用后的卖方责任

第四条　质量承诺及责任

4.1　质量承诺

4.2　产权承诺

4.3　售后服务响应

4.4　费用承担

第五条　其他约定

5.1　通知的方式

5.2　送达的时间

5.3　损失赔偿范围

5.4　法律适用和争议解决

第六条　违约责任

6.1　逾期交付

6.2　清点或抽检不合格

6.3　使用中出现质量缺陷

6.4　增值税发票违约

6.5　增值税发票违法

6.6　违约金或损失计算与支付

第七条　不可抗力及情势变更

7.1　不可抗力的应对

7.2　不可抗力的通知

7.3　不可抗力事件后的恢复履行

7.4　不可抗力影响下的合同解除

7.5　其他类似情形的处理

第八条　合同生效、终止及其他

8.1　信息披露

8.2　整体性

8.3　合同的补充与修订

8.4　文本及生效

需要强调的是,内容的简化不应也无须以降低安全系数为代价。简化无法律意义的内容,以及无实际意义而又烦琐的内容及流程。如果不能用——列举的方式明确权利义务,可以用定性化的方式进行描述以节省文字量。

四、补充合同的修改

补充合同被广泛用于条款补充或原合同的变更,甚至被用于变更主合同的内容以规避监管。它一般不能独立存在而是必须依附于原合同,因而审查、修改都要关注其与原合同的关系。

(一)补充合同样本状况

某开发商在商铺销售之后,因商铺个别部分无法达到规定的层高,曾与买受人签订补充协议调整商铺的面积及价款,由开发商将层高不足部分作价提供给买受人使用并退还差价、承担利息。后因面积减少影响使用,开发商交房时同意买受人退还商铺。由于当时整个过程及内容比较复杂,加上退房需经当地房地产管理部门批准,增加了退房协议的复杂性。

该补充合同的名称为《退房协议》,由开发商起草,原补充合同内容及排版如下:

退 房 协 议

甲方:××××××房地产开发有限公司

乙方:×××,身份证号:

双方曾于 2005 年 5 月 1 日签订《商品房买卖合同》,约定乙方向甲方购买×××小区×幢1 层××路临时号码 7、8、9 号营业房,合同单价为人民币 8000 元/平方米,合同总价为人民币 1660000 元,合同约定按揭付款,乙方于 2006 年＿＿月＿＿日已全额付清合同总价人民币 1660000 元。经双方协商,具体约定如下:

一、甲方同意乙方退还所购全部营业房与所购地下室的使用权,甲方同意退还乙方全部所付房款。该款自房管部门批准后十个工作日内付清(含已付乙方的人民币250000 元)。

二、甲方自愿补偿人民币 56000 元,与前述款项一并结清。

三、本协议以乙方提出退房为前提,双方并无其他争议。

本协议一式三份,甲乙双方各一份,××区房管处一份,自双方签字之日起生效。

甲方:××××××房地产开发有限公司   乙方:×××
2006 年 11 月×日   2006 年 11 月×日

这份合同约有 340 字,其优点是对来龙去脉进行了基本的描述,让人能够明确知道前因后果,但不足之处有以下六点:

① 未提及双方曾经签订过的补充协议及相互发生过的收付情况,容易混淆;

② 排版方面比较随意,正文部分应该首行缩进两格;

③ 由于并未描述相关信息,"地下室"的表述令他人无法明确确切所指;

④ 最后一条的协议份数及生效时间等内容其实也是一个条款,需要增加

编号;

　　⑤ 缺乏背景信息,第三条"本协议以乙方提出退房为前提"给人感觉莫名其妙;

　　⑥ 商铺的单价、总价没有必要重复出现。

(二)补充合同的拆分与修改

　　修改补充合同时,不仅应了解并尽可能实现当事人的意图,还应防止修改后的条款与主合同条款产生冲突。由于考虑不周而产生的一再修补合同的"补丁摞补丁"的方式,容易因补充而造成新旧条款间的冲突甚至直接产生新问题,应在实际工作中尽最大可能避免。但这份样本合同的情形却是特例。

　　鉴于开发商的决定有利于买方而且不损害其他第三方利益,而向房地产管理部门提交的退房申请越简明越容易通过,因此笔者在修改时将补充合同分为两份,一份用于退房申请,一份用于约定具体事项。

1. 退房协议

　　在针对性地修改了原补充合同的缺陷后,两份合同分别如下:

退 房 协 议

甲方:××××××房地产开发有限公司

乙方:×××,身份证号:

双方曾于 2005 年 5 月 1 日签订一份编号为××××××的《商品房买卖合同》,由乙方向甲方购买×××小区×幢 1 层××路临时号码 7、8、9 号营业房。合同总价为人民币 1660000 元。乙方曾以按揭方式付款,并于 2006 年×月××日全额付清总价。现乙方因面积不合适而提出退房,双方经协商后约定如下:

　　一、乙方一次性退还全部所购营业房。

　　二、甲方退还乙方所付全部房款,该款自房管部门批准后十个工作日内付清。

　　三、甲方自愿补偿乙方人民币 56000 元,与前述款项一并支付。

　　四、双方无其他争议,乙方放弃其他要求。

　　五、本协议一式三份,甲乙双方各一份、××区房管处一份,自双方签字盖章确认之日起生效。

甲　　　方:(章)　　　　　　　　乙　　　方:

代　表　人:　　　　　　　　　　身份证号:

签订日期:　　年 月 日　　　　　签订日期:　　年 月 日

这份补充合同用于办理退房手续,简洁明了,并通过优化表述增加了内容、减少了文字量。

2. 退房补充协议

与退房协议相配合,另外签署的《退房补充协议》则载明了前一协议中所未载明的过程、面积调整细节等内容。

退房补充协议

甲方:××××××房地产开发有限公司

乙方:×××,身份证号:

双方曾于 2005 年 5 月 1 日签订一份编号为××××××的《商品房买卖合同》,由乙方向甲方购买×××小区×幢 1 层××路临时号码 7、8、9 号营业房。后因乙方提出退房请求,经甲方同意后双方达成《退房协议》。由于房屋交付前双方曾就面积调整达成过约定并发生过款项收付,双方特对退房其他事宜补充约定如下:

一、与乙方所购营业房相连且层高不足部分,由乙方与营业房一道退还甲方,退房后乙方在甲方处不再拥有房产等方面的权益。

二、甲方将其在双方调整面积后所收取的 50000 元退还乙方,该款自房管部门批准后十个工作日内付清。

三、甲方因面积调整而已经支付乙方的补偿款合计人民币 250000 元,仍旧用于补偿乙方,不再返还甲方。

四、双方再无其他争议,乙方放弃其他要求。

五、本协议一式两份,甲乙双方各一份,自双方签字盖章确认之日起生效。

甲　　方:(章)　　　　　　　乙　　方:

代 表 人:　　　　　　　　　身份证号:

签订日期:　　年　月　日　　　签订日期:　　年　月　日

《退房补充协议》是对《退房协议》的补充,两份补充合同的事项分开却又结合使用,是当时历史条件下的做法。这种方式既避免因过于复杂而引起主管部门的质疑和延误,又解决了双方复杂的款项结算问题。在许多场合下,需要同时使用合同与补充合同,甚至要使用附条件的合同,这里只是其中一例。

在某些特殊情况下,当事人签订补充合同并非需要补充某些事项,而是为了绕开某份合同中不易操作又不便修改的条款,以补充合同的方式约定双方真正需要执行的条款。例如,某些企业无权修改行政部门或上级公司规定的标准文本,便在按规定文本签订合同的同时,与对方另行签订"补充合同",以绕开管理要求。对于这类合同,需要格外注意其合法性。

第九节　文本校对与成果提交

合同修改成果的提交与合同审查成果的提交非常相似,但前者工作差错的不利后果会更为直接和严重。作为修改工作的最后一环,这也往往是合同签订前的最后一环,更需要进行校对、沟通以避免出现差错。

本节介绍的提交成果方式在实际工作中可根据实际情况进行简化,与提交合同审查成果相同的内容不再赘述。

一、工作成果的校对

正式提交修改成果前的校对比提交审查成果前的校对更为重要,因为修改后的合同属于律师自己的工作成果、代表着律师的工作质量,而提交合同审查意见则并不需要对原件的质量负责。

这种校对同样可以视为一种合同审查,许多原则、方法完全相同。

(一) 利用软件帮助校对

在信息时代,首先需要考虑的是利用软件来辅助完成文字校对工作。这些软件虽然还在发展中,但至少可以高效地校对一些基本错误。

1. 利用自带的校对功能

目前广泛使用的文字处理软件应该是微软的 Word,尽管对于法律语言并不擅长,但它自带文字校对功能。这个自动校对功能应当时刻保持开启,以便在输入时就能提示可能存在的错误。但如同该软件许多强大的其他功能一样,这个功能也常被忽略,以至于许多人只是使用了它最简单的功能。

由于存在版本差异,这一功能的按钮位置可能并不统一,但一般都在"审阅"下的"拼写和语法"功能框。点击后就能开始自动检查,并标示出可能存在语法错误或输入错误的词组或语句。

对于这些提示,有不同的处理方式:确实存在错误的,有的会有更正建议,建议准确地直接点击确认即可;有些内容可以加入系统辞典,下次遇到时可以不再误报或给出修改建议;对于个别误报的提示可点击"忽略"而略过,对于多处同样的误报可以选择"全部忽略"而略过。

除此之外,这个功能还可以通过诸多选项设置所需要的功能,如自动校正、格式、数学符号等,以满足不同的校对需要。

2. 利用专门的校对软件

目前,专门开发出来用于文本校对的软件已经为数不少。尽管相关的技术仍在不断地发展中,要求稍高的校对还无法胜任,但一般性的校对可以非常便捷地完成。由于这类软件在不断升级,因此其功能的实用价值一定会越来越高。

从当前的市场情况来看,这类软件既有免费试用版也有付费专业版,有些甚至可以辅助出版行业进行文本校对。而在法律行业,可能是由于工作内容过于庞杂的原因,专门针对律师行业的校对软件尚未出现,但已经有了法院系统、检察院系统的法律文书校对系统。

有些免费的试用可以直接在线上进行,但涉及委托人商业秘密内容的文本最好不要上传试用。

3. 利用软件的搜索功能

除了以上两种选择,Word 文字处理软件上的搜索功能也可用于文本校对。这一功能可以搜索出所有需要检索的词或词组,并一一检查它们的使用情况。如充分利用这个功能,可以高效地完成更实用的校对工作。

首先是核查措辞的使用情况。当发现某个措辞出现了歧义或搭配问题时,可以搜索出所有的该措辞并一一检查其在不同语句中是否会出现语言歧义现象或搭配问题,并一一校正。例如,修改时为了区别对待而将原文中的"客户"分为"用户"和"客户"两类,但不确定是否每个词都已正确修改,因此需要搜索"客户"并一一校对其使用环境,以确保描述准确。

其次是可以利用"搜索—替换"功能,从整体上将某一措辞全部修改成另外一个,还可以这种方式修改所有的序号、标点。例如,合同文本中原来用的是"甲方""乙方",修改中认为需要全部改成"买方""卖方",可以利用这一功能一次性完成替换。

(二) 核对措辞的一致性

核对措辞的一致性,是为了保证全文语义的明确、无歧义,也可以使合同文本无论是内在水平还是外在表现都有更好的提升。毫无疑问,这方面的校对可以利用文字处理软件的"搜索"功能辅助完成。

1. 称谓的一致性

许多合同存在着双方当事人的称谓不统一的问题,偶尔也会出现当事人的身份写错的情形。前者只是严谨性问题,后者则可能引起权利义务上的混乱。

例如,某广告代理合同对客户有五种称谓:

① 公司的全称"××××有限责任公司";

② 公司的简称"××公司";

③ 合同中的身份称谓"甲方";

④ 法律上的交易地位"委托方";

⑤ 合同法中的标准称谓"委托人"。

一份合同中对同一当事人出现五种称谓在法律上未必会有不利后果,但给当事人的感觉却非常差。如果如此浅显的低级错误都不能发现或未能纠正,足以让人怀疑合同中的法律问题是否也会如此不被重视,或者怀疑合同修改者是否具备起码的严谨意识或文化水准,严重影响专业形象。

另外,合同文本是企业管理水平的窗口、企业的另一种名片。许多企业不惜花费重金建立企业识别系统、企业文化、管理规范,目的都是提升企业的外界形象和给员工更好的感受,但低级错误给人以水平欠佳或漫不经心的负面印象,甚至在合同谈判中易被精明的对手看出企业的实际水平。

按照交易习惯,合同中的当事人称谓只有两种,一种是企业全称、一种是交易身份。例如,"甲方:××××有限责任公司"或"委托人:××××有限责任公司"。这类修改,往往需要利用搜索功能全面核对。

2. 关键词的一致性

如果一份合同中的某个措辞反复出现,无论是名词、词组还是动词,均应前后保持一致,以保持其含义不变、指向明确。尤其是当合同中的某个措辞被加以定义之后,后续措辞应该引用这个措辞以使前后内涵和外延一致。

例如,某合同标题为《聘请法律顾问合同》,其中约定:"本协议一式两份,双方各执一份,具有同等法律效力。"既然合同的标题是以"合同"命名的,合同中的内容只能称为"本合同",而不能再称为"本协议",这是起码的一致性要求。

又如,某框架合同中第一处用"订货单"表述以后,后续所有的相关内容均应使用"订货单"。至多使用"订单",而不能再用"订购单"诸如此类的表述,以免产生混淆或困惑。

3. 数字和字母的一致性

合同中的数字和字母,比如用于表示数量的数字、表示序号的数字,以及表示型号的大写、小写字母,也应当前后保持一致以避免产生歧义或混淆。甚至为了避免混淆,有时需要改用不易混淆的数字形式。

例如,某合同中约定"本合同一式四份,双方各执二份"。这里的数量不会有歧义,但既有大写的"肆"又有一般写法的"二",表述方式非常另类。两个数字要么全部大写、要么全部小写,二者混用则显得不伦不类。

又如,如果标的型号是"Ad-350"则所有表述应当保持一致,不应再出现"ad-350""AD-350""ad350""AD350"之类的表述。

条款中出现引述时同样如此,引用的序号必须与合同中实际存在的序号一致。例如,合同中的序号是"第一条"或"3.1",则后面只能表述为"根据本合同第一条之规定"或"以本协议 3.1 条约定为准"诸如此类,而不能表述为"根据本合同第 1 条之规定"或"以本协议第三条第一款约定为准"。

(三) 校对其他低级错误

之所以强调低级错误,是因为许多复杂的法律上的安排虽然各有利弊,但任何人都可以发现低级错误。

1. 标点符号和段落设置

使用标点符号不规范和划分段落不恰当,都有可能导致语义的变化甚至产生歧义,并引起权利义务关系的变化。

标点符号使用错误是最令人无法接受的低级错误,因为句内标点符号的不当使用会改变整句在语法上的语义。例如,逗号处于句中的不同位置有可能导致语义产生变化,分号放在不同位置可能引起并列关系的变化,句号被逗号替代会引起句间关系的变化,这些都有可能引起非常不利的后果。

不同的段落代表着不同的内容主题,合并段落可以使权利义务关系更加紧密,另起一段更容易隔离语句之间的联系,从而影响权利义务的总体布局。此外,某些段落过长会影响正常阅读,也需要进行拆分。

2. 话题丢失和连贯性

话题丢失往往是工作进程被打断的结果。有时修改过程仅完成了一半,甚至只完成了上半句,却由于某种原因被遗忘而形成"盲肠"。这类半成品的"遗迹"同样具备明确的低级错误特征,需要视情况修改或删除。

有些合同条款的前后语句毫无连贯性,或是存在"半句话"的情形。这些问题有的也是因为工作进程被打断的结果,有的则是因为思维模式单一、语言表述功底较弱所致。关联性问题可以用连词解决,毫无关联可以另起一行,半句话可以补充完整或并入其他语句。

3. 序号和页码

序号代表合同条款的主题归属和内容的层级、顺序,序号的紊乱带来的不仅仅是阅读理解上的混乱,甚至是权利义务层级的紊乱。尤其是序号所代表的层级关系应当清晰,并采用通用的层级表示方法,如从"一、""(一)""1.""(1)"到"①",或使用"1.""1.1""1.11"等,避免使人产生困扰或误解。

合同必须有页码,而且页码必须连贯。在信息时代这本来并非是问题,但有些合同并未设置页码,使得条款顺序难以简单识别。如果是在纸质合同来稿上进行修改,需要对页码进行检查,如果没有页码还要为其设置页码。合同中的页码及其连贯性,不仅仅是为了阅读方便,而且也是一种安全手段。

(四) 条款重大隐患的排查

合同提交前的校对并非合同的再一次修改,工作内容以前述排查笔误等低级错误以及后面提及的排版等为主。但这一阶段可以脱离前面的精雕细琢模式,换位思考、举一反三,看看还有哪些重大的盲区。

1. 换位思考寻找漏洞

换位思考,就是从相对方或第三方的角度审视合同,以抛开先入为主引起的对漏洞的熟视无睹,去审视修改后的合同条款是否能够顺利履行、相对方的违约能否被追究、合同目的能否实现等。

例如,某品牌汽车代理商与某贸易公司签约,向后者提供相关文件供其投资设立新4S店。基于对后者合作诚意的信任,协议中未限定后者向相关部门提交审批文件的具体时间,于是后者一再拖延,之后不了了之。后者认为,协议上并未限定期限,可以无限期推迟。

事实上,这种理解根本无法成立。依据《民法典》(2020年)第五百一十一条的相关规定,"履行期限不明确的,债务人可以随时履行,债权人也可以随时请求履行,但是应当给对方必要的准备时间"。因此在某品牌汽车代理商向某贸易公司发出履行要求后的合理期限内,某贸易公司仍未履行,显属违约。

但在协议签订前如果从后者的角度审视合同,显然足以发现履行期限不明确而被其利用的可能,进而可以亡羊补牢。

2. 举一反三发现问题

举一反三,是从已经发现的问题中归纳出问题的本质,再从问题的本质演绎出更多可能存在的类似问题,并排查这些类似问题是否在合同中真实存在。

例如,某服务企业与某施工企业所签订的《装饰工程施工合同》原稿中约定:"乙方施工期内发生施工伤亡事故,则由乙方自行负责,甲方不承担任何责任。"这一条款的本意是进一步强化双方之间的责任界限,因为服务企业不希望卷入施工企业施工事故引起的麻烦中。

从这一条款举一反三,施工过程中可能发生的问题至少还包括火灾、失窃两类,而且发生问题的直接原因未必是施工,伤亡人员未必是施工人员。为了进一步分清责任,该条款最终修改为:"乙方负责施工期内的现场管理,发生非甲方原因的火灾、失窃及人员伤亡事故,则由乙方自行负责,甲方不承担任何责任。"这一修改扩大了条款适用范围,也涵盖了最容易发生的问题。

3. 模拟履行检查环节

模拟履行是通过头脑中的虚拟履行,来设想合同履行过程中会出现哪些没有约定却至关重要的环节。而重点聚焦的关注点,在于合同履行的时间、地点、方式、要求。这不仅是检查合同履行条款的重要方法,也是起草合同时丰富条款的基础思路。

例如,一份由单位资助员工脱产学习、学成归来继续在单位工作的《外派培养协议》对于资助的标准、学成后需要延长的工作年限,甚至学习成绩与资助标准的关系等均有明确的规定。但对于因个人原因而中途停止学习、学习结束后无法取得证明其成绩的证书、未达约定年限提前离职等有重大影响的情况均未加以预见,因而在技术上存在一定的约定不明事项。

通过模拟履行过程,可以非常容易发现这些情形并视情况加以补救。

二、合同版面的优化

修改电子文档的合同时,理应顺便调整存在排版问题的合同版面,使其至少达到可以接受甚至"美观大方"的程度。

(一)版面的规范化

版面的外在表现比合同内容更容易影响阅读者的阅读感受,而且改进版面质量远比引进合同质量容易,因此有着更高的附加值。

1. 规范设置页边距

由于排版观念的缺乏,许多人虽然可以熟练使用电脑软件处理文档,却从未充分重视文档的排版,甚至已经不知中文版式为何物。

页边距或版心位置的调整,是将文档、表格置入正常的版心位置。许多合同由于排版习惯问题,文字或表格超出正常版口挤占了旁边本应是空白的部分而成为"超版口",或是页边距设置不当未留下足够的上、下、左、右空白。

页面如同相框一样,版心与白边之间有一定的美学比例关系。版心四周如果没有留下足够的空白,会破坏视觉上的比例关系并使版面有失庄重和大气。页面上的空白并非节约的对象,不应侵占且应按缺省设置保留。因此,无论是文字还是表格,均应置于版心之内。

2. 统一排版规则

对于如何排版可以有个人喜好,但必须保持版面的庄重、易读且排版规律一致。无论是标题还是正文、序号,都应按照统一的规律安排字体、字号、行间距、加粗等排版要素,而且以庄重大方为宜,切忌花哨。排版方式的不统一,一般被认为是低级的排版错误。

例如,某省建设厅及工商局于 2008 年年底颁布的《××省商品房买卖合同示范文本》共有 26 个条款,前 21 个条款均有标题且标题独占一行,而最后的 5 个条款则不设标题并直接表述条款正文。这种排版方式虽然是对旧版本的沿袭,但也属于规则不统一、排版不当。

3. 使用中文版式

传统的中文版式是每段首行空两格、次行起顶格。实务中有些合同以顶格的方式排版,其实既非中文版式也非英文版式。而少了首行缩进,也不便于区分段落。

此外,每行之首不能出现单独使用的标点符号或括号、引号、书名号的后半部分,每行之末也不能出现这几类成对使用的标点符号的前半部分。另起一行时,整体的数码、数码与其前后附加的符号不能分开。

4. 按指定加密提交

某些合同文本或审查意见可能会深度涉及客户的商业秘密,一旦泄露很可能会给客户造成严重后果。对于涉及此类内容的电子文档,可以考虑设置密码后再传输。同时以其他手段将文档密码告知客户指定的联系人。

对于此类重要文档一定要按其指定的方式、接收人交付,没有特别指定则按以往的"交易习惯"的方式、接收人发送,以免落入不应接收的人员手中。

(二)标题的排版

正如前面已经讨论过的,标题在合同这一权利义务体系中起着标示条款内容、体现合同结构的作用。而其排版,与正文相比另有要求。

1. 标题的排版规则

标题是标注所属章、节、条、款、项、段内容的简短语句。常言中有"看书先看皮,看报先看题"的说法,即通过标题了解文章的主要内容和主旨,先看标题有助于正常的阅读、理解。

在合同领域,标题是对标题下正文内容的高度概括,必须名实相符,否则会产生误导。由于它并非完整的语句而且一般也并不使用完整的语句,因此无论是哪一级标题,在标题中、标题结尾都不使用逗号、句号、分号,只是偶尔在标题中间使用顿号。

而且除了"一、"这类用法,其他层级的序号均不使用顿号,因而"(一)、""(1)、""①、"等均属于不规范用法。而且阿拉伯数字后一般使用英文点号而不用中文的顿号,因而"1、"的规范用法应为" 1."。

2. 标题与正文的排版

合同往往存在不同层级的标题,为了识别和阅读的方便,也往往以字体、字号、对齐方式、行前间隔等排版差异显示出标题及层级。例如:

(1)标题

① 总标题,通常为合同名称,如"设备买卖合同"。独占一行、居中,仿宋体、三号字、加粗,1.5倍行间距、行前空半行。

② 一级标题,通常为合同最基本的几个组成部分,如"一、合同标的"。独占一行、居中,仿宋体、小四字号、加粗,1.5倍行间距、行前空半行。

③ 二级标题,为一级标题下的内容细化,如"1.1 标的名称"。独占一行、左对

齐并缩进两格,仿宋体、小四字号、加粗,1.5 倍行间距、行前无空行。

④ 三级标题,为二级标题下更为细化的内容,如"1.1.2 型号及数量"。独占一行、左对齐并缩进两格,仿宋体、小四字号、加粗,1.5 倍行间距、行前无空行。

⑤ 四级标题,三级标题细分后很少需要再设标题,如果需要则按三级标题的方式排版,但不再加粗。

(2)正文

正文首行左对齐并缩进两格,仿宋体、小四字号,1.5 倍行间距、行前无空行。

在正文中,如果某段文字列举了多项内容,而最后一段并非最后一项的延续或补充,则最后一段可在首行设置 0.5 倍行间距,以表示与前面的整体内容相关而非与最后一项内容相关。

三、工作成果说明

正式提交工作成果之时也是委托人的合同风险以及律师自身的工作风险形成之时,因此应注意防范委托人的交易风险及自身的执业风险。这方面需要关注的事项与提交合同审查工作成果时相似。

(一)提交修改成果的原则

如果与委托人有着良好的沟通和信任,提交成果的方式可以十分简单。但提交工作成果毕竟是工作而不是社交,所提交的也是未来需要履行的方案而非无须履行的设想。因此,提交工作成果应掌握职业原则、履行告知义务。

1. 提交正式文稿原则

提交正式文稿,是指在提交合同修改成果时必须提交各项工作已经完成的正式稿,如果合同需要反复修改则每次都应提供正式稿。这一原则虽然是基本原则,但许多合同却恰恰是以"半成品"的形式提交的。

"半成品"无法体现合同的完整状况,不利于风险控制。许多草率提交的修改稿不仅未经仔细校对而留下许多缺陷和低级错误,甚至有的连修改也只完成了一半。这样的文本既让人无法看清合同法律风险的最终状况,也严重影响专业形象。每次提交修改成果都是一次"交卷",即使离最终定稿尚远也是如此,每次提交的修改成果都必须是该次修改后没有瑕疵的"正品"。

提交尚未完成的修改稿,形同将应由自己完成的工作留一部分交由委托人完成,属于未尽勤勉责任。除了其中的商务条款,委托人不具备相关的法律专业知识和经验才会将合同交由专业的法律人员处理,修改者需要以专业的水准尽职。何况许多问题并非出自个别条款,而是出自整体性方面,只有全面完成时才能发现这类缺陷。

2. 合理说明原则

合理说明属于合同修改的附随义务。合同工作属于一种委托合同工作,而合同修改的成果相比产品的交付更难直观地判断成果质量。因此在交付工作成果时,应当简要说明修改范围、修改思路、注意事项等,以便委托人理解和权衡。特别是某些由于客观因素限制而在合同中无法通过修改进行解决的问题,更应在提交工作成果时加以说明。

合理说明可以界定律师的责任范围。合同修改是在当事人提供的资料、主观意愿的基础上,在特有的交易环境和法律环境下,将合同的权利义务调整到更有利于委托人的程度。因此成果的质量受双方主观因素的影响极大,只有通过合理说明才能解决信息不对称的问题,并界定律师的工作范围、设定未决条款的解决方案、提醒当事人需要自己考虑的问题,从而减少不必要的误解或承担超出工作职责的责任。

3. 顾及他人感受原则

顾及他人感受,是在尊重他人、照顾他人感受的同时体现出良好的专业素养。在实际操作层面,提交合同修改和接收合同修改成果的往往是企业的法务人员,而起草合同文本的是企业的业务人员,二者都是合同修改工作中直接接触的企业人员。对于前者,发送交付工作成果的邮件时使用简单的商务函或发送邮件后通知对方是一种尊重;对于后者,在提及合同缺陷时就事论事指出问题而不评价其水平、工作态度,也是一种尊重。

某些企业并不十分关心修改的过程和内容,只需要修改后的结果。甚至对于合同修改中的诸多安排也并无兴趣,提交修改只是管理流程上的需要。这些情况虽然并不少见,但这类企业对于合同修改工作的态度,丝毫不能减轻法务工作人员或律师的工作压力和风险责任,应该完成的工作仍应完成。

(二) 常见的修改和说明方式

提交修改成果并进行合理说明的工作大部分相对简单,只有当委托人有特别要求时才会非常复杂。但无论是以哪种方式提交修改和说明,都至少应当有符合商业礼仪的说明。

1. 修改及说明的主要方式

合同修改工作成果的提交方式主要分为四种:在纸质来稿上修改及说明并提交、在电子文档上修改及说明并提交、在发送电子邮件时以邮件的方式说明修改情况、在合同文本以外另行书面说明修改情况。其中,前三种方式最为普遍,第四种方式运用较少。

(1) 在纸质来稿上修改及说明

当前,在纸质合同稿上直接进行修改的情况已经越来越少。对于纸质合同稿的修改,无论纸质来稿是原件还是复印件,最好先复印后在复印件上进行修改以保留来稿,以免错误过多而无法保证版面的整洁。

这类修改只适合简单、短小的文本或只提供有限的修改,以及在修改稿上提供简单的说明。在篇幅较长的合同上进行大幅度的修改,会使合同无法进行阅读理解。为此,可将纸质文档通过扫描、文字识别转为电子文档后再行处理,在纸质文档上进行修改也可将修改前后的文档扫描后作为电子文件保存。

(2)在电子文档上修改及说明

修改电子文档合同并附加说明是当前的主流合同工作模式。同等篇幅的合同,修改电子文档可处理的信息量最大、可处理和说明的面也更广,工作效率更高。许多企业并不进行单独的合同审查,而是要求律师就发现的问题直接完成合同的修改,也更适合以这种方式进行处理。

在修改合同电子文档时,同样需要先保留原件并在另存、建立新的文件名后进行修改以保存原始文档信息。修改一般采用修订模式,以便委托人能够看清哪些条款进行了修改、修改前后的状况。而在修改之后略加说明,也可以通过修订模式在合同中显示出来。

(3)修改电子文档并以邮件说明

常规的合同修改采用电子文档修改加电子邮件说明的方式,这也是当前的主流方式。这种方式是在合同电子文档上以修订模式进行修改,并在修改完成后以发送电子邮件的形式提交工作成果。在发送修改成果的电子邮件里,可以对修改情况进行说明。

如果没有委托人的明确要求,以这种方式提交成果完全是出于专业上的工作需要。将修改成果作为电子邮件附件,而电子邮件则又不置一词地发送给委托人,这种做法非常不专业甚至无礼,发送时简单地进行问候、说明则刚好可以一举两得。

(4)另行提供书面修改说明

另行提供书面修改说明这种提交工作成果的方式非常少见,只有某些公文流转管理、档案管理非常严格的企业才会如此操作。但有时也可以采用简单的方法应对,例如简要说明总体情况然后将修改完毕的合同稿当成附件,或设计一份《合同修改情况说明表》,以简单、便捷的方式完成工作。

以这种方式提交修改成果对于双方而言都是一种负担,效率也比较低。如果确实需要核实审查成果的质量,需要一边看修改说明一边看合同,无疑增加了工作量。如果企业并不复核审查意见,则又是一种人工成本上的浪费,只是满足了审批及归档的流程需要。

2. 常见的提交及说明方式

合同修改的工作成果,尤其是以电子文档方式修改合同后的工作成果,由于修改以后已经是一个新的整体,不适合以出具专门法律意见的方式进行提交。但在提交时最好提供一定的说明,以告知当事人修改了哪些内容、修改是出于什么考虑、哪些内容提请当事人自行审查等。简单一些,也可以在电子邮件中简要说明并将以修订模式修改的合同提交当事人自行审阅。

从应有的商务礼仪来说,无论是否已口头通知委托人修改成果已提交,在发送成果时礼节性地写封电子邮件进行说明都非常重要。至少这是一种礼仪,代表了律师的基本素质,也可以更好地维护委托人的利益,同时也是对自己的一种保护。例如,在以修订模式修改完合同并以电子邮件附件方式提交成果时,可以顺便用最简单的方式写封电子邮件,内容如下:

×××

您好!

　　合同稿已经修改完毕,请查收。内容详见附件中修改的内容,供参考。

　　其中,标的品种和数量等、总金额和付款方式等、质量标准和技术数据等属于贵公司决策事项,请由相关部门核实。

　　如有不明之处或需进行调整,请及时与我联系。

　　顺颂商祺!

××××律师事务所
×××

这是一份非常简单的礼节性邮件,但比没有文字直接以附件形式发送修改稿礼貌、正规。同时还说明了工作范围、告知如有问题请及时联系,提醒注意事项的同时也表明了责任范围。特别是按委托人的要求匆匆忙忙完成的合同修改,提交工作成果时一定要强调由于所给的工作时间不足,目前暂且提供这些修改,深入修改请提供更多的工作时间,以免忙中出错成为责任人。

如果在合同修改中还发现其他事项且无法在修改中体现,如业务部门要求某些条款必须保留、某些条款语义不清只能按律师的理解修改等,只要是有可能被人误解之处,均应提供一定的简要说明。这些说明同样既可以避免企业的法律风险,也可以避免修改者的法律风险。

(三)提交工作成果时的正式说明

正式的说明比较复杂,多用于重大项目的合同修改或企业有要求的合同修改。这类说明的体例与提交合同审查成果时类似但内容更复杂,因为它必须说清从资源来源、工作要求到提醒事项等多个内容,不过在要求不高时可以简化。

1. 需要说明的内容

既然是正式的说明,就需要把相关信息一一列举,以明确修改的依据以及所考虑的事项等。

（1）背景信息

背景信息包括当事人所提供的资料的类别、文件名、数量，以及提供的时间、途径等。如果另有口头的背景信息介绍，或某些资料存在缺页、注明仅供参考等情况，也应在此加以说明。

（2）工作要求

工作要求包括委托人对于合同修改的具体工作指示，比如修改的目标及重点、交易目的及合同用途、必须保留的条款、双方的交易地位等。

（3）对于来稿的评价

说明中应简单评价来稿的利益倾向性、主要问题、对委托人的主要不利影响等。评价可简可繁，简单的评价包含来稿中的主要问题，复杂的评价可加以列举。

（4）合同修改情况

说明中应概括性地介绍合同的主要修改情况，包括修改时主要考虑的因素、修改所要达到的目的、比较重大的修改、重大问题的检索，以及时间消耗等。

（5）对当事人的特别提醒

说明中应提醒委托人自行确定哪些事项、签订及履行合同时应当注意哪些内容、对方不同意修改的条款存在什么问题等。例如，说明合同中存在无法通过修改解决的主体资格问题、说明对某些资料不全情形的假设等。

2. 正式说明的样本

提交合同修改工作成果时的说明没有固定的格式，可根据委托人的工作指示和传统、偏好等自行组织，没有具体工作指示的则可根据自己的习惯进行说明。以下提供一份样本仅供参考：

××××集团有限公司：

贵公司于××××年××月××日提交至本所的，签署方分别为贵公司与×××××股份有限公司的《××××××企业年金受托管理合同》一份共 21 页、合同附件《××××××企业年金投资策略》一份共 22 页，均已收悉。

根据贵公司的指示，我们对该合同及附件的合法性及合同条款能否充分保护贵公司利益进行审查，并根据审查结果对合同条款进行修改。

通过对合同合法性及合同内容的审查，我们未发现《××××××企业年金受托管理合同》与现行法律规定之间的冲突。但合同条款中大量约定了合同以外第三方的义务，由于该第三方并非本合同的当事人，故相关约定对其并无约束力。同时，作为受托方的相对方公司，其过错责任也并不明确。

本次修改侧重于在符合国家法律规定的前提下，明确受托方的义务与责任，以保护作为委托方的贵公司的合法权益。同时也对合同条款中大量责任不明的约定进行了明确。具体的条款修改情况请见附件。

同时,我们在审核时发现合同附件中的内容为对方提供的工作计划,虽然有大量的公式及计算方式说明,但并未约定双方的权利义务,不属于法律问题,因此请贵公司相关部门自行审查。

以上意见及修改后的条款谨供贵公司参考,请在与对方协商后再进行后续审查,如有不明之处请及时与我们联系。

顺颂商祺!

××××律师事务所

律师:

××××年××月××日

附:修改后的合同文本。

第四章　合同的设计与起草

本章提示

　　合同起草是律师合同工作能力的最高体现，代表了律师在法律、商务和表述方面的综合实力。尽管律师起草合同的数量远比修改、审查的数量少得多，且直接起草的数量比通过修改先例文本的方式起草的数量少得多，但不依靠任何先例文本而根据委托人需求和交易背景、法律环境直接起草出"前无古人"的专家级文本，才是合同工作的最高境界。

　　随着社会的发展和认识水平的提高，新技术、新产品、新交易模式不断涌现，越来越多地要求合同文本由表及里量身定制，跨越界限的混合合同和独树一帜的非典型合同也层出不穷，只会"借鉴"先例文本已经无法满足越来越"个性化"的企业需求。只有知其然又知其所以然，才能对形形色色的合同起草游刃有余。

　　合同是双方当事人意思表示的物化，是围绕交易目的而设计的双方权利义务体系，需要在时间、空间、主体、事项上为实现交易目的而进行商务、法律方面的具体安排。而且合同必须有足够的系统性、严谨性、实用性。起草者应该在合同成立前就发现问题并预设解决方案，从而避免不利后果的发生。

　　直接起草合同看似困难，但理解了合同的要素和结构等规律后，完全可以摆脱先例文本或近似文本，直奔主题并使合同起草水到渠成。

　　本章将综合本书其他章节所提出的观点，结合笔者多年的研究心得与实践经验，在前面章节已经提及的内容的基础上增加介绍合同起草方面的工作方法，为实现完全不依赖其他文本的合同直接起草提供方法论层面的技术方法参考。

第一节 合同起草的素材来源

能够熟练地审查、修改合同却未必能够熟练地起草合同。但能够熟练地起草出高质量的合同则绝对可以胜任合同的审查、修改工作，因为合同起草的技能要求基于并高于合同的审查及修改。

合同的起草始于素材的收集，这些素材是搭建架构、撰写条款所需的基础信息，分别来自五个方面：具体交易需求、交易背景信息、法律环境限制、基础合同文本及律师的经验积累。掌握了这些工作要领，合同起草名难实易，即所谓"难的不会、会的不难"。

一、具体交易需求

委托人的交易需求是合同起草的第一素材来源，没有委托人的交易目的、交易条件等基本信息，合同工作根本无法开展。而不同的委托人也会以不同的方式提出需求，因此需要将其细化、分解为足以用于合同起草的信息，从而取得更多的素材以满足合同起草需求、满足委托人的交易目的。

(一)基本交易设想

当委托人提出起草合同的要求时，首先应该让其描述情况，以及想做什么、怎么做等设想。这样做不仅是专业性的需要，也是减少无效劳动、回避执业风险的需要。委托人需求只有委托人自己才能提供，律师能够做的是协助委托人整理思路，而不是越俎代庖，为委托人决策。

1. 基本沟通方式

由于思维、表述及沟通能力的不同，许多委托人并不具备系统、完整地表述其交易需求的能力，或是根本不清楚律师起草合同所需的各类信息，因而律师需要在了解基本情况后主动与委托人沟通主题及细节信息。

一般而言，在切入主题后的 5 分钟内，律师应该可以明白委托人的目标、基本设想并开始提出问题、收集素材信息。在这一过程中，并不需要过于细节的牵线过程、谈判过程等，重点是起草合同所需的交易目的、交易主体、交易内容、交易方式、问题处理等方面的基本设想。如果委托人只有大概的设想和背景介绍，而希望律师去完成后续工作，那么尤其要按照所需内容一一询问。

如果律师在沟通中了解到并不需要准备合同的情形，例如可能涉及导致合同无效的交易主体不合格、标的物违法的情形，以及需要通过投标、中标才能签订合同或基本信息不全的情形,则可以及时终止或留待问题解决后再继续讨论。

2. 需要了解的需求

律师所需要了解的信息直接与合同起草相关,包括当事人的交易目的及合同的四大基本内容,即交易主体、交易内容、交易方式、问题处理方面的基本信息,以及交易必须满足的来自相对方或第三方的某种限制等。委托人提供的这类信息越多则越有利于合同的起草,尽管许多委托人无法提供足够的信息。

这类信息围绕着交易主体、交易内容、交易方式、问题处理这些合同基本内容条款,分为交易目的、交易条件两条主线。前者是后续工作中细化条款时的基本方向,后者则是在细节上使合同符合委托人的主观意愿。具体地讲,合同起草前委托人最好能够大致回答如下问题:

① 交易目的,委托律师的目的及交易的直接目标和最终目标、所关注的交易利益,用以识别交易目的并分析如何满足其交易需求并促进交易目的的实现。

② 交易背景,决定从事相关交易、选择交易相对方的理由,以及是否存在交易标的外的其他交易利益、该背景下合同条款所受的限制。

③ 交易主体,双方当事人的基本信息,尤其是当标的可能为限制流通物时,更需要说明双方是否具备相应的资格、资质等影响合同效力的许可。

④ 交易内容,标的物的特点及相关技术问题,如其功能、用途、质量标准,以及是否需要同时交易附带的运输、安装、培训服务等。

⑤ 交易方式,交易的具体或大致时间、地点、方式、要求等,包括包装、运输、安装、风险转移时点、相关费用的承担等。

⑥ 问题处理,可能出现的问题、争议和希望的解决方式,以及需要重点防范的问题、管辖权问题等。

⑦ 工作要求,提交工作成果的质量、时间要求,以及解答问题、进一步提供资料的具体联系人、联系方式等。

大多数委托人不可能全面回答上述问题。律师对于委托人、对于相关业务越熟悉则需要了解的内容越少。许多情况下,委托人自己其实也还没有思路,需要由律师按照"顾问式"的询问和理解去设计、起草合同,然后由委托人在此基础上进行取舍或修改。

(二) 实际交易目的

交易目的主要是指当事人进行交易的动机和目标。多数情况下它与合同目的相同,即通过交易得到某种以标的形式体现的资源。但在某些情形下,合同目的只是表面的交易目的,真正的交易目的是通过交易得到其他资源。

合同目的对于合同条款起着拾遗补缺的作用,是在合同约定不明确或没有约定时用以解释合同、判断责任的依据。因而当交易目的与合同目的并不完全一致时,可根据实际情况决定是否需要在合同中有所体现。真实的交易目的有时只有委托人才知悉,有时必须与之直接沟通才能了解其真正的交易目的。

例如,采购某产品的目的如果只是为了自用,往往更需要关心质量及服务;而如果是为了收集侵权证据,则质量如何并不重要,关键是通过采购取得完整的、足以证明对方侵权的证据。不同的交易目的有着不同的合同条款侧重点,了解交易目的才能使合同起草有的放矢。

如果没有得到标的以外的交易目的,或者委托人并未表述其真实的交易目的,可将合同目的当成其交易目的,也就是通过交易获取标的。

(三)商务条款愿景

通常情况下,委托人在合同起草阶段已经有了对于合同条款的基本设想,甚至会有最好、最坏两套方案。这些便是当事人的商务愿景,起着提供素材、丰富合同条款,以及分析委托人本意的作用。

当事人的合同需求中只有一小部分是法律条款,其他大部分内容都是商务条款甚至财务条款、技术条款。法律条款主要是与强制性规范、法律授权当事人自行约定的条款有关,这些是律师责无旁贷的工作范围,但仅有这些往往会因商务条款不足而无法实际交易。

例如,合同主体是否合法、合同约定是否合法、争议管辖地如何约定等属于狭义的法律条款,但这些条款依附于商务条款而存在,脱离了商务条款则毫无意义。商务条款则是当事人自己需要权衡和决策的问题,主要是与经济利益密切相关的交易标的、价格、付款条件等条款。

法律条款与商务条款之间的区别有时并不十分明显,许多条款介于二者之间,可视为广义的法律条款。原则上,交易对象、交易内容及交易方式等应该由当事人决策的内容均为商业条款,律师只是从合法性、实用性、明确性等方面控制风险。但无论是交易的内容还是交易的程序,也无论是违约的假设还是违约的处置,均属律师工作范围。

在实际操作中,诸如购买什么、价格如何、数量多少、技术指标为何、如何交货、如何结算等都是当事人自行决定的事项,律师在起草合同时留出空格由委托人自行填空即可。

二、交易背景信息

在合同起草过程中,有时律师会直接参与合同谈判并根据谈判所达成的阶段性成果起草或修改合同。如果不属于这种情况,律师则需要了解相关的交易背景信息以判断设计、起草合同条款时的方向性问题。

(一)交易标的与交易条件

交易标的与交易条件均为起草合同时的条款内容,前者用于明确所交易的标的及其范围、数量、质量等状况,后者往往是交易相对方或交易条件所决定的必须满足的条款。

1. 交易标的相关要点

交易标的是合同权利义务指向的目标,包括商品、财产、服务、工程等有形或无形的财产或权利。它是双方希望通过交易转移的资源,有着多重属性。

根据"现代营销学之父"菲利普·科特勒的理论,产品可分为五个层面,或者说具有五种属性:

① 提供基本效用或利益的核心产品;

② 体现核心产品或满足某种需求的形式产品;

③ 购买产品时期望得到整套属性和条件的期望产品;

④ 购买形式产品和期望产品时附带获得各种利益的延伸产品;

⑤ 超出原有期望并具有额外价值的潜在产品。

正是由于产品在其本身的设计目的及使用价值之外还存在着不同层面的属性,对交易属性的各取所需使得不同的交易方对同一标的有着不同的交易价值取向,交易方需要按照自己的需求定义交易的品种、数量、质量及交易范围等。

如果真实的交易目的并非通常情况下的标的属性,就会出现交易目的与合同目的的偏离。例如,某些收购企业的交易并非是为了扩大产能而仅仅是为了满足规模上的需要。在这种情况下,通常情况下需要特别关注的目标公司的生产能力等,反而并非其关注的重点。

2. 交易条件相关要点

交易条件是对交易的限制,有多种存在形式。例如,披露瑕疵后降价处理是以豁免其特定产品责任为条件,批发优惠以采购一定数量为条件,某些亏损企业低价出售也是以打包出售为交易条件。而招标时对于投标人的资格限制,也是以必须符合一定的条件为限。

这类条件限制有的出于卖方,有的出于法律规定或政府部门的意见,了解其背后的原因往往对交易决策有益无害。这方面信息有的可用于衡量交易的收益与代价、机会与风险,有的可用于抓住机会发展壮大,有的则可用于提出更优的交易条件从而达成交易。但无论如何,在无法突破这些条件限制的情况下,这些条件本身便成为重要的合同条款。

(二)议价能力与交易地位

议价能力并非是指商务谈判中的讨价还价能力,而是因掌握资源带来的资源优势而决定所处的交易地位的能力。

1. 稀缺程度与交易地位

前面章节中也已提到，合同的最终形态主要取决于在合同谈判中处于优势地位的当事人。手中资源更为稀缺的一方，往往在交易中处于优势地位。当卖方手中的资源处于垄断地位时，相对于买方的价款或酬金，其产品或服务更为稀缺，买方只能满足其条件。反之，当卖方的产品或服务处于充分竞争、市场饱和状态时，买方的订单比卖方的产品或服务更为稀缺，卖方为了得到宝贵的商机便不得不降格以求并因此处于相对弱势的地位。

当前，除了为数不多的产品或服务等由于垄断等原因而稀缺，大部分产品或服务等都属于买方市场，买方因有众多的选择权而在交易中占据主动地位。更有甚者，汽车、家电等行业中的大型企业，由于采购量大、持续时间长而在交易中占尽优势地位，足以令众多的零件供应商以更长的结算周期、更低的价格与之交易。

交易标的、交易条件都可以影响资源的稀缺程度，并进而影响交易地位。合同谈判只有在双方的交易地位基本对等时才有可能取得权利义务上的均衡。因此，创造稀缺以形成优势交易地位并在合同谈判中争取到对自己有利的合同条款，也是一种商业竞争的手段。

2. 议价能力与交易地位

谈判技巧对于谈判结果也有一定影响，在其他条件不变的情况下，充分发挥谈判技巧有时能够争取到更多的权益。但谈判技巧的影响力仍旧取决于双方所掌握的资源，以及通过交易提供给对方的利益。这些展示利益、施加影响的能力，通常被称为"波特五力"①中的议价能力。

对于卖方而言，其议价能力是指调高售价或降低品质而对买方施加影响的能力，这种能力在以下六种情况中比较突出：

① 少数卖方主宰市场；

② 买方无适当替代品；

③ 买方并非卖方重要客户；

④ 卖方产品对买方有决定性影响；

⑤ 买方更换卖方的成本极高；

⑥ 卖方能够影响其上家。

对于买方而言，其议价能力是通过压低价格、争取更高品质与更多服务的方式而对卖方施加影响的能力，这种能力在以下六种情况中比较突出：

① 买方采购量大；

---

① "波特五力"分别为供应商的议价能力、购买者的议价能力、潜在竞争者进入的能力、替代品的替代能力、行业内竞争者现在的竞争能力。

② 卖方产品是标准化产品；

③ 买方更换卖方的成本低；

④ 买方能够影响下家；

⑤ 买方的信息充足；

⑥ 同类产品卖家很多。

相比资源本身的稀缺程度，议价能力代表了在战略资源上的影响力。议价能力的强弱并非律师的工作职责范围，但律师可以基于委托人的议价能力更准确地为合同进行定位，使条款更容易被确定和接受。

三、法律环境限制

这里所说的法律环境限制，是指法律体系、政府行政行为对交易所作的限制。前者有明确的法律依据可循，后者则是各级政府的相关规定、要求等，只能按照相关具体规定或要求进行处理。

这些限制既是对交易的约束，也是合同条款的素材来源。法律所禁止的事项有时需要转化为合同条款，法律授权当事人自行约定需要用足的权利。

(一) 交易主体法

交易主体法，是指法律对于交易主体从事交易所应具备的资格条件方面的规定。这方面的内容涉及经营限制流通物时所必须具备的各类资格、资质类许可，即违反相关规定会导致合同无效的许可。

这方面的限制一般只在委托人进行新业务尝试时需要进行核实或对相对方的资格、资质等行政许可加以核实。如果经营限制流通物属于委托人的主营业务，委托人一般早已取得相关的许可，而且会自行关注交易相对方的许可。

(二) 交易标的法

交易标的法，是指法律对于产品或服务的质量标准等强制性要求，以确保人身、财产安全，主要涉及标的是否为禁止流通物。不符合强制性标准的，以及明令淘汰的、禁止的产品不得生产和销售。

相对而言，一般的工业品买卖并不存在这类问题，但某些非常规的交易或可能涉及某种生产、经营限制的标的，还是需要确认其是否合法或是否有其他不利的法律后果。例如，某企业曾未经认真研究而购买发电设备希望建设电厂向社会供电，最终却因无法得到批准而不得不退货、赔偿。

(三) 交易规则法

交易规则法，是指法律对所有交易的通用规则及特定交易应具备规则的规定。

这些规定都是起草合同时需要了解的内容。

例如,买卖合同既需要遵守《民法典》(2020 年)中关于合同的通用规则,也需要遵守《民法典》(2020 年)典型合同编中"买卖合同"的相关规定,某些特定商品的买卖还有专门的法律规定。如果使用的是格式条款,还要遵守法律关于格式条款的规定。

除此之外,某些交易还有程序上的要求。例如,某些工程必须以招标的方式确定合作商后才能签订合同。另外还有一些合同虽经双方签订但必须取得相关主管部门的备案或批准方可生效。

(四)经营责任法

经营责任法,是指为了平衡交易双方的利益而确定的从事某种行业所应承担的义务的法律。这类规定中既有具体行业的专门性规定,也有所有行业的普遍性规定。

例如,生产、经营工业产品的企业必须遵守《产品质量法》;如果产品属于食品,则还需要遵守《食品安全法》;因食品同时又是消费品,所以还需要遵守《消费者权益保护法》。

此外,交易行为还要遵守其他法律所规定的权利义务,比如标的所涉及的知识产权、他项权等其他法律的权利义务规定。

同时还需要注意的是,法律体系从上到下、从中央政府到地方政府,分为法律、行政法规、部门规章、地方性法规、地方政府规章,同时最高人民法院的相关司法解释也是合同事务中不得不考虑的问题,因此合同中的许多法律事务并非简单地检查相关法律即可得出结论。

四、基础合同文本

在起草合同时,委托人有时会提供类似的文本、对方的文本以及其他先例文本以作为参考,律师自己有时也会以某份先例文本为样本。依据这些样本,可通过全面修改的方式起草合同,也可以在吸取其要素后另行起草合同,但需要注意样本可能产生的误导。

(一)理性对待参考文本

除了批量使用格式合同的交易,每笔交易都存在特定的交易主体、交易内容、交易目的等因素,照搬合同文本或只是简单地将委托人的需求"塞进"新起草的文本,都难以恰到好处地适应委托人的需求。许多合同之所以"文不对题",起因正是如此。

简单地"借鉴",容易使合同文本因脱离真实的交易背景而缺乏适用性。每份合同都有其交易背景及利益倾向性、交易目的的不同,尤其是当交易地位不同时,例如明明是买方却使用更适合卖方的合同文本,就会因为现实的条款与所需要的条款相差太远而使之无法满足交易需求,甚至根本无法使用。

合同是实践性的工作,只有经历设计、制作的过程才有切身的体会和深入的理解,审查、修改、起草的专业水平才能得到本质提高。如果将过多精力用在寻找和"借鉴"先例文本而忽略了对交易的理解和对文本的组织,则实际工作水平难以通过积累而得到实质性的提高。

随着对外经济交往越来越频繁,大量的英文合同被译为中文。由于体例成熟、系统性强、严谨性强,这类文本往往成为被模仿甚至照搬的对象,以至于某些毫无涉外因素的文本也模仿这类合同的表达以显示其"专业"性,其实大可不必。

合同文本的整体水平和风格,是各国政治、经济、文化、法律、语言等因素共同作用的产物。发达程度不同的社会,人们认识事物的深度、广度、精细度不同,工作程序和标准化程度也不同。脱离了原有使用环境,尤其是法律环境,外来合同的某些条款就会缺乏实际意义。特别是中国的法律传统与英美法不同,许多强制性、不允许当事人自行约定的规范即使不加约定也没有问题,因而许多内容可以简化。而不同语系的语言风格不尽相同,汉译不彻底导致的生搬硬套更是会给合同的阅读、使用带来极大的不便。

因此,需要学习外来文本的思维方式和工作风格、合同框架,但不需要也不适宜照搬条款。

(二) 对基础文本的识别

基础文本在提高律师的工作效率及工作质量的同时,也会降低律师的思维能力和经验积累程度。只有亲手用心制作,才会有内在境界的提升,并对合同的结构、内在关系等游刃有余。对于基础文本,也需要加以识别。

1. 合同示范文本

在合同领域,政府行政主管部门主持编写并颁布了许多通用性的合同示范文本,规范了相关行业的合同文本体例并提高了工作效率。但合同示范文本为了兼顾大量的不同交易往往没有个性化条款,交易所需的基本内容没有问题但实用价值不高。正所谓"通用性越强,实用性越弱"。

一方面,现实中的交易绝大多数是个性化的,无法套用统一的模式。例如,广告可分为户外广告、广播电视广告、报纸杂志广告等类型,近年来还出现了网络广告、显示屏广告等新形式。不同形式的广告要面对不同的法律规定、违约情形、不利后果等问题,难以用简单的文本加以统一。另一方面,建设施工类合同示范文本虽然专业性强、条款严谨,但也更倾向于保护本行业利益,因而使用起来有一定的难度。

因此,起草合同前如果以示范文本为基础,应首先分析其适用性和利益倾向性。如果文本基本适用并能满足基本交易需求,则可以增加一些个性化的条款或调整体例,以形成新的文本。否则就以其中的项目和某些条款为基础素材,通过扩张、改造、增加实用条款的方式,制作新的合同。

2. 先例合同文本

先例合同文本,是指在其他交易中已经使用过的合同文本。先例合同文本的质量水平和适用性各不相同,甚至有时可供参考的只有其架构及标题体系。而在没有同类交易的先例合同文本时,可借鉴其他类别交易文本的体例及其中的几类条款后重新设计及表述,这也是起草合同的一种方式。

某些先例合同文本来自其他企业的自行制作,一般会比政府部门的示范合同文本更为实用,但也可能因为针对具体交易量身定制而更为"另类"。正因如此,其交易的针对性、权利保护的倾向性也往往非常明显,需要区分其适用范围并甄别其利益倾向后将其融入新的交易背景中,避免"水土不服"或适得其反。

举一个比较极端的例子,作为需方的某合资企业在向一家内资企业购买价值一百多万元人民币的设备时,其出具的双语合同文本竟然有一百多页。由于双方均为中国法人且属国内交易,这份交易只能适用中国法律,因而法律已有明确规定的内容合同中根本无须约定,文本中反复出现的某些闻所未闻的"法律术语"则更是毫无必要。最后,内资企业将文本压缩到了符合中国交易习惯和语言方式的十余页内容,双方也依照该文本签订了合同。

需要再次强调的是,无论使用何种基础文本作为合同起草时的参照,都首先要识别其适用性和利益倾向性,然后再加以改造。而当基础文本与交易所需相距甚远时,所要借鉴的只是其体例架构。

五、律师的经验积累

律师的文本积累和经验积累是起草合同时的又一素材来源。前者可作为先例合同文本用于设计架构和撰写条款,后者提供分析素材、提取要点、搭建框架、平衡利益、填充内容、推敲表述、实现交易目的的具体方法。

(一)经验的运用方式

律师或企业法务在合同工作中亲自处理、研究并积累下来的合同文本,其价值不仅在于拥有该文本,而且在于对文本有更深入的理解和工作心得,包括成功的经验和深刻的教训,因而对合同起草更有帮助。而这些文本和经验的积累,正是法律专业人员在合同领域的专业优势所在。

前面介绍过的合同文档管理、合同文件名管理,正是为了充分运用这些文本作为合同起草时的基础文本。尤其是合同文件名管理,让每份文件都含有双方当事人的字号、合同类别、合同名称、产生日期等信息,其目的就是为了在需要调阅该文本却无法记起文件名称时,可以高效率地通过关键词检索功能便捷地找到相关合同。

这些文档中,不仅某些合同的架构和内容可以直接移植进新的合同文本,处理相应文本的工作思路和得到的启示更是属于"法"甚至"道"的层面,可作为解决问题的思路广泛运用到不同的合同、不同的架构和条款中。尤其是那些经过精心梳理的合同条款,特别是一些通用型的交易方式条款、问题处理条款,几乎是稍加适用性调整即可用于新合同。

但从执业安全角度考虑,这些文本必须经过处理才可使用。即使与原来的委托人之间并未约定保密义务,但为委托人保密属于律师执业规范中的职业操守,同时也是一种交易习惯。因此,对于原合同中可能存在的当事人名称或姓名、字号,以及足以识别出当事人身份的地址、电话号码、商标、产品品牌等,均需去除以后方可使用,避免因校对错误而泄露原当事人身份。

尤其是某些文件虽经多次复制、修改,但其文件属性中仍旧带有初始作者的信息并在无形中会泄露原合同当事人身份,必须注意清除以免信息泄露。当然最简单的办法,是新建一份文件然后将原合同中的部分内容复制进新的文件。

(二)素材的处理原则

对于素材的分析处理,是提取出可利用的架构、内容并将其组成基本的合同草稿的过程。在这些领域,律师所积累的合同工作经验对工作效率和质量起着决定性的作用。具体的方法将在后续部分提及,在此仅讨论其原则性思路。

1. 架构优先原则

架构优先是指先建立起新合同的架构,然后再考虑架构内各组成部分所需要的内容素材如何提取和安排。

搭建架构的过程如同工程建设中的施工图,必须完成于着手"建设"之前并尽可能完善,才能使各种素材的提取和填充尽可能一步到位减少返工。搭建架构可以参照合同一般包括的条款,以及基于这些条款归纳出的合同四大基本功能,也可以参照相关的先例合同文本。

相关技术问题将在本书第四章第六节中加以讨论,此处不再展开。

2. 合理前瞻原则

合理前瞻是指通过对交易内容、交易背景的分析,尽可能多地预见到合同履行期间可能出现的问题并设定解决方案。这种前瞻首先要解决的是可能存在的约定不明确或没有约定交易内容、交易方式的问题,然后是出现履行异常时的判断标准及解决方案,以保证合同履行的顺畅和意外情况处理的有理有据,并因此避免遭受重大损失,尤其不能留下违约不受制裁甚至获利的可乘之机。

需要前瞻性预见的问题并非一成不变。例如,21世纪初的营业用房租赁合同几乎预见到了法律变更、市政建设、房屋拆迁等因素导致的营业用房无法继续使用的全部情况,但却没能预见到重症急性呼吸综合征(SARS)的影响,也未将这种影响归结为不可抗力。但自那时起,许多合同将一时无法有效控制的恶性传染性疾病的流行作为解除合同的条件。因此,需要前瞻的范围也会随时间的变化而日益丰富。

3. 责任明确原则

责任明确是便于合同履行和争议解决的重要手段,但篇幅越短的合同往往越是缺乏对履行细节要求、责任判断依据、违约责任承担方式等细节的约定。这样做虽然可以提高签约效率,但在发生纠纷时却会带来更多问题。

给义务的履行和违约加上明确的判断标准,是降低争议产生概率和处理成本最为简单、廉价的方式。这样的条款犹如合同中的"红绿灯",正常履行时维持基本秩序,违约时提供追究依据。

例如,合同中如果约定"逾期拒不履行合同"则很可能因"拒"有明知和故意的成分而难以证明,远不如"逾期×口未履行合同"容易判断,因为"未"只强调客观结果而不强调主观动机,更具可操作性。

4. 权利用足原则

权利义务有法定、约定两种。法定的权利义务属于普遍意义上的、强制性的规定,并不需要也不允许另行约定。而约定的权利义务则是对于法律并无强制性规定或授权当事人可以约定、细化的权利义务,一经约定即产生约束力。对这些法律授权的条款加以充分约定,便是用足了相关的权利。

法律是一种免费的资源,任何人都可以加以充分利用;同时它也是一种非常有力的"自卫"武器,不会使用不仅是对资源的浪费也会给自己带来风险。尤其是一份合同往往涉及多部法律,有许多法律规定可以充分利用。

例如,除了强制性的法律法规,机电产品所涉及的国家强制性标准、食品及化妆品所涉及的卫生标准,以及影响广泛的消费者知情权、经营者的告知义务等规定,都既是约束也是资源,许多可以用于充分维护委托人的合法权益。

5. 安全退出原则

安全退出原则,是对某些履行期间可能产生意外的合同,酌情建立退出机制,使合同主体在遇到某些影响交易利益实现的情况时能够顺利退出并将损失降到最低限度。这类考虑主要是针对那些履行周期长、环境影响大的领域,其中最为典型的是沿街营业用房的租赁,往往会因环境变化而无法继续经营。

对于这类问题,《民法典》(2020年)第五百三十三条中规定了"合同成立后,合同的基础条件发生了当事人在订立合同时无法预见的、不属于商业风险的重大变化,继续履行合同对于当事人一方明显不公平的,受不利影响的当事人可以与对方重新协商;在合理期限内协商不成的,当事人可以请求人民法院或者仲裁机构变更或者解除合同"。但这些补救措施要么受制于人、要么由第三方机构定夺,远不如在合同中明确约定合同解除等退出机制更有利于维护交易安全。

如果这一点无法实现,则可以考虑将完整的法律风险按时间的阶段性和内容的独立性分成不同的若干个局部内容,以便在需要中途退出合同时,只对其中的某一局部内容承担违约责任,从而分散风险。

第二节　合同结构设计基本原理

合同文本的结构设计,是在着手起草合同时直接通过分析交易需求、交易背景信息和收集到的合同素材设计出合同的基本框架和组成部分,以便为完整合同的起草打下基础。这一过程如果仅凭工作经验或简单列举会较为困难,运用合同的结构原理进行分析、推演则容易得多。

本节所介绍的方法,是从结构、功能的角度以作图的方式为合同搭建合理的结构体系,完全可以脱离参考文本进行操作。将结构体系模块步步细分、排序,就可以顺利完成所有条款的起草。以这种方式建立的合同有着层层展开的金字塔结构,由于理顺了条款间、模块间、标题间的关系,因而结构清晰、思路明确、秩序井然,也更便于阅读和理解。

一、合同固有的几类模块

在技术要求方面,合同的设计与起草技能基于并高于合同的审查、修改,但其基础理论仍旧相通,尤其是离不开合同模块理论。而这些模块既是合同中固有的,也是本书前面章节反复提到的。

(一)合同中的功能模块

合同不是条款的堆砌,而是一个由不同功能的子系统组成的完整系统。如同一辆机动车,无论其价格高低、质量好坏,都会拥有动力系统、传动系统、控制系统、行驶系统等功能系统,其区别仅是复杂程度和质量水平的不同。

用同样的视角看待合同,就会理解无论合同内容多么复杂,其内容仍旧可以分别归入交易主体、交易内容、交易方式、问题处理四大组成部分模块。这四大组成部分其实是对合同一般包括的条款的归类,其对应关系如表2所示:

表 2　合同一般包括基本条款归类

四大基本功能	功能分类	相关对应内容	相应合同一般包括条款
(1)锁定交易主体	正常交易功能	(1)交易主体条款	① 当事人的名称或者姓名和住所;
(2)锁定交易内容		(2)交易内容条款	② 标的;③ 数量;④ 质量;⑤ 价款或者报酬;
(3)锁定交易方式		(3)交易方式条款	⑥ 履行期限、地点和方式;
(4)锁定问题处理	处理异常功能	(4)问题处理条款	⑦ 违约责任;⑧ 解决争议的方法。

认识到合同一般包括的条款所分属的这四个基本功能后,就会发现合同并非浑然一体,而是由不同的功能模块所组成的系统。既可以由下至上从具体的条款归纳其所属的模块,也能自上而下从抽象的合同推导出合同的架构,再从架构到更细的模块,并直到具体的合同条款。

(二)功能模块与合同质量

前面已经讨论过,基于交易内容和交易方式的不同,交易分为营业层面、商务层面、专业层面、专家层面,与之对应的则是这四个层面的合同质量。由于应用场景的不同,这四个层面的合同所展示的合同四大基本功能条款在形态上亦有所不同,其基本质量情况大致如表 3 所示:

表 3　各业务层面合同内容质量要求

	营业层面	商务层面	专业层面	专家层面
交易主体	☆	☆ ☆	☆ ☆ ☆	☆ ☆ ☆ ☆
交易内容	☆	☆ ☆	☆ ☆ ☆	☆ ☆ ☆ ☆
交易方式	☆	☆ ☆	☆ ☆ ☆	☆ ☆ ☆ ☆
问题处理	☆	☆ ☆	☆ ☆ ☆	☆ ☆ ☆ ☆

交易层级导致的质量层级基本上属于交易习惯使然,只是不同的行业会有一定的例外。例如,超市经营一般为营业层面的交易,双方之间并无合同,超市出具的购物凭证上只有卖方和交易内容,没有交易主体和问题处理条款;但移动通信服务中,双方有合同,而且有明确的四大基本功能事项。

除此之外,前面还讨论过影响合同质量的两大类、十方面要素。

1.侧重法律问题的内在质量五要素

1.1　主体资格的合格性

1.2　约定内容的合法性

1.3　合同条款的实用性

1.4　权利义务的明确性

1.5　交易需求的满足性

2.侧重表述问题的外在质量五要素

2.1　结构体系的清晰性

2.2　功能模块的完备性

2.3　整体思维的严谨性

2.4　语言表达的精确性

2.5　版面安排的美观性

　　在合同的设计阶段,主要涉及外在质量方面对合同结构体系的构思和对功能模块的设定。其他的内在、外在质量要素都将在结构设计完成后装入不同的组成部分,因此结构设计是其中最为突出、主要的问题。

(三)从结构设计开始起草

　　对于结构或内容复杂的合同,先设计结构是最有效的工作方法。直接列举条款的方式只适合篇幅短、结构及内容不复杂或要求不高的合同,因为有无结构体系对这些合同没有太大影响。而对于内容较多或篇幅较长的合同,如果不先设立框架结构再将合同素材分门别类安排到不同位置,并清晰地显示内容的所在位置及合同的整体结构,根本无法顺利完成设计。

　　这种工作方式其实比直接列举条款更直观,甚至不必参考任何文本就能直接起草合同。它相当于使用了 Word 文字处理软件中的"文档结构图"功能,可以纵览全局地编辑文档,效率和质量自不必说,也为合同的阅读、理解和审查、修改提供了便利。其做法类似于先准备好仓库并给每间仓库分配货物类别、贴上标签后,再将货物分门别类按标签归入不同的仓库。这样做的好处是当需要寻找某类货物时可以直接去储存那类货物的仓库,而不必逐个仓库"搜查"。

　　建立了合同的基本框架后,后面的工作便水到渠成。下一步只是不断细分各个主题直到最终完成条款的起草。具体而言,是先将合同内容分成不同主题的几大模块,例如,分成合同一般包括条款中的那些模块;然后对每个大模块进一步细分,例如,将标的的交付分为包装要求、运输要求、装卸要求等,直到分出具体条款的主题;最后的工作,只是优化条款的层级、顺序及搭配,并按划分出的主题写出各个条款。

　　这一过程需要强调条款无关性原则,即每个标题下的模块最好只有一个主题,各模块的内容之间尽可能减少交叉和重叠。经过这样的处理,一旦某个条款存在问题则只需改动该条款,而不必同时修改多个条款。

二、黑箱理论与概念划分

黑箱理论与概念划分都是合同设计与起草中常用的思维工具。前者先明确合同起草时的"输入"和"输出",然后再考虑从基本素材向合同"成品"转化时所需要的过程、方法。后者则侧重于通过对概念内涵和外延原理的逻辑规律的运用,完善合同结构及内容。无论是黑箱理论还是概念划分,都是在科学方法层面为合同工作的质量和效率提供保障的有力手段。

(一)黑箱理论与合同设计

内容复杂的合同使人们无法仅凭直觉完成起草,不得不先从宏观、抽象、系统的角度去分析问题、解决问题。而唯有突破传统方法的限制,借助一些思维工具,才能透过现象看到本质并得心应手地解决问题。

1. "黑箱"的理论原理

借助于最为近似的基础文本或通过扩展合同必备条款完成合同起草的方法比较直观、具体,虽然比较"原始",但能缓解一定的工作压力、节省一定的工作时间。这个过程其实是在走不同程度的弯路,有许多不同的方法可以一步到位并使合同的整体性更强,也与委托人的需求更近。

"黑箱"是控制论中"自动装置"的一种。控制论中把所有接收信号、处理信号并再次发出信号的装置均称为"自动装置"。之所以称为"黑箱",与颜色无关,只是因为箱子里的结构不得而知。"黑箱"虽然与合同的起草毫不相干,但自动装置的定义和信息处理流程却完全符合合同起草规律。合同起草也属于接收信号(项目需求、背景信息、法律要求等)、处理信号(框架设计、内容取舍、文字组织),并输出信息(合同文本)的过程。"黑箱"的示意图如下:

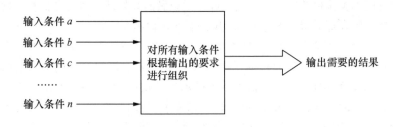

图3 "黑箱"运行流程示意图

"黑箱"一端输入的是律师从委托人那里了解到的素材,另一端是委托人所要求的合同。而如何将输入条件按一定规则转换为所要求的输出结果,则正是笔者所要讨论的问题。这里的转换规则,取决于对委托人意愿的理解、客观的交易背景、现实的法律规定等,而这种转换规则也是律师推断输出结果的依据。

其实"黑箱"的内部结构既不清楚也没有必要清楚,只要有了明确的输入条件和输出结果,中间的过程完全可以根据经验和相关知识因地制宜、不拘一格,并通过专业的法律语言将输入条件转换成高质量的输出。

(二)概念划分与合同设计

合同的条理性主要取决于逻辑,少部分取决于经验。即使非常认真地一条条地写出合同条款,如果思路是点式的(列举式的)、直线式的(不考虑意外变化)、面式的(不考虑条款搭配、其他法律以及操作性问题),仍不过是条款甚至语句的堆砌,并非浑然一体的合同。在这方面,运用逻辑手段设计起草与传统的条款罗列存在着技术上的"代差",而且前者与后者相比更容易系统化、更容易调整、更容易控制风险。

1. 概念划分的基本原理①

概念划分几乎是所有思维工具的基础,合同四大基本功能、合同结构体系、条款无关性原则等,多少都与它有关。概念划分原理不仅仅可以用于合同工作,还可以广泛地用于立法、制定规章制度体系、进行社会问题综合分析等,非常容易得出系统性的结论。

概念划分与以二进位制为基础的逻辑运算原理相通,是通过穷尽所有的排列组合方式并不断地排除不符合项,最终得出准确的结论。这种方法类似于剥笋的过程,它将一个没有办法简单解决的问题通过分析、判断后分解成若干个较小的、本质性的问题,直至完全细分完毕时止。在将问题完全分解后,就有可能判断出关键点,并找出解决的方案。

例如,汽车无法正常启动是个结果性、表象性的问题,外行人通常一时没有办法解决。但有经验的技师会逐一判断电瓶、电路、保险丝等问题,如果电路系统没有问题,再以同样的方法判断油路系统。这本身也是一个逻辑思维的过程。逻辑方法的原理对各类问题的处理都有借鉴意义。

从逻辑角度解释,建立结构体系的过程属于概念划分的过程。或者说是将具体的合同作为一个大概念,然后划分出组成合同的彼此内容不重叠的第一级模块,然后再不断地细化和优化使之不断得到修正。其中,上一级概念一般被称为"属概念",下一级概念一般被称为"种概念"。划分的规则和原则是属概念的外延等于种概念的外延之和、种概念的外延之间不应有重叠或遗漏。

---

① 参见本书第一章第四节的相关内容。

2. 概念划分的实际运用

尽管并不需要十分精确,但概念划分并不是对合同基本组成部分的简单罗列。依此划分合同的基本模块、下级模块,以及分析、归类合同的素材,才能有清晰、顺畅的思路并有条不紊地完成概念划分,而不会将所有问题搅成一团。在这一过程中,尤其需要强调各种概念的外延之间不能存在重叠或遗漏,从而在穷尽一切可能后剔除其中不可能发生的情况,以平衡合同的严谨性和篇幅。如果内容分类环节无法顺利完成,后续工作便难以开展。

以某项目中澳大利亚律师对建设——经营——转让项目中的风险预测为例,项目中的风险按是否可以预料到被分为不相容的两部分:一部分是商业风险和非商业风险,另一部分为意外事件。然后商业风险又根据项目实施过程中的不同阶段被分为市场风险、参与者风险、建筑风险、经营风险、技术风险、燃料供应风险。非商业风险又根据项目中至关重要的几大来源分为法律风险、国家风险、金融风险、环境风险。这些分类方式实际上是在第一、第二个层次上先分出大类,再穷尽一切可能划分出不同的小类。

但对风险的分析并非到此为止,进一步分析则又可分为多种具体情况。例如,环境风险又可分为不能得到批准的风险、因公众行为而延误的风险、法律责任风险、成本增加的风险、法律变更的风险。有兴趣的读者不妨将这些风险的分类以树状图的方式加以表示。

再以本书第一章第六节"合同的构成及原理"中"四、合同四大基本功能分析实例"中引用的美国合同中的"4. 买方陈述与保证"为例,其中的 26 个问题穷尽了美国企业可能涉及的全部外延,囊括了税收、保险、知识产权、员工待遇等可能遇到的所有问题,从而将条款的漏洞"一网打尽"。因此,处理合同的许多问题都可以从概念划分原理理解。

三、思维工具图与合同起草

传统的合同起草过程中,全程只用文字,因而难免显得枯燥和令人昏昏欲睡。而借助思维工具,尤其是用图上作业的方式辅助性地完成合同起草中的部分工作,不仅可以使人耳目一新,而且也可以提高工作的质量及效率。

思维工具大多基于人们擅长的图形导向习惯,以不同功能的图形展示事物之间的关系,使抽象、枯燥的分析工作变得具象、有趣,并日益成为各行各业广泛运用的分析和管理手段,许多律师也早已将其列为日常工作手段。

(一)图上作业与思维工具

合同的图上作业,是指以矩阵图、关系图、结构图、流程图等思维工具为辅助,通过作图完成合同的整体或部分设计,并完善合同功能、丰富合同条款内容的工作方式。这种方式直观、易懂,能够方便地勾勒出合同的基本轮廓及各部分的基本功能、条款间的关联关系和层级关系,解决了合同结构的"可视性"问题,并使合同工作更便于操作且有更高的效率和质量。

之所以将图上作业称为思维工具,一是因为它属于人类长期以来对思维本身进行研究所获得的成果,二是因为它一般并不针对某个学科的具体事务而是针对思维的过程和规律本身。离开了思维工具,人们对于事物的判断就必须采用最原始的方式去思考和推导,不仅效率低下而且非常容易出错。而有了思维工具以后,人们不必再去推导思维判断的过程和规律,而是直接运用成熟的思维工具得出所需要的结果。

按照功能和类别,思维工具可分为矩阵图、关系图、层次结构图、流程图等多种图形。有的擅长分析多要素相互作用时的排列组合及后果可能性,有的擅长分析事物的结构及其内容、层级,有的则擅长分析事物动态的发生、演变过程,所有这些都可用于合同工作的内容。例如,用矩阵图分析违约的各种可能性、用流程图分析交易方式条款、用关系图设计合同的基本架构等。

这些图形虽然并不出现在合同中,但需要掌握其原理和绘制方法以用于问题分析和向委托人展示设计思路。这些工作大多可以直接在 Word 文字处理软件上以"形状"或"SmartArt"的方式制作,另有许多免费软件可供使用,如果经常使用而且质量、专业化程度要求高,还可以购买和使用相关的专业软件。

(二) 各类思维工具的运用

思维工具经过长期的使用、演进和淘汰,已经相当成熟和实用,而且各有优势和用途。在合同工作中,可以经常使用不同的图形作为辅助性工具,用于分析可能性、关系、过程等事项以固化和展示分析结果。

1. 矩阵图

矩阵图,是借用数学上的矩阵概念表示因素间的不同组合关系,用于多元、多可能性的分析。将矩阵图作为一种分析方法用于管理决策,是由美国大型商业咨询公司——波士顿咨询集团(Boston Consulting Group)首创。该集团首创的波士顿矩阵被用于规划企业产品组合,也被称为波士顿咨询集团法、四象限分析法、产品系列结构管理法等。

20 世纪 60 年代中后期,美国在经历了第二次世界大战后的繁荣期之后进入了前所未有的低速增长阶段。为了寻找其中原因,波士顿咨询集团对美国几十家公司的数百种产品进行了历时 3 年的调查,从中发现了市场占有率与企业销售增长率之间的关系。波士顿咨询集团的初衷只是帮助企业将有限的资源有效地分配到合理的产品结构中以保证企业收益,但由于这一分析方法揭示了许多普遍规律,几乎已经成为通用的分析问题的方法。

最早的矩阵图被用于分析企业销售增长率与市场占有率之间的排列组合关系,以便进行战略选择和调整。但现在人们已经将其原理广泛地扩展到多要素、多象限的分析之中。最基本的波士顿矩阵如图4所示:

图4 波士顿矩阵

X轴表示相对市场占有率、Y轴表示销售增长率,二者离坐标原点越近则数值越低、离坐标原点越远则数值越高。从而根据两个比率的不同状况排列组合形成一个二维、四象限的矩阵。其中:

象限 I 表示市场占有率低、销售增长率高的企业,并定名为问题企业;

象限 II 表示市场占有率高、销售增长率高的企业,并定名为明星企业;

象限 III 表示市场占有率低、销售增长率低的企业,并定名为瘦狗企业;

象限 IV 表示市场占有率高、销售增长率低的企业,并定名为现金牛企业。

这一方法特别适合判断多要素相互作用时的可能后果,以及基于不同的排列组合所应采取的不同的处理方法。例如,对企业间买卖合同履行过程中交易双方可能出现的主要违约情形进行分析,可能得出以下几种结果:

表4 买卖合同履行中的主要违约情形

违约情形 违约人	履行时间违约	履行地点违约	履行方式违约	履行数量违约	履行质量违约
出卖人	未按期交付	履行地点不符	履行方式不符	未足额交付	履行质量不符
买受人	未按期支付	——	履行方式不符	未足额支付	

简单的情形不借助矩阵图也能判断出不同的排列组合,但其直观性和准确性非矩阵图可比。如果进行更多要素的分析,例如,假如左侧一列的双方当事人进一步分为设计、制作、发布三个阶段,或是第一行的违约情形增加安装服务、日常维护、业务培训、备品备件等项目,不借助矩阵图加以分析几乎是寸步难行。

2. 关系图

关系图,又被称为关联图,是用来分析事物之间"原因与结果""目的与手段"

等复杂关系的一种图表,它能够帮助人们从事物之间的逻辑关系中寻找出解决问题的办法。通常情况下,关系图可用于展示事务之间的关联关系,也同时可以作为一种行之有效的分析方法。

如果某一结果由多种原因共同引起,或是多项事务都与某种要素有关,理清思路的最好办法就是以关系图的方式展现其错综复杂的关系。对于那些履行内容、履行程序都非常复杂的合同,有时需要详细分析某个细节与各功能模块间的关系,以便组织合同条款时没有遗漏。

例如,某合同中的许多细节条款涉及不同功能模块,如不清晰地加以展示则很容易在设计时出现遗漏。例如,在到货验收模块,需要提及按质量标准验收、按数量型号验收以及验收的工作程序;而在设备安装模块中必须提及安装的质量标准、安装的数量型号、安装质量的保证期限、安装的工作程序要求、安装的售后服务等。通过绘制关系图,可以清晰地展示出各功能之间的关系,也因此可以清楚地知道合同中所要描述的内容。

3. 树图

树图是用于表示某一主题与其组成要素之间的关系的图形分析工具。它一般将事物或现象分解成逐层扩大的树枝状,也有人将其称为系统图。树图从主题着手,将主题的必备要素系统地层层展开并绘制成图,以便于逐层细分问题、分析问题间的逻辑关系,看清事物的结构并找出需要的答案。

合同一般可按构成整体的基础结构简单地分为三层,并以树图表示。由于合同基本上是个静态的结构,因此只要分析其要素即可。即使需要分析复杂的要素及应对方案,仍旧可以采用同样的方法解决。例如,图5。

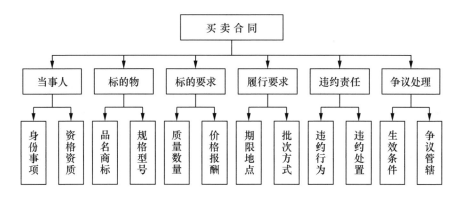

图5 买卖合同结构图

从以上树图可知,合同内容基本上是金字塔结构。完整的合同可分成位于第二层的基本模块,而对第二层模块的进一步细分就有了第三层模块。第三层模块的进一步延伸,可以是更细的模块,也可以是具体的条款。这一拆分过程是以实现交易目的为核心,沿着时间顺序和履行事项而展开的。通过层层细化使合同的结构和条款不断具体化,从而形成体系完整、功能齐全的合同而无须参照范本。

实际使用中的树图往往层次、关系相对复杂,每层向下延伸出的层级、内容有多有少。图 5 的"整齐",也是因为篇幅需要而进行了简化,因此仅起演示作用。其中的"标的要求""履行要求""违约责任""争议处理"等也都是大致的划分,实际操作中则一般复杂得多。

4. 思维导图

思维导图是将概念、事物之间的关联性以视觉景象形象地连接起来,使复杂、抽象的概念、信息、数据等以更形象、易懂的形式展示出来的分析工具。简而言之,思维导图是将中心概念与关联概念连接起来的图形,其典型特征是以线条将关键字、短语或图像等与中心概念相连。

思维导图的绘制和使用逻辑其实与前面介绍过的树图非常相似,而且同样基于概念划分原理。但树图的画法相对刻板,全部由直线构成并呈金字塔结构,而且一般不用彩色表示;而思维导图则不拘形式,可以用直线也可以用曲线,而且通常用不同的颜色表示不同的主题,并可以随处加上注释。因而从实际使用方面来看,思维导图近似于"灵活版"的树图。

5. 流程图

流程图是用一些经过定义的框图加上简洁的文字和运行方向,将某一个过程步骤展示出来的图示系统。这个系统由不同的框图表示不同的含义,如菱形表示决策事项、长方形表示处理事项、箭头表示工作顺序等,特别适合用于表述事务处理的过程,尤其是对不同决策结果的不同处理。通常情况下,它被作为直观、易懂的管理工具代替冗长、难懂的文字来描述经营管理活动的过程、事项、方法,以提高生产经营活动的规范化程度。

由于流程图可以直观地显示事务的处理过程,而且管理要求、管理程序不明确则根本无法绘出流程图,因此它还被当成分析、检验工具以发现管理制度、业务流程、事务处理中的问题。由于流程图中的文字容量有限,有时还需要以说明甚至附表的方式详述某些框图内的事项。

流程图由于其功能上侧重于管理秩序和管理职责的确定,因而一般并不直接用于合同起草的过程,而是通过对合同履行过程的流程分析确定合同中应当约定的内容,以及每一过程中出现判断项后应该如何处置。流程图中可以采用的图例较多,其中最常用的是决策事项和处理事项两种,而且当前有许多软件都具备绘制流程图的功能,使用起来得心应手。

用流程图分析企业的交易流程或业务流程非常方便,而将企业的业务流程转为合同条款也同样方便。例如,某公司所描述的实际存在的质量控制流程,是将采购流程分为到货清点、质量检验、生产检验三个环节,任何一个环节发现问题,公司都会停止支付并要求对方换货或向对方退货并索赔,且在无法达成一致意见时转入争议处理程序。

根据以上信息,该公司的采购流程示意图如下:

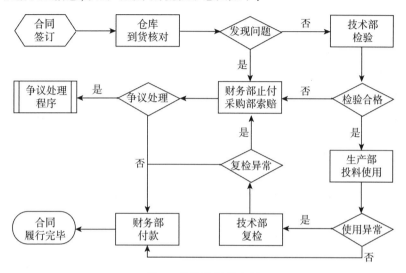

图 6 采购流程示意图

分析以上流程,该公司实际存在的问题处理条款可用以下文字描述:

① 到货后先由仓库根据合同进行核对,未发现问题则收货入库并通知技术部检验,发现问题则拒收并通知财务部停止支付、通知采购部索赔;

② 技术部检验后,产品合格则通知生产部可以投料使用,不合格则通知财务部停止支付、通知采购部索赔及处理货物;

③ 生产部门投料使用后,未发现质量异常则通知财务部门付款,发现质量问题则通知财务部门停止支付、技术部门复检、采购部索赔及处理货物。

该企业的需求是按该流程"定做"其专用的合同,并根据该流程及其他公司的管理制度制定出公司的采购管理制度。尽管企业当时尚无办公自动化系统,但这一流程已经描述了大部分的交易方式条款和问题处理条款,有了如此清晰的流程和说明,制作合同时将其转为文字描述的条款即可。

四、层次分析与图上作业

层次分析法属于运筹学的范畴,其原理和应用方式与概念划分原理类似。在运筹学方面,层次分析法主要用于从几种方案中通过定性及定量的层次分析得出决策结论,而合同领域的概念划分是从理想状态下的合同目标反推出合同中应当具备的内容,从而为合同的起草或审查提供比对的依据。

(一)层次分析法的原理

层次分析法(Analytic Hierarchy Process,简称"AHP法")于20世纪70年代由美国运筹学家托马斯·塞蒂(T. L. Saaty)提出,是一种定性与定量分析相结合的多目标决策分析方法。特别是将决策者的经验判断予以量化,对于目标结构相对复杂而且缺乏某些必要数据的情况更为实用。在实际运用这一方法时,有时并不需要过多的量化过程,甚至根本无须进行运算,要借鉴的只不过是其原理和方法。

层次分析法处理问题的原理是先对达成目标所需要的因素进行分类、分层,至少分成目标、准则、措施三层,然后才进行整体性的分析。这种方法是概念划分与图上作业的有机结合,可以将达成目标所需要的因素分为三个层面:

1. 目标层

对于合同而言,交易目的就是层次分析的目标因素,位于层次结构中的第一层——目标层,也就是委托人希望通过交易而实现的目标。

2. 准则层

准则层是指为实现交易目的而必须掌握的原则、必须处理的事务。结合交易背景,这一层包括交易内容、交易方式等实现交易目的所必不可少的组成部分。

3. 措施层

措施层是指实现准则层的控制目标而要采用的具体措施,在合同中以具体的合同条款的方式体现。

从原理上看,这种方法的第二层以提出原则为主,相对于概念划分更适合用于决策。概念划分以合同的内在客观规律为基础,因而处理的事项更为具体,往往并不需要专门确定某种原则。另外,层次分析法的分层比较灵活,遇到较为复杂的问题时可以细分出另外一层,而概念划分则相对固定。

例如,目标层可以分为总目标层、子目标层等更多的层次结构,而准则层也可以分出制约的因素、子因素等层次结构。概念划分虽也可以一直延伸到无法再分,但往往是基于概念的内涵、外延而并非单纯的需要。而如果哪一层或哪个概念过于复杂,往往是该层级或该概念包含的内容太多或太复杂所致。

（二）层次分析法的运用

为了说明问题并展示区别，我们仍以前面讨论过的树图为例。按照层次分析的方法，该图的结构及内容如下：

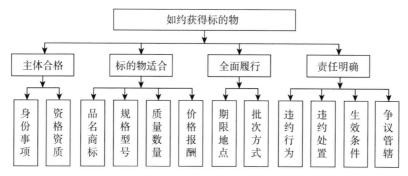

图7　交易安全层次分析示意图

图中第一层内容为目标层，是交易目的；第二层为准则层，内容为各类必须具备的条件或必须实现的目标、要求；第三层为措施层，主要是为了达到第二层提出的要求而必须实施的内容。图7如果延伸出第四层，则展开的内容将更多、更具体。在一些比较简单的合同中，第三层已直接是具体的合同条款。当然，对层次分析法本来所应用的决策领域而言，最后一层是相对简单的结论而不是单纯的对上一层的展开。

一般来说，合同中的第四层与第三层之间，既可以是向下展开的树图也可以是复杂的关系图。这也符合层次分析标准模型的特征，因为层次分析的底部是关系图而非树图。如果需要进行层次分析的合同是某些特定的合同，特别是那些强调条款间配合的履行内容及程序复杂的合同，例如，成套设备买卖合同、安装合同等，则更可以同时用树图和关系图的方式进行表示。

以层次分析法进行图上作业，同样易于发现合同的结构缺陷及模块功能缺陷，分析层次时产生的各层模块也是为条款设立标题的基础。由于各个层次的内容是依据推理而非简单列举，而且各层次之间的关系以关系图的方式出现，加之层次功能固化、各模块主题明确，因此通过图上作业可以直观地分析各组成部分的内涵、外延、关系等因素，同样便于直观地判断和调整，避免内容的重叠或遗漏。

第三节　合同秩序设计基本原理

合同条款的秩序,体现在合同的文字表述本身以及内容的层级、顺序安排等是否符合人们的阅读习惯。建立良好的秩序首先是为了保证合同起草的质量和效率,然后是为了便于读者阅读、理解。

结构体系是从宏观方面安排合同的架构,而条款秩序则在微观方面令合同条款井然有序并可以顺畅地阅读。

一、秩序之本是主题安排

秩序,通常的理解是指有条理、不混乱的情况。其中,"秩"代表条理,"序"代表顺序。合同条款的"有秩序",是基于某种主动的安排而使条款间的关系以及合同的整体安排处于较为和谐的状况。脱离这种和谐则是缺乏秩序甚至是没有秩序的混乱,就会令人感觉"杂乱无章"甚至"颠三倒四",因为那种状况并非人们通常认为应该达到的状态。

条款秩序可以理解为条款之间的条理。其中,由不同层面的主题安排所形成的秩序是最为基础的内在秩序,以标题体系展示的秩序为外在秩序。

(一)建立条款主题的原则

从整个合同到每一个语句,合同中存在着许许多多的不同主题。从语句到条款、再到章节,主题不断聚合形成上一级主题,每个主题都由下属的模块或条款共同形成。正因如此,如果这些主题安排不按照一定的顺序,整个合同就一定会因为主题的不断跳跃、丢失、逆转而显得杂乱无章。

语句是最小的完整条款单位。以此为基础,段落由数量不等的语句构成、条款由数量不等的段落构成、底层模块由数量不等的条款构成、上一层模块由数量不等的下一层模块构成,直至构成整个合同。这个逐级放大的过程,也是主题不断扩大的过程。如果不对主题进行妥善安排,形同以规格不一、材质不一的材料用胡乱堆砌的方式建墙,结果一定是毫无质量可言。

合同条款的良好秩序,需要从控制语句主题开始。主题是语句本身秩序的一部分,表述方式[1]是其另外一部分。为了讨论方便和避免混淆,这里假设一个条款由两个或以上的段落组成,每个条款由两个或以上的语句组成。而从语句开始的

---

[1]　参见本书第一章第八节"合同表述基本原理"及第五章关于词汇、语法等的相关内容。

秩序建立,便是从语句主题、段落主题到条款主题的控制。这种控制方法有三个基本原则,即主题的统一性、主题的完整性、主题的连贯性。

1. 主题的统一性

一个段落必须有一个主题,而且最好只有一个主题。段落中的所有语句,必须是分别属于这个主题的不同组成部分。这是避免主题杂乱和建立清晰的权利义务边界、明确的条款秩序的基础性工作。

例如,某合同中的"13. 承诺与保证"条款下有三项关于签订履行资格的内容,原条款并无标题,但其主题可能分别归纳为:

13.1　法人的签订及履行资格

13.2　授权代表的签署合同资格

13.3　标的物的合法资格

该合同中的这三项内容如果没有设置序号其实就是三个自然段,每段语句虽然有长有短但只有一个主题,因此条理清晰、内容统一。

2. 主题的完整性

每个段落需要独立地将其主题描述完整。如果该主题的内容实在太多可以分成不同的分主题,且每个分主题另起一段并把各自内容描述完整。如果只是因为罗列不同的假设而使内容过多,则可以描述主题后以冒号结束,再逐条罗列各个假设。

例如,前述的"13.2　授权代表的签署合同资格"条款完整表述了授权代表的资格问题。如果需要分开表述,则可以采用如下方式:

13.2　授权代表的签署合同资格

卖方指定的授权代表具有完全民事行为能力且已获得签署本合同所必需的书面授权,作为其委托代理人签署本合同并无任何法律障碍。

卖方对授权代表签署本合同的任何行为将予以认可,并不存在授权不明或超授权范围的情况,亦不存在任何因上述情况而可能导致合同无效或部分无效、被撤销的情况。

3. 主题的连贯性

提及主题的语句需要靠前,让人明白整个段落的主题。不同语句之间的排列顺序需要符合时间顺序、因果关系顺序或从重到轻、从高概率到低概率等符合人们阅读习惯的顺序,使语句间的过渡自然、流畅。

例如,将内容安排按照从常态到非常态、发生概率从高到低的顺序、时间上从短到长的方式进行排列,且每个段落只描述一个完整主题,即可使其过渡顺畅:

10.8　保修服务

保修期内,卖方应提供【7×24】小时的技术支持服务。

如果出现紧急技术问题,在买方通过电话或传真通知卖方的情况下,卖方的专业技术人员(指具有相应资格的工程师)应在【1】小时内予以答复。

如果买方要求进行现场处理,卖方应在收到买方通知后的【2】小时内(或从卖方设立的最近维修点至买方现场之间的最短距离乘坐最快交通工具的时间)赶到现场,并在收到买方通知后的【6】小时内恢复,在收到买方通知后的【48】小时内彻底排除故障。

若卖方收到买方故障通知后【15】日内未能排除故障,买方有权要求卖方免费提供同款全新产品,卖方应于【15】日内免费提供给买方临时使用。

(二)从条款主题到模块主题

从条款到所在的模块、从所在的模块到上一级的模块,仍旧需要通过按主题归类来建立秩序。如果合同条款所构成的模块分为两级,或者说是合同正文的标题分为两级,则二级标题是其下属条款的共同主题,一级标题则是其下属二级标题的共同主题,而各级标题及具体的条款则构成了合同的正文。这种客观形成的金字塔结构,是内存秩序的组成部分。

在这种金字塔结构中,如果某一主题下的"亚主题"的具体条款较多,则需要将这些具体条款归入一个二级模块并设置二级标题。例如,某采购交易大量涉及标的所需的各类服务而且要求复杂。经过归纳,在一级标题"合同标的"条款之下分别设置了六个二级标题,分门别类地表述标的的不同内容。经过归纳后的两级模块结构如下:

第三条　合同标的

3.1　【附属于标的的服务范围】

3.2　【服务对各类法律、要求、技术文件的遵从性】

3.3　【服务对签约前文件的遵从性】

3.4　【服务的系统性、标准化、兼容性】

3.5　【服务人员的合格性】

3.6　【对买方人员的技术培训】

上述按主题建立二级模块的过程,也是梳理合同条款内容、归纳条款主题的过程。在这一过程中,需要通过调整层级、顺序的方式使合同条款更符合秩序的需要,并借此排查有无遗漏。即使不设二级标题,也同样需要具有主题意识,将相同主题或相近主题的条款安排在相邻或相近的顺序上。这种做法事实上也符合人们的思维习惯,比如人们习惯性地将标的描述条款放在一起、将违约责任条款放在一起。相同主题的条款或模块之间具有向心性,不同主题的条款或模块之间具有排他性。这是主题集中时的规律,也是合同条款能够区分出层级、顺序的原因。

以主题集中的方式安排条款不仅可以增强合同条理、建立条款秩序,也可以反向运用于合同起草。当起草合同的素材并不充分时,可以借助设计好的合同结构体系及有限的素材,根据主题集中、合同秩序的原理反向判断合同还应该有哪些条款。因为这些规则是无形但又相对固定的尺度,既可以用于衡量已有的合同内容,也可以基于已有的内容判断出应有而未有的内容。

总之,主题集中令条款便于识别和查找,也便于阅读、理解,在带来秩序感的同时增加了工作上的便利,也便于排查合同的某一主题下是否缺少了某类条款。因而合同中大小不等的功能模块的产生,对从框架到条款的设计路径来说是将不同主题的条款归入了不同的模块,而从修改合同、设立标题的角度来说则是根据条款主题归纳出了标题。

二、主题的层级与顺序

主题的层级与顺序,是主题分类的延伸,也是安排主题秩序的需要。层级是指层次、级别,是存在于结构体系之中构造区分的方式。至于顺序,则是对主题在先还是在后的位置安排。

(一)客观存在的层级

对于层级问题,同样假设合同的正文内容分为一级模块、二级模块、条款三个层级,则条款一般只与条款并级、二级模块只与二级模块同级、一级模块才与一级模块同级,尤其是不能让条款与一级模块同级。这就是合同内容安排上的层级问题,既涉及条款的层级也涉及模块的层级。

层级的存在是因为事物本身的结构和规律使然,并非是一种人为创造出来的观念。正如企业关于向哪个领域投资、发展的决策属于战略层面的决策,而商务谈判中用哪一种方式才能更好地压价只是战术层面的决策,不同层面的问题有着不同层面的主题。从概念的内涵、外延的角度进行理解同样如此,一个属概念会包含若干个种概念,种概念只是属概念的一部分,因而属于不同的层级。

合同中同样如此,尽管划分标准可以不同,但以任何一种标准划分一级模块都会产生一级模块与二级模块、与条款之分。例如,合同的标的是任何合同中都必不可少的内容,但标的可以有主给付义务、从给付义务、附随义务之分,三者间的重要程度、权利义务保护力度等均不相同。例如,购买设备是主给付义务,附带的安装调试是从给付义务,但二者都属于包含于"标的"的种概念,与上一级的属概念"标的"及与"标的"同级的概念无法相提并论。

例如,某合同因篇幅不长、内容不复杂而将一级标题设定为九条,每条之下都有若干个条款分述不同内容,九条内容分别如下:

第一条 合同标的(标的、数量、质量)
第二条 价格及付款方式
第三条 包装及运输
第四条 交付、清点及验收
第五条 售后服务(保修及维修)
第六条 承诺与保证
第七条 不可抗力及违约责任
第八条 通知、送达及争议解决
第九条 合同签订及生效

试想,如果该合同还有第十条,内容为不设标题的一个条款"第十条 本合同附件为本合同不可分割的组成部分,与本合同具有同等法律效力"。这相当于将一个条款与前面的九个一级标题平起平坐,整个层级就会显得混乱而无秩序。现实的合同中,这类情形并不少见。事实上,这一条完全可以加入到第九条成为其中一个条款。

(二)无法忽略的顺序

主题的顺序同样不难理解,其实就是条款及模块是否按时间上从先到后、因果上从因到果、程度上从重到轻、概率上从高到低等方式进行排列。以这些方式排列,更符合人们的阅读习惯。

同样以上一份合同目录为例,前五个条款其实是按发生的时间顺序,比如先确定标的才能确定价格、支付方式,先有包装、运输才有交付、清点及验收,验收后才存在售后服务。这种按发生顺序或因果关系排序的方式,可以同时使合同成为履行时的"工作计划书",按顺序履行即可。而所有优势中最重要的一点,其实是便于顺着时间或因果关系的线索排查合同是否存在遗漏的内容,以及在将合同权利义务分成不同的单元后对其进行逐一的精雕细琢。

后四个条款并非合同正常履行所需条款,尤其是第六条至第八条的解决争议条款,是针对合同履行中或然性事件的约定,因此放在前五条之后。经过这种安排后,合同不仅便于阅读,也便于理解和执行。

如果进一步分析,第六条的"承诺与保证"是承上启下的内容,它既与交易内容、交易方式条款有关也与问题处理条款有关,承接着从合同正常履行所需条款到问题处理条款的过渡。而从违约责任到通知送达以及最后的签订生效条款,则从发生概率上先"由近及远",再"由远及近"回复到会现实发生的合同签订生效上来。秩序的存在使合同条款读起来流畅易懂。例如,先描述"交付、清点及验收",然后再描述"包装及运输",不仅表述顺序显得别扭,也容易在合同履行时疏忽包装及运输要求。

当然,只要与交易的内容、方式相适应,条款顺序的排列可以有多种方式。例如,如果支付方式为验收后付款,则完全可以将"价格及付款方式"移至"交付、清点及验收"之后。

(三) 利用秩序来形成文本

从实际经验来看,超过千字的合同已经需要为其安排结构并调整条款所在的层级和顺序以优化秩序。而越是复杂、抽象的合同,则越是需要秩序的优化以保证质量,用这一方法设计合同结构更是事半功倍。

例如,两家企业准备合作开办营业厅。设计合同时通过对营业厅的设立、投资、运营、利益分配等方面进行通盘考虑,设定基本模块及排列顺序如下:

一、定义及合作宗旨
二、双方的资格及权限
三、经营活动内容及方式
四、投资及日常费用的承担
五、经营用物品的提供
六、人员提供及经营管理
七、酬金的标准与结算
八、协议的终止
九、违约责任及赔偿
十、其他约定事项

构思这些模块的基础,是按实现交易目的所必备的事项,通过流程分析,依据事物发展的先后顺序排列各个事项,再利用层级和顺序的关系进一步排查交易所需内容,并在起草时不断调整直到完成最终的结构体系。这一过程也是反向运用合同的秩序原理将素材"塑造"成合同的过程。进一步说明合同秩序既可以用于合同修改过程中对条款秩序的优化,也可以反向根据架构和交易目的推断出所需的内容后完成合同的起草。

三、模块的内容及秩序

按主题安排内容是合同秩序的内在基础,依据主题划分基本模块及建立秩序是其高级应用,而以标题展示模块则是合同秩序的外在表现。没有条款秩序的标题体系会显得混乱,没有标题体系的合同秩序则难以直观识别。因此,外在秩序对内在秩序的展示通过标题体系来实现。

(一)模块的设计与优化

基本模块,或者称为一级模块,是构成合同的最基本的几个部分,决定了整个合同的结构及内容布局。有些合同不分基本模块,而是几十个条款从第一条写到最后一条,漫无边际,让人读来昏昏欲睡。也有一些合同虽然区分了基本模块但徒有其表,在文字量分配上有的模块几乎占了合同字数的"半壁江山",而有的模块却只有简单的一句话。这两种方式都不值得提倡,因为没有让模块起到建立秩序、提高工作质量和效率、使合同易读易懂的作用。

1. 划分基本模块的思路

现实中的基本模块划分,大多是按合同履行环节外加意外事项进行处理。前者是指将交易内容、交易方式按不同的履行环节进行表述,后者是指主要的问题处理条款。如交易标的条款、价格及结算条款、标的交付条款、质量检验条款、售后服务条款等是按交易环节进行表述,而随之而来的变更与解除条款、不可抗力条款、违约责任条款等是意外事项处理条款,最后又以合同的签订与生效这种广义的交易方式条款结尾。前半部分属于"正常履行事项",后半部分属于"非正常履行事项"。

划分基本模块时,通常会为了满足交易的需要和建立秩序的需要而进行变通。交易主体、交易内容、交易方式、问题处理四大基本功能模块虽然合理地切分了合同的条款内容,但由于其高度的概括性而无法直接设定基本模块。同时,不同的交易内容、交易方式会使双方构成完全不同的法律关系,即便是同类法律关系的交易还会涉及不同的交易目的、交易偏好等,这些都决定了一级模块的设置各有不同。

例如,工业设备的使用权既可以通过买卖获取,也可以通过租赁、融资租赁的方式获取;获得建筑物所有权,既可以通过买卖合同,也可以通过建设工程合同,甚至以代建的方式;甚至企业在解决争议时,除了委托律师代理诉讼,也可能将债权转让给律师事务所。同样的交易目的可以用不同的交易方式、法律关系去实现,划分合同模块的方式可以随之改变。交易目的的实现方式、一级模块的划分方式,"运用之妙,存乎一心"。

但无论采用何种形式,对合同一级模块的划分都是合同四大基本功能条款或是合同一般包括条款在不同法律关系及交易环境下的变通。即任何合同都要涉及交易主体条款、交易内容条款、交易方式条款、问题处理条款,而交易内容条款又可细分为标的、数量、质量、价款或报酬条款,交易方式又可细分为履行的期限、地点、方式、内容等条款。

2. 对基本模块的调整优化

所谓的优化,是根据安排各模块内容的需要对模块进行拆分、合并,以及对模块标题的内涵、外延进行调整。

　　模块是否需要优化,取决于模块功能的差异程度和篇幅。篇幅短的模块可以考虑能否合并。其中,功能差异小的可以并入其他模块,功能差异大且无法归入其他模块的可以考虑全部归入一个新设的"其他约定事项"模块。篇幅长的模块可以根据内容主题上的差异拆分成不同的一级模块,或将部分归入其他模块。优化的结果可以是增加了同级模块,也可以是减少了同级模块。

　　例如,一份长达26页、15000余字的《设备采购合同》共分为18个条款,也就是说有18个一级模块。但其文字量分布极不均衡,文字量最少的两个模块每个只有一个条款,其中最少的一个模块"第十二条　保密"只有36字,另外"第八条　厂验、到货清点"有49字,"第七条　运输和包装、交付及所有权和风险转移"有69字。而最大的一个模块"第九条　安装、系统测试、移交、联网、割接上线、试运行和终验"共2442字。

　　纵观全文,该合同基本模块过多、模块内容失衡,其标题有的过分详细,有的过分简单。如果调整模块和标题,可按其标题风格将内容最少的两个模块合并为"第七条　包装、运输、清点及权属和风险的转移"。而"第十二条　保密"则完全可以改头换面后并入"第十三条　承诺与保证",因为"承诺与保证"之类标题下的内容几乎可以包罗万象。

　　对于最长的"第九条　安装、系统测试、移交、联网、割接上线、试运行和终验",即使从标题也可以看出其内容包含了诸多的阶段,至少按工作性质拆分成性质相近的"安装、系统测试、移交、联网""割接上线、试运行和终验"两个模块根本没有任何障碍。

　　合同基本模块功能差异、篇幅长短对应的是否拆分、归并的思路如下:

表5　篇幅及主题的关系调整分析

功能差异＼篇幅差异	模块篇幅过长	标题下篇幅过短
内容主题差异大	拆分成同一层次的不同模块	并入统一的"其他约定"模块
	拆分成同一模块下的不同模块	
内容主题差异小	拆分部分内容并入其他模块	作为一个小模块并入其他模块

(二)基本模块的秩序安排

　　如前所述,一级标题的设立通常需要根据履行环节外加意外事项进行处理。一级标题的排序,也同样遵循时间上从先到后、因果上从因到果、程度上从重到轻、概率上从高到低等顺序综合考虑后进行排列,因为合同中的标题无法纯粹地按其中的一种顺序进行排列。这种排列方式符合人们一般的排序及思维习惯,阅读理解起来也比较顺畅。

例如,交付方式应当置于质量、数量之后,因为没有数量、质量、价格等基本内容,合同无法进入交付阶段。同样,违约不是合同履行中必然发生的情形,置于正常履行所需条款之后。同样,合同一式几份、生效条件等约定必然是在合同的最后,因为这是对整个合同的约定而非对交易条款的约定。

这种简单的排序原则在实际工作中经常被用于不借助任何参考文本的合同起草,因为可以按时间顺序或因果关系顺序进行流程分析,列出完整的履行环节,避免重大的模块遗漏。

例如,《建设工程项目管理试行办法》(2004年)颁布后不久,某酒店的改扩建工程需要由某项目管理企业实施全过程的专业化管理和服务。由于该行政规章刚刚颁布,缺乏相应操作的先例文本。律师在设计合同时根据业主的需求、项目内容、工程规律及该办法的相关规定,将合同文本分为16项内容,也就是16个基本模块。在按前述方法安排秩序后形成的目录如下:

第一条 管理项目基本描述

第二条 项目管理人的工作范围及资质要求

第三条 项目管理机构的设置及双方的分工

第四条 供应商、承包商的确定与监督管理

第五条 管理行为的实施

第六条 项目实施中的保险

第七条 会议及资料、报告的提交

第八条 工作质量的评估与检验

第九条 供应商、承包商款项的支付

第十条 文件的签收与方案的确认

第十一条 知识产权归属与商业秘密保护

第十二条 合同的变更与延迟、解除

第十三条 管理人的报酬与奖励

第十四条 不可抗力

第十五条 违约责任与赔偿

第十六条 其他约定

这里所用的排序方式是多种规则的组合,既有时间方面的顺序,也有发生概率方面的顺序,还有重要性强弱方面的顺序。有了这层基本模块后再逐级细分各个模块的内容,无须参考文本也足以完成合同的起草。

（三）模块的细分及秩序安排

合同的整体结构大致就是按顺序安排的履行事项。正如前述美国律师协会推荐的七十余页的企业收购合同①的标题体系显示的那样，虽然那份合同的整体性及篇幅在 20 世纪 90 年代国内的收购与兼并中难以想象，但总的来说所有内容均遵循着两条主线：横向列举的收购所涉及的各方面事务，纵向排列的各事务发生顺序。或者说，每个基本模块都是一个特定问题的横向展开，而所有的模块又按时间顺序纵向排列，并在不同的模块里进一步按此规则细分。

1. 以细分建立新秩序

模块秩序的建立与设置条款、段落的秩序建立一致，同样需要遵守主题集中和层级、顺序的原理。越是篇幅较长或内容复杂的合同越需要高质量的秩序安排，否则合同会形同一团乱麻。

处于第一层级的基本模块的设计与优化、排序完成后，如果有需要，可按同样的原则设立第二级甚至第三级、第四级的模块秩序。这时的工作要点仍旧是主题集中和层级、顺序原理的运用，而且层级越是向下，条款的内容主题越是集中，定位、分层、排序也更为容易。

仍以前面一份合同的布局为例，根据该项目的具体情况和业主的需求，以及项目实施的阶段性特征，其中的第五条又细分为以下内容：

5.1　对前期策划、方案设计的管理

5.2　对方案实施的监督管理

5.3　对工程的组织与协调

5.4　对供应商、承包商的质量监督管理

5.5　对工程进度、工程款支付的监督管理

5.6　对施工现场的管理

5.7　对履行合同能力的监督管理

5.8　对总造价的控制

5.9　工程的验收与决算审计

又如，该合同第十二条"合同的变更与延误、解除"根据合同履行期间可能发生的意外情况亦细分为以下内容：

12.1　合同变更的除外情况

12.2　合同变更后的善后处理

12.3　对供应商或承包商的合同变更

---

① 参见本书第二章第二节第四部分的相关内容。

12.4 合同履行的延期与恢复

12.5 委托人原因导致合同延迟履行的处理

12.6 延迟履行与供应商及承包商

12.7 合同的单方解除

12.8 因达不到合同目的而解除

12.9 项目管理机构的撤销

其中第12.9条是根据管理人的要求进行的细分,以确定在某些特殊情况下,管理人的项目管理机构的运行期限可以变更。设定的具体情况为:

本合同项下工程质量保证期满前,在正常履行状态下,当项目管理人的工作符合下列条件时,项目管理人可以撤销项目管理机构及项目经理:

(1)项目管理人向委托人办理完毕全部竣工验收及全部工程移交手续;

(2)施工单位编制的保修期责任计划全部审查完毕,且各供应商、承包商已经全部与委托人签订工程保修责任书;

(3)工程审价工作已经全部完成,且委托人已扣除本项目管理合同报酬5%的质保金;

(4)供应商或承包商的尾款已结清或未能结清的原因与项目管理人无关;

(5)委托人所委托的其他事务,除质保期内的事务外已经全部办理完结;

(6)无尚未了结的争议处理或诉讼等事务。

需要注意的是,细分某一模块后往往需要检查相关模块的内容是否需要随之调整,以免出现条款匹配性方面的问题。例如,当标的质量模块被细分为产品质量、资料质量、服务质量三个次级模块后,违约责任条款往往也需要细分为与之对应的设定,而且也应当与次级质量模块的表述顺序保持一致,以提高严谨性并便于发现低级错误。

2. 条款无关化与模块细分化

在进行上述处理时,一定要注意模块无关化原则。仍以前面提及的长达26页、15000余字的合同为例,因为页数太多、条款太多,如果不将同主题的内容集中表述,在处理时非常容易遗漏置于其他模块的零星约定。但这样处理的副作用是当某些主题内容较多时某个模块会变得异常庞大,这也是一种无奈之举。该合同的条款文字量分布严重失衡,同主题的集中表述也是重要的原因之一。但这一问题并非无法解决,如果需要,将过于庞大的模块拆分成相邻模块即可解决。

例如像前面对"第九条 安装、系统测试、移交、联网、割接上线、试运行和终验"那样,将2442字的模块拆分成"第九条 安装、系统测试、移交、联网""第十条 割接上线、试运行和终验"两个相邻的一级模块。拆分了主题、分散了文字量以后,更便于查找和阅读。

另外一种应对过于庞大的条款的方法是将该条款下的内容按主题集中的原则细分成若干个模块并加上标题,使之有条不紊且便于阅读理解。例如,该合同中的"第十四条　违约责任"十分庞大,共以 14 款、1700 余字集中表述了违约责任的承担、违约金计算方法、赔偿损失的计算范围,以及割接方面的违约、发票方面的违约、软件故障次数超限、保修违约、知识产权违约等,但由于内容未分类、未设标题而显得混乱。或许正因如此,加之操作环节过于复杂,其约定的违约责任承担方式远未覆盖所有可能出现的违约情况。

如果需要调整,可将模块内的 14 款按主题分别设定不同的下级模块。如"14.1 违约责任的承担方式""14.2 违约赔偿范围""14.3 增值税发票违约""14.4 产品质量违约""14.5 服务质量违约"等,会使该条更容易阅读和便于进一步地梳理、调整。

(四)模块标题的优化调整

所有标题的命名原则,都是力求名实相符。基本模块或称为一级模块的标题,是合同中的一级标题,其下的标题为二级标题,其余以此类推。名实相符的名称可以显示模块的主题,当主题与交易所需求的内容不一致时可引起注意,律师可及时调整内容及标题,而名不符实的标题常常会因误导而令人无法发现问题。

优化模块的过程也是优化标题体系的过程,使标题与需求相符、内容与标题相符。这不是一个只修改标题的工作,而是修改标题以使主题与标题相符的工作。而且在制作内容复杂或篇幅较长的合同时,往往需要将标题细化至能够充分展示主题内容,甚至需要设定专有的表述方式以免内容上的误解或混淆。

例如,某合同的"产品交付"模块同时包括了包装、运输、交接、验收方面的内容。如果文字量较多,可将其拆分为"包装与运输""交付与验收"两个基本模块。反之,如果合同中出现了"包装与运输""交付与验收"两个基本模块但内容并不多,也可以将二者并到"包装运输及交付"一个模块中。

对于内容篇幅较长的条款,即使只根据主题为其不同内容加上标题,也能大大提升可读性。例如,"10.8 保修服务"共 271 字,只分段落未分模块、未设标题。将内容归类并加上标题、序号后,内容直观、易读。例如:

10.8　保修服务

10.8.1　基本要求

保修期内,卖方应提供【7×24】小时的技术支持服务。

如果出现紧急技术问题,在买方通过电话或传真通知卖方的情况下,卖方的专业技术人员(指具有相应资格的工程师)应在【1】小时内予以答复。

10.8.2　抵达现场处理

如果买方要求进行现场处理,卖方应在收到买方通知后的【2】小时内(或从卖方设立的最近维修点至买方现场之间的最短距离乘坐最快交通工具的时间)赶到现场,并在收到买方通知后的【6】小时内恢复,在收到买方通知后的【48】小时内彻底排除故障。

10.8.3　临时应急设备

若卖方收到买方故障通知后【15】日内未能排除故障,买方有权要求卖方免费提供同款全新产品,卖方应于【15】日内免费提供给买方临时使用。

四、以标题及序号固化合同秩序

为合同条款编排序号,是对合同条款秩序的固化,也是为了表述上的方便。这种序号安排如同大型宾馆对客房的编号,目的是便于管理、便于表述。编排序号的方式多种多样,但都需要体现条款间的层级和顺序关系。

篇幅短的合同可以不设标题、不设二级序号而直接平铺直叙,条款内也可以只分段而不设序号。但篇幅长的合同却需要用标题体系及序号体系来提高工作质量和效率。如果讨论合同时必须用"合同第×页、从上面往下数第×段、里面的第×行"之类的语言描述,不仅效率低下而且显得不够专业。

(一)以传统的中文方式编排

国家立法所采用的序号编排方式,从大到小最主要的是"章""节""条""款""项"。但"款""项"列在"条"之下而不带序号,而"章"之上有时还设有"编"或"总则""分则"。这种序号编排方式中,最主要的条款单位是以"第×条"为典型表述方式的"条"。目前全国人民代表大会及其常务委员会所颁布的法律一般均采用这种编排方法。其特点是庄重、沉稳而且表述方便,尤其是只要看一部法律的最后一条的序号就可以知道该法一共有多少条。

以《民法典》(2020年)合同编为例,该部分包含通则、典型合同、准合同三个部分,但"章"下很少设"节"。而《民法总则》(已失效)则分为十一章,且每章根据内容需要而设"节"。可见如何设置序号层级单位,完全根据实际需要。

目前,国内的合同序号编排方式没有一定之规,大多数合同以条为序号基本编排单位,顶多条上加章或节,很少全盘套用法律条文的编排方式。因为这一编排方式过于古板,更适合用于单位内部的规章制度而不是合同。这类编排方式最大的缺点在于,一旦在修改过程中增加或删除了一条内容,后面所有条款的编排序号都要进行调整,操作起来很不方便,只适合条款较少的合同。

除此之外,这类编排方式如果条下的款较多,而且安排得不够合理,则表述起来非常不便。

以 2000 年颁布的编号为 GF-2000-0171 的《商品房买卖合同示范文本》为例，仅正文前的买卖双方身份事项即有 20 行之多，表述起来非常不便。同时，全文共 24 条，最短的是第 23 条，仅"本合同自双方签订之日起生效"一句话，而且前 17 条有标题，后 7 条则没有标题而直接是条款。此外，全文对于序号有多种编排方式，无论怎么看都像是没有经过修饰的半成品。尤其是其中的第三条，其具体内容如下：

第三条　买受人所购商品房的基本情况。

买受人购买的商品房(以下简称该商品房，其房屋平面图见本合同附件一，房号以附件一上表示为准)为本合同第一条规定的项目中的：

第_____[幢][座]_____[单元][层]_____号房。

该商品房的用途为_____，属_____结构，层高为_____，建筑层数地上_____层，地下_____层。

该商品房阳台是[封闭式][非封闭式]。

该商品房[合同约定][产权登记]建筑面积共_____平方米，其中，套内建筑面积_____平方米，公共部位与公用房屋分摊建筑面积_____平方米(有关公共部位与公用房屋分摊建筑面积构成说明见附件二)。

_____。

虽然仅有 350 多个字，但有文字部分分为 5 款，如果加上自行填写部分则共有 6 款之多。由于各款之间没有序号加以区别，沟通时往往必须说"第三条从下往上数第×款"或"第三条从上往下数第×款"，表述、查找起来都非常不便。

值得肯定的是，2014 年颁布的编号为 GF-2014-0171 的《商品房买卖合同(预售)示范文本》全面修正了上述问题。新版本共设 10 章，每章设标题；章下设条，每条设标题。并在最后设了"第十章　其他事项"，将各个小条款收纳其中，使合同显得主题集中、文字量分布均衡。而且"第三条　商品房基本情况"中为各款内容加了序号，使之容易识别和表述。

(二)以外来的数字序号编排

虽然律师可以用"第×条、第×款、第×项"的方式表述，但大多数非法律专业的人员根本不知条、款、项的区别及用法。而所有人都容易理解"合同的 3.42 条款"之类的表达。这就是不同的序号编排方式的不同使用效果。

这种编排方式通常由英文合同大量采用，多以带有小数点的数字为最基本的条款单位。其中，小数点以前的数字表示该条款所属的条或章，小数点以后的数字表示在这一条或这一章中的序号。例如，某合同第二条是对质量要求的描述，其一级标题及其下的四个条款分别被编排成：

2. 质量要求
2.1 有形产品
2.2 文件资料
2.3 知识产权
2.4 服务

以这类方式表述权利义务，引述起来非常方便而且层次结构、条款归属分明，目前已经越来越多地被采用。这样的编排方式比传统的中文编排方式更便于操作，一旦序号需要调整也不必全文清理一遍。但这种编排方式也有缺点，那就是在结构体系清晰可辨的同时，无法一目了然地知道全文共有多少个条款。而且，在许多英文合同的排版习惯中，越是细小的内容其首行缩进量就越多，如果同一条款分为多个层次，各条款首行的层层缩进会使版面显得杂乱无章。

(三) 以综合的序号方式编排

除前两种比较传统的编排方式以外，许多实际操作中的合同也会在序号编排中打破这些传统，以灵活的方式编排内容。由于序号编排没有固定的硬性规定，因此这类编排方式灵活、方便，也非常实用。

例如，有的合同直接以中文"一、""二、""三、""四、"的方式或以"第一条""第二条""第三条""第四条"的序号编排合同的一级模块标题，其下的第二级序号则以英文的带小数点的方式加以编排，如"1.1""1.2""1.3""1.4"等。而更细的第三层序号则又采用"（1）""（2）""（3）""（4）"的方式编排，第四层采用"①""②""③""④"的方式编排。这类编排方式如果辅以标题体系，例如至少为第一级、第二级模块加上标题，则使用起来非常方便，而且层次、顺序分明。例如，某合同以这种方式编排后，局部内容为：

第13条　管理人的报酬与支付方式
13.1 项目管理人的报酬
合同双方在此同意项目管理人的报酬总价为_____元人民币，由委托人按照本工程的进展及下列节点支付：
（1）预付款、前期工程策划、设计管理、招投标管理合计_____元人民币，占总价的____%；
（2）施工管理_____元人民币，占总价的____%；
（3）验收及决算管理_____元人民币，占总价的____%；
（4）质保金_____元人民币，占总价的____%。

需要强调的是,标题及编排序号是为了工作方便而设立的标记,是结构体系的表象、条款秩序的表象。只要能够明确地体现出层次和前后顺序,可以采用不同的方式编排序号。如果合同篇幅较短,可以不设一级模块而直接写带标题的条款。而对于更为简短的合同,则只要有条款序号即可,根本无须写标题。

第四节　违约责任设计基本原理

现实中的交易,时常会因为某种原因而导致合同未能完全如约履行,可以将其称为"履行异常",它既可能是履行义务方的故意行为所致,也可能是其主观意愿以外的原因所致。对于履行异常,追究违约责任只是其中的一种手段,还有许多其他途径可选。例如《民法典》(2020年)第五百八十二条关于瑕疵履行中提及的"可以合理选择请求对方承担修理、重作、更换、退货、减少价款或者报酬等违约责任"。

设置违约责任基本上是基于经济上的考虑:一是通过违约责任迫使相对方履行以取得所希望的结果,二是在对方违约时可以将自己所受到的损失转由对方承担。因此,设置违约责任的焦点是何种行为构成违约、违约责任如何承担。

一、违约责任与约定

《民法典》(2020年)对违约行为及违约责任进行了集中规定,但许多关于是否违约以及违约责任的规定,散见于对典型合同的相关规定中。只要约定的权利义务合法甚至只要不违法,当事人就有义务全面履行。而"违约"的前提是有法律上"违约"或合同上"违约"的约定。因此,违约问题的重点在于"约"。

(一) 法律规定的违约责任

"约"的总体目的,是为了实现预期的交易目的,因而需要锁定交易平台、锁定交易内容、锁定交易方式、锁定问题处理。这四项从内容到程序再到问题的处理全面锁定责任,成为全面实现交易目的的根本保障。

而对于"违约"的约定,首先取决于有无相关的"约",然后才是违反"约"的时候应该如何处理。因此"违约"既基于"约",本身也是"约"。

《民法典》(2020年)第五百七十七条规定:"当事人一方不履行合同义务或者履行合同义务不符合约定的,应当承担继续履行、采取补救措施或者赔偿损失等违约责任。"这是对于违约及违约责任最为基本的规定,除此之外还进一步明确了不同情形的违约责任范围、承担违约责任的种类。如:

第五百八十三条规定:"当事人一方不履行合同义务或者履行合同义务不符合

约定的,在履行义务或者采取补救措施后,对方还有其他损失的,应当赔偿损失。"

第五百八十四条规定:"当事人一方不履行合同义务或者履行合同义务不符合约定,造成对方损失的,损失赔偿额应当相当于因违约所造成的损失,包括合同履行后可以获得的利益;但是,不得超过违约一方订立合同时预见到或者应当预见到的因违约可能造成的损失。"

第五百八十五条规定:"当事人可以约定一方违约时应当根据违约情况向对方支付一定数额的违约金,也可以约定因违约产生的损失赔偿额的计算方法。
……"

这几个条款进一步明确了违约问题,几乎可以应对常见的违约。特别是《民法典》(2020年)第五百九十二条规定的"各自承担相应的责任"是解决双方均有违约情形发生时的依据,也证明合同中不应以"违约方""守约方"来表述,否则有可能因双方均有违约行为而没有"守约方",从而导致逻辑的混乱。

(二)约定不明的违约责任

如果合同上的某些条款约定不明确且无法通过协商解决,则适用《民法典》第五百一十一条的结果很可能导致一方构成违约。除了前述法律明确规定的违约情形,《民法典》(2020年)还规定了"没有约定或者约定不明确"的情形下如何确定和承担责任,并将"合理"作为衡量的尺度,如"合理的期限""合理选择""合理的方式"等。这也提醒法律人在前期的合同起草、修改过程中应尽可能清楚地约定权利义务,否则解决问题的方式很可能是由第三方来认定是否"合理"。

1. 约定不明时的责任判定规则

《民法典》(2020年)为合同条款的约定不明确设定了认定责任的规则。如果双方对于约定不明确的条款无法自行达成一致,则按这些责任判定规则来确定应承担何种责任,包括用以判断违约责任。这类规则分为两个条款:

第五百一十条规定:"合同生效后,当事人就质量、价款或者报酬、履行地点等内容没有约定或者约定不明确的,可以协议补充;不能达成补充协议的,按照合同相关条款或者交易习惯确定。"

第五百一十一条规定:"当事人就有关合同内容约定不明确,依据前条规定仍不能确定的,适用下列规定:

(一)质量要求不明确的,按照强制性国家标准履行;没有强制性国家标准的,按照推荐性国家标准履行;没有推荐性国家标准的,按照行业标准履行;没有国家标准、行业标准的,按照通常标准或者符合合同目的的特定标准履行。

(二)价款或者报酬不明确的,按照订立合同时履行地的市场价格履行;依法应当执行政府定价或者政府指导价的,依照规定履行。

（三）履行地点不明确,给付货币的,在接受货币一方所在地履行;交付不动产的,在不动产所在地履行;其他标的,在履行义务一方所在地履行。

（四）履行期限不明确的,债务人可以随时履行,债权人也可以随时请求履行,但是应当给对方必要的准备时间。

（五）履行方式不明确的,按照有利于实现合同目的的方式履行。

（六）履行费用的负担不明确的,由履行义务一方负担;因债权人原因增加的履行费用,由债权人负担。"

对于典型合同也是如此。如果约定不明且双方无法达成一致,则按法律规定的规则判定责任方和所要承担的责任,并因此可用于确定违约责任。例如,对于买卖合同的下列规定:

第六百零三条规定:"出卖人应当按照约定的地点交付标的物。

当事人没有约定交付地点或者约定不明确,依据本法第五百一十条的规定仍不能确定的,适用下列规定:

（一）标的物需要运输的,出卖人应当将标的物交付给第一承运人以运交给买受人;

（二）标的物不需要运输,出卖人和买受人订立合同时知道标的物在某一地点的,出卖人应当在该地点交付标的物;不知道标的物在某一地点的,应当在出卖人订立合同时的营业地交付标的物。"

第六百二十八条规定:"买受人应当按照约定的时间支付价款。对支付时间没有约定或者约定不明确,依据本法第五百一十条的规定仍不能确定的,买受人应当在收到标的物或者提取标的物单证的同时支付。"

合同中约定不明的情况并不罕见,而以上规定虽然确定了某些约定不明的事项应当如何处理,但毕竟在无法达成协议时需要第三方来判断是否违约及违约责任,远不如将其约定为合同义务而使权利义务得到更明确的保护。

2. 约定不明时的适用规则

约定不明责任与违约责任在双方对于质量的约定不明确时,需要适用两个规则。首先是适用约定不明时的责任判定规则,即《民法典》（2020 年）第五百一十条、第五百一十一条的规定。例如,质量约定不明确时适用第五百一十一条第一款第一项的规定:"（一）质量要求不明确的,按照强制性国家标准履行;没有强制性国家标准的,按照推荐性国家标准履行;没有推荐性国家标准的,按照行业标准履行;没有国家标准、行业标准的,按照通常标准或者符合合同目的的特定标准履行。"

其次是适用承担违约责任的规则。依据《民法典》（2020 年）第五百八十二条规定:"履行不符合约定的,应当按照当事人的约定承担违约责任。对违约责任没有约定或者约定不明确,依据本法第五百一十条的规定仍不能确定的,受损害方根据标的的性质以及损失的大小,可以合理选择请求对方承担修理、重作、更换、退货、减少价款或者报酬等违约责任。"

各典型合同的违约责任则往往会有"个性化"的规定。例如,在买卖合同中的质量瑕疵的相关规定中,《民法典》(2020 年)第六百三十六条规定:"凭样品买卖的买受人不知道样品有隐蔽瑕疵的,即使交付的标的物与样品相同,出卖人交付的标的物的质量仍然应当符合同种物的通常标准。"

(三)违约责任的约定方式

违约责任的范围及其承担方式是设定违约责任的两大主要内容,违约金、定金、赔偿损失等相关法律问题的详细探讨可参见本书第二章第六节的相关内容,在此仅介绍一些常见方法。

1. 违约金

违约金可以约定具体的金额或基数及比例,也可以约定损失计算方法。相关规定分布在《民法典》(2020 年)及其相关司法解释中。简单列举的基本操作原则为:

① 希望责任直观、操作简单,则约定违约金;

② 约定违约金,以明确的违约行为描述为前提;

③ 约定违约金比例,必须同时明确计算的基数,以及是否按日累计;

④ 金额或比例加基数的设定,以预估可能受到的损失为基础;

⑤ 虽然法院可能不会支持过高的违约金,但在约定时就高不就低;

⑥ 可以同时约定违约金和定金,供对方在处理争议时从中选择;

⑦ 约定的违约金低于实际损失的,可以在诉讼时要求增加;

⑧ 对于迟延履行行为,可既约定违约金又约定继续履行债务。

2. 定金

定金是一种对履行合同义务的担保。相关规定已经从《担保法》(1995 年)并入了《民法典》(2020 年),此外还有若干相关司法解释中。简单列举的基本操作原则为:

① 定金数额不得超过主合同标的额的 20%;

② 交付的任何款项具有定金性质的均应注明,确保起到定金作用;

③ 可同时约定违约金和定金,供违约方的相对方从中选择适用;

④ 可约定交付定金为定金合同生效要件,未按约交付则定金合同不生效;

⑤ 可约定定金用于签订主合同,拒绝订立主合同则损失定金或双倍返还;

⑥ 可约定违约责任限于定金,便于以承受定金损失的方式解除合同;

⑦ 对方交付的定金数额与约定不符时可提出异议并拒绝接受,使定金合同或

定金条款不生效；

⑧ 约定严重影响合同目的实现的行为及定金适用方法，以便解除合同；

⑨ 不可抗力、意外事件致使主合同不能履行的情形不适用定金罚则，解决方案需要另行约定；

⑩ 约定的定金不足以弥补违约损失时可请求赔偿超过部分，但定金及损失赔偿额的总和不应高于违约损失。

3. 赔偿损失

赔偿损失是民法的基本救济手段，《民法典》（2020 年）等许多法律及司法解释都有提及。简单列举的基本操作原则为：

① 可用列举或定性的方式，约定损失赔偿额相当于违约造成的损失；

② 通过条款表述对方违约时可能造成的损失，以便追究可得利益损失；

③ 以说明书、标明、警示等方式界定瑕疵担保范围、履行告知义务，排除不必要的风险责任；

④ 明示或提示标的物的正确运输、装卸、储存、使用方式，避免各种操作失误造成的损失；

⑤ 关注在途风险、约定有利的风险转移时间，规避标的毁损、灭失损失；

⑥ 作为卖方时可以不约定逾期付款违约金，诉讼时主张参照银行逾期罚息的利率标准计算；

⑦ 消费合同另有法律规定的，免责条款未必适用，需要在消费合同以外与供应商的合同中约定风险转移条款；

⑧ 将重要的通知、协助、保密等附随义务约定为合同义务，避免界限不清而承担损失；

⑨ 对方违约后继续履行或采取补救措施后仍有损失的，可要求赔偿。

违约责任的安排是对争议处理规则的反向运用，也就是将解决争议的规则反向用于为解决争议制订规则。合同文本管理、合同事务处理，才是合同管理中远比合同诉讼更重要的内容。但要使合同法律风险管理最大化地发挥作用，还是需要企业发展到具有明显的交易优势地位的规模，甚至可以充分、有效地利用各种社会资源。

二、违约责任的不同处理方式

对于违约行为的追究，包括但并不限于追究其违约责任。按《民法典》（2020 年）第五百七十七条的规定，违约责任的承担方式包括了"继续履行、采取补救措施或者赔偿损失等"，因而处理违约行为可有多种选择。

(一)违约损失的控制方式

由于一方的违约而给另一方带来损失时,双方均有义务防止损失扩大。而且当一方因某种原因而无法按约履行时,即便合同中没有明确的规定,出于合同附随义务等考虑,也应当及时通知合同相对方,以便相对方及时采取措施防止损失扩大。对方损失的减小,也意味着违约方责任的减轻。

1. 单方违约的损失控制

《民法典》(2020 年)第五百九十一条规定:"当事人一方违约后,对方应当采取适当措施防止损失的扩大;没有采取适当措施致使损失扩大的,不得就扩大的损失请求赔偿。当事人因防止损失扩大而支出的合理费用,由违约方承担。"

与之类似的还有第五百九十条,"因不可抗力不能履行合同的,应当及时通知对方,以减轻可能给对方造成的损失,并应当在合理期限内提供证明"。

在实际操作中,这类通知应当留下足够的证据以证明确已发出通知以及通知的内容,以界定相对方何时已经知道合同履行已经受到不可抗力或违约的影响,并应着手采取适当措施去防止损失扩大。至于"防止损失扩大而支出的合理费用"则属于举证及判断的问题,支出的费用是否合理可以在争议解决阶段协商解决或由法院、仲裁机构认定。

除了以这些被动方式减少违约损失,法律还提供了一些主动采取行动减少违约损失的救济手段,但都有时限上的限制。

例如,《民法典》(2020 年)对赠与合同规定了不同权利的行使时效。如果受赠人严重侵害赠与人或其近亲属、不履行对赠与人的扶养义务或合同约定的其他义务的,赠与人有权依据该法第六百六十三条的规定撤销赠与,但"赠与人的撤销权,自知道或者应当知道撤销事由之日起一年内行使"。如果因受赠人违法致使赠与人死亡或丧失民事行为能力,其追究时效则更短,即《民法典》(2020 年)第六百六十四条规定的"因受赠人的违法行为致使赠与人死亡或者丧失民事行为能力的,赠与人的继承人或者法定代理人可以撤销赠与。赠与人的继承人或者法定代理人的撤销权,自知道或者应当知道撤销事由之日起六个月内行使。"

2. 双方互有违约时的损失控制

合同双方互有违约时,前述防止损失扩大的原则仍旧对双方适用,但对违约损失的处理会有更多的可能方案。某些企业想当然地认为如果对方违约则己方也可以违约,而事实上法律的边界非常理性和明确,那就是《民法典》(2020 年)第一百五十七条规定,"各方都有过错的,应当各自承担相应的责任。法律另有规定的,依照其规定"。因此,就算是以违约对抗违约,也需要衡量各自的违约程度和责任大小。

应对相对方的违约,真正合理、合法的方式是运用同时履行抗辩权、先履行义务抗辩权和不安抗辩权,分别对应双方应当同时履行义务时、对方应当先履行义务时,以及己方需要先履行义务时。前两者需要有合同依据,后者需要具备一定的形式,即《民法典》(2020年)第五百二十八条规定:"当事人依据前条规定中止履行的,应当及时通知对方。对方提供适当担保的,应当恢复履行。中止履行后,对方在合理期限内未恢复履行能力且未提供适当担保的,视为以自己的行为表明不履行主要债务,中止履行的一方可以解除合同并可以请求对方承担违约责任。"

还有一种可能的解决之道是债务的抵销,即《民法典》(2020年)第五百六十八条规定的"当事人互负债务,该债务的标的物种类、品质相同的,任何一方可以将自己的债务与对方的到期债务抵销;但是,根据债务性质、按照当事人约定或者依照法律规定不得抵销的除外"。另外,第五百六十九条也规定,"当事人互负债务,标的物种类、品质不相同的,经协商一致,也可以抵销。"

(二)违约责任的不同承担方式

尽管《民法典》(2020年)规定了"继续履行、采取补救措施、赔偿损失等"违约责任承担方式,但位列三者之后的"等"其实更值得关注,因为它几乎有无限的空间。

1. 违约责任的多种承担方式

《民法典》(2020年)第一百七十九条规定:"承担民事责任的方式主要有:(一)停止侵害;(二)排除妨碍;(三)消除危险;(四)返还财产;(五)恢复原状;(六)修理、重作、更换;(七)继续履行;(八)赔偿损失;(九)支付违约金;(十)消除影响、恢复名誉;(十一)赔礼道歉。法律规定惩罚性赔偿的,依照其规定。本条规定的承担民事责任的方式,可以单独适用,也可以合并适用。"

上述民事责任并非对违约行为全部适用,但基于"民事责任"这一范畴,用于合同违约的赔偿并无法律障碍。而在纠纷的协商和调解中出现的解决争议的各种方式也说明,即便其解决方案并未列入法律,只要不与法律相抵触且双方同意,都可作为承担违约责任的方式。

2. 继续履行与其他补救

追究违约责任与合同的继续履行并不矛盾,只是在现实交易中一旦信任丧失就很难继续履行下去。对于是否要求继续履行,《民法典》(2020年)第五百八十条规定:"当事人一方不履行非金钱债务或者履行非金钱债务不符合约定的,对方可以请求履行,但是有下列情形之一的除外:

(一)法律上或者事实上不能履行;

(二)债务的标的不适于强制履行或者履行费用过高;

(三)债权人在合理期限内未请求履行。

有前款规定的除外情形之一,致使不能实现合同目的的,人民法院或者仲裁机构可以根据当事人的请求终止合同权利义务关系,但是不影响违约责任的承担。"

这说明当存在上述三种情况时,法律将不再支持以合同的继续履行来承担违约责任,应以补救措施或赔偿损失等方式代替。

如果完全依据法律规定,"当事人一方不履行非金钱债务或者履行非金钱债务不符合约定"时,"对方可以请求履行",也可以不请求履行而以其他方式替代承担履行义务。但符合三种法定情形时只能要求以其他方式承担违约责任来代替继续履行。如果主给付义务已经履行完毕而只有个别的不影响合同目的实现的质量等瑕疵,则只是依照法律或合同承担后续责任的问题。

在法律实务中,法律规定"事实上不能履行"的情况比较容易识别。例如,某家庭装修合同纠纷中,产生争议后业主安排其他装修公司完成了装修,原合同已经无法继续履行。而"不适于强制履行或者履行费用过高"也比较容易理解,那些与人身有关且缺乏刚性质量标准的履行大多无可替代而且也并不适合强制履行,这类强制履行往往只会产生更多的争议而难以达到交易目的,因此让违约方承担违约责任比其他方式更简便易行。

从难易程度来看,赔偿损失最为简便易行。但这意味着利润的净流出,往往是违约方最不愿意采用的方式。只有当违约收益远大于违约成本,或履行成本远大于履行收益时,违约方才宁可承担违约责任也不愿继续履行。因此,以双方均能接受甚至有利的补救措施代替损失赔偿或合同的继续履行,往往更容易被企业接受。

例如,某企业在电力行业自动化控制工程中,由于质量控制不严而导致系统无法平稳运行,只能以补救措施或赔偿损失二者之一的方式承担违约责任。该企业最终不惜巨资为整个系统更换了质量稳定的产品,以采取补救措施的方式承担了违约责任,既使相对方免去了重新招标、施工的麻烦以及对生产、运营的影响,又维护了企业的信誉并使其因此在这一市场拥有了立足之地。

3. 违约方不能从违约中获益

对于违约责任的追究,多年来一直有着"不能从违约中获利"的原则。根据源于英国的效率违约赔偿责任原则,以及国内学者及法官所倡导的"不能从违约中获利"原则,如果一方从违约中获得了比正常履行还要多的利益,这一利益应当以赔偿损失的方式归于其违约行为的相对方。目前这一规则尚未在立法体系或司法体系中体现,但已有采用类似原则的案例,且案例得到最高人民法院的支持。①《民法典》(2020年)第五百八十四条已明确将"可得利益"作为损失的一部分,即:"当事人一方不履行合同义务或者履行合同义务不符合约定,造成对方损失的,损失赔偿额应当相当于因违约所造成的损失,包括合同履行后可以获得的利益;但是,不

---

① 参见"北京万方源房地产开发有限公司与中国长城资产管理公司沈阳办事处债权置换股份协议纠纷案"[(2015)民二终字第366号]。

得超过违约一方订立合同时预见到或者应当预见到的因违约可能造成的损失。"但这只是基本规定,相关原则体现在司法解释中。

但《最高人民法院关于适用〈中华人民共和国民法典〉合同编通则若干问题的解释》(2023年)第六十二条规定:"非违约方在合同履行后可以获得的利益难以根据本解释第六十条、第六十一条的规定予以确定的,人民法院可以综合考虑违约方因违约获得的利益、违约方的过错程度、其他违约情节等因素,遵循公平原则和诚信原则确定。"这一规定可作为"不能从违约中获利"原则的具体体现。

根据违约方不能从违约中获利原则,法院在审理一方以营利为目的而违约的案件时,会将违约方从违约中所获得的利益作为追究违约责任、补偿相对方损失的依据。这一原则无疑会推动企业遵循诚实信用原则而全面履行合同,并充分体现公平原则。但该原则目前尚未成为明确的司法解释,因而在具体的审判上可能并不统一。

(三)违约责任与情势变更原则

情势变更原则在最高人民法院于2009年发布的《关于适用〈中华人民共和国合同法〉若干问题的解释(二)》(已失效)中首次有限引入,《民法典》(2020年)、最高法院的司法解释则以此为基础作了进一步的明确。

1. 商业风险不属于情势变更范畴

由于交易的全球化和市场竞争的日益激烈,原材料价格的波动日益频繁且幅度巨大,甚至某些原材料的价格先是涨到原来价格的一倍,然后再跌回原来价格的一半。这些意外波动导致越来越多的合同由于价格等因素的变化而无法继续履行,许多企业以"短、平、快"的方式采购、生产、销售,以资金周转期的缩短来减轻市场波动的影响。而整个社会需要的,则是情势变更原则作为正式法律制度的引入。

《民法典》(2020年)第五百三十三条规定:"合同成立后,合同的基础条件发生了当事人在订立合同时无法预见的、不属于商业风险的重大变化,继续履行合同对于当事人一方明显不公平的,受不利影响的当事人可以与对方重新协商;在合理期限内协商不成的,当事人可以请求人民法院或者仲裁机构变更或者解除合同。人民法院或者仲裁机构应当结合案件的实际情况,根据公平原则变更或者解除合同。"

《最高人民法院关于适用〈中华人民共和国民法典〉合同编通则若干问题的解释》(2023年)则对情势变更问题做了更大篇幅的解释:

第三十二条规定:"合同成立后,因政策调整或者市场供求关系异常变动等原因导致价格发生当事人在订立合同时无法预见的、不属于商业风险的涨跌,继续履行合同对于当事人一方明显不公平的,人民法院应当认定合同的基础条件发生了民法典第五百三十三条第一款规定的"重大变化"。但是,合同涉及市场属性活跃、长期以来价格波动较大的大宗商品以及股票、期货等风险投资型金融产品的除外。

合同的基础条件发生了民法典第五百三十三条第一款规定的重大变化,当事人请求变更合同的,人民法院不得解除合同;当事人一方请求变更合同,对方请求解除合同的,或者当事人一方请求解除合同,对方请求变更合同的,人民法院应当结合案件的实际情况,根据公平原则判决变更或者解除合同。

人民法院依据民法典第五百三十三条的规定判决变更或者解除合同的,应当综合考虑合同基础条件发生重大变化的时间、当事人重新协商的情况以及因合同变更或者解除给当事人造成的损失等因素,在判项中明确合同变更或者解除的时间。

当事人事先约定排除民法典第五百三十三条适用的,人民法院应当认定该约定无效。"

从实际案例来看,被认定为适用情势变更原则的案例少之又少,相关诉讼多属于正常商业风险范畴。尤其是对于合同领域而言,更需要考虑合同条款的技术处理。

2. 以合同约定替代情势变更原则

从技术上来说,完全可以充分假设出合同履行期间可能出现的意外情形,并在合同中约定解决之道。例如,约定各类商业风险以外的其他因素导致合同无法继续履行时,以何种程序和方式采取补救措施,或如何赔偿损失、如何解除合同。

这样处理远比出现问题时以情势变更来解释理由或推卸责任更容易操作,也更容易得到法律上的支持。而以条款约定的合同变更或解除条件代替不确定的法律适用,是合同中的所有不确定性问题的解决之道。除此之外,还可以采取分散履行、附条件履行等方式规避风险损失。

价格波动等问题往往既会导致一个行业的巨额亏损,也同时会令另一行业利润丰厚。价格波动是最为常见的影响合同正常履行的因素,它对合同制作技术是一种挑战,也催生了长期履行的战略合作合同上复杂的价格调整机制。通过期货交易套期保值、以其他原材料替换、使用有价格调整机制但无固定价格的"框架合同"都是不同的尝试,甚至许多合同都约定了原材料价格波动下的价格调整机制,以尽可能排除合同履行中的不确定性。

三、违约责任风险的转移

因客观原因而导致的违约属于合同法律风险中的一种,在理论上有许多方法可以规避或减轻不利影响。其中,分散风险、转移风险、风险替换等方法都可用于合同的设计。这本是风险管理领域的问题而非传统合同领域的问题,但合同领域也必须随着外部环境的变化而进化。

（一）毁损或灭失风险的转移

标的物的毁损、灭失很容易直接导致无法按约交付而引发违约。但即便是完全相同的风险事件，如果合同约定的风险转移时间不同，则实际受损方也会不同。因此合理约定标的物风险转移时间，可以避免因标的物毁损、灭失而导致的违约，在交易中争取到有利的态势。

1. 约定风险转移时间

作为对通则部分的补充，《民法典》（2020年）对于标的风险的规定集中在典型合同编的买卖合同章中。在"第九章　买卖合同"中，《民法典》（2020年）第六百零四条规定："标的物毁损、灭失的风险，在标的物交付之前由出卖人承担，交付之后由买受人承担，但是法律另有规定或者当事人另有约定的除外。"由于该法第六百四十六条已经规定"法律对其他有偿合同有规定的，依照其规定；没有规定的，参照适用买卖合同的有关规定。"因而只要在履行中存在物的交接，基本上都可依此界定标的物风险损失的归属。

在总体上，履行过程中的风险主要涉及运输过程中导致标的毁损、灭失的事故、自然灾害、盗抢等，因而负责标的物从卖方转移到买方的那一方承担着更多的风险。买方自行提货意味着卖方交付后的所有风险归买方，卖方送货则意味着交付给买方前的所有风险归卖方，因而交付方式有时并非简单的商务问题，还是一个由哪一方承担风险损失的法律安排问题。

标的物是否交付是判定风险责任归属的基本标准。《民法典》（2020年）第六百零四条规定："标的物毁损、灭失的风险，在标的物交付之前由出卖人承担，交付之后由买受人承担，但是法律另有规定或者当事人另有约定的除外。"

但在合同中约定风险转移时点的情形在买卖合同中并不罕见。例如，某些附带安装的设备买卖合同会约定设备在到场安装调试完毕前，所有的毁损、灭失风险归卖方。与之相近的是所有权转移的时点，某些合同会约定在买方付清全款前，其所有权归卖方。这种做法即便在实际操作上会有占有上的麻烦，但至少在权利主张上更加方便。

而在行使占有权、质押权、留置权等实际分离所有权与占有权的行为时，占有与风险的关系更加密切，占有人未充分履行保管义务而造成毁损、灭失的，需按约定或法律规定承担违约或其他未能尽责的义务。

由此可知，在合同起草过程中同样需要熟悉并利用该领域对于标的物毁损、灭失风险的相关规定，以尽可能通过约定风险承担方、风险转移时间等方式来避免因标的物毁损、灭失所带来的直接损失或违约责任。

2. 约定不明时的风险分配

除了标的毁损、灭失的风险，买卖合同的其他规定，同样涉及风险责任的承担。

这些规定主要有：

第六百零六条规定："出卖人出卖交由承运人运输的在途标的物，除当事人另有约定外，毁损、灭失的风险自合同成立时起由买受人承担。"

第六百零七条规定："出卖人按照约定将标的物送至买受人指定地点并交付给承运人后，标的物毁损、灭失的风险由买受人承担。

当事人没有约定交付地点或者约定不明确，依据本法第六百零三条第二款第一项的规定标的物需要运输的，出卖人将标的物交付给第一承运人后，标的物毁损、灭失的风险由买受人承担。"

第六百零八条规定："出卖人按照约定或者依据本法第六百零三条第二款第二项的规定将标的物置于交付地点，买受人违反约定没有收取的，标的物毁损、灭失的风险自违反约定时起由买受人承担。"

第六百一十条规定："因标的物不符合质量要求，致使不能实现合同目的的，买受人可以拒绝接受标的物或者解除合同。买受人拒绝接受标的物或者解除合同的，标的物毁损、灭失的风险由出卖人承担。"

由以上条款比对可知，买卖合同可以明确约定风险转移的时间以降低标的物毁损、灭失带来的损失及违约的可能性。如果在合同中未加约定，则应以上述法律规定的方式确定风险转移的时间。

(二) 转移违约责任风险的依据及方式

承担违约责任是企业经营中的正常情况，勇于主动承担违约责任体现了企业的诚实信用和社会责任态度，诚实守信的企业会吸引更多的企业与之合作。所以承担违约责任是应该的，问题只是如何承担。

作为企业法律风险的组成部分，合同法律风险同样适用其他法律风险的应对方式，如分散、规避、转移等，以减轻法律风险的不利后果。

1. 商务合同的风险转移依据

在交易中，转移包括违约风险在内的法律风险早已是一种客观存在，尤其是由处于优势地位的企业转移给交易中的弱势方。将第三方原因造成的质量、交付时间等违约责任转由该第三方承担，在法律上亦并无障碍。

《民法典》(2020 年) 第五百九十三条规定："当事人一方因第三人的原因造成违约的，应当依法向对方承担违约责任。当事人一方和第三人之间的纠纷，依照法律规定或者按照约定处理。"这一规定既是企业承担违约责任的依据，也是企业将违约责任损失转移给有过错的第三方的依据。

无论是否基于这一规定，制造业中许多规模庞大、处于优势地位的企业，都通过合同将产品质量责任转移给供应链上游的企业。例如，汽车制造商会将零部件瑕疵导致的损失转移给零部件供应商,于是才有了汽车行业质保期内的"索赔"之说。该"索赔"并非消费者向汽车制造商索赔,而是转由该有瑕疵的零部件的制造商承担零部件及更换零部件人工费的损失。

这种企业间转移违约责任风险的交易模式,在企业对企业的交易中很难说有失公平。这种操作的难点并非法律,而是相对方能否接受。作为企业间商务合同中的特别约定,这种风险转移一般都会受到法院的认可,而且可以省去先承担责任再向供应商追究责任的手续,大大提高了解决争议的效率。但在技术上,带有这类条款的合同应当尽可能地相对公平,而不是一方只享受权利、另一方只承担义务。

2. 消费合同中的法定免责条件

由于《消费者权益保护法》《产品质量法》等对消费权益有特别的保护,企业虽然可以将对消费者违约责任转移给自己上游的零部件供应商,却很难在与个人签订的消费合同中直接排斥自己作为生产者或经营者的责任。

例如,《民法典》(2020 年)第一百八十六条规定:"因当事人一方的违约行为,损害对方人身权益、财产权益的,受损害方有权选择请求其承担违约责任或者侵权责任。"因此生产者或经营者违约,除了承担通常理解的违约责任,还有可能导致侵权责任,而且合同中的声明或特别约定未必能免除其责任,在合同的相对方是消费者时尤为典型。

但从整体的立法思路上看,产品责任立法本身也在考虑利益上的平衡,既需要为弱势的个人消费者提供保护,又要为企业保留继续生产经营的动力。尤其是十分有限的由消费者承担的惩罚性违约责任,以及"填平主义"的损害赔偿原则,使企业仍有机会根据法律环境的状况,充分利用法律上的规定在法律框架内限定自己的责任。

在法律规定方面,《产品质量法》(2018 年修正)对于企业质量责任的除外规定可作为企业主张免除责任的依据。该法第四十一条规定:"因产品存在缺陷造成人身、缺陷产品以外的其他财产(以下简称他人财产)损害的,生产者应当承担赔偿责任。生产者能够证明有下列情形之一的,不承担赔偿责任:(一)未将产品投入流通的;(二)产品投入流通时,引起损害的缺陷尚不存在的;(三)将产品投入流通时的科学技术水平尚不能发现缺陷的存在的。"

对于"投入流通时,引起损害的缺陷尚不存在"的情形可以以抗生素为例。随着抗生素的使用,部分细菌会产生抗药性而使抗生素近乎失效、部分细菌会产生耐药性而使其药效明显降低。但产品投入流通时这种缺陷并不存在,因此生产者不应为这种事后出现的缺陷担责。

对于"投入流通时的科学技术水平尚不能发现缺陷的存在"的情形,同样可以以抗生素为例。四环素在 20 世纪 50 年代投入使用时曾被认为广谱、安全,但在 60 年代被发现对儿童的骨骼和牙齿影响严重,表现为牙釉质发育不良且牙齿变黄、变灰的"四环素牙"。后美国于 20 世纪 70 年代初严格控制其在孕妇和 8 岁以下儿童中的使用,中国于 20 世纪 80 年代初禁止其用于换牙期前的儿童,但此药仍在其他领域使用。这一事例,便是投入使用时尚不能发现缺陷的典型。

在合同领域最容易实现的,是针对产品说明的改进,包括其说明书的改进和介绍性的业务说明、广告的改进,即以履行告知义务的方式实现。例如,根据《产品质量法》(2018 年修正)第二十六条①的要求对产品存在使用性能的瑕疵作出说明、根据《产品质量法》(2018 年修正)第二十七条②的要求标明相关信息、警示相关危险等。

关于产品说明或业务说明对于免除不必要责任的作用,参见本书第二章第八节第三部分的相关内容。

第五节　合同起草中的若干法律安排

许多交易的合同起草过程只是将双方所达成的一致意见书面化的过程,而对于相对复杂、重大、长期的交易,起草的过程还要理清合同中的多种法律问题,以使委托人的合法权益在合同发生争议时能够得到法律上更为允分的保障。

这一工作可以理解为对未来可能适用的法律所进行的事先安排,涉及合同中的诸多方面,在此仅讨论其中的部分内容。

---

① 《中华人民共和国产品质量法》(2018 年修正)第二十六条规定:"生产者应当对其生产的产品质量负责。产品质量应当符合下列要求:
(一)不存在危及人身、财产安全的不合理的危险,有保障人体健康和人身、财产安全的国家标准、行业标准的,应当符合该标准;
(二)具备产品应当具备的使用性能,但是,对产品存在使用性能的瑕疵作出说明的除外;
(三)符合在产品或者其包装上注明采用的产品标准,符合以产品说明、实物样品等方式表明的质量状况。"
② 《中华人民共和国产品质量法》(2018 年修正)第二十七条规定:"产品或者其包装上的标识必须真实,并符合下列要求:(一)有产品质量检验合格证明;(二)有中文标明的产品名称、生产厂厂名和厂址;(三)根据产品的特点和使用要求,需要标明产品规格、等级、所含主要成份的名称和含量的,用中文相应予以标明;需要事先让消费者知晓的,应当在外包装上标明,或者预先向消费者提供有关资料;(四)限期使用的产品,应当在显著位置清晰地标明生产日期和安全使用期或者失效日期;(五)使用不当,容易造成产品本身损坏或者可能危及人身、财产安全的产品,应当有警示标志或者中文警示说明。裸装的食品和其他根据产品的特点难以附加标识的裸装产品,可以不附加产品标识。"

一、合同命名与交易实现方式

《民法典》(2020 年)合同编的典型合同分编为包括买卖合同在内的十九种典型合同提供了定义并制定了规范,但现实交易中许多典型合同的使用量远远低于某些非典型合同,而且现实交易中同时具备两种甚至以上法律关系的混合合同越来越多,合同名称也因此越来越多地可能影响到法律的适用。

(一)合同名称与交易实现方式

合同名称通常情况包括合同标的、交易方式和文件名称三类信息。例如,在"勘探设备采购合同"中,"设备"是指交易标的,列入合同名称是为了便于管理和识别;"采购"是买卖行为的一种,作为交易的实现方式使合同有别于租赁、融资租赁,也有别于单纯的设备安装;至于"合同"则只是个文件名称,将其命名为"协议"也未尝不可。还有一些企业会在合同名称上加上双方的字号,其目的也是为了识别和管理。例如,"××房产与××广告设计合同",己方的字号在前、对方的字号在后。当然也有对合同名称毫不讲究的,合同名称就是"合同书""协议书"之类。

合同名称中所包含的交易实现方式信息,是判定交易法律关系的重要依据。当交易的实现方式属于混合合同但以某种典型合同为主要成分时,合同更容易被判定为该种典型合同。即使是两种典型合同的混合,最终判定合同性质的依据往往仍是合同名称中出现的那种典型合同。① 因此在起草阶段对于那些需要更高安全系数的合同,不得不充分考虑合同名称与所适用的法律间的关系,有意识地避免合同名称不当所带来的不确定性,并充分考虑如果产生争议后以诉讼或仲裁解决,审判机关或仲裁机构是否支持自己主张的合同类型、法律适用。

随着非典型合同交易、混合合同交易的大量出现,合同名称已经越来越多成为合同工作中无可回避的问题。例如,在制造业流行的被俗称为"代工"或"贴牌生产""委托生产"的原始设备制造商模式中,除了制造过程由制造商完成,产品的技术标准、商标、包装方式、说明资料等全部按"买方"指定的内容及方式完成。此类交易因完全按"买方"要求生产并使用"买方"商标而非传统意义上的买卖,同时又涉及技术和商标的使用许可而非传统意义上的承揽,所以是多种法律关系的混合体。

在"浙江太子龙实业发展有限公司与广州市戈曼服饰有限公司买卖合同纠纷上诉案"中,该类交易曾被法院直接忽略双方所签订的《服装加工采购(OEM)合同》而当作买卖合同处理。② 但该案的主要争议在于货款,且买卖合同的法律原则

---

① 非典型合同、混合合同的相关讨论,参见本书第一章第九节的相关内容。
② 参见浙江省杭州市中级人民法院(2017)浙 01 民终 5414 号民事判决书。

适用于所有没有专门法律规定的合同,其处理结果未尝不可。因此,这类合同可以定位为附条件的买卖合同,或者直接将法律定位问题留给其他人,直接称之为"OEM合同"。

(二)合同命名的一般方式

由于非典型合同交易没有固定模式,当合同名称的变化可能会引起法律关系的变化时,在为合同命名前必须考虑在没有专门的法律规定的前提下,该交易到底是适用最为近似的典型合同有利,还是作为非典型合同适用买卖合同的规定更为有利,并在经过权衡及征得委托人同意后通过交易模式的调整、术语的调整、合同名称的变更等将其转换为更为有利的有名或无名的合同名称。

一般而言,典型合同因法律关系明确、法律规定明确而可以提供更多的安全性。因此在两种典型合同组成的合同中,以及非典型合同与典型合同混合而成的合同中,一般应将合同设计为法律关系更为有利的典型合同。反之,当作为非典型合同适用《民法典》(2020年)合同编的通则分编和参照适用买卖合同的相关规定更为有利时,则可将合同的交易模式设计成非典型合同。而当难以确定或合同名称无法调整时,则可以令其保持名称的"中性",避免因使用典型合同的名称而令人望文生义导致不利影响。

简言之,实践中对于可能属于非典型合同的交易大致有两种处理方式。如果其交易实现方式可以被视为某种典型合同为主、特殊约定为辅,则可将其命名为典型合同;如果无法确定某种非典型合同的交易模式转换为典型合同后一定有利,又不想让合同性质受到典型合同的影响,则可以采用"OEM合同"这类命名方式,甚至更加简单地命名为"合同书"或"协议书"等。

二、合同目的与交易目的

合同目的是解释约定不明事项、判定能否解除合同的重要依据。《民法典》(2020年)并未明确解释合同目的的内涵,但从相关条款来看,合同目的明显是指交易双方通过交易获得对价的期望。在合同没有约定合同目的的情况下,一方的合同目的是通过支付价款或报酬以获得物或服务,另一方是以交付物或服务的方式换取价款或报酬。但这种期望可能仅仅是外在的,真实的交易目的可能并不是通过交易取得对价而是另有所图。因此,可以将通过交易取得对价称为合同目的,将交易的真正目的或动机称为交易目的。

(一)合同目的的作用及误区

交易目的问题已经在不同章节中多次提及,它是实现交易利益的核心,是交易条款的服务对象。① 在此讨论的是它如何在合同中以合同目的的方式出现,使二者合二为一,起到解释合同并低成本控制法律风险的作用。

1. 描述合同目的的作用

合同目的可以不加表述,也可以是合同中的一个条款或只是简单地写进合同的引言部分。如果没有表述或表述不当,往往会使权益失去一份法律保障。

以"霍某与上海中兴汽车贸易有限公司买卖合同纠纷上诉案"②为例,该案上诉人的理由是其购买进口甲壳虫本是作为"夫妻相识十周年的纪念礼物",但由于经销商履行上的延迟而未在周年纪念日前交付,使其购买失去了意义。但二审法院认为:

……但上诉人提出购车目的是作为上诉人"夫妻相识十周年的纪念礼物"一节,在签约时未告知被上诉人,该目的无法约束被上诉人。被上诉人迟延履行债务虽属违约行为,上诉人未在合理期限内催告履行,且并未导致上诉人合同目的的不能实现,故被上诉人的行为不构成根本性违约,上诉人依法不享有合同解除权。

二审法院最终的审判结果是,驳回其诉讼请求、维持原判。该案至少说明了交易目的与合同目的不同时,同为延迟履行,合同上没有明确表述交易目的则为普通的时间上的违约、表述了交易目的才属于不能实现交易目的,有着不同的处理结果。

2. 表述合同目的的误区

最简便的描述合同目的的方式是充分利用合同引言,但现实中的合同引言却有诸多的误区,起不到描述合同目的的作用。

(1)似是而非的合同目的

基于习惯,许多合同的引言部分往往写上这样一句作为"开场白":"甲、乙双方在平等、自愿之基础上,依据《中华人民共和国合同法》及相关法律的规定,经协商一致签订本协议以资共同信守。"

这种表述既未提及交易也没有法律意义,只是一种表述习惯或装饰。引言是介绍合同目的的最简便的方式,但这类表述不仅并未提及合同目的甚至根本未提及交易,合同中的未尽事宜仍旧只能通过其他条款进行判断。而且强制性法律即使不进行列举也照样具有强制力,何况合同涉及的法律远远不止《合同法》(已失效)或《民法典》(2020 年)。这样的表述只起到没有实际意义的"套话"的作用,如果需要改进,则可以将其转换为真正的合同目的描述,或完全省略。

(2)以口号代替合同目的

20 世纪 80 年代,笔者曾见到一份合同有着这样的引言:"为推动社会主义精

---

① 参见本书第一章第五节及第三章第七节第二部分的相关内容。
② 参见上海市第二中级人民法院(2002)沪二中民四(商)终字第 576 号民事判决书。

神文明建设、弘扬中华民族历史悠久的饮食文化、响应党中央的伟大号召,甲乙双方经友好协商达成协议如下:……"从形式上看,这份合同中的"推动""弘扬""响应"等均为合同目的,但这份合同的内容只是关于某个小饮食店的承包经营,引言与合同目的毫无关系且有失严肃。

企业经营的目的是赢利,合同的引言必须是为交易服务。脱离了这些基点,引言就没有起到描述合同目的的作用,上述合同还不如直接描述为"为了圆满实现承包经营"。

(3)貌合神离的合同目的

还有一些合同引言表述了貌合神离的合同目的。例如,"为进一步加强甲方在通信领域的影响力,深化以人为本的服务理念,构筑与客户时时沟通的立体信息平台,甲乙双方就充分利用乙方杂志进行宣传达成本协议共同遵守"。

这一引言似乎点明了合同目的,但乙方所经营的只是一家综合性杂志社,似无能力"加强甲方在通信领域的影响力",而杂志特有的周期性也使之不可能与甲方或读者"时时沟通",广告宣传也无法"深化以人为本的服务理念"。因此它仍属于口号式的夸大,与具体交易毫无关系。

(二)合同目的的描述方式

描述合同目的是英美法系国家律师起草合同时常用的一种做法,《民法典》(2020年)也将无法实现合同目的规定为解除合同的理由之一。因此在合同中将交易目的表述为合同目的,大多更能保护当事人的合同权益。

1. 描述交易目的而非交易内容

除非交易目的正是得到所需要的标的,否则应当描述交易的动机而非标的本身。例如,描述"为了保证某项工程的进度和质量"而采购合同项下的产品才是描述合同目的,如果描述为"为了购买本合同项下的产品",则是毫无必要地重复了合同内容所显示的合同标的。

2. 向对方披露可能的违约损害

"霍某与上海中兴汽车贸易有限公司买卖合同纠纷上诉案"已经能够说明同为延迟履行,普通违约与无法实现交易目的在后果上的不同,因而披露合同目的有时可以争取更为充分的赔偿。

《民法典》(2020年)第五百八十四条规定:"当事人一方不履行合同义务或者履行合同义务不符合约定,造成对方损失的,损失赔偿额应当相当于因违约所造成的损失,包括合同履行后可以获得的利益;但是,不得超过违约一方订立合同时预见到或者应当预见到的因违约可能造成的损失。"因此,如果合同目的条款足以证明交易相对方"订立合同时预见到或者应当预见到"的违约后果,则主张赔偿可得利益损失便有了基本的依据。

例如,某科技公司从某制造商处采购元器件用于某大型企业的自动化控制工程。后因元器件质量问题严重,该公司不仅无法赢利还不得不自费更换其他产品。由于该类产品当时尚无统一的质量标准,且没有证据证明产品的使用目的,因而主张可得利益损失比较困难。如果合同中注明"确保产品质量适用于××××发电厂自动化控制系统",则制造商在订立合同时已经能够预见或者应当预见到质量缺陷可能造成的损失,该公司主张可得利益损失则比较容易。

三、鉴于条款的应用

许多合同带有外来合同中应用较多的"鉴于"条款,并被认为是规范、专业甚至与国际接轨的象征。但除了并购等重大合同以及涉外合同,国内合同一般并不需要鉴于条款,而且鉴于条款的有些表述在法律上没有确切的地位和意义。

(一) 以鉴于条款表示前提

"鉴于"一词并非法律术语,在现代汉语中通常用于表示以某种情况作为前提,或在表示因果关系的复句中表示后一分句的依据、原因或理由。合同中的鉴于条款大多是前一种用法,用于表述签订合同所依据的某种事实或某一方的承诺等内容。①

这类条款往往在合同中处于首部的位置或正文中比较靠前的位置,有的相当于合同的引言、有的表述签订合同的目的甚至是交易目的、有的描述签订合同所依据的事实或承诺、有的表示当事人提供的证明资料等,但《民法典》(2020 年)中无相关规定。

由于鉴于条款往往与合同目的有关,也因此可被用于解释合同。《民法典》(2020 年)第一百四十二条规定,"有相对人的意思表示的解释,应当按照所使用的词句,结合相关条款、行为的性质和目的、习惯以及诚信原则,确定意思表示的含义"。尤其是当所"鉴于"的合同目的无法实现时,鉴于条款往往被视为成就了解除合同的法定依据。即《民法典》(2020 年)第五百六十三条所规定的当事人可以解除合同的几类情形中的"(四)当事人一方迟延履行债务或者有其他违约行为致使不能实现合同目的"。

实务中的某些合同,其鉴于条款包含了许多法律意义并不明显的条款。例如,"鉴于甲方系一家在中国上海市依法注册并合法存续的有限责任公司"之类的条款,一般均非签订合同的直接动因而是一般条件,而且情况是否属实并非依据合同约定而是依据相关的注册登记,写入条款并不能起到说明合同目的、解释不明事项

---

① 参见本书第二章第五节的相关内容。

条款的作用,也无法将其视为签订合同所附的条件,因而缺乏实用价值。

(二) 鉴于条款的有效利用

为使鉴于条款具有控制风险、明确责任的实际意义,该类条款一般应以如下方式使用:

① 利用鉴于条款载明某一方的承诺,从而使该"鉴于"成为签订及履行合同的前提,以便在承诺方违反承诺时追究责任;

② 利用鉴于条款载明对方对所提供资料的真实性等负责,一旦相关资料出现问题,可以援引民事欺诈等法律规定保护自身利益;

③ 将"鉴于"的内容转变为合同生效或解除的条件之一,以便"鉴于"的条件成就时合同生效或解除。

当然,如果"鉴于"只是在签订补充协议之类的条款时用于描述原合同或主合同的签订履行情况,并作为因果关系复句的连词,则不在上述讨论之列。尤其是"鉴于"一方愿意买、另一方愿意卖而由双方签订合同之类的条款,则更是没有实际意义。

四、合同的定义与解释

除了法律、技术规范或质量标准等有明确解释的关键词,人们日常语言中的词汇往往词义不定。即使是某些有确切定义的法律术语,也有可能随着语境的变化而存在内涵与外延的变化、广义与狭义的变化。因此合同中的权利义务需要具有明确的内涵、外延界限,防止其过宽、过窄引发的法律风险。而这些需要明确的概念,多是一些没有权威解释的法律、交易等术语,以及合同中反复出现的关键词。

(一) 以定义明确权利义务

词义的不确定性属于普遍现象,只是大多数情况下并不需要事事精确。例如"当事人"一词虽然经常使用,但有时是指律师的委托人,有时是指交易双方。何况某些词本身就有广义与狭义之分、术语与俗语之分。

任何一个问题词出现在关键部位都有可能影响合同的履行及争议的解决,而无论这个关键词是法律术语还是技术术语或是一般日常用词。以定义的形式解释与权利义务范围相关的关键词,能够紧密结合个案的实际情况确定各词的内涵、外延,将权利义务限制在特定的范围之内。

以"机动车"的概念为例,它本是人力车、畜力车的对称,可以按日常习惯将其理解为汽车、摩托车,也可以望文生义地理解为所有以机械为动力来源的车辆。但在当下的法律环境里,电动自行车恰恰为非机动车。为此,某收费公路建设——经营——转让项目合同中为了避免不必要的麻烦,明确规定机动车是指"所有以动力装置进行驱动的车辆"。

在重大、复杂、长期的合同中加入定义的好处显而易见。英美的合同文本常常在正文开始部分,甚至是首部对合同关键词加以定义,以使合同能够紧密结合交易的实际情况确定各词的内涵和外延,从而保证合同条款的严谨。

(二)关键词的定义或解释方式

在合同起草过程中,对于需要确定内涵、外延的关键词,除了通过增加定语等方式明确表述的内容,最严谨的方法是根据实际需要予以定义,以避免这些术语或措辞在内涵、外延上的"漂移"。定义或解释的方式可以大致分为三种:

1. 通过定义条款解释

即在合同中专设一个定义条款,适用于重大、复杂、长期的合同,尤其是涉及权利义务范围且反复出现的术语或措辞。例如,"本合同所称之机动车,除另有说明外,系指所有以动力装置驱动的车辆"。

2. 同位语解释

即在合同中首次提到某一术语或措辞时,直接在相关条款中通过同位语的方式加以解释,适用于文字较少的解释。例如,"乙方提供售后服务时,即安装、调试、保养、维修时,其派出人员必须具备相应的技术资格"。

3. 括号注释解释

括号注释解释即在合同中首次提到的某一术语或措辞之后加设括号,在括号内对该术语或措辞进行解释。为某一措辞或词组设立简称时,大量使用这种方式。例如,"乙方所提供的主机、配件、工具、软件(以下简称'货物')……"

对关键词的解释应在其首次出现于合同中时进行,这样才便于阅读合同的人带着明确的概念理解后续内容,也便于起草合同的人在起草过程中保持该措辞在后续使用时的内涵、外延一致。缺少这种解释,不仅权利义务边界不清而且会令人不知所云。

例如,某电信企业在面向消费者的格式合同中直接使用了"SP""话费套餐"等术语却没有加以解释,不仅令普遍没有相关专业知识的消费者感到莫名其妙,一旦作为格式条款出现争议,企业更是要面临极为不利的境地。因此,对关键词不加解释的合同有时会"害人害己"。

(三)解释关键词的法律限度

对合同关键词所作的解释有时与法律规定不一致。理论上,这种解释的适用范围只能在法律的适用范围之内,而绝对不能超出后者。在法律范围之内的解释即使范围过窄也仍旧适用相关法律,但超出了法律允许的范围,尤其是超出了法律授权当事人自行约定的范围和法律相关概念的范围,等于是对法律进行了扩大解释,会带来效力问题。

例如,有些合同将政府行为造成的合同无法继续履行约定为"不可抗力",但学术界一般并不认为政府行为属于不可抗力,因而这种约定并不可靠。对于此类情形,不如直接约定政府行为造成合同无法履行时应该如何解除、免除哪类损害赔偿责任。这样处理与"不可抗力"异曲同工,但不会产生异议。

同理,如果法律上已经有了明文规定,则任何解释均不能超出法律的限度进行扩大解释。例如,《民法典》(2020 年)第九百三十三条明确规定"委托人或者受托人可以随时解除委托合同"。如果在合同条款中约定未履行完毕前解除合同属于违约,则这一约定与法定的解除权之间存在冲突,面临效力问题。对于此类情况,还不如直接约定解除合同如何补偿另一方的损失,因为约定解除合同后的赔偿问题完全符合法律规定,是合法、有效的。

需要特别提醒的是,即使是某些已经有权威解释的术语、措辞,当处于具体的合同条款中时,其内涵、外延也有可能会发生变化。由于交易实际情况的不同,这些术语、措辞的内涵、外延有时也需要针对合同情况进行调整。

(四) 以约定代替第三方判断

"合理"是《民法典》(2020 年)中频繁出现的重要关键词,有合理的期限、合理的方式、不合理的低价、合理选择等十余种。与之类似的是"必要",如"必要的准备时间""必要的技术指导""必要的技术资料"等。这两种提法的真正作用是,当法无明文规定、合同约定不明时,按照人们通常的理解方式推定争议事项应该如何理解和履行。它与合同目的异曲同工,从第三方的角度解释合同未明事项。

对于是否"合理""必要"的判断,只在法律没有规定且合同没有约定或约定不明确时才起作用。如果当事人对相关问题已经有了明确的约定则优先执行双方的约定,没有必要通过是否"合理"来进行解释。例如,约定了明确的履行期限,债权人就不必依照《民法典》(2020 年)第五百一十一条中"(四)履行期限不明确的,债务人可以随时履行,债权人也可以随时请求履行,但是应当给对方必要的准备时间"的规定给对方留下必要的准备时间,也更便于追究违约责任。

合同起草的原则,是以约定来代替任何定义不清或难以操作的事项。因此要尽可能细致地以排查和约定来明确双方的权利义务,防止约定不明时由第三人通过判断是否"合理""必要"而决定当事人的命运。如果这样处理过于烦琐,还可以大致设定合同没有约定或约定不明确事项的判断原则,尽管这样处理同样未必轻松。

五、附条件与附期限的合同

附条件的合同、附期限的合同都是对合同生效、失效等进行特别约定的合同,属于合同履行管理的精细化操作,更有利于提高合同风险的管控力度。

(一)合同的附条件与附期限

除了法律、行政法规规定应当办理批准、登记等手续的,合同的成立时间即为生效时间,也就是合同在双方签署完毕后生效。但某些另有特殊要求的合同,需要在满足一定的条件后生效,或是约定在未来的某一期限内生效,属于附生效条件或附生效期限的合同。双方约定的条件成就或期限届满则合同生效,否则双方仍旧无须履行。反之亦然,合同也可以附条件或附期限地失效。

相关的法律规定分别为《民法典》(2020 年)第一百五十八条规定的"民事法律行为可以附条件,但是根据其性质不得附条件的除外。附生效条件的民事法律行为,自条件成就时生效。附解除条件的民事法律行为,自条件成就时失效",以及第一百六十条规定的"民事法律行为可以附期限,但是根据其性质不得附期限的除外。附生效期限的民事法律行为,自期限届至时生效。附终止期限的民事法律行为,自期限届满时失效。"

使用附条件的合同往往是为了先抓住机会再控制风险,使用起来甚至比将合同分立成本约与预约还要方便。例如,某收购目标公司股权的合同,因收购方的公司章程另有规定,在双方签字盖章后唯有其董事会通过方为生效。合同的及时签订使收购方及时抓住了商业机会,但只有通过了董事会的风险控制,该合同才能生效。

相比之下,附生效期限或附失效期限的合同分别在期限届满时生效或失效,远不如附条件合同那样容易控制风险。由于期限本身既可以是一个时点也可以是一段时间,因而附期限的合同的生效或失效可能是在未来的某个具体日期,也可以是经历了未来的某段时间后。但对于期限是否届至或届满,远比条件是否成就更容易判断。

附期限的合同与附条件的合同有时会产生混淆。二者的区别在于,条件是可能发生也可能不发生的不确定的偶然性事实,期限则是确定的必然到来的事实。[①]因此,合同中约定"乙方在一月底前付清"即为附期限的合同,约定"乙方在上家付款后一周内付清"则为附条件的合同。

另如"本合同自乙方取得全部相关合法经营许可手续满一周后生效"之类的约定,既为甲方履行款项支付义务设定了条件,也为生效设定了期限,属于一种混合了条件和期限的约定。但由于"取得全部相关合法经营许可手续"为或然性的条件而非必然届满的期限,因而该合同仍属附条件的合同。

---

① 参见天津市高级人民法院(2006)津高法民四终字第 0030 号民事判决书。

(二) 附条件合同的运用

附生效条件与附解除条件的合同在现实生活中均不陌生。特别是附解除条件,经常被用于公司章程、合资协议中约定某些情况出现时解散公司或解除合同,是长期履行的合同必不可少的内容,附条件的合同比附期限的合同更具实用价值。

1. 附加条件控制风险

附加条件会限定权利义务的适用范围,使约定更接近于交易目的、更利于维护交易利益。

例如,许多企业在交易中不得不按对方要求先将签字盖章后的合同交给另一方,因而存在许多不确定性风险。如果对方同意,附加一个经确认后再生效的条件,就可以控制盖章后的合同外流的法律风险。

2. 附加条件制裁悔约

在调解中经常出现一方接受了减轻其义务的优惠条件后仍不履约的情形,而且因为义务已经减轻,即便强制执行也可从违约中获利。如果将实际履行附加为减轻其义务的生效条件,不履行则优惠不生效并按惩罚性条件执行,则可有效地威慑和打击违约行为。

目前,诉讼、仲裁中的调解经常采用这一方式,优惠的条件不履行则仍按全部的诉讼请求及违约金强制执行。而这一方法在协商、合同谈判中也可通用,甚至用于防止债权人收到案外人代偿的金额后反悔。当案外人以债权人给予一定范围的豁免为条件代债务人偿还债务后,债权人如果反悔则必须先无条件返还所代偿的债务。

(三) 附期限合同的运用

"期限"一词未见法定解释。按现代汉语的通常解释,既可以指限定的一段时间,也可以指所限时间的最后界限。因此,期限强调的是时间届满的时点以及该时点以前的时间。如果权利义务只有明示的或默示的起始时间而没有截止的时间,则必须约定终止履行义务的条件,因为没有合同可以无限期履行。

合同通常所附的期限,有的是单纯的、以时间计量的期限,有的则是自某一事件发生或某一条件成就开始计算的期限。前者如"租期自 2018 年 1 月 1 日起,为期三年",后者如"租期自承租人装修完毕并投入使用时起,为期三年",但后者往往被认为所附的是条件而非期限。

再如,《民法典》(2020 年)第七百零五条规定:"租赁期限不得超过二十年。超过二十年的,超过部分无效。租赁期限届满,当事人可以续订租赁合同;但是,约定的租赁期限自续订之日起不得超过二十年。"但在实际交易中,有时出租人、承租人都有长期租赁的需要,因此分别签订 20 年、20 年、10 年三份租赁合同的方式满足

50 年的租期问题。按通常理解,这些附期限的合同并未违反法律的相关规定,但是否完全没有问题则还需经历诉讼的检验。

附终止期限的合同则十分普遍,只要是载有履行期限的合同都会附终止期限。失效期限多用于一些需要持续履行的合同。那些一次性的交易一般无须约定合同有效期限。那些交易次数明确、交易日期确定的交易,也完全可以省略合同的终止期限。因为是否违约需要按履行具体义务的时间界限,约定具体事务的履行期限后,已经没有必要约定合同的失效期限。

第六节　合同起草中的若干技术处理

合同的起草过程中有许多技术性的问题需要以便捷或稳妥的方式进行处理。其中,有的是为了解决合同工作的质量和效率问题,有的则是为了便于在合同履行过程中处于相对有利的地位。

一、处理谈判工作内容

合同谈判结果是构成合同内容的重要素材之一,而且许多项目本身需要律师参与谈判。谈判中的利益平衡问题属于商务行为,律师的职责是及时地分析双方谈判中确定的方案是否合法有效并及时解决法律问题,将方案转换为双方均可接受的合同条款。这一点与合同修改过程中接触的谈判内容非常相似,工作的内容及重点也完全相同。

(一)谈判中的工作内容

按照商务规律,当一方当事人有律师偕同参与谈判时,另外一方当事人也会防御性地加派律师参与谈判,或者至少会加强合同审查。因为企业虽然熟悉相关业务,但相关业务所涉及的法律关系却并非其熟悉的领域,企业可能甚至并不了解合同中的表述方式、术语的确切含义。即使业务熟练的业务人员,也通常对相关法律规定并不熟悉、对权利义务条款并不敏感,尤其是对法律关系后果的预见能力、表述的精确程度不如专业律师,因此才需要律师参与。

律师参与商务谈判时,一般并不参与商务条款的洽谈而是关注法律专业的工作事项。主要定位有如下几类:

1. 核对基本身份事项

通过沟通了解对方的身份证、营业执照或许可证、成立文件等基本身份事项文件,以确认相对方当事人的真实身份。

如果对方委派代理人出场谈判,还要核实代理人的代理权限、代理人本人的身份等。

2. 确认资格资质是否合法

这类确认主要是针对交易所需的合法经营资格,如从事某些行业所需的资格证书、资质证书等,一般是由需方核实供方的资格资质问题。例如,业主方审核施工企业的资格证书、资质证书等,以确定对方是否具备从事相关行业的专业资格,同时也确保合同合法有效。

3. 查实标的物的法律状况

查实标的物的法律状况,主要是确定标的物情况是否属实、是否属于限制流通物以及相对方是否有权处分,这些方面如有瑕疵都会直接影响交易的顺利进行。尤其是禁止流通物,法律禁止其生产和销售。

4. 发现和排除法律障碍

如果法律对相关交易有主体资格、交易方式等方面的限制,则需要律师以法律专业人员身份分析这些法律障碍的产生原因及法律要件,并找出合法从事该交易的可能途径。同时需要分析谈判方案中提及的各种交易模式的法律风险,找出法律风险解决方案。尤其要分析判断相对方提出的法律理由是否成立,分析后供委托人在谈判时参考。

5. 合同的起草或审查修改

为谈判准备基本合同稿,参与谈判并根据谈判情况进行修改。或审查对方提出的合同基本稿,与委托人讨论后提出修改意见或直接修改后提交下一轮谈判。

对于合同谈判中遇到的法律障碍需要区别对待。有些表面上无法解决的问题事实上可以通过要素变更、风险转移等方式加以解决,使委托人只从事合法的一部分。但有些法律障碍无法逾越,或是委托人存有侥幸心理,则需要将法律规定及潜在风险告知委托人,并提醒其遵守相关法律。如果需要,应以书面法律意见书的形式提交工作成果,以防范执业风险的发生。

(二) 谈判中的技术处理

合同谈判时常会遇到双方僵持不下的局面。有时是为了条款的权利义务分配,有时是为了措辞。尤其是处于优势地位的一方,常常试图将自己的方案强加于人。了解其中的一些规律,有助于通过技术方法加以处理。

1. 避免使用霸王条款

"霸王条款"并非法律术语,它是指在合同中违反公平原则,通过限制甚至剥夺相对方的权利、强行增加对方的义务以及减少甚至免除己方的责任、不合理地增加己方权利等手段,过度地保护己方利益的条款。对于那些霸王条款非常多的合同,人们在习惯上有时也称其为"霸王合同"。这类合同常常对交易相对方缺乏形式上的尊重。

霸王条款与格式条款有一定区别,格式条款不一定是霸王条款,而霸王条款既可以是格式条款也可以是非格式条款。二者的区别不在于表现形式上,而在于条款中设定的双方权利义务是否公平。接受了霸王条款的一方,其权益往往无法得到合理保障。但许多霸王条款并非无懈可击,如果异地审理很有可能出现不同的结果。

许多在交易中处于优势地位的企业都希望占有更多的交易便利、承担更少的责任以减轻交易中的管理负担和失误赔偿,因而许多大型企业便走向了使用霸王合同之路。对于霸王条款,在交易中处于劣势地位的企业确实很少有办法进行应对,因为市场规律决定了其在许多时候只有无奈地接受霸王条款。

但霸王条款并不是一种很好的解决方案。建立起优质、高效的供应商体系对于一个现代企业至关重要,管理上的精细、严格并不等于只能使用霸王条款,因为条款本身可以既精细、严格而又不霸王,严格的违约责任和对供应商的"霸气"完全是两回事。企业应该通过提升自身的管理来避免出现低级错误,而不是用"概不负责"的态度推卸责任。

企业使用霸王条款的前提是具有一定的交易优势地位,对抗霸王条款也同样如此。即使是规模不大的企业,当具有一定的技术、服务甚至是价格等优势时,同样会有与相对方平起平坐、从容修改霸王条款的机会。

2. 从容应对行业惯例

合同谈判过程中,有时会遇到相对方以"行业惯例"作为交易条件。此时,不仅隔行如隔山的律师会无所适从,甚至一些业务人员也会心中没底。这种行业惯例一般会涉及质量标准、争议处理、支付方式等内容,包括协会章程、会员守则等,这些内容甚至具有一定的权威性。而且从《民法典》(2020年)的角度来说,如果合同没有约定或约定不明确,这些行业惯例很有可能会被当成"交易习惯"用于解释合同。

对于交易习惯,最为权威的解释来自《最高人民法院关于适用〈中华人民共和国民法典〉合同编通则若干问题的解释》,第二条规定:

"下列情形,不违反法律、行政法规的强制性规定且不违背公序良俗的,人民法院可以认定为民法典所称的'交易习惯':

(一)当事人之间在交易活动中的惯常做法;

(二)在交易行为当地或者某一领域、某一行业通常采用并为交易对方订立合同时所知道或者应当知道的做法。

对于交易习惯,由提出主张的当事人一方承担举证责任。"

因此,这些"行业惯例"其实既不神秘也没有强制力,完全可以双方的约定取而代之。无论是将其作为主张己方权益的依据,还是作为一种拒绝对方主张的理由,这些规则大都只是行业内部的自律性的规则而非行业内外普遍适用的强制性法律,至少行业外的合同主体并不受其约束,完全可以拒绝将其作为合同条款。

就法律原则而言,只要不是法律已有明确规定且不允许当事人自行约定的事项,双方当事人均有权自行约定相关条款。因此,无论是何种行业协会自行制定的规范、协会章程、自律性公约,也无论是何种行业内部通行的做法,只要不在合同中约定适用该规则或做法,便对合同双方没有约束力。尤其是这些行业惯例往往只代表本行业的利益,无须也无权代表其他行业,也很少涉及行业成员对外交易的规则,只有双方认可才能成为双方间的规则。因此,在谈判中尽可以大胆地突破这些约束而提出自己的交易条件。

二、设置合同中的主动权

为了避免因节外生枝而进退两难,最好能够通过合同条款掌握一定的主动权,"制人而不制于人",以便"进"可以老老实实地按合同履行完毕,"退"则可以在情况不妙时解除合同。某些争取主动的措施在具体的交易中未必能够实现,但必须作为一种理念进行掌握。

(一)灵活使用权利

合同中的权利义务越是复杂就越难以操作、越容易出错。因此权利义务的复杂程度不能过分脱离企业的员工素质、管理水平以及操作习惯。即使企业的员工素质、管理水平没有问题,便于操作的合同也可以减少管理压力、降低因工作失误而导致的违约或利益丧失。

例如,如果并非十分重要且必要,"甲方负责对乙方的操作质量、管理进行指导"的约定,远不如"甲方有权对乙方的操作质量、管理进行指导"对于甲方更加灵活、便利。尤其是原约定仅为保留一种制约的权利,且甲方资源并不足以支持全面的"指导"时。

这种方式可以灵活决定是否行使权利的约定以便在合同履行中占据主动地位,既实现了原有目的又不加重自己的责任,并避免了合同权利成为固定义务。

(二)分散履行风险

分散风险的意义,相当于将鸡蛋放在不同的篮子里,分散风险事件所造成的损失。对于履行事项相对较多且相对独立的合同,可以将权利义务分解成若干个独立的事项以分别履行,甚至约定某些事项必须经过确认方可履行,以控制那些履行周期长、变化可能性大的履行风险。

例如,房地产开发过程中,开发商与广告公司需要合作较长时间。该类广告服务合同可以根据房地产开发阶段的不同,划分成一个个短期的、具体的履行内容,再设定不同阶段或不同服务的基本价格、违约责任。经过这样分解,开发商可以在广告公司的服务无法令其满意时主动解除合同,其损失也可以控制在该阶段的违约责任之内。

这种交易方式将一次性的大风险分解为数次的小风险,即使出现违约或其他事件导致合同无法继续履行,也可以减少总体损失,尤其适合标的同质化且反复履行的合同。当然,如果要强化违约责任,也可以按总金额来计算分期或分批履行时的违约责任,迫使履行方遵守合同。

(三) 创造抗辩机会

履行方面的抗辩权是《民法典》(2020 年)明文赋予当事人的合同权利,用以对抗相对方损害己方合法权益时的救济。其中与合同约定最为密切的有两条:

第五百二十五条规定:"当事人互负债务,没有先后履行顺序的,应当同时履行。一方在对方履行之前有权拒绝其履行请求。一方在对方履行债务不符合约定时,有权拒绝其相应的履行请求。"

第五百二十六条规定:"当事人互负债务,有先后履行顺序,应当先履行债务一方未履行的,后履行一方有权拒绝其履行请求。先履行一方履行债务不符合约定的,后履行一方有权拒绝其相应的履行请求。"

作为安全措施,相对方的先履行可以有效地提高后履行一方的交易安全系数。因此可以将某些至关重要的合同义务履行设定为相对方先履行,或者至少设置成双方同时履行。至于法律上规定的不安抗辩权,如果前两种抗辩权措施设置到位甚至根本不用行使。

(四) 预留退出机制

退出机制是合同中的最后一道"安全阀",用于在出现无法继续履行等不利情形时结束合同的继续履行。这种机制的设置,一般是通过承担违约责任的方式解除合同。对于那些履行周期长、履行内容复杂的合同,不仅市场前景难以预料,甚至合作前景也不确定,如果出现问题又无法通过协商终止履行,对于需要履行的一方非常不利。

三、管理反复修改的合同

合同谈判阶段的合同基础文本大都由卖方提供,因为这是其经常性业务,而且使用自己的文本更容易操作。但当对方"客大欺店"时,情况则有可能相反。只要双方尚未达成一致,博弈就会继续、修改就要反复,因而掌握一些注意事项可以少走弯路。

(一)尽量采用电子文档

合同谈判的传统方式大多是面对面进行,但随着现代通信手段的发展,以传真或电子邮件方式反复交换意见也已成为一种谈判方式。特别是通过免费的电子邮件进行合同谈判及修改已经是一种非常有效的工作方式。

对于需要反复谈判、修改的合同,建议双方全部采用电子文档的方式提供、保存、传输、修改,通过电子邮件发送文件也非常便于管理。同时,借助文字处理软件可以高效率地完成文件的管理、核对、修改等工作。

(二)精细管理相关文件

起草背景资料越复杂的合同越需要良好的文档管理。许多合同项目的实际工作,都是从建立文件夹、规范文件名开始。按照各类资料的不同分门别类建立文件夹自不必说,文件夹上或文档上有时还需要注明资料来源以免混淆,同时还需要对文件名进行有效的管理。

文件名管理同文档管理一样是基础工程中的基础工程。① 面对委托人的文件,首先需要完成的是查看文件内容并修改文件名,使其统一、规范且能如实反映提供方、提供日期、文件内容、用途等信息,以便后续使用。

如果是团队合作完成工作,还需要所有成员规范地使用文件名,并在完成文件时在文件名中注明完成日期及完成人代码。例如,"现代信托与白龙地产房屋租赁合同061206X"中,在前的"现代信托"代表委托人、在后的"白龙地产"表示相对方,"房屋租赁合同"代表文件性质,而"061206"表示经手人完成时间,"X"可以是完成人的代码。如果其他人修改该合同,则应将文件另存后加上修改完成时间及自己的代码以示区别。

(三)保留所有过程文本

重大的项目合同谈判往往需要经过多轮博弈,因此往往需要多轮修改,甚至出现方案的反复。在谈判过程中,由于新方案行不通而退回到某一文本阶段并不稀奇。因而在起草、修改过程中,需要保留谈判过程中出现的任何一份阶段性文稿,以便当谈判出现反复时,退回前一文本,避免无端的时间浪费。

保存不同阶段的过程性文本,通常是将文件另存后变更时间后缀。如果同一天的文本太多还要加上"A""B""C"等尾缀以示不同的产生顺序。如果需要,可以在文本属性中注上说明以便回顾时了解一些文本之外的信息。在某些特定情况下,分析一下谈

---

① 参见本书第一章第四节的相关内容。

判对手在各个文本阶段的立场,有时也会发现对谈判有利的重要信息。

(四)约定文件修改方式

对于长达数千字甚至数万字的合同,如果每次都要从头至尾、逐字逐句地核对前后文本的差异,不仅费时费力还很容易出错。因此有必要约定双方修改合同文本的方式,以保证双方跳过那些已经没有异议的条款,只关注双方分歧的焦点及需要修改的部分。

通常的做法是约定使用修订模式修改并用批注的方式解释问题,或提供修改之处标为红色的清洁版以提醒对方注意。另一方在审查修改过的合同时,将同意对方修改之处由红字转为正常的黑色。反之也是如此。

(五)核对文本是否变化

合同中的某些条款即使进行个别措辞、标点符号的修改也会影响整个合同的利益平衡。作为一种防御手段,在对方提供了修改过的合同文本后,应对来稿与原稿进行全文比对。

用传统的方式校对文本间的不同非常困难,但借助于文字处理软件中的"文本比对"功能则可以轻易地将对方所作的改动直观地显示出来,以发现其删除或增加的内容。但对于改动过大的合同,这项功能可能会失效。

大多数企业在谈判时会严格遵守约定标注出自己修改的内容。但作为一种防御性手段,认真进行全文比对才能保证合同的文本安全。

四、慎待合同的变更与违规

如果合同中存在重大的约定不明确,或合同签订后出现了客观情况的巨大变化,往往需要通过补充、变更的方式确保合同能够继续履行。而当某种原因导致合同已经难以继续履行时,可以直接签约终止合同。

(一)合同变更的操作原则

合同的补充、变更、终止均属广义上的"合同变更",一般均可用"补充协议"(以下简称"后续合同")完成,有时也会以"协议书"等名义完成,目的都是改变原合同的权利义务体系。无论哪类操作,其工作的原则相同。

1. 体现出原合同

无论是对原合同的补充或变更、解除,都涉及后续合同与原合同的关系。后续合同大多并不完全具备合同应当具备的一般包括的条款,无法脱离对原合同的依附而独立存在。因此后续合同必须首先提及原合同,简要介绍合同主体、合同名称、签订时间、主要内容,以及存在的问题、与当前合同之间的关系,以建立起两份合同之间的关联。如果在原合同与后续合同之间还有其他合同,也应当一并提及,以体现后续合同与原合同、中间出现的合同之间的传承关系。

例如,一份存在缺陷的长期供货合同的补充合同,其引言表述为:"甲乙双方曾于 2006 年 10 月 8 日签订《长期供货合同》一份,现对未尽事宜补充约定如下……"

如果没有提及原合同,即使是以一份新合同替代原合同,这些后续合同也容易被视为一份独立甚至与原合同毫无关联的合同,或被解释为其他合同的后续合同,无法实现签订的目标并存在巨大的法律风险。而且后续合同的成立并不当然终止原合同的效力,不终止原合同则某些条款易被用于"秋后算账"。

2. 协调效力交接

后续合同永远涉及与原合同权利义务的衔接问题,包括权利义务变更的时间,以及变更前的各类已履行或未履行事项如何善后处理、哪些条款的效力需要交接的问题。后续合同如果没有这类约定,可能会被视为原合同的这类内容将被继续得到执行,影响新旧合同权利义务边界的明确性并留下重大的纠纷隐患。

新旧合同的效力交接比较复杂。简单地补充原合同,则可以视为其他条款继续按原合同履行。但变更及终止都会涉及原来的权利义务履行到何时为止,以及已经履行部分如何结算、后续合同的约定何时生效、跨越新旧合同的行为如何界定、已经变更的条款与原合同条款之间如何搭配等问题。

此外,新旧权利义务体系的交替大多会产生新问题,有时不得不考虑因原合同到新合同的转换引起的损失如何界定、由谁承担,以及因此而增加的审批手续该由哪一方完成、相关费用如何承担等问题。

3. 关注条款关系

由于合同条款之间存在关联关系,补充或变更一个条款有时会影响到其他条款的履行甚至造成条款冲突。例如,交易内容的改变有可能同时引起交付时间、合同总额、付款方式、质量责任等一系列合同条款的变化,需要花大量时间协调这些条款间的关系。如果原合同系按照条款无关性原则制作,起草后续合同就会轻松得多。

例如,某承租人将其承租店面的一部分用于同第三方合伙经营,后与第三方产生矛盾并最终引起租赁合同的承租人由一个变成了两个,但这不仅仅是承租人一分为二,实际上既要考虑房屋的水表、电表等共用设施的分割使用,还要考虑楼上店面如何使用那些通过楼下店面的消防通道等共用设备设施,以及以前的租金如何分配、其中一方如果退租应该如何结算等一系列问题。

4. 重签代替补充

重新签订一份合同有时会比补充、修改原合同更为方便。补充合同、变更合同后,除非是非常简单的合同,否则在履行合同时需要不断将原合同与后续合同对照使用而且前后条款间容易产生冲突,比较麻烦。

例如,某咨询服务合同中已经确定了各具体日期应当完成的工作,但其中一方在即将开始履行时要求推迟合同履行期限。这一变化导致了原合同中一系列履行日期的变化。

为了避免合同权利义务履行期限的混乱,要么简单补充约定所有权利义务顺延、要么以调整日期后的新合同替代原合同。如果这种延迟改变了原合同签订履行时的背景,则仅仅是时间的顺延已经无法满足实际需求,与其签订补充合同还不如根据情况的变化签订一份新合同以替代原合同。

(二)阴阳合同与后补合同

阴阳合同与后补合同都属于不正常的合同现象,其共同特征是在逃避政府或上级对合同的监管。这两种合同一向是管控的对象,前者主要由政府部门监管,后者一般由上级公司监管。

1. 两种形式的阴阳合同

阴阳合同是指同一交易中存在两份不同的合同,其中一份为符合相关规定的"阳合同",用于应付政府部门或上级的检查,另一份则符合双方达成的交易条件,用于双方的实际履行。按照《最高人民法院、最高人民检察院关于办理危害税收征管刑事案件适用法律若干问题的解释》(2024年),以阴阳合同分解收入、财产进行虚假纳税申报的,有被追究刑事责任的风险。

阴阳合同除以内容不同的"阳合同""阴合同"出现外,还可以"补充合同"作为"阴合同"。这时的"补充合同"往往与"阳合同"的签订时间完全相同或表面上略有不同但实为同时签订。这类合同的产生,往往是因为企业不得不使用某种文本但现实中那种文本根本行不通。只能一边原封不动地签订合同,一边签订"补充合同"以实现交易。但这属于规避政府部门或上级监管的行为,从合规角度而言一向是合同风险管控的目标。

2. 规避监管的后补合同

后补合同又称"事后合同",是指某些交易被业务部门甚至业务人员以"先斩后奏"的方式已经开始履行甚至已经履行完毕,事后补签合同用于结算。

虽然相对方先履行可以有效地降低己方的交易风险,但以后补合同进行交易的行为,会使合同的发起、审批、审查、成立的过程失去监管,为企业增加额外的法律风险。事实上,很少会有交易紧急到必须使用后补合同才能解决的地步,这种逃避监管行为的根源在于管理层的重视程度和管理力度不足。

五、控制合同的生效方式

从《民法典》(2020年)来看,人们习以为常的"本合同自双方签字盖章后生效"并不适用于所有交易。因为签字盖章后的合同只是"成立",只有当其"依法成立"时才会生效。理解和控制合同的生效,是起草合同时的实用安全措施。

(一)签订前已成立的合同

对于普通民事主体所进行的合法流通物交易,双方签字盖章之时即是合同成立之时,同时也是合同生效之时。但许多合同即使尚未签订,也已经生效。

例如,《民法典》(2020年)第四百九十条规定:"当事人采用合同书形式订立合同的,自当事人均签名、盖章或者按指印时合同成立。在签名、盖章或者按指印之前,当事人一方已经履行主要义务,对方接受时,该合同成立。法律、行政法规规定或者当事人约定合同应当采用书面形式订立,当事人未采用书面形式但是一方已经履行主要义务,对方接受时,该合同成立。"

这也是后补合同充满不确定性的原因,因为虽然合同尚未签订,但对方已经实际履行且业务部门已经接受其履行,合同早已事实上成立,相关的法律风险在补签合同之前早已存在且无可回避。

(二)成立后未生效的合同

即使合同已依法成立,仍有三种合同并不因此而导致合同生效。这三种合同分别是办理规定手续生产的合同、附条件的合同、附期限的合同。合同起草中可以采用的是后两者,其法律依据分别为《民法典》(2020年)的下列条款:

第五百零二条规定:"依法成立的合同,自成立时生效,但是法律另有规定或者当事人另有约定的除外。

依照法律、行政法规的规定,合同应当办理批准等手续的,依照其规定。……

依照法律、行政法规的规定,合同的变更、转让、解除等情形应当办理批准等手续的,适用前款规定。"

第一百五十八条规定:"民事法律行为可以附条件,但是根据其性质不得附条件的除外。附生效条件的民事法律行为,自条件成就时生效。附解除条件的民事法律行为,自条件成就时失效。"

第一百六十条规定:"民事法律行为可以附期限,但是根据其性质不得附期限的除外。附生效期限的民事法律行为,自期限届至时生效。附终止期限的民事法律行为,自期限届满时失效。"

附条件的合同是锁定交易机会并控制交易风险的高级合同模式。它可以在约定各方权利义务的同时,约定合同生效、开始履行的条件,比直接生效更有利于控制交易风险。所约定的条件,既可以是商务条件也可以是风险控制条件,目的都是当条件达到预期则开始履行,达不到预期则合同不生效,双方之间不产生合同义务。

附条件的合同在实际交易中有着许多的运用。以前,由于房地产是资金密集型行业,许多投资者在房地产开发企业取得土地之前即与其有约在先:如果成功地取得了土地,则各方共同组建房地产开发公司以共同投资。这是一种简单的附条件的合同,当房地产开发企业取得了土地使用权后双方即依约展开合作,如果未能取得土地则双方两不相欠。

附条件的合同毕竟属于合同,用于固定投资机会时其约束力远强于意向书。在上一事例中,若开发商取得土地后并未依约与各方共同开发,如果此前签订的是《合作意向书》,则投资者无权主张开发商违约;如果此前签订的是《合作合同》,则开发商的违约有可能被依照合同违约追究责任。因而如能熟练使用附条件的合同,其效用远胜于意向书。

(三)经确认才成立的合同

熟悉了合同成立与合同生效之间的区别,就可以反向用于签订合同时的合同生效控制,即合同成立后必须经过确认方能生产。《民法典》(2020 年)第四百九十一条规定,"当事人采用信件、数据电文等形式订立合同要求签订确认书的,签订确认书时合同成立"。以这种方式签订合同虽然需要两个过程才能完成,但也为交易安全增加了一道"防火墙"。

即使交易双方采用传统的方式而非"信件、数据电文等形式"订立合同,同样也可以增加确认的环节。只是这时的确认书属于附条件的合同中的"条件",但同样具有实用价值。

例如,当弱势方必须先将合同签署完毕后寄给强势方签署时,合同可能会因对方迟迟未予签署而遭遇重大的情势变更,或因盖章后的合同流失而被第三方恶意利用,两种情形都属于重大风险。为此,弱势方可以在合同中约定双方签署完毕且由该方发出确认书时合同才生效。这与附条件的合同的使用异曲同工且没有法律障碍,同时增加了交易安全系数。

第七节　合同起草过程概述

从基本素材到合同文本,是律师综合运用法律规则、交易知识、分析能力、文字功底处理信息输出结果的过程、是一个创造的过程。这是律师合同工作的最高境界,也是对律师综合能力的检验。

合同起草的各个环节此前均已展开讨论,本节只对相关内容进行简单的框架性回顾。

一、定位合同的质量水准

在得到了素材、明确了需求之后,首先要做的是从质量层次、内容偏好等方面给合同进行定位。这一过程相当于先勾勒出基本设想图,将它定稿后才有进一步的"扩初设计"直到"施工图设计",合同起草方能水到渠成。

(一)合同文稿的基本定位

如前所述,交易可以大致划分为营业层面、商务层面、专业层面、专家层面。与交易的层面对应的是合同的质量层面,不同质量层面的合同有大致的内在质量和外在质量特征、大致的质量水平。

1. 合同的种类①

对于合同种类的区分是合同起草的第一步,否则失之毫厘,谬以千里。《民法典》(2020 年)中规定的典型合同有十九种之多,它们有相对明确的定义及法律要求,起草这类合同,包括含有典型合同成分的混合合同,要轻松许多。如果要起草的是非典型合同,则需要查找相关的法律规定作为起草时明确特定权利义务、规避特定法律风险的依据。如果所要起草的非典型合同尚无法律规定且无最为近似的典型合同可供参照,则只能参照买卖合同的相关规定。

2. 合同的质量层面②

合同的质量层面由交易标的及长期形成的交易习惯共同决定。尤其是一般的营业层面面对消费者的交易,不可能通过签订合同再一次次地消费。但其中也会有例外的情形。例如,同为营业层面的交易,餐饮、购物、交通等领域的交易大多不用任何合同,即时结清,但移动通信、有线电视、因特网等电信业务,却都需要先签订书面合同再提供服务。

这也是交易的层面和方式使然。因为电信业务一般都涉及较为复杂的后台技术支撑,在提供服务过程中有许多的技术问题需要解决,甚至有些技术问题以现有的技术尚无法从根本上进行解决。而另外一个重要因素是因为这类合同均为长期持续履行的合同,涉及技术的升级、费用的结算等问题,因此才需要以书面合同的方式明确双方间复杂的权利义务关系。

即使是同样的内容,如以不同的方式进行交易,例如从即时结清转为远期、大额、需要提交准备的方式,也会导致合同的不同。例如,餐饮业的直接进店消费并不需要书面合同,但婚宴或会议用餐则不得不签订合同并支付定金。因此,如果实

---

① 参见本书第一章第九节的相关内容。
② 参见本书第二章第二节的相关内容。

在不熟悉需要起草合同的行业,可先收集、分析相关的信息及样本,发现其交易内容、交易方式、问题处理条款上的规律和优缺点,并在此基础上加以超越。

3. 战略合作还是具体交易

从交易目的细分,交易还有战略性与战术性之分。长期合作、深度合作,甚至共担风险、共同开拓市场的多为"战略性"交易,其合同内容重点在于合作范围、沟通协调方式、利益分配及调整等战略性、影响企业未来发展的事务上,并不在于具体交易中的锱铢必较。而"战术性"交易则只是大布局中的一个环节,其所要解决的就是交易中的细节问题,目的是通过交易得到标的,而不在于这一交易所服务的整体战略。

例如,房地产开发企业与建筑施工企业的长期、深度合作,其目标和利益并非建造一幢楼或一个小区,而是发展长期稳定、充分信任、沟通方便、优势互补的合作伙伴,即使个别项目利润偏低甚至亏损也可以容忍。而一次性的施工承包合同,只是完成众多交易中的一笔,更关注交易的赢利性等指标。

4. 使用对象及委托人偏好

使用对象、使用场景、委托人的不同,也会影响合同风格的定位。相对于自然人交易对象,企业间的商务合同交易可以容忍更专业、篇幅更长、更复杂的合同,而自然人交易对象只能接受有限的篇幅、有限的复杂程度和有限的专业方式表述。尤其是有些企业极端地反对复杂,有些企业极端地要求一切循规蹈矩,企业的偏好决定了合同的质量方向。

就技术要求而言,篇幅的长短与合同质量并非对应关系。质量要求高而篇幅有限的合同往往需要更高的技术水平才能完成,以在有限的篇幅内有针对性地安排最有实用价值的条款。而篇幅较长的合同也未必严密,因为许多内容在具体的交易中并不必要,过于复杂反而制造了新的问题。合同的质量,取决于对目标及细节处理的精心程度。而律师起草的合同,其质量水平一般都至少要达到商务或专业层面,这是必备的专业水准。

(二) 合同中的几个平衡

起草合同与修改合同一样,平衡各种对立关系往往比设计条款还难。这些待平衡的事项在本书第三章第一节已有提及,这里仅从起草的角度简单加以回顾。

1. 理想状态与现实状态

合同质量达到理论上的相对完美有时并不困难,但实际操作中这样的机会并不多。它既需要委托人在交易中处于一定的优势地位才能基本维持合同条款的形态,又需要双方当事人都能接受,尤其是双方的合同观念要与律师相同。因此当相对方处于优势地位时,往往只能在对方提供的文本基础上略加修改而无须起草。只有委托人处于相对优势地位时,才有可能需要起草合同。

2. 复杂性与操作性

合同约定过于笼统则会在履行阶段让人无所适从,并因未加约定或约定不明确而产生不同理解。适当地使条款明确化、精细化有利于正确地理解和操作,但往往也会因此增加合同的复杂程度并导致合同条款及总篇幅的增加,并因此需要多花时间去阅读、理解、审查。对此,需要在质量定位时考虑好整体的精细化程度,同时需要充分运用表述技能使合同精细但不复杂。

3. 专业性与可读性

法律语言在语体、术语、句法、句型、措辞等方面均与日常书面语言不同,且合同的布局和逻辑、法律事务处理机制等也都带有专业性,这些专业性内容会给非专业人士带来极大的阅读困难。

如果没有提高专业性的必要,合同的阅读难度应该定位于一般文化程度的读者,使他们能够看懂合同双方的权利和义务。

4. 己方利益与对方利益

如果仅从利益角度考虑,任何一方都希望交易利益的最大化。但只有对方接受才能实现交易,任何交易无法成交则无法获利。即使某些交易中存在一方处于优势地位而另一方处于弱势地位的情形,但交易的达成仍以弱势方能够接受为基础。因此谈判的过程也是双方向平衡点靠拢的过程,为了减少波折,律师在起草合同时可以与委托人进行沟通,使其放弃某些不切实际的方案。

二、建立合同的基本模块

合同基本模块的划分适用于所有合同的起草。以修改基础文本的方式起草合同时,需要先按交易所需量身定制新的合同框架,再将基础文本中的素材重新排列组合及改写;不依赖文本的直接起草则更需要划分出合同的基本模块,再层层推演出合同条款。

(一) 划分合同的基本模块①

起草合同首先需要设立合同的基本模块,也就是将合同内容划分为几个大的基本组成部分。这些基本模块的标题均根据所需的功能命名,并可以根据合同基本素材情况及实现交易目的所需的内容在起草中不断优化、调整。

基本模块的划分方法,离不开合同一般包括条款及四大基本内容。但实际操作时只是借鉴其思路和要点,而不是直接按照它们进行划分。回顾《民法典》(2020 年)第四百七十条中提及的合同一般包括的条款,共有以下内容:

---

① 参见本书第四章第三节的相关内容。

（一）当事人的姓名或者名称和住所；

（二）标的；

（三）数量；

（四）质量；

（五）价款或者报酬；

（六）履行期限、地点和方式；

（七）违约责任；

（八）解决争议的方法。

上述条款在不同的合同中会以不同的形式存在，且详略程度天差地别，但它们是所有有偿合同都无法回避的内容。例如，钢材产品因高度标准化，其现货交易可能只需一张表单。而大型成套设备买卖合同，则必须强调采购、安装、调试、验收的过程及各个过程中的质量控制，相关内容必须分别设立为不同的模块才能保证合同秩序。

如果觉得这些条款比较琐碎，可从合同四大基本功能的角度将其分为四类，具体对应关系如表6：

表 6　合同四大基本功能与一般包括条款的对应关系

合同四大基本功能	合同一般包括条款
锁定交易主体	① 当事人的名称或者姓名和住所
锁定交易内容	② 标的；③ 数量；④ 质量；⑤ 价款或者报酬
锁定交易方式	⑥ 履行期限、地点和方式
锁定问题处理	⑦ 违约责任；⑧ 解决争议的方法

表6右边为《民法典》（2020年）第四百七十条中所规定的合同一般包括的条款，左边是基本功能。右边可以示范具体的条款，左边用于从功能角度判断右边还应该有哪些条款。具体的模块划分往往需要综合左右两边的内容再加上流程分析来进行确定。法律上的合同一般包括条款在划分合同基本模块时可分可合，根据需要可以单独设为基本模块也可并入其他基本模块。

需要强调的是，无论是划分基本模块还是在基本模块下细分出二级模块，各级标题都是所在模块内容的风向标，必须与模块内容相一致以便统一调整，以实现合同的功能。

（二）模块划分的实例及解读

设定基本模块有许多方式。按合同履行各主要阶段的前后次序、按处理问题时的前后顺序等，都可以设定基本模块。而且以这类方法设计出的基本模块，本身已经具备了明确的秩序。例如,某大型企业集团向某代工企业以 OEM 的方式订购生产设备,其合同基本模块大致按事项发生顺序排序:

第一条 定义
第二条 合作内容
第三条 生产前的准备
第四条 原料采购与生产
第五条 技术服务
第六条 价格及结算方式
第七条 知识产权及商业秘密
第八条 违约责任
第九条 不可抗力
第十条 其他约定事项

该合同全文约 9000 字,如果不分主题模块而直接表述会令人无法阅读。由于条款涉及一些关键词、技术规范,因此首先以"定义"明确其内涵和外延。而"合作内容"则界定了技术资料、原材料、生产加工等方面的一系列合作事项。因属 OEM 项目,因此"生产前的准备"特别强调对订单及技术要求的确认。而"其他约定事项"则纯粹是将比较零散的内容放在一起,避免单独的款项与其他条平起平坐,维持整个版面的整齐。

(三)通过坐标系理解合同模块①

如果按坐标系的表示方法进行理解,合同的履行是沿着时间轴而发生的横向与纵向关系的交互变化。图 8 中的横轴 X 代表横向问题——哪些关系可能参与;纵轴 Y 代表纵向问题——履行期间各类横向关系可能有哪些变化;斜轴 Z——随时间发展而可能经历的不同时间段。

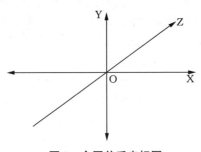

图 8 合同关系坐标图

---

① 参见本书第四章第二节的相关内容。

合同履行随 Z 轴代表的时间演进,所以按履行的先后顺序安排条款顺序更便于对应。

双方的权利义务,如同 X 轴所象征的那样随着时间的演进而横向拓展。

履行中的异常情况,如同 Y 轴所代表的那样形成对正常履行的干扰,需要作为特殊情况通过假设、约定来进行防范。

在这一坐标系中:

影响纵轴方面的主要因素有政府行为、国家法律法规的变化、不可抗力事件、意外事件、违约行为等。

而斜轴对正常履行秩序的影响则有提前或延迟履行,以及中止、中断、终止等情况。

横轴对应不同的合同履行阶段双方的各类权利义务。

坐标轴原理足以帮助我们理解和细化合同条款,但需要掌握以下几点:

① 按时间先后顺序将合同权利义务分成若干相对独立的功能模块;

② 横向扩展各模块所涉及的各方关系,分成若干个细节加以丰富;

③ 考虑不同时期的干扰因素,将因素及解决方案写入合同;

④ 综合考虑各轴因素对其他因素及整个合同的影响,设定综合补救措施。

本章所介绍的诸多工作方法其实殊途同归。都是首先划分合同基本模块以建立合同的基本结构,然后根据交易目的的需要细化各个基本模块直到具体的条款,并梳理、协调条款间的关系,从而将各组成部分转换为相互关联、有机的权利义务系统。

例如,合同的质量条款中,横向的质量问题包括产品、包装、资料等,纵向的质量问题包括国家标准、行业标准、地方标准、团体标准、企业标准等,而斜向的质量问题则包括合同履行过程中的质量检验及异议方式、质量违约时的处理原则及程序等,各种关系环环相扣。任何一个环节中出现问题,都有可能影响其他条款的正常履行,从而影响合同目的的实现。

(四)对设立基本模块的总结

划分合同基本模块时,可以参考交易目的及实现交易目的所需要的合同四大基本功能,根据委托人的要求或条件的限制决定模块的内容及标题。如果担心不够贴切,典型合同可以参考《民法典》(2020 年)规定的各类典型合同的必备条款划分,或按交易的过程及规律进行划分。例如,大型成套设备买卖合同中的买方可以借助该类合同的特征,设立采购范围、安装、调试、验收等模块控制各个履行阶段的内容及履行阶段的质量。

无论是建立哪一级的模块,都应尽可能避免使用"甲方权利义务""乙方权利义务"这类模块的划分方式或标题。因为它必然将一个有先后发生顺序且不同阶段双方有着不同权利义务的过程拆分得支离破碎,既混淆了合同履行程序关系,也割裂了双方义务的交互履行关系,不利于看清合同全貌及发现问题。

三、扩展合同的基本模块

文字量较少的合同可以直接罗列合同条款,但千字左右的合同不设基本模块或不设条款标题已经有些阅读困难。而数千字甚至数万字的合同,往往在基本模块之下还要分出二级甚至三级模块才能让结构清晰。

划分模块、建立结构的过程可以用各种图上作业辅助完成,这种方法更直观,用于篇幅较长或内容复杂的合同时也更加方便。

(一)模块无关化原则

从建立基本模块开始,模块之间需要遵守模块无关化原则,条款之间需要遵守条款无关化原则,其目的是使模块及相关内容各从其类。这种方法源于实践而且行之有效,其原理是各层模块只对上一层模块负责、每个模块只有单一的内容或功能,不同模块各司其职。

这样处理可以避免相同的内容出现在两个不同的模块中,从而避免冲突及重复。例如,在产品质量要求模块中只涉及产品的质量标准,在产品验收程序模块中只谈验收方式,在争议解决模块中只涉及质量违约的处理等。划清各模块之间的内容界限后,关联性调整大大减少,因此可以有效地避免合同条款间的冲突和干扰,并大大减少调整合同内容时的工作量。

合同模块分层越多则关系越复杂,校对、审查的工作量也会呈几何级数上升,这也是强调模块无关化原则的重要因素。模块、条款之间的重叠部分越少,则这方面的低效工作量越少。

(二)借助推理完善模块

从设立合同基本模块到完成起草,可以理解为一个通过逻辑推理不断细化内容、界定内涵和外延、明确权利义务边界的过程。这一过程方法多样,有举一反三,也有简单列举。以列举的方式起草合同虽然符合人们的日常思维习惯,但对个人经验及基础文本的依赖较多;以推理方式完成工作相对精确,可广泛用于完善结构、排除漏洞、扩展条款等工作。

1. 合同框架的树状结构

合同结构因其条款间的逻辑关系而呈树状结构,或称之为金字塔结构,因此可以采用逻辑方法完善各层标题、写出具体条款。例如,某份总计12000字的设备采购合同,其基本模块分为12个部分且下设二级模块。该合同标题体系严整、条款

标题明确,整体结构如下:

第一条 合同概述
    1.1 合同双方
    1.2 合同目的
    1.3 合同定义解释

第二条 交易内容描述
    2.1 有形产品
    2.2 文件资料
    2.3 知识产权
    2.4 服务

第三条 卖方的质量保证
    3.1 产品的质量保证范围
    3.2 文件资料的质量保证范围
    3.3 服务的质量保证范围
    3.4 质量保证期
    3.5 保证责任
    3.6 卖方对买方的声明
    3.7 衡量质量的方法及标准

第四条 包装与交付
第五条 产品的清点与检验
第六条 现场安装、调试与验收
第七条 卖方的服务承诺
第八条 合同价款和付款方式
第九条 知识产权与商业秘密的保护
第十条 不可抗力
第十一条 违约责任
第十二条 其他约定

2. 以推理完善相关结构

由于篇幅所限,在此仅介绍推理在完善合同模块过桯中的作用,以及根据条款内容所作的平衡。

① 从大型成套设备买卖的规律可以推断,该合同第二条的交易内容不会仅仅是产品,因此推理后分成有形产品、文件资料、知识产权、服务等四项。

② 质量承诺必须覆盖所有卖方提供的内容,因此第三条下设七个条款,覆盖了与质量有关的各方面内容。

③ 知识产权方面内容较多,因此单独设立一个标题加以集中表述。

④ 为防止遗漏重要信息,由卖方以 3.6 条款申明资料之外的注意事项。

⑤ 第十二条是综合性条款,将篇幅较短、内容独立的内容收录其中,目的是让标题体系整洁。

此外,针对成套设备合同履行期长、涉及的设备及零部件多等特性,合同增加了"订货范围的调整"和"订货要求的调整"两个模块,防止因买方的调整而启动复杂的变更合同、订立补充协议等程序,也在一定程度上避免了买方因此而产生的不必要的违约责任。

(三)合同模块体系的完成

基本模块划分完毕后,需要充实它们的内容并视需要划分出更多的模块,使合同从抽象的模块一点点地变成具体的成品。经过上一个层面的内容划分后,下一层面的内容往往可以轻松地细分出来。例如,"质量"条款可轻易地细分为产品质量、包装质量、技术资料质量等内容,"验收"条款也可以细分为到货时的外在质量验收、投产前的质量验收等。

以这种方式进行处理,从抽象的合同主干到具体的条款,不同层级及顺序关系的模块构成金字塔结构。最上端是合同名称,其次是基本模块、第二级甚至第三级、第四级模块,直至最为基础的合同条款,结构清晰可辨。

合同中一般都始终存在着两条主线,一条是静态的履行事项、一条是动态的履行程序,理解了这两条主线就很容易梳理各级模块间的关系、模块的标题体系。当某一层模块设计完成后,只要稍加设想就可以细分出下级模块或写出条款。例如,前例的"2.3 知识产权"项下的内容,可以直接分为专利技术、非专利技术、著作权、商标使用权、软件使用权等细节。

四、完成合同的文本制作

合同的文本制作是施展文字表述技能形成合同文本的真正开始,前面的过程无非是多花一点筹划时间以便使这一过程更加顺畅并少走弯路。这一阶段的工作才能让人看到文本真正的样子,是律师功底的集中体现,也最能发挥律师水平。

(一)所需工作技能及原则

在着手表述合同条款的过程中,前面章节介绍过的各种法律思维模式、语言文字技能、交易常识等均会在这一阶段得到综合应用,这是一个创造的过程。按照一定的原则运用这些技能,可以提高质量和效率。

1. 所需的工作技能

这一阶段最需要充分运用的是语言文字表述技能。合同的功能和使用环境、法律后果决定了它有特定的语体、句法、语法、用词,甚至连平时用起来比较随意的标点符号在合同中如不注意也会产生不同的法律意义。①

对商务知识也要进行充分了解和熟练运用。许多从法律角度无法解释的问题,通过商务规律解释则容易理解和接受。有时律师甚至需要恶补相关行业的内情、交易惯例、发生过的问题等,以"内行"的身份通过合乎商业规律的安排制作条款,使相对方容易接受并促进交易的实现。

律师需要经常查找相关司法解释或不同层级的相关法律中有哪些授权性的规定、禁止性的规定,以便制作合同条款时用足权利,以使风险最小化。

这一阶段偶尔也需要对相对方的资信状况、标的物状况进行调查,或对某些内容进行特殊审查,但这在大多数的交易中并非工作的主要内容。②

2. 有益的工作方法

当合同的结构、条款间的关系比较复杂时,如果同一模块之间有数个关联的并列条款时,可以先给所要起草的条款加上标题以分配主题和内容。如果标题不足以提示所要起草的内容,或是刚好想到某个条款可以如何撰写,可在标题后面加上备注,提醒自己如何处理。

条款的撰写要像"零缺陷"管理理念那样,力争第一次把正确的事情做正确,即做正确的事、正确地做事、首次做正确。这一理念尤其要成为合同起草的必备工作,把问题留给返工、留给校对都只能是个别情形下的权宜之计,容易遗留条款缺陷甚至形成"烂尾工程"。

如果没有条件一次性把正确的事情做正确,可以醒目的方式标注所存在的问题及可能的解决方案,甚至加上问号表示那是个尚不确定的问题,以便完成其他部分后回头集中精力进行研究。

(二)调用综合技能形成文字

形成文字的过程也是正确、谨慎地使用合适的语体、句法、语法、词汇、标点符号的过程,尤其是使用法律专业上惯用的成熟表述方式,使合同严谨、庄重。③ 同时还需要注意文字表述带来的客户体验,避免使用传统习俗中的避讳用语④,同时还要全力排除语言歧义。⑤

合同的交易内容条款⑥、交易方式条款⑦可以更多地借助商业规律加以完善。

---

① 参见本书第一章第四节的相关内容。
② 参见本书第二章第八节的相关内容。
③ 参见本书第一章第八节的相关内容。
④ 参见本书第三章第四节的相关内容。
⑤ 参见本书第三章第五节的相关内容。
⑥ 参见本书第二章第四节的相关内容。
⑦ 参见本书第二章第五节的相关内容。

问题处理类条款①往往更多涉及法律规定而且处理方式并不仅限于法律,对于违约责任的追究需要明确违约的情形及责任承担方式。

与此同时,正确地使用标题序号②、正确地排版、充分利用文字校对功能③、理顺合同条款间的秩序④,养成一次性同步完成的良好工作习惯,使合同文本在完稿后只需简单校对即可提交。

(三)标题体系的妥善安排

标题体系主要被用于定位条款主题内容,阅读合同时,借助标题体系可以快速查找主题、核对内容。

1. 标题的层级

除篇幅极为短小的合同,一般合同的一级模块都需要加上标题,而二级模块是否需要标题则视具体情况而论。如果合同篇幅较长则二级模块也需要标题,以使合同的结构和功能利于判断。如果合同篇幅不长,比如远低于千字,则二级模块一般不需要标题,至于那些篇幅更短的合同则可以不用任何正文标题。

面向消费者的格式合同等特别需要便于阅读的合同,非常需要正文标题。消费合同的困境在于,内容不够详细则不利于解决问题、约定太多则消费者难以阅读,二者之间的平衡便是为条款加上标题体系,以便于阅读和查找并减少纠纷。

2. 标题的顺序

合同中的交易内容、交易方式条款,包括其二级模块等下级模块的条款,要尽可能根据交易履行阶段的时间顺序排列以符合人们的阅读习惯。这些条款中可以描述哪些行为属于违约,但违约所要承担的责任则可以统一归入问题处理模块。

与交易内容、交易方式并无紧密关系的声明、保证类条款,可依其重要程度或风险从高到低安排在正常履行时的交易方式条款之后,然后再安排违约责任、不可抗力等问题处理条款,并按重要程度或严重程度排序。

以这些方法安排标题体系,可使整个合同的秩序符合人们的阅读和理解习惯,便于审查和履行,也使模块、条款之间秩序井然、行云流水。

本节概括性描述的合同起草工作方法更适合于不借助任何文本而直接起草的合同,是所有相关理论及方法的综合运用,也是合同质量的最好保障。

---

① 参见本书第二章第六节、第四章第四节的相关内容。
② 参见本书第三章第三节的相关内容。
③ 参见本书第三章第九节的相关内容。
④ 参见本书第四章第四节的相关内容。

第八节　合同起草过程实例

只要掌握了技术方法,就可以综合运用各类知识、技能直接完成合同起草而无须依赖任何文本。为便于理解,在此以直接起草的约 6000 字的非典型合同为例。因时过境迁,法律环境早已发生巨大变化且某些条款亦有缺陷,因此仅供示范起草之用。

一、交易背景及基本框架

21 世纪初期,某服务业的大型公司(甲方)为了提高业绩,需要与社会力量合作开办大批营业厅以向客户提供更为便捷的服务。因无先例可供借鉴且各部门提供的合同文本均不敷使用,所以必须重新起草。

(一) 交易目的及起草需求

经了解其交易目的、质量要求、交易环境等"输入条件",得知其基本的交易背景和需求如下:

① 公司准备在城镇以开办营业厅的方式组建营销网络,用于产品推广、办理业务、占领有利商业地段,因而合同需要大批量使用。

② 公司并无足够人员分派至各营业厅从事具体的经营、管理,具体事务需由合作企业提供及按公司的标准和要求对外提供服务。

③ 经营期间,公司仅对营业厅进行非常驻式的指导和监督,因而对企业派出员工的管理、双方的协调、服务的规范及标准方面要有明确约定。

④ 经营期间会有多种费用产生,双方必须明确约定各种可能产生的费用以及风险的承担方式、双方对于报酬的分配方式。

⑤ 经营过程中要有数据终端连接公司与营业厅,同时还须不断地提供产品给营业厅用于分销,在提供产品问题上,公司与企业之间存在买卖关系。

⑥ 由于特定条件限制,无法进行更多的变通和重新定位而只能采用特定的模式,但合作各方均对前景看好并乐于接受比较详细的合同。

⑦ 合同应在广大的区域内有示范作用,要涵盖所有营业厅设立及经营过程中的问题,并对下属公司设立营业厅有指导性,使其可根据合同直接操作。

⑧ 合同应有效地衔接法律事务管理与经营管理。

基于该公司业务规范较多的实际情况,初步定位是以合同正文约定复杂的履行内容及履行程序,而业务规范、技术规范等细节均列为合同附件。

(二) 合同基本模块的划分

熟悉企业及行业情况后,根据分析得出的内容需求按照前后因果关系及重要性顺序进行排列,该项合作事宜大致可以划分为如下十个方面的内容:

① 定义及合作宗旨。以定义明确"合作营业厅"等为表述方便而新设的概念,同时明确签订、履行本合同的目的等。

② 双方的资格及权限。为确保交易合法及责任分担,第二条应约定各自负责签订及履行的资格并自行对此负责。

③ 经营活动内容及方式。属于交易内容条款,列举双方的合作事项及方式,界定双方权利义务的范围。

④ 投资及日常费用的承担。解决如何投资、如何分摊费用、如何分配权利等具体性问题,属于合同的交易方式条款,是交易方式模块的一部分。

⑤ 经营用物品的提供。双方合作的营业开办以后,经营中还有许多设备、物品等需要由委托人持续提供,因此需要约定经营期间各类物品如何提供。

⑥ 人员提供及经营管理。由于委托人的工作人员有限,既要借用合作方的人力又要加以有效管理,因此专门设立这一条款调整人员及管理权问题。

⑦ 酬金的标准与结算。标准的交易内容条款,但该合同的酬金计算方面比较独特,因此需要特别约定双方的利益分配方案。

⑧ 协议的终止。因合作期限长、合同履行期间出现问题的概率大,必须设定终止合同的条款,以便情况不利时及时终止,避免损失的发生或扩大。

⑨ 违约责任及赔偿。约定违约行为的类型,以及各类型违约所对应的违约责任,同时约定善后事宜的处理原则。

⑩ 其他约定事项。主要是"口袋条款",将主题独立的零星条款收集在一起,避免目录过长、各条款文字量不均匀。

二、基本模块及模块拓展

划分出基本模块之后,下一步需要做的是依据同样的逻辑和方法对基本模块进行进一步的划分,从中扩展出更细的模块。

(一) 对基本模块划分的解读

回顾以前讨论过的合同四大基本功能,合同条款可分为交易主体、交易内容、交易方式、问题处理四类。按此思路,同一份合同可划分出如下的树图:

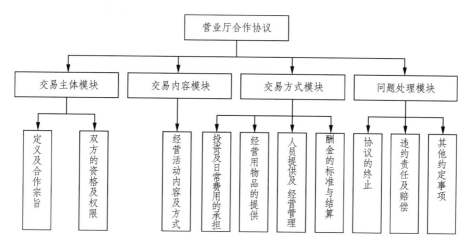

图 9　营业厅合作协议树图

继续顺着功能模块的思路进行细分,四个模块各由如下部分组成:

1. 交易主体模块

因乙方拥有多个门市,因此每份合同均限定于指定门市。为扩大范围,应约定甲方可与乙方外的其他方合作,并针对某些合作对象本身拥有多个门店的情况,专设了"双方的资格及权限"模块,以限定合同权利的范围。

2. 交易内容模块

该合同为非典型合同,且其性质不接近于任何一种典型合同。第三条应为交易内容,但事先准备事项、履行的规则及设备等较多,因此设立"经营活动内容及方式"模块,将交易内容与交易方式一并加以描述。

3. 交易方式模块

第四条至第七条的主题应是双方"怎么干",属于交易方式条款。由于交易方式比较复杂,按照履行行为的时间顺序分为四个基本模块:

① 投资及日常费用的承担:约定最初的投资如租房、装修、注册登记等费用的承担或分担问题,以及法定代表人人选、开办后日常经营中可能产生的费用支出的承担问题。

② 经营用物品的提供:约定经营过程中对"物"的管理,如设备管理、产品管理、甲方向营业厅提供的发票等。

③ 人员提供及经营管理:约定对双方"人"的管理,包括各方人员提供、管理权限、双方权利划分、人员变更等方面的管理。

④ 酬金的标准与结算:主要规定了合作方的酬金如何计算、双方利益如何分

配的问题。由于合作企业有提供劳务方面的工作性质,因此其收益基本属于酬金性质。

4. 问题处理模块

从第八条起的内容属于问题处理模块,主要约定合同履行出现非正常状况或争议时如何处理的问题。

① 协议的终止:建立退出机制,对何种条件下退出、退出时各类问题如何处理进行约定。

② 违约责任及赔偿:对于何种违约行为对应何种违约责任并应进行何种赔偿进行约定,便于在合作方违约时维护自身的合法权益。

③ 其他约定事项:这里的内容并不全部属于问题处理模块,而是作为综合性条款的统一"口袋",以保证整体结构整洁。里面的条款大多主题独立且篇幅短小,无法纳入其他模块也不适合单独成为模块干扰注意力,所以将其收录在一起。

(二) 对合同基本模块的扩展

经过对基本模块的划分,设立并经营合作营业厅所必须考虑的各类问题已经基本到位,进一步细化各条款的具体内容已经容易很多。但这些内容毕竟还只是一些大类问题,需要进一步划分以最终形成具体的条款。

根据内容及布局的需要及委托人的经营习惯、业务特征,上述模块经过分析、细化并整理后,形成更具体的合同基本结构如下:

一、定义及合作宗旨

1.1 营业厅的定义

1.2 合作经营的定义

1.3 合作的宗旨

二、双方的资格及权限

2.1 甲方的经营资格及承诺

2.2 乙方的经营资格及承诺

2.3 双方合作的范围限制

三、经营活动内容及方式

3.1 营业厅的经营活动内容

3.2 营业时应当遵循的服务标准

3.3 服务范围的扩大

四、投资及日常费用的承担

4.1 开业费用的承担

4.2 经营费用的承担

　　由于没有相应的合同文本可以借鉴,因此对于基本结构等方面内容的细化基本上来自推理。但推理的同时,相关问题已经得到了业务部门的及时确认。

三、文本的形成及总结

经过上述细化,具体条款的主题内容已经确定,各条款的起草只要将各个主题具体化即可完成。

(一)最终形成的文本

按照各级标题所标示的内容表述相关条款,并在表述时不断优化、丰富具体条款的内容,最终形成合同如下(委托人为甲方):

营业厅合作经营协议

编号:_____

甲方:×××××××有限责任公司

乙方:××××有限公司

甲乙双方为充分发挥各自的优势,多渠道向用户提供优质服务、进一步推广甲方业务、规范甲方业务的市场管理,经充分协商本着公平合理、紧密合作、互惠互利的精神,就双方合作经营甲方所属营业厅事宜达成如下协议共同遵守:

一、定义及合作宗旨

1.1　本协议所称的营业厅,系指由甲方上级单位依法设立并授权甲方经营管理的、由甲方与乙方合作经营的营业场所,该场所专业从事甲方相关业务。

营业厅的地址为_____,正式名称为_____,负责人为甲方负责人。

1.2　本协议中所称的合作经营,系指营业厅由甲方根据上级公司授权,与乙方按约定承担费用及经营责任,乙方提供营业人员按照甲方的服务标准及服务模式,在规定范围内向甲方用户提供服务,并由甲方按乙方的工作业绩支付酬金的经营行为。

1.3　营业厅的经营宗旨,系为了充分发挥各自的优势共同为甲方用户提供便捷、优质的服务,并使双方均取得良好的经济效益。

营业厅由甲方对外承担民事责任,在甲方对外承担民事责任后,由双方按照本协议及公平的原则各自承担应负的责任。

二、双方的资格及权限

2.1　甲方系合法注册的经营企业,有合法的经营范围及充分的经营能力和经验从事本协议中相关经营业务。

甲方在此承诺对履行本协议所需的法律手续由甲方自行负责,如有与法律相抵触的行为其责任由甲方承担。

2.2 乙方系合法注册的器材经营企业,营业执照注册号为_____,经营范围为_____,经营地点为_____。

乙方在此承诺对履行本协议所需的法律手续由乙方自行负责,如有与法律相抵触的行为其责任由乙方承担。

2.3 乙方根据本协议开展相关的业务经营和用户服务,其权利仅限于前述经营地点并由乙方自行单独行使,不得以任何方式转让该权利或在其他地点或与其他方共同行使。

甲方在与乙方合作的同时,仍有权与其他方进行合作经营其他营业厅。

三、经营活动内容及方式

3.1 营业厅的经营范围按依法注册的范围执行。本条所述营业厅的业务活动内容由甲方根据乙方的内在条件和外部环境在综合考察后逐步开设,并按甲方授权的业务内容和期限执行。具体的业务活动内容如下:

(1)业务受理

① 受理甲方业务的新用户开发以及新业务办理;

② 销售甲方所属品牌产品;

③ 受理甲方所属品牌用户综合业务的办理;

④ 由甲方指派的短期或临时性的业务办理。

(2)服务提供

① 向甲方所属用户提供账务查询、投诉处理、业务咨询服务;

② 进行用户回访、大客户服务、集团客户服务、特殊用户的上门服务。

(3)营销实施

① 按公司要求对市场信息及其他同业经营企业的信息进行收集及反馈;

② 经公司授权或审核后开展的短期业务促销、业务宣传、业务演示;

③ 集团用户、大客户的发展与挽留。

(4)代理店服务

① 按甲方要求从事甲方与代理店之间的中间服务,包括资源配送、平台受理、资料复核、业务培训召集、发票管理等;

② 对甲方指定的下属代理店的业绩进行数据统计。

3.2 营业厅所从事的业务活动必须按甲方下列管理要求及管理标准执行:

(1)《营业厅营业服务规范》;

(2)《业务操作规范》;

(3)《营业厅服务、管理质量考评办法》;

(4)《日常管理规范及工作流程》;

(5)甲方以传真形式出具的规范性的业务通知及临时性调整或增加的业务、服务规范。

上述管理要求及管理标准在协议履行期间如发生变更,按变更后的要求及标准执行,本协议继续有效。

3.3　营业厅的经营以本协议3.1条所述业务活动内容为主。经甲方同意,乙方或其他方可在营业厅指定区域内以自己的名义开展终端设备的销售及搭载甲方产品的促销活动。销售方应按甲方的有关规定进行经营活动,并负责对所销售的终端设备负责维修等售后服务。

四、投资及日常费用的承担

4.1　营业厅开办所需的经营场地租用、执照注册、设计装潢、终端设备的提供及安装,以及专线的申请、安装由甲方负责。营业厅统一使用甲方的企业标识和企业识别系统,所需费用由甲方全额投入。

4.2　营业厅所需的日常经营费用由双方按下列方式承担:

(1)营业场所租金由甲方承担;

(2)维护费用,包括房屋、营业场所以及计算机设备、演示设备、专线费用的日常维护费用由甲方负责;

(3)运营费用,包括日常运营开支的房屋水电费、固定电话费用、管理费、差旅费等杂费由乙方承担;

(4)员工薪酬及福利,甲方派驻营业厅的业务指导员的薪酬及福利待遇由甲方承担,营业人员由乙方招聘并由乙方参照甲方标准提供薪酬及福利待遇;

(5)培训费用,营业人员的培训费用由甲方承担,但因培训而产生的交通费、餐费、住宿费由乙方承担;

(6)促销、广告费用,营业厅由甲方指定的促销活动及广告费用按具体活动中的办法规定承担,乙方经甲方认可的营业厅的日常促销活动及广告支持所需费用由乙方承担。

五、经营用物品的提供

5.1　甲方负责向乙方提供开展受理业务中所必需的以甲方名义出具的发票以及用于在发票上加盖的日戳等图章、票据。

乙方对于发票及图章等物品的使用必须按照甲方的要求进行。

5.2　营业场所用于免费赠阅的各类业务资料,主要是甲方指定摆放的业务资料及宣传资料,由甲方负责免费提供。

5.3　员工服装及标志,包括乙方员工的服装、工号牌、桌牌等规范标志物由甲方统一制作、免费提供。

5.4 营业场所经营所需的甲方产品由乙方每次以买断的方式向甲方领取,相应的发票由甲方等额提供。乙方已买断的甲方产品除有质量等问题而无法正常使用的以外,甲方不予退还。

5.5 当营业厅内甲方产品的存量低于50%时乙方可申请补足,但在产品出售之前乙方不得私自使用,否则视为乙方已经对外销售并计入乙方已销售的总额。其他物品的提供以不影响正常营业为限。

六、人员提供及经营管理

6.1 甲方业务部门或派驻营业厅的业务指导员代表甲方对营业厅进行全方位的业务指导、监督及考核,主要权利如下:

(1)有权对营业厅的店面布局、格调总体设计、广告发布内容及形式进行监督,并有权要求乙方对不符合甲方要求的附加装潢、宣传及时变更或拆除,以使之与甲方企业形象相协调;

(2)有权对乙方营业人员进行上岗考试及对业务操作进行管理及监督,对于考试不合格或不胜任的人员,甲方有权要求乙方予以及时调换,对于违反规定的行为有权要求改正或调换其他经培训合格的人员;

(3)有权对乙方的服务流程、服务态度、服务质量、服务手段、业务能力、设施设备等进行全面的指导和监督,并有权督促乙方及时改进工作以共同创造良好的企业形象和营业环境;

(4)其他甲方或甲方授权的业务指导员认为符合甲方有关业务或管理规定且有利于提升甲方公司形象、提高客户服务水平的意见,乙方必须遵照执行;

(5)有权按照甲方的规定对营业厅的业绩、乙方人员的工作情况等进行综合评定以确定乙方的酬金总额,并有权对乙方每个员工的薪酬提供发放标准参考建议。

6.2 乙方有权依照本协议的约定行使对营业人员的经营管理权,负责具体经营行为的实施及日常的经营管理,但不得从事有损于甲方利益的行为。主要权利如下:

(1)有权自行招聘人员、设定劳动岗位及乙方员工的职位、对员工进行考核,但乙方与营业人员的劳动关系必须符合劳动法律规定;

(2)有权在合理范围内自行处理用户投诉,承担理赔风险;

(3)在不与甲方的经营方针、服务宗旨相抵触的前提下,根据市场需求信息向甲方提出调整经营策略的建议,并在经甲方同意后结合乙方的实际情况制定、实施营销策略,合法经营、自负盈亏;

(4)依本协议取得酬金。

6.3 在本协议履行期内,甲方承担如下义务:

(1)负责乙方业务受理人员的上岗培训,并不定期组织受理人员进行操作规范、新业务等方面的培训；

（2）如有关价格发生变动，甲方提前书面通知乙方调整售价；

（3）当乙方因业务需要，须以甲方名义办理相关手续时，甲方提供必要的协助；

（4）对于营业厅经营所需的物品、产品应当及时配送，保障营业的正常、顺利开展。

6.4　在本协议履行期内，乙方必须确保其员工承担如下义务：

（1）遵守法律法规及职业道德，合法经营、自负盈亏，不得以诋毁其他营业厅等方式进行不正当竞争；

（2）乙方在业务活动中所知悉的甲方技术资料、用户资料、管理文件等不被公众所知悉且一旦泄露即可能对甲方产生不利影响的信息均属甲方的商业秘密，乙方对甲方的商业秘密负有保密义务，未经许可不得提供给任何第三方；

（3）维护经营的一致性，非经甲方书面同意，乙方及其所属企业、分支机构不得代理任何其他同业竞争行业的业务和服务；

（4）遵守本协议及甲方的管理、奖励等办法，接受甲方的业务管理和指导，以优质服务及市场的不断开拓树立和维护甲方的良好信誉；

（5）严格遵守甲方的资费标准，不得擅自改变甲方规定的资费价格，更不得向甲方用户加收任何不合理费用；

（6）妥善保管和合法使用由甲方提供的各类发票、图章，甲方提供给乙方用于向用户开具的发票不得以涂改、抽芯等非正常、非法的方式使用；

（7）乙方应按甲方规范进行业务受理、提供用户服务，因乙方原因造成的服务投诉、纠纷及责任等经济赔偿责任均由乙方承担；

（8）确保营业厅建筑物、设备、设施的安全，发现隐患及时向甲方反映，防止发生人身伤害事故及营业厅财产的损坏、失窃；

（9）及时执行甲方要求调换营业人员的要求，并自行承担被调换人员的安置问题。对于经甲方查处的乙方营业人员的违规行为，有义务按甲方的建议在支付酬金时作相应的扣减。

七、酬金的标准与结算

7.1　乙方人员必须按照甲方规范的要求及时在甲方提供的终端输入相关的营业收入、销售情况数据，并在每个营业日终止后进行核对。每次核对后应通过终端向甲方提交核对结果报告，以便双方及时纠正误差。

7.2　营业厅的营业款管理按国家及甲方的有关规定执行，具体的管理办法见本协议附件中甲方的有关业务操作规范规定，在操作时必须做到账实相符。

乙方经甲方同意对外开办的服务必须首先计入甲方的收入然后按双方约定

分配。

7.3 营业厅当月利润测算按甲方制定的《营业厅利润测算方式》执行,该测算包括对乙方人员进行考评后的酬金增减调整。

本协议项下营业厅月利润不小于＿＿＿＿万元时,超出部分由甲方按《销售酬金考核办法》支付乙方酬金。如营业厅月利润不足＿＿＿＿万元时,差额部分由甲方双方平均分摊。

7.4 乙方收取甲方支付的酬金时必须向甲方开具正式的结算凭证,所涉税务问题由乙方自行解决。甲方每月对乙方的酬金进行结算,并在次月 15 日前一次性支付。

7.5 除酬金外,甲方不再另行向乙方支付其他费用,乙方所聘员工的劳动保险、福利待遇等均由乙方负责解决。

八、协议的终止

8.1 本协议自履行期满后终止,终止前双方均有意愿继续合作的,由双方另订协议延长。双方未及时订立延长协议的,视为按本协议规定的内容执行,有效期不定期延长。

当本协议履行期限届满且甲方仍需与其他方合作时,在同等条件下乙方享有优先权。

8.2 本协议履行期间如有下列情况发生,甲方有权在向乙方发出正式通知后单方面终止,并由乙方承担损失:

(1)乙方因涉及经营范围、经营方式等工商法律问题,无能力或无法在合理的期限内解决,并因此影响到营业厅的正常经营的;

(2)因乙方的过错或处置不当,或因违反本协议的行为导致甲方营业厅被有关部门或甲方上级公司查处、停业整顿、通报批评,严重影响甲方名誉的;

(3)因乙方的过错、管理不善导致甲方的设备等财产受到巨大损失且乙方拒绝、没有能力或未能在合理期限内以合理方式补救的;

(4)乙方人员或经营活动连续两个月无法达到甲方考评标准,或经甲方要求整改后仍不按甲方规范执行的,或乙方人员虽经培训、考核但仍旧无法满足起码的工作人数要求的;

(5)乙方或其所属企业、分支机构经营甲方之外的其他同业竞争企业产品或服务的,或擅自将本协议项下权利转移给他方的;

(6)乙方具有违法或违约行为且拒不执行甲方监督意见,未能及时改正、采取补救措施、承担责任,或乙方在经营期间使用欺骗手段损害甲方利益的。

本协议履行期间如有上述情况发生,甲方除有权解除协议外,还有权要求乙方赔偿甲方的经济损失。

8.3 本协议如遇下列情况发生,由双方按本协议要求自行清理善后事宜:

(1) 因不可抗力致使营业场所的建筑物毁损并已失去使用功能,且在三个月内无法恢复的;

(2) 因房屋拆迁、规划调整、马路拓宽等政府行为影响,致使营业场所无法继续使用的;

(3) 因双方中的任一方上级政策调整或无法达到满意的经济效益,已无力或无法继续按本协议的规定履行的,需提前30天通知对方,并由双方本着平等、公平的原则,妥善处理善后事宜;

(4) 本协议期满且双方中的任何一方无意继续合作的;

(5) 本协议的操作方式违反法律,且无其他补救措施能够解决的。

如因上述原因双方无法继续合作的,由双方本着公平的原则,互相承担应负的费用和责任。

九、违约责任及赔偿

9.1 为表示履行本协议的诚意,乙方自愿将人民币陆拾万元存入共同约定的保证金账户。一旦乙方违约,除乙方需按双方的约定承担相应的责任外,甲方有权按双方的约定解除本协议并按约定从该账户中扣款。

9.2 乙方所聘人员的违法或违约视为乙方的违约或违法行为,包括但不限于下列行为:

(1) 因自身管理不善或其他原因受到新闻媒体曝光,影响到甲方利益或形象的;

(2) 乙方员工私自将甲方的财物占为己有,或因保管不善造成甲方所提供的服装、工号牌、桌牌等规范标志物、营业用物品毁损、遗失的;

(3) 乙方员工私自储存、泄露甲方经营数据、用户资料、管理文件等商业秘密的;

(4) 因乙方过错造成房屋或设备损坏、营业款短少的;

(5) 因乙方非正常或非法使用甲方所提供的发票而给甲方造成损失的。

一旦有上述违约行为发生,由乙方全额承担赔偿费用,包括因影响正常营业而造成的经济损失,甲方有权视情节的严重程度决定是否终止协议的履行。

9.3 一旦发现乙方的服务或其他经营活动不符合甲方的标准或要求的,甲方有权要求及时改正。不能及时改正的,甲方有权关闭终端并要求乙方停业整顿,由此而产生的损失由乙方承担。

9.4 因乙方行为给甲方所造成的损失,在乙方未能按甲方要求的期限赔偿完毕时,甲方有权将不足部分从乙方当期应付酬金中予以扣除,酬金仍旧不足的,甲方有权从乙方的保证金中扣除直至解除本协议。

9.5　甲方未能按本协议的约定支付酬金的,除按人民银行有关逾期贷款利率征收滞纳金外,乙方有权解除协议并要求赔偿损失。

十、其他约定事项

10.1　本协议各条文间及协议与附件间的规定如不一致,按下列顺序进行解释:

(1) 按国家相关法律、法规,包括信息产业部的相关规定;

(2) 按省公司标准文件规定、甲方的标准文件规定;

(3) 按本协议的目的;

(4) 按本协议及本协议附件内容;

(5) 按甲方解释;

(6) 按通常的理解。

10.2　本协议如有未尽事宜,由双方协商后另订补充协议解决。本协议的附件为本协议不可分割的组成部分,与本协议具有同等法律效力。

10.3　本协议一式四份,双方各执两份,自双方盖章之日起生效,有效期为两年。如有未尽事宜由双方本着公平原则协商解决,协商不成由×××仲裁委员会仲裁。

甲　　方:　　　　　　　乙　　方:

通信地址:　　　　　　　通信地址:

银行账号:　　　　　　　银行账号:

代 表 人:　　　　　　　代 表 人:

____年____月____日　　____年____月____日

附:(1) 甲方《营业执照》复印件;

(2) 乙方《营业执照》复印件;

(3) 甲方《营业厅营业服务规范》;

(4) 甲方《业务操作规范》;

(5) 甲方《日常管理规范及工作流程》;

(6) 甲方《营业厅服务、管理质量考评办法》;

(7) 甲方《代理店统计考评办法》;

(8) 甲方《销售酬金考核办法》;

(9) 甲方《营业厅利润测算标准》;

(10) 营业厅《营业执照》复印件;

(11) 营业厅《租房协议》复印件。

(二) 对起草过程的总结

这份合同的起草既没有先例文本也没有时间收集参考文本,完全采用前面介

绍的技术方法完成。回顾过程,以下几点可供借鉴:

1. 熟悉委托人业务及风格

该合同全文共计 6000 字左右、耗时 5 个多小时,包括向业务部门了解意图、业务及技术问题的时间。能及时完成且因内容实用、环节细致、布局流畅而令委托人非常满意,得益于熟知委托人的企业战略、业务种类及经营模式、管理风格,并有专人负责核实、提供起草条款所需信息。

2. 以工作目标为导向

工作需求的基本信息非常有限。但从目标导向来分析,成立合作营业厅必然涉及设立公司、租赁房屋、装修门面、招收员工、安装设备等一系列环节,因此按其必经流程推演就能发现一系列需要约定的内容。

3. 熟悉合同结构

该合同起草速度约为每小时 1200 字,除核实信息等占用的时间外近乎不停地直接撰写,因为理解所需内容、企业风格并熟知合同结构原理、表述原理以及顺序、层级原理,因而成文后得到广泛认可并被直接当成工作计划书使用。

以今天的标准来看,该合同作为特定环境下的产物存在许多不足。但其设计、起草的过程无疑符合合同内在原理和规律。同时也说明,熟知委托人的经营管理情况和合同原理,完全可以不依赖任何文本而起草出质量一流的合同。

第五章 技能的提高与拓展运用

如果合同工作并非主业，能够了解一般的起草技能，甚至能够熟练运用修改技能已足矣。因为本书探讨的深度和宽度，即便以合同为主要工作内容的法律人，也未必全部需要。但正所谓学无止境、业精于勤，理论的进一步探讨和方法的拓展运用，还有近乎无尽的空间。

语言作为合同的载体，从单独的词汇到复杂的条款，在合同中的应用还有更多的规律和原则以待深入、系统的研究。尤其是如何表述更加规范、得体，更是合同乃至整个法律语言应用领域需要重点研究的对象。甚至修辞学、逻辑学、社会学等，也有探讨的必要。但限于篇幅，本章仅以三节内容简单提及词汇、语法和句法。

合同是实现交易的独木桥，文本中的风险只是交易风险的一部分，有时甚至只是一小部分。合同法律风险的全方位管理，还涉及合同文本以外的合同生效前管理、合同生效后管理等一系列内容。这些内容超出了本书的主题范围，但同样与合同有关，因此本章以两节内容分别加以介绍以开阔视野。

合同工作中的方法、技能，尤其是分析方法和设计方法，具有广泛的应用范围，将其与企业需求相结合便产生了合同领域的新业务。经过多年的探讨和实践，这些业务已经技术成熟、简捷有效，因此本章以两节内容简单介绍其中的标准合同文本设计和合同法律风险管理。

本章内容定位于合同技能进一步提高与拓展运用的方法，内容相对庞杂，属于通常合同工作技能之外的追求极致，仅作为继续提升或后续研究的参考。

第一节 合同中的语体及词汇

合同表述的方方面面都涉及语体问题。作为合同表述技能的提高,本节及后续两节将专门讨论涉及语体的几方面的主要内容。

词汇是语言表达中的基本单位,也是合同以及所有法律文书最基本的"原料"。如何选用词汇,直接关系到合同表述是否专业的问题。

一、语体的概念及体现

语体是一种主要基于场合和对象而存在的语言现象。这种现象的特点是人们在不同的场合针对不同的对象时有意或无意地以某种相对公认的方式进行表达,从而形成某些既定的表达模式。

(一)语体的概念及分类

语体,是语言为适应不同的交际需要(内容、目的、对象、场合、方式等)而形成的具有不同风格特点的表达形式,通常分为口语语体和书面语体。

从字面和应用上理解,语体是在不同场合、不同领域,针对不同的对象、不同的目的,以口语或书面语表述时采用不同的措辞、语法、句法、修辞等方式进行表达而形成的语言风格。

1. 口语和书面语的语言特征

基于使用场合的不同,口语和书面语有着不同的语言特征。口语是人们在即时谈话时所使用的语言,一般用于口头、直接、即时地与特定对象进行交流;而书面语是用文字写出来的语言,常用于书面、间接、长久地承载单方面传递的信息。如果细分,口语可分为会话体、讲演体;书面语可分为法律语体、事务语体、科技语体,政论语体、文艺语体、新闻语体、网络语体七种。法律语体以书面语为代表,从最小的语言单位词汇甚至标点符号到整个篇章都有其特定的体裁风格,体现着庄重性、专业性、严谨性。即使是法律事务中的口语,也都带有浓重的书面语特征,尤以诉讼阶段为甚。

同样由于使用场合不同,书面语的使用远比口语严格。口语由于具有即时性,可以方便地补充、纠正,不必如书面语那般深思熟虑。书面语则是单向、非即时性的表达,无法预料阅读者的反应也无法及时进行调整,必须通过更为准确的表达让人准确理解,其文字记载的内容也要长期接受不特定阅读者的审阅。

2. 口语和书面语的外在表现

口语体与书面语体,外在方面存在明显的语法、句法的不同。由于受呼吸及注意力的限制,口语表达语句一般较短、关联词较少、逻辑性差、随意性强、语法简单。而书面语则没有这些限制,因而其句子较长、关联词较多、语法较为复杂、表述比较规范。特别是由于书写,书面语的补充修改远比口语表达麻烦,因而书面语用词简练,表述质量也高。

在词汇选择方面,二者之间的差距更为明显。口语大量采用俗称、方言、简称、单音节词等口语词汇,其语言结构较松散、简单、不规范,强调的是方便、易懂。而书面语主要用在非面对面的交流中,为了让不在现场的人能够看懂,通常要用较严谨的句子,有较强的逻辑性,且多采用学名、通用语言、全称、文言词、双音节词等书面语词汇,强调的是语句的明确和场合的匹配。

(二)合同中的语体体现

毫无疑问,合同的属性决定了它应该采用书面语体中的法律语体,应当以明确、严谨、规范、庄重、凝练的书面语写就。正式、抽象、严谨的书面语体是合同的"标准工作语言"。虽然许多民间合同用了极不规范的语言,但那只能适用于简单交易或小额交易。

作为高度专业化的法律语体的一个分支,合同语体中的专业术语、专业句式、专业逻辑等内容与诉讼领域术语的表达方式大致相同,因而在用词、句子成分、语法、句法、句式甚至标点符号等方面,均有独到的特点。这些特点并未超出正常的现代汉语范畴,而且只涉及现代汉语中的很小一部分内容,例如在众多的词汇和表述方式中,只用特定的词汇、语法等。因而合同的语言表述是起草者在这些方面功底的综合表现,并非简单地采用专业的措辞或使用专业的句式就能达到合同所要求的水准。

专业语体的使用,并非是对合同工作成果的专业化包装,而是内在质量控制的外在表现。或者说,专业的合同语体是确保合同质量所必需的表述方式,涉及语言中的各个方面。离开了专业语体,就难以用精练、恰当、得体的方式表述合同内容。

尤其是合同一经签订,除非经双方达成一致意见,否则不可变更,因此其法律后果的严重性迫使合同不得不强调明确性和严谨性等方面。而本节及后续两节的内容,实际上都是在讨论合同表述的专业语体在各方面的具体问题。

二、实词在合同中的运用

实词是能够单独充当句子成分、单独回答问题的词。虽然词性各有不同,但实词大多具备自己的实在意义,往往还存在一词多义、词性活用等特征。

(一)合同中的各类实词

实词通常分为名词、动词、形容词、代词、数词、量词六种,是任何语言都不可或缺的基础词汇,在合同中的使用方式比较有限。

名词,是表示人或事物名称的实词,通常分为专有名词、通用名词、抽象名词等,有的表示人、有的表示事物,还有的表示时间和处所、方位等。由于合同需要强调权利义务的明确性,因此不常用那些词义不明或界限不清的名词。

动词,是描述人或事物的动作、存在、变化的词。在合同中,它主要用于描述行为,设定权利义务,描述主语所发出的动作,例如"违约""履行""承诺""告知"等。

形容词,是表示人或事物的性质或形态的词,通常作为定语用于描写或修饰名词,例如"不可撤销的担保书"。

代词,是用于代替语句中的名词、动词、形容词、数量词、副词以使语句简洁的词。代词通常分为三类:人称代词、疑问代词、指示代词。合同中常用指示代词例如"其授权代表""该承诺"等。

数词,是表示数目的词。在合同中,数词本身引发的争议并不多。其中,"大写"的数字"壹""贰""叁""肆""伍""陆""柒""捌""玖""拾"等主要是在手书时代防止篡改,例如防止在"二"中加一横变成"三"等,在如今的打印机时代已经没有实用价值。

量词,是表示计量单位的词。法定计量单位一般只有交付时的误差问题而没有计量单位本身的歧义。而非法定且无标准的计量单位则很容易出问题,例如"套""间""车"等均为非法定计量单位,不加说明则权利义务极不明确。

(二)合同中的实词选择

合同中的实词选择,最主要是名词、动词、形容词、量词的选择。选择标准以具有标准、明确语义为主,如果某个词没有特定的解释,或者其解释不能满足需要,就要通过在合同中设立定义的方法加以解决。而对于那些内涵、外延上相差不多的同义词或近义词,主要通过以下标准进行选择:

1. 优先选用术语

优先选用术语的原因不仅是体现专业性,更主要是术语大多语意明确,无论是法律术语还是技术术语都不易产生不同理解。而在术语中,又应优先选用在法律条文、技术规范中已有明确解释的术语,其次是选择法律条文、技术规范中使用过且语义相对明确的术语。尤其是在法律、立法解释、司法解释中已有明确解释的术语,即使在合同中不加解释也不会被人歪曲利用。

需要注意的是,一旦术语随着法律的修订已有所变更,就应严格选用现行法律中采用的术语。例如《民事诉讼法》(2017 年修正)中早期的"诉讼保全",后已改为"财产保全""证据保全"。

2. 优先选用正式名称

某些名词除了正式名称还有非正式的方言名称、俗称、简称,如果这些名词进入合同之中,除了不严肃,往往还会产生歧义或影响明确性。除非是特定语境下不会混淆且更为通用,否则应当使用通用语言中的正式名称、全称来表述相应的事物。如果用词比较冷僻,至少需要加上注解以明确语义。

例如,"保护青蛙"显得十分庄重、正式,而"保护蛤蟆"则因采用了俗称导致语体色彩过于通俗化、口语化而不严肃。同样,"购物"也比"买东西"更正式,更适合法律文书。

3. 慎用外来语

外来语的大量涌入是国际交流增加、文化领域相互渗透的必然结果。目前,外来语已经广泛地进入人们的日常工作、生活,甚至某些外来语如"OEM""BOT""DVD""卡拉 OK"等,其中文名称或含义反而鲜为人知。出于无奈,许多正式的公文、法律文书中也不得不采用此类外来语。这类情况在国外也比较常见,为了规范语言,法国政府曾不得不规定"法国的正式官方语言是法语",看似笑话但也说明了外来语现象的广泛性。

对于合同中是否使用外来语,其判断标准是外来语是否更明确,即哪一种有明确的定义、哪一种更广为人知。如果中文词与外来语普及化程度相同,则应当采用中文词,例如用汉语的"国际互联网"比外来语"internet"更为正式。如果用语不能广为人知或没有严格的定义,则应视需要而决定是否在合同中加以解释。

有时中文简称词与外来语的含义会有区别,但只要含义固定即可采用。例如,"非典型性肺炎"一词本身并不科学,因为"非典型性肺炎"是相对于"典型性肺炎"而言的,早在 20 世纪 30 年代和 70 年代均有不同类型的"非典型性肺炎"出现。而在 2003 年出现的那次疫情,应当说只有世界卫生组织下的定义最为精确,即"SARS",意指"重症急性呼吸道综合征",英文全称为"Severe Acute Respiratory Syndrome"。但由于中文的"非典型性肺炎"已经在特定时期成为约定俗成的专用词,使用起来也不至于产生误解。

4. 少用口语词汇

口语是口头即时交流所用的语言,其所用的词汇也大多是通俗词汇,无论是从逻辑上还是词义上、色彩上都不够严谨,不适于在合同中采用。例如,某合同中约定的利益分配方式为"谁节约归谁",虽然语意尚属明确,但因用语过于随意而有失庄重。又如,某法院早年曾有一份判决中使用了非常口语化的"这显然是没道理的"而引起非议,如用"显属无理"则非常正式、专业。

另外,口语往往大量使用俗称,甚至是工具书中也无法查实的方言俗称,也会带来明确性的问题。虽然法院的判决书中有时不得不使用这种俗语,但用在合同中会严重影响其明确性和庄重性。例如,某地方言将一种冬季烤火的器物称为"火铳"(实为"火熜"),甚至法院的判决书中也照样沿用。而词典中的"火铳"是指旧式管形火器。如果将这种"火铳"作为合同标的,其明确性可想而知。

三、虚词在合同中的运用

现代汉语中的虚词一般分为副词、介词、连词、助词、感叹词、象声词六种。虽然它们无法单独构成语法成分,但照样能决定语义,可谓"虚词不虚"。

(一)合同中的各类虚词

副词,是通过修饰或限制动词和形容词以表示范围、程度等语义的虚词,一般不能限制名词。它与形容词类似,都用于修饰中心词或调整中心词的内涵与外延,但形容词一般用于修饰名词、代词或性质类似的短语。副词按其使用方法区分,有的表示动作或行为发生的时间、频率、反复、持续,有的表示范围、性质、程度,以及强调、否定、情态等。①

介词,是用于名词、代词或名词性词组的前面,与后者合起来表示方向、对象等的词。介词无法单独构成句子成分,与上述成分搭配后可以表示时间、起止、方向、处所、对象、方式、手段、原因、目的、排除等意思。例如,"自五月一日起至六月三十日止"。介词大致可以划分为表示时间或空间的介词、表示对象及方式和手段的介词、表示原因和目的的介词,以及表示排除的介词等。合同中一般不会选用那些口语风格明显的介词。

连词,是连接词、词组、句子或段落的词。合同中最为简单、普遍的连词是连接两个词汇或短语的词,例如"和""与""及""并""或"等。它没有实际意义,但它的连接可以界定词汇、短语之间以及句子、段落之间的逻辑关系。因而在连词方面如果出现错误,其影响面可能比单纯的错别字要大得多。

助词,是独立性最差、意义最不实在的一种特殊虚词,包括合同中常用的结构助词,以及一般不用的时态助词、证据助词、比况助词等。助词同样需要与实词或词组、短语结合,才能使语句产生附加意义。其中,常用的结构助词"的""地""得"分别是定语、状语和补语的标志。在许多情况下,只要不改变词组结构、不影响语意,"的"或"地"都可以从句子中省略。

合同中似乎没有使用感叹词、象声词的可能性,故在此不予介绍。

---

① 参见黄成稳:《实用现代汉语语法》,知识出版社 2003 年版,第 41 页。

(二) 合同中的虚词选择

虚词虽然本身并无实在的含义、无法单独构成短语或句子成分,但它往往是判断语法成分、明确语义的标志。例如,助词"的""地""得"可分别用于判断定语、状语和补语,连词、介词可用于判断短语、分句甚至段落的语法结构、语义,因而虚词对于语义的明确性同样起着至关重要的作用。

副词在合同中最主要的用途是表示履行义务或行使权利的时间、频率、范围、程度、强调、否定等,直接关系到语句的精确性。例如,表示时间的"立即""马上",以及表示程度的"较""太""最"等词,均无确切的判定标准,容易导致约定不明确。想要予以明确,则需要以注释的方式进行界定,或改用其他表述方式。例如,将"立即到达现场"改为"于通知后x小时内到达现场"。

介词在合同中的使用频率非常高,但其占用的字数很少。其中,表示时间、空间的"自……""从……到……",表示对象的"被""与""将",表示方式、手段的"按照""根据""本着"等大量出现在合同中。此外,表示排除的"除""除了"等经常在合同中用于从一个大的适用范围内剔除不适用的部分,在以复句表述的合同条款中也大量存在,是介词短语不可缺少的标志。

连词在合同中较为高级和正式的运用是用于引出下文。如"即使""由于""如果""因""只要""只有""无论"等连词,以及用于分句中承接前文的"并且""然后""否则""因此""所以"等连词。尤其是"但是""但……除外",往往作为"但书条款"的标准表述方式,并作为划分内容范围的标志。

助词"得"是补语的标志,表示其后的词或短语用于补充说明前面的动词或形容词,而合同语句中的"得"可能会被省略。例如,"履行完毕"中,"完毕"是补充说明"履行"的结果而非其对象,因而是补语。另一助词"所"则与动词相结合以形成定语或名词性短语,例如,"甲方所提供的技术资料"中,"所"与动词"提供"形成的短语用来修饰名词"技术资料",属于名词性短语。而"没收非法所得"中,"所"与"得"(动词)共同组成名词性词组以充当宾语。

合同词汇问题还有许多内容可供探讨,因为每种词均可细分为更多的种类、有着更多的属性,因而也就有了更多的使用规律。用于合同中的词汇不仅存在选词问题,有时还存在如何将这些词组合成句子、如何转换表达方式等问题,值得更深入地探讨。

四、合同语体与词汇选择

如前所述,合同使用名词、动词、形容词、数词、量词、代词这六种实词,以及介词、连词、副词、助词四种虚词。合同词汇的选择面之所以相对较窄,是由于合同的专业法律文书性质。要实现合同的庄重性、明确性等语体风格,必须综合考虑词汇的多重属性并从中选择最为合适的词汇用于表述。

(一)选择专业语体词汇

法律适用是将复杂、具体的事物抽象化、本质化后,与抽象的法律条文相对照,其突出的特点是反映事物本质。因此,合同等法律文书更倾向于使用更为本质、庄重、严谨的书面语体词汇。

1. 选择书面语体词汇

法律语体的书面语是经过加工的规范语言,其用词一般比口语更精确、更简洁、更正式,并以庄重、抽象的语体风格突出事物的内在本质而非外在表象。因而,法律文书一般不使用形象化、修饰性的词汇而是以定性化、限制性的词汇代之,以免削弱其客观性和严肃性。例如,在刑事判决中经常出现的"斗殴""残忍",远比一般语体的"打架""惨不忍睹"更能反映本质,也更为庄重。

合同中也是如此,强调的是在法律上有意义的内容,并以最本质、最精确、最凝练的方式进行表达。某些民间借贷合同中也曾出现过富有感情色彩的赌咒发誓,但这些咒、誓大多在法律上没有意义,根本无须约定。口语化的"不按合同办事"虽然语意大致明确,但在表达上有隔靴搔痒的感觉。而术语"违约"则凝练、庄重并且在法律上意义明确,因而成为标准用语。

2. 选用行业专业词汇

某些词汇本身大多用于书面语并在法律行业广泛使用,用于合同也会使条款更具专业风格。

(1)以"系"或"为"替代"是"

"乙方是具有弱电安装专业资格的企业"不如"乙方系具有弱电安装专业资格的企业"更为正式。

(2)省略"和"或以"及"替代

"书面和电子文档",不如"书面及电子文档";"甲方和甲方员工",不如"甲方及甲方员工";"甲方和乙方",不如"甲乙双方"。

(3)以"至"替代"到"

"乙方送货到甲方指定仓库"不如"乙方送货至甲方指定仓库"更加专业。

3. 以身份名词代替代词

对于双方身份,合同中通常使用"甲方""乙方"之类的表述。人称代词"我们""您"等很少出现在合同中。这些表示亲切的口语用词会与庄重的合同条款产生风格上的冲突,但作为"人性化"的尝试值得探讨。在合同中,与其在称谓上"人性化",不如结构和阅读难度上的"人性化"更为实在。

合同中以交易主体法律身份描述合同主体更为实用,如"买受人""出卖人"优于"甲方""乙方"。以此类推,以"出租人""承租人"等方式描述合同主体,表述更加明了且不易混淆,但使用传统的"甲方""乙方"之类的方法表述交易主体也是常见做法。

当然,直接使用当事人的简称会更为直接,但仍旧不如表示合同中法律身份的表述更明确、简练。

(二)选择庄重语体词汇

除了选用专业语体词汇,在合同中使用非专业词汇时也需要注重庄重性、严谨性和明确性。

1. 选用中性色彩词汇

词汇有褒义、中性及贬义之分,除中性词外,褒义词、贬义词都带有一定的感情色彩和主观倾向,不适合在约定双方未来事项的合同中使用。在民事行为中,主观上是否存在过错对是否承担民事责任几乎没有影响,即使是律师函、声明之类表明态度的文书也只是有权要求对方承担责任而无权贬低对方的人格。尤其是合同条款系对未来活动的约定,在订立合同时许多情况还未发生,更无感情色彩可言。而且,带有感情色彩的词汇会影响人们作出客观、准确的判断。

如果需要,在描述第三方行为时可以带有褒义或贬义。例如,某一营销渠道管理合同中即约定"对于市场上出现的以恶意炒作为手段的不正当竞争行为,应当及时告知以便采取对策"。而另一份广告合同中出现的"乙方负责为甲方进行炒作",则是典型的用词不当、自我贬低。

2. 选用文言或双音节词汇

相比之下,文言词汇、双音节词汇比现代词汇、单音节词汇更为精练、庄重、均衡,更适合包括合同在内的法律文书使用。如今使用的白话文是从文言文发展而来的,文言词汇中尤其是一些古时用于官方文书或正式场合的词汇,讲求凝练、匀称、庄重而且多为双音节,特别适于在合同中使用。现代常用的双音节词由于音节上均衡对称,读起来朗朗上口、庄重大方,也同样适于在合同中采用。

例如,"甲方所供产品"是标准、庄重的书面语表述方式,而"甲方卖的货"则为随意的口语表达方式。而且,前者采用的双音节词"产品"比后者采用的单音节词"货"更为庄重、引人注意。

3. 选择词义精确的同义词

实词、虚词中都存在同义词或近义词,而且有些词用于相对精确的表述、有些本身就是用于模糊的表述。在合同应用中,如果需要精确、无异议地表述则应尽量选择较为准确的同义词。

例如,"乙方所提供的所有文件,其内容必须与招标文件要求基本一致"中,"基本一致"表示允许存在部分的不一致。对于这一降低标准的表述如果需要严格化,就应当去掉"基本",使之成为"……其内容必须与招标文件要求一致"。

选择同义词或近义词时,还要考虑是否存在广义、狭义概念之间的歧义问题。某些词汇会在具体的使用环境中与相关信息结合而产生误解或其他问题。

例如,《民法典》(2020年)第四百六十四条将合同定义为"合同是民事主体之间设立、变更、终止民事法律关系的协议",但这里的"协议"一词值得商榷。

首先,在无法定定义的情况下按照通常理解,协议是"国家、政党或团体间经过谈判、协商后取得的一致意见"[1],因此存在一定的不同用法偏差。其次,协议与合同在某些法律体系中属于不同性质的法律文件。最后,按照企业间习惯上的理解,许多人将比较复杂、重要、正式的合同命名为"合同",而将简单、并不特别重要、比较随意的合同命名为"协议"。如果考虑到这样的一个大环境,该法律条款最好改为:"本法所称合同是民事主体之间设立、变更、终止民事法律关系所达成的意思表示一致",既不至于产生误解也更能反映合同的本质。

在合同操作中,有时某一词语之所以被弃之不用,并非因其本身存在问题,而是由于在实际使用中容易被误解或需要过多的解释。

五、标准词义的渊源

立法中不注重为关键词下定义属于立法的技术性缺陷,这种情形非常普遍,甚至在许多法律中频繁出现的关键词同样没有法律上的定义。为了使用带有标准词义的关键词,有时不得不从极为分散的各类规范性文件中进行查找。

(一)从法律体系中查找

法律术语分布于不同层级的法律、行政法规、部门规章、地方性法规、地方政府规章,以及法律体系之外的最高人民法院的司法解释中。但就总体规模而言,这类定义的数量仍旧偏少。

1. 实体法类

目前,越来越多的实体法直接在法条中对所涉及的术语加以定义或解释,但定义或解释的方式有所不同,还有一些只有列举没有定义。

例如,《民法典》(2020年)中的术语有以下三种定义方式:

(1)先描述后列术语

《民法典》(2020年)第六十一条第一款规定:"依照法律或者法人章程的规定,代表法人从事民事活动的负责人,为法人的法定代表人。"

---

[1] 中国社会科学院语言研究所词典编辑室编:《现代汉语词典》(第7版),商务印书馆2016年版,第1449页。

（2）先列术语后解释

《民法典》（2020 年）第一百零二条第一款规定："非法人组织是不具有法人资格，但是能够依法以自己的名义从事民事活动的组织。"

（3）只有内容列举而无定义

例如《民法典》（2020 年）总则编第五章虽名为"民事权利"，但在该章只列举了民事权利及相关规定，并未给出该词定义。

在合同中应优先使用有定义的词汇，其次是虽无定义但能推测出其适用范围的术语。

2. 程序法类

程序法中的法律术语解释与合同工作的直接关系不大，但当合同中涉及相关术语时，如有语义上的不同应当加以注明。

例如，某些合同沿用了"期间"的提法，则需要斟酌用法是否合适。因为《民事诉讼法》（2017 年修正）第八十二条规定："期间包括法定期间和人民法院指定的期间。期间以时、日、月、年计算。期间开始的时和日，不计算在期间内。期间届满的最后一日是节假日的，以节假日后的第一日为期间届满的日期。期间不包括在途时间，诉讼文书在期满前交邮的，不算过期。"

3. 司法解释类

最高人民法院在某些司法解释中对于实体法或程序法中的不明确事项作了解释，以便于准确把握裁判尺度。在这些领域，如果没有法定的定义，最高人民法院在司法解释中所下的定义便是最为权威的定义。

例如，《最高人民法院关于适用〈中华人民共和国民法典〉有关担保制度的解释》（2020 年）第十五条规定，"最高额担保中的最高债权额，是指包括主债权及其利息、违约金、损害赔偿金、保管担保财产的费用、实现债权或者实现担保物权的费用等在内的全部债权，但是当事人另有约定的除外"。

又如，《最高人民法院关于审理买卖合同纠纷案件适用法律问题的解释》（2020 年修正）第四条规定："民法典第五百九十九条规定的'提取标的物单证以外的有关单证和资料'，主要应当包括保险单、保修单、普通发票、增值税专用发票、产品合格证、质量保证书、质量鉴定书、品质检验证书、产品进出口检疫书、原产地证明书、使用说明书、装箱单等。"

除此之外，司法解释中同样也有许多只列举内容而不下定义的术语，可视需要斟酌使用。

（二）从强制标准中查找

各类强制性的质量标准，无论是国家标准还是行业标准，往往都有某方面的定义或解释。这类内容构成了相关行业的标准术语，可以在合同中直接采用。

例如,人们日常生活所必需的饮用水即存在国家强制性标准,其定义规定在《生活饮用水卫生标准》(GB 5749–2022)"3　术语和定义"中:

3.1　生活饮用水 drinking water
供人生活的饮水和用水。

又如,日常生活中经常遇到的食品添加剂问题,国家强制性标准《食品安全国家标准食品添加剂使用标准》(GB 2760–2014)中有如下规定:

2　术语和定义
2.1　食品添加剂
为改善食品品质和色、香、味,以及为防腐、保鲜和加工工艺的需要而加入食品中的人工合成或者天然物质。食品用香料、胶基糖果中基础剂物质、食品工业用加工助剂也包括在内。

除这些渊源外,许多学理著作也对某些定义进行了解释。但学理方面的解释由于大多没有权威性,只能用于参考。

第二节　合同中的句子成分及语法

句子是按一定方式组织起来的词汇,按不同词汇的不同位置,词汇在句子中构成了不同的语法成分。主语、谓语、宾语是三种主要句子成分,定语、状语、补语则是三种辅助句子成分,它们共同构成了句子的基本部分。

主要句子成分构成权利义务的主干,辅助句子成分使权利义务更为明确,二者彼此不可或缺。除此之外的同位语、插入语等句子成分因不太可能出现在合同中,在此不予讨论。

一、合同中的主语

主语是语句中行为或动作的主体、语句的描述对象,通常由名词、代词、短语充当。交易双方是合同中最为常见和重要的主语,主语不明常会引起行为主体或权利义务的混乱,但并非所有条款都以交易主体为主语。

(一)主语与权利义务表述

合同围绕双方的权利义务展开,哪些权利由谁行使、哪些义务由谁承担,都必须有明确的归属,主语便是明确权利义务归属的方式之一。《民法典》(2020 年)合同编第五百一十一条第(六)项的规定与此相关,即"履行费用的负担不明确的,由履行义务一方负担;因债权人原因增加的履行费用,由债权人负担"。但因主语有施事主语、中性主语和受事主语之分,权利义务主体未必是主语。

在合同条款中,可以通过调整主语的施事与受事状态来保持语序的流畅。例如,可以将甲方作为施事主体表述为"甲方告知乙方",也可以将乙方作为受事主体表述为"乙方被甲方告知"。这种变换在表述合同条款时,可避免主语不断变化而导致的阅读思路反复跳跃。

例如,"甲方应于正式发货日十天前以书面形式通知乙方,乙方如有变动应于接到通知后五日内予以书面回复。甲方除接到乙方书面的变更通知外,应按发货通知中的内容及时发货。双方在交货完成后应当场签收货物清点清单并各自留存一份"。

这样的表述并无不可,但因四个内容事项以四个主语来回变换而显得不够流畅,如以主语不变的方式表述则会顺畅很多。例如改成:"甲方应于正式发货日十天前以书面形式通知乙方,除非通知到达乙方后五日内收到乙方的书面变动通知,否则应按发货通知中的内容及时发货,并在交货完成后与乙方当场共同签收货物清点清单且留存一份。"以一个主语完成全句,不仅顺畅而且减少了字数。

(二) 条款中的主语省略

合同中有时会出现无主语的句子,但多为主语的省略而非真正的无主语。虽然确实客观存在没有主语的句子,例如"下雨了""禁止吸烟"等,但这类句子在合同中几乎不可能出现。

主语的省略在合同中分为结构关系型和句间关系型两类。前者包括共用标题的省略与共用条款的省略,后者包括承前省略、蒙后省略等。特别需要注意蒙后省略,如果前后句的实际主语不同,容易因"借用"其他主语而产生误读。

1. 结构关系型的主语省略

结构关系型的主语省略多发生在列举式的条款中,如某一合同已经有了标题"五、甲方在开通前的准备",则该标题下的内容均为甲方应当完成的工作,所列事项均可省略主语。另外,如果合同中的"款"下设了若干"项",且在"款"中已经明确了主语,各"项"中也可以省略主语。例如:

> 如乙方在履行本合同过程中出现以下情况,甲方有权解除合同:
> a.无法在交货前取得相应的经营范围;
> b.所供产品无法通过相关部门的综合试验;
> c.质量保证金未能按约定时间到位;
> d.所供样品经甲方的入网试验存在影响安全的缺陷。

2. 句间关系型的主语省略

句间关系型的主语省略分为承前省略和蒙后省略两类,前者沿用前句的主语、后者借用后句的主语。

（1）承前省略

承前省略一般是借用了前句的主语，比较符合人们的日常语言习惯，也能使合同语句简洁。但当前后语句的实际主语不同时，这种省略可能造成混乱。

例如，《民法典》（2020 年）第一百三十七条第二款规定，"以非对话方式作出的采用数据电文形式的意思表示，相对人指定特定系统接收数据电文的，该数据电文进入该特定系统时生效；未指定特定系统的，相对人知道或者应当知道该数据电文进入其系统时生效。当事人对采用数据电文形式的意思表示的生效时间另有约定的，按照其约定"。

该条文中"相对人指定特定系统接收数据电文的"和"未指定特定系统的"，都是对"以非对话方式作出的采用数据电文形式的意思表示"的承前省略，以避免重复并使语句更为简洁。

（2）蒙后省略

蒙后省略与前者相反，是前句借用后句的主语，主要用于平衡前后分句的篇幅、结构，同时也用于强调省略主语的语句的内容。

例如，"有充分证据证明出卖人有下列情况发生时，买受人有权通知出卖人暂时中止合同履行"这一条款，前句并无主语但描述的却是后句中的"买受人"，在借用后句主语的同时，突出了该分句中所强调的主语"买受人"。

二、合同中的谓语

谓语描述主语所实施的行为或所处的状态，主要由名词、动词、形容词以及各种短语构成。合同中的各项权利义务最后均会体现为某种行为，这些行为主要以谓语的形式体现。

（一）谓语的主要类型

谓语一般分为名词性、动词性、形容词性三类。在合同中，动词性谓语最具代表性，名词性谓语在合同中的使用机会不多，形容词性谓语一般不用于合同。在功能上，动词或动词性短语作为谓语时，有不同的语言功能。

1. 说明动作或行为

例如，"甲方提供商标使用许可"，以谓语说明主语的动作或行为；"乙方产品检验合格"，以主语作为受动者接受动作或行为。

2. 说明发展或变化

例如，"出卖人生产成本增加"，以谓语描述变化。

3. 说明状况或现象

例如，"甲方具备签订及履行合同的所有资格"，以谓语描述状态。

4. 表示对主语的判断

例如,"受托方系依法成立并合法存续的有限责任公司",以谓语描述性状。

5. 表示能力和意愿

例如,"乙方同意为甲方提供所需要的系列产品",以谓语描述意愿。

形容词或形容词性短语可以作为谓语说明主语的性质或状态,但大多偏重于感性描述,在合同中出现的频率不高。

(二)谓语的常见形态

合同中的义务履行或权利行使往往需要明确的受事主体或结果等描述,因此谓语多为加入其他成分的动词性短语,而且分为不同的类型。

1. 动+宾(双宾)①

例如,"甲方授予证书""甲方授予乙方证书"。

2. 动+补

例如,"双方履行完毕"。

3. 状+动

例如,"一方实质性违约"。

4. 状+动+补+宾

例如,"买受人提前十日汇款至乙方账户"。

5. 状+动+宾

例如,"出卖人长期提供技术支持"。

6. 状+动+补

例如,"所有资料于试车前提交完毕"。

7. 动+补+宾

例如,"买方于最后一批货发运前付足余款"。

由于短语的组成方式多种多样,因而许多句子中的短语会产生歧义。例如,"进口电梯"可以当成动宾短语,即从境外将电梯进口到境内;也可以是偏正短语,即"进口的电梯"。两种理解均符合语法结构,因而会产生歧义。

(三)谓语的省略

谓语在某些场合下同样可以省略,且同样分为承前省略与蒙后省略,以使表述更为精练、语气更为凝重。

例如,"甲方目前没有泄露乙方的商业秘密,今后也将不会泄露乙方的商业秘密"这一条款,两次出现"泄露乙方的商业秘密"显得臃肿。

---

① 参见黄成稳:《实用现代汉语语法》,知识出版社 2003 年版,第106—110 页。

承前省略,是后句沿用前句的谓语以使全句紧凑、表述效率更高。例句中如果改为"甲方目前没有泄露乙方的商业秘密,今后也将不会"则为承前省略,开门见山强调谓语。

蒙后省略,可使阅读或聆听语句的注意力集中到后半句上,无形之中增加后半句中谓语的强调作用。例句中去掉前一个重复内容改为"甲方目前没有,今后也将不会泄露乙方的商业秘密"便属于蒙后省略,句子紧凑、庄重,语气也更强。

三、合同中的宾语

宾语用于描述谓语动作的对象,可由词汇、短语甚至从句构成。依据动词的不同,有些谓语不带宾语、有些谓语只带一个宾语、有些谓语可带双宾语。例如,"合同生效"中的"生效"是谓语,整句话都没有宾语。

为了描述复杂事物或精确地描述事物,有时需要名词性、动词性和形容词性短语以并列短语、偏正短语或其他类型短语的形式充当宾语。但短语结构的多义性,往往容易导致合同条款中的语言歧义。

(一)宾语中的双重偏正结构

如果组成宾语的短语可以分成不同的层次结构,就会产生不同的语意。例如,由"最新""技术""信息"三个词组成的"最新技术信息",不同的组合可以产生完全不同的理解。

1. 偏+正(偏正)

以"最新"修饰由"技术"与"信息"组成的偏正短语"技术信息",则更大的偏正结构"最新技术信息"强调的是最新得到的技术信息。

2. 偏(偏正)+正

以"最新"与"技术"组成偏正短语"最新技术",再与"信息"组成更大的偏正短语"最新技术信息",强调的则是最新的技术方面的信息。

由于可进行两种解释,这类结构的短语极易产生语言歧义。但解决方法并不复杂,依据原意分别改为"最新技术的信息"或"最新的技术信息"即可。

(二)双重关系结构的歧义

兼具不同关系结构的宾语短语同样也会引起语言歧义。例如,以"玩具""及""工艺品""模具"四个词组成的短语"玩具及工艺品模具"为例,"及"所代表的联合关系不同也会产生不同的理解。

(1)玩具+工艺品模具(偏正)

以"工艺品"与"模具"组成偏正短语"工艺品模具"后,"玩具"与之组成联合短语"玩具及工艺品模具"。"甲方向乙方提供玩具及工艺品模具",则应当理解为甲方提供给乙方的一种是玩具、一种是工艺品模具。

（2）玩具及工艺品（联合）+模具

以"玩具"与"工艺品"组成一个联合短语"玩具及工艺品"，再与"模具"组成偏正短语"玩具及工艺品模具"。"甲方向乙方提供玩具及工艺品模具"，则是指甲方向乙方提供的分别是玩具模具、工艺品模具，二者均为模具。

这种歧义的破解也并不复杂，可依据实际交易目的改为"工艺品模具及玩具"，或"玩具模具及工艺品模具"。

（三）双重类型结构的歧义

许多汉语词汇都是一词多义或一词多性，很容易在与其他词组成词组充当宾语时同时构成动宾结构和偏正结构，并因此产生歧义。

例如，常见的"保留意见""培训技能"即可以理解为动宾短语，即"保留某意见""培训某技能"，也可以理解为偏正结构的"保留的意见""培训的技能"。

又如，"提供热饭服务"中的"热"既是形容词又是动词，因此这一条款可以分别理解为"提供加热饭菜服务"，也可以理解为"提供热的饭菜服务"，或可以同时包括两者。

这些歧义如果依据合同条款无法判明内容，可以通过变换语序、增加表示指向关系的虚词或实词、增加标点符号等方式加以避免，甚至通过定义进行解决。

上述包含不同层次结构或不同关系结构的宾语短语经常出现在合同条款中，并因此导致权利义务的不明确，需要特别注意。

四、合同中的定语

定语是在语句中修饰或限制主语或宾语的语法成分，也是调整中心词的内涵及外延、提高表述精确度的重要手段。

（一）定语的基本属性

为了修饰或限制中心词，形容词、数量词、名词、代词以及短语都可充当定语。中心词前面的助词"的"是定语的标志，但除了表示领属关系的定语，大多情况下可予以省略。例如，"生产产品"是动宾结构强调动作，"生产的产品"是偏正结构强调产品。此外，短语构成的定语一般不能省略"的"，例如"合同解除的效力"等。

某些特定类型的定语可将表示数量或性状的定语置于中心词之后，以突出和强调定语内容，使表达更严密、更准确、更简练。其中，数量定语在法律语言中常被置于中心词之后。例如，"桑塔纳轿车一辆"不仅突出了数量定语而且更庄重、严肃。又如，"甲乙双方曾于2018年12月30日签订合同一份，约定……"，这种用法非常简单、专业。

(二)定语的限制性与修饰性

定语可分为限制性和修饰性两个大类。前者可使被定语修饰的中心词更加生动形象,后者可以通过调整中心词内涵或外延使语句更为精确。合同的性质决定了它主要使用限制性定语,少量使用修饰性定语。

限制性定语由表示事物属性、数量、所属、时空、范围等方面的词汇或短语构成。它位于中心词之前,通过给中心词增加或减少内涵的方式限制或扩大其外延以提高表达的精确性,在各类专业语体中使用广泛。

例如,合同标的如果仅仅是"电话机"则因外延实在太大而不够具体,除非卖家只有一种电话机否则几乎无法交易。如果逐次加上"××牌""产地为××""××型""具有××功能"等,每增加一个限制性定语,外延就会缩小一部分。当外延缩小到使合同标的有了唯一性时,标的的明确性便达到了足以交易的程度。

修饰性定语多用于从感性上对事物外在属性进行形象、生动的描绘,以增强印象、渲染气氛,多用于文学语言或某些日常用语而非合同等法律语言。这类定语可用于描述某些标的外在属性,例如"黑色""紧凑型""全新"等。但修饰性定语因侧重于外在形象,难以锁定主语中心词或宾语中心词的所属、数量、性质、状态等属性,难以使表达更严谨、准确。

例如,用"少年"做定语属于文学化的修饰性定语,虽然形象生动却并不具有法律上的价值。如果用"未成年"做定语则为限制性的定语,法律界限明确。

多个定语的连续使用更能增加权利义务的明确性。尤其是多个限制性定语的连续使用,可进一步锁定具体权利义务的范围。例如,"甲方仅承担符合法律规定及本合同约定限度的责任"这一条款使甲方承担的责任必须既符合法律上的明文规定又符合合同上的限度约定,大大缩小了责任范围。

(三)多层定语及其排序

为了更精确地表述,有时需要多个定语以多层定语的形式同时限制一个中心词。这时的排序规则一般是与中心词关系越密切则其位置与中心词越近。

表明中心词归属于某一方的定语,总是放在多层定语的最前面。合同中大量使用这种定语明确权利义务的归属,如中心词前的"甲方的""委托人的"等。但这种定语必须与中心词一同使用,否则便不再是人为定语。例如,"转让完成后,甲方的设备由丙方接收,乙方的由乙方取回"中,"甲方的"与中心词"设备"一同使用,属于后者的定语,而"乙方的"则作为"的字短语"担任分句中的主语。

在这类定语之后是表示时间、处所的定语和数量词定语,以及与中心词所属的范围、性质等属性最近的定语。其中,有"的"的定语一般都排在无"的"的定语前面。例如,"甲方的三台报废摊铺设备""出现质量问题的设备由出卖方无偿调换成五套全新的新款喷气纺织机",都遵循了这一规律。

但在合同中,如果某个多层定语及中心词所形成的短语或句子需要重复出现,则没必要一次次地重复。可在它首次出现的位置设置一个定义或简称,使多层定语及中心词形成一个固定的、与通常理解相区别的概念,然后在每个合同需要表述的地方直接使用该固定的概念即可。

五、合同中的状语

状语是在语句中以谓语为中心词并加以修饰、说明的语法成分,一般出现在主语之后、谓语之前,某些状语可以前置放在句首,但一般来说状语不能置于谓语之后。

(一)状语的基本属性

构成状语的可以是多种类型的词汇,也可以是短语。合同中的状语以副词为主,比如常见的"及时""立即""仅仅"等。而在实词中,"认真""努力""严重"等形容词,以及"愿意""应当""可以"等能愿动词,也可以成为状语。此外,一些名词和动词在特定的情况下亦可以成为状语,如"现金支付"中的"现金"便是名词。

短语用作状语的情况更多,其中介词短语、时间方位短语等其语法功能本身就以担任状语为主。例如,"根据实际情况加以调整""向甲方提供""五月份内履行完毕"等。除此之外还有许多其他类型的短语可以担任状语用于修饰谓语,如"全方位履行""24 小时值班"类的偏正短语,及"参照标准执行""按照清单验收"类的动宾短语。

状语的外在特征是以助词"地"结尾。但有时"地"字可以省略,因此不能仅凭"地"判断某一句子成分是否为状语。总体上看,必须加"地"的情况远少于可加可不加以及不能加的情况,而必须加"地"的状语又往往用于修饰性状语,合同中很少使用。对于可加也可以不加"地"的状语,合同中往往省略以免产生口语意味。例如,在"一旦不可抗力事件发生,乙方应当及时地采取有效措施防止损失扩大"中,"及时地"完全可以省略"地"而以"及时"替代,使文字表述精练、语句严肃。但有时也可保留"地",以起强调的作用。

合同中的状语与定语的使用原理非常相似,甚至许多规律和使用原则可以通用。特别是限制性状语、状语后置、多层状语等,除了定语的中心词为主语或宾语而状语的中心词为谓语,其他原理相同。

(二)状语在合同中的应用

状语的种类较多,但受语体及应用对象的限制,合同中仅使用有限的状语类型及用法。

1. 限制性状语

限制性状语多用于表示谓语的时间、处所、方式、条件、目的、原因、频率、依据、然否、施受、可能、性状程度等内容,以便客观、科学、精确地表达合同中的权利义务范围及内容。修饰性状语一般用于表示情状、语态等生动形象的内容,同修饰性定语一样很少会出现在规范的合同中。

合同权利义务的精确程度最主要取决于条款中的定语和状语。由于交易中的权利义务都是特定时间、特定背景下的特定行为,必须以限制性的定语和状语确保合同条款与实际意愿相符。

例如,"乙方支付预付款"中的履行期限并不明确。如果加上限制性的状语改成"乙方自本合同签订后十日内支付预付款",则限制了条款的外延、锁定了具体的履行时间,以精确的表述提高了权利义务的明确性。

2. 句首状语与状语前置

现代汉语中有时也将表述时间、地点、范围、条件、对象的状语,从正常的主语之后放到句子前面,这种状语被称为"句首状语"。例如,"对于合同签订前双方下属公司已经履行的部分,双方予以追认"。这种句式常常用于强调状语或照顾上下文的连接,或者在状语较长、内容较多时使用,以使句子结构紧凑,也便于表述和理解。

上述例句中的状语又被称为对象状语,它以"对"字结构为典型特征,用于指明谓语的处置对象。这类状语将谓语处置对象提至句首,以突出其受处置及受支配地位。如果句中宾语过长,也可变换为这一结构以缩短宾语长度、均衡语句结构。而且使用这类状语时,全句的主语大多可以省略从而使语句更为简洁。尤其是法律条款无须反复列明主语,因此大量采用此类表述方式。

为了强调状语内容,有时可以使用状语前置。例如,"未经甲方书面确认乙方不得发运"即为限制性状语前置。这种前置状语可以无障碍地恢复到其原来的位置,如"乙方未经甲方书面确认不得发运"。

此外,前置状语还可省略主语以使语句顺畅。例如,已失效的《民法通则》(2009 年修正)第一百一十条[《民法典》(2020 年)已无对应条款]规定:"对承担民事责任的公民、法人需要追究行政责任的,应当追究行政责任……"如果不用状语前置、主语省略,则该句必须增加"有关部门"为主语并表述为"有关部门对承担民事责任的公民、法人需要追究行政责任的,应当追究行政责任",既不简练也有些拗口。

3. 多层状语及其排序

同时由多个状语对谓语动作发生的时间、空间、内容等进行多层次、多维度的描述的,即为多层状语。例如在补充合同中描述原合同的名称、编号、签订时间、签订地点、原合同双方等背景情况,或用非常复杂的多层定语及多层状语对合同条款中的某些中心词进行限制。在这些情况下,多层定语或多层状语的文字量都有可能增加,语句也会加长。

例如,"甲乙双方曾于 2003 年 12 月 16 日在乙方住所地分别以各自实际控制的北京××××进出口贸易有限公司、上海×××石油化工有限公司的名义共同签订编号为 KCZ0031216B 的《大宗货物共同经营合同》一份",这一条款的谓语"签订"之前分别描述了时间和地点、当事人名义、合同编号及名称等内容,状语很长。

此外,为了确保履行某项合同义务的质量,许多合同中也用多层状语的方式对谓语的行为方式加以限定,这也是一种大量采用多层状语的情况。例如,"借款人必须如实、全面、及时地向贷款人提交相关资料"。

为了更为精确和合理地表述条款中的权利义务,使用多层状语时需要关注状语之间的排列顺序。通常情况下,多层状语多按时间、处所、范围、对象的顺序排列,共同表述谓语动词的动作是发生在什么时间、什么地点、什么范围内、与什么对象。只要不会发生混淆,在安排多层状语中各个状语顺序时,也可以有些变化。

(三) 状语的精确度控制

状语同定语一样,有些词语本身只是用于大致区分时间、程度等,如"及时""严重""大量"等。这些概念本身并没有一致的客观标准,当判断的主体不同、参照物不同时判断的结果也不相同,很容易导致合同双方在产生争议时各执一词。因此,在需要精确界定权利义务边界的合同条款中,应避免使用这类状语,而用可识别、可量化等可以通过简单判断得出唯一结论的状语,甚至可以专门加以定义,以提高权利义务的明确性和表述的精确性。

例如,对于时间上的限制可以采用"于三小时之内"代替"立即",以便明确判断时间标准是否符合,也可以采用"在直接损害结果扩大以前"等定性化的方式描述状语。同理,对于表示程度、结果、频率等的限制性状语也可以采用类似的方式加以处理。例如,以"导致甲方连续三小时以上停产的"代替"导致甲方长时间停产的",甚至直接定义"本合同所称之严重影响,系指乙方的违约行为所导致的客户投诉被本地媒体进行负面报道"。

总之,状语的精确度对权利义务在时间、空间、范围、程度、标准等方面的影响非常直接,提高其精确度才能明确违约责任的判断标准,便于合同的全面履行。

六、合同中的补语

补语是谓语中心词后面的附加语法成分,用于补充说明动作或行为的结果、程度、状态、趋向、数量、时间、处所、可能性等情况。与定语、状语相仿,补语也是提高权利义务明确性的重要手段。

(一) 补语的基本属性

补语的作用是补充说明谓语的相关信息,分为表示动作结果的结果补语、表示程度的程度补语、表示趋向的趋向补语,以及数量补语、时间补语、处所补语等。

虽然同是位于谓语之后,补语的作用是补充说明谓语动作的结果"怎么样",而宾语则受到谓语的支配,回答谓语动作对象"是什么"的问题。例如,"提交验收报告"中,"验收报告"是"提交"的对象,回答了"提交什么"的问题,二者之间是谓语与宾语的关系。而"提交到乙方仓库"中,"到乙方仓库"是用来补充说明"提交"得"怎么样",两者之间是谓语与补语的关系。

补语的标志是紧跟在谓语之后的助词"得","得"后的内容即为补语的内容,但有大量的补语并不使用"得"。合同中一般多用数量短语、介词短语担任补语,因此一般并没有这一标志。例如,数量短语担任补语的"持续 30 天""检查一次",以及介词短语做补语的"签署于 2008 年"等,均不使用"得"。

补语主要由形容词、动词及某些种类的短语构成,其中数量短语和介词短语不仅使用较多而且易于识别。由于合同中较少使用单音节词,因此补语以双音节词及各类短语为主。

(二) 补语在合同中的运用

合同中的补语仍旧受合同语体及表述内容的影响,其作用以明确权利义务为主,因而使用的类型有限。

1. 限制性补语

合同中的补语也可大致分为限制性补语和修饰性补语,合同中常用的是前者。描写情态的修饰性状语,如"被打得头破血流"等虽然形象,但在法律上意义不大,因为法律考虑的往往是实质而不是表象。

数量补语、时间补语、处所补语、程度补语、结果补语等均会限制谓语动词动作的适用范围,属于限制性补语,在合同等法律文书中使用较多。例如"累计延迟不得超过两次""不得少于五个工作日""起诉于合同履行地人民法院""支付总额的50%"等。这些补语都有利于明确履行合同义务的程度、标准、时间等。

此外,表示趋向、能否的补语大多口语化倾向比较严重,用于合同时往往采用双音节词等强化其精确性和正式感。例如,"运给乙方"类的表述往往用"运至乙方仓库"等加以替代。情态色彩比较浓厚的助词"得"则在合同中很少使用。

2. 补语的位置

补语与宾语的相对位置取决于两者间的关系或宾语的状况,共分为三种。

补语在前、宾语在后是最为常见的排列方式,一般用于表示结果、数量。例如,

"履行完相关义务""修复受损墙面"等表示结果的补语,以及"交付了两次产品"等表示数量的补语,"运往乙方仓库"等表示趋向的补语,一般都位于宾语之前。这一位置有时会与宾语的定语产生一定的混淆,其区别是补语的作用在于补充说明谓语,而定语则是修饰或限定宾语,作用的对象完全不同。

补语也可能出现在宾语之后,多用于表示程度、数量。例如,"补足相关产品至约定数量""承揽方履行合同义务满三个月"。

有的补语甚至可以同时出现在宾语的前后,而使宾语处于补语中间。例如,"项目经理去过现场两次"。

(三) 补语与权利义务明确性

补语的作用是为谓语动词补充动作的结果、程度、状态、趋向、数量、处所等信息,使履行合同的行为更加明确,从而排除不明确的事项、促进交易完全按照设想实现。

例如,"修理"只是一个动作,强调"修"。而"修复"不仅包括了动作"修"还包括了动作的结果"复",补充说明了必须达到的结果。虽然只是一字之差,但后者更为严谨,也更接近于交易目的。只要没有达到"复"的程度就属于违约,这是结果补语用于合同条款的典型作用。

从总体来看,补语是除定语、状语之外在句子成分层面提高表述精确度、权利义务明确性的最后主要手段,可在条款基本表述完毕时补充权利义务细节以提高明确性。

第三节　合同中的常用句式及句法

句子,是将词汇、词组作为句子成分按一定的规律组合在一起所构成的表达完整意思的基本语言应用单位。它可以分为单句和复句,以句号、问号、省略号或感叹号等句后标点符号结束。

为了内容的明确,合同条款多以长单句和复句提供充分的信息并进行精确的表述,形成了代表性的否定句、被动句、但书等法律语言句式。

一、合同中的长单句

长单句是仍由词汇或短语构成,比普通单句有更多的句子成分、更复杂的结构、更多的信息但句中没有分句的单句。在长单句中,主语、谓语、宾语构成了权利义务的基本框架,定语、状语、补语使权利义务更为具体、明确。而要包含如此多的信息,合同自然需要大量使用长单句。

(一)合同表述与长单句

合同中一般只用陈述句,其句子成分比较齐全而且多由短语构成。尤其是其辅助句子成分,甚至采用结构复杂的多层定语、多层状语,增加了句子的篇幅。

例如,"甲方履行合同"是最基本的主、谓、宾短句,语法上没有缺陷但因信息量少而缺乏实际意义。如果增加句子成分改成"甲方必须以自身的技术力量及设备履行合同",则限定了履行方式并更具实用价值。如果进一步增加为"在接到乙方具体的模具加工任务联系单后,甲方必须以自身的技术力量及设备,按照乙方所提交的技术参数、质量标准、工期要求等履行合同",则又增加了时间、质量等要求,使权利义务更为明确,合同也更为严谨。

由此可见,不断增加句子成分而使句子变长、变复杂的过程,是权利义务内涵不断增加、外延不断减少的过程,也是合同条款越来越具体、随意性越来越小的过程。内涵的增加形同加设"红绿灯",既是履行规则又是判断违约的标准。

虽然口语有时在表述上更为简单,例如"谁违约谁负责"虽不够庄重和精确但语意明确、精练易懂,但同等信息量的表述仍以规范的专业语言更为简明扼要。例如,"甲方保证所提供的资料内容不涉及国家机密;不侵犯他人商标、专利及版权;不触犯国家法律;由此所造成的一切法律责任由甲方自负,乙方不负任何连带责任"这一条款比较口语化,且用字71个,"由此"一句属于病句。如果改用规范的长单句,则为"甲方保证所提供的资料内容不涉及国家机密、不侵犯他人商标或专利及版权、不触犯国家法律,否则自行承担法律责任且乙方不负连带责任",用字62个,而且更明确、专业。

(二)长单句在合同中的应用

长单句在表达的精确、严谨、简练方面远超多个单句的简单堆砌。但其复杂性也给阅读和理解带来不便,因此在使用时要掌握一定的原则。

1. 保持主干清晰

长单句仍是单句,最基本的主、谓、宾关系必须清晰。虽然主语有时可以省略,但谓语及其宾语需要明确、清晰,这些是句子的主干。

抓住了清晰的主干,辅助句子成分再复杂,定语仍旧限制或修饰主语与宾语、状语和补语仍旧限制或修饰谓语,不难理解和应用。

2. 协调句子成分

复句中用分号隔开的各个分句一般都能成为单独的句子,而长单句中用逗号隔开的各个组成部分无法单独成为句子。因此,长单句对安排句子成分的要求比复句要高,主、谓、宾与补、定、状之间的搭配要避免出现语法问题。

长单句可以有一个以上的谓语,但必须是共用同一主语,否则便不再是单句。但每个句子成分,不仅可以由复杂的短语构成,还可以有更细的限制或修饰成分。

3. 酌情转换句式

长单句中也会有分号,但那一般用于划分句子成分或表示分句间的停顿,而复句中的分号则更多是用于划分其中的单句。正因如此,长单句总体上比复句简单,但其严谨性无可取代。

长单句与普通单句之间可以相互转换。希望提高严谨性可以使用长单句,希望降低阅读难度可将长单句转为简单句。例如,《民法典》(2020 年)合同编第五百二十七条第一款规定:"应当先履行债务的当事人,有确切证据证明对方有下列情形之一的,可以中止履行:(一)经营状况严重恶化;(二)转移财产、抽逃资金,以逃避债务;(三)丧失商业信誉;(四)有丧失或者可能丧失履行债务能力的其他情形。"

以这种方式罗列,阅读起来相对容易。如用标准的长单句,则为"应当先履行债务的当事人有确切证据证明对方经营状况严重恶化的,或转移财产、抽逃资金以逃避债务的,或丧失商业信誉的,以及有丧失或者可能丧失履行债务能力的其他情形的,可以中止履行",这一表述虽然相对精练,但阅读难度有所增加。

总的来说,对同一内容的表述可在普通单句、长单句、复句三者之间选择或转换。有些直译外来文本的合同,有时也须"汉化"转换后才便于使用。

(三) 复杂短语的技术处理

长单句之所以长,是因为其句子成分丰富并且多由复杂短语构成。如果不加以处理,大量无谓的重复表述会导致混乱。

1. 复杂结构充当主语

最需要处理的是表述权利义务内容的复杂短语充当主语的情况。例如,"甲方所供产品的随机附件、零配件、随机工具、技术文件、软件光盘等必须随产品同时提供"。由于表述复杂,这类复杂短语最好用括号注明简称,以便在其他条款中充当主语或宾语,或是引用。例如,"甲方所供产品的随机附件、零配件、随机工具、技术文件、软件光盘等(以下简称'随附品')必须随产品同时提供"。

合同条款如以复指的方式描述,也会产生由复杂结构充当的主语,但并不多见。例如,"甲方××重型机械发展股份有限公司与乙方××交通工程建设集团有限公司第×分公司"中,"甲方""乙方"分别为两家公司的复指。但这种表述往往只在引言部分出现一次,其他部分只简单地表述为"甲方""乙方"。

2. 复杂结构充当其他成分

复杂短语充当宾语、定语、状语、补语时也都会形成长单句。其中,复杂短语充当定语、状语都是为了使权利义务的主体、对象、目标、履行前提、履行方式、质量要求等更为明确,充当补语是为了补述主张权利或履行义务时的结果、状况、时间或处所、方向或数量、程度等。但只要不需要重复表述,一般无须另行处理。

有时复杂短语也可充当宾语,以罗列谓语动词描述行使权利或承担义务的对象。例如,"乙方所承担的保护甲方商业秘密的责任包括但不限于"中,"包括但不限于"系整个长单句的谓语,其后所罗列的诸多内容均为其宾语。

二、合同中的常用句式

句式,是指组织句子内容的模式。基于特定表述方式的需要,合同文书形成和保持了否定句、被动句以及各种句子成分的前置、后置等句式。

(一)合同中的否定句

否定句,是与肯定句相对,以否定副词表示负面态度的句式。表达同一意思既可以用肯定的方式也可以用否定的方式,如果肯定的属性与否定的属性之间是互补关系,则肯定某一属性与否定其互补属性都可用于表述同一事物,具体取决于表述对象的属性、思维模式。在法律语言中,否定句比肯定句更引人注意、更坚定、更明确。

以法医的 DNA 亲子鉴定为例,虽然从几百万分之一的出错概率分析完全可以肯定亲子关系存在,但这种结论毕竟是从概率的角度得出的,并非绝对的必然。因此,在鉴定结论中采用"无法排除亲子关系"的否定句,比采用肯定句的"存在亲子关系"更加严谨、科学。

在许多情况下,使用否定句会比使用肯定句更为简洁。例如,在某企业(甲方)与银行(乙方)关于 POS 机联网合作的合同中,如由甲方以肯定的方式——列举乙方的技术问题则实在困难,而以否定甲方责任的方式表述则非常容易。例如,"因数据的采集、传输、处理、储存而产生的争议,非甲方原因所引起的,均由乙方负责处理并承担责任"。

否定句的否定副词有"不""没有""非",以及"未""无"等。"不按期交付"存在一定的主观故意成分,而"未按期交付"则只是一种客观存在的现象,适用面更大,在许多场合下用"未"也更精确。

但书条款其实也是一种否定,常用于肯定一个较大的命题的同时否定其中的不适用部分,与合同和法律条文中常用的除外条款相同。即先设定某种假设及处置,然后规定"除……外"或"但……除外",也可以先规定"除……外",然后再约定某种假设及处置以使表述精确。

(二)合同中的被动句

被动句,是指主语属于谓语动词施动对象的句式。句中的施动者被置于"被"

之后、动词者之前,主语则是谓语动词动作的接受者。被动句可以平衡句子成分的分布并突出施动者,有时还可与前句共用主语以省略自身的主语。其句式为:

主语(受动者)+"被"+施动者+(状语)+谓语+(补语)

被动句中施动者的位置非常特殊,但可以顺利还原成通常的主动句。例如,被动句"如乙方所提供的经营用房被产权人提前收回,乙方应向甲方承担违约责任",可以还原为主动句"如产权人提前收回乙方所提供的经营用房,乙方应向甲方承担违约责任"。调整后虽无"被"字,但两个句子的语意相同。

当"被"字明显用于表示被动且没有出现施动者,或句子以事物为受动对象时,"被"字大多可以省略。使用"被"字句,可以达到以下效果:

1. 表述更为流畅

某些被动句在合同中的作用是维持主语不变以精简句子、降低阅读难度。如前所述,当使用被动句可以与前面的句子共用同一主语时,不仅可以省略主语而且还可以保持表述对象的一致性,可使表达、阅读都更为流畅。

2. 突出被动情况

被动句将受动者置于句前担任主语,目的是突出受动者所接受的动作或动作的结果,即使省略了主语也是如此。这是被动句的另一重要功能。

例如,《民法典》(2020年)第一百四十五条第二款规定,"民事法律行为被追认前,善意相对人有撤销的权利"。通过对被动情况的强调,突出了合同状态对相关法律后果的影响。

3. 省略施动者

如果表述的目的只是强调客观结果而并不需要强调施动者,使用被动句就可以省略施动者,这种用法在法律条文和合同条款中经常出现。前一例句中的"合同被追认之前"即是如此,只强调未被追认的状况,无须强调由谁追认。

(三)合同中的"将字句"

"将字句"与"把字句"实为同类句式,是指在谓语动词之前用介词"把""将"引出处置对象交由谓语动词处置的一种主动句。"把字句"多用于日常口语,"将"字句在现代口语中已基本不再使用①,而在合同中广泛运用。例如,"出让方届时必须将相关的技术文件一并交付受让方"。

1. "将字句"的基本语法特征

"将字句"的特点,是以"将"与其后的名词或名词性词组组成介词短语并充当

---

① 参见孟晓慧:《"把"字句成为处置式主要表达形式的过程及其原因》,载《泰山学院学报》2012年第5期。

谓语的状语。一般的汉语句式为"谓语+宾语",而"将字句"则以介词"将"把受动对象提至谓语动词之前。

"将字句"一般均由词汇或短语构成主语,如果出现在复句的分句中则分句主语大多可以承前省略。当无须说明主语时,"将字句"也完全可以没有主语。"将字句"中的谓语动词往往是及物动词,后面跟有补语或宾语以描述动作的接受者、结果等。例如,"乙方有义务将现场管理人员变更为经甲方同意的人员"。

2."将字句"的主要功能

某些内容只有使用"将字句"才能更好地表达,其主要功能如下:

(1)强调某些内容

"将字句"与平常的"主+谓+宾"句式相比,更主要的功能是强调行为或行为的结果、情状。

例如"甲方负责送产品到合同约定的指定地点"只是强调"送产品",而"甲方将产品按合同约定送到指定地点",强调"产品"及"指定地点"。

(2)均衡句子结构

在因带有较长的定语等原因而导致宾语较长时,如果仍用普通的句式则非常拗口,这也是许多英文合同译成汉语后读起来拗口的主要原因。这时可用"将字句"来解决这一问题。

例如,"甲方必须向乙方交付各个项目中已经完成开发的各个产品的完整技术资料"这一表述由于多重定义导致宾语过长,读起来有些费力。如果改成"甲方必须将各个项目中已经完成开发的各个产品的完整技术资料交付给乙方",这样可使句子的"重心"前移,整个句子较为均衡。

(3)为了表述方便

当一个句子用普通句式表述,且谓语动词后面同时带有表示受动的宾语、表示地点等的补语时,为了表述方便和阅读方便,可将受动对象以"将字句"的方式提至谓语动词之前。

例如,"甲方必须将隔离设备安装在乙方指定设备的相关部位"系一种比较紧凑、流畅的表述方式。如果用普通句式则为"甲方必须安装隔离设备在乙方指定设备的相关部位",宾语显然过长。

(四)合同中的"的字短语"

的字短语,是现代汉语中以结构助词"的"附着在实词或短语之后形成的相当于名词性短语并充当独立句子成分的一种特殊短语。[①]

---

① 参见黄伯荣、廖序东主编:《现代汉语(下册)(增订二版)》,高等教育出版社1997年版,第59—69页。

日常口语中的这类短语比较简短,主要充当主语或宾语以突出特征、加重语气、简化表述、省略姓名或名称。例如,"那个教书的""坏了的就扔掉""喜欢那件绿色的"等。

而在法律条文、合同语句中,的字短语多用于分述假设中的不同情形,并在使用中大多省略"的"后面的中心词,便于阅读理解和防止歧义,所以要复杂得多,并以其独特的用法而成为法律语言的标志性句式。例如,《民法典》(2020 年)第五百零六条规定:"合同中的下列免责条款无效:(一)造成对方人身损害的;(二)因故意或者重大过失造成对方财产损失的。"

的字短语在法律文书中有着广泛的运用,但最为常见的是充当定语或状语。特别是"的"字之后一般跟随逗号,去掉"的"后仍可独立成句。比较典型的是以主谓短语为主体的"的"字短语,往往在句子中用于表示状态、条件等内容,其语法地位属于状语且应用普遍。例如,《民法典》(2020 年)第十八条第二款规定:"十六周岁以上的未成年人,以自己的劳动收入为主要生活来源的,视为完全民事行为能力人。"

三、复句与复句关联词

复句,是由两个或两个以上的单句组成的句子,句中的每个单句都是复句的分句。它属于结构最为复杂的句子,可以更好地进行精确表述。

(一)复句的基本属性

在结构上,每个复句都至少包括两个互不包含、相互独立存在的分句,并以逗号或分号、冒号分开。虽然复杂的单句中也可能有逗号、紧凑的复句中也可能没有逗号,但复句的各分句之间相对独立而且相互不为句子成分,只在内容上存在逻辑等关联。复杂的长单句可能比简单的复句还长,但仍旧只有一个主语,而复句再简单也有独立的分句,在结构等级上比单句复杂。

在形式上,复句各分句之间的关联词是复句的标志但不是唯一标志,因为有时复句可以不用关联词而直接按某种顺序将分句组成复句。特别是分句间存在并列、承接关系的复句,大多可以省略关联词而直接组成复句。

在类型上,复句只有联合、偏正、补充三个大类[①],但进一步细分则有十几种之多。合同条款虽然是陈述句,但本质上是对未来可能发生情况的假设及处置,并非对已存在的事实的描述,因此需要注重分句间的关系以免产生混乱。由于复句有两个以上的分句、两个以上的主语,因此句子更灵活、信息量更大,更能确保内容的

---

① 参见范晓主编:《汉语的句子类型》,书海出版社 1998 年版,第 207—215 页。

丰富和精确、明确。

(二)复句的关联词

关联词,是用于将意义相关、结构独立的句子连接起来构成复句并表明分句之间关系的连词、副词和短语。复句的关联词主要分为三类,而在合同中主要是连词和副词两类。①

关联词中的连词非常多,但许多连词在实际运用中会被简化。例如,"因为……所以……"简化为"因……故……","虽然……但是……"简化为"虽……但……","如果"简化为"如"等。而关联词中的副词则少于连词,合同中常见的有"又""才""就""也""再"等,且许多与连词一并使用。

关联词最主要的作用是表示分句间的层次、结构、逻辑等关系,因而善于使用关联词,会在无形中固化语句含义。去掉关联词的复句有时难以理解其确切含义。甚至仅仅是由于缺乏标点符号的分隔,也会使复句产生歧义。

例如,"甲方承包,乙方供料",由于缺乏关联词,可以有三种不同的理解,即充分条件的"只要甲方承包,乙方就供料",必要条件的"只有甲方承包,乙方才供料",并列关系的"甲方负责承包,乙方负责供料"。

四、几类常用复句及关联词

合同中的常用复句有联合复句、偏正复句、补充复句,而且由于语体的关系,其关联词、用法有限,偏重于语义和句间关系的明确。

(一)偏正复句及关联词②

偏正复句也被称为主从复句,在合同中的运用非常广泛。这类复句由一个为主的"正句"和一个或多个为辅的"偏句"共同组成,常用的有因果、转折、条件、让步四种复句。

1. 因果复句

因果复句的正、偏分句间存在因果关系,一般先由偏句说明原因再由正句说明结果。合同中常用的关联词有"因而""从而""以免""以便"及"因为……所以……"等。例如,"定作方必须按时完成场地的建设并使之符合约定的技术规范,以便承揽方按时进场安装并按时完工"。合同中常用的因果复句有两种。

(1)一般因果句

一般因果句主要用于描述客观存在的原因和结果,既可以描述已经发生的事

① 参见黄成稳:《实用现代汉语语法》,知识出版社 2003 年版,第 333—364 页。
② 参见范晓主编:《汉语的句子类型》,书海出版社 1998 年版,第 344—355 页。

实,也可以描述常识上或逻辑上必然存在或发生的事实,主要的关联词有"因……所以……""因……故……""由于……""因此""因而""以致"等。

例如,"乙方的优惠价格以甲方按照约定的数量实际采购为前提,因此如乙方逾期未能购足则按原价执行"。

（2）目的因果句

目的因果句一般采用偏正倒装句式,即正句在前表述行为、偏句在后表明原因或目的。合同中的目的因果句还可以细分为积极性的目的因果句和消极性的目的因果句,前者用于表述需要某种作为以便达到某种希望的结果,后者用于表述需要某种不作为以免遭遇不希望的后果。

积极性的目的因果句一般是在后置的偏句中用"以便""以"表示正句的原因和目的。例如,"乙方必须提前三天发出送货通知,以便甲方事先准备"。而消极性的目的因果句一般是在后置的偏句中用"以免"来解释原因、表达不希望发生的情况。例如,"甲方对乙方提供的数据必须在下一营业时间开始前核对完毕并告知乙方结果,以免导致乙方后续统计数据发生连续性错误"。

目的因果句在表述具体权利义务的同时还明确了履行的目标,在明确权利义务界限的同时还提供了判断的标准,更便于理解合同、解释合同。

2. 转折复句

转折复句的前一分句表述某种态度、内容、趋势,而后一分句发生转折,表述前一分句的除外情况、不同情况甚至是相反情况,从而使整个合同条款的权利义务表述更全面、严谨。这种转折有的截然相反,有的以"承上启下"的方式偏转主题。前者多用"虽然……但是……""尽管……但是……"或"但是""然而"关联,后者多用"只是"等关联。

合同中经常出现的是简洁、干脆的"但",已成为合同或法律条款用语中标志性的但书条款。例如,"承诺应当以通知的方式作出,但根据交易习惯或者要约表明可以通过行为作出承诺的除外"。

3. 条件复句

条件复句的表述模式是"假设—处置",非常适合在法律条款或合同条款中表达针对未来事务所制订的规则,在法律语言中被广泛采用。其句式一般是偏句在前描述假设,主句在后说明后果或如何处理,主要有三种句式。

（1）充分条件句

充分条件句主要以"如果……就……""如果……则……""只要……就……""如""只要"为代表性关联词,表示一旦在前的偏句所假设的条件出现,则会出现在后的正句的结果。

需要注意的是,这类复句中偏句的条件往往只是产生正句结果的条件之一,有时需要举一反三以"反向工程"分析出其他的条件,例如增加对其他的违约可能性的描述等,提高合同的严谨性。

例如,文物保护、天气原因、法律变更等原因导致的开发商延迟交房并非开发商的过错,举一反三细分延期交付的情形后列入免责事项,才能使合同更严谨。

（2）必要条件句

在合同中,必要条件句的关联词多为"只有……才……""只有……方……""除非""非经……不得……""除非……否则……"等。此类复句中的偏句条件是主句的唯一前提,只有这一前提才发生主句的结果、没有这一前提则不会有主句中的结果,这也是必要条件句与充分条件句的根本区别。

采用这类复句的约定更为严谨,但它只适用于特定的情况。许多诉讼中的争议焦点,恰恰体现在两种复句的区别上。

（3）无条件句

无条件句不考虑其他情形,以"无条件"的方式约定权利义务,强调无论何种原因都必须出现主句中的结果。例如,"无论何种可能导致人身、财产损失的情况出现,乙方均必须采取有效措施防止损失扩大"。

合同中这类复句的关联词有"无论……均……""无论……都……"等。但由于这类复句过于绝对,有时会与法律规定相冲突。例如,格式条款中推卸经营者责任范围的无条件句,很有可能无效。

4. 让步复句

让步复句多为对既定观点或语义的承接,这种承接可以针对复句中的主题也可以针对其他句子中的主题。它的表述形式是首先由偏句表明某种不利的假设,然后在正句中说明即使这种假设成立也仍会发生的结果。合同中的此类复句,其关联词主要有"即使……也……""即便……也……"或"也""仍"。

这种复句虽表面上看是在"让步",但事实上偏句的作用只在引起话题,真正的目的是顺势强调主句语义,因而其假设或条件的意味比较淡薄,但在划定权利义务界限方面却斩钉截铁、毫不含糊。例如,"即使甲方已确认本合同履行完毕,乙方在约定的期限内仍不得将本合同所涉技术资料提供给任何其他方"。

（二）联合复句及关联词

联合复句至少由两个平等的、没有主从关系的分句联合而成。合同由于语体的原因,联合复句关联词相对固定且强调某些分句之间的时间顺序。

1. 并列复句

并列复句用于以不同的分句分别表述同一主题下的并列内容,在合同中常被用于表述条款中同时存在的条件、要求等。其各分句的顺序虽在理论上可以调换,但出于合同条款秩序的考虑,分句之间的顺序仍以时间或因果、轻重等顺序为妥。

并列复句的关联词有单独使用和成对使用之分。在合同中,前者一般单独用于后一分句中,如"也""同时""同样""另外""此外"等;后者则是前后分句同时使用,如"既……又……""既……也……""边……边……"等。

2. 连贯复句

连贯复句又被称为承接复句,可分为时间上的、空间上的、事理上的连贯三类。在合同中,时间上的连贯是按事物发生、发展的先后顺序规律进行表述;空间上的连贯是按所表述事物在空间上的邻接关系顺序进行表述;事理上的连贯是按事物抽象的因果关系等顺序进行表述。由于复句内容存在顺序关系,因而分句间的顺序一般不能变更。

此类复句的关联词同样分为单独使用和成对使用两类,一般只用于表述有一定先后顺序的假设发生的事物,因而常用的关联词较少。例如,前者有"然后""最后"等,后者有"首先……然后……"等。

3. 递进复句

递进复句也被称为进层复句,其后一分句总是比前一分句在程度、数量、范围、时间等方面更进一层,因而分句之间的顺序一般不可调换。在合同中,递进复句常被用于进一步补述或强调前一分句中的特定内容。

合同中常用的单独使用的关联词有"而且""尤其""更""并且"等,例如"甲方必须采取有效措施保护乙方的知识产权,尤其是乙方软件的源程序部分"。

递进复句中成对使用的关联词往往可以分为顺向递进和反向递进。前者用于进一步强调既有的语意,例如"不仅……而且……"。后者则作为对比表达前后分句的相反语义在合同中应用得不多,例如"不但……反而……"等。

4. 选择复句

选择复句用于通过各分句提出不同的方案以供相关方选择。在正式的书面语中,应完整地使用关联词以便判定复句的语义,因此合同中一般采用成对使用的关联词。例如,"是……还是……""要么……要么……""或者……或者……"等,尤其是省略了前半部分的"……或者……"。

合同中的选择复句是对未发生事项的选择,在合同条款设计中往往需要区分几种方案是必居其一关系,还是可以同时适用的关系。而且"所""又"等关联词既具有不同的语义又可以在不同类型的复句中使用,因此需要防止出现歧义。

(三)补充复句及关联词①

补充复句在合同中使用得不多。其前句一般是描述最主要内容的主句,后句一般称为从句或补句,用于补充解释或说明前句。合同中实际运用的补充复句一

---

① 参见范晓主编:《汉语的句子类型》,书海出版社1998年版,第207—215、262—269页。

般为注释、总分、记叙三种复句。

1. 注释复句

注释复句的补句用于补充解释主句中的主语、宾语或二者的中心词,带有注释性质,与主句之间一般用冒号或逗号分开。在用逗号分开主句和补句的注释复句中,补句往往使用关联词"即""例如"等。

使用带"即"的注释复句可以方便地在合同条款中解释关键词。一般是当关键词在合同中首次出现时加以解释,以方便阅读、理解。例如,"甲方所提供的施工现场必须具备施工条件,即乙方进场时,现场必须通水、通电、通路、土地平整"。

2. 总分复句

总分复句一般不用关联词,分为分说性补充复句、总说性补充复句两类。前者先用主句表述一个内容,然后用补句分别描述该内容所包括的几个方面或几个组成部分,类似于演绎推理。总说性补充复句则相反,先分说某一内容的几个方面或几个组成部分然后再加以总说,类似于归纳推理。

两类复句在合同条款、法律条文中的运用都较多。例如,分说性的条款"乙方的通知方法分为三类:①特快专递;②专人送达;③挂号函件"。

3. 记叙复句

记叙复句的补句被用于补充记叙主句中的某些词语,尤其用于对主句的主语、宾语的记叙性补充说明,可移至主语或宾语之前作为定语使用。

在合同中,这类复句大多用于补叙合同主体或某一术语。例如,"甲方系一家在中国大陆依法注册并合法存续的有限责任公司,营业执照号码为××××××,注册地址为上海市××路××号"。

第四节　合同生效前的法律风险管理

合同法律风险管理可分为合同生效前、合同生效后两个阶段,应对措施都包括合同内、合同外两部分。生效前以合同设计和资格审查为主,生效后以行为管理为主。生效前管理的内容在此前的章节中已有零星提及,在此特作总结性及适当引申的描述。

一、交易安全与生效前管理

所谓的交易安全,是通过实际履行得到预期交易结果的风险程度。在正常的交易中,任何一方都希望按部就班地顺利获得想要得到的对价。但合同履行期间的违约、违法行为以及意外事件,都有可能导致合同无法正常履行。因而安全成本是交易成本的重要组成部分,如果交易安全无法保障则再高的回报率也不过是空中楼阁。

(一)涉及交易安全的因素

合同生效前后的交易安全问题可分为内部环境与外部环境两类。内部环境指交易所涉及的、交易标的、交易主体、交易方式以及其他交易双方间的关系因素,外部环境涉及自然环境、社会环境、法律环境、政治环境等环境因素。

而合同生效前、生效后的交易安全管理,无论是针对内部环境还是外部环境,提升交易安全的手段均为合同设计与行为管理两类。

1. 合同设计的要素及目标

交易安全管理中的合同设计管理,是指在设计交易模式、权利义务范围及承担方式的过程中植入风险管理手段,以充分避免双方因条款问题产生争议并缩小风险范围、损失承担范围。相对于修改生效后的合同,这些权益可在合同生效前的商务谈判中争取并更容易实现,属于最重要的交易安全手段,而且惠及合同生效后的法律风险管理。

这方面的设计,涉及交易标的、交易主体、交易方式的合法性,权利的明确性、权利义务边界的明确性,以及分散或转移风险的措施等。有些问题可以通过交易模式的设计来得到解决方案,以得到更高的安全系数和更有利的交易态势。

2. 行为管理的要素及目标

行为管理作为另一种风险控制手段,是指规范在商务洽谈、信息沟通、合同履行等过程中的行为,管理目标是控制合同文本以外存在的法律风险。例如在合同生效前,因不当行为导致的缔约过失责任、合同自动生效等法律风险。

表7 合同风险管理要素表

	文本之内	文本之外
文本管理	固化权利、利益	限定、分散、转移风险
行为管理	设定控制、处分权	依法依约应对争议

在合同诉讼案例中,许多当事人败诉并非由于合同条款存在问题,而是由于合同履行过程中甚至合同履行前存在某种不当行为而导致的违约或侵权。这些可能导致法律上的不利后果的行为属于法律明确规定且仅通过合同条款无法解决或难以解决的问题,需要企业通过提高法律风险意识、熟悉相关规定的方式加以解决。而更为完善的解决方案,则是建立相关规章制度并明确规定相关过程中的行为界限。

(二)提升交易安全的相关措施

通过合同约定提升交易安全一直是本书的主题,而合同生效前的行为法律风险控制并非本书讨论范围,故只在此简单罗列。

1. 设计更安全的合同

合同生效之前,交易处于谈判阶段。而谈判及随着谈判情况修改合同的过程,便是前面讨论过的调整权利义务边界的过程。概括前面已经讨论过的各种手段,综合采用不同的手段进行技术处理。

① 缩小风险范围,通过合同条款缩小己方在合同中的风险范围及风险责任承担范围。

② 要求对方提供担保[1],要求相对方取得第三方担保,以增强相对方承担责任的能力,避免损失。

③ 分散先履行风险,如果己方先履行,则设计分批履行或分阶段履行以分散法律风险。

④ 争取后履行合同义务[2],尽可能争取主合同义务的后履行并以对方的履行为前提,以确保安全。

⑤ 风险链接转移,利用供应链上下游关系,将实际承担风险的责任转移或链接给责任方。

这些都是理论上的基本的风险控制方法,在特定交易中往往还有其他的个性化方法,有些方法还需要与行为管理手段同时采用,例如供应商管理、资信调查等合同以外的风险控制手段。

在设计具体的安全措施时,必须结合相关的司法解释才能全面、准确地了解相关法律环境并精确地设计相关的安全措施。

例如,《民法典》(2020 年)虽对租赁合同有所规定但在实务处理中仍有需要明确之处,具体的租赁行为唯有同时依照法律和司法解释的规定,才能确保交易安全。以《最高人民法院关于审理城镇房屋租赁合同纠纷案件具体应用法律若干问题的解释》(2020 年修正)为例,其第七条规定:"承租人经出租人同意装饰装修,租赁合同无效时,未形成附合的装饰装修物,出租人同意利用的,可折价归出租人所有;不同意利用的,可由承租人拆除。因拆除造成房屋毁损的,承租人应当恢复原状。已形成附合的装饰装修物,出租人同意利用的,可折价归出租人所有;不同意利用的,由双方各自按照导致合同无效的过错分担现值损失。"而为了确保交易利益和交易安全,房屋租赁合同条款不仅要考虑租赁合同方面的法律规定,还要考虑

---

[1] 参见本书第四章第四节的相关内容。

[2] 参见本书第三章第二节的相关内容。

司法解释的相关规定才能实现利益最大化,尤其是那些没有约定或约定不明确则按司法解释处理的条款。

另外,每种措施都有一定的局限性,必须结合具体交易的实际情况采取综合措施才能充分发挥作用。

例如,主合同义务的后履行可以在相对方已经履行、己方已经得到相应对价后再履行从而避免先履行的风险。这种交易模式对于一次性的、标的简单的交易最为简单有效,成套设备的制造及交付、建设工程等分阶段且有延续性的交易也可以通过分阶段履行的方式达到同样的效果。这类交易需要更多地考虑相对方的可接受程度以及履行阶段及顺序的设计。如果履行的后期出现问题也仍有可能抵销前期已经履行完毕部分的实际意义,降低抵御风险措施的有效性。

2. 生效前的行为管理

合同生效前的行为管理,是指在合同生效之前甚至是签订之前,所有与交易相关的谈判、沟通等行为需要掌握一定的尺度以避免带来不利的法律后果。

① 尽职调查,调查了解相对方的经营许可、经济实力、商业信誉、处分权等,从主体角度降低风险。

② 合作商管理,建立合作商筛选、评估、信用记录等制度,选择和保有合格的合作商。

③ 业务管理,合同的谈判、审查、审批及代理人授权等事务管理应制度化、标准化。

④ 商业秘密意识,树立商业秘密意识并建立保护机制,尊重和保护自身及相对方的商业秘密。

⑤ 知识产权保护,树立知识产权意识并建立保护机制,尊重和保护自身及相对方的知识产权。

⑥ 诚信说明,诚信对待合同谈判的相对方,不以攫取不正当利益为目标进行恶意谈判。

⑦ 严格履行管理,未生效的合同不得开始履行,不得未经审批即开始履行并补签合同。

通常情况下,商务谈判的过程也是相互了解的过程。在此期间,双方都会相互提供企业注册信息、资格资质信息、业务人员的授权委托书等以增强信任,便于商务谈判的顺利进行和双向选择。如果直接提供的信息有限,还可以向相关的政府登记主管部门、产权登记主管部门等调查相对方的信用状况、违法或违约记录等。

如果交易的金额较大或影响深远,还需要实地察看相对方的企业情况、生产经营情况,以确定与之交易是否足够安全。某些企业的相关资格文件并无问题,但其现场显示的生产经营情况、实际履行能力足以推翻其他证据。尤其是现在有许多交易都是以电子商务的方式在线完成,重大交易仍需核实其真实身份,以确保交易安全和争议的最终解决。

但合同生效前最容易被忽略的问题,其实是缔约过失责任及合同的默认生效。这两种情形容易被在交易过程中看似平常的行为所掩盖,更容易造成不利后果。

在缔约过失责任方面,《民法典》(2020 年)第五百条规定:"当事人在订立合同过程中有下列情形之一,造成对方损失的,应当承担赔偿责任:(一)假借订立合同,恶意进行磋商;(二)故意隐瞒与订立合同有关的重要事实或者提供虚假情况;(三)有其他违背诚信原则的行为。"

在合同默认成立方面,《民法典》(2020 年)第四百九十条有对应规定:"当事人采用合同书形式订立合同的,自当事人均签名、盖章或者按指印时合同成立。在签名、盖章或者按指印之前,当事人一方已经履行主要义务,对方接受时,该合同成立。

法律、行政法规规定或者当事人约定合同应当采用书面形式订立,当事人未采用书面形式但是一方已经履行主要义务,对方接受时,该合同成立。"

此外还有保密义务的相关规定,即《民法典》(2020 年)第五百零一条规定:"当事人在订立合同过程中知悉的商业秘密或者其他应当保密的信息,无论合同是否成立,不得泄露或者不正当地使用;泄露、不正当地使用该商业秘密或者信息,造成对方损失的,应当承担赔偿责任。"企业应将这一规定制度化,以便实际执行。

二、对要约或承诺的应对

要约与承诺是合同成立过程中的关键,要约是交易谈判的开始,承诺则是合同的成立。但要约邀请与要约在某些场合会区别甚微,将要约当成要约邀请发送或将要约邀请当成要约发送,以及将反要约当成了承诺,都有可能蒙受不利后果。

(一)要约与要约邀请

要约与要约邀请都发生在交易的起步阶段,甚至有时非常相似,但其法律意义则彼此完全不同。

《民法典》(2020 年)第四百七十二条规定:"要约是希望与他人订立合同的意思表示,该意思表示应当符合下列条件:(一)内容具体确定;(二)表明经受要约人承诺,要约人即受该意思表示约束。"

而《民法典》(2020 年)第四百七十三条规定:"要约邀请是希望他人向自己发出要约的表示。拍卖公告、招标公告、招股说明书、债券募集办法、基金招募说明书、商业广告和宣传、寄送的价目表等为要约邀请。商业广告和宣传的内容符合要约条件的,构成要约。"

由此可见,拍卖公告、招标公告、招股说明书等没有直接的可履行性,因而只能是要约邀请。但商业广告既有可能是要约邀请,也有可能是直接的要约。事实上,如果价目表符合要约规定,也同样可以构成要约。

如果发出的要约中存在错误,可以通过撤回及撤销的方式加以补救。但撤回要约的通知不得迟于要约到达受要约人之时,而撤销要约的通知则必须在受要约人发出承诺之前到达。而且,如果要约已经明示不可撤销,或是确切的承诺期限尚未届满,则要约不得撤销。因为《民法典》(2020 年)第四百七十六条规定:"要约可以撤销,但是有下列情形之一的除外:(一)要约人以确定承诺期限或者其他形式明示要约不可撤销;(二)受要约人有理由认为要约是不可撤销的,并已经为履行合同做了合理准备工作。"

这些规定增加了发出要约时的法律风险,但也给出了解决之道。

要约邀请如果存在错误也有可能承担信息不实等不利后果,但不至于同要约那样一旦对方承诺就必须履行。企业可以用内容及形式规范的要约邀请取而代之,以免出现无可挽回的损失。

(二)承诺与实质性变更

承诺是对要约的接受,也是"要约——承诺"阶段的终结。《民法典》(2020年)对于承诺的规定要远远多于对要约的规定,因为要约一经承诺即合同成立、双方的权利义务关系成立。

1. 承诺及承诺方式

对于承诺,其基本规定在《民法典》(2020 年)第四百七十九条:"承诺是受要约人同意要约的意思表示。"以及,《民法典》(2020 年)第四百八十一条规定:"承诺应当在要约确定的期限内到达要约人。要约没有确定承诺期限的,承诺应当依照下列规定到达:(一)要约以对话方式作出的,应当即时作出承诺;(二)要约以非对话方式作出的,承诺应当在合理期限内到达。"

承诺的方式可以是通知的方式,也可以是他的方式。《民法典》(2020)第四百八十条规定,"承诺应当以通知的方式作出;但是,根据交易习惯或者要约表明可以通过行为作出承诺的除外"。因此还有交易习惯和"要约表明可以通过行为作出承诺"的方式作出承诺。

而《最高人民法院关于适用〈中华人民共和国民法典〉合同编通则若干问题的解释》(2023 年)第十八条又补充规定"当事人未采用书面形式或者口头形式,但是实施的行为本身表明已经作出相应意思表示,并符合民事法律行为成立条件的,人民法院可以认定为民法典第一百三十五条规定的采用其他形式实施的民事法律行为。"

承诺到达对方的后果是合同成立。如果法律或要约中没有生效条件限制,则合同在成立时生效。自此,如果承诺方不按承诺履行,则要约方有权追究其违约责任。

如果承诺需要撤回,则应当不迟于承诺的通知到达要约人。否则视为合同成立后要求变更,既可能被拒绝,也可能因不按承诺履行而被追究违约责任。在实际交易中,许多企业对于承诺到达后撤回承诺的行为未予追究,只是出于追究成本及精力消耗的原因,从法律上则完全可以追究责任。

2. 承诺与实质性变更

如果无法全面接受要约的内容,可以对原要约作出"实质性变更",即反要约。《民法典》(2020 年)第四百八十八条规定:"承诺的内容应当与要约的内容一致。受要约人对要约的内容作出实质性变更的,为新要约。有关合同标的、数量、质量、价款或者报酬、履行期限、履行地点和方式、违约责任和解决争议方法等的变更,是对要约内容的实质性变更。"要约人对于这种实质性变更有权不予接受,甚至可以在要约中直接规定其内容不得变更。

如果承诺的同时对要约的内容提出了实质性变更以外的其他变更,除非要约中已经表明对要约内容不得进行任何变更或要约人未及时表示反对,一般认为承诺有效且合同内容以承诺人的承诺及变更为准。

《民法典》(2020 年)第四百九十条则规定了接受行为构成的承诺,即:"当事人采用合同书形式订立合同的,自当事人均签名、盖章或者按指印时合同成立。在签名、盖章或者按指印之前,当事人一方已经履行主要义务,对方接受时,该合同成立。

法律、行政法规规定或者当事人约定合同应当采用书面形式订立,当事人未采用书面形式但是一方已经履行主要义务,对方接受时,该合同成立。"

因此,许多企业中存在的先交付产品或工程、后补合同结算的现象,事实上等于未经审批合同已经成立,从技术角度看属于风险失控。

三、合同的生效与未生效

通常情况下,承诺的生效就是合同的成立,因而合同的成立通常也是合同的生效。这就是《民法典》(2020 年)第四百八十三条所规定的"承诺生效时合同成立,但是法律另有规定或者当事人另有约定的除外。"简言之,如果法律没有另行规定或合同没有另行约定,则承诺生效之时也是合同生效之时。

(一)合同的几种生效方式

合同大多在成立时生效,只要法律没有其他规定或合同没有其他约定。但从合同成立到合同生效,在法律上仍有许多其他因素决定着已成立的合同是否生效。

1. 依照法定条件生效的合同

符合法定条件成立的合同,才能在成立时生效。其法律依据为《民法典》(2020 年)第五百零二条第一款规定的"依法成立的合同,自成立时生效,但是法律另有规定或者当事人另有约定的除外。"

但某些合同在成立后必须符合其他的法定要求才能生效。例如,同一法律条款的第二款规定"依照法律、行政法规的规定,合同应当办理批准等手续的,依照其规定。未办理批准等手续影响合同生效的,不影响合同中履行报批等义务条款以及相关条款的效力。应当办理申请批准等手续的当事人未履行义务的,对方可以请求其承担违反该义务的责任。"

2. 依照约定条件生效的合同①

如果合同中约定了合同生效的条件或期限,合同的成立同样不等于合同的生效。尤其是附生效条件的合同,既锁定双方的权利义务又确保只有在具备了实现利益的条件时才开始履行。目的是确保所需要的条件满足时合同才生效、履行,否则合同未生效、不必履行。

根据《民法典》(2020 年)第一百五十八条、第一百六十条的规定:"民事法律行为可以附条件,但是根据其性质不得附条件的除外。附生效条件的民事法律行为,自条件成就时生效。附解除条件的民事法律行为,自条件成就时失效。"以及"第一百六十条　民事法律行为可以附期限,但是根据其性质不得附期限的除外。附生效期限的民事法律行为,自期限届至时生效。附终止期限的民事法律行为,自期限届满时失效。"

3. 签订确认书生效的合同

订立合同的双方可以约定签订确认书时合同成立,签订了确认书的这类合同只要其他方面也是依法成立,则成立之时也是生效之时。这种情形与附条件生效的合同相似,只是从成立到生效还要有个"依法成立"的条件要求。《民法典》(2020 年)第四百九十一条第一款规定:"当事人采用信件、数据电文等形式订立合同要求签订确认书的,签订确认书时合同成立。"

这条规定主要针对以信件、数据电文等形式订立的合同,但也可用于其他合同。这形同将确认书当成所附的合同生效条件,以防止盖章后合同外流导致的风险损失。

通过信件方式异地签约或在交易中处于弱势的一方,许多合同都不得不在签字、盖章后交给另一方签字、盖章。此时先签字、盖章的一方手中没有双方签字盖章的原件,且合同是否生效、履行也并不确定,因而面临着极大的风险。除了加盖

---

① 参见本书第一章第九节的相关规定。

骑缝章,先签字、盖章的一方还可以在合同中约定在双方签字盖章后经其书面确认再生效,以避免签字、盖章后的合同被恶意利用。

4. 通过行为生效的合同

行为可以成为合同成立的方式之一。《民法典》(2020 年)第四百八十条规定:"承诺应当以通知的方式作出;但是,根据交易习惯或者要约表明可以通过行为作出承诺的除外。"

通过行为生效的合同,一种是约定行为、一种是法定行为。前者是承诺人按照要约的要求作出承诺行为而使承诺生效、合同成立,而依法成立的合同在成立时生效。后者是法律规定或双方约定签署合同书,但签订之前一方履行了主要义务而对方接受,则合同成立。

对于后者,其法律依据为《民法典》(2020 年)第四百九十条,"当事人采用合同书形式订立合同的,自当事人均签名、盖章或者按指印时合同成立。在签名、盖章或者按指印之前,当事人一方已经履行主要义务,对方接受时,该合同成立。

法律、行政法规规定或者当事人约定合同应当采用书面形式订立,当事人未采用书面形式但是一方已经履行主要义务,对方接受时,该合同成立。"

5. 通过交易习惯生效的合同

通过交易习惯生效的合同,其生效方式并不确定。因为其交易习惯可能是直接通过主动的行为,也可能是通过被动的接受,或是任何一种有充足法律依据的方式。依据交易习惯成立的合同,只要是"依法成立"则同时也是依法生效。

这种形式的合同成立依据见上一条内容中引用的法律规定。而对于"交易习惯"的理解,则可参见《最高人民法院关于适用〈中华人民共和国民法典〉合同编通则若干问题的解释》(2023 年)有如下规定:

第二条　下列情形,不违反法律、行政法规的强制性规定且不违背公序良俗的,人民法院可以认定为民法典所称的"交易习惯":

(一)当事人之间在交易活动中的惯常做法;

(二)在交易行为当地或者某一领域、某一行业通常采用并为交易对方订立合同时所知道或者应当知道的做法。

对于交易习惯,由提出主张的当事人一方承担举证责任。

以上述方式成立的合同中,如果合同对于成立地没有约定,则承诺生效的地点即为合同成立的地点,并以合同签订地的身份作为诉讼管辖的一个选项。

依据《民法典》(2020 年)第四百九十二条规定:"承诺生效的地点为合同成立的地点。采用数据电文形式订立合同的,收件人的主营业地为合同成立的地点;没有主营业地的,其住所地为合同成立的地点。当事人另有约定的,按照其约定。"一般可据此确定数据电文合同的签订地及争议管辖地。

例如,被告将事先盖好章的合同传真给原告后,原告签字盖章后传回。法院据此认定该合同以数据电文形式订立,收到承诺的被告主营业地为合同成立地。如果双方约定了争议由合同签订地管辖,即合同成立地法院管辖。

(二) 可能的缔约过失责任

缔约过失责任属于“先合同义务”,是基于诚信原则而确立的法定义务。在合同尚未签订之前,交易双方之间虽无违约责任却涉及缔约过失责任。这种责任追究制度可以保护因相对方恶意行为而受到损失的一方,并追究以洽谈为名实施恶意行为的一方。理论上,这种责任与双方最终是否签订合同无关,即使双方最终达成了合同也同样可以追究谈判期间的缔约过失行为。

《民法典》(2020 年)第五百条规定:“当事人在订立合同过程中有下列情形之一,造成对方损失的,应当承担赔偿责任:(一)假借订立合同,恶意进行磋商;(二)故意隐瞒与订立合同有关的重要事实或者提供虚假情况;(三)有其他违背诚信原则的行为。”

在这三种行为中,前两种都是具体的恶意行为,第三种则是对前述两种行为的定性及适用范围的扩大。

而《民法典》(2020 年)第五百零一条规定了既可以是缔约过失责任问题也可以是侵权责任问题,即“当事人在订立合同过程中知悉的商业秘密或者其他应当保密的信息,无论合同是否成立,不得泄露或者不正当地使用;泄露、不正当地使用该商业秘密或者信息,造成对方损失的,应当承担赔偿责任。”

这里所说的商业秘密,一般理解为《反不正当竞争法》(2019 年修正)第九条中的概念,“本法所称的商业秘密,是指不为公众所知悉、具有商业价值并经权利人采取相应保密措施的技术信息、经营信息等商业信息”。是否构成侵犯商业秘密与合同是否生效同样并无关联,对于在合同生效前发生的侵犯商业秘密行为,理论上既可以按缔约过失责任追究也可以按侵权责任进行追究。

四、几种可能的合同效力问题

无法正常生效或持续有效的合同有多种。这些合同中的权利义务无法得到法律的充分保障,合同履行的结果也处于不确定状态。不仅严重影响交易结果的可预见性,也妨碍交易利益的及时、合法取得,属于合同内容或签订履行中的技术缺陷。这些缺陷主要通过签订前的交易主体资格、代理权的审查等方式控制,仅仅控制合同文本无法解决根本问题。对于这一主题的进一步讨论,参见第二章第一节。

(一)效力待定合同①

效力待定,是已经成立的合同因行为能力或代理权限存在瑕疵而未能满足合同生效的要件,其是否生效取决于权利人是否追认、撤销的一种合同状态。合同既可能因权利人追认而有效,也可能因无法得到追认而导致无效,或被善意相对人依法撤销。

在种类上,效力待定合同主要是限制行为能力人订立的合同、代理权存在瑕疵的合同、无权处分他人财产的合同,《民法典》(2020年)中有与之一一对应的条款。

1. 限制行为能力人订立的合同

限制行为能力人因其行为能力不完全,因而其民事行为需要额外的保护。对此,《民法典》(2020年)第一百四十五条规定:"限制民事行为能力人实施的纯获利益的民事法律行为或者与其年龄、智力、精神健康状况相适应的民事法律行为有效;实施的其他民事法律行为经法定代理人同意或者追认后有效。相对人可以催告法定代理人自收到通知之日起三十日内予以追认。法定代理人未作表示的,视为拒绝追认。民事法律行为被追认前,善意相对人有撤销的权利。撤销应当以通知的方式作出。"

由于法人、非法人组织均设有组织机构,其成立、管理也都需要多人参与,因而由限制行为能力人签订履行合同的情形很难发生。如需防范此类风险,只能通过合同成立前的尽职调查。

2. 无权代理人订立的合同

无权代理本身并不产生代理效力,但现行法律在无效与有效之间设立了一个缓冲,即通过追认行为使代理产生效力,或者以撤销或拒绝追认的方式使无权代理行为彻底丧失产生代理效力的可能性。

《民法典》(2020年)第一百七十一条第一款第二款规定:"行为人没有代理权、超越代理权或者代理权终止后,仍然实施代理行为,未经被代理人追认的,对被代理人不发生效力。相对人可以催告被代理人自收到通知之日起三十日内予以追认。被代理人未作表示的,视为拒绝追认。行为人实施的行为被追认前,善意相对人有撤销的权利。撤销应当以通知的方式作出。"

对于这类效力待定问题,可通过在合同谈判阶段、合同签订前审查法定代表人委托代理人的代表、代理权限的方式加以避免。一旦发现其不具合法有效的代表权、代理权,可要求其取得代表权或代理权,无法取得则放弃签订合同。

除此之外,还有表见代理和明知超越权限两类特殊情况。《民法典》(2020年)中还有两条与这类效力待定情形相关的规定。其中,第一百七十二条规定:"行为

---

① 参见本书第二章第一节的相关内容。

人没有代理权、超越代理权或者代理权终止后,仍然实施代理行为,相对人有理由相信行为人有代理权的,代理行为有效。"第五百零四条规定:"法人的法定代表人或者非法人组织的负责人超越权限订立的合同,除相对人知道或者应当知道其超越权限外,该代表行为有效,订立的合同对法人或者非法人组织发生效力。"

3. 无处分权人订立的合同

无权处分是指一方以自己的名义将其没有处分权的标的处分给相对方。以无处分权的财产作为标的的合同与传统意义上的效力待定合同不同,但其处理结果又与传统的合同无效不同,因此与交易待定合同一并讨论。

这类合同的履行结果存在不确定性,相对人可能无法获得有效的交代或是无法取得产权,因而合法有效的处分权也是交易前尽职调查的主要内容之一。《民法典》(2020 年)第三百一十一条第一款规定:"无处分权人将不动产或者动产转让给受让人的,所有权人有权追回;除法律另有规定外,符合下列情形的,受让人取得该不动产或者动产的所有权:(一) 受让人受让该不动产或者动产时是善意;(二) 以合理的价格转让;(三) 转让的不动产或者动产依照法律规定应当登记的已经登记,不需要登记的已经交付给受让人。"

对于上述合同,均需审查交易主体的行为能力、处分权以及代理人的代理权限、代理期限等。如果这些审查都未能避免效力瑕疵的出现,只能在合同生效后通过行使法律赋予的催告权和撤销权等加以解决,以避免不确定状态导致的损失扩大。

(二) 无效合同及可撤销合同

无效合同和可撤销合同是另外两类影响交易结果可预见性、影响交易利益实现的合同。前者使约定的权利义务无法得到法律保护,后者则处于可能被撤销也可能不被撤销的不确定状况。

1. 无效合同①

无效合同是自始不具法律效力的合同,但在不同法律中的定性原则和侧重面略有不同。两相比较,《民法典》(2020 年)合同编中的相关规定侧重于合同领域且较为具体,而《民法典》(2020 年)总则编中的相关规定则更为全面、更富指导性。

例如,《民法典》(2020 年)总则编从第一百四十三条至第一百五十七条分别规定了民事法律行为的几类无效情形,合同涉及相关行为的属于无效,具体包括:

① 无民事行为能力人实施的民事法律行为无效;

② 限制民事行为能力人的法定代理人拒绝追认的民事法律行为无效;

③ 以虚假意思表示实施的民事法律行为无效;

④ 违反强制性规定与违背公序良俗的民事法律行为无效;

---

① 参见本书第二章第一节第三部分的相关内容。

⑤ 恶意串通损害他人合法权益的民事法律行为无效。

由于总则中已经有了详细的通用性规定,《民法典》(2020年)在合同编里的规定只起到拾遗补缺的作用。其第五百零六条专门规定了两类合同免责条款的无效:

① 造成对方人身损害的;

② 因故意或者重大过失造成对方财产损失的。

另外,《民法典》(2020年)合同编第四百九十七条还特别规定了"有下列情形之一的,该格式条款无效:(一)具有本法第一编第六章第三节和本法第五百零六条规定的无效情形;(二)提供格式条款一方不合理地免除或者减轻其责任、加重对方责任、限制对方主要权利;(三)提供格式条款一方排除对方主要权利。"

由此可见,合同的无效大多是因为违反国家法律、行政法规的强制性规定或恶意损害其他方合法利益的行为。但个别规定,例如"违背公序良俗",仍足以使某些合同面临巨大的不确定性。但这类问题,大多可通过熟悉相关法律规定、加强合同签订前审查的方式加以避免。

2. 可撤销合同

可撤销的合同,是在形式上已经符合生效条件后可以基于法定事由向人民法院或仲裁机构请求撤销的合同。这类合同缺陷的产生原因大多并非条款问题,而是合同形成过程中的非真实意思表示行为。为避免产生这类合同,一是需要在尽可能在尽职调查中发现虚假、欺诈的信息,二是在察觉后可以采取一定的措施保存相关证据以供合同成立后的撤销之用。

依据《民法典》(2020年)第一百四十七至第一百五十条的规定,合同涉及下列事由时可以撤销:

① 重大误解实施的民事法律行为;

② 以欺诈手段实施的民事法律行为;

③ 第三人欺诈的民事法律行为;

④ 以胁迫手段实施的民事法律行为。

对于可撤销的合同,首先需要在合同签订管理环节中充分了解相对方的真实身份、合法性、商业信誉以及所提供的标的的合法性、真实情况等,其次是本着诚实信用原则提供商业信息,以免自行行为涉嫌导致相对方意思表示不真实。

第五节　合同生效后的法律风险管理

良好的合同设计,可有效减少合同履行期间的不必要争议和风险以促进合同的顺利履行,并在发生争议时占据有利的态势且实现损失的最小化。这也是合同质量的专业与不专业在整体上的区别。

合同生效后,相关的法律风险管理从以合同设计为主转变为以行为管理为主。因为变更、补充生效合同的作用极为有限,而履行过程如有行为不慎则会导致严重后果。

一、给付义务与附随义务

附随义务是指法律无具体规定、合同也未明确约定,但为协助合同中约定的给付义务的履行,依照诚实信用原则和交易习惯并根据合同的性质、目的等应当承担的通知、协助、保密等义务。

(一) 附随义务的属性

附随义务并无明确的立法解释或司法解释。《民法典》(2020 年)第五百零九条第二款规定:"当事人应当遵循诚信原则,根据合同的性质、目的和交易习惯履行通知、协助、保密等义务。"这里提及的"通知、协助、保密等义务",一般理解为现行法律框架下附随义务的主要内容。

在学理上,附随义务有广义和狭义之分,广义的还包括先合同义务、后合同义务,在此仅指狭义的合同履行阶段的相关义务。虽有观点认为附随义务属于从给付义务,但本节所采纳的观点是将合同义务分为主给付义务和从给付义务,附随义务则是二者之外的义务。

主给付义务是交易的直接目标和必备内容,从给付义务依附于主给付义务并与之同时履行,以确保主给付义务的价值和合同目的的实现,二者均为已经明确约定的合同义务。而在此之外,那些合同中并未明确约定而且更为辅助性的、有利于合同顺利履行、有利于维护双方利益的责任,可以理解为附随义务。基于法律上的这一原则性规定,附随义务同样属于法定义务,只是其权利性质决定了它在权利义务界限上的不确定性。正因为它不在合同约定之中且有时界限不清,因此许多企业并未将不履行附随义务视为有失诚信行为。

例如,买卖合同中的出卖人依约交付产品系主给付义务,按约定提供送货服务系其从给付义务,而如果没有法律规定或合同约定,则出发前告知买受人准备收货则是附随义务。

(二) 附随义务的履行

附随义务虽一般只对合同目的的实现起到辅助性的作用,但并不说明该类义务可有可无。许多附随义务随着问题的凸显、人们的重视和社会的进步而上升为法定义务,或被约定为合同义务。产品说明随着产品责任的加重而日益详尽等,都是因为许多附随义务越来越受重视。

通知义务属于约定俗成的常识性义务。即使合同中未加约定,但基于"合同的性质、目的和交易习惯"一般也可预见到如不履行通知义务则必然导致相对方的损失,而且足以构成相对方主张赔偿的理由。

例如,在"杨 XX 诉中国南方航空股份有限公司、上海民惠航空服务有限公司航空客运合同案"①中,由于被告仅在机票上载明出发地是"上海 PVG"而导致原告误机并增加了改签费用(不能全额退款),上海市徐汇区人民法院援引合同附随义务规定,认定在客运合同中明白无误地向旅客通知运输事项是承运人应尽的附随义务,并据此判决承运人全额退还机票款并赔偿一定的损失。

协助义务也同样如此。合同履行期间往往会涉及一些合同中未加约定而实际履行中又必须协助的义务,例如出租人维修出租物时承租人的协助等。如果不提供这类协助,出租人的维修就无法实施,因此而造成的承租人损失扩大便不应归责于出租人。对于因这类细节问题而产生的争议,援引附随义务条款完全可以从理论上说清责任的归属并提出应有的解决方案。

在实际操作中,将重要的附随义务直接约定为从合同义务可以使权利义务更加明确,也更有利于问题的处理。否则极有可能在发生争议时成为"说不清道不明"的条款,并使合同无法顺利履行。

二、履行顺序与抗辩权

所谓抗辩权,是指对抗请求权或否认他人权利主张的权利。《民法典》(2020年)、已经失效的《合同法》(1999年)中的三种抗辩权分别是同时履行抗辩权、先履行抗辩权、不安抗辩权,它们的划分与履行顺序有关。

(一)同时履行抗辩权

同时履行抗辩权是对相对方的先履行请求的对抗。对于该项权利,《民法典》(2020年)第五百二十五条规定:"当事人互负债务,没有先后履行顺序的,应当同时履行。一方在对方履行之前有权拒绝其履行请求。一方在对方履行债务不符合约定时,有权拒绝其相应的履行请求。"这种抗辩权可以理解为在没有履行先后顺序规定或约定时,以"一手交钱,一手交货"的方式同时履行。

如果没有其他办法可以控制履行风险,同时履行抗辩权是保护合法权益、提升交易安全的有效手段。但如果相对方只是履行债务不符合约定,则只能行使相关部分的抗辩权。例如,在相对方已经履行了主给付义务而只是尚未履行附随义务

---

① 参见上海市徐汇区人民法院(2003)徐民一(民)初字第 1258 号民事判决书。

时,当事人不能援引这一规定拒绝履行全部义务。

这种权利的行使如有条款上的配合会发挥更好的作用。代表性条款的设计,本就应当考虑权利义务履行顺序应尽可能与各种抗辩权的行使相配套,尤其是履行顺序以及履行的质量要求等细节约定,以便在履行期间通过这种抗辩权主动降低风险、维护合法权益。

(二) 后履行抗辩权

后履行抗辩权可用于对抗相对方的先履行或同时履行请求,而主张由相对方先履行。《民法典》(2020 年)第五百二十六条规定:"当事人互负债务,有先后履行顺序,应当先履行债务一方未履行的,后履行一方有权拒绝其履行请求。先履行一方履行债务不符合约定的,后履行一方有权拒绝其相应的履行请求。"

由对方先履行是一种简单而有效的法律风险控制手段,因为任何一方先履行都存在无法得到约定的对价的风险。如果能够实现合同义务的后履行,则可以充分利用这项权利维护合法权益,当对方全部或部分未履行时,可以视情况全部或部分地拒绝对方的履行要求。

例如,某锅炉生产企业与某制造企业销售锅炉的合同中,双方约定买方(某制造企业)先付定金若干并在卖方(某锅炉生产企业)交货时加付 30% 货款,然后卖方派人前往买方企业负责安装、调试。但因买方故意以有瑕疵的汇票支付货款并在收货后不再重新付款,故卖方拒绝提供技术人员前往安装。买方虽试图自己安装,但设备无法达到使用标准。在这一案例中,卖方拒绝派出技术人员前往安装的行为,正是在行使后履行抗辩权,避免了损失的进一步扩大。

(三) 不安抗辩权

先行履行义务的一方在对方处于特定状态时可以中止义务的履行,这种权利被称为不安抗辩权。先履行的一方行使这一权利,可以充分地保护其利益并控制法律风险,但必须具备法定的条件及形式要件。《民法典》(2020 年)对此设有两条规定,分别为:

第五百二十七条　应当先履行债务的当事人,有确切证据证明对方有下列情形之一的,可以中止履行:

(一)经营状况严重恶化;

(二)转移财产、抽逃资金,以逃避债务;

(三)丧失商业信誉;

(四)有丧失或者可能丧失履行债务能力的其他情形。

当事人没有确切证据中止履行的,应当承担违约责任。

第五百二十八条　当事人依据前条规定中止履行的,应当及时通知对方。对方提供适当担保的,应当恢复履行。中止履行后,对方在合理期限内未恢复履行能力且未提供适当担保的,视为以自己的行为表明不履行主要债务,中止履行的一方可以解除合同并可以请求对方承担违约责任。

履行义务的先后,在商务合同中往往取决于交易地位和交易习惯,而在消费合同中则主要取决于交易习惯。例如,影剧院、铁路及航空运输等都是先收费后履行,欠款风险较小;而餐饮、住宿等则往往是先履行后收费,欠款风险较大。而无论是消费合同还是商务合同,先履行的一方都需要关注能否通过行使不安抗辩权控制先履行风险,否则可能反而构成自身违约。

例如,甲企业租用乙企业的房屋并与乙企业合作开办酒店对外提供餐饮服务,但乙方在合同签订后并未按约投资。此时甲企业本可以行使不安抗辩权,以对方丧失商业信誉为由在通知对方后暂停支付房租。但甲企业却并未以此维护自身的合法权益,而是无视合同对于支付租金方面的严格规定,以长期拖欠租金对抗乙企业的拖欠投资款,最终被乙企业以长期不付租金为由解除租赁合同并将甲企业人员驱逐。

又如,同样是对物业公司的服务质量不满,那些以拖欠物业管理费的方式对抗的业主被判令支付物业管理费并赔偿物业公司损失,而那些收集了服务质量与约定不符的证据并书面通知物业公司暂停支付服务费的业主则未被起诉。可见在出现相对方违约的情形时,依法充分行使不安抗辩权的重要性。

在实际操作中,银行等机构甚至将不安抗辩权的判断标准作为合同条款加以约定,以便在借款人或担保人出现经济状况恶化等不利情况时可以抢先采取措施,避免或减少自己的损失。

三、代位权与撤销权

代位权与撤销权是另外两种合同生效后的法律风险管理手段,前者是代债务人行使债权,以充分维护自己的合法权益;后者是请求人民法院撤销债务人的某种行为。两种权利均为债权人针对债务人非诚信行为的反制措施,但由于这些措施超出了常规的权利义务范围,因而限制相对较严。

(一)代位权及其行使

《民法典》(2020年)合同编第五百三十五条规定,"因债务人怠于行使其债权或者与该债权有关的从权利,影响债权人的到期债权实现的,债权人可以向人民法院请求以自己的名义代位行使债务人对相对人的权利,但是该权利专属于债务人自身的除外。代位权的行使范围以债权人的到期债权为限。债权人行使代位权的必要费用,由债务人负担"。

对于行使代位权的具体操作,《最高人民法院关于适用〈中华人民共和国民法典〉合同编通则若干问题的解释》(2023 年)第三十五条至第四十一条对各种情形的处理作了规定,可供实际操作时参考。

(二) 撤销权及其行使

撤销权非常适合合同履行阶段的动态法律风险管理。如果说代位权针对的是债务人以消极的方式损害债权人利益的行为,则撤销权是针对债务人以积极的方式损害债权人利益的行为。

《民法典》(2020 年)第五百三十八条规定:"债务人以放弃其债权、放弃债权担保、无偿转让财产等方式无偿处分财产权益,或者恶意延长其到期债权的履行期限,影响债权人的债权实现的,债权人可以请求人民法院撤销债务人的行为。"

而第五百三十九条又规定:"债务人以明显不合理的低价转让财产、以明显不合理的高价受让他人财产或者为他人的债务提供担保,影响债权人的债权实现,债务人的相对人知道或者应当知道该情形的,债权人可以请求人民法院撤销债务人的行为。"

对于这一规定,《最高人民法院关于适用〈中华人民共和国民法典〉合同编通则若干问题的解释》(2023 年)第四十三条作出了进一步的说明,即"债务人以明显不合理的价格,实施互易财产、以物抵债、出租或者承租财产、知识产权许可使用等行为,影响债权人的债权实现,债务人的相对人知道或者应当知道该情形,债权人请求撤销债务人的行为的,人民法院应当依据民法典第五百三十九条的规定予以支持。"

同时,延续了原相关司法解释中的原则,该法第五百四十条规定:"撤销权的行使范围以债权人的债权为限。债权人行使撤销权的必要费用,由债务人负担。"

对于这条规定,《最高人民法院关于适用〈中华人民共和国民法典〉合同编通则若干问题的解释》(2023 年)第四十五条第一款特别解释:"在债权人撤销权诉讼中,被撤销行为的标的可分,当事人主张在受影响的债权范围内撤销债务人的行为的,人民法院应予支持;被撤销行为的标的不可分,债权人主张将债务人的行为全部撤销的,人民法院应予支持。"同时,该条的第二款还特别解释了"必要费用"。即:"债权人行使撤销权所支付的合理的律师代理费、差旅费等费用,可以认定为民法典第五百四十条规定的'必要费用'。"

但行使这类撤销权有时限限制。依据《民法典》(2020 年)第五百四十一条的规定:"撤销权自债权人知道或者应当知道撤销事由之日起一年内行使。自债务人的行为发生之日起五年内没有行使撤销权的,该撤销权消灭。"

四、权利义务的转让与终止

合同权利义务的转让与终止分属两个不同的范畴,但都是一方或双方结束合同权利义务的履行状态的一种手段。这两种手段跳出了合同关系的限制,从更为广阔的空间对合同权利义务及法律风险进行控制。

(一)合同权利义务的转让

合同权利义务转让方面的规定使得当事人在债权债务处理方面有了更多的选择余地,并使社会资源优化有了更多的机会。债权人可以将债权批量转让给有足够的精力和能力去行使债权的受让人从而快速甩掉包袱、轻装上阵,也可以将令其投鼠忌器的债权转让给没有顾忌的第三方去行使。中国各大银行上市前的不良资产剥离,之所以能够实行,其主要的法律依据就是债权转让。

1. 债权的转让

债权的转让要求较多。《民法典》(2020 年)第五百四十五条第一款规定:"债权人可以将债权的全部或者部分转让给第三人,但是有下列情形之一的除外:(一)根据债权性质不得转让;(二)按照当事人约定不得转让;(三)依照法律规定不得转让。"

因此,债权转让的合法性取决于两个条件,分别为《民法典》(2020 年)第五百四十六条和第五百四十七条,即:

第五百四十六条　债权人转让债权,未通知债务人的,该转让对债务人不发生效力。

债权转让的通知不得撤销,但是经受让人同意的除外。

第五百四十七条　债权人转让债权的,受让人取得与债权有关的从权利,但是该从权利专属于债权人自身的除外。

受让人取得从权利不因该从权利未办理转移登记手续或者未转移占有而受到影响。

其中,"根据合同性质不得转让"的债权多与债权人的身份有关,当债权人与债务人之间的关系依据合同性质而特定时,债权人的变动会影响交易目的的实现,这种情况下债权当然不得转让。而"从权利专属于债权人自身的",比如附属于主债权的因担保而产生的权利,如果单独转让则担保的性质将会丧失,因而这种权利也不得转让。

由于《民法典》(2020 年)没有规定权利义务转让的价格等要求,因而其对价完全由转让双方自行商定。

2. 债务的转让

债务的转让需要经过债权人的同意以维护其利益。《民法典》(2020 年)第五百五十一条第一款规定:"债务人将债务的全部或者部分转移给第三人的,应当经债权人同意。"

同债权转让相仿的是《民法典》(2020 年)第五百五十四条规定的"债务人转移债务的,新债务人应当承担与主债务有关的从债务,但是该从债务专属于原债务人自身的除外。"

3. 债权债务的概括转让

概括转让其实是债权债务的打包转让。《民法典》(2020 年)第五百五十五条规定:"当事人一方经对方同意,可以将自己在合同中的权利和义务一并转让给第三人。"

同样,在法律适用方面也是债权转让与债务转让的组合。《民法典》(2020 年)第五百五十六条规定:"合同的权利和义务一并转让的,适用债权转让、债务转移的有关规定。"

需要注意的是,合同转让需要符合法定要求方为有效。即《民法典》(2020 年)第五百零二条第三款规定的"依照法律、行政法规的规定,合同的变更、转让、解除等情形应当办理批准等手续的,适用前款规定。"

(二)合同权利义务的终止

及时终止无法履行完毕或无法实现交易目的的合同,既是现实的做法也是法定的权利。如果能在设计条款时前瞻性地预见并约定终止的情形及方式,无疑会有利于情形发生时的处理。但任何一种终止,都必须遵循诚实信用原则并履行通知义务,而且权利义务的终止并不影响结算和清理条款的效力。

1. 约定解除与法定解除

解除分为约定和法定两种。依据《民法典》(2020 年)第五百五十七条的规定,合同权利义务终止的法定事由有七种,其中与合同律师关系密切的为第二款规定的"合同解除"和"(六)法律规定或者当事人约定终止的其他情形"。

约定解除见于《民法典》(2020 年)第五百六十二条规定的"当事人协商一致,可以解除合同。当事人可以约定一方解除合同的事由。解除合同的事由发生时,解除权人可以解除合同。"

法定解除见于《民法典》(2020 年)第五百六十三条规定的"有下列情形之一的,当事人可以解除合同:(一)因不可抗力致使不能实现合同目的;(二)在履行期限届满前,当事人一方明确表示或者以自己的行为表明不履行主要债务;(三)当事人一方迟延履行主要债务,经催告后在合理期限内仍未履行;(四)当事人一方迟延履行债务或者有其他违约行为致使不能实现合同目的;(五)法律规定的其他情形。以持续履行的债务为内容的不定期合同,当事人可以随时解除合同,但是应当在合理期限之前通知对方。"

其中,约定解除和法定解除中的"当事人一方迟延履行债务或者有其他违约行为致使不能实现合同目的"是合同中最常见的需要考虑的问题,而"当事人可以约定一方解除合同的事由。解除合同的事由发生时,解除权人可以解除合同"则是合同工作的重中之重。其主要工作内容,是约定解除事由、判断标准、解除权行使期限,以及通知、善后处理、是否赔偿等事项。

2. 对典型合同解除权的规定

《民法典》(2020年)对于某些典型合同的解除设有特别规定。例如:

第六百三十二条规定:"标的物为数物,其中一物不符合约定的,买受人可以就该物解除。但是,该物与他物分离使标的物的价值显受损害的,买受人可以就数物解除合同。"

第六百三十三条规定:"出卖人分批交付标的物的,出卖人对其中一批标的物不交付或者交付不符合约定,致使该批标的物不能实现合同目的,买受人可以就该批标的物解除。

出卖人不交付其中一批标的物或者交付不符合约定,致使之后其他各批标的物的交付不能实现合同目的,买受人可以就该批以及之后其他各批标的物解除。

买受人如果就其中一批标的物解除,该批标的物与其他各批标的物相互依存的,可以就已经交付和未交付的各批标的物解除。"

第六百三十四条规定:"分期付款的买受人未支付到期价款的数额达到全部价款的五分之一,经催告后在合理期限内仍未支付到期价款的,出卖人可以请求买受人支付全部价款或者解除合同。"

对于约定解除最好附上解除权的行使期限,没有约定期限但有必要时也应催告对方行使解除权。因为《民法典》(2020年)第五百六十四条规定:"法律规定或者当事人约定解除权行使期限,期限届满当事人不行使的,该权利消灭。法律没有规定或者当事人没有约定解除权行使期限,自解除权人知道或者应当知道解除事由之日起一年内不行使,或者经对方催告后在合理期限内不行使的,该权利消灭。"

而且,除非已经另有约定,合同解除可能需要依据法律规定赔偿相对方损失,甚至被追究违约责任。而且有可能因相对方对解除存在异议,而不得不以诉讼或仲裁的方式确认解除的效力,因此约定解除条件非常重要。

五、行为依据与证据管理

行为依据和证据管理是合同生效后法律风险管理的重要内容,也是行为管理的依据。前者是争取所有行为均有法律或合同依据,后者收集、管理相关证据以证明己方的合法、合约和对方的违法、违约。

(一)合同的法律适用

在法律风险控制领域,确保行为符合法律规定和合同约定是一项基本原则。相对于基本上无须讨论的合同依据,复杂的法律体系往往在寻求行为合法性的依据时令人望而却步。

1. 行为合法的依据来源

行为合法的法律依据遍布各个法律层级和法律门类。在纵向层级上有国家法律、行政法规、部门规章、地方性法规、地方政府规章之分,有些问题还会涉及司法解释;在横向类别上,不仅涉及最为基本的《民法典》(2020年)及相关司法解释,还受交易标的、交易行业所属部门法及普适性规范的调整。因此,识别法律环境、寻求合法依据的范围远远不止《民法典》(2020年),甚至除了上述法律还需要从司法案例中寻找答案。

依据《民法典》(2020年)的规定,合同涉及的法律适用问题具有如下规定,其中的某些规定如在合同设计时加以运用则会更有帮助:

(1)特别法优先

《民法典》(2020年)第十一条规定:"其他法律对民事关系有特别规定的,依照其规定。"

(2)适用与参照

《民法典》(2020年)第四百六十七条第一款规定:"本法或者其他法律没有明文规定的合同,适用本编通则的规定,并可以参照适用本编或者其他法律最相类似合同的规定。"

(3)参照买卖合同

《民法典》(2020年)第六百四十六条规定:"法律对其他有偿合同有规定的,依照其规定;没有规定的,参照适用买卖合同的有关规定。"

(4)涉外与外资

《民法典》(2020年)第四百六十七条第二款规定:"在中华人民共和国境内履行的中外合资经营企业合同、中外合作经营企业合同、中外合作勘探开发自然资源合同,适用中华人民共和国法律。"

2. 法律依据的指导意义

法律依据不仅可以用于诉讼或仲裁以解决纠纷,还可用于争议的协商解决。由于诉讼解决是最终的解决方案,通过研究相关法律及司法解释可以大致判断出民事责任范围,并以此为标准指导协商、让步,并视情况依此标准上下浮动。

这种方法已有许多企业采用。面对差距较大的客户投诉,许多企业会评估其诉求的法律依据的正当性、证据的充分有效性、过错责任的明确性并据此判断法定责任范围,再综合考虑诉讼解决的时间、费用成本得出妥协限度作为和解的基础。

如此处理,可避免过多的限度外的损失和更多的以营利为目标的投诉。

但在某些情况下,违约责任可能会有不同的追究方式。例如,《民法典》(2020年)第一百八十六条规定:"因当事人一方的违约行为,损害对方人身权益、财产权益的,受损害方有权选择请求其承担违约责任或者侵权责任。"

(二)控制法律风险的证据管理

证据是除法律依据外的另一个维护合法权益的关键。合同诉讼中因证据问题而败诉的案例屡见不鲜。证据是合同生效后法律风险管理的重要内容。

1. 一般的证据保存

理论上,以任何媒介记录的与合同履行相关的信息均为证据。因而无论是能够证明双方权利义务关系的合同、附件、补充协议等内容,还是能够证明双方履行权利义务情况的交货凭证、验收结果、往来信函等,都必须集中保留原件。而对于电子商务交易,更是需要以全新的模式保存相关证据。许多线上交易平台提供的交易记录服务,也为证据的收集提供了便利。

许多决定性证据根本无从事后搜集,只能通过完善的资料管理事先保存。某出口产品生产企业由于货运代理公司结算不及时而准备提起诉讼,货运代理公司逾期寄来付款凭证的特快专递信封成为关键证据。但由于其管理混乱,未能保留这一证据,反而被货运代理公司以逾期支付代理费为由告上法庭。由于没有充分的证据能够证明对方违约,该出口企业不仅未能索赔反而被判赔偿损失。

除了前述证据,有时还要对履行通知义务、协助义务等行为保留证据,否则难以证明是否已经实际履行。例如,对于书面通知,通行的做法是以 EMS 投递相关法律文书,并在信封上注明该法律文书的内容及件数,例如"解除租赁通知函一份"等,并在投递完成后将邮局提供的回单或将网上查询的结果作为送达的依据。各地法院一般都认可这一方式,因为即便内件没有收到,信封上也已注明内容为"解除租赁通知函",视为完成了送达。大批量投递的收房通知书等,还可以考虑以公证保留证据。

2. 公证的证据保存

公证证据在效力上强于普通证据,只是需要一定的费用和程序。目前,网络知识产权侵权等证据的固定大多通过公证的方式进行解决,因此证据公证在近年来大行其道。电话录音等许多传统证据虽可被认定为证据,但常常因无法确定通话时间、通话人以及是否经过剪辑等而不被采纳。将通话过程以公证的方式固定,则可以将录音证据转为公证证据,更便于使用且证明力更强。

在特定交易中,公证证据还能更有效地固化双方的权利义务、减少纷争。例如,《民法典》(2020 年)第六百五十八条规定:"赠与人在赠与财产的权利转移之前可以撤销赠与。经过公证的赠与合同或者依法不得撤销的具有救灾、扶贫、助残等公益、道德义务性质的赠与合同,不适用前款规定。"也就是说,经过公证的赠与不可以撤销。另外还有遗嘱公证、财产公证等,都能有效地固化当事人的权利义务关系,甚至某些公证书可以直接用于人民法院的执行而不必经过诉讼。

所有这些对于公证的利用,都可以提高法律风险管理水平,以低廉的成本换取证据效力的提升和当事人权利义务的固化。

第六节　企业标准合同文本体系设计

除了经常性的原材料采购和产品销售,企业还经常需要房屋租赁、办公用品采购、服务采购等重复性辅助性交易。对于那些可在交易中取得相对优势地位的企业来说,由律师结合企业需要设计出企业的标准化合同参考文本,能够更直接、有效地提高合同文本质量和合同工作效率。

一、标准合同文本体系解读

企业的标准合同文本体系,是基于反复使用的需要而综合交易、管理及商务、法律等因素,结合企业的管理水平、风险偏好等情况而设计的一系列标准化合同参考文本。这些文本需要考虑更多的内容,也会带来更多的优势。

(一)标准合同文本体系的优势

建立企业标准合同文本体系的直接目的是提升合同文本质量,并进而优化资源配置、提高工作效率。从全局来看,它同时还是企业合同管理的基石。

1. 合同质量的飞跃

绝大多数企业使用的合同文本从未经过系统的梳理,因而其内容质量处于粗放型的放任自流状态。许多合同文本存在严重缺陷或低级错误,包括援引已失效的《经济合同法》和早已废止的质量标准、合同条款与法律冲突、重大权利事项没有约定或约定不明确等。

许多企业对于合同、合同管理建有规章制度,并从法律及业务角度培训合同管理人员及业务人员。这种建章立制或培训虽可提升企业人员的合同素养,但提升文本质量,尤其是多角度考虑问题、综合提升合同文本质量,还需要更多的专业知识和业务经验。

因此,由专业律师基于多元视角综合梳理企业的合同文本体系及合同文本内容,为企业提供专业化的"精耕细作"并"量身定做"的合同,可在有效地满足企业的个性化需求的同时,以最直接的方式提升企业的合同文本质量,使其更实用、更安全、更便利。

2. 交易效率的提高

每个企业都存在经常使用的合同文本,如果对这些大同小异的版本每次都审查、修改,不仅费工费时,而且效率低下。大多数企业对于合同的审查、审批并无明确的管理要求,此类工作往往流于形式而没有太多的风控意义。

使用标准合同文本则可以很好地解决这些问题。标准合同文本的制订由各部门共同参与,可以保证条款均由各部门认可并符合管理制度及流程要求。同时,标准化合同文本一般未经改动无须审查其内容,即使偶有改动也只审查改动部分,因此内容的审查、审核基本可以省略,省时省力且能管到实处。

3. 交易安全的提升

制作标准化合同文本是从各个角度综合提升合同质量的过程。条款的设计与定稿,需要与业务部门深入探讨合同的使用情况、现有缺陷、合同文本的使用需求、交易习惯,以及实际使用时的实用性、履行的便利性、管理的便利性等,尤其是要充分考虑法律上的安全性,因此安全系数能够大幅度提高。

这类文本的实际使用往往辅以配套的管理制度,更能起到作用。实践证明,仅凭培训不能全面提高合同签订、履行的管理水平,通过高质量的合同文本体系及相应管理制度,则简单培训就可以大大提高企业合同管理水平。

4. 循环改进的支点

建立企业标准合同文本体系能带来合同管理领域的质的飞跃。整个过程中对合同文本的"梳理"分为两项内容:一是对合同文本本身的体例、内容、质量上的优化,二是对合同的分类及体系化。完成了这一"基础工程",便完成了制度化管理最艰难的第一步,为后续改进提供支点。

从形式上理解,某些企业也进行过合同文本的梳理,但工作内容一般只限于将常用的文本汇集成册,并修订文本中的错别字、语法错误等,并非真正意义上的梳理,因为其状况并无根本上的改变。

(二)标准合同文本体系的误区

提起标准合同文本体系,许多人会将其等同于霸王合同或格式合同。事实上,这一体系内的合同可以既不是霸王合同也不是格式合同。

1. 标准合同与霸王合同[①]

正如前面章节所讨论过的,霸王合同并非合同技术良好的合同文本。虽然许多企业津津乐道于其"霸王合同文本体系",但霸王合同既缺乏对平等主体的尊重,又以不公平的方式限制合作商的权利、增加合作商的义务,并非企业文本体系

---

① 关于霸王合同,参见本书第四章第六节的相关内容。

建设的应有之道和长远之计。

同霸王合同的相同之处在于,标准合同文本也会利用企业在交易中的优势地位,但只限于细化交易条款、严格违约责任、建立有利的交易秩序,而非将所有责任和损失均以强加于人的方式推卸给合同相对方。而且,管理良好的企业本身可以避免许多低级错误。

同霸王合同不同的是,标准合同文本可以同霸王合同一样严格,却不能同霸王合同一样"霸气"。尽管由于交易地位等原因致使交易双方不可能绝对平等,但对交易相对方的尊重是负责任的企业的应有之道,也是企业诚信精神的一部分、企业商业信誉的一部分。要想建立起长期稳定的双赢关系,就必须建立起相对公平的、符合商业道德的合作商关系。

2. 标准合同与格式合同

《民法典》(2020 年)第四百九十六条第一款规定:"格式条款是当事人为了重复使用而预先拟定,并在订立合同时未与对方协商的条款。"企业事先拟定的文本只要在交易中存在协商过程,就不属于格式合同。典型的格式合同是公共事业单位与消费者之间签订的服务合同,此类合同大都采用标准条款并事先印刷,消费者没有协商的余地。

出具格式合同的企业必须承担更多的法定的义务,也面临着更大的法律风险。例如必须遵循公平原则确定双方的权利义务、必须合理地提请对方注意免除或者限制其责任的条款、必须按对方要求予以说明等。而在效力方面,造成对方人身伤害时免除责任的条款、因故意或者重大过失造成对方财产损失时免除责任的条款,以及免除本方责任、加重对方责任、排除对方主要权利的条款等均无效。

而其中最为不利的规定,则是《民法典》(2020 年)第四百九十八条所规定的"对格式条款的理解发生争议的,应当按照通常理解予以解释。对格式条款有两种以上解释的,应当作出不利于提供格式条款一方的解释。格式条款和非格式条款不一致的,应当采用非格式条款。"

这些规定使格式条款成为一把双刃剑,使用不慎反而会付出更高的代价。但作为标准合同文本的合同均需在出具之后、订立之前与对方协商并调整合同条款,因此大多并不属于格式合同。

二、标准合同文本体系的特征与构成

标准合同文本是交易用的参考文本,因为被重复使用,文本质量上的飞跃是其存在的价值。

(一)标准合同文本体系的特征

标准合同文本是整个文本体系的核心,对合同质量的提升起着最为直接的作用,相比一次性交易的文本,要考虑更多的问题。

1. 针对未来的重复交易

常规合同文本都是针对某项具体的交易,而标准合同文本是针对未来的一类交易。常规合同文本只需考虑本次交易所需的条款,而标准合同文本需要考虑未来一类交易所遇到的各种可能性问题、实用性问题等,并将其纳入合同条款以便实际使用时加以考虑。

在合同条款的取舍方面,从已有条款中删除无用的条款远比增加条款容易得多,因而标准合同文本需要整合最完整的条款以便使用时选择,必要时还需要分成不同功能的系列文本。

2. 综合考虑各种条款需求

常规合同文本只需要考虑交易本身甚至合同本身,但标准合同文本必须同时考虑文本内容与企业的制度、流程、资源、交易习惯的一致性。所以,制订标准合同文本需要企业的各个部门对标准文本条款中与其相关的部分加以确定,使合同的内容合法、合规。

同时,标准合同文本还需要考虑合同文本管理、合同履行管理、合同审查管理等需求,包括符合标准合同文本的质量标准、格式要求、风格要求、结构要求等,才能使合同文本使用起来方便、多功能。

(二)标准合同文本体系的构成

标准合同文本体系一般由常用标准合同文本、配套管理制度两部分组成,文本是主体,而配套管理制度的作用则是使之真正形成有各类标准的体系。

1. 标准合同文本

标准合同文本体系包括多个常用交易文本,具体数量视企业情况从数个至数百个不等。这类文本的覆盖范围是企业处于相对优势交易地位的经常性交易,因为对于很少发生的交易根本无须设计标准合同文本,而只有处于相对优势的交易地位才能决定以自己的标准合同文本进行交易。

当文本数量达到一定程度,就需要建立文本分类表加以管理。分类表的作用是根据企业的交易频度、管理需要和交易特征将合同归入不同的类别,一般分为大类、中类、小类,以便管理、分析和交易统计,包括细分、归并、修订、增补、废止等。尤其是在信息时代,许多企业要求合同分类与企业运营数据自动生成挂钩,因此需要考虑管理、使用、统计上的便利。

合同分类表看似简单,却常常成为企业合同管理的障碍。许多企业按照《民法典》(2020 年)合同编的典型合同分编划分合同种类,其结果是有些种类根本不需要、有些合同未曾用过,却都占了一个类别。摆脱法律规定的制约、根据企业实际的交易类别对合同文本进行分类是一个相对实用的方法,但无论以何种标准划分都会存在合同归属的重叠,因而需要进一步结合管理需要予以归类。

2. 配套管理制度

标准合同文本体系的灵魂是其标准。前面提及的分类表属于一种分类标准,合同文本的版式、风格、大致的结构属于排版标准,内容、质量等要求属于质量标准,文本如何入选、如何使用、如何修订和废止等属于管理标准。

"文本体系"与"文本汇编"的不同,在于"体系"有过精心的建立过程而且文本有一定之规并以书面制度的方式明确。如果只是将文本收集到一起,或是简单地统一排版或修订个别错误,则仍旧只是"汇编"。依此标准进行判断,许多企业只有合同文本汇编却并无标准文本体系,甚至没有统一的版式和表述风格。

例如,某商场的柜台存在三种不同的运作模式:厂家供货、商场人员销售;厂家供货、厂家人员销售;商场采购、商场人员销售。与之对应的三种合同除版式外并未相互借鉴、取长补短,因此根本不成体系。而某些企业在合同方面非常精细,如房屋租赁合同细分为营业用房、办公用房、宿舍用房、仓库用房等合同,贴牌生产合同则分为由其他方贴牌生产及为其他方贴牌生产合同,且有标准的版式和大致相同的体例,是真正的文本体系。

三、标准合同文本体系的设计流程

由于需要重复使用较长时间且要更多地考虑便利性、安全性和管理等因素,标准合同文本的质量要求高、准备时间长、制作过程复杂。尤其需要更多的调研、沟通,否则很容易使之成为脱离实际的"空中楼阁"。

(一) 企业文本现状和需求调研

标准合同文本的生命力在于其符合企业需要、便于企业操作。要实现这些,最主要的是在制作合同文本前针对企业实际情况进行深入实地的调研。

1. 合同文本信息的调研

合同文本状况调研的首要内容,是收集企业在经常发生且占相对优势地位的交易中使用的各种合同文本。这一步骤可以大致了解企业的合同质量状况、文本习惯,以便在设计时顺势而为。其中关注、分析的重点是相对方的大致情况、标的的大致情况、交易的不同方式等。

合同文本状况调研的第二个内容,是了解合同的实际使用情况和存在的问题。这些内容是改进的目标,包括合同文本使用中的不便之处、客户曾经提出过的争议条款及理由、业务人员认为存在的不足、同行之间发生的问题等。

合同文本状况调研的第三个内容,是了解企业的合同文本管理状况及需求。这类内容有利于提升文本的额外价值,主要包括有无文本分类表、希望合同具备的功能、合同履行管理的问题及需求等。

这一过程是提高文本实用性和安全性的需要,离开了这一过程便是典型的"闭门造车"。例如,在某大型上市公司的标准合同文本体系建设过程中,通过事先的调研,在设计合同时细化了计量误差处理条款并增加了包装方式、不合格品处理等条款,使以往的"糊涂账"转为清清楚楚的财务数据,也使交付问题的处理变得简单。

2. 其他相关信息的调研

合同的签订履行涉及不同的部门,确切地说是不同部门的员工。因此除了调研合同文本信息,还要调研管理要求和企业相关人员对管理要求的态度。这类信息包括企业的合同管理制度、管理流程中对各参与部门的职责要求以及各部门的实际配合情况、合同签订及履行人员对合同的阅读理解程度等。

企业的管理制度和员工素质都会影响合同文本的使用效果,因而企业的管理偏好、员工素质同样需要考虑在内。例如,管理规范、员工素质高的大型企业拥有成套的操作规范、业务流程和良好的管理习惯等,需要考虑的可能是如何进一步让条款严谨化、让流程简化。而几乎没有进行过制度建设的小型企业,不太可能接受复杂、详细的合同条款和管理制度,甚至需要降低其复杂程度。

(二)合同分类及体系设计

合同文本体系的设计,需要归纳同类合同样本、设定各类合同的基本内容、分析文本制作文本分类表、为标准合同文本设定质量标准。

1. 文本分类框架的设计

面对收集到的大量合同样本以及委托人对合同分类的主观愿望,首先需要完成的是合同文本分类。那些业务范围广、合同种类繁多的委托人,往往需要将合同分为大类、中类、小类三个层级从而形成清晰的体系框架。而那些业务范围较窄、样本较少的委托人,甚至只需区分合同的大类。

分类前的必备环节,是根据性质、功能、用途等逐一识别合同样本,然后修改文件名,以便后期仅凭文件名即可进行分类和调整。例如,将原文件名改为"生产辅料框架采购(含送货)合同",表明该合同系用于生产辅料,采购方式为持续履行,交易方式为对方送货。这种文件名便于查找。

接下来是按合同性质和用途不断进行归纳和调整的过程,同时需要考虑使用频率、业务部门等诸多因素的平衡。例如,建设工程中的技术勘探合同属于法律上的技术合同,但因类型单一且使用量少,单独列为一类则内容单薄且并非必需,如果均为工程部门使用则完全可以将其归为建设工程类合同。

在分类过程中,有些高度类似的合同可归为一类以便管理,其内容的适用性则通过模块化设计等方式进行解决。而用途不同且使用频率高的合同,则往往需要细分为不同的专用合同。例如,化纤企业的进货分为主料、辅料、零配件三个大类,一份买卖合同标准文本无法涵盖所有问题,需要分设不同的文本。

2. 同类文本的内容确定

分类完成后才能根据规划着手具体类别标准合同文本的设计。如果需要将某类样本归为一份标准合同文本,则先要比较各个文本的优缺点,然后取长补短归入一份合同。如果某份合同内容比较个性化,则需要分析其应用面、使用概率等,视需要将其另列一类,或将其个性化内容纳入设计中的标准合同文本,并通过文字修饰界定其应用的范围。

确定合同基本内容的过程类似于根据先例文本设计合同基础文本的过程。首先确定一份作为基础文本的合同,一般是选择内容比较丰富、质量接近期望值的合同,然后是调整其结构和模块体系,再把其他同类合同的条款装入这份基础文本,经比较、归并、调整后形成标准合同文本的基础文本。

在下一步的精雕细琢过程开始前,需要考虑合同文本的各类版式、质量等要求,并在制作最终文本时充分考虑这些因素或要求。这一过程有时需要修改原来设想的合同文本分类,以使分类更合理、实用,同时也可优化分类标准。

例如,液态的化工原料与固态的化工原料往往在储运要求、质量检验方法等方面存在较大差异。制作采购化工原料的基础合同时,可以设计一份包括各种问题处理的统一文本,而将个性化条款放入附件;也可以拆分成两个基础文本,以使合同针对性更强、更便于使用。

(三) 标准合同文本的反馈与改进

标准合同文本的质量控制无法一劳永逸,必须持续改进。合同应用的对象、标的及市场环境、法律环境、合同技术都处于不断的变化中,甚至是根本性的改变,因而合同也需要根据变化进行适用性调整,或派生出新的文本。

对于标准合同文本的质量跟踪可以作为一项免费的"售后服务",在帮助委托人的同时也更有利于自身水平的提高。关注的重点是内容有无遗漏、对可能情形的假设是否不足、是否因法律环境的变化而产生冲突、是否有约定不明的情形、使用的便利性如何、交易对方能否接受、发生过的质疑等。这些反馈对提高合同质量及实用性、可操作性非常有益,也是"循环改进"的实际运用。

由于认识上的不足,存在适用性问题的陈旧合同文本几乎随处可见。某些政府部门的合同示范文本已颁布了近二十年,其间法律环境早已发生了质变,不加调整地照搬必然存在适用性问题。这也是合同也有"质保期"的原因。只是许多人并未意识到这种改进的重要性,或是没有机会继续改进。

四、标准合同文本的质量要点

为了适合在一定时期内反复使用,而且便于合同的签订、履行、管理,企业标准合同文本需要以这些需求为导向进行设计。

(一)标准合同文本的基本要求

合同文本的质量要素在前面章节中已有详细介绍,在此仅从标准合同文本的角度简单加以强调。

1. 内容安排有序

标准合同文本的设计目的之一,是一次性完成质量控制、免除不必要的反复审查,因此可以安排更多、更详细的内容,也更加需要注意内容安排的秩序。这种安排主要包括内容的层级、顺序安排,也包括在具体条款的表述上避免产生疑问、误解的措施。

在具体措施方面,符合人们的阅读习惯且井然有序的合同结构、名实相符且层级分明的标题体系、正文前的目录、开宗明义的引言等,都可以有效提高查找及比对的效率、降低阅读理解的难度,消费类合同更是如此。

2. 文字表述精确

标准合同文本同其他反复使用的文本一样,如有缺陷容易"批量产生"争议,因而需要更为精准的表述。事实上,阅读难度只有少部分是由于内容多,更多的是因为内容乱和不明确。以读者为中心,采用前面的结构方法及一望即知的规范表述,完全可以让篇幅较长的合同变得容易阅读理解。

例如,某商品房买卖合同示范文本曾有"出卖人应当在商品房交付使用后＿＿＿日内,将办理权属登记需由出卖人提供的资料报产权登记机关备案"的规定。但备案是指"把情况以书面形式报告给主管部门,供存档备查"①,而相关法律规定的则是办理产权登记手续。加上后续约定是"如因出卖人的责任,买受人不能在规定期限内取得房地产权属证书的"需要由出卖人承担一定的责任,因此将之改成"出卖人应在商品房交付使用后＿＿＿日内,将所持有的办理权属登记所需资料准备完毕供买受人使用",方可避免因文本表述不清而产生争议。

3. 法律定位清晰

企业的标准化合同文本有的被用作批量使用的格式合同,有的被用作标准化的示范文本并在谈判中以签订效率高等理由说服相对方采用。对于后者,尤其要

---

① 中国社会科学院语言研究所词典编辑室编:《现代汉语词典(第7版)》,商务印书馆2016年版,第56页。

杜绝将其自称为格式合同,否则会带来诸多法律风险。而对于前者,往往还需要增设相对方已经正确理解并已收到解释的声明等。

任何法律上的低级错误或概念混淆,都有可能给标准合同文本带来重大风险,需要加倍注意。例如,某企业大量使用"委托合同",甚至将明显的建设工程施工合同也命名为"委托建设合同"。由于建设工程施工合同与委托合同完全是两类有名合同,这种表述上的混淆极易导致合同关系的错乱和损失风险。

(二)标准合同文本的特定要求

标准合同文本由于针对企业量身定制的原因,在为交易、管理提供便利的同时也增加了额外的内容质量要求。

1. 满足管理需要

在合同之外,交易过程只是企业经营管理中的一环。标准合同文本要更好地服务于生产经营管理,其具体的措施是以简化操作、明确界限、无缝对接等方式减轻管理压力、降低出错概率。

简化操作的作用,是使交易环节变得简单、交易要求便于理解和操作,从源头上减少管理成本、减轻管理压力。例如,由卖方送货上门可以大大减轻买方组织运输的压力、交钥匙工程可以减轻过程监管的压力等。

明确界限包括时间上的节点和判断标准上的界限,其目的是便于履行、便于管理、便于问题处理。例如,合同中的付款周期能否满足企业的付款审批流程需要、解除权的设置是否具有明确且可识别的条件等。

无缝对接是指各类交易安排是否只依据合同条款即可顺利、无异议地完成且不存在没有约定或约定不明的情形等。例如,交付环节是否细化到有明确的发货通知、明确的签收要求、明确的质量异议要求等。

除此之外,有些企业还对交易主体、交易方式、付款条件、合同份数、管辖地点等有明确的规定,标准合同文本应尽可能遵循上述管理要求。

2. 形成文本体系

标准合同文本的体系性,外在方面体现在语言风格、框架结构、标题体系、表述方式、版面安排、序号编排等方面的一致性,内在方面体现在表述合同内容时逻辑上的一致性。

体系化的过程也是文本之间相互借鉴从而提高整个体系文本质量的过程。通过各文本之间在体例上、模块上、表述上的相互取长补短,可以大幅度提升整体质量,并使整个体系的不同文本具备相似的思维模式,便于阅读理解。如果类似文本之间差异过大,则不仅体系性存在问题而且也提高了质量控制难度。

以提及过的某零售商场柜台经营为例,三种不同的运作模式分别使用三种不同的合同。三种合同虽然非常相似却并未在彼此之间取长补短,甚至排版也不尽相同,因而尚未建立起标准合同文本体系。尤其是其中的产品责任条款完全可以通用,但三份合同各自用了不同的表述且只有封面版式一致,合同目的描述、目录编排方式、条款简繁程度等各不相同,远未形成体系。

(三) 配套管理制度的解决之道

标准合同文本体系只是规范了合同文本,要使之充分发挥作用还需要配套的其他管理制度,包括管理标准合同文本体系的制度和与合同相关的其他管理制度。

许多合同问题需要合同以外的培训及制度予以解决。例如,许多企业人员无法分清示范文本与格式合同之间的区别和法律后果,称标准合同文本为格式合同。这会给企业带来巨大的风险,可以通过培训和制度予以解决。[①]

标准合同文本体系一般更适合大中型企业,但这些企业挥之不去的“大企业病”,如部门配合问题、工作效率问题等,都会影响标准合同文本的使用效果,甚至许多企业的规则制定者同时也是规则破坏者。而提升制度的精细化程度、加强执行监管,往往同时也会进一步加重“大企业病”,甚至引入人力资源考核机制也无济于事。

不得不说的是,制度建设和制度执行一直是中国企业的难题。许多企业尽管管理制度并不完善,但能依其执行也足以令企业面貌发生很大的改观。企业建立标准合同文本体系可以最快的速度提升合同文本质量水平,但只有得到合同管理等方面的制度保障,这一体系才能充分发挥作用。

解决这类问题的希望可能是信息化的企业管理系统。唯有通过软件甚至人工智能的辅助,人类才有可能既进行高标准的复杂操作又将工作难度控制在可承受的范围之内,才可能解决管理的精细化问题。而通过固化的流程,可使相关的运营不按规定的程序和要求则无法完成,才可能解决执行力度问题。随着信息技术和人工智能的发展,这种解决方案已经在不断完善和普及。

第七节　合同法律风险管理体系建设

合同法律风险,可以理解为因合同事务所引起的蒙受不利法律后果的可能性。这类风险一般分为合同文本风险和合同行为风险,前者主要包括合同文本和配套文件缺陷,后者主要包括签订、履行行为缺陷。

合同法律风险管理,则是通过法律调研和尽职调查系统地事先发现与企业合同事务相关的法律风险点,并将解决方案嵌入企业原有的制度体系、流程体系、文

---

① 参见本书第三章第二节第三部分的相关内容。

本体系,使企业管理具备防范法律风险功能,并成为合同法律风险管理常态化的系统性全面解决方案。

一、合同法律事务管理现状

目前,许多企业都设有专门机构或专人管理合同法律事务。但传统的合同法律事务管理并非狭义的合同法律风险管理,只能被称为广义的合同法律风险管理。

(一) 企业合同管理的大致状况

合同法律事务管理涉及人员配置、机构设置、管理制度三个方面。其中,人员配置以人数足够且有专业背景并专职处理法律事务为佳,机构设置以设有独立的一级机构且有参与决策权和审批管理权为佳,管理制度以法律事务管理制度独立且部门职责和管理流程明确、措施操作性强为佳。

1. 人员配置

当前从事企业法律实务工作的人员可分为律师、企业法律顾问、企业内部人员三类,从人员的构成就能大致分析出其专业化程度。

律师是合同法律服务人员的主要组成部分。根据司法部公布的数据,截至2018 年年底,律师总数已超过 42 万人、律所总数已超过 3 万家。而且公司律师取代了许多企业法律顾问,大型企业甚至拥有规模庞大的公司律师团队。

企业法律顾问人数仅次于律师,高达数十万。2014 年 7 月 22 日,国务院《关于取消和调整一批行政审批项目等事项的决定》颁布后,全国性的资格考试已经停止。但《国有企业法律顾问管理办法》(2004 年)仍在国有企业中执行。

此外,许多企业设有内部合同管理人员,由具备法律职业资格的人员、法律专业毕业人员甚至业务人员担任,工作经验及法律功底均有不足。

2. 机构设置

企业法律事务处理机构的设置各异。大型企业一般均设有法务部或类似名称的部门,专门负责包括合同在内的法律事务处理。但各企业的法务机构人数不等、管理的范围和深度不同。中小企业往往由外聘律师提供服务,甚至无人专管合同法律事务。

总体上,企业的法务部门普遍存在着人手不足以及管理职责范围、管理深度有限的问题,且往往因参与企业的行政事务管理而分散了从事专业工作的精力,很难依靠自身力量实施有效的企业合同法律风险管理。

3. 管理制度

管理制度包括法律事务管理机构的管理范围、职权范围、管理目标及合同法律事务的管理制度体系、管理流程体系、合同文本体系的精细化程度等。企业间在这一方面的差异更大,大多数企业只有传统、常规的合同管理。

在这一领域,最前沿的企业已将法务机构定位为战略法律部。其职能已不再是处理具体事务或纠纷,而是从战略发展角度分析问题、改进制度或流程、研究新业务模式,甚至需要研究美国的《2002年公众公司会计改革和投资者保护法案》(又称为《2002年萨班斯-奥克斯利法案》)等要求,以符合在美国上市企业的合规管理要求。

(二)企业合同管理的主要不足

从设有法律事务管理机构的大中型企业来看,企业合同法律事务管理中出现的各类问题只是表象,根本原因在于投入的不足和授权的不足。

1. 合同管理的基本问题

企业管理体制的改进需要不断地固化已有成果,并在此基础上不断循环改进。大多数企业的合同管理虽耗时耗力,但并不具备这一功能。

例如,某大型集团企业由于各分公司每年有相当数量的合同需要审查,其法务人员和外聘律师均十分忙碌。但通过合同质量抽查发现,各分公司的合同质量参差不齐,甚至某些合同存在明显的低级错误。主要问题为:

① 法务功底不足,某些法务人员没有法律教育背景,或未取得相应证书。

② 缺乏业务培训,法务在职培训、对外交流不足,难以通过分享快速成长。

③ 文本缺乏梳理,沿用的合同文本过旧、混杂,甚至引用已废止多年的法规,与现实脱节。

④ 盲目遵从上级,为遵从管理要求,机械地使用上级公司所发的内容不切实际的合同文本。

⑤ 人员设置随意,合同管理人员经常变动或身兼数职,合同内容管理随意。

⑥ 管理模式落后,所有合同一一审查,未建立标准文本库,许多工作低效率重复。

⑦ 工作要求不明,企业部门、外聘律师、法务的分工不明、工作要求不明,工作随意。

正是由于以上原因,该公司的法务人员和外聘律师虽然终年忙碌,但许多工作是低效率的重复,不仅工作效率无从提高而且合同质量也未见明显提升。

2. 合同管理问题的焦点

合同管理水平与企业的管理意识水平、重视程度密切相关。合同管理水平的提高首先需要管理层的重视和授权,然后才是专业人员等资源的投入。企业的管理机构、管理职权、管理要求不到位,则一切根本无从谈起。

制度设计是影响企业合同管理水平的又一主因。以何种模式、何种标准管理合同法律事务,是同等条件下合同管理水平差异巨大的主要原因。许多企业相关事务全凭个人价值判断和工作习惯而非制度要求,甚至一些企业虽已通过了质量管理体系认证但合同管理仍未标准化,与其机构职责、管理目标、制度建设等方面均无明确要求直接有关。

二、企业合同管理中的问题

相对于小型企业的管理制度不足、合同管理缺失,大中型企业多设有专业部门从事合同事务管理,但其合同管理体制仍存在明显的不足。

(一) 基本制度设置问题

基本制度设计上的缺陷往往不太容易被察觉。这些缺陷主要是因为组织机构中各部门的功能及管理目标、职责权限等妨碍着各职能部门潜力的发挥。

1. 管理权责设置不明

当前已有许多企业设有法律事务管理部门,但多处于被动管理状态。一方面由于自身职权有限,许多事务只有在事后参与时才能了解,其结局也只能是参与善后处理。另一方面,由于其他部门不具有合同风险管理的职责,往往按自己的理解去处理合同相关事务,因此产生问题。

法律风险管理的措施越是靠前,则其成本越低、主动性越强、有效性越高。法律事务管理部门没有事前参与的职权使得企业丧失了事前管理的机会,而事后的管理往往意味着更高的成本、更大的难度和更低的成功率。例如,在合同签订前可以零成本地改变交易方式以规避某种风险,而在合同签订后风险已经定型,想要调整便十分困难而且未必能够成功。

同时,法律风险管理同其他管理一样,仍需要"全员参与"。各部门均应在自己的职责范围内分担相关的管理职责,否则以法务部门的有限资源根本无法支撑整个企业的法律事务管理。

因此,只有将事中甚至事后管理转为事前管理、依据部门管理范围分散法律风险管理压力,才能最大限度地发挥管理的作用。

2. 管理职责界面不清

许多企业表面上规章制度健全、运行平稳,但仍存在合同法律风险管理职责界面不清的缺陷。其具体体现是企业各部门之间缺乏标准的"接口",以何种标准向下一工序提交工作成果、哪些事务需要法务部门介入,甚至哪些条款需要业务部门解决、哪些需要专业律师解决,均无明确的规范。

即使制度对各部门有了明确的管理职责要求,其具体的操作标准、判断标准也同样并不清晰。例如,合同签订前的审查、审批是各企业每天都"例行公事"

的管理内容,但审批、审查的内容及判断标准却鲜有规定,使得管理措施充满了随意性。

事实上,企业对于这些问题都是在依照先例和个人理解进行处理,因为未经系统的梳理和标定,离风险管理的目标及要求相去甚远。

3. 合同管理理念落后

传统的法律事务管理,其初衷只是简单地通过相关人员的管理而降低企业风险。这种法律事务管理模式仍旧以"人治"为主,其系统性、稳定性、持续性具有一定的局限性,甚至"人走茶凉"。而合同法律风险管理所强调的,则是系统识别企业的法律风险并将解决方案嵌入管理制度、管理流程、合同文本,从而依靠系统、完整的制度体系降低企业的法律风险,因此更具系统性、稳定性和持续性,并且可以在制度化、体系化的基础上不断循环改进。

因此,基于制度管理建立的合同法律风险管理体系,是以特定的风险管理支出抵消法律风险不确定性带来的各类风险损失。而基于特定个人对各类合同事务实施的管理,即便十分有效,也只是一种具体事务层面的企业管理。

(二) 管理制度执行问题

管理制度的执行一直是企业管理的难题。许多企业的管理制度虽不健全,但若能认真执行也不会使企业严重缺乏秩序。

1. 合同管理的表面化

由于许多管理制度系"照葫芦画瓢"而成,因此往往表面化、形式化,如果再与执行力缺陷叠加,则足以给企业带来巨大损失。

例如,某上市公司有着明确的合同管理制度。但在采购第三方元器件用于某自动化系统项目后,因始终无法达到应有的验收标准而遭索赔。在后续的调查中发现,其合同管理过程中存在如下问题:

① 元器件质量情况不明且没有质量标准,采购时也未考虑兼容性问题。
② 供方保质期为交货后 12 个月,但项目发包方要求的期限为验收后 18 个月。
③ 元器件属于新产品,但公司在采购时未利用优势地位制订有利的条款。
④ 供方虽参与设计、安装,但无法证明其签约时能够预见质量违约后果。
⑤ 替换缺陷产品应免费且重新计算质保期,但合同中对此未作约定。

该分析结论虽基于合同文本的严重缺陷,但反映出的核心问题却是合同管理存在缺陷。该项目同样也经过了合同的审查、审批,但各个环节对这些明显的缺陷却无一例外地视而不见,足以说明其管理职责、管理内容等仍需进一步具体化。

2. 制度执行力度不足

通常情况下,企业都会规定合同需要先审批后签订,但许多企业存在先履行后签约,以及先签订后送审的情况。这两种情形都绕过了正常的合同审查、审批,使风险管控措施失去了实际意义,这也是企业制度执行力不足的具体体现。

《民法典》(2020年)第四百九十条第二款规定:"法律、行政法规规定或者当事人约定合同应当采用书面形式订立,当事人未采用书面形式但是一方已经履行主要义务,对方接受时,该合同成立。"合同未经签署已经成立,使交易充满了不确定性,一旦发生诉讼很可能由法院或仲裁机构认定交易的内容、价格和义务归属等条款,或因补签的内容与实际情况不一致而引起事后争议,非常容易被利用。

三、合同法律风险管理原理

合同法律风险管理是企业法律风险管理中比重最大的内容,甚至可以将合同法律风险管理等同于企业法律风险管理。虽然名为法律风险管理,但其内容既包括了法律事务管理也包括了企业经营管理,属于两者合二为一的以管理手段解决法律问题的风险管理综合解决方案。

(一)合同法律风险管理解读

合同法律风险管理是以管理手段避免遭受合同相关法律风险损失的一系列管理活动,与常规合同管理在目标、对象、方法等方面存在很大的不同。

1. 法律风险管理与常规事务管理

管理是一种确保物质资源、人力资源等按一定的秩序充分发挥效能以实现管理目标的活动。管理活动的重要内容之一,便是为了形成一种参与者共同遵守的秩序而不断地制订及执行规则。

常规事务管理与法律风险管理存在很大的不同,前者侧重于战术层面的具体事务管理,后者侧重于战略层面的面向未来的整体解决方案。这种不同带来了工作范围、介入时机、工作对象、工作重心、工作目标、优化对象、工作结果的不同。尤其是在管理环节方面,常规事务管理工作完成后的下一工序是归档,而法律风险管理的后一工序是闭环管理的循环改进。

表8　合同法律事务的常规管理模式与法律风险管理模式的对比

管理类型	范围	介入	对象	重心	目标	优化	结果	后续
常规事务管理	合同	事中	个案	法律	安全	具体	完成	归档
法律风险管理	系统	事前	全部	管理	平衡	整体	改进	闭环

2. 合同法律风险管理基本原理

合同法律风险管理是传统合同法律事务管理缺陷的解决方案。企业的合同事务管理中经常出现常规事务管理与法律风险管理的脱节,并因此而影响企业合同事务总体管理的效力或效率。而合同法律风险管理则将二者视为一体,并基于一般合同事务中常规事务较多、法律事务较少的客观事实,将其中工作量相对比较小的法律事务"编译"成企业管理语言,交由企业通过日常管理排除常规的合同法律风险。

合同法律风险管理是一种以法律学科为主导、以管理咨询的方式运行的管理活动,与传统的合同法律事务管理差异巨大。它强调主动收集企业及法律环境方面的信息以分析企业交易行为的规律、法律风险点,并从企业切身利益角度寻找控制成本与风险损失、交易安全与交易效率的平衡点,再以管理制度、管理流程、标准文本相结合的方式固化各个环节中预设了法律风险管理措施的标准化操作,使企业的合同法律风险控制从事后补救转换为事先预防、事中规避,通过"标准动作"的日常经营管理控制合同法律风险。

(二)合同法律风险管理的构成

如前所述,合同法律风险管理在工作的目标、内容、形式、成果等方面都有很多的自身特色。相对而言,它更接近于主要处理法律事务的管理咨询。

1. 合同法律风险管理的工作对象

根据最高人民法院的历年工作报告,从 2008 年到 2016 年,每年全国的合同纠纷立案数量均占民事诉讼立案数量的一半以上。其中比例最低的为 2011 年,仅为 50.40%,但之后逐年攀升至 2016 年的 62.42%。其后由于将合同诉讼与无因管理、不当得利合并计算,已不再有直接的数据。但事实足以证明,合同一直是企业最大的法律风险源。

如前所述,合同法律风险分别来自合同文本与合同行为。如果针对企业经营管理的实际情况加以细化和具体化,合同法律风险管理的内容基本可以归为合同文本、管理制度、管理流程以及合作商四个部分。其内容分别如表 9 所示。

表 9　合同法律风险管理事项表

合同文本	管理制度	管理流程	合作商
分类标准	管理层级	发起管理	营业证照
质量标准	部门分工	流转环节	资质许可
文本管理	业务权限	部门配合	资信状况
文本体系	配合方式	管控内容	合作条件
说明体系	业绩考评	节点说明	考核评估

① 合同文本,包括合同文本以及相关表单等配套文件的管理。

② 管理制度,包括合同相关的法律事务管理制度或专用的合同管理制度等。

③ 管理流程,包括合同签订履行过程中各部门的职责和配合顺序。

④ 合作商,包括上游供应商也包括下游采购商,或称为卖方与买方。

其中,合作商的相关规定也可以作为管理制度、管理流程的分支,但将其单列更容易直观理解。而管理制度与管理流程会有许多重合内容,但制度一般指以文字或图表表示的职责、权限等方面的静态划分,流程则主要体现为以流程图体现的完成某一事项时的顺序和内容。

2. 合同法律风险管理的工作内容

合同法律风险管理是一种对于合同事务的全过程、全深度、全宽度管理,不仅要解决具体问题还要不断将好的工作方法制度化,以固化管理成果。因此应当从商务谈判、合同定稿到履行完毕或争议处理完毕,自始至终地以相关的管理制度、流程等覆盖需要操作的问题,在促进利益最大化的同时实现法律风险损失的最小化。

从合同法律风险管理的四项内容中包括了合同文本和合作商可知,只有在交易中处于相对优势地位时才能充分地全面控制法律风险,也只有这样才有机会使用企业自行确定的标准合同文本,并对合作商实施有效的管理。

在工作内容方面,合同法律风险管理主要分为尽职调查、法律风险识别、法律风险评价、体系优化、宣贯改进这几个事项,是个循环往复的过程。其各部分的工作内容及包括的选项如表 10 所示:

表 10　合同法律风险管理的工作内容

尽职调查	法律风险识别	法律风险评价	体系优化	宣贯改进
● 法律调研	● 违法风险	● 风险后果	● 制度优化	● 成果预交
● 问卷访谈	● 违规风险	● 风险概率	● 流程优化	● 校正完善
● 现场观察	● 违约风险	● 损失程度	● 文本优化	● 提交成果
● 案例分析	● 失权风险	● 可控程度	● 体系整合	● 培训交底
● 投诉分析	● 制度缺陷	● 优先程度	● 制度体系	● 执行辅助
● 制度调取	● 流程缺陷	● 解决方向	● 流程体系	● 反馈回访
● 流程梳理	● 文本缺陷	● 风险报告	● 文本体系	● 循环调整

由于各企业的需求等情况不同,每个企业都可能有不同的工作目标和工作内容、工作成果。例如,某些企业需要法律风险评价阶段的评价报告,有的企业则只需要体系优化阶段的三项体系工作成果。

3. 合同法律风险管理的工作成果

合同法律风险管理的工作成果分为合同法律风险评价报告、标准合同文本体系、合同管理制度体系、合同管理流程体系四个组成部分。对于企业的常态化的合同法律风险管理而言,这四个阶段一直处于循环往复的滚动运行状况,不断地发现问题、评估问题、解决问题、升级系统。具体完成的成果的类型、内容等,会随企业的需求而不同。

(1)合同法律风险评估报告

合同法律风险评估报告是对企业合同法律风险状况的总体情况和具体情况的描述。前者描述共性化的或总体上的法律风险状况,后者描述具体化的事务层面的法律风险状况。这些描述以客观存在的事实为依据,以相关的法律规定为准绳,在描述现象的同时指出其与法律规范的不符之处以及可能的不利法律后果,并给出基本的方向性的建议。

(2)标准合同文本体系

标准合同文本体系即以不同类别的标准合同文本组成标准合同文本体系,有些合同文本视需要附有配套的表单。

这些文本正是上一节所讨论的结合一定的质量标准和内容要求制作的常用交易合同文本。至于与标准合同文本配套的合同分类表和与合同相关的管理制度、管理流程,则可以包括在合同管理的制度体系、流程体系中。

(3)合同管理制度体系

合同管理制度体系可以是一系列管理制度,也可以只是一项管理制度,但其内容需要涵盖合同事务的方方面面,如合同的发起、交易相对方的选择、业务人员的授权、合同的起草、合同的签订、合同的履行、争议的处理等。

合同管理制度体系的设计与合同文本的设计非常相似,都是以大量假设和处置来建立某种所需要的秩序。但制度比合同更为具体,而且大多围绕着职责、权限等行为规则展开,分为基本规范、业务规范、技术规范、个人行为规范等。由于企业对自己内部制度的制定、实施有决定权,因而实际上相对容易设计。甚至某些看似没有规章制度的企业,其实际存在的规则也是一种制度,可以在这种不成文的规则的基础之上取长补短建立新的合同管理制度体系。

(4)合同管理流程体系

当某一事务的管理涉及动态变化时,使用管理流程往往比使用管理制度更便于理解和执行。例如,合同审批流程可能会涉及数个部门需要按一定的顺序、分工、标准进行配合,单纯以文字表述则阅读理解十分困难。而且有时某一过程还有可能出现不同的决策结果,每种结果又对应不同的下一步工作内容,以文字表述几乎无法令人理解,唯有以流程表示才会简单明了、易读易懂。

合同法律风险管理流程需要涵盖合同签订、履行的各个环节,甚至需要对其中的某些问题进一步细分为不同的流程,使整个流程的风险可控。

四、合同法律风险管理的操作

在具体操作上,合同法律风险管理一般以项目的方式进行。其中的一部分工作是以事实及法律的思维去发现证据、分析问题、得出结论,再寻找法律上的解决方案。另一部分工作则是大量进行分析后找出原因、设计方案的过程,以尽可能通过管理手段解决发现的法律风险问题。

(一)信息收集与尽职调查

合同法律风险管理实际操作的第一步是尽职调查,以收集到足够的信息用于分析,并以充分的证据证明法律风险的存在。除了常规的资料,某些相对专业的法律问题,如特定行业的法律风险,往往需要通过法律调研列出尽职调查清单以便展开深度调查。通常情况下,尽职调查主要有以下几种。

1. 资料收集

资料收集是法律风险识别的第一步,需要收集的资料主要包括企业的基本情况资料,如公司章程、组织结构图、营业执照、许可文件等;合同文本情况,包括各类合同、表单、诉讼判决书、调解书、仲裁文书等;合同管理制度,包括专用的合同管理制度或法律事务管理制度;合同管理流程,包括规范或不规范的流程图等。

2. 现场访谈①

现场访谈主要针对合同中存在的问题、发生过的问题、可能存在的问题,以及企业的管理要求、管理偏好等。这些内容既包括合同文本方面,也包括合同管理方面。了解需求、把握需求、满足需求,才会有满意的工作成果。

相比其他方式,现场访谈只要沟通适当,更容易得到现实状况的反映。而基于第一手资料进行的判断、分析的结果,更有针对性的实际价值。

3. 实地考察

实地考察是另一类现场调研,主要用于观察现场的处理流程、设备设施状况、制度实际执行情况等。对于所发现的问题,有的需要保留证据,有的需要现场拍照作为证据,以便在后续的报告中形象且证据确凿地说明某种风险状况。

(二)合同法律风险识别

合同法律风险识别是通过分析合同文本、管理制度、管理流程、经营行为等方面的信息以及与合规要求进行比对,找出企业存在的各类法律风险点。

1. 法律风险的范围

合同法律风险管理中的"法律风险"基于法律但不局限于法律。并非只有法

---

①　参见本书第五章第六节的相关内容。

律明文禁止的事项才是法律风险点,任何足以带来不利法律后果的情形均应被列为法律风险点。而且,不仅仅是法律规定,如果上级企业、公司管理制度或流程规定,有抵触之处均应被列为法律风险点。

2. 法律风险点的识别

合同文本的风险点分析形同合同审查,而制度分析、流程分析也与之类似,可以适用"三个比对"①的分析模式,即通过约定与法定、现实与理想、条款与条款的比对来发现问题。尤其是制度、流程中往往存在许多表述的含义模糊不清、许多要求过于原则性而不具备可操作性等情形,这些也都足以使设想中的管控措施失效,因而也属于法律风险点。

对法律风险点的识别主要是针对体制性问题、普遍性问题以便改进系统而非针对具体的交易,因此往往并不需要将精力过分投入到太多的细节上。或者对于大量的细节问题先定性表述,再列举其中的具体现象以支持观点即可。

(三) 合同法律风险评估报告

合同法律风险评估报告是对法律风险识别工作的总结,主要功能是揭示调查中所发现的各类法律风险点以及可能的不利后果,同时给出方向性的建议。

1. 报告的架构安排

撰写评估报告时需要考虑内容的分类及表述的层级和顺序。合同法律风险评估报告一般至少在两万字,如同篇幅长的合同一样需要进行设计,同时制作一个精细的目录,以使报告易读易懂。切忌不加分类"胡子眉毛一把抓"式地简单罗列,使人无法看清法律风险的全貌和整改工作的优先级。

风险分类方面,既可以按制度风险、流程风险、文本风险、合作商风险分类,也可以按企业组织架构上的管理部门分类。前者的优势在于主题集中,但不利于各个部门查找需要自己部门整改的事项;后者的优势是便于企业将分析结果交由各个部门加以改进,但问题的主题相对分散,有时需要用双目录的方式加以解决。

2. 撰写报告时的注意事项

首先,撰写报告要注意企业家及管理者的感受。合同法律风险评估报告毕竟是在指出企业管理上的不足,指责、贬低都会令人不悦。因此对所发现的问题需要以事实为依据予以客观、中性的描述。既从理解、同情的角度有根有据、对事不对人地披露风险状况,又要顾及企业家或相关管理人员的感受,以免激发企业内部的矛盾,或相关部门对报告及风险评估工作的抵触。

其次,任何结论均须有证据支持,且证据与观点相匹配。或者说,可以就事实进行判断,但尽量避免价值判断。例如,可以描述某份合同开始履行早于合同签

---

① 参见本书第二章第七节的相关内容。

订,并得出事实判断结论"存在事后补签合同的情形",但不能得出相关部门"缺乏责任心、管理混乱"的价值判断结论,否则容易"出口伤人"。

最后,给出的方向性建议应具有可操作性以令管理者心中有数,故应避免其过于笼统。例如,可建议"规范合同文本表述以排除相关法律风险",但应避免提出"应严格依法办事"之类令人不知如何操作、毫无实际意义的建议。

(四) 综合解决方案的设计

合同法律风险管理解决方案的设计需要综合考虑文本、制度、流程以及管理要求、管理偏好等各类因素。其最终成果其实是包括了法律风险解决方案的管理方案,因此有管理经验或管理学背景的人在这一阶段会大有用武之地。

1. 解决方案的工作目标

设计解决方案的工作目标,是使合同签订履行过程中的各类常规事务处理以标准化操作的形式固定下来。但解决方案不可能也无法包括一切,非常规事务或无法常规处理的事务,可以留给管理人员依照职权个性化处理。而且,由于外界因素及自身条件的制约,并非所有的法律风险点都可找到解决方案。

适合设计成"标准动作"的事项,是那些具有简单、直接对应关系的事项,例如对方出现违约情形则立即暂停付款等。大部分行为可以规范,但仍有少部分决策因素复杂的事项很难"一刀切",至多可以规定大致的基本原则。

2. 解决方案的大致内容

完整的合同法律风险管理体系是制度、流程、文本的融合,可以事前管理、标准化操作的方式降低法律风险,尤其是常规低级错误。

① 客户及交易管理,避免选择风险较大的客户或交易模式、避免缔约过失责任。

② 签订及生效管理,完善审查、审批管理,避免交易内容、合同文本、生效方式不当的风险。

③ 文本及档案管理,包含合同文本的修订、定稿等管理,以及合同签订、履行档案及证据管理。

④ 部门分工管理,划分各部门职责、配合事项、工作界面,全员参与分散风险管理压力。

⑤ 文本体系管理,包括文本及表单的分类、定稿、发布、修订、使用说明管理。

⑥ 履行异常管理,包含违约、投诉、争议、理赔、诉讼等异常情况处理方案,避免损失扩大。

当然,这些内容更适合大中型企业的合同法律风险管理,而且许多细节因企业而异。

3. 多因素的综合设计

在设计解决方案的过程中,最需要考虑的是制度、流程、文本之间的相互配合。同时还需要考虑上级公司的管理要求、行业主管部门的管理要求等,并视情况尽可能与之相符。这种遵从性,也是法律风险管理的措施之一,即将各类强制性要求转为管理要求。

例如,某企业为采用新型结算方式而修改了合同的结算条款。在准备推行新合同文本时发现与合同管理制度要求不符,修改了相关管理制度后又发现与管理流程不符。

4. 方案的改进与提高

合同法律风险管理是综合考虑各种需求后的整体解决方案,其复杂性决定了不可能处处完美,需要在试运行后不断跟踪进行优化、调整。这既能提升客户体验,又能积累工作经验、完善设计理念,实为项目的必备服务。

同时,合同法律风险管理根据环境的变化而循环改进属于常态的基本要求。这种持续不断的优化调整是其优势所在和价值所在。唯有持续不断的循环改进,才能持续实现企业利益的最大化和风险的最小化。

法律规范对照信息表①

一、法律

名称	文号	实施时间	最新修改时间（实行日期）	法宝引证码	二维码
中华人民共和国保险法	中华人民共和国主席令第 26 号	1995.10.01	2015.04.24	CLI.1.252626	
中华人民共和国标准化法	中华人民共和国主席令第 78 号	1989.04.01	2018.01.01	CLI.1.304266	
中华人民共和国产品质量法	中华人民共和国主席令第 22 号	1993.09.01	2018.12.29	CLI.1.328268	
中华人民共和国城市居民委员会组织法	中华人民共和国主席令第 21 号	1990.01.01	2018.12.29	CLI.1.328208	
中华人民共和国村民委员会组织法	中华人民共和国主席令第 21 号	1988.06.01	2018.12.29	CLI.1.328206	

① 本表由北京北大英华科技有限公司智能型法律信息一站式检索平台"北大法宝"提供技术支持。手机扫描二维码，或者在北大法宝引证码查询系统（http://www.pkulaw.cn/fbm）输入法宝引证码，均可阅读法律规范全文。在数据库重大调整之前，均可使用。

（续表）

名称	文号	实施时间	最新修改时间（实行日期）	法宝引证码	二维码
中华人民共和国担保法(已失效)	中华人民共和国主席令第 50 号	1995.10.01		CLI.1.12418	
中华人民共和国道路交通安全法	中华人民共和国主席令第 81 号	2004.05.01	2021.04.29	CLI.1.5012729	
中华人民共和国地方各级人民代表大会和地方各级人民政府组织法	中华人民共和国主席令第 110 号	1980.01.01	2022.03.12	CLI.1.5114872	
中华人民共和国反不正当竞争法	中华人民共和国主席令第 29 号	1993.12.01	2019.04.23	CLI.1.331488	
中华人民共和国反垄断法	中华人民共和国主席令第 116 号	2008.08.01	2022.08.01	CLI.1.5128034	
中华人民共和国个人独资企业法	中华人民共和国主席令第 20 号	2000.01.01		CLI.1.23175	
中华人民共和国公司法	中华人民共和国主席令第 15 号	1994.07.01	2024.07.01	CLI.1.5185735	

（续表）

名称	文号	实施时间	最新修改时间（实行日期）	法宝引证码	二维码
中华人民共和国广告法	中华人民共和国主席令第 81 号	1995.02.01	2021.04.29	CLI.1.5012735	
中华人民共和国国务院组织法	全国人民代表大会常务委员会委员长令第 14 号	1954.09.28	1982.12.10	CLI.1.1462	
中华人民共和国海商法	中华人民共和国主席令第 64 号	1993.07.01		CLI.1.6023	
中华人民共和国行政许可法	中华人民共和国主席令第 29 号	2004.07.01	2019.04.23	CLI.1.331492	
中华人民共和国合伙企业法	中华人民共和国主席令第 55 号	1997.08.01	2007.06.01	CLI.1.78896	
中华人民共和国民法典	中华人民共和国主席令第 45 号	2021.01.01		CLI.1.342411	
中华人民共和国合同法(已失效)	中华人民共和国主席令第 15 号	1999.10.01		CLI.1.21651	

(续表)

名称	文号	实施时间	最新修改时间 (实行日期)	法宝引证码	二维码
中华人民共和国户口登记条例		1958.01.09		CLI.1.196	
中华人民共和国计量法	中华人民共和国主席令第16号	1986.07.01	2018.10.26	CLI.1.324958	
中华人民共和国价格法	中华人民共和国主席令第92号	1998.05.01		CLI.1.19158	
中华人民共和国进出口商品检验法	中华人民共和国主席令第81号	1989.08.01	2021.04.29	CLI.1.5012733	
中华人民共和国经济合同法(已失效)	中华人民共和国主席令第9号	1982.07.01	1993.09.02	CLI.1.1136	
中华人民共和国居民身份证法	中华人民共和国主席令第51号	2004.01.01	2012.01.01	CLI.1.160614	
中华人民共和国劳动法	中华人民共和国主席令第24号	1995.01.01	2018.12.29	CLI.1.328222	

（续表）

名称	文号	实施时间	最新修改时间（实行日期）	法宝引证码	二维码
中华人民共和国劳动合同法	中华人民共和国主席令第 73 号	2008.01.01	2013.07.01	CLI.1.199310	
中华人民共和国立法法	中华人民共和国主席令第 20 号	2000.07.01	2023.03.15	CLI.1.5159701	
中华人民共和国旅游法	中华人民共和国主席令第 16 号	2013.10.01	2018.10.26	CLI.1.325023	
中华人民共和国律师法	中华人民共和国主席令第 76 号	1997.01.01	2018.01.01	CLI.1.301393	
中华人民共和国民法通则（已失效）	中华人民共和国主席令第 18 号	1987.01.01	2009.08.27	CLI.1.167199	
中华人民共和国民法总则（已失效）	中华人民共和国主席令第 66 号	2017.10.01		CLI.1.291593	
中华人民共和国民事诉讼法	中华人民共和国主席令第 11 号	1991.04.09	2024.01.01	CLI.1.5175519	

（续表）

名称	文号	实施时间	最新修改时间（实行日期）	法宝引证码	二维码
中华人民共和国民用航空法	中华人民共和国主席令第81号	1996.03.01	2021.04.29	CLI.1.5012730	
中华人民共和国农村土地承包法	中华人民共和国主席令第17号	2003.03.01	2019.01.01	CLI.1.328186	
中华人民共和国全国人民代表大会组织法	中华人民共和国主席令第73号	1982.12.10	2021.03.12	CLI.1.353571	
中华人民共和国人民法院组织法	中华人民共和国主席令第11号	1954.09.21	2019.01.01	CLI.1.324530	
中华人民共和国人民检察院组织法	中华人民共和国主席令第12号	1954.09.21	2019.01.01	CLI.1.324536	
中华人民共和国食品安全法	中华人民共和国主席令第81号	2009.06.01	2021.04.29	CLI.1.5012732	
中华人民共和国外资企业法（已失效）	中华人民共和国主席令第51号	1986.04.12	2016.10.01	CLI.1.279349	

（续表）

名称	文号	实施时间	最新修改时间（实行日期）	法宝引证码	二维码
中华人民共和国物权法(已失效)	中华人民共和国主席令第62号	2007.10.01		CLI.1.89386	
中华人民共和国宪法	中华人民共和国全国人民代表大会公告第1号	1982.12.04	2018.03.11	CLI.1.311950	
中华人民共和国消费者权益保护法	中华人民共和国主席令第7号	1994.01.01	2014.03.15	CLI.1.211792	
中华人民共和国刑法(2023修正)		1980.01.01	2024.03.01	CLI.1.5185739	
中华人民共和国执业医师法(已失效)	中华人民共和国主席令第18号	1999.05.01	2009.08.27	CLI.1.167110	
中华人民共和国中国人民银行法	中华人民共和国主席令第12号	1995.03.18	2004.02.01	CLI.1.50973	
中华人民共和国注册会计师法	中华人民共和国主席令第14号	1994.01.01	2014.08.31	CLI.1.233281	

二、司法解释

名称	文号	实施时间	最新修改时间	法宝引证码	二维码
最高人民法院关于企业职工利用本单位公章为自己实施的民事行为担保企业是否应承担担保责任问题的函	法函〔1992〕113号	1992.09.08		CLI.3.12166	
最高人民法院关于审理城镇房屋租赁合同纠纷案件具体应用法律若干问题的解释（2020年修正）	法释〔2020〕17号	2021.01.01		CLI.3.349739	
最高人民法院关于审理出口信用保险合同纠纷案件适用相关法律问题的批复	法释〔2013〕13号	2013.05.08		CLI.3.200693	
最高人民法院关于审理环境民事公益诉讼案件适用法律若干问题的解释（2020年修正）	法释〔2020〕20号	2021.01.01		CLI.3.349771	
最高人民法院关于审理技术合同纠纷案件适用法律若干问题的解释（2020年修正）	法释〔2020〕19号	2021.01.01		CLI.3.349755	

名称	文号	实施时间	最新修改时间	法宝引证码	二维码
最高人民法院关于审理融资租赁合同纠纷案件适用法律问题的解释(2020年修正)	法释〔2020〕17号	2021.01.01		CLI.3.349711	
最高人民法院关于审理建设工程施工合同纠纷案件适用法律问题的解释(一)	法释〔2020〕25号	2021.01.01		CLI.3.349600	
最高人民法院关于审理买卖合同纠纷案件适用法律问题的解释(2020年修正)	法释〔2020〕17号	2021.01.01		CLI.3.349709	
最高人民法院关于审理人身损害赔偿案件适用法律若干问题的解释(2022年修正)	法释〔2022〕14号	2022.05.01		CLI.3.5116218	
最高人民法院关于审理商品房买卖合同纠纷案件适用法律若干问题的解释(2020年修正)	法释〔2020〕17号	2021.01.01		CLI.3.349737	
最高人民法院关于审理涉及国有土地使用权合同纠纷案件适用法律问题的解释(2020年修正)	法释〔2020〕17号	2021.01.01		CLI.3.349733	

（续表）

名称	文号	实施时间	最新修改时间	法宝引证码	二维码
最高人民法院关于适用《中华人民共和国担保法》若干问题的解释（已失效）	法释〔2000〕44号	2000.12.13		CLI.3.34740	
最高人民法院关于适用《中华人民共和国合同法》若干问题的解释（二）（已失效）	法释〔2009〕5号	2009.05.13		CLI.3.116926	
最高人民法院关于适用《中华人民共和国合同法》若干问题的解释（一）（已失效）	法释〔1999〕19号	1999.12.29		CLI.3.23702	
最高人民法院关于适用《中华人民共和国民事诉讼法》的解释（2022年修正）	法释〔2022〕11号	2022.04.10		CLI.3.5115567	
最高人民法院关于适用《中华人民共和国民事诉讼法》若干问题的意见（已失效）	法发〔1992〕22号	1992.07.14		CLI.3.5839	
最高人民法院经济审判庭关于为经济合同一方当事人代盖公章给另一方造成经济损失如何承担责任的电话答复		1990.10.27		CLI.3.11994	

三、其他

名称	文号	实施时间	最新修改时间	法宝引证码	二维码
保荐人尽职调查工作准则	中国证券监督管理委员会公告〔2022〕36号	2006.05.29	2022.05.27	CLI.4.5118330	
采用国际标准管理办法	中华人民共和国国家质检总局令第10号	2001.12.04		CLI.4.42714	
地方标准管理办法	国家市场监督管理总局令第26号	1990.09.06	2020.03.01	CLI.4.338813	
房地产开发企业资质管理规定	中华人民共和国住房和城乡建设部令第54号	1993.12.01	2022.03.02	CLI.4.5149287	
工矿产品购销合同条例(已失效)	国发〔1984〕15号	1984.01.23		CLI.2.1915	
广告管理条例	国发〔1987〕94号	1987.12.01		CLI.2.3539	
国家标准管理办法	国家市场监督管理总局令第59号	1990.08.24	2023.03.01	CLI.4.5135392	

（续表）

名称	文号	实施时间	最新修改时间	法宝引证码	二维码
市场监管总局、工业和信息化部、公安部关于加强电动自行车国家标准实施监督的意见	国市监标创〔2019〕53号	2019.03.14		CLI.4.330589	
国务院关于印发深化标准化工作改革方案的通知	国发〔2015〕13号	2015.03.11		CLI.2.246054	
行业标准管理办法	中华人民共和国国家技术监督局令第11号	1990.08.24		CLI.4.4801	
基金会管理条例	中华人民共和国国务院令第400号	2004.06.01		CLI.2.52033	
建设工程项目管理试行办法	建市〔2004〕200号	2004.12.01		CLI.4.55998	
建筑安装工程承包合同条例（已失效）	国发〔1983〕122号	1983.08.08		CLI.2.1718	
经济合同示范文本管理办法（已失效）	国家工商行政管理局令第86号	1998.12.03		CLI.4.23592	

（续表）

名称	文号	实施时间	最新修改时间	法宝引证码	二维码
律师事务所管理办法	中华人民共和国司法部令第142号	2008.07.18	2019.01.15	CLI.4.327366	
律师执业行为规范(试行)	律发通〔2018〕58号	2004.03.20	2018.12.13	CLI.6.303963	
民办非企业单位登记管理暂行条例	中华人民共和国国务院令第251号	1998.10.25		CLI.2.21052	
民用爆炸物品安全管理条例	中华人民共和国国务院令第653号	2006.09.01	2014.07.29	CLI.2.231946	
农副产品购销合同条例(已失效)	国发〔1984〕15号	1984.01.23		CLI.2.1914	
企业标准化管理办法（已失效）	中华人民共和国国家技术监督局令第13号	1990.08.24		CLI.4.4800	
企业经营范围登记管理规定（已失效）	中华人民共和国国家工商行政管理总局令第76号	2004.07.01	2015.10.01	CLI.4.256938	

（续表）

名称	文号	实施时间	最新修改时间	法宝引证码	二维码
企业名称登记管理规定	中华人民共和国国务院令第734号	1991.09.01	2021.03.01	CLI.2.351588	
企业名称登记管理实施办法（已失效）	中华人民共和国国家工商行政管理总局令第10号	2000.01.01	2004.07.01	CLI.4.53346	
上市公司非公开发行股票实施细则（已失效）	中国证券监督管理委员会公告〔2020〕11号	2007.09.17	2020.02.14	CLI.4.339430	
社会团体登记管理条例	中华人民共和国国务院令第666号	1989.10.25	2016.02.06	CLI.2.269328	
事业单位登记管理暂行条例	中华人民共和国国务院令第411号	1998.10.25	2004.06.27	CLI.2.53551	
水路货物运输合同实施细则（已失效）	中华人民共和国国务院令第588号	1987.07.01	2011.01.08	CLI.2.174022	
特种设备安全监察条例	中华人民共和国国务院令第549号	2003.06.01	2009.05.01	CLI.2.112906	

（续表）

名称	文号	实施时间	最新修改时间	法宝引证码	二维码
外国企业常驻代表机构登记管理条例	中华人民共和国国务院令第703号	2011.03.01	2018.09.18	CLI.2.322431	
外国文教专家聘用合同管理规定	外专发〔2011〕118号	2011.08.15		CLI.4.162373	
网络交易管理办法(已失效)	中华人民共和国国家工商行政管理总局令第60号	2014.03.15		CLI.4.218557	
网络交易平台合同格式条款规范指引	工商市字〔2014〕144号	2014.07.30		CLI.4.230426	
现役军人和人民武装警察居民身份证申领发放办法	中华人民共和国国务院、中华人民共和国中央军事委员会令第510号	2008.01.01		CLI.2.98818	
中华人民共和国标准化法实施条例	中华人民共和国国务院令第53号	1990.04.06		CLI.2.4659	
中华人民共和国电信条例	中华人民共和国国务院令第666号	2000.09.25	2016.02.06	CLI.2.267182	

（续表）

名称	文号	实施时间	最新修改时间	法宝引证码	二维码
中华人民共和国法定计量单位		1984.02.27		CLI.2.8173	
中华人民共和国工业产品生产许可证管理条例	中华人民共和国国务院令第764号	2005.09.01	2023.07.20	CLI.2.5174298	
中华人民共和国工业产品生产许可证管理条例实施办法	国家市场监督管理总局令第61号	2005.11.01	2022.11.01	CLI.4.5136366	
中华人民共和国公司登记管理条例（已失效）	中华人民共和国国务院令第666号	1994.07.01	2016.02.06	CLI.2.267144	
中华人民共和国技术进出口管理条例	中华人民共和国国务院令第732号	2002.01.01	2020.11.29	CLI.2.348783	
中华人民共和国企业法人登记管理条例(已失效)	中华人民共和国国务院令第709号	1988.07.01	2019.03.02	CLI.2.330923	
中华人民共和国企业法人登记管理条例施行细则（已失效）	国家市场监督管理总局令第31号	1988.12.01	2020.10.23	CLI.4.347439	

（续表）

名称	文号	实施时间	最新修改时间	法宝引证码	二维码
住宅室内装饰装修管理办法		2002.05.01	2011.01.26	CLI.4.5055289	
专利实施许可合同备案办法	中华人民共和国国家知识产权局令第62号	2011.08.01		CLI.4.153703	

关键词索引

后　记

1999 年 10 月,结束为期一年的法律英语进修离开北京时,惊讶于法律书店里只有合同法书却没有合同书,只有法律英语书却没有法律汉语书。于是回到杭州后便开始研究、整理法律汉语资料,最终于 2005 年出版了《完美的合同》第一版。

有幸的是,那本书被贵人朋友郭律师发现,他邀请我参加编写全国律协基础培训指定教材,促成了与北京大学出版社的合作。同时也在不经意间改变了我的人生,从那时起,我不再拘泥于所在城市、脱离了律师的常规工作,开始走向全国、走向世界。

转眼已是二十多年,我和书都在岁月里成长。从第一版的心中没底,增订版的小小得意,第三版的旋即过时到这一版的三易其稿,我见识了英美学术著作的严谨,英文写作的精悍;经历了疫情期间的不安,探亲无望的焦灼,也深感人外有人、山外有山、天外有天,正如苏格拉底所说的,我知我无知。

写第一版的 30 万字时我恰逢人到中年,为这一版的 70 余万字内容写后记时已退休在即。职场工作始于合同诉讼,终于著书立说,"不务正业"、特立独行,冷暖自知。著述之乐,是站在行业的前沿总结、思考并为来者指路。钻研之苦,是多年的日积月累让人皓首穷经、形单影只。

在此职业生涯行将结束之际,得失、荣辱都已是过眼云烟,知识和经验却是巅峰。尽可以一边见证这个行将巨变的时代,一边去追寻被耽误了的诗和远方、星辰和大海,并为有缘人、为这个世界留下我的思索。毕竟,已有的事后必再有、已行的事后必再行。能够照亮什么更好,起码证明我已尽力。

谨以此书献给我的父亲! 感恩他对我的养育,感恩他带我走出小城,供我读完大学,让我能走向世界! 愿怜悯归于他!

愿世界平安、变好,愿灵魂纯洁、高尚!

荣耀归于全能者!

吴江水

2024 年 3 月 20 日　于密歇根湖畔